Über dieses Buch

Das Werk Richard Wagners ist für die Freunde der Oper und der Literatur von besonderer Bedeutung: Sein Genie bewies sich nicht nur in der Musik, sondern auch darin, daß er sein eigener Textdichter war. Beides, Musik und Dichtung, ist noch heute umstritten. Für die eine Partei ist Wagners Weltgeltung unantastbar, die andere spürt in seinen Werken nur Abgeschmacktheit und hohles Pathos; helle Begeisterung und achselzuckende Ablehnung stehen sich noch heute unvermittelt gegenüber. Gerade das aber beweist die unverminderte Lebendigkeit des Wagnerschen Werkes, seine Anziehungskraft, die es Jahr für Jahr in Bayreuth ausübt.
Die Libretti der Opern Richard Wagners sind mehr als bloße Textbücher; sie sind anspruchsvolle Opernentwürfe, in denen der vielleicht letzte große Tragiker der Kunstgeschichte vielfältige literarische Traditionen aufnahm und Dramen schuf, die nicht zuletzt durch die dramatischen Charaktere immer wieder zu neuer Interpretation herausfordern.
Die vorliegende Ausgabe versammelt erstmals sämtliche Texte der Musikdramen Richard Wagners im Taschenbuch. Die Textfassung – nach dem Wortlaut der jeweiligen Partitur – und die verbindenden Zwischentexte zur Entstehungs- und Wirkungsgeschichte eines jeden Werks entstanden in enger Zusammenarbeit mit dem Richard Wagner-Archiv in Bayreuth. Joachim Kaiser, als Musik- und Theaterkritiker ein kompetenter Kenner Wagners, schrieb eine Einführung voll überraschender Einsichten und Perspektiven.

Richard Wagner

Die Musikdramen

Deutscher Taschenbuch Verlag

Vollständige Ausgabe.
Mit einem Vorwort von Joachim Kaiser.

Über Richard Wagner
ist im Deutschen Taschenbuch Verlag erschienen:
Der Festspielhügel (1205)
Dietrich Fischer-Dieskau: Wagner und Nietzsche (1429)

1. Auflage Juni 1978
2. Auflage Januar 1981: 11. bis 15. Tausend
Deutscher Taschenbuch Verlag GmbH & Co. KG, München

ISBN 3-455-07990-3
Umschlaggestaltung: Celestino Piatti unter Verwendung
einer Skizze von Ludwig Bechstein
Gesamtherstellung: C.H. Beck'sche Buchdruckerei,
Nördlingen
Printed in Germany · ISBN 3-423-02085-7

Ein Musikführer besonderer Art für alle Freunde von Konzert und Oper

Dieses Buch ist ein Schlüssel zu jener Musik, die heute wie gestern den Mittelpunkt unseres Konzertlebens bildet. Es gibt Einblick in die großen Werke von zeitloser Geltung – vom Solovortrag über die Kammermusik bis zur Sinfonie und zur Oper. Es berichtet von ihren Komponisten und Interpreten, den Solisten, Dirigenten, Orchestern. Das weite Feld barocker, klassischer, romantischer und moderner Musik, die eingehende Beschreibung und Interpretation, die chronologische Gliederung und das Register machen dieses Buch zu einem unentbehrlichen Musikführer.

[illegible] Überall im Buchhandel [illegible]

Hoffmann und Campe Verlag

INHALT

Wagners Dichtertum anzuzweifeln schien mir immer absurd. Was gäbe es dichterisch Schöneres und Tieferes als Wotans Verhältnis zu Siegfried, die väterlich spottende und überlegene Neigung des Gottes zu seinem Vernichter, die Liebesabdankung der alten Macht zugunsten des Ewig-Jungen? Die wundervollen Laute, die hier der Musiker findet, verdankt er dem Dichter.

Thomas Mann (1937)

VORWORT

I

Als Franz Kafka erfuhr, daß er an einem Lungenspitzen-Katarrh leide, als er glaubte, daß diese Krankheit seine endgültige Niederlage besiegele und daß er sterben müsse – da zitierte er Richard Wagner. Laut einer Aufzeichnung, die Max Brod sich am 4. September 1917 machte, sagte der von dieser groben Lösung aller seiner Lebensprobleme zermürbte Kafka über den lieben Gott: »Ich hätt ihn für feiner gehalten.« In den *Meistersingern von Nürnberg* hält eine junge enttäuschte Dame namens Eva Pogner diesen Satz ihrem älteren Verehrer und Mentor Hans Sachs vor, der sich im zweiten Akt vorübergehend ärgerlich-einsilbig gibt.

Kafka muß etwa so unmusikalisch gewesen sein, wie er es von typischen Wienern behauptete. Daß er gleichwohl in entscheidender Situation Wagner zitierte – im Klavierauszug heißt es: »Ich hätt Euch für feiner gehalten«, der gedruckte Dramentext schreibt statt dessen: »Ich hätt Euch für klüger gehalten« –, belegt indessen nicht nur eine intime Wagner-Kenntnis, sondern auch Kafkas Blick für die Vieldeutigkeit und Vieldimensionalität Wagnerscher Szenarien, die meist zugleich konkreter, abgründiger und gescheiter sind, als es das Vorurteil der nur-musikalischen Wagnerianer und erst recht der nur-literarischen Anti-Wagnerianer (die in der Regel kaum genau wissen, wovon sie reden) will.

Freilich gelten die »Libretti«, die Richard Wagner sich für die *Meistersinger von Nürnberg*, für den *Tannhäuser*, für *Tristan und Isolde* und für den *Parsifal* geschrieben hat, noch am ehesten für Dichtungen oder zumindest für dichtungsähnliche, anspruchsvolle Opernvorwürfe, in denen sich der letzte große Tragiker unserer Kunstgeschichte ausspricht. Die anderen Wagnerschen Textbücher werden – obwohl eigentlich jede Opernreform seit Gluck in erster Linie eine den dramatischen Gehalt des Librettos aufwertende Reform sein möchte – für geschmacklos, überladen, lächerlich stabreimhaft gehalten. Viele glauben, daß der Textautor Wagner in seinen besten Augenblicken sozusagen unauffällig dramatisch und in seinen schlechtesten auffällig komisch sei. Freilich bahnt sich ein genaueres Verständnis auch des genialen dramatischen Schriftstellers Richard Wagner an.

Um einfach- und bekanntheitshalber zunächst einmal bei den *Meistersingern von Nürnberg* zu bleiben: ist es nicht einfach fahrlässig, da aufgrund ungenauer Nazi-Inszenierungen immerfort nur von Deutschtümelei und optimistisch-germanischer Harmonisierungstendenzen zu reden? Man ist so weit gegangen, aufgeklärt-demokratisch statt »zerging in Dunst das heil'ge röm'sche Reich (deutscher Nation), uns bliebe gleich die heil'ge deutsche Kunst!« Wagner europäisieren zu wollen: »uns bliebe gleich die abendländische Kunst!« Ganz abgesehen davon, daß sich der Begriff Abendland auf den Lippen eines Nürnberger Schusters in der Mitte des 16. Jahrhunderts seltsam ausnehmen dürfte: die vermeintliche Selbstsicherheit am Ende einer Oper, in welcher die traditionalistischen Meister böse kritisiert wurden, hat ja doch eine grimmige Folie. Von nichts geringerem nämlich wird gesprochen als davon, daß Deutschland aufhört, zu sein (zerging in Dunst), und daß den Betroffenen dann nur noch die Kunst übrigbliebe. So skeptisch würden Shakespeares *Heinrich V.* oder Aischylos *Orestie* (um zwei andere große nationale Weihefestspiele der Weltliteratur zu zitieren) kaum schließen wollen. Und auch auf den sogenannten Volkscharakter fällt in den *Meistersingern* ein zumindest schiefes Licht. Von den Ressentiments der Zünfte gegeneinander zu schweigen, die wohl nicht wichtig, sondern eher lustig gemeint sind – ist es noch lustig, wenn der junge Mann David nächtlich den hagestolzen Stadtschreiber-Criticus Beckmesser am Kragen packt, worauf der sich loswinden will? Es heißt wie folgt:

Beckmesser wehrt sich, will fliehen. David hält ihn am Kragen:
»Verfluchter Bursch! Läßt du mich los?«
David: »Gewiß! Die Glieder brech ich dir bloß!«

Diesen sanft-terroristischen Untergrund der Oper wird man auch bei der hundertsten Aufführung nicht wahrnehmen, weil diese Textstelle natürlich im Prügel-Fugen-Rausch verlorengeht. Aber bleiben wir noch ein wenig in diesem Nürnberg. In seinem *Versuch über Wagner* hat Theodor W. Adorno die *Meistersinger* als »Entwurf einer bürgerlichen Urzeit« gedeutet. In der Tat, wenn man sich an die *Meistersinger* erinnert, wenn man sie nicht ganz genau nimmt, dann scheint es so, als träume da eine beispiellos lange komische Oper mit Emphase, raffinierten dramaturgischem Geschick und teils pompöser, teils hold-resignierter Musik den Traum von eines Volkes Jugend. Die Oper scheint zu sagen: sie waren alle reizend, bieder und rein. Gewiß, sie hatten ihre liebenswürdigen Schwächen. Lehrbuben sind eben nicht vollkommen, Liebhaber nicht besonnen, junge reiche Mädchen nicht züchtig. Viele Regisseure finden darum mit Hans Mayer, daß Nürnberg als altdeutsches Symbol verbrannt sei, im Zweiten Weltkrieg, und daß notwendig restaurativ träume, wer sich trotzdem nach Butzenscheiben sehne. Andererseits wurde festgestellt, daß noch das peinlich Spitzwegsche des zweiten *Meistersinger*-Aktes funktionell in der Sache liege. Was tun?

Wenn die Straßen Nürnbergs nicht auftauchen, bleibt der Zusammenhang zwischen Fluchtplan und Fluchtvereitelung, zwischen Belauschen und Agieren völlig wirr. Man versteht keinen Schritt mehr, weil jeder möglich ist. Aber nicht nur die logische, auch die psychologische Dimension wird beschädigt. Daß Sachs über den engen Horizont hinausschauen kann, wird als Leistung nur erkennbar, wenn der enge Horizont szenische Wirklichkeit ist. Sonst spielt alles quasi auf dem Bremer Marktplatz, wo die Leute ohnehin Welt- und Weitblick haben. Wichtig ist auch der Zusammenprall zwischen Prügelorgie und Beschaulichkeit, für den Sachs, ein schlechter Soziologe, dann ein Glühwürmchen verantwortlich macht.

Wieland Wagner, der 1966 verstorbene Wagner-Enkel, wollte den schönen Traum streichen, von dem die melancholische Musik verhalten und betörend kündet. Er hielt sich, im ersten Akt übrigens glanzvoll konsequent, an die Satire. Im zweiten Akt leider auch.

Gibt es einen Ausweg? Wäre nicht sowohl die logische als auch die psychologische Dimension getroffen, wenn Klein-Nürnberg durchaus existierte: aber bedrückend, wie im *Caligari*-Film, butzenscheibenhaft und doch abgründig? Dann hätte man »interpretiert« und den szenischen Buchstaben, wenn auch nicht den nie fixierbaren szenischen »Geist« geachtet. So groß sind die Schwierigkeiten.

Aber selbst diese bedenklich weitführenden Auslegungsversuche unterstellen immer noch eine fest fixierte dramatische Struktur, unterstellen eindeutig Relationen zwischen den Hauptfiguren. Auch das ist aber keineswegs sicher. Man kann die *Meistersinger von Nürnberg* mühelos viermal nacheinander so nacherzählen, daß sie sich als vier verschiedene Dramen (mit entsprechend anderen Binnendramen) darstellen. Wo kommen, so könnte ein durchtriebener Quizmaster fragen, folgende Figuren vor? Der erste ist ein älterer, ästhetisch gebildeter Intellektueller, schlagfertig, mit bösem Wortwitz begabt, etwas dürr. Wie alle Intellektuellen träumt er von Popularität, die er nicht hat – und von einer jungen Frau, die er haben möchte. Er bereitet seinen Feldzug sorgfältig vor, er besorgt sich sogar ein Werbemittel, das ihm äußerste Volkstümlichkeit verspricht, denn er weiß, aus eigenen Kräften bekäme er so etwas nicht zustande. Und dann geht alles schief. Der Mann verkalkuliert sich. Er steht dem Volk so fern, daß er überhaupt nicht spürt, womit er imponieren könnte. (Er dachte wohl, was ihm selbst ein bißchen schleierhaft ist, müsse darum bereits allen anderen gefallen.) Schließlich ist er nicht etwa der Sieger, sondern vielmehr das Opfer. Sein Zusammenbruch macht den Triumph der übrigen erst vollständig. Antwort: Beckmesser.

Und welches Drama, so könnte die zweite Quizfrage lauten, beschreibt den Sieg eines Außenseiters, der sich alles zutraut, weil er begabt ist, nobel-unternehmungslustig und verliebt? Wo kommt ein junger Mann vor, der so sehr davon durchdrungen ist, zur gebildeten Elite zu gehören, daß er als Autodidakt die Fachleute überzeugen und als Liebhaber die Braut einfach heimholen will, wobei er weder von den Wettbewerbsbedingungen noch von denen, die sie ausgeschrieben haben, etwas hält und etwas versteht? Wo wird die Überlegenheit und Selbstherrlichkeit des Talents zugleich gefeiert und kritisiert? Antwort: Walther von Stolzing.

Ein älterer Herr, drittens, fühlt sich als letzter Künstler in einer kriegerischen Welt. Er durchschaut diese Welt, lächelt über ihre wahnhaften Veranstaltungen, ihre falschen Motivationen. Er besitzt heiteren Scharfblick, er ist populär, Inbegriff von Verehrung, aber er läßt sich nichts vormachen. Zwischen Menschenverachtung und Menschenliebe ärgert er sich ein wenig darüber, zum großmütigen Schiedsrichter eines Streits werden zu müssen, während er doch selbst gern noch einmal geheiratet hätte. Aber dann werden Gott-Ähnlichkeit, Kunstverehrung und Selbstkritik so stark in ihm, daß er heiter resignierend und hochgefeiert ein Happyend besorgt. Antwort: Hans Sachs.

Konnte das alles, so müßte die vierte Frage lauten, jener reiche Mäzen ahnen, der, offenbar beeindruckt von der Kästchen-Symbolik aus dem *Kaufmann von Venedig*, die Wichtigkeit schöner Künste dadurch betonen wollte, daß er sein eigenes Kind und sein Vermögen zum Kunstpreis macht? Nur wer dem Volk und den Regelkundigen und der Braut zugleich zu gefallen vermag, dürfe die Braut und das Geld heimführen:

so beschließt er es. Zwar muß die Braut zustimmen, aber, genau wie im *Kaufmann von Venedig*, einen anderen darf sie sich nicht aussuchen. Ein riskantes Junktim. Antwort: Pogner.

Diese leicht überspitzte Quizfragen-Interpretation machte zumindest deutlich, daß Wagner nicht nur einen Helden vorführte, nicht nur ein zwingend präzisierbares Geschehen, sondern mehrere leibhaftige, logisch entwickelte dramatische Charaktere, deren ungeheuerliche gebundene Vieldeutigkeit (nämlich in ein logisches Geschehen gebunden – es ist keine faule Vieldeutigkeit) immer wieder neue Interpretationen ermöglicht und erzwingt.

II

Treten wir nun von diesem Einzelbeispiel, das zumindest zur Bescheidenheit gegenüber einem albern-unterschätzten dramatischen Autor anhalten sollte, ein wenig zurück. Fragen wir uns, welche allgemeinen Gesichtspunkte die Lektüre von Wagner-Texten erleichtern können. Der erste Gesichtspunkt klingt so banal, daß man ihn kaum zu formulieren wagt. Trotzdem muß es sein, denn alle sogenannten Opernführer, alle Inhaltsangaben und Handlungszusammenfassungen unterstellen fast einschränkungslos, daß in einer Oper, auch einer Wagnerschen, der Text das gleiche besage wie die Musik. Aber diese Unterstellung ist falsch. Sie ist zumindest bei Wagner unhaltbar. So schließt das *Rheingold* mit einem triumphalen Des-Dur-Fortissimo-Einzug der Götter in Walhall. Im Text heißt es – weniger triumphal – LOGE: »Ihrem Ende eilen sie zu, die so stark im Bestehen sich wähnen. Fast schäm ich mich, mit ihnen zu schaffen.« Und wenn Wotan im *Rheingold* singt: »Nun halt ich, was mich erhebt, der Mächtigen mächtigsten Herrn!«, dann unternimmt das Orchester dazu zwar auch einen Fortissimo-Aufschwung, aber es bietet kein mächtig-reines Dur. Ein harter dissonanter Fortissimo-Akkord weiß es plötzlich besser – nämlich schlimmer. Man darf also nie davon ausgehen, daß Handlung und Musik identisch sind.

Diese Überlegung führt zu einem zweiten Gesichtspunkt. Wagner war offenbar außerstande, in sich einen Impuls zu besiegen, den man hämisch als »sächsische Rechthaberei« charakterisieren könnte und respektvoll als »dramatischen

Gerechtigkeitsfanatismus«. Das heißt: bei ihm haben selbst diejenigen nicht eindeutig Unrecht, die vielleicht sogar eindeutig ins Unrecht gesetzt werden sollen. Ob es sich um Mime handelt oder um Alberich oder um den Witz Beckmessers, um wen auch immer: sie alle verstehen es ausgezeichnet, zu argumentieren, sie alle dürfen, meist musikalisch dabei unterstützt, Gefühl äußern, dürfen sagen, warum sie leiden, dürfen teilhaben an schönen Cantilenen. Der Schmied Mime beispielsweise singt große Sätze(»einsam will ich und einzeln sein«), er darf schwärmerisch und schön von der Liebe der Waldvögel in ihrem Nest berichten, ja er darf sogar wie in einem überdimensionalen Kanon die Wälsungen-Tragödie seinem ungebärdigen blonden Findelkind vortragen.
Nicht weniger tiefsinnig werden das Schicksal und die Bosheit Alberichs verdeutlicht. Der Diktator Alberich ist ein zuletzt doch mitleidswürdiges Opfer wohlbegründeter Ressentiments; jemand, der um verschmähter Liebe willen auf die Liebe ganz verzichten muß, damit er wenigstens eine Diktatur-Karriere machen kann, und der nun alles das, was er sich selbst finster versagte, den Glücklicheren nicht gönnt. Manchmal legt sich der Schluß nahe, daß Richard Wagner, der ja wohl als empirische Figur kein einfacher Gesprächspartner war, der nach dem letzten Wort lechzte und es kraft seiner Intelligenz und seines Weltruhms schließlich immer auch hatte – daß also dieser Wagner dem ihm selbst vielleicht unbewußten Trieb folgte, jeden, der in seiner Dramenwelt gerade sprach und litt, irgendwie das letzte Wort haben zu lassen. Frau Fricka ist ihm bestimmt nicht sympathisch gewesen. Aber hat sie nicht fortwährend recht, wenn sie ihren Gatten Wotan an die heiligen Eheprinzipien erinnert? Wotan stand Wagner bestimmt näher, aber muß der Göttervater nicht wie ein mieser Anwalt witzeln und lügen und zweideutige Transaktionen beschönigen?
Anders ausgedrückt: eine scharfe, sowohl durchdringende wie kleinlich wortklaubende Intelligenz versehrt auch diejenigen Figuren, die, mit strahlenden und überwältigenden Leitmotiven ausgestattet, beim ersten Hinhören wie herrliche Idealtypen wirken. So wird denn Wagners Kosmos nicht nur zum germanischen Opernhimmel, sondern zugleich auch zur Darstellung treuer Treulosigkeit, blonder Bestialität, finster-naiver Lustigkeit, unabsehbarer Verblendung. Schriftstellerisch glanzvoll sind dabei nicht so sehr die oft ungemein ausführlichen, an Redseligkeit grenzenden Darlegungen, wohl aber die

kurzen, sentenzartigen Schluß- oder Kernsätze. Von Parsifals »Du weißt, wo du mich wiederfinden kannst!« bis zurück zu dem magischen Satz des Holländers: »Mein Schiff ist fest, es leidet keinen Schaden...« (was mit Ausdruck, aber ohne Leidenschaft vorgetragen werden soll) reicht ein Bogen großer Sätze. Wie fast alle Menschen und Autoren – von wenigen Poeten höchsten Ranges abgesehen – verrät Wagner sich und sein Niveau häufig bei den Interjektionen, also bei den spontanen Ausrufen wie »Hallahallohe! O ho! Tralalei! Tralalei! O he!« Dergleichen durchzieht sein dramatisches Werk. Und es wirkt ähnlich auffällig, wie wenn vornehme Damen plötzlich erschreckt in ihrem Heimat-Dialekt ein »O je« oder ein »Meia« oder »Achott« ausstoßen. Es scheint, als kämen solche Ausrufe aus einer tieferen, beziehungsweise früheren Persönlichkeitsstruktur. Diese Interjektionen stehen dann wie Fremdkörper neben intelligent geformten Sätzen. Dies das eine.

Die andere Schwäche Wagners darf man wohl gar nicht »Schwäche« nennen – sie ist vielmehr ein Prinzip. Wagner war viel darum zu tun, eine Sprache herzustellen, die gleich fernbliebe von den beiden Vorwürfen, die er etwa dem Dramatiker Hebbel macht, dem er Gemeinheit und Gesuchtheit des Ausdrucks zuschrieb. Um am Gemeinen vorbeizukommen und eine prinzipielle Kunstsprache zu entwickeln, bediente sich Wagner des Stabreims, der ihm im Zeitalter eines beginnenden Germanenkults wohl weniger abgeschmackt vorkam als uns Heutigen. Weil aber Wagner sich auch als Librettist nichts wollte abkaufen lassen von seiner ungeheuren Ernsthaftigkeit, von seiner Problematisierfreude, von seiner Konzeption, die manchmal hinausläuft auf eine romantische Stilisierung des Eros zum metaphysischen *elan vital* schlechthin – darum wimmelt es in den kurzen Stabreimversen von Genitiven, die einander bedingen und durchdringen und die man erst einmal begriffen haben muß. Daß die oft keuchende Anstrengung, die alledem innewohnt und die trotzdem gelegentlich im Gewande bewußter Libretto-Primitivität erscheinen will, natürlich leicht zur Parodie ihrer selbst werden kann, wie ja überhaupt allem Opernhaften etwas Komisches innewohnt – je ernster es sich nimmt, desto mehr –, versteht sich von selbst. Nirgendwo hatten es darum die Spötter und die Ahnungslosen, die Satiriker und die Kulturkritiker leichter, zumal wenn sie nicht sehr musikalisch waren. Richard Wagner selbst hat das auch empfunden. Wo hätte er sonst die witzige Freiheit hernehmen können, seinem großen atheistischen Freunde Friedrich Nietzsche, ein tiefes Zerwürfnis ahnend den *Parsifal* zuzuschicken mit der Widmung »Richard Wagner, Oberkirchenrat«?

III

In seiner Autobiographie *Mein Leben* schildert Wagner, wie er sich bereits als Schüler gräßlich darüber ärgerte, von seinen Schwestern als Autor nicht ernstgenommen zu werden. »Ich beabsichtigte, die Meinigen durch eine glänzende Aufführung zu überraschen. Nachdem ich mir mit größtem Ungeschick verschiedene Puppen geschnitzt, für ihre Kleidung durch Verfertigung von Kostümen aus heimlich entwendeten Kleiderlappen meiner Schwestern notdürftig gesorgt hatte, ging ich auch an die Abfassung eines Ritterstückes, dessen Rollen ich meinen Puppen einstudieren wollte. Als ich die erste Szene entworfen hatte, entdeckten meine Schwestern das Manuskript und gaben es unmäßigem Gelächter preis: die eine Phrase der geängstigten Liebhaberin, ›ich höre schon den Ritter trabsen‹, ist mir lange zu meinem größten Ärger mit Pathos vorrezitiert worden.«
Gymnasiastenhaftes kann man ohne viel Mühe auch noch in jenen Werken entdecken, die Wagner als Zwanzigjähriger, als Einundzwanzigjähriger und als Vierundzwanzigjähriger schrieb, also in den *Feen*, im *Liebesverbot* und sogar noch im *Rienzi*. Aber solche librettohaften Steifheiten dürfen nicht den Blick trüben für das schriftstellerische Talent, das sich sogar in diesen Frühwerken manifestiert. Gewiß, wenn Luzio im *Liebesverbot* folgendes zu sagen hat, dann ist das zweifellos schülerhaft:
»Wie fühl ich mich erbeben!
Die holde Himmelsbraut!
Es muß sich ihr ergeben,
Wer ihr in's Auge schaut.
Wie kann ich sie besiegen,
Die heiße Leidenschaft?
Ich muß ihr unterliegen,
Mir fehlet Mut und Kraft.
Ach, Isabella, eile fort
und nie betritt mehr diesen Ort!«
Aber über alle Schülerhaftigkeit hinaus geht schon im *Lie-*

besverbot Wagners antideutscher Witz. Der aus germanischem Schnee kommende König wird von den Sizilianern als Keuschheitsphilister verspottet. Auch die Begründung für die Grausamkeit einer Polizisten-Figur mit barbarischen Neigungen ist zumindest interessant. Und geradezu dramatisch wirkt die Geschicktheit des bösen Friedrich, der Isabella in der Überzeugung seines (unverdienten) Keuschheitsrufes mit dem Argument entwaffnet, daß ihr die lüsterne Wahrheit niemand glauben würde. Was sich dann zwischen Friedrich und Isabella als doppeltes Betrugsmanöver anbahnt, kehrt auf der Opernbühne erst zwischen Scarpia und Tosca wieder, während die hier auch vorkommende Sehnsucht nach dem »Heil der Seele« Wagners eigenes großes Thema bleiben sollte. Wie alle halbedlen Helden bis hinauf zu Wotan respektiert auch der Statthalter Friedrich das Gesetz. Und schon Mariana schwärmt in diesem Frühwerk von jener Mischung aus »Lust und Schmerz«, die typisch werden sollte für Wagners differenzierende Liebe zum Ambivalenten – ob es sich nun um »Lenzes Gebot, die *süße Not*« handelt oder um Sieglindes Erzählung von Wotans Besuch: »Mir allein / weckte das Auge / süß sehnenden Harm, / *Tränen und Trost zugleich.*« Natürlich kann man solche Stellen germanistisch fremdwortreich als oxymoronhaft-psychologisierend bezeichnen, aber man kommt ihrer schönen Wahrheit näher, wenn man sie, mit Nietzsche, zum Beleg dafür nimmt, daß eben Wagner der »Orpheus allen heimlichen Elends« war.

Genaugenommen fällt der *Rienzi*, obwohl etwas später entstanden, noch hinter das *Liebesverbot* zurück, weil Wagner da ohne sichtbare Anfechtungen in den Spuren von tausend Römer-Dramen wandelt. Verse wie »Doch würdig, ohne Raserei, / zeig Jeder, daß er Römer sei!« entbehren nicht einer studienrätlichen Naivität. Der Konflikt in Adrianos Seele – einerseits mit Rienzi zu sympathisieren, andererseits den bösen Vater nicht verraten zu dürfen – ist auch nicht ohne leichte Überwindung des Geschmackssinns ernstzunehmen:

»COLONNA *hart zu Adriano gewendet*:
So wisse! Heut, in diesen Sälen
stirbt der Tribun von unsrer Hand!
Du weißt's, Verworfner! Geh denn hin,
verrate ihm mich, deinen Vater!
ADRIANO: Entsetzlich! Ha! mein Schreckenslos!
O hör der Ehre Hochgebot!

Hör deines Sohnes Jammer an!
Sieh mich in meiner Todesnot!
Verzweiflung faßt mich Ärmsten an!«

Aber dann, wenn Adriano anfängt, seine Liebe zu differenzieren, nimmt auch diese Oper bereits die großen Verse des *Fliegenden Holländers* vorweg. Adriano sagt: »Ha, meine Liebe, ja, ich fühl es, / ist Liebe nicht, / ist Raserei!« – Der Holländer aber fragt sich: »Die düst're Glut, die hier ich fühle brennen, / sollt ich Unseliger sie Liebe nennen?« So antizipiert das b-moll des Finales im fünften *Rienzi*-Akt das große f-moll-Terzett des *Holländers*. Ob man mit brennendem Capitol am Schluß des »Rienzi« gleich brennendes Walhall am Schluß der *Götterdämmerung* assoziieren soll, ist Interpretatoren-Geschmackssache.

Trotz solcher Beziehungen: Richard Wagner komponierte den *Rienzi*, als er noch kein Wagnerianer war. Später hat darum die Bayreuth-Ideologie sich des traditionalistischen Werkes geniert. Das Stück wurde nachträglich zum Musikdrama umstilisiert. Dabei ist der Sprung von der grellen *Rienzi*-Naivität zum *Götterdämmerungs*-Tiefsinn doch im Grunde viel erstaunlicher und bewunderungswürdiger, als wenn Richard Wagner sozusagen mit dem fertigen Musikdrama im Kopf geboren worden wäre. Doch welche Mühe man sich auch mit der Änderung, der Abschaffung einer Hosenrolle, der Verschleierung des Nummernprinzips gab: im *Rienzi* wirken die Mittel und Effekte des jungen Wagner gleichsam absolut. Sie sind frei vom Ernst und vom Anspruch einer Idee, einer durchdringenden Erlösungskonzeption, einer totalen Weltanschauung.

IV

Dem großen, das heißt dem vieldeutigen, bewegenden, seiner künstlerischen Mittel sicheren Richard Wagner begegnen wir im *Fliegenden Holländer*. Wenn man die romantische Oper vom Fliegenden Holländer einmal nicht so verstehen will, wie sie die Hauptbeteiligten darstellen (der Holländer in seinem Anfangsmonolog, Fräulein Senta in ihrer Ballade), sondern wie sich das Werk als Handlungsvorgang darstellt, dann ist es die Geschichte eines vielfachen Egoismus. Ein Verfluchter möchte um jeden Preis erlöst werden. Ein Kapitän möchte seine Tochter zum Höchstpreis verheiraten. Ein junges Mädchen hat sich in ein Sagen-Bild verliebt und projiziert alle eigenen Untergangswünsche auf diese Figur. Sentas Schrei: »Mit ihm muß ich zugrunde gehn!« ist die Quintessenz todessüchtiger Jungmädchenschwärmerei. Schwer hat es demgegenüber die einzige Figur des Dramas, die wirklich liebt, die einen Menschen, ein »Du« meint. Der junge, mittellose und unheilahnende Jäger Erik ist außerstande, die Geliebte vom Abgrund zurückzureißen. Einer Temperamentvollen, Hysterischen und Verzückten kann man kaum helfen. Kein Wunder, daß Erik, eigentlich die anständigste Figur der Geschichte, am Schluß mit leeren Händen dasteht, ohne daß ihm jemand eine Träne nachweint. So geht es in der Oper den Vernünftigen und Mittelmäßigen.

Im *Fliegenden Holländer* beginnt auch ganz eindeutig, was man als Wagners oft sehr versteckte Konstruktion poetischer Begriffe bezeichnen könnte. Nimmt man den Text genau, dann wird das Wort »Treue« zum verbalen Leitmotiv. Der Holländer spricht von der »ew'gen Treu auf Erden«, Daland nennt seine Tochter sehr viel harmloser: »Fürwahr, ein treues Kind!« Senta hingegen kennt der »Treue Hochgebot«. So entsteht ein Zusammenhang verborgener Wortbeziehungen. Bei alledem muß man sich daran erinnern, daß Musik die Worte einerseits steigert, mit Affekt, Begeisterung, Gefühl anfüllt – und andererseits auch entleert. Man vernimmt nicht so genau, was gesagt wird. Daß Erik auch von seinem Herzen »voll Treue bis zum Sterben«, seinem »dürftig Gut«, seinem Jägerglück redet – welcher Opern-Enthusiast hätte das je genau zur Kenntnis genommen? Es kommt eben immer darauf an, von wessen Treue die Musik kündet. Gewichtig wird im *Fliegenden Holländer* zudem das Moment des Traumes, des Mediumhaften, welches vor allem der Senta zugehört. Genau so überraschend ist bereits hier die Bevorzugung von offensichtlich filmischen Effekten: wenn der Holländer mit Blitzesschnelle an Bord seines Schiffes gelangt, welches augenblicklich die Küste verläßt, wenn die Liebenden in Eile ein hervorragendes Felsenriff erreichen, das Holländer-Schiff untergeht, das Meer sich hochtürmt und mit einem Wirbel zurückfällt. Man kann natürlich alle diese Vorschriften korrigieren und aus Musikdramen szenische Oratorien machen, die von ein paar Symbolen erfüllt sind. Doch hat die visionäre szenische Begabung Wagners es verdient, daß man ihr so wenig zur

Hilfe kommt, nur weil der Anspruch der Noten sich leichter realisieren läßt?

War die »Treue« der Zentralbegriff des *Fliegenden Holländers*, so wird das Adjektiv »trüb« zum heimlichen Hauptwort des *Tannhäuser*. Das *Tannhäuser*-Libretto entfaltet, drängend erfüllt im einzelnen und dramatisch-pompös im ganzen, den Gegensatz zwischen reiner und fleischlicher Liebe. Einen Gegensatz also, der im 19. Jahrhundert aufregender gewesen sein mag als heute, wo man ihn eher als künstliche Antinomie, als Denk-Antinomie versteht. Zweifellos ist auch der Venusberg mehr »gedacht«, mehr Phantasmagorie unaufhörlicher und rosiger Fleischeslust als inszenierbare Opernrealität. Das geht bekanntlich meist schief; denn die Aufgabe, Fleischeslust und Massenhaftigkeit als Bühnenvorgang darzubieten, läßt sich nicht lösen, weil massenhaft nackte Leiber ja entweder höchst unerotische Badestrand-Assoziationen hervorrufen oder, schlimmer noch, an gräßliche Leichenberge erinnern, so daß mit alledem bestenfalls immer nur die Trauer, die Ausweglosigkeit des »Nur-Erotischen« vorgeführt wird, was ja keineswegs der Zweck der Venusberg-Gymnastikübungen sein kann. Wie sehr man sich jedoch im 19. Jahrhundert an den vermeintlichen Unsittlichkeiten des *Tannhäuser* stieß, belegt Eduard Hanslicks Autobiographie. Hanslick, später entschiedenster Gegner Wagners, führt aus:

»Die Oper, die ich 1846 in Dresden gehört und seitdem in der Presse unermüdlich dem Hofoperntheater empfohlen hatte, gelangte erst im Jahre 1859 daselbst zur Aufführung. Zwei Jahre vorher hatte ein Vorstadt-Direktor den *Tannhäuser* in einem bretternen Sommertheater (›Thaliatheater‹) gegeben, trotz der bescheidenen Mittel mit sehr gutem Erfolge. Nun machte der Direktor des Hofoperntheaters, Julius Cornet, sechs bis sieben Bittgesuche nacheinander an das Obersthofmeisteramt um die Erlaubnis, den *Tannhäuser* aufführen zu dürfen. Jedesmal wurde er mit Hinweis auf das ›unsittliche Textbuch‹ abgewiesen. Erst nach dem großen Erfolge des *Lohengrin* gab man nach und erlaubte den Tannhäuser, aber nur mit einigen sehr merkwürdigen Änderungen im Texte. Die Zensur fühlte sich durch die reaktionäre Luft der fünfziger Jahre wieder gestärkt und begann ihr altes Spiel, das man, allzu sanguinisch, für immer beseitigt geglaubt. Das Wort ›Rom‹ durfte in der Oper nicht vorkommen. Wie lächerlich klang es, wenn Wolfram im dritten Akte den Tannhäuser fragte: ›Warst du dort?‹ und dieser erwiderte: ›Schweig' mir von dort!‹ Noch etwas recht Komisches ereignete sich in dieser Premiere. Man hatte in Wien die ›Tannhäuser-Parodie‹ (von Nestroy) früher kennengelernt als die Oper selbst. Abend für Abend stürmte das Publikum ins Carltheater, wo (mit Nestroy als Landgraf, Treuman als Tannhäuser) diese köstliche Travestie die Zuhörer erheiterte. Eine der drolligsten Szenen spielte der Komiker Knaack. Er saß als ›Hirtenknabe‹ auf einem entlaubten Baume, sang oder meckerte vielmehr das Mailied und blies das Ritornell anstatt auf der Oboe auf dem Fagott. Die Wirkung war unbeschreiblich. Als nun in der ersten Aufführung des wirklichen *Tannhäuser* im Operntheater der Hirtenknabe auf dem Hügel sein Mailied anstimmte, ging eine schwer zu bändigende Heiterkeit durch das ganze Haus. Alles mußte an Knaack und sein impertinentes Fagott denken. Der treffliche Stuttgarter Tenorist Grimminger, welcher den Tannhäuser sang, ging in stummem Spiel auf der Bühne hin und her und besah sich, immer unruhiger und verlegener, von oben bis unten, in der Meinung, irgend ein lächerlicher Verstoß in seiner Toilette sei die Ursache der allgemeinen Heiterkeit...«

Doch neben diesen offensichtlichen Gegensätzen – Sinnlichkeit und Heiligkeit – enthält *Tannhäuser* ja auch noch ein Künstler-Drama. »Welch trübem Ton verfällt dein Lied?« fragt die enttäuschte Venus den nachlassenden Tannhäuser und bezichtigt die kalten Menschen, zu denen Tannhäuser fliehen will, des blöden, *trüben* Wahns. Elisabeth, die im Gegensatz zu den unmäßig sittlichen Rittern und Sängern eine Heilige ist und sich darum für Tannhäusers Leidenschaft unbefangen interessieren darf, weil sie nicht in der ängstlich moralisierenden Rittergruppe mitzuschmähen braucht, Elisabeth – diese Nonkonformistin des Gefühls – argumentiert geradezu musikkritisch, wenn sie von den Kollegen Tannhäusers spricht: »Die Weisen, die die Sänger sangen, / erschienen matt mir, trüb ihr Sinn.« Wolfram von Eschenbach wiederum möchte den Bronnen der reinen Liebe nicht trüben.

Bei Elisabeth kommt es aus lauter Frommheit zu einem gewissen Heilsmasochismus. »Was liegt an mir?« fragt sie bescheiden. »Doch er – sein Heil!«

Man kann nicht leugnen, daß sich im *Tannhäuser* und auch im *Lohengrin*-Text mit der Figur des jeweiligen Obersten, also im *Tannhäuser* des Landgrafen und im *Lohengrin* des Königs Heinrich eine unkritisch-fraglose Autorität verbindet, die beim späteren Wagner – Wotan, König Marke, Amfortas – nicht gegeben ist. Aber wahrscheinlich wäre es sinnlos, solche Züge psychosoziologisch zu forcieren. Diese beiden Opern haben mit ihren Konflikten soviel zu tun, daß sie schlicht voraussetzen, der jeweils Oberste sei auch der Gerechteste – denn sonst wäre die Welt nicht sinnvoll geordnet... Und das Volksgemeinschaftsgebrüll gegen Tannhäuser, dem sich Elisabeth nach einer Anfangsgeste ängstlich unterordnet, bis sie schließlich doch heldenmütig dazwischenspringt, wie Leonore zwischen Pizarro und Florestan, läßt andererseits auch nicht gerade die Interpretation zu, daß Wagner auf der Seite der Brüllenden war.

Übrigens: Nicht etwa Elisabeth ist die Gegenspielerin der Venus (was man gelegentlich so sehr unterstellt hat, daß man beide Figuren von der gleichen Sängerin darstellen ließ, um zu demonstrieren, inwiefern zwei Seiten derselben Sache vorgeführt würden), sondern der Papst. Venus nämlich singt: »Nie wird Vergebung dir zuteil!« Sie wird dann später vom Papst zitiert. »So bist nun ewig du verdammt«, sagt der Heilige Vater, Erlösung könne nimmer dem erblühen, der im Venusberg weilte. Doch eine noch höhere Instanz setzt sowohl die Venus als auch den Papst ins Unrecht.

V

Was an den bisherigen Tondramen Wagners immer nur versteckt wichtig war, wird im *Lohengrin* zum Thema schlechthin: nämlich bestimmte Worte, Worte, die man fragen beziehungsweise nicht fragen darf. Der dritte Akt ist offenkundig so geschrieben, daß auch naive Nur-Musikanten gelegentlich erschreckt spüren: jetzt hat sie eigentlich schon wissen wollen, woher ihr Mann kommt, wie er heißt und was er war. Elsa »vergißt« sich ja nicht, nachdem sie tapfer widerstanden hat, sondern sie läßt sich in den Sog jener Dialektik hineinreißen, die darin besteht, daß jeder nicht gerade schwachsinnige Mensch immer genau an das denken muß, woran er auf keinen Fall und keine Sekunde lang denken soll. Das war schon der Fehler Gott-Vaters mit einem einzigen Apfelbaum im sonst unübersehbar vieles an-

bietenden Paradies; nun wiederholt es sich in der Hochzeitsnacht.
Ob es gerecht ist, diese Neugier für typisch weiblich zu halten, sei dahingestellt. Stumpfsinn wäre dann typisch männlich. Abgesehen davon ist Elsa auch insofern fortgeschritten, als sie, mitten in der Sage, wo Prinzen in Schwäne verwandelt werden und friesische Fürstentöchter zaubern können, nicht recht an die Sage glaubt. Sie nimmt das nicht hin, es kommt ihr unheimlich vor, sie möchte mehr wissen. Sie gleicht da Hamlet, der auch innerhalb eines archaischen Rachestücks nicht ohne weiteres damit einverstanden ist, daß Väter sich in Geister verwandeln und mühselige Aufgaben stellen. Elsa kann sich nicht unterwerfen, auch wenn sie noch so sehr dazu bereit ist. So wie Senta ihrem wegen der Holländer-Ballade besorgten und eifersüchtigen Liebhaber Erik scheinheilig antwortet: »Ich bin ein Kind und weiß nicht, was ich singe!« (als ob jemand, der sich bewußt darauf beruft, kindlich zu sein, nicht das Recht verlöre, sich darauf zu berufen, weil kindliche Kinder eben nicht von ihrer Kindlichkeit reden), so guckt eben auch Elsa mitten in der Sage gleichsam über den Rand der Sage hinweg ins 19. und 20. Jahrhundert der angewandten Psychologie und der Ehekrisen. Wenn der Märchencharakter im *Lohengrin*, dieser Melodien-Oper schlechthin, nicht mit großer künstlerischer Imagination durchgehalten wird, dann muß das Stück an den unvermeidlichen Peinlichkeiten der Brautgemach-Szene und am krampfhaft Kunstgewerblichen zerbrechen. Man soll die selbstzerstörerische Leidenschaft der Elsa verstehen und von dem opernhaftesten Auftritt der Musikgeschichte, dem jedesmal wieder aufregenden Erscheinen Lohengrins bewegt werden können: sonst ist diese romantische Oper verloren.

VI

Wenn es je eine Oper gegeben hat, in der es zugleich unausweichlich logisch und unausweichlich tragisch zugeht, dann ist es *Tristan und Isolde*. Die unausweichliche Logik verdankt Wagner der klug ausgesparten, nur berichteten Vorgeschichte. Wie Tristan sich verhielt, wie er sich von Isolde pflegen ließ, wie er sich zum Brautwerber machte, wie er für einen nicht mehr ganz jungen König eine Königin herbeiholte, die er eigentlich selber liebte, ohne es ganz wissen zu wollen: das liegt in melodischer Vergangenheit. Nun aber, während man diese Vorgeschichte als gegeben hinzunehmen hat, begegnen sich zwei Seelen, denen schlechthin nichts anderes geschehen kann, als ihnen geschieht.

Die Meisterschaft, mit der Wagner die vollkommene Verzweiflung der endlich offen ineinander Verliebten mit der vollkommenen Lustigkeit der zur Königshochzeit heimkehrenden Matrosen kontrapunktiert (die meisten Regisseure geben sich große Mühe, diese gewaltigen Gegensätze hübsch wegzuinszenieren), die Mischung aus natürlichster, das heißt von der nächtlichen Natur umgebener Liebe in tiefer Gartennacht und reinster Abstraktion des oft gefährlich philosophischen Liebesdialogs, die entsetzlich brüchige Weltverlorenheit des wartenden todkranken Tristan: alles das wirkt zwingend unausweichlich, »rein«, kühn und unforciert. Dabei spielen Wesenszüge großer Tragödien mit. Man weiß, daß der tragische Held, bevor er jene Bahn betritt, die ihn ins Nicht-Geheure führen wird, die ihn gleichsam unmenschlich macht, von den Menschen seiner Umgebung Abschied nimmt. So nimmt Antigone von Ismene Abschied, bevor sie ihre tödliche Aufgabe erfüllt, den Bruder gegen das irdische Gesetz zu begraben. So nimmt Hamlet von Ophelia Abschied (Ophelia berichtet davon, wie Hamlet das letztemal bei ihr gewesen war, ihre Hand geschüttelt habe, seine Geschenke nicht wiederempfangen wollte). Einen ähnlichen tragischen Abschied nahm Isolde, als wüßte sie, was folgen würde, von ihren Eltern. Der reife Wagner beschreibt diesen Vorgang durch Brangänes Mund folgendermaßen:

»Nicht eine Träne
weintest du Vater und Mutter;
kaum einen Gruß
den Bleibenden botest du.
Von der Heimat scheidend
kalt und stumm,
bleich und schweigend
auf der Fahrt;
ohne Nahrung,
ohne Schlaf;
starr und elend,
wild verstört.«

Es sind schon Bibliotheken über die Nachtliebe und den Tageshaß von Tristan und Isolde geschrieben worden. Doch so schön das auch tönen mag: wenn Wagners szenisches Genie den beiden nicht auch die Möglichkeit gegeben hätte, entsprechend zu reagieren, blieben es nur Theorien. Indessen wächst der Haß auf die Belästigungen durch den öden Tag in Tristans Seele so sehr, daß er die ihn umringenden Mannen des Königs Marke schlicht für Tagesgespenster erklärt und wie einen unangenehmen Traum verscheuchen will. Und auf der Fahrt zur Hochzeit verdrängt Isolde völlig, warum sie unterwegs ist. Man kann ja auch einmal etwas vergessen. Die treue Brangäne verlangt nicht viel: »Fassung nur heut!« Aber selbst dazu reicht es kaum, Cornwalls müder König wird vom Ehebeginn an zur Randfigur. Er beklagt sich ausführlich darüber, ein wenig überflüssig. Alle wissen, daß er recht hat, niemand kann etwas ändern. Doch so vorhersehbar diese Entwicklung auch sein mochte, noch logischer, nur eben unvorhersehbar, ist dann im dritten Akt Tristans Fluch auf jene Liebe, die ihn alle Leiden der Endlichkeit, der Individualität, des persongebundenen Schmerzes leiden ließ...

Leicht zu begreifen, daß dem König Marke die Sache unheimlich ist. Und es fällt ihm auch etwas ein. Brangäne, so will es der bestürzte und betrogene König Marke, soll an allem schuld sein. Nur weil sie im ersten Akt den Liebestrank ausschenkte, wurde der treue Vasall Tristan treulos. Marke, ein kräftiger, aber weicher Mann, hat ohnehin höchst ungern seinem Freunde nachspioniert. Als dann offen zutage lag, was besser in nächtliches Dunkel gehüllt geblieben wäre, erfüllte die Affäre den König keineswegs mit Rachegedanken. Sie war ihm eher peinlich.

Kein Wunder also, daß dieser Marke höchst erleichtert nach dem nahrungsmittelchemischen Strohhalm griff. Die Liebenden waren wegen des Trankes ja gar nicht bei Sinnen und folglich unschuldig, denkt er. Er will von allen nur das Beste glauben, bereit zum Verzeihen und Vermählen eilt er nach Kareol: da aber hat schon eine Macht entschieden, mit der dieser konziliante König sich nur ungern konfrontiert sieht – das Schicksal.

So tiefsinnig das alles klingt, läßt es sich auch szenisch realisieren? Wir sind bescheiden geworden. Denn um aus Tristan und Isolde ein glaubhaftes Liebespaar zu machen, in dessen irdischen So-Sein sich Höheres und Allgemeineres spiegelt, müßten eigentlich junge Darsteller gefunden werden, die gleichwohl den ungeheuren musikalisch-stimmlichen Aufgaben gewachsen sind. Hochstilisierte, reizlose Kostüme und die starr überhöhten Gesten der Liebenden bemühen sich um eine trügerische Idealität. Isolde ist keine Liebes-Statue, die man in einen pompösen Sack hüllen darf. Am 23. Januar 1859 schrieb Richard Wagner: »Größere Sorge macht mir aber die Isolde... Trotz ihres Gebahrens im ersten Akt, will ich in ihr durchaus keine... Heroine... Ich brauche Jugendlichkeit in dieser Rolle: der ganze Zauber der ersten ungeheuren Liebe des Mädchens muß das Ganze durchwehen... Das muß ein – Kind sein, das mit dem Schwerte spielt, das nicht leben will, weil es seinen Willen nicht hat. Der Reiz dieser Jugendlichkeit muß in gewissem Sinne die fast voreilig tragische Tendenz des ersten Aktes dämpfen, und dagegen mit Sicherheit das Gefühl bestimmen, daß wir vor einer Verirrung stehen, die gelöst werden soll...«

So konkret, so menschlich, so jung und liebenswert sah Richard Wagner seine Isolde. Unter den Händen unserer Opernregisseure verwandelt sich das Mädchen jedoch notwendig in eine exzentrische Sagenfigur.

VII

George Bernard Shaw hat über Wagners *Ring des Nibelungen* ein 219 Seiten umfassendes *Wagner*-Brevier geschrieben, das eine ungemein scharfsinnige politische Text-Erklärung enthält. Kernpunkt der Interpretation Shaws ist die minutiöse Deutung der Nibelheim-Szene im *Rheingold* und der Angriff auf die angeblich traditionalistische Opernhaftigkeit der *Götterdämmerung*.

Das *Rheingold* ist wahrscheinlich Wagners unpopulärstes Werk. Das Stück gilt als mühsam. Es ist ein überlanger Akt, kein Pausenbüffet tröstet. Erst in der *Walküre* geht, so meinen viele Ring-Freunde, der eigentliche Ernst des Lebens und Liebens los. Wenn man nämlich das *Rheingold* nicht mehr so zu erleben vermag, wie Kinder es erleben können, dann muß man es schon sehr genau verstehen. Die falscheste, unergiebigste Haltung gegenüber dem *Rheingold* ist die Informiertheit des routinierten Opernbesuchers. Der weiß: an diesem »Vorabend« der eigentlichen Ring-Tragödie gibt es nur zwei schöne »Nummern«, nämlich Loges Hymne auf »Weibeswonne und Wert«, sowie Erdas magische cis-moll-Beschwörung »Weiche, Wotan! Weiche!« Im übrigen erinnert er sich an das etwas literarisch konzipierte Vorspiel, an die meist recht hilflos singenden, weil Schwimmbewegungen ausführen müssenden Rheintöchter, an den ungerechten Kasperletrick, mit welchem Alberich vom Göttervater des verfluchten Ringes beraubt wird, und an die feierliche Regenbogenmusik beim Einzug der Götter in Walhall. Nicht allzuviel für zweieinhalb Stunden Still-Sitzen-Müssen.

Wahrscheinlich handelt es sich beim *Rheingold* um Wagners musikdramatisch radikalstes, um sein literarischstes, textgebundenstes Stück. Das Werk ist eine radikale Mischung aus simpel-märchenhafter Fügung einerseits, bühnentechnisch-filmisch-phantastischer Forderung andererseits; überdies enthält es viel präzis sich entfaltende, ganz unauffällig mitschwingende Kulturkritik. Solche Behauptungen erinnern viele Wagnerfreunde an langweilige Soziologisiererei. Die Oper wollen sie erleben, nicht irgendwelche hochgestochenen Auslegungen. Aber wie das Werk erscheint, wenn die Musik dominiert und die Präzisierungen des Textes in Tonfluten ertrinken – so ist es ja gerade nicht das Werk! Sondern man vernimmt eine meisterhaft instrumentierte Partitur, versteht etwa zwanzig Prozent des Textes, reimt sich den Rest zusammen und wundert sich dann, trotz vieler einzelner Schönheiten, beim *Rheingold* aus der Langeweile nicht herauszukommen.

Liest man die szenischen und die Regie-Anweisungen der *Rheingold*-Partitur genau – wir haben schon beim *Fliegenden Holländer* davon gesprochen –, so zeigt sich, daß Wagner vielleicht, wie noch Emil Preetorius und Theodor W. Adorno meinten, kein »Augenmensch« war, keine Bildvisionen von höchster künstlerischer Präzision und malerischer Exaktheit hatte. Dafür besaß der Bayreuther jedoch eine szenische Phantasie, die, so seltsam es klingt, fortwährend filmische Möglichkeiten ersann. Und zwar ausdrucksgeladene filmische Möglichkeiten. Der tiefe Grund des Rheins, der »mit grauenhafter Behändigkeit Riff für Riff erklimmende Alberich«, die Walhallvision, auch später im Zyklus die Feuerzauber-Erfindung, der Drachenkampf, der von Helden erfüllte, verbrennende Göttersaal: alles das ist gewiß nicht realistisch, oder dann nur höchst komisch herstellbar, sondern mit dem Auge eines Filmgenies gesehen – wie denn auch die Nähe der genialen Wagner-Musik zur Filmmusik schon wiederholt analysiert wurde. Man kann die Tatsache, daß szenischer Realismus bei diesem ständig von Naturgewalten (Welle, Wald, Raben) und Traum erfüllten *Ring*-Kosmos nicht inszenierbar ist, natürlich so umgehen, daß man die Sphäre schlechthin streicht, ein paar starre Symbole erfindet und das Schwierige, beziehungsweise Unmögliche einfach wegläßt. Die ungeheuren Schwierigkeiten, die dieses *Rheingold* bietet, sind aber nicht nur technischer Art. So wird auch die Zweideutigkeit des Gottes Wotan immer peinlicher. Meist reagiert der nordische Göttervater wie ein mieser, manchmal verblasener Provinz-Anwalt. Mit seinen Antworten rettet er sich immer nur von Situation zu Situation: daß er dabei mogeln muß, belegt die *Ring*-Partitur nur zu genau. Wagner selbst hat sich mit einem genialen Trick aus der Wotan-Verlegenheit geholfen. Es gibt im *Ring* bekanntlich kein Wotan-Thema, sondern nur das großartige Walhall-Motiv, das zwar einerseits für Wotan steht, andererseits ihn aber nicht charakterisiert (sondern die Götterburg). So kann Wagner feierlich von Wotan reden, ohne ihn doch zu meinen, ohne sich darauf festzulegen, daß da ein großartig hehrer Charakter am Werke sei.

Wotan gibt sich oft als bauernschlauer Träumer. Wenn die Gattin, als handele es sich um eine Steuererklärung, vom Schwärmenden verlangt »Erwache, Mann, und erwäge!«, dann wird der Göttervater doch sogleich vom Des-Dur-Rausch abgelenkt. Wenn Fricka ihn an die Vertragsfolgen erinnert, dann brüstet Wotan sich, überhaupt einen Vertrag geschlossen zu haben. Aber darum ging es ja nicht! Gewiß, auch Fricka hat den Bau erbeten, auch Loge hat zugeraten – mit dem vagen Hilfsversprechen, er werde zur Vertragserfüllung sein Bestes tun. Aber so wie Wotan ein Leitmotiv hat und keines hat, so drückt er sich auch um die Verantwortung herum, die er zugleich zugesteht und von sich weist. Und wenn dann die Gläubiger kommen, um den Wechsel einzulösen, dann spielt sich in Walhall eine urzeitliche Direktionssitzung ab: ein Zahlungstermin muß eingehalten werden, die Firma haftet unbeschränkt, man erwägt eine Ausflucht und entschließt sich – so war das früher – dazu, die Lücke auf illegale Weise zu schließen, wobei man freilich nur neue, unabsehbare Folgen einhandelt.

Sogar das *Rheingold* spielt noch auf Vorgeschichte an, selbst wenn das beinahe transmusikalisch den Anfang alles Seienden symbolisierende, langsam anschwellende Es-Dur des Vorspiels den Eindruck erweckt, es hätte kein »Vorher«. Mime spricht von alten Zeiten. Und wo war einst Loge, der nun den Göttern hilft, früher aber Alberichs Freund gewesen ist? Alberich zieht aus der ehemaligen Zusammenarbeit die begreifliche Konsequenz: »Deiner Untreu trau ich, nicht deiner Treu!« Alberich, der Häßliche, ist und wird nicht grundlos böse. Anfangs wird er von den übrigens sorgfältig verschieden charakterisierten Rheintöchtern spöttisch zurückgewiesen. In Alberichs Fluch verbirgt sich sogar eine finstere Philosophie der Kunst. Was er unter Leiden und Opfern erarbeitete, soll nun zum leichtfertigen Genuß der Freien dienen...

Mit anderen Worten: das *Rheingold* ist eine Oper der Spannung zwischen Text und Musik. Die Musik verschmäht Nummernhaftes und Selbstgefälliges, sie tritt in den Dienst oder in den Gegensatz zum Wort, zum mythischen Zusammenhang. Die außerordentliche dramatische Verkürzung, wie sie etwa auch im hinreißenden Not-Motiv der Freia sichtbar wird – wenn man die e-moll-Kurve von »Wo harren meine Brüder?« nachzeichnet, dann begreift man, inwiefern Wagners Ausdrucksverkürzung sich paradoxerweise harmonischen Umwegen verdankt, sie wird gewonnen, indem der Komponist das Naheliegende vermeidet – bedeutet in diesem operndramatisch und musikphilosophisch höchst radikalen Werk ein Formgesetz. Nur wer von alledem unberührt bleiben will, süchtig nach schönen, überschaubaren Stellen, der wird beim *Rheingold* gähnen.

Die *Walküre* ist das mit Abstand populärste Stück des *Ringes*. Da kommen leidende Menschen vor und ein Held, der unterliegt. In Frankfurt wurde früher, sogar häufig, ein hübsches hessisches Dialogstück mit dem Titel *Die geteilte Walküre* gespielt, das folgenden Inhalt hatte: Eine arme Familie kann sich nur eine *Walküre*-Karte leisten, nacheinander gehen verschiedene Familienmitglieder in die drei Akte, sehen also immer nur einen Ausschnitt, mißverstehen alles aufs amüsanteste, und es kommt eine verblüffend widersprüchliche Synthese heraus, wenn die jeweiligen Texterfahrungen zusammenstoßen.

Vergegenwärtigen wir uns die Situation. Sieglinde ist zu einer Hochzeit und zur Ehe mit dem ungeliebten, rauhen und groben Gatten Hunding gezwungen worden. Der erste Akt hatte damit begonnen, daß ihr Zwillingsbruder Siegmund (sie konnte natürlich nicht wissen, daß es sich um ihren Zwillingsbruder handelt) Zuflucht vor wütenden Verfolgern gesucht hatte. Zwischen Sieglinde und Siegmund erwachte sofort tiefe Zuneigung. Dann kam, bös, männlich überlegen, zum angetrauten Eheweib recht brutal, zum unvermuteten Gast einigermaßen gesittet, der Ehemann Hunding nach

Hause. Siegmund, als Gast, benahm sich ziemlich unbotmäßig. Im Lauf der ersten Konversation stellt sich heraus, daß Hunding soeben genau jenen Siegmund verfolgt hat, den er nun zusammen mit seiner lieben Gattin erblickt. Hunding ist über die Ähnlichkeit der beiden recht verdrießlich. Nachdem ihm die Zusammenhänge klar geworden sind, gewährt er Siegmund eine Nacht Ruhe und kündigt ihm an, morgen geht es dem waffenlosen Gast ans Leben. Barsch befiehlt er die Frau ins Bett, Siegmund bleibt allein und überlegt, daß ihm der Vater für die Stunde höchster Gefahr ein Schwert versprochen hat. Nun ist diese Stunde höchster Gefahr gekommen, wo aber ist das Schwert? Im Herdfeuer blitzt alles mögliche auf...

Sieglinde erscheint nun in einem weißen Gewand. Daniel Spitzer, der berühmte österreichische Feuilletonist, dessen Nachfolger übrigens der junge Karl Kraus werden sollte, dieser Daniel Spitzer war kein Freund des persönlich wohl ziemlich anstrengenden, theatromanisch auf die Durchsetzung der eigenen Werke bedachten Richard Wagner. Der Satiriker Daniel Spitzer also schildert die Szene folgendermaßen: »Sieglinde entfernt sich, um den Gatten, der sich, ermüdet von der Biographie des Gastes, in sein Schlafgemach zurückzieht, den bestellten Schlaftrunk zu bereiten. Nach einer Weile kehrt sie zurück, doch hat die sorgsame Hausfrau, damit für den Fall, daß der Gastfreund zudringlich werden sollte, ihre Toilette nicht in Unordnung geriete, diese mit einem einfachen weißen Nachtkleid vertauscht. Auf alles bedacht, hat sie auch in den Schlaftrunk ein kleines Betäubungsmittel gemischt, und es steht nicht zu befürchten, daß Hunding durch das intensive Geschrei der beiden sowie durch ihr tumultuarisches Treiben aufgeweckt werden könnte.« Der Wagnerianer Thomas Mann beschreibt in seiner Novelle *Wälsungenblut* den Sachverhalt respektvoller. »Er«, nämlich Siegmund, »sah Glanz und Herdfeuer verlöschen, sank zurück zu verzweifeltem Schlummer – und stützte sich köstlich entsetzt auf die Hände, da Sieglinde im Dunkeln zu ihm schlich. Hunding schlief wie ein Stein, betäubt, betrunken gemacht. Sie freuten sich miteinander, daß der schwere Dummkopf überlistet war – und ihre Augen hatten dieselbe Art, sich lächelnd zu verkleinern... Aber dann sah Sieglinde verstohlen den Kapellmeister an und erhielt den Einsatz, stellte formend die Lippen ein und sang ausführlich, wie alles stand und lag – sang herzzerreißend, wie man die Einsame, fremd und wild Erwachsene ungefragt dem finstern und plumpen Manne geschenkt und noch verlangt habe, daß sie sich glücklich preise ob der achtbaren Ehe, geeignet, ihre dunkle Herkunft vergessen zu machen... sang tief und tröstlich von dem Alten im Hut und wie er das Schwert in den Stamm der Esche gestoßen – für den Einen, der einzig berufen sei, es aus der Haft zu lösen; sang außer sich, daß er es sein möge, den sie meine und kenne und gramvoll ersehne, der Freund, der mehr als ihr Freund, der Tröster ihrer Not, der Rächer ihrer Schmach, er, den sie einst verloren und den sie in Schanden beweint, der Bruder im Leid, der Retter, der Befreier...«

Daß die Dinge jetzt mit fürchterlicher Logik ihren Lauf nehmen werden, ist evident; selbst Brünnhilde, die sich gegen den Befehl Wotans versündigt, indem sie nicht tut, was er will, sondern was er eigentlich will, handelt konsequent.

Vor Wagners *Siegfried,* dessen vermeintlich instinktsichere Naivität das 19. Jahrhundert bis hin zu Romain Rolland und Thomas Mann lieben wollte um jeden Preis, schaudern heute selbst bedingungslose Wagnerianer zurück. Beim Versuch, einen »reinen«, einen ersten Menschen zu schaffen, geriet Wagner in tiefste Zweideutigkeit. Gewiß, Siegfried fühlt, daß er nur ein Werkzeug Mimes war, und schien im Recht mit seiner Aversion. Aber Sätze wie: »Ich kann dich ja nicht leiden, vergiß das nicht so leicht«, Morddrohungen im Stabreim: »Beim Genick möcht ich den Nicker packen, den Garaus geben dem garst'gen Zwicker«, oder schlichte jugendliche Unverschämtheit: »Mich dünkt, des gedachtest du schon« (wenn der Pflegevater sich senil wiederholt): das paßt allzugut zum Bilde der blonden Bestie, deren Roheit als Jugendkraft verklärt wird. Siegfried, der überlegene Mensch, der blühende Knabe, der rosige Held, der helläugige Prinz, dem finsteren Gesindel überlegen – dabei aber bereit zum Totschlag und zum Verrat. Und in seiner Funktion als Gelegenheitsschmied auch noch ein so überzeugender Hinweis auf deutsche Wertarbeit, daß der Fachmann Mime abdanken und sich (eine Rossini-Anspielung?) auf Kochkunst beschränken muß. Heute beginnt man dem Siegfried zu verzeihen. Naivität, von einem allzu gescheiten Dramatiker als Wunschbild hergestellt, hat eben ihre Abgründe...

Aber Wotan? Adorno hat ihn erläutert als eine Art gealterten Turnvater Jahn und enttäuschten Revolutionär, dem – wie den deutschen Sozialdemokraten – alles schiefgegangen ist. Der geistert nun herum als »Phantasmagorie der begrabenen

Revolution« – der rüstige völkische Kleinbürger, älterer Mann im Schlapphut und Wettermantel, von Ludwig Thoma beziehungsreich verspottet mit den Versen: »Ich schreite kühn, hussa, hojo, mit langem Schritt aus dem Büro.« Es ist wahr: dieser Wotan hat keinen Namen mehr (Wanderer), keinen Ort, nicht einmal ein Leitmotiv, welches sich präzis auf ihn bezieht. Sondern nur ein Grübel-Motiv. Und es will auch niemand mehr mit ihm reden: die Erda verweigert sich, den Mime muß er auf terroristische Weise zu einem Quiz zwingen, nachdem er als ungebetener Gast abgewiesen worden ist, Jung-Siegfried schließlich nimmt weiß Gott kein Blatt vor den Mund, wenn Wotan väterlich werden will. Siegfried hat etwas vom Westernhelden. Oper, so verstanden, ist zugleich Kino für jene »Gebildeten«, die den Kintopp arrogant verachten. Diese Siegfried-Mischung aus *moral insanity* und natürlicher Frische, aus Knabenhaftigkeit und Mutterbindung, aus Grausamkeit und Großzügigkeit wirkt dann am überzeugendsten, wenn auch der Mime zweierlei darstellt: nämlich den alternden, geschwätzig-schlauen, praktischen (und darum für besondere Aufgaben unbrauchbaren) Fachmann – und den vom schlechten Gewissen, von böser Absicht Gezeichneten. Die Erlösung und die Verwirrung, die diesen Siegfried befallen, nachdem er das Geheimnis seiner Abkunft erfahren hatte, sind eine präzise Vorbereitung für die Entfaltung des zweiten und die Erfüllung des dritten Aktes.

Für die phänomenal-finstere Komik des zweiten Aktes gibt es eine Analogie noch bei Dürrenmatt: wenn in der Bankoper von *Frank V.* der Tresor aufgebrochen werden soll, finden sich wie von ungefähr alle Beteiligten im Keller ein und beargwöhnen einander. Dürrenmatt selbst hat darüber bei der Münchner Premiere herzlich gelacht. Auch über den zweiten Siegfried-Akt würde Dürrenmatt sich amüsieren: hinter jeder Felsecke lauert ein Geldgieriger...

Man macht sich am frühen Nachmittag auf den Weg in die *Götterdämmerung* und kann kaum vor Mitternacht zu Hause sein. Die Wirklichkeit kapituliert vor dem *Ring*. Wenn es daheim klopft, fragt man sich unwillkürlich, ob nicht doch ein Wanderer mit Klappauge draußen wartet; und man fühlt mit jenem Amerikaner, der zum erstenmal Wagners Riesenformat begegnete, den Zeitsinn gänzlich verlor, sich nach vielstündigem Welttheater verwirrt auf nächtlicher Straße wiederfand und besorgt einen Vorübergehenden fragte: »Ist Roosevelt noch Präsident?«

Vornehmer gesagt: Man muß diesem Richard Wagner viel Lebenszeit opfern – anders ist er nicht zu haben. Stichproben oder ein kurzes Hineinhören helfen nicht. Es gibt *Ring*-Freunde und *Ring*-Ferne. Die *Ring*-Tetralogie schafft sich ihr Gewicht, ihre Wichtigkeit. Mag es noch so viele »böse Viertelstunden«, noch so eindeutige Versager, Mißverständnisse, Indispositionen geben: das mythologische System stellt sich doch her. Die eigenen Erfahrungen, die eigenen Vorstellungen spiegeln sich in diesem System, man entnimmt ihm immer wieder etwas Neues, anderes, wird überwältigt von Einsichten, Klängen, Entfaltungen, Bildern. Natürlich zweifelt man auch kräftig, zumal wenn die musikalische Erfüllung fehlt. Dann begreift man, wieso der Wagnerianer Claudel sich in spätem Alter von der Pappmaché-Götterwelt des *Ringes* vorübergehend distanzierte, und man versteht Nietzsche, der erste Hilfe gegen *Ring*-Süchtigkeit leisten kann:

»Siegfried und Brünnhilde; das Sakrament der freien Liebe; der Aufgang des Goldenen Zeitalters; die Götterdämmerung der alten Moral – das Übel ist abgeschafft... Wagners Schiff lief lange Zeit lustig auf dieser Bahn... – Was geschah? Ein Unglück. Das Schiff fuhr auf ein Riff; Wagner saß fest. Das Riff war die Schopenhauersche Philosophie; Wagner saß auf einer konträren Weltansicht fest. Was hatte er in Musik gesetzt? Den Optimismus. Wagner schämte sich... Er besann sich lange, seine Lage schien verzweifelt... Endlich dämmerte ihm ein Ausweg: das Riff, an dem er scheiterte, wie? wenn er es als Ziel, als Hinterabsicht, als eigentlichen Sinn seiner Reise interpretierte? Hier zu scheitern – das war auch ein Ziel... Und er übersetzte den *Ring* ins Schopenhauersche. Alles läuft schief, alles geht zugrunde, die neue Welt ist so schlimm wie die alte – das Nichts, die indische Circe winkt ... Brünnhilde, die nach der älteren Absicht sich mit einem Liede zu Ehren der freien Liebe zu verabschieden hatte, die Welt auf eine sozialistische Utopie vertröstend, mit der ›alles gut wird‹, bekommt jetzt etwas anderes zu tun. Sie muß erst Schopenhauer studieren; sie muß das vierte Buch der *Welt als Wille und Vorstellung* in Verse bringen. Wagner war erlöst...«

Aber ein Werk, das überhaupt eine Polemik solchen Niveaus zuläßt, das überreich ist an genialer Musik obersten Kunstranges, dürfte unwiderstehlicher Magnet bleiben, solange man überhaupt noch Opern spielt.

Vor lauter *Ring*-Problematik, Pessimismus-Diskussionen und

Schopenhauer-Assoziationen macht man sich vielleicht als unbefangener Wagnerianer nicht hinreichend klar, worum es da eigentlich vor allem anderen geht. Der *Ring* handelt von folgendem: davon, daß Wotans Plan, die Welt zu retten, an jener Größe scheitert, mit der auch das Christentum seine liebe Not hat, und die den Philosophen aller Zeiten Kummer bereitete – nämlich an der Dialektik der Willensfreiheit. Was heißt das? Wotan fühlt sich verpflichtet, die Verträge, die er mit seinen Gegnern geschlossen hat, zu halten. (Alberich wäre nicht so heikel.) Wotan will aber höchstbegreiflicherweise seine Gegner besiegen. Das heißt, er braucht Hilfstruppen, die nicht seinem Befehl unterstehen (sonst würde er ja vertragsbrüchig) und doch tun, was für Wotan richtig ist (sonst ginge er halt zugrunde). Das heißt, er braucht Menschen oder Helden, die ihren freien Willen haben, heldisch-göttliche Kraft besitzen und doch ganz nach Wotans Willen handeln.
Wotan ist also Herr der Welt, dem nur diejenigen zu helfen vermögen, die ihm nicht untertan und gleichwohl zu Willen sind. Die umständliche Vorbereitung und Zeugung Siegfrieds ist die Verleiblichung dieses Plans. Da muß jemand auf die Welt kommen, der nicht direkt von Wotan abhängt, aber mutig und Wotan hilfreich ist.
Und der Betreffende gerät zunächst fabelhaft konform. Er ist mutig, großzügig, könnte entscheidende Hilfe bringen, hat den freien Willen und die göttliche Kraft. Nur: er verhält sich nicht eindeutig. Zwar läßt er sich nicht gerade von Mime ausbeuten, das eben nicht. Wotan lacht darüber. Aber er läßt sich auch nicht von Wotan ausbeuten! Der freie Wille schuf einen *freien* Menschen. Der Göttervater kann ihn nicht halten, die ganze Konstruktion bricht an der Willensfreiheit zusammen. Und weil der Willensfreie sich auch noch sterblich-unsterblich verliebt – seine Freiheit mithin einbüßt, aber anders, als Wotan es wollte –, darum verbrennt Walhall, gehen Götter und Nornen zugrunde, bleibt als einziger Alberich übrig, und der *Ring* könnte von neuem anfangen, wenn die Rheintöchter nun nicht gewitzter wären. Aber vier Abende sind auch genug . . .

VIII

Was geschieht im *Parsifal*? Liest denn kein Mensch die erste Regieanweisung (*Ort der Handlung: Gegend im Charakter der nördlichen Gebirge des gothischen Spaniens – Sodann Klingsors Zauberschloß... dem arabischen Spanien zugewandt anzunehmen*)? Richard Wagner hat damit doch auch dieses Werk auf einen ganz realen, spannungsvollen Boden gestellt. Der große Dramatiker war vernünftiger als alle Enkel. Den noch heute in Spanien lebendigen Gegensatz zwischen christlicher und arabischer Tradition könnte ein gutes Bühnenbild zwingend lebendig machen. Nicht nur Sünde und Heiligkeit sind die Gegensätze, sondern auch maurischer und christlicher Extremismus. Wie oft bleibt das alles ungespielt, nicht einmal angedeutet, bleibt auch die große Verwandlung unbezwungen (Vorhang statt des tiefsinnigen Theatervorgangs: »Zum Raum wird hier die Zeit.«) Dabei könnte die Welt Grecos der Welt Arabiens glühend und nicht nur im Bühnenbild entgegengesetzt werden. Gurnemanz ist Exponent einer mächtigen, elitären Kaste, die Gralsgemeinschaft muß gewissermaßen auf vorgeschobenem Posten eine antiarabische (anti-heidnische) Mission erfüllen. Kann man alle drei Akte einer großen Wagner-Oper mit gleicher Intensität anhören? Mit jedem neuen Akt beginnt auch etwas ganz Neues, in sich Geschlossenes, Zusammenhängendes. Wagner bringt nicht nur zu Ende, wie manche Opernkomponisten es tun, die das Schema eines Einfalls getreulich ausfüllen, sondern er schafft Akt für Akt einen neuen Kosmos.

Der *Parsifal* macht zwingend evident, daß Wagner nicht nur als Komponist ein »Spätling« war, sondern daß er auch als dramatischer Schriftsteller durchaus zu den Spätentwicklern gehört. Im *Parsifal* ist es gewiß nicht einfach, den Handlungszusammenhang, das psychologische Gewicht jedes Satzes und Nebensatzes auch nur in der äußerlichsten, nämlich der inhaltlich-dramatischen Funktion zu begreifen. Wagner hat wieder einmal vier Personen mit höchst extremen Konflikten in den Mittelpunkt gestellt oder, genauer gesagt, um den Gral gruppiert. Solange man nicht begreift, daß der Gral, das Anschauen des Grals, für die Gralsritter im genauesten Wortsinn lebenswichtig ist (daß also nicht stirbt, wer den Gral angeschaut hat), so lange kann man auch nicht die doppelte Konfliktsituation begreifen, in der Amfortas und sein Vater Titurel sich befinden.

Amfortas, der einst »sündigte«, sucht den Tod; Titurel, der Alt-Vordere, möchte am Leben bleiben. Wenn Amfortas' Todessehnsucht erfüllt ist (und zwar durch Nichtanschauen des Grals), dann wird auch Titurel in den Tod gerissen. Was den Titurel am Leben hält, bedeutet darum für Amfortas Verlängerung der Qual.
Das andere Gegensatzpaar sind Kundry und Parsifal. Kundry ist, ähnlich wie der Fliegende Holländer, die lebendige »Idee« einer mythologischen, jahrhundertelangen Leidens-Fluch-Geschichte. Zu Kundrys Fluch gehört, daß sie verführerisch sein muß, wenn jemand, an dem ihre Verführungskünste abprallen, sie dazu zwingen will. Vom Fluch erlöst werden kann sie nur, wenn eines ihrer Opfer ihr zu widerstehen vermag. Sie ist also in einer grausamen psychologischen und archetypischen Zwickmühle: ihre Unwiderstehlichkeit verlängert ihre Leiden; nur Mißerfolg, den sie nach allen Kräften zu verhindern suchen muß, würde sie »erlösen«. Und jetzt kommen wir zur wahrhaft freudianischen Pointe dieses Wagnerschen Textes: Kundry ist keineswegs böse und verworfen schlechthin; sondern ihre Verworfenheit, der »Fluch«, der auf ihr lastet, bezieht sich aufs Verführerisch-Sexuelle. Wenn sie diese Mittel nicht einsetzt, sich ihrer nicht zu bedienen braucht, dann ist sie sofort eine hilfsbereite, fabelhaft demütige, scheue und keusche Magd, wie sie kein elitärer Grals-Ritter besser und bequemer sich wünschen kann. Das psychologisch geradezu Umwerfende am *Parsifal* besteht nun darin, daß dieser vollkommen naive, keineswegs schuldlose, sondern eher unschuldige (was nicht dasselbe ist) junge Mann zunächst, bei der Begegnung mit Kundry, sich selber finden muß. Im ersten Akt hat er versagt. Bei Richard Wagner aus anderen Motiven als in der *Parzival*-Sage, wo Chrétien de Troyes den Parzival bekanntlich zu einem wohlerzogenen jungen Ritter macht, der aus Anstand keine unbedachten Fragen äußert... Bei Wagner stellt Parsifal die Mitleidsfrage zunächst nicht, weil er ahnungslos dumm und vor allem mit sich selber noch nicht identisch war.
Im zweiten Akt wird er zunächst zu seiner Identität gebracht. Er erfährt, wie er heißt, wer er ist, was er anrichtete. Kundry, die ihm das sagt und ihn zugleich umgarnt, weckt aber nicht nur Identität in ihm, sondern mit dem ersten Kuß auch das sehnsüchtige Verlangen. Die metaphysische Pointe des *Parsifal* besteht darin, daß Sehnsucht, Schmerz und Ver-

langen gerade nicht geschieden sind in Erotik und Sentimentalität, sondern ein Ganzes bilden. So wie die Leiden des Amfortas, laut Richard Wagner, die Leiden Tristans in ungeheurer Steigerung vorführen, so bedeutet das Liebeserwachen für den jungen Parsifal eben gerade nicht allein die körperliche Hinwendung zu Kundry, sondern zugleich das Erwachen von Sehnsucht und Schmerz. In dem Augenblick aber, da er sich an Schmerz erinnert, fällt ihm der bisher vergessene, verdrängte Kummer ein, den er seiner Mutter bereitet hat. Und in dem Augenblick, da ihm dies schuldhafte Vergessen einfällt, fällt ihm zugleich ein, wie schuldhaft vergeßlich er war, als er das Leiden des Amfortas so wortlos über sich ergehen ließ. Darum schreit er, während Kundry im Begriff ist, ihn kunstvoll zu verführen, plötzlich, bei Kundrys Erzählung vom Tod Herzeleides: »Wehe! Was tat ich? Wo war ich? Mutter! Süße, holde Mutter! Dein Sohn, dein Sohn mußte dich morden! O Tor! Blöder, taumelnder Tor! Wo irrtest du hin, ihrer vergessend – deiner, deiner vergessend?« Und nach dem Kuß der Kundry fährt Parsifal »plötzlich mit einer Gebärde höchstens Schrekkens auf: seine Haltung drückt eine furchtbare Veränderung aus«. Eben noch fragte er sich: »Was alles vergaß ich wohl noch?« Jetzt schreit er: »Amfortas! Die Wunde! Sie brennt in meinem Herzen!«

Die beiden Figuren, die außer den vier Genannten in diesem Seelendrama mitwirken, sind sozusagen statisch: nämlich der böse Zauberer Klingsor, der sich entmannt und darum um jede menschliche Konfliktsituation gebracht hat, so daß er auch des Heils nicht mehr fähig ist, und der durchaus gute Gurnemanz, der wiederum offenkundig keiner Sünde fähig ist.

Die Schwierigkeit, dieses *Parsifal*-Drama zu verstehen, hängt zusammen mit einer typischen Eigenschaft des Textes, auf die Pierre Boulez in seinem großartigen Aufsatz *Wege zu Parsifal* aufmerksam gemacht hat: während sonst bei Wagner die Konflikte doch vorwiegend so angeordnet sind, daß man sich immer auf der Höhe der Situation befinden kann, während also selbst im *Fliegenden Holländer*, im *Lohengrin*, im *Tristan* und im völlig episch angelegten *Ring* der dramatische Zeitpunkt ein klarer Punkt auf einer klaren Zeitlinie ist, scheinen Wagner solche natürlich dramatisch-dramaturgisch wirkungsvollen Konfliktsituationen im *Parsifal* nur mehr in zweiter Linie zu interessieren. Die Franzosen Claudel, Debussy und Boulez haben es bemerkt, und ein Blick in die Partitur bestätigt es: im *Parsifal* durchdringen sich Vergangenes, Gegenwärtiges und Zukünftiges so, daß man jedes Handlungsmoment eigentlich immer nur dann ganz und gar begreifen kann, wenn man Vergangenes, Gegenwärtiges und Zukünftiges auch weiß. Man muß also an jeden Punkt des Dramas das ganze Drama gegenwärtig haben, gleichsam auswendig wissen, sonst ist man verloren – wie die meisten. So wie die »Leitmotive« im *Parsifal* nicht nur Visitenkarten irgendwelcher Personen oder Probleme sind, sondern zugleich auch auf Zeit, Stunden und Dringlichkeitsebenen aufmerksam machen, zugleich auch bezeugen, von welchen Verflechtungen, Nervositäten, Beschädigungen und Veränderungen die musikalische Rede ist, so muß auch der Text als anspielungsreichster, in sich verstricktester Wagnerscher Text gelten. Dabei gibt sich die Sprache, mehr Wert auf Endreim legend, den Stabreim um eine Spur weniger dogmatisch behandelnd, hier freier und wohl auch poetischer als sonst bei Wagner. Oft genug streift sie, analog zur Musik, expressionistische Bezirke. Aber sie ist nichts weniger als willkürlich. Die Helden führen ihr Innenleben höchst deutlich vor. Wenn Parsifal sich fragt: »Die Mutter konnt' ich vergessen! Ha! Was alles vergaß ich wohl noch?«, dann verrät auch hier die sprachliche Komposition jene Kunst des fast pedantisch kleinsten Übergangs, die der *Parsifal* musikalisch gar nicht mehr so streng ausspielt. Und die Schilderungen der Karfreitagsaue, des Schwanenmordes, der Kundry-Verzauberung und der Amfortas-Verzweiflung sind von großer, nicht nur situativer, sondern auch poetischer Inspiration. Der Umstand, daß man in der Oper ja nie alles versteht, wird hier zur Katastrophe, falls man unvorbereitet zuhört. Boulez hat das viel interpretierte Gurnemanz-Wort: »Du siehst, mein Sohn, zum Raum wird hier die Zeit« zum Beleg gemacht für die Verflochtenheit der *Parsifal*-Konstruktion. Nähme man es ganz genau, müßte man sagen: zum Beleg dafür, daß der dramatische Moment völlig im Zeitkontinuum aufgeht.

Weil solche Dimensionen kunstsprachlicher Ausdrucksgewalt erreicht und innegehalten sind, und nicht so sehr wegen seines differenzierten religiösen Gehaltes, steht ein Kunstwerk wie der *Parsifal* hoch über der angelernten Volkstümlichkeit einer publikumssicheren Oberammergauer Passion.

Ohnehin ist, wegen Wagners Vieldeutigkeit, das letzte Wort über die Religiosität oder Nicht-Religiosität des *Parsifal* noch nicht gesprochen – und wird auch kaum je zu sprechen sein. Der von Adorno boshaft zitierte Wagner-Satz, demzufolge das Publikum der nordischen Mythologie überdrüssig sei, »die wollen was Christliches sehen«, braucht nicht übermäßig ernst genommen zu werden. Aber er kann genauso skeptisch machen gegenüber dem beflissenen Bühnenweihfestspiel-Glauben, wie der Umstand, daß Mendelssohn, seinerseits weder der germanischen noch auch der Gralsritter-Sippschaft zugehörig, die Ehre hatte, Wagner das Gralsmotiv zu stiften. Dem Künstler Richard Wagner kam es, wenn es um die kunstvolle Ausführung einer Partitur ging, eben nicht darauf an... Und auch hier wird der letzte Akt zur Darbietung jenes fürchterlichen Erstarrens, Erbleichens, jenes finsteren Ersterbens, wie man es bei Wagnerschen Szenarien immer wieder beobachten kann. Nicht nur an die verödete Halle, die Rom-Erzählung, die Herbststimmung und die aus liebender Entkräftung sterbende Elisabeth brauchen wir zu denken, nicht nur an die starr und fahl auf ihr Ende wartenden Götter, wie sie Waltraute im ersten *Götterdämmerungs*-Akt beschreibt und wie der dritte *Götterdämmerungs*-Akt sie vorführt, nicht nur an Tristans zerfallende Burg und zerfallenden Leib im dritten *Tristan*-Akt, sondern auch der letzte Akt des *Parsifal* steht dafür ein, der sich, unvergleichlich rein und wehmütig (und nur in der Verwandlungsmusik von überwältigendster Kraft) zum *Parsifal* so verhält wie die *Götterdämmerung* zum *Ring*.

Auch in seinem christlichsten Stück demonstriert da der letzte populäre Tragiker des europäischen Theaters, daß und in welchem Maß er ein Tragiker war. So unvermeidbar es offensichtlich ist, daß alternde Theatergenies eine Neigung zur Mystik entwickeln – man denke nur an Shakespeares *Sturm*, an die letzten beiden religiösen Dramen Racines, an Goethes *Faust II*, Ibsens *Wenn wir Toten erwachen*, Hauptmanns *Iphigenie* und sogar Shaws *Zurück zu Methusalem*; Schiller und Brecht mögen da Ausnahmen sein, obwohl einem im Hinblick auf Schillers »Demetrius« auch nicht ganz idealistisch wohl zu sein braucht, und die späte Lyrik Brechts läßt sich gleichfalls zumindest nicht mühelos auf sozialen Realismus reduzieren – so deutlich sind denn doch auch die Beziehungen, die selbst das Spätwerk *Parsifal* mit dem Gesamtwerk Wagners verbinden. Wagner hat sich jahrzehntelang mit dem Stoff, dessen viele Fassungen und Wendungen er virtuos beherrschte, beschäftigt. Im *Lohengrin* ist von Parsifal die Rede, im letzten *Tristan*-Akt sollte der irrende Parsifal bekanntlich auftreten. So ganz darf man also Nietzsche die *Parsifal*-Überraschung nicht glauben... Aber mit Nietzsches Abfall von Wagner verbindet sich ja wohl auch Theatralisches. Mehrfach ist bereits nachgewiesen worden, daß auch der »frühe« Nietzsche durchaus Kritisierwürdiges an Wagner fand, und daß auch der allerspäteste Nietzsche in letzten Wahnsinnstagen wohl wußte, wie sehr er das Genie Wagner bewundert und geliebt hatte. Wagner war, auch *Parsifal* lehrt es, doch der letzte große populäre Tragiker des deutschen Theaters, wenn nicht des Welttheaters.

Diese letzte Feststellung ist nicht (nur) als apotheosenhafte Schlußaussage unserer Wagner-Überlegung zu verstehen. Sie darf und soll beim Wort genommen werden. Hat nicht Wagner wirklich, bei aller Differenziertheit, mit jener schlagenden Eindringlichkeit und Einfachheit unlösbare individuelle Problematiken, in denen sich Schuld und Schicksal begegnen, so auf die Bühne zu stellen gewußt, wie nur die großen Dramatiker der abendländischen Theatergeschichte es konnten? Die Bezeichnung »letzter populärer Tragiker« hat mit Qualität zu tun, aber sie ist gewiß keine direkte Qualitätsaussage. Es gibt keine Maßstäbe, um etwa nachzumessen, ob nun Brecht bedeutender oder unbedeutender sei als Wagner, ob Becketts Szenarien noch als bedeutende Tragödien zu verstehen seien oder nicht. Schon eher läßt sich etwas über »Popularität« sagen, die hier keineswegs als Negativum verstanden werden soll. Es ist klar, daß ein so bedeutender Dramatiker wie Wagners Zeitgenosse Friedrich Hebbel dem Gesamtkunstwerk-Verfasser denn doch an Durchschlagskraft, Wirkungsvermögen, Humor und Ausdrucksgewalt unterlegen war. Es ist ebenso sicher, daß zwar ein Gerhart Hauptmann über Wagners Fähigkeit zum Mitleid, beziehungsweise dazu, »Orpheus alles heimlichen Elends« zu sein, durchaus verfügte... Aber Gerhart Hauptmanns Szenarien entbehren denn doch wiederum der Allgemeingültigkeit, der Wagnerschen Freiheit, der weltumspannenden Wagnerschen Musikalität. Und erst recht wäre die Frage zu stellen, ob der Wagner-Nachfolger Paul Claudel, ob Shaw, ob Brecht, ob Beckett und die Modernen über-

haupt noch Tragiker sein wollen. So gesehen, käme Richard Wagner ein William Faulkner sicherlich näher als ein Ionesco oder ein Pinter. Aber das sind denn schon, wie man heute politisch abschätzig sagt, Spekulationen.
So offenbar Wagners Werke trotz ihrer vielfach germanisch-mythologischen Szenarien wohl als letzte Produkte der abendländischen Geistesgeschichte universale Kraft und Wirkungen hatten, allen schwerwiegenden Schwächen des von vielen Ressentiments erfüllten Individuums Wagner zum Trotz, so offenbar knüpft Wagner dabei an jene großen Vorbilder an, auf die er sich berief und berufen durfte: auf die griechischen Tragiker, auf Shakespeare, auf Gluck, Mozart und Beethoven. Ein Gesamtwerk wie das seine bleibt einzigartig.

Joachim Kaiser

DIE FEEN

ROMANTISCHE OPER IN DREI AKTEN

(1834)

PERSONEN

DER FEENKÖNIG

ADA, ZEMINA, FARZANA } Feen

ARINDAL, König

GUNTHER, MORALD, GERNOT } seine Freunde und Gefährten

LORA, seine Schwester

DROLLA, deren Dienerin

HARALD, ein Heerführer

EIN BOTE

DES ZAUBERERS GROMA STIMME

ARINDALS UND ADAS KINDER

EDELFRAUEN, DIENERINNEN, VOLK UND KRIEGER

FEEN UND GEISTER, EHERNE MÄNNER

ERSTER AUFZUG

Feengarten
Chor der Feen; unter ihnen Zemina und Farzana

CHOR. Schwinget euch auf,
schwinget euch nieder,
glücklicher Feen zarte Gestalten!
Denn unvergänglicher Schöne
nie verblühender Hauch
durchweht die herrlichen Welten,
atmet froh dieser Kreis.

FARZANA. Warum, Zemina, seh ich dich so traurig?

ZEMINA. Soll ich, wie du, mich dieser Feste freun,
da ihre Zier für immer bald verschwunden?

FARZANA. Schon für verloren hältst du unsre Ada,
weil sie, um den verweg'nen Sterblichen,
dem sie in toller Liebe zugetan,
für immer zu besitzen,
freiwillig der Unsterblichkeit entsagt?

ZEMINA. Du weißt, daß sie noch sterblich werden kann,
da sie entsprossen zwar von einer Fee,
ein Sterblicher jedoch ihr Vater ist.

FARZANA. Doch weißt du auch, was ihr und ihrem Gatten
vom Feenkönig auferlegt?
Glaub mir, nicht kann's der Sterbliche erfüllen,
Und Groma selbst, der Zauberer, sein Freund
soll weichen unsrer Macht,
und dann kehrt Ada ewig uns zurück!

ZEMINA. Laß uns vereint dann streben, sie zu retten!

ZEMINA UND FARZANA. Ihr Feen all!
Ihr Geister all!
Vernehmt, was wir verlangen!
Die Feen und Geister versammeln sich um beide
Reicht Hilfe uns zu unsrem Werk!
Den Sterblichen zu trennen
von der geliebten Fee!

CHOR DER GEISTER UND FEEN. Wir geben Hilf
und Beistand euch!
Unsterblich soll sie bleiben!

FARZANA UND ZEMINA. Reicht Hilfe uns zu unsrem Werk,

den Sterblichen zu trennen
von der geliebten Fee!

CHOR. Wir helfen euch bei eurem Werk,
den Sterblichen zu trennen
von der geliebten Fee!

Alle ab

Wilde Einöde mit Felsen. Gernot kommt von der einen, Morald und Gunther von der anderen Seite

GERNOT. Was seh ich? Morald, ihr, und Gunther, du?

MORALD. Wie, Gernot?

GUNTHER. O komm in meine Arme! –

Gernot und Gunther umarmen sich

GERNOT. Was Teufel, sagt, wie kommt ihr doch hierher?

GUNTHER. Erzähle du, wie dir's ergangen ist.

MORALD. Ja, Gernot, melde eilig mir,
wo ist dein Herr, wo Arindal?
Von unsrer Heimat komm ich her,
wo alles traurig ich gelassen.
Der greise König starb dahin
aus Gram um den verschwund'nen Sohn.
Der wilde Murold, unser Feind,
verwüstet fürchterlich das Reich,
begehrt die Schwester Arindals,
die heißgeliebte teure Lora!
Das einz'ge Mittel ist geblieben:
Ihn, der jetzt König ist, zu suchen,
und dazu bot Groma uns die Hand,
er, der seit alten Zeiten her
Beschützer ist des Königstamms;
er lehrt uns, Arindal zu finden. –
Doch sage du, was ist geschehn?

GUNTHER. Erzähle, Freund, erzähle uns!

GERNOT. Nun denn, so hört mir beide zu!
Ihr wißt, schon ist's acht Jahre her,
daß ich mit Arindal verschwand.
Zum Jagen zogen wir hinaus,
und schon begann die Nacht zu dämmern,
als eine Hirschin sich uns zeigte,
so schön, als nimmer man gesehn.
Der jagte Arindal nun nach
mit unermüdlichem Bestreben,
und als er nimmer sie erreichte,
gelangten wir an einen Fluß,

in dem die Hirschin uns entschwand.
Verzweiflungsvoll stand Arindal,
bis eine Stimme wir vernahmen,
die mit entzückend holdem Klang
den König mächtig nach sich zog.
Da sprang er plötzlich in die Fluten,
und ich, als treuer Diener, nach.

GUNTHER. Unglaublich!

MORALD. Fahrt fort, mein Freund!

GERNOT. Vor Schrecken wär ich fast gestorben;
doch als ich endlich mich gefaßt,
war ich in einem schönen Schloß,
und Arindal lag hingegossen
zu eines schönen Weibes Füßen.
Sie sprach zu ihm hinabgewandt:
»Ich liebe dich, wie du mich liebst,
doch eh ich ganz dein Eigen bin,
hast du noch viel zu überstehn.
Vor allem magst acht Jahre lang
du nimmer fragen, wer ich sei!« –
Trotz meinem größten Widerstreben
ging Arindal das Bündnis ein! –
Wer sie getraut, ich weiß es nicht,
doch schon zwei Kinder zeugten sie.
Acht Jahre flossen so dahin,
und ob ich schon nach Haus mich sehnte,
lebt ich in Freud und Herrlichkeit,
bis gestern der verliebte Prinz,
von heftiger Begier getrieben,
in seine Gattin drang, zu sagen
wer und woher sie sei.
Da hörten plötzlich Donner wir erschallen:
verschwunden war sie, und mit ihr
das Schloß und ihre Dienerinnen.
In diese öde Felsengegend
sind wir versetzt, und Arindal
sucht in Verzweiflung seine Gattin.

GUNTHER. O Wunder über alle Wunder!

GERNOT. Doch, saget endlich denn auch mir:
lebt meine liebe Drolla noch?

GUNTHER. Sie lebt und weinet oft um dich!

MORALD. Und daß du bald sie wiedersiehst,
muß Arindal mit dir uns folgen!

GERNOT. O seht, o seht, dort naht er schon!
Wie ein Besess'ner sieht er aus!
MORALD. So eilen wir von hier hinweg,
und du, verschweig ihm unsre Gegenwart!
Denn wisse: Groma lehrte uns
wie wir von hier hinweg –

Indem er mit Gernot und Gunther abgeht, die letzten Worte hinter der Bühne

ARINDAL. Wo find ich dich, wo wird mir Trost?
Entflohn bist du, und all mein Glück mit dir!
In jede Gegend, in jeden Raum
hab ich mein spähend Auge gerichtet;
in jedes Tal, in jede Höhe
drang meiner glüh'nden Sehnsucht Seufzer!
Weh mir, vergebens all' Bemühen!
Die Wildnis tönt von ihrem Namen,
das Echo spottet meiner Qual,
nur »Ada! Ada!« ruft es aus!
Und keine Antwort nennet »Arindal«!
Dein Auge leuchtet mir nicht mehr!
Dein Busen, ach, erwärmt mich nicht!
Kein Kuß stillt meiner Lippen Durst!
Dein Arm umfängt mich nimmermehr,
nur Todeskälte haucht mich an!
Weh mir!
War alles denn ein Traum?
Wo bist du, ach, wo bist du,
wo weilst du fern von mir?
Wohin send ich den Blick,
der dich erreichen soll?
Bei dir ist meine Sonne,
bei dir allein ist Leben,
doch fern von dir ist Tod
und grausenvolle Nacht.
Ach! Laß mich das Leben finden,
lös mich von Todesangst!
Wo bist du, ach, wo weilst du,
wo weilst du fern von mir?
O ende meine Qual,
und nimm mich auf zu dir!

Gernot kommt und betrachtet Arindal

GERNOT. Da steht Ihr nun, so recht bejammernswert!
Was wird wohl all das Klagen euch noch helfen?

Verlaßt den Ort, und folgt zur Heimat mir!
ARINDAL. Ich sollte meine Gattin lassen? Schweig!
GERNOT. Ihr Eure Gattin? Ließ sie Euch nicht sitzen?
Sie war so lang für Euch, als ihr's beliebte;
jetzt, da sie Eurer satt, läuft sie davon!
ARINDAL. Welch albernes Geschwätz!
GERNOT. Mit einem Wort, die, die Ihr Gattin nennt,
ist eine Hexe, so eine alte böse Zauberin!
ARINDAL. Sei still!
GERNOT. Deshalb verließt Ihr Reich und Land,
weil Ihr in eine Hirschkuh Euch verliebt?
ARINDAL. Du Lästermaul!
GERNOT. Ja, wie Ihr sie nachher gesehn,
das war nur Lug und Trug!
ARINDAL. O diese Schönheit also zu verhöhnen!
GERNOT. O welche Schönheit! Nächstens seh ich Euch
wohl selbst mit einem stattlichen Geweih!
ARINDAL. Du reizest meinen Zorn!
GERNOT. Auf einen Hirsch darf ich nun nicht mehr jagen,
denn wer steht dafür, daß so 'nen König ich erlege?
ARINDAL. Halt ein, du frecher Bursch!
Zu meiner Qual kann deiner Scherze Rohheit nimmer passen!
GERNOT. Habt von der Dilnovaz Ihr schon gehört?
ARINDAL. Was soll dies hier?
GERNOT. Hört zu, ich will's erzählen!
Arindal sinkt erschöpft auf einen Felsenblock
GERNOT. War einst 'ne böse Hexe wohl,
Frau Dilnovaz genannt,
die war so häßlich und so alt,
als es nur je bekannt!
Doch trug sie einen Ring am Finger,
der machte jung und schön,
als hätte man in seinem Leben
nichts Schöneres gesehn.
Sie kam zu einem König so,
betört ihn allzumal;
er machte sie zur Königin,
er nahm sie zum Gemahl!
Er war so blind in sie vernarret,
daß er nicht hört' und sah,
und daß er nimmermehr gewahrte,
was um ihn her geschah.
Einst traf er sie in fremdem Arm

in arger Liebesglut;
da zog er seinen Degen schnell
und hieb nach ihr voll Wut!
Doch traf er nur den kleinen Finger,
an dem sie trug den Ring;
da sah er bald in der Geliebten
ein altes häßlich Ding.

Gunther kommt in der Gestalt eines alten ehrwürdigen Priesters, indem er seine Maske durch gravitätischen Gang und Gesang begleitet

GUNTHER. Arindal!
ARINDAL. O welch ehrwürdige Gestalt!
Sag an, wer bist du, was begehrst du?
GERNOT. O welcher Schelmenstreich!
Wer mag den Schalk erkennen?
GUNTHER. Den heiligen Priester nennt man mich
und Liebe treibt mich her zu dir!
ARINDAL. Ich staune! Rede, heilger Greis!
GERNOT. Ich möcht ihn selbst für heilig halten!
GUNTHER. O König, du bist übel dran,
von einem bösen Weib umstrickt!
Ich kam hieher, dich zu ermahnen,
aus ihren Banden dich zu retten:
mit großem Pathos
wer sich für immer ihr ergibt,
fällt ab von Gott und seinem Reich!
ARINDAL. Entsetzlich! Was muß ich vernehmen!
GERNOT. Was macht der Kerl für schöne Worte!
GUNTHER. Du siehst die wilden Tiere wohl,
die sich in diesen Klüften bergen!
Sie waren Menschen einst, doch jetzt
sind sie von diesem Weib verdammt.
Folgst du mir nicht sogleich von hier,
droht gleiches Schicksal dir!
GERNOT. Ihr wißt, ihr wißt! Das Hirschgeweih!
ARDINAL. O Himmel, wär es möglich,
ich sei von ihr getäuscht?
GERNOT. Haha! Das ist zum Lachen,
solch närrischer Betrug!
GUNTHER. Wirst du sogleich mir folgen,
sollst du gerettet sein!
Wenn du noch länger zögerst,
so mußt du untergehn.

ARINDAL. So soll ich ihr entfliehn,
die ich so heiß geliebt.

Indem Arindal von Gunther fortgezogen wird, wird dieser unter Donner und Blitz plötzlich wieder in seine eigene Gestalt verwandelt

ARINDAL. Was seh ich! Gunther du?
GERNOT. Was Teufel!
GUNTHER. O weh! Was ist mit mir geschehn?
GERNOT. Nun ist der ganze Spaß vorbei!
ARINDAL. Welch unerhörte Freveltat,
so jämmerlich mich zu betrügen!
O Dank, geliebte Ada,
noch liebst du sicher mich!
Den Trug seh ich vernichtet,
durch deiner Liebe Macht!
GERNOT. Nun ist schon halb verloren
die gutgemeinte List!
Er bleibt bei seinem Sinne,
und folgt uns sicher nicht.
GUNTHER. Nun ist schon halb verloren
die gutgemeinte List!
Er bleibt bei seinem Sinne
und folgt uns sicher nicht.

Die Dämmerung ist eingebrochen. Moraid tritt auf in der Gestalt von Arindals verstorbenem Vater

MORALD. Arindal!
ARINDAL. Gott, was erblick ich!
Dort mein Vater!
Welch neue Täuschung findet statt?
GUNTHER UND GERNOT. Wie täuschend ist das Wesen, die Gestalt!
ARINDAL. Sag an, bist du mein Vater nicht?
MORALD. Dein Vater bin ich nimmermehr,
ich bin nur deines Vaters Geist!
Ich starb dahin aus Gram um dich,
da ich dich für verloren hielt!
ARINDAL. Hier waltet keine Täuschung mehr!
O Gott, mein Vater ist dahin!
GUNTHER UND GERNOT. Mich faßt fürwahr ein Grausen an,
so ähnlich sieht er seinem Vater!
MORALD. Als Geist komm ich, dich zu ermahnen,
dieweil dein Reich in arger Not!
Der wilde König Murold fiel

nach meinem Tod in unser Reich;
verwüstet ist es rings umher,
nur eine Stadt ist noch geblieben;
sie wird von deiner Schwester jetzt
mit ihrer letzten Kraft beschützt,
derweil du in verliebtem Wahn
dem trägen Müßiggange fröhnst!

ARINDAL. O, welch entsetzliches Geschick!
Dein Vorwurf, Vater, trifft mich schwer!

GUNTHER UND GERNOT. Wie's ihn ergreift! Nur zu! Nur zu!

MORALD. Darum verlasse diesen Ort
und folge mir nach deinem Reich!
Dein Arm gebricht dem Vaterland
und deine Schwester ruft zu dir!

ARINDAL. O Himmel, wär es möglich?
Mich trifft so schwer Geschick!

MORALD. Wirst du sogleich mir folgen,
so rettest du dein Reich!
Wenn du noch länger zögerst,
muß alles untergehn!

ARINDAL. So muß ich sie verlassen,
mich ruft die harte Pflicht!

GUNTHER UND GERNOT. Dies wird ihn wohl erweichen,
er folgt nun sicher uns.

Als Arindal im Begriff ist, Morald zu folgen, wird dieser unter Donner und Blitz plötzlich wieder in seine eigene Gestalt verwandelt

ARINDAL. Wie? Morald? Wiederum Betrug?

GUNTHER UND GERNOT. O weh! Auch ihm ist es mißglückt!
Nun ist der ganze Spaß vorbei!

ARINDAL. O, Morald, teurer Freund,
auch du verspottest mich durch solchen Trug?

MORALD. O Herr verzeih! Die beste List
ist jetzt durch fremde Macht vereitelt.
Erzürne nicht, und laß als Freund
zum teuren Freunde jetzt mich sprechen!

ARINDAL. So ist es wahr, mein Vater starb?

MORALD. Aus bittrem Kummer über dich.

ARDINAL. O hartes Schicksal! Wehe mir!

MORALD. Was ich in jener Truggestalt
von deiner Heimat dir gemeldet,
sei jetzt von deinem Freunde dir
als schlimme Wahrheit wiederholt!

In Trümmern liegt das schöne Reich!
ARINDAL. Genug, halt ein! Ich folge euch!
Ach, was allein zurück mich hielt,
ist mir für ewig ja entschwunden!
Geht denn beiseit und pflegt der Ruh,
ich folge morgen euch von hinnen!
GUNTHER, MORALD UND GERNOT. O welches Glück, er willigt ein!
ARINDAL. Hinweg von hier ruft mich die Pflicht!
GUNTHER, MORALD UND GERNOT. Sein starrer Sinn hat sich erweicht!
ARINDAL. Ich zögre länger nicht!
Ich zögre länger nun nimmermehr!
O, wer ermisset meinen Schmerz,
ich soll die Gattin nicht mehr sehn!
GUNTHER. Nach meiner Heimat ziehe ich,
zu unsren hübschen Mädchen hin.
MORALD. Nach meiner Heimat ziehe ich,
zur heißgeliebten Lora hin!
GERNOT. Nach meiner Heimat ziehe ich,
zu meiner treuen Drolla hin!
ARINDAL. Von ihr muß ich für ewig fort,
da nichts mehr ihren Zorn erweicht!
GUNTHER, MORALD, GERNOT. O welches Glück, er willigt ein,
sein starrer Sinn hat sich erweicht!

Alle gehen ab, nur Arindal bleibt allein zurück

ARINDAL. So soll für immer ich nun von dir scheiden,
und du, geliebte Gattin, zeigst dich nicht?
Nicht einen Kuß, nicht eine einz'ge Träne
hast du für deinen scheidenden Geliebten!
O Grausame, leb wohl, leb ewig wohl,
zum Kampfe zieh ich für mein Vaterland,
und meine Hoffnung ist allein der Tod!

Indem er sich zum Abgehen wendet, fühlt er sich plötzlich ermattet und sinkt allmählich auf einen Stein nieder

Doch was bemächtigt meiner Glieder sich?
Ich will hinweg, doch weigert sich mein Fuß! –
Mein Auge sinkt! – Ist dies der nah'nde Schlummer?
Ich fühl's! Leb wohl, mein Lieb,
dein Gatte scheidet so! Ade!

Er entschlummert

Die Szene verwandelt sich in einen reizenden Feengarten, im

Hintergrunde ein glänzender Palast – Ada tritt aus dem Palast, im reichsten Feenschmuck

ADA. Wie muß ich doch beklagen,
was sonst so hehr, so schön –
zu traurig hartem Lose
wird mir Unsterblichkeit!
Weil ihn allein ich liebe,
gäb ich so gern sie hin!
Doch ganz ihn zu gewinnen,
wie ist's so hart, so schwer!
Mir bleibt nun nichts als klagen
und weinen um mein Los!
Ihn werde ich verlieren,
um ewig tot zu sein!

Arindal erwacht allmählich

ARINDAL. Wo bin ich? Ach, in welche sel'ge Räume
hat mich ein schöner Traum wohl hingeführt!
Und dort, ha, träum ich nicht, ist meine Gattin?

ADA. Erkennst du mich? Geliebter, Undankbarer!
Du wolltest mich verlassen?

ARINDAL. Ada, dich seh ich wieder?
Übermaß von Wonne!
Mir wird das freudige Glück,
dich wieder ganz zu besitzen,
all schweres, bitt'res Leid
in deinem Arm zu vergessen!

ADA. O dämpfe deine Glut,
gebiete dem Entzücken!
Zu neuer, herber Qual
bin ich dir jetzt erschienen!

ARINDAL. O warum Pein, o warum Qual?
Du bist für immer mein,
und jede Lust mit dir!

ADA. Unglücklicher! Nur kurze Zeit,
für ewig dann getrennt
bin ich von Arindal!

ARINDAL. Ich lasse dich nimmermehr
und weiche nie von dir!

ADA *mit Angst.* Nur noch ein einz'ger Tag,
und du verlässest mich!

ADA UND ARINDAL. Noch halt ich dich in meinen Armen,
doch dich entreißt das Schicksal mir.
Verderben wird uns beiden drohen,

Wenn unsrer Liebe Macht nicht siegt!

Gunther, Morald, Gernot und der Chor ihrer Gefährten kommen

MORALD. Auf, Arindal, komm jetzt mit uns von hinnen!
Was seh ich? Gott, wohin sind wir versetzt!
GUNTHER. Und dort, das schöne Weib!
GERNOT. Ich kenne alles!
Sein Weib, die hübsche Hexe, hat er wieder;
nun ist's vorbei, er folgt uns sicher nicht!
CHOR DER GEFÄHRTEN. Fürwahr, welch göttlich schönes Weib!
MORALD. Solch milden Zauber sah ich nie!
CHOR. Sah ich wohl je so hohen Reiz?
MORALD. Ich kann den König wohl begreifen!
ARINDAL. Weh mir, schon hab ich es versprochen,
nach meiner Heimat mitzugehn!
GUNTHER, MORALD UND CHOR. Wie blendet ihre Schönheit mich,
wie ihrer Wangen holdes Licht!
GERNOT. Ach, das ist alles ja nicht echt,
und ihre Wangen sind geschminkt!
ARINDAL. Weh mir, schon hab ich es versprochen,
nach meiner Heimat mitzugehn!
Wie soll ich mein Versprechen halten!
Wie kann ich fort, wie soll ich los?
GUNTHER, MORALD UND CHOR. Den König wag ich kaum zu mahnen,
daß er von hier uns folgen soll.
Fürwahr, welch göttlich schönes Weib!
Sah ich wohl je so hohen Reiz?
So milden Zauber sah ich nie,
ich kann den König wohl begreifen!
ADA. Weh' mir! Schon naht der Anfang meiner Leiden!
Man kommt, des Vaters Tod mir zu verkünden!

Ein festlicher Zug von Feen aus Adas Reiche tritt auf; vor ihm her Farzana und Zemina

ADA. Dein Vater hat das Los
der Sterblichen geteilt.
ZEMINA. Aus deines Reiches Fernen
strömt alles Volk herbei,
zu grüßen dich als Königin!
CHOR DER FEEN. Heil unsrer Königin!
Heil, schöne Ada, dir!
Gegrüßet sei als Herrscherin
von deines Volkes Schar!

Von fern ertönt der Jubel
unsrer frohen Huldigung.
Heil unsrer Königin!
Heil, schöne Ada, dir!

ADA. O hätt ich dieses Jubels Klänge
wohl nimmermehr gehört!
Ich fühle nur die neue Fessel
an mein unselig Los!

ZEMINA UND FARZANA. Dies fesselt sie mit neuen Banden
an die Unsterblichkeit;
denn will sie wirklich sterblich werden,
verliert sie auch ihr Reich.

GUNTHER. Hab ich wohl je etwas gesehen,
was diesem Treiben gleicht!

MORALD. Was soll ich wohl von allem halten,
ich kann mich fassen kaum.

GERNOT. Das ist nur alles toller Spuk,
Betrug und Heuchelei!

ARINDAL. Sag, meine Gattin, mir
was soll dies Treiben all?

ADA. Du hörst mich Königin wohl nennen,
dies wisse denn, doch frage nicht!
Denn das, was Freude dir erscheint,
wird mir zu schwerer Pein!
Ich muß von dir jetzt wieder fort,
du folg den Deinen in dein Land!

ARINDAL. O Gott, ich soll mich von dir trennen?

ADA. Für jetzt – wenn nicht für immerdar!
O, könnt ich alles dir vertrauen!
Doch dies verbietet mein Geschick.

ARINDAL. So sprich! Wann sehe ich dich wieder?

ADA. Schon morgen! Bittres Wiedersehn!

ARINDAL. Schon morgen, morgen! Welches Glück!

ADA. Zu deinem Unglück siehst du mich! –

ZEMINA *beiseite zu Farzana.* Du weißt, er muß ihr jetzo schwören
auf keinen Fall sie zu verfluchen!

FARZANA *beiseite.* Doch da er's nimmer halten kann,
so muß der Meineid ihn verderben!

ADA. Vernimm denn, was ich dir verkünde:
was du auch morgen sehen magst,
was dich für Schrecken auch bedrohn,
was dir für Unheil auch begegne,

o Arindal, laß nimmer dich so weit verleiten,
mich, deine Gattin, zu verfluchen!

ARINDAL. Was höre ich, du spottest mein!

ADA. Sei standhaft dann und schwöre mir's, –
schnell
ach, schwöre nicht! –

ARINDAL. Ich schwöre dir's!

ZEMINA UND FARZANA. Habt ihr's gehört? Er hat geschworen!

GUNTHER, MORALD, GERNOT, CHOR. Er schwur!

ADA *wendet sich mit Entsetzen ab.*
Weh mir, er hat geschworen!

GUNTHER, MORALD, GERNOT. Ein schreckenvoll Geheimnis
verbirgt wohl dieser Schwur!
Die ihn dazu vermocht,
steht jetzt geängstet da!

ZEMINA UND FARZANA. Er hat es ihr geschworen,
und kann nicht mehr zurück;
der Schwur bringt ihm Verderben
und trennt von Ada ihn.

ARINDAL. Was ich beschworen habe,
sei treulich auch bewährt!
So wie ich heiß sie liebe,
bleibt heilig auch mein Schwur.

ADA. O hätt er nie geschworen,
den harten Schreckenseid!
Er wird ihn nimmer halten
und durch ihn untergehn!

CHOR DER FEEN. Dir tönet freudig unser Jubel,
als unsre Fürstin sei gegrüßt!
Es schall' hinauf in alle Räume
der Preisgesang der Königin!
Heil, schöne Ada, dir! Heil unsrer Königin!

Chor der Gefährten

GUNTHER, MORALD, GERNOT. Auf, komm mit uns nach deinem Lande,
zu deinem Reiche kehre heim,
läßt du noch länger hier dich halten,
muß Land und Schwester untergehn!
Auf, König, folge uns
nach deiner Heimat hin!

ARINDAL. So laß ich dich aus meinen Armen
bis zum beglückten Wiedersehn;
ich schwur dir Treu und will sie halten

und sollt ich drüber untergehn!
Leb wohl, du mein Gemahl,
ich bleibe ewig treu!

ZEMINA UND FARZANA. So reiße dich aus seinen Armen,
das Volk will dich gekrönet sehn!
Laß länger nicht zurück dich halten,
der Huldigung entgegengehn!
Auf, komm!
Auf, Ada, folge uns
zum frohen Feste hin!

ADA. So laß ich dich aus meinen Armen,
wir werden bald uns wiedersehn;
o mögest deinen Schwur du halten,
sonst mußt du mit mir untergehn!
Leb wohl, mein Arindal,
und bleibe ewig treu!
Ada wird in einem Triumphwagen davongezogen

ZWEITER AUFZUG

Vorhalle eines Palastes in der Hauptstadt der Residenz Arindals. Chor der Krieger und des Volkes

CHOR. Weh uns, wir sind geschlagen
und flüchtig vor dem Feind!
Schon tobt er vor den Mauern
und droht mit Untergang! –
Zu dir hinauf, o mächtger Gott,
tönt unser Ruf aus tiefer Not!
Erhöre uns und steh uns bei!
Uns drängt die Todesangst,
der Hilfe Ruf umsonst!
Verderben harret uns
und droht mit Qualentod!

LORA *tritt auf in Waffenrüstung.*
Was drängt euch so mit harter Todesangst,
daß ihr mit solchem Schrei die Luft erfüllt?

CHOR. Geschlagen sind wir wieder,
dem Untergang geweiht!

LORA. Kleinmütige! Warum sogleich verzagen?

Auf wen drängt sich mehr Mißgeschick zusammen,
als auf mich selbst, die ich ein schwaches Weib?
Mein Vater starb, mein Bruder ist entfernt,
und selbst den teuren Freund muß ich vermissen!
Habt ihr vergessen Gromas Weissagung,
daß dieses Reich niemals verloren geh,
sobald uns Arindal zurückgekehrt?

CHOR. Doch wer sagt dies uns an,
daß je zurück er kehre?

LORA. Sandt ich den teuren Morald selber nicht,
ihn aufzusuchen und zurückzubringen?

CHOR. Unglückliche! Wohl längst ist Arindal dahin!

LORA. Was sagt ihr! Weh mir, wenn es möglich sei!
Ihr weckt des eignen Herzen trübe Ahnung:
sie kehrten nimmer mir zurück!
O mußt du Hoffnung schwinden,
die du mein einz'ger Trost,
die mich in schweren Leiden
mit holdem Arm umfing!
Den Bruder bald zu sehen,
war mir ein froher Wahn; –
den Freund bald zu umarmen,
war höchste Wonne mir!
Und kehrte keiner wieder, –
welch qualenvoll Geschick! –
So müßt ich, ganz verlassen,
allein zu Grunde gehn!

Ein Bote tritt auf

BOTE. Heil euch! Ich bringe frohe Kunde:
mit Arindal kehrt Morald uns zurück!

CHOR. Was sagt er? Gott, wär's möglich?

LORA. Kaum trau ich meinem Ohr! Wo sahst du sie?

BOTE. Ich zog mit aus, den König aufzusuchen,
wir fanden und bewogen ihn zur Rückkehr!

LORA. Sie kehren mir zurück!
Wie faß ich mich vor hoher Freude!
Wie faß ich mich vor Wonneglut!
Den Busen fühl ich hoch sich heben,
und froh erbebt mein heißes Herz!
Den teuren Bruder soll ich sehn,
des Untergang ich schon beklagt!
Geliebter Freund, du kehrest wieder,
und eilst in deiner Treuen Arm!

CHOR. Welch hohe Freude wird uns wieder,
der Teure kehret uns zurück,
die Hoffnung soll uns wieder heben!
Voll Wonne atme jedes Herz!
O König, sei gegrüßt von deinem treuen Volk!
Der Jubel wehrt dem Leid bei deiner Wiederkehr!
Lora eilt ab und kommt mit Arindal und Morald zurück
ARINDAL. O hemmet dieses Jubels Töne,
mit Schreckensmahnung drängt er mich!
Denn ach! Zum reichen Königsmantel
wird mir des Vaters Grabgewand!
MORALD. O Lora, sieh, was ich versprochen,
das hielt ich trotz Gefahren dir:
den teuren Bruder bring ich wieder,
gedenkest du des süßen Lohns?
LORA. O, welchen Lohn soll ich dir geben
für dieser Wonne Übermaß!
Den Freund, den Bruder hab ich wieder:
Vorüber seh ich alles Leid!
LORA UND MORALD. Ich seh dem Schicksal froh entgegen,
und fühle neu gerüstet mich;
Denn Rettung naht dem Vaterlande
und Liebe winkt in deinem Arm!
Dahin flieht alles Leiden
und alle Freuden ziehen ein!
Laß denn zum letzten Kampf uns schreiten,
der uns dem Glück entgegen führt!
ARINDAL. Ich seh dem Schicksal bang entgegen
und fühle fast entmutigt mich;
so viele Not im Heimatlande
und neue Qual noch harret mein.
Wie trage ich wohl alle Leiden,
wie soll ich stark zum Kampfe sein!
Schon drückt die Gegenwart mich nieder,
die zu noch größerm Schrecken führt!
Alle ab
Gernot und Gunther kommen
GERNOT. Wie ist dir's, Gunther, daß du endlich wieder
auf deinen eig'nen Füßen stehen kannst?
GUNTHER. O was für eine schlimme Nacht war dies!
Von solchen Greueln hab ich nie geträumt!
GERNOT. Doch dieser Morgen! War es nicht,
als ob die blut'ge Sonne alles wollt versengen?

Die Erde bebte unter meinem Fuß,
der Blitz verdarb mir mein Gesicht,
der Donner mein Gehör!

GUNTHER. Der König selbst, wie war er doch erschüttert!

GERNOT. Und was find ich nun hier? Von Feinden alles voll,
kaum noch ein Fußbreit Lands gehöret uns!

GUNTHER. O böse Zeichen – böse Zeiten!

GERNOT. Mir ist's, als hätt ich einen tücht'gen Rausch gehabt,
so geht der Jammer mir durch alle Glieder!
Wenn ich nur meine Drolla fänd!
Sag mir: ist sie noch jung?

GUNTHER. Du fragst mich ziemlich dumm;
seit du von uns, ward sie acht Jahre älter,
damals – war sie ein Kind!

GERNOT. Ich meine hübsch?

GUNTHER. Gewiß!
Ich kam oft in Versuchung –

GERNOT. Wie?

GUNTHER. Nun, sie zu trösten!

GERNOT. Das hättest du lassen können!
blieb sie mir treu?

GUNTHER. Ich glaube; frag sie selbst,
dort kommt sie her,
ich laß euch gern allein!

Geht ab

DROLLA UND GERNOT. Wie? Seh ich recht, ist dies nicht Gernot?
(Drolla?)
Du bist's! O welche Freude!
Ach, nach so langen Zeiten
dich endlich wiedersehn!
Dich an mein Herz zu drücken,
ist zum Entzücken ganz!
O sage mir, erzähle,
wie ist dir's doch ergangen?
O erzähle! O erzähle!

GERNOT. Mir ist's recht gut ergangen!
Ich war mit meinem Herrn so lang
bei einer schönen Königin.
In ihrem Schlosse war die Wahl
der hübschen Mädchen wahrlich schwer.
Sie waren alle wie zum Küssen,
die eine blond, die andre braun,
mit blauen und mit schwarzen Augen!

DROLLA. Gewiß, gewiß – ganz allerliebst!
GERNOT. Und da ich auch ein hübscher Bursch,
verliebten alle sich in mich,
und ich, ei nun – und ich –
DROLLA *beiseite.* Jetzt stockt er wahrlich mit der Sprache!
O warte nur, du böser Schelm!
Mir dieses ins Gesicht zu sagen,
das ist doch wahrlich unerhört!
GERNOT *beiseite.* Jetzt will ich doch von ihr erfahren,
ob sie wohl wirklich mich noch liebt.
Die Eifersucht soll mir es sagen,
glaubt sie, was sie von mir gehört!
DROLLA. So laß auch dir von mir erzählen,
wie mir's so lange Zeit erging!
Bei Hofe war ich hier so lang
als Loras beste Dienerin.
Um sie zu werben zogen her
der schönsten Ritter reiche Zahl;
sie waren alle wie zum Küssen,
der eine blond, der andre braun,
mit blauen und mit schwarzen Augen.
GERNOT. Ich werde selber schwarz und blau!
DROLLA. Und da ich auch nicht häßlich bin,
verliebten alle sich in mich,
und ich – ei nun, und ich –
GERNOT *beiseite.* Jetzt stockt sie wahrlich mit der Sprache –
o warte nur, du böses Ding!
Mir dieses ins Gesicht zu sagen,
das ist doch wahrlich unerhört!
DROLLA *beiseite.* Vor Ärger kann er kaum sich fassen!
so ist es recht dem Flattergeist!
Vor Eifersucht soll er verzagen,
glaubt er, was er von mir gehört!
DROLLA UND GERNOT. Hinweg von mir, du Falscher! (Falsche!)
Ich mag dich nicht mehr sehn!
So hieltest du die Treu,
die du mir oft geschworen?
In fremde Männer (Mädchen) sich verlieben,
derweil ich in der Ferne bin,
das heiß ich wahrlich doch betrügen,
und seine Liebste (seinen Liebsten) hintergehn! –

Sie laufen zu verschiedenen Seiten davon, bleiben aber an den äußersten Enden stehen und sehen sich aus der Ferne schüchtern an

GERNOT. Drolla! –

DROLLA. Gernot?

GERNOT. Bist du denn noch nicht fort?

DROLLA. Du bist noch da?

GERNOT. Mich dünkt, du weinst?

DROLLA. Was kümmert's dich, Treuloser!

GERNOT. Ich treulos? Ach fürwahr, das bin ich nicht!

DROLLA. Hast du's nicht selbst erzählt?

GERNOT. Gelogen, ach, gelogen!
In mich hat keine sich verliebt,
und ich hab nur nach dir mich hingesehnt,
entdecken wollt ich, wie es mit dir stünd?

DROLLA. Und ich hab wahrlich auch gelogen,
in mich hat keiner sich verliebt,
wie ich in keinen mich.
Ich bin dir treu geblieben!
Um dich zu strafen, log ich dir was vor.

GERNOT. Was hör ich? Laß uns sogleich umarmen!

Umarmung

Verzeihung!

DROLLA UND GERNOT. So sind wir denn vereint,
um nie uns mehr zu trennen,
kein Argwohn, kein Verdacht
soll je uns scheiden können!
Du liebst mich, welche Freude,
ach, welche Seligkeit!
Erdichtet und erlogen
war, was uns jetzt entzweit!

Umarmung und Kuß

Wir trennen nie uns mehr,
um ewig froh zu sein!

Beide ab

Ada, Zemina und Farzana treten auf

ADA. O Grausame, so habt ihr kein Erbarmen
und treibt mich kalt zu diesen grausen Taten?

FARZANA. Verzeih, wir sind nicht Schuld an dem Geschick,
das dir dein eig'ner Will' bereitet hat.

ADA. Doch da ihr wißt, welch Los mich Ärmste trifft,
wenn ich besiegt, so freut ihr euch der Qual?

ZEMINA. O glaub es nicht, denn sie entlockt mir Tränen!

Doch höre: du kannst dich allem noch entziehn,
sobald du jetzt dem Sterblichen entsagst!

FARZANA. Noch ist es Zeit und offen steht die Wahl:
hier langer Tod und dort ein ewig Leben!

ZEMINA UND FARZANA. Bedenk, und deine Wahl sei dein Geschick!

Sie verschwinden

ADA. Weh mir, so nah die fürchterliche Stunde,
die all mein Glück und all mein Elend kennt!
O warum weckt ihr noch in meiner Seele
den Zweifel jener herben Wahl!
Unglückliche, wohin soll ich mich wenden?
Wie so gewiß ist nur mein Untergang,
und ach, wie ungewiß mein Sieg! –
Ich häufe selbst die Schrecken an,
die Qualen leit ich auf ihn hin,
ich wecke Zweifel in ihm auf,
die nie ein Sterblicher erträgt!
Von überall stürmt Unglück ein,
sein letzter Stern, die Liebe, sinkt –
Nacht wird's um seine Sinne her,
er rächt sich und verflucht sein Weib! –
Weh mir! Und dieser Fluch trennt mich von ihm,
und Ewigkeiten treten zwischen uns!
Verzweiflung, Wahnsinn, Tod ist dann sein Los,
und meines fürchterlich: auf hundert Jahr
Verwandelung in Stein! –
Ich könnte allem mich entziehn,
steht mir's nicht frei! In ew'ger Schöne
unsterblich, unverwelklich blühn? –
Es huldigt mir die Feenwelt,
ich bin ihr Glanz und ihre Zier!
Es ehrt ein unvergänglich Reich
mich, seine hohe Königin!
Ich könnte allem mich entziehn,
in Feenpracht unsterblich blühn!
Betrogne, Unglücksel'ge!
Was ist die Unsterblichkeit?
Ein grenzenloser, ew'ger Tod!
Doch jeder Tag bei ihm
ein neues, ew'ges Leben! –
So sei es denn! Geschlossen ist die Wahl,
für jenes Leben opf'r ich alles hin!

Mein Arindal!
Begeistern wird auch ihn die Liebe
und Mut zum Kampfe ihm verleihn;
den Zweifel wird er kühn besiegen,
aus meinen Banden mich befrein!
Die falsche Tücke sei vernichtet,
die mich von ihm zu trennen strebt!
All eu'r Bemühen sei vergebens,
das meine Liebe töten will!
Denn sollte er auch unterliegen,
und mich der Felsen in sich schließen,
mit großer Wehmut
so soll die Liebe selbst den Stein
der Sehnsucht Tränen weinen lassen!
Und diese Tränen fühlt mein Gatte,
dieser Seufzer dringt zu ihm,
der Klageruf wird ihn durchbeben,
läßt ihn nicht rasten, treibt ihn her!

Chor des Volkes und Chor der Krieger. Dann Lora, Drolla, Arindal, Gunther, Morald und Gernot

ALLE. Hört ihr des Sturmes Brausen,
das vor den Mauern tobt?
Es sind des Feindes Scharen
zu neuer Wut erwacht!
ARINDAL. Wie bang erfüllt ist meine Brust!
LORA. Auf denn, ihr Freunde, zieht hinaus!
ARINDAL. O wie ertrag ich alle Not!
LORA. Befreiet uns von dieser Not!
DROLLA, GUNTHER, GERNOT, VOLK. So ziehet froh hinaus
zu dem Befreiungskampf!
CHOR DER KRIEGER. So ziehen wir hinaus
zum letzten Todeskampf!
ARINDAL. Zu kämpfen, ach, vermag ich nicht!
MORALD. Ihr Krieger, kommt, ich führe euch!
Mit den Kriegern ab
LORA. Wie, Bruder, du vermöchtest es,
dem heil'gen Kampf dich zu entziehn?
ARINDAL. O Lora, krank ist meine Seele,
und siech liegt aller Lebensmut!
DROLLA, GUNTHER, GERNOT, CHOR. Seht ihr des Königs trüben Blick,
wie er umsonst nach Fassung ringt?

ARINDAL. Wie soll ich Härt'res noch ertragen,
da diese Not das Schwerste mir?

LORA. Wie soll ich seine Stimmung deuten,
die ihn so schwer darnieder drückt!

Als Arindal sich abwendet, tritt ihm Ada entgegen

ADA. Weh dir, wenn dies das Schwerste dir erscheint!

ARINDAL. O Himmel, meine Gattin!

ALLE. Wie, dies ist seine Gattin?

ADA. Jetzt, Arindal, gedenke deines Schwurs!

Ada gibt ein Zeichen: ihre beiden Kinder erscheinen und stürzen in Arindals Arme

LORA, DROLLA, GUNTHER, CHOR. O seht die holden Kleinen,
wie lieblich anzuschaun!

GERNOT. Das sind die hübschen Dinger,
die ihm von ihr geschenkt!

ARINDAL. Ach, meine Kinder seh ich wieder,
welch freudig unverhofftes Glück!
Ich lasse sie mir nimmer rauben,
und kein Geschick entreißt sie mir!

ALLE. Seht, o seht die holden Kleinen, etc.

ADA. O hättest du sie nie gesehn!
Zum Jammer wird ihr Anblick dir!

Auf ihren Wink öffnet sich ein feuriger Schlund

CHOR. Entsetzen! Was geschieht?

ARINDAL. Ha, was beginnst du?

ADA. Gib meine Kinder mir zurück!

ARINDAL. Ha nimmermehr! Was soll gescheh'n?

ADA *entreißt ihm die Kinder*. Laß mich, noch sind sie nicht ganz dein!

ARINDAL. Entsetzliche! Sie sind nicht mein?

ADA. Der Feuerschlund soll sie empfangen!

LORA, DROLLA, GUNTHER, GERNOT, CHOR. Ha, was beginnet die Verweg'ne!
Greift an und haltet sie zurück!

ADA. Zurück von mir, Verweg'ner!

ARINDAL. O Weib, ich laß dich nicht gewähren!
Und ihr hinab!

Sie wirft die Kinder in den Schlund, der sogleich verschwindet Alle stehen wie verzaubert

ALLE. O Gott, was haben wir gesehn?
War es nur Täuschung, war es Wahrheit?
Entsetzlich Weib, was tatest du?
Kann man dich eine Mutter nennen?

ARINDAL. Wie mächtig wühlt's in meiner Brust,
es paart sich Vorwurf und Verdacht!
ADA. Wie mächtig wühlt's in seiner Brust!
O Himmel, schütz ihn vor Verdacht!
Flüchtlinge vom Chor der Krieger kommen
CHOR DER KRIEGER. Entflieht, wir sind besiegt!
ALLE. Welch neues Unheil stürmt auf uns
und drohet uns mit Untergang!
ADA. Dies Unheil trifft mich mehr als ihn!
Es weihet mich dem Untergang!
CHOR DES VOLKES. Schon näher dringt der Sturm,
hört ihr den grausen Lärm?
Neue Flüchtlinge kommen
CHOR DER KRIEGER. Verloren, ach verloren!
Nichts kann uns mehr erretten!
LORA. Ihr Feigen, was entflieht ihr,
führt euch der tapfere Morald nicht?
CHOR DER KRIEGER. Er ist verschwunden uns,
gefangen oder tot!
LORA *mit einem Schrei*. Tot!
ALLE. Zu Trümmern stürze alles hin,
der Beste ist gefallen!
ADA. Noch ahnt er nicht, daß ich die Schuld
an allem seinen Elend bin!
CHOR. Seht, dort kommt Harald her,
der Hilfe uns versprach!
ARINDAL. Der letzte Hoffnungsschein!
ADA. Wird mir zum Untergang!
LORA. Sag an, wo sind die Krieger,
die du zur Hilfe bringst?
HARALD *auftretend*. Weh euch, ich bringe nichts! –
Vernichtet ist mein Werk!
ALLE. Was sagt er? Keine Hilfe,
nur neuer Untergang?
HARALD. Die besten Krieger hatte ich geworben,
und schon nicht fern mehr waren wir der Stadt,
da stellt sich uns ein Kriegsheer in den Weg,
an seiner Spitze ein gewaffnet Weib.
Sie griff uns an mit unerhörter Macht,
und alles war in kurzer Zeit zerstreut.
Dann sprach das Weib: »Geh heim zu Arindal,
sag ihm, ich sei Ada, die Königin!«
ADA *für sich*. O, muß ich dieses noch ertragen!

ARINDAL. Was sagst du? Ist es diese,
die dir den Auftrag gab?
HARALD. Mein König, ja, sie ist's!
ALLE. Entsetzlich! Seine Gattin
ist mit dem Feind im Bund!
ARINDAL. Ha, furchtbar tagt's in mir!
Ich war von je betrogen!
Ha, schändlich Weib, so bist du jetzt entlarvt,
und deiner argen Tücke Ziel ist da!
Von jenen Zauberinnen bist du eine,
die zum Verderben uns mit Lieb' umstricken!
Du hieltest mich in schnöden Banden fest,
verlocktest mich mit bösem Trug!
ADA. Mein Arindal! Mein Arindal!
ARINDAL. Um grausam mich zu quälen,
gabst meinen Kindern du den Feuertod,
zertrümmertest mit arger List mein Reich,
ich selbst bin der Verzweiflung preisgegeben!
ADA. Halt ein! Halt ein!
ARINDAL. Zu was dich länger schonen,
um dich zu strafen, gabst du mir die Macht!
Verruchtes Weib, sei denn verflucht!
ADA. Arindal, halt ein! Ah!
Entsetzlicher Schrei
Zemina und Farzana erscheinen
Meineidiger, was tatest du!
ZEMINA UND FARZANA. Ada, die Bande sind gelöst,
unsterblich bleibst du, wie zuvor!
ALLE. O Gott, was hören wir,
was hat das zu bedeuten?
ADA *mit wütendem Schmerz.* Entsetzlicher! So hieltest du den Schwur?
Mit solchem Mut bewährtest du die Treu?
Verloren, ach verloren! Weh, unglücklich
hast du für Ewigkeit dein Weib gemacht! –
So wisse denn, wie groß die Freveltat!
Von einem Sterblichen und einer Fee
bin ich erzeugt und so der Mutter gleich unsterblich.
Da sah ich dich, und dir Meineidigen
wandt ich all meine heiße Liebe zu!
Sie war so groß, daß ich, um dein zu sein,
freiwillig der Unsterblichkeit entsagte! –
Der Feenkönig zürnte mir darum,

und da den Rücktritt er nicht wehren konnte,
sucht er ihn dadurch zu erschweren mir,
daß er mir dieses als Bedingnis gab:
acht Jahr dir zu verschweigen, wer ich sei,
und dann den letzten Tag auf dich so viel
der Qualen und der Schrecken aufzuhäufen,
als dich verleiten könnte, mir zu fluchen!
Nur, wenn dein Herz standhaft aus Liebe sei
soll ich das Los der Sterblichkeit erhalten.
Wenn nicht, so sollte ich unsterblich bleiben
und dann noch mein Begehren dadurch büßen,
daß ich auf hundert Jahr in einen Stein verwandelt sei!

Mit innerem Schauder

Nun denn, du kennst mein Los!

ARINDAL. O Gott, wie braust's in meinem Hirn!
Sag an, bist du nicht schuld an meines Reiches Not?

ADA. Sie endet schneller noch als sie bereitet!

ARINDAL. Nun denn, sind jene Krieger nicht erschlagen,
die dieser mir zu Hilfe brachte?

ADA. Ich tat's! Es waren deines Feindes Krieger,
mit denen Harald dich verraten wollte.

ARINDAL. Und Morald, fiel er nicht, war es nur Schein?

Harald wird ergriffen und abgeführt

ADA. Durch meine Macht besiegt er jetzt den Feind!

ARINDAL. Was frag ich noch? Schon faßt mich Wahnsinn an!
Doch meiner Kinder Mord verdammet dich!

Auf Adas Zeichen kommen ihre beiden Kinder und stürzen in Arindals Arme

ADA. Von ihrer Geburt gereinigt, nimm sie hin,
der Erde schönstes Los beglücke sie;
nur mich nimmt grenzenloses Elend auf!

ARINDAL *sinkt zu Adas Füßen zusammen.* Nun denn, Verzweiflung, dir gehör ich an!

CHOR DER KRIEGER. Triumph! Wir sind befreit,
erschlagen ist der Feind!

MORALD *auftretend.* Ich bringe Sieg und Freude,
vernichtet ist der Feind!

ALLE. Was hör ich! Wir sind befreit!

CHOR, DROLLA, GUNTHER, GERNOT. Ertönet, Jubelklänge
zum Himmel hoch empor,
des Sieges Hochgesänge
erschallen jetzt allein!

LORA, MORALD. Ich drücke dich als Sieger

an meine frohe Brust!
Welch unnennbare Freude,
von dir befreit zu sein!
Dich Holde zu befrein!

ZEMINA, FARZANA. So ist sie denn gerettet,
zurückgegeben uns.
Nach der Verbannung Leiden
wird sie unsterblich sein!

ADA. Hinweg von mir, Verräter!
Ich stoße dich von mir!
Noch eh der Tag sich endet,
umschließet mich der Stein!

ARINDAL. Ach Ada, hab Erbarmen,
stoß mich nicht ganz von dir! –
Verzweiflung muß mich fassen,
Wahnsinn mein Ende sein!

Die Bühne verfinstert sich: Ada versinkt mit Zemina und Fazana unter Donner und Blitz. Dann fällt der Vorhang schnell

DRITTER AUFZUG

Festliche Halle

Morald und Lora auf dem Thron. Drolla, Gernot, Gunther neben ihnen. Chor von Männern und Jungfrauen, festlich geschmückt

CHOR. Heil sei dem holden Frieden
im sanften Himmelsglanz!
Heil sei dem hohen Siege,
der uns den Frieden gab!
Der du zum Siege uns geführt,
sei uns als König jetzt gegrüßt!
Die du im Leiden unser Trost,
sei jetzt als Königin gegrüßt!
Heil, siegesreicher Morald dir!
Heil, tugendreiche Lora dir!
Heil sei euch!

MORALD *steigt vom Thron herab.*
Genug, o endet dieser Feste Jubel!

Vor Freude nicht, vor Wehmut bebt mein Herz!
Noch gilt eu'r froher Königsgruß nicht mir!
Denn der mir seine Würde übertrug,
ist dem unseligsten Geschick verfallen.
Des Wahnsinns graue Nacht umhüllet ihn,
und hält die leidenvolle Seel umfangen.
Wenn auch sein Wille mich zum König machte,
so ehrt doch nur so lange mich als Herrscher,
als Arindal dem düstren Wahn erliegt!

LORA. Ach Bruder! Welch beklagenswert Geschick!
Jetzt, da die Freude jeden Busen schwellt,
muß ich dein fürchterliches Los beweinen!

CHOR. Wir ehren euren Schmerz!
Die Freude halte ein!

LORA, MORALD, DROLLA, GUNTHER, GERNOT, CHOR. Allmächtiger,
in deine Himmel
send ich mein brünstig Flehn hinauf!
Laß weichen aus des
Bruders }
Freundes } Sinnen
Königs }
des Wahnes schreckenvolle Macht!
Ein Strahl aus deinem Glanz
erleuchte seiner Seele Nacht!

Alle ab

ARINDAL *im Wahnsinn hinter der Bühne.* Hallo! Laßt alle Hunde los!
Dort, dort! Die Hirschin! Seht!
Herbei!

Arindal tritt auf

Ihr Jäger herbei!
Du, Waidmann, wandre voran!
Juchhe, es schmettert das Horn!
O seht, schon müde wird das Tier!
Packt an! Ich sende den Pfeil!
Seht wie er fliegt! Ich zielte gut!
Haha! Das traf in's Herz!
O seht, das Tier kann weinen!
Die Träne glänzt in seinem Aug'!
O, wie's gebrochen nach mir schaut!
Wie schön sie ist!
Entsetzen! Ha, es ist kein Tier,
seht her! Es ist mein Weib! –

sinkt zusammen

Ich seh den Himmel dort sich öffnen,
die lichten Tore springen auf!
O welcher Duft, o welcher Glanz!
Bin ich ein Gott, dies zu empfinden?
Beschwingt hebt sich mein Geist empor!
Ha, wie der Staub nach unten sinkt!
Es reicht sich eine Hand mir dar,
voll Liebe führt sie mich hinauf,
ich atme milde Götterluft! –
Was soll's? Noch bin ich Mensch!
Du seist verflucht!
Haha! So ist's vollbracht!
Jetzt bin ich wieder Staub!

Fühlt sich ermatten

Leg dich zur Ruhe, Staub,
die Erde birgt dich gern! –

Er ist allmählich an die Stufen des Thrones hingesunken

Ha, wie es um dich dämmert!
Es ist die milde Nacht.
O schaurig, süße Luft,
befängst du meine Seele?
Ich lag in deinem Arme,
so sanft war meine Ruhe,
ich kann dich nicht umfangen,
du bist so fern, so fern!
Und dennoch nahst du mir,
ja, ja, ich sehe dich!
Warum den tiefen Schmerz
im tränenvollen Blick?

Er entschlummert

Wie aus weiter Entfernung vernimmt man Adas Stimme, dann aus einer näheren Gromas

ADAS STIMME. Mein Gatte Arindal,
was hast du mir getan?
Es schließt ein kalter Stein
die heiße Liebe ein.
Die Träne nur erweicht
der rauhen Hülle Zwang,
durch alle Schranken dringt
die Liebe noch zu dir,
und hörest du die Klage,
so eile her zu mir!

DES ZAUBERERS GROMA STIMME *von einer anderen Seite hinter der Bühne.* Auf, Arindal, was zauderst du?
Sieh, jenen Schild und jenes Schwert
kann dich dem Sieg, doch jene Leier
noch größer'm Glück entgegenführen.
Bist du von Mut und Lieb' erfüllt,
so wirst das Höchste du erreichen! –

Zemina und Farzana kommen

FARZANA. So wäre unsre Ada denn gerettet,
und der Unsterblichkeit zurückgegeben!
Wohlan, vollenden wir das letzte Werk,
damit kein Rückschritt je zu denken sei: –
den Sterblichen dem sichern Tod zu weihn!

ZEMINA. Fürwahr, mich jammert Arindals Geschick;
schon büßt er durch des Wahnsinns Schrecken
den Meineid schwer.

FARZANA. O nicht der Meineid bloß, seine Vermessenheit
weiht ihn dem Tod!
Soll ungestraft ein kühner Sterblicher
des Feenreiches Stolz uns rauben wollen?
Wir führen auf den Weg zu Ada ihn;
sie zu befrein, sei er von uns ermuntert.

ZEMINA. Was willst du tun? Ihn auf den Weg geleiten,
auf dem er wirklich sie erlösen kann?

FARZANA. Was fürchtest, Törin, du? Da er als Mensch
zu siegen nicht vermocht, wie sollt er da
bewähren sich, wo Feenkraft nur siegt?
Im Kampfe wird er sicher unterliegen!

ZEMINA UND FARZANA. Auf! Erwache, Arindal!

ARINDAL *im Erwachen.* Wer ruft mich? Ha, wohin
hat mich ein wilder Wahn getragen?
Ich hörte meine Gattin rufen!
O Gott, wie ist die düst're Nacht
durch ihren Ruf zum Tage mir erhellt!

ZEMINA UND FARZANA. Nun, Arindal, erkennst du uns?

ARINDAL. Euch seh ich wieder, teure Feen,
die ihr um meine Gattin wart.
Ach, meine Gattin, wo ist sie?

ZEMINA UND FARZANA. Hast du den Mut, sie zu befrein?

ARINDAL. Was höre ich? Sie zu befrein
durch meinen Mut könnt es gelingen?

FARZANA. Was prahlest du von deinem Mute?
Ist sie nicht deiner Feigheit Opfer?

ARINDAL. O wende deinen Hohn von mir!
Sagt mir, ist sie noch zu befrein?
ZEMINA. Im kalten Steine eingeschlossen
verzweifelt sie an ihrer Rettung.
ARINDAL. Ihr foltert mich! – Ich habe Mut!
Wer leitet mich zu ihr dahin?
ZEMINA UND FARZANA. Nun denn, wir führen dich zu ihr!
ARINDAL. O Gott, wie faß ich es, zu ihr!

Er ergreift Schild, Schwert und Leier

Ach sie, die Gattin zu befrein,
wie füllt es mich mit Freudenglut!
O leitet mich dahin zu ihr,
ihr opf'r ich all mein heißes Blut!
ZEMINA UND FARZANA. Ha, diese rasche Freudenglut
wird ihn dem sich'ren Tode weihn.
Wir leiten gern ihn hin zu ihr,
denn uns erfreut sein Untergang!

Verwandlung

Furchtbare Kluft des unterirdischen Reiches. Erdgeister mit scheußlichen Larven durchwogen geschäftig den Ort

CHOR DER ERDGEISTER. Ihr Geister, auf, bewachet treu
die dunkle Schreckenspforte,
die diese Kluft umschließt!
Dem Ungeweihten wehrt den Weg!
Er führt zum höchsten Heiligtum!
Ihr Geister auf! Bewachet treu!

Arindal, Zemina, Farzana kommen

ARINDAL. Wo führt ihr hin! Hier schmachtet meine Gattin?
CHOR. Wer naht sich dort?
FARZANA. Ein Sterblicher begehrt von euch den Eintritt!
CHOR. Wehe ihm!
ZEMINA. Nun, Arindal! Bekämpfe jene!
ARINDAL. O diese schreckenvolle Überzahl!
FARZANA. Kleinmütiger, dir bangt?
ARINDAL. Die Liebe siegt! –

Arindal beginnt den Kampf mit den Erdgeistern und ist bald im Begriff zu weichen

Weh mir, ich unterliege schon!
GROMAS STIMME. Den Schild!

Arindal hält den Schild vor, die Geister verschwinden

ZEMINA UND FARZANA. Entsetzlich, ha, er hat gesiegt!
Durch fremde Macht bezwang er sie,
doch siegen soll er nimmermehr!

ARINDAL. O welches Glück, sie sind besiegt!
O welches Glück, der Sieg ist mein!
Dank sei, Groma, deiner hohen Macht!

Auf einen Wink der beiden Feen folgt ihnen Arindal

GROMAS GEISTER *unsichtbar.* Heil Arindal, und fasse Mut,
zum Siege schreitest du voran!

Die Bühne ist in einen anderen Teil des unterirdischen Reiches verwandelt

CHOR VON EHERNEN MÄNNERN. Schließt fest euch an, und haltet stark,
den Eingang wehren wir
zum höchsten Heiligtum!

Arindal, Zemina und Farzana treten auf

CHOR. Was will der Fremdling hier?

ZEMINA. Er trotzet eurer Kraft
und fordert euch zum Kampf!

CHOR. Wehe ihm!

ARINDAL. Mich schreckt nicht eures Erzes Schirm,
vernichten soll euch meine Macht!

Er beginnt den Kampf, indem er den Schild vorhält, und kommt bald zum Weichen

Weh mir, den Schild verläßt die Kraft!

GROMAS STIMME. Das Schwert!

Arindal kämpft mit dem Schwert, die ehernen Männer verschwinden

ZEMINA UND FARZANA. Ha, wehe uns, der Sieg ist sein!
Statt des Vermessenen Verderben
bezwecken wir sein höchstes Glück!

ARINDAL. Zum zweitenmal hab ich gesiegt!
Nichts soll mich jetzo noch verderben,
der Sieg führt mich zum höchsten Glück!

CHOR VON GROMAS UNSICHTBAREN GEISTERN. Heil, Arindal, und fasse Mut,
zum Siege schreitest du voran!

FARZANA. Doch jetzt erlahme seine Kraft!

ARINDAL. Doch sagt! Wo find ich meine Gattin?

FARZANA. Wohlan! Jetzt sollst du sie befrein!

Auf ihren Wink öffnet sich ein Felsen: in einer kleinen, magisch erleuchteten Grotte erblickt man einen Stein von Menschengröße

ZEMINA. Sieh, Arindal, dort schmachtet deine Gattin!

ARINDAL. Allmächtiger, wie trag ich diesen Anblick?
Wie nenn ich das Gefühl, das mich durchbebt?
Ist's Wonne, die mir wird durch ihre Nähe?
Ist es Entsetzen, so sie zu erblicken?
Ah, welche Wehmut füllt mein armes Herz
O Ada! Wie vernichte ich den Fluch?

ZEMINA. Was ziemt's zu klagen hier? Sie zu befrein
kamst du hierher!

ARINDAL. O sagt, wie ich's vollende?

FARZANA. Entzaubre diesen Stein, und sie ist frei!

ARINDAL. Weh mir! Kann Menschenkraft dies je vollbringen?

FARZANA. Versuch's, doch wisse erst, was dich bedroht!
Du bist mit kühn vermeß'ner Kraft
gedrungen bis hierher
in der Feen Heiligtum, und kannst du jetzt
dein Werk nicht ganz vollenden,
so büßest du das frevelnde Begehren
mit ewiger Verwandelung in Stein!

ARINDAL. Ha, furchtbar! Dies ist denn mein Los!
Weh mir, es unterliegt mein Mut
und mein Verlangen ist gelähmt.
Vollenden kann ich nicht mein Werk
und lange Qualen sind ihr Los!

FARZANA UND ZEMINA. Ha, endlich unterliegt sein Mut
und sein Verlangen ist gelähmt.
Vollendet er jetzt nicht sein Werk,
so ist ein ew'ger Tod sein Los.

GROMAS CHOR. Mut, Arindal, und sei getrost,
du kannst die Gattin noch befrein!

GROMAS STIMME. Ergreif die Leier!

ARINDAL. O Gott, was höre ich?
Ja, ich besitze Götterkraft!
Ich kenne ja der holden Töne Macht
der Gottheit, die der Sterbliche besitzt!
Du, heiße Liebe, Sehnsucht und Verlangen
entzaubert denn in Tönen diesen Stein!

ZEMINA UND FARZANA. Weh, das ist Gromas Werk!

ARDINAL *die Leier spielend.* O ihr, des Busens Hochgefühle,
die hold in Liebe sich umfah'n!

Und du Verlangen, heißes Sehnen,
mit deinem wonnesüßen Schmerz!
Euch ruf ich auf, aus meinem Busen,
aus meiner Seele schwingt euch auf!
Zusammen fließe all Empfinden
in holder Töne Zaubermacht,
und flehet an den kalten Stein:
gib meine Gattin mir zurück!

Der Stein hat sich allmählich in Ada verwandelt, diese sinkt entzückt in Arindals Arme

ADA. Jetzt kann mich keine Macht dir rauben!

Farzana und Zemina wenden sich entsetzt ab. – Die Szene verwandelt sich in einen herrlichen Feenpalast, von Wolken umgeben. – Auf einem Thron der Feenkönig, um ihn der Chor der Feen und Geister

FEENKÖNIG. Du Sterblicher drangst ein in unser Reich,
und die unendliche Gewalt der Liebe
verlieh dir jene hohe Kraft, die nur
Unsterblichen zu eigen ist verliehn!
So wisse denn: durch deine Schuld als Mensch
bleibt Ada jetzt unsterblich, wie sie war;
doch, der sie uns mit Götterkraft entwunden,
ist mehr als Mensch – unsterblich sei, wie sie!

CHOR. Gegrüßt sei Arindal im hohen Feenreiche,
dir ist Unsterblichkeit nach deiner Kraft verliehn!

ADA. Entsage deinem Erdenreich,
mein Feenland beherrsche jetzt!

ARINDAL. Noch fühl ich sterblich mich genug
und kann vor Wonne mich nicht fassen!

ZEMINA UND FARZANA. Entzücken kehret wieder ein,
da beide jetzt gewonnen sind!

ARINDAL *Morald, Lora, Drolla, Gernot und Gunther werden eingeführt.* Euch beiden geb ich jetzt mein Erdenland,
ein höh'res Reich ist Seligem mir verliehn!
Seid glücklich stets, denn ich beschütze euch!

Er wird von Ada zum Thron geleitet

CHOR. Ein hohes Los hat er errungen,
dem Erdenstaub ist er entrückt!
Drum sei's in Ewigkeit besungen,
wie hoch die Liebe ihn beglückt!

ENDE DER OPER

1833	Vor dem 15. Januar	Vollendung der Dichtung nach dem Märchen von Graf Carlo Gozzi *La donna serpente (Die Frau als Schlange)* in Leipzig.
	20. Februar	Beginn der Orchesterskizze des 1. Aktes in Würzburg.
	24. Mai	Vollendung der Orchesterskizze des 1. Aktes.
	6. August	Vollendung der Partitur des 1. Aktes.
	27. September	Vollendung der Orchesterskizze des 2. Aktes.
	1. Dezember	Vollendung der Partitur des 2. Aktes.
	7. Dezember	Vollendung der Orchesterskizze des 3. Aktes.
1834	1. Januar	Vollendung der Partitur des 3. Aktes.
	6. Januar	Vollendung der Ouvertüre.
1865	23. Dezember	Schenkung der Originalpartitur an König Ludwig II. von Bayern.
1888	29. Juni	Uraufführung im Kgl. Hof- und Nationaltheater in München. Dirigent: Hermann Levi.

Richard Wagner, *Eine Mitteilung an meine Freunde* (Zürich 1851):

Nach einem Gozzi'schen Märchen dichtete ich mir einen Operntext *Die Feen*; die damals herrschende »romantische« Oper Weber's und auch des gerade an meinem Aufenthaltsorte Leipzig zu jener Zeit neu auftretenden Marschner bestimmte mich zur Nachahmung. Was ich mir verfertigte, war durchaus nichts Anderes, als was ich eben wollte, ein Operntext: nach den Eindrücken Beethoven's, Weber's und Marschner's (den man sehr mit Unrecht *nur* für einen Nachahmer Weber's hält) auf mich setzte ich ihn in Musik. Dennoch reizte mich an dem Gozzi'schen Märchen nicht bloß die aufgefundene Fähigkeit zu einem Operntexte, sondern der Stoff selbst sprach mich lebhaft an. Eine Fee, die für den Besitz eines geliebten Mannes der Unsterblichkeit entsagt, kann die Sterblichkeit nur durch die Erfüllung harter Bedingungen gewinnen, deren Nichtlösung von Seiten ihres irdischen Geliebten sie mit dem härtesten Lose bedroht; der Geliebte unterliegt der Prüfung, die darin bestand, daß er die Fee, möge sie sich ihm (in gezwungener Verstellung) auch noch so bös und grausam zeigen, nicht ungläubig verstieße. Im Gozzi'schen Märchen wird die Fee nun in eine Schlange verwandelt; der reuige Geliebte entzaubert sie dadurch, daß er die Schlange küßt: so gewinnt er sie zum Weibe. Ich änderte diesen Schluß dahin, daß die in einen Stein verwandelte Fee durch des Geliebten sehnsüchtigen Gesang entzaubert, und dieser Geliebte dafür vom Feenkönig – nicht mit der Gewonnenen in sein Land entlassen – sondern mit ihr in die unsterbliche Wonne der Feenwelt selbst aufgenommen wird. – Dieser Zug dünkt mich jetzt nicht unwichtig: gab mir ihn damals auch nur die Musik und der gewohnte Opernanblick ein, so lag doch hier schon im Keime ein wichtiges Moment meiner ganzen Entwickelung kundgegeben. –

Richard Wagner, *Mein Leben*:
Hatte ich bei der Ausführung der *Hochzeit* allem Opernschmucke entsagt..., so stattete ich nun dieses Sujet [*Die Feen*] mit aller nur irgend verträglichen Mannigfaltigkeit aus... In Betreff der poetischen Diktion und der Verse verfuhr ich mit fast absichtlicher Nachlässigkeit. Es kam mir keineswegs darauf an, meiner ehemaligen Tendenz auf Dichterruhm zu schmeicheln; ich war wirklich »Musiker« und »Komponist« geworden und wollte mir einen gehörigen »Operntext« machen, von welchem ich nun einsah, daß mir ihn niemand anderes machen könnte, eben weil ein Operntext, als solcher ganz für sich, etwas Besonderes sei, was ein Dichter und Literat gar nicht zustande bringen kann.
Mit dem Vorhaben, diesen Text zu komponieren, verließ ich nun im Januar 1833 Leipzig, um für einige Zeit meinen damals in Würzburg beim Theater angestellten ältesten Bruder Albert zu besuchen. Es schien nämlich jetzt an der Zeit zu sein, daß ich mich für die praktische Verwertung meiner musikalischen Fähigkeiten nach der nötigen Gelegenheit zur Übung derselben umsähe; dazu sollte mein Bruder bei dem kleineren Würzburger Theater mir die Hand bieten... er

verschaffte mir vor allen Dingen eine ausnahmsweise Beschäftigung als Chordirektor beim Theater, für welche ich monatlich 10 Gulden erhielt...

Unter all diesen Lebenserregungen arbeitete ich fleißig an meiner Oper. Die gute Laune hierzu war mir durch die liebevolle Teilnahme meiner Schwester Rosalie ermöglicht worden. Als mit dem Eintritt des Sommer-Halbjahres meine Einkünfte als Chordirektor aufhörten, übernahm es von neuem die Schwester, mich mit einem ausreichenden Taschengelde treulichst auszustatten, so daß ich, um nichts bekümmert und niemand zur Last fallend, einzig der Vollendung meiner Arbeit mich hingeben konnte...

Zu Weihnachten war mein Werk vollendet, meine Partitur mit rühmlichster Sauberkeit fertig geschrieben...

Heinrich Reimann, *Musikalische Rückblicke* (1888):

So trägt denn das Libretto unserer Oper [*Die Feen*] ganz und gar den Stempel eines Werkes aus der Sturm- und Drangperiode des jungen Meisters: jenes Ringen mit der Form, die mit ihren eisernen Armen den selbständigen Flug der Dichterphantasie hemmt oder sie in eine bedenkliche Nähe mit dem Alltäglichen und Gewöhnlichen treibt, jenes Stocken und Stammeln der Sprache, die Ungleichmäßigkeit in der Handhabung der poetischen Technik, und bei all' diesen Mängeln wieder den Zauber ungeschminkter Natürlichkeit, die genialische Kraft, die vor keinem Wagnis zurückschreckt, jenen zwar verborgenen, aber doch erkennbaren künstlerischen Instinkt, der den Genius belebt und ihn, ihm selbst unbewußt, dem Pfade zuführt, der ihn zur Vollendung und zur Unsterblichkeit leitet.

Es ist sehr bezeichnend für die in Wagner in bis dahin unerhörter Weise verkörperte Einheit und Unzertrennlichkeit des Dichters mit dem Musiker, daß dasselbe Urteil, welches man über die Dichtung der *Feen* fällen muß, in gleichem Sinne auch von der Musik gilt.

Houston Stewart Chamberlain, *Richard Wagner* (1911):

Sieht man diese beiden Dichtungen [*Die Feen* und *Das Liebesverbot*] nun etwas näher an, blickt man durch die flimmernde Opernschale hindurch und erfaßt den poetischen Kern: so erkennt man recht wohl, daß sie von demselben Dichter herrühren und daß sie sogar mit den Werken seiner Reife durch manchen Zug nahe verwandt sind. In beiden Werken

bildet die Erlösung durch die Liebe das Grundmotiv; in beiden Werken finden wir auch die Sünde und die Gnade als gestaltende Momente... Das frühere Werk, *Die Feen*... führt jene tiefen poetischen Momente so ergreifend schön vor, daß nur das viele opernhafte Beiwerk es – als Ganzes – verunstaltet... Hier wird uns klar: der Poet, der uns da plötzlich aus dem Werk des Zwanzigjährigen entgegentritt, wird der Welt eine neue Kunst offenbaren.
In den *Feen* sind auch die rein musikalischen Teile einer besonderen Beachtung würdig: die Ouvertüre ist aus den wichtigsten dramatischen Motiven aufgebaut und von echt Wagnerschem Geist durchweht; die Einleitung zum zweiten Akt gemahnt durch die stürmische Leidenschaftlichkeit und die prägnanten Themen an weit spätere Kompositionen, z. B. an die Einleitung zum zweiten Aufzug der *Walküre*; die Einleitung zum dritten Aufzug (Siegesreigen), obwohl weniger bedeutend, hat schon etwas von jenen gesättigten Farben und von jenem unnachahmlich stolzen Ausdruck, die Wagner später oft zur Schilderung des Erhaben-Majestätischen anwandte, z. B. in *Rienzi*, in *Tannhäuser* (Einzug der Gäste), im Huldigungsmarsch für König Ludwig II. usw.

Georg Kaiser, *Über Gozzi-Wagners »Feen«*. Richard-Wagner-Jahrbuch (1912):
Die Orchestersprache ist schon so beseelt, so selbständig im Gegensatz zu den Vokalstimmen, wie selbst bei den bedeutenden Meistern der Romantik nicht, und es finden sich schon *Lohengrin*- und *Ring*-Farben in Hülle. Am bedeutendsten erscheinen trotz einzelner ganz gewaltig packender Soloszenen die Ensemblestücke, von denen insbesondere das zweite Finale fortreißende Kraft besitzt. Die Ouvertüre, ein effektvolles Orchesterstück mit einer etwas zu langen Stretta, verwendet freilich in hergebrachter Weise Melodien aus der Oper. Daß in dem Werke auch die Keime liegen zu mancher bedeutsamen melodischen Phrase in späteren Kompositionen, sei noch bemerkt und hervorgehoben, daß wir hier in Gernots Romanze von der Hexe Dilnovay, einem der originellsten Stücke des Ganzen, auch dem ersten wirklichen Leitmotiv bei Wagner begegnen.

DAS LIEBESVERBOT

ODER

DIE NOVIZE VON PALERMO

GROSSE KOMISCHE OPER IN ZWEI AKTEN

(1836)

PERSONEN

FRIEDRICH, Statthalter von Sizilien in Abwesenheit des Königs, ein Deutscher

LUZIO, CLAUDIO — zwei junge Edelleute

ISABELLA, Schwester Claudios, Novize im Kloster der Heiligen Elisabeth

MARIANA, heimlich mit Friedrich vermählt und von ihm verlassen, ebenfalls Novize im Kloster der Heiligen Elisabeth

ANTONIO, ANGELO — Freunde Luzios

DANIELI, Wirt einer Restauration in der Vorstadt

DORELLA, früher Isabellas Kammermädchen, jetzt in Danielis Diensten

PONTIO PILATO, ebenfalls in Danielis Diensten

BRIGHELLA, Anführer der Sbirren

VOLK, SBIRREN, GEFOLGE FRIEDRICHS, MASKEN

Ort der Handlung: Palermo

ERSTER AUFZUG

Vorstadt. Rechts Danielis Wirtshaus. Im Hintergrunde einige zerstörte Häuser

ERSTE SZENE

Introduktion

Ein Haufen Sbirren ist beschäftigt, die Wirtshaustür zu sprengen; andere werfen aus den benachbarten Häusern Tische, Stühle, Flaschen usw. Chor des Volkes tritt von links auf und will den Sbirren Einhalt tun. Es werden Gefangene über die Bühne geführt

CHOR DES VOLKES. Ihr Galgenvögel, haltet ein!
Ihr Schurken, laßt die Arbeit sein!
Schlagt auf sie los mit kräft'ger Faust,
Bei Rock und Haar die Flegel zaust!

Luzio, Antonio, Angelo und einige andere Edelleute haben sich aus dem Wirtshaus gedrängt

LUZIO, ANTONIO, ANGELO. Hahahaha! Das nenn ich Spaß!
LUZIO. Man schlug mir aus der Hand das Glas!
ANTONIO. Ich teilte wack're Prügel aus!
ANGELO. Zum Teufel das verdammte Haus!
LUZIO. Wer hat die Schufte hergeschickt?
Verwüstet wird, wohin man blickt!

Brighella und Sbirren bringen Danieli, Dorella und Pontio aus dem Wirtshaus

CHOR. Seht nur, dort bringt man sie beim Kragen!
PONTIO. Fort, Kerl!
DANIELI. Laßt los!
DORELLA. Was für Betragen!
LUZIO. Helft mir, ich komm vor Lachen um!
DANIELI. Ich schlag euch Arm und Beine krumm!
BRIGHELLA. Nur vorwärts, lüderliches Pack!
Hat man mit euch nicht Not und Plack?
DORELLA. Laßt mich! Ich folge keinen Schritt!
O heil'ge Jungfrau, welche Schmach!
BRIGHELLA. Bringt mir die heil'ge Jungfrau mit!
CHOR. Laßt los! Was haben sie getan?
DORELLA. Ach Luzio! Helft mir, steht mir bei!
Ihr schwurt mir ja beständig Treu,

Und ich zog euch auch allen vor.
Ich schenk euch gern das Eh'versprechen.
Nur macht mich frei von diesen Frechen
Und haut sie tüchtig über's Ohr!

LUZIO. Potz Tausend, welch ein großes Glück!
Das Eh'versprechen ging zurück.
Nun denn, mein Freund, so laßt sie frei!

BRIGHELLA. Nichts da! Marsch fort! Wollt ihr gleich weichen?

LUZIO. Laßt los, wenn's euch geraten sei!

BRIGHELLA. Packt diesen Bengel sondergleichen!

LUZIO. Zurück, ihr Lümmel! Wollt ihr's wagen?

Zum Volk

Ihr Freunde, wacker zugeschlagen!
Faßt an und jagt sie in die Stadt!

CHOR. Wir sind der Übermüt'gen satt!

ANGELO. Was für Befehl befolgt ihr hier?

LUZIO. Was für Befehl? Antwortet mir!

DORELLA, DANIELI, PONTIO. Was führt ihr uns gefangen fort?

CHOR. Was haust ihr so an diesem Ort?

ALLE *auf Brighella eindringend.*
Antworte schnell, was für Befehl?

BRIGHELLA. Halt!

Zieht ein Pergament hervor

Hier ist der Befehl!

sich ängstlich verneigend

Bitte tausendmal um Entschuldigung, Signori, – bitte tausendmal um Entschuldigung, daß ich nicht früher so klug war! Ich danke für gütige Erinnerung!
Tambour! So trommle denn zur Ruh!
Und ihr hört mir gelassen zu.

Tambour tritt in die Mitte und schlägt einen kurzen Wirbel

ALLE. Seid still! Was mag das wieder sein?
Was Neu's von Friedrichs Alberei'n!

BRIGHELLA *lesend.* Wir, tief entwürdigt durch das gräuliche Überhandnehmen abscheulicher Liederlichkeiten und Lasterhaftigkeiten in unserer verderbten und gottlosen Stadt, fühlen uns zur Wiederherstellung eines reineren und gottgefälligeren Wandels sowie zur Verhütung größerer Ausschweifungen bewogen, mit exemplarischer Strenge den Grund und die Wurzel allen Übels zu vertilgen. Wir verordnen kraft der uns übertragenen Gewalt hiermit: Der Carneval, dieses üppige und lasterhafte Fest, ist aufgehoben und bei Todesstrafe jede Gebräuchlichkeit desselben verboten. Alle Wirtschaften und Belustigungsorte sollen aufgehoben und geräumt werden und jedes Vergehen des Trunkes sowie der Liebe werde fortan mit dem Tode bestraft.

Im Namen des Königs sein Statthalter
Friedrich

ALLE *lachend.* Hahahaha! Welch neuer Spaß!
LUZIO. Nun weiß man doch, woran man ist!
Es lebe Friedrichs Majestät!
CHOR. Er lebe hoch, der gute Christ!
BRIGHELLA. Gott, welche Frechheit nehm ich wahr!
DORELLA. Jetzt wird die Sache spaßhaft gar!
LUZIO. Was, keine Liebe, keinen Wein
Und endlich gar kein Carneval?
ALLE. Der deutsche Narr, auf, lacht ihn aus!
Das soll die ganze Antwort sein!
Schickt ihn in seinen Schnee nach Haus,
Dort laßt ihn keusch und nüchtern sein!
BRIGHELLA. Jetzt wird's zu toll, ich halt's nicht aus!
Kann man so frech und schamlos sein?
Bin ich aus dem Gedräng heraus,
Dann laß ich nie mich wieder ein.
Von rechts wird Claudio von Sbirren gefangen gebracht
ANGELO. Wen bringt man dort? Seht hin!
LUZIO. Wer ist's?
S'ist Claudio – wie, gefangen?
DORELLA. Claudio!
CLAUDIO. Gefangen, s'ist das Ärgste nicht! –
Fragt nur noch weiter, und gar bald
Erfahrt ihr noch, was mir nicht lieb.
LUZIO. Sprich doch! Was legt man dir zur Last?
CLAUDIO. So viel, um mir den Tod zu geben.
LUZIO. Den Tod?
ALLE. Ha, wen erschlug er?
LUZIO. Begingst du Hochverrat?
CLAUDIO. Nicht doch, ich liebte nur!
LUZIO. Du liebtest nur? Und nun?
CLAUDIO. Du kennst es nicht,
Des Toren Friedrich neu Gesetz?
LUZIO. Ich lache drüber – tu es auch!
CLAUDIO. Schon morgen lache, wer da kann!
ALLE. Schon morgen! Gott, weil er geliebt!
Das ist zu viel, das ist zu toll!

CLAUDIO. Dorella? Wie, so treff ich dich?
Wie kamst du hierher, sprich!
DORELLA. Ach Claudio!
Zwar seid ihr selbst in Not; – doch seht:
Auch ich bin wahrlich schlimm daran. –
Als Isabella, eure Schwester,
In's Kloster als Novize trat,
Entließ sie mich aus ihrem Dienst.
In jenem Weinhaus dient ich nun,
Und heute werde ich mit Allen
Gefangen und davongeführt.
CLAUDIO. Du warst mir lieb und tust mir leid.
Ich helf dir gern, wenn man mir hilft.
LUZIO. Was ist zu tun? Ich glaub doch kaum,
Daß ernst es dem Statthalter ist.
ALLE. Wenn auch, wir wollen ihn befrein.
CLAUDIO. Ihr kennt nicht Friedrichs Festigkeit!
LUZIO. Den Narren, ja, ich kenne ihn:
Nicht warmes Fleisch, noch warmes Blut
Schließt seine steife Seele ein.
Der König kennt wohl seine Treu,
Den strengen, unbeugsamen Sinn,
Und setzt ihn deshalb über uns.
CLAUDIO. Er ist ein Ehrenmann!
LUZIO. Ein Narr!
Mag er in unsrer heißen Luft
Vor Frost vergehn, wir bleiben heiß
Und fürchten soll er unsre Glut.
CLAUDIO. Der fürchtet nichts. Nur Eines bleibt,
Wovon ich Rettung hoffen kann. –
Hör mich, mein Luzio! –
Wohl kennst du jenen stillen Ort,
Das Kloster der Elisabeth.
Die treue Schwester weilet dort
Und weiht sich einsamem Gebet.
O eile, Freund, zu ihr dahin,
Sprich sie um Hilfe für mich an,
Daß Schwesterflehn den harten Sinn
Erweiche diesem kalten Mann.
Sag ihr, wenn's auch ein Fehler sei,
Was ich beging, ich mach ihn gut. –
Bewege sie, daß sie verzeih,
Dann bau ich ganz auf ihren Mut.

LUZIO. Zu deiner Schwester eil ich hin,
Durch sie bereit ich Rettung dir.
Erweicht ihr Flehn nicht seinen Sinn,
Dann kommt die Hilfe dir von mir.
CLAUDIO. O eile, Freund, zu ihr dahin,
Denn Rettung kommt allein von ihr!
Ich kenne ihren klugen Sinn
Und ihre Treu bringt Hilfe mir.
DORELLA, DANIELI, PONTIO. Wo soll das noch mit Allem hin?
Wut und Verzweiflung kocht in mir!
So eines einz'gen Narren Sinn
Raubt alle Lust und Freiheit hier.
BRIGHELLA. Wie bring ich nach der Stadt sie hin?
Das Volk scheint sehr verdächtig mir.
Ihr Droh'n verwirrt mir ganz den Sinn,
Ich wollt, ich wäre weg von hier!
ANTONIO, ANGELO, CHOR. Wo führt das noch mit Allem hin!
Voll Wut und Ärger glühen wir!
So eines einz'gen Narren Sinn
Raubt alle Lust und Freiheit hier.

Brighella und Sbirren ergreifen Claudio, Danieli, Pontio und Dorella, drängen sich durch das Volk und eilen rechts ab. Luzio und der weibliche Chor links ab. Antonio, Angelo und der männliche Chor folgen Brighella und den Gefangenen

Verwandlung

Das Innere des Klosterhofes. Links die Kirche, hinter derselben das Klostertor mit einer Glocke. Rechts eine Gittertür, die in den Garten führt. Eine hohe Mauer geht über das ganze Theater

ZWEITE SZENE

CHOR DER NONNEN *hinter der Szene.* Salve regina usw.
Das Glöckchen des Klosters ertönt

ISABELLA und MARIANA *kommen aus dem Garten.*
Göttlicher Frieden,
Himmlische Ruh
Ist uns beschieden,
Lächelt uns zu.

Weltliche Schmerzen,
Lange beweint,
Fliehen die Herzen,
Liebend vereint.

ISABELLA. Geheilet, hoff ich, ist die Wunde,
Die du der Schwester stets verbargst.
Verlangst du Trost, vertrau dem Munde
Die lang verhüllten Schmerzen an.
Wir liebten uns seit früher Jugend,
Doch seit drei Jahren schon getrennt,
Traf einzeln uns manch herb Geschick.
Beraubt der Mutter und des Vaters,
Suche ich Schutz in diesen Mauern.
Hier traf ich dich in Schmerz und Leid.
Doch schweigst du stets, nicht wert mich achtend
Zu teilen einer Schwester Gram.

MARIANA. O schweige! Du allein nur bist's,
Von der ich Trost und Liebe hoffe.
Welch andre Schmerzen kennt ein Weib
Als die der Liebe? Treulosigkeit
Des Mannes, den ich innig liebte,
Zerstörte alle Lebenslust.
Ach, schon verband des Priesters Hand
Das stille Bündnis unsrer Liebe;
Doch er, der arm und ungekannt
Sizilien einst betrat, gewann
Des Königs Gunst, und stieg so hoch,
Daß er von Ehrgeiz nur entbrannt
Der Liebe stilles Glück verschmähte
Und mich, die Gattin, bald verließ.

ISABELLA. Ha, Schurkentat! Wer war der Mann?

MARIANA. Der jetzt hier herrschet, Friedrich war's!

ISABELLA. Ich kenne ihn, den falschen Mann,
Den Heuchler! O der Weiberschmach!
Daß wir nur weiche Tränen haben,
Nicht Rache solcher Freveltat!

MARIANA. Laß mir die Träne, meinen Trost,
Ergebung lehrt mein neuer Stand.
Die Schwester für den falschen Freund
Gab mir der Himmel – bin ich arm?

BEIDE. Göttlicher Frieden,
Himmlische Ruh
Ist uns beschieden,

Lächelt uns zu.
Weltliche Schmerzen,
Lange beweint,
Fliehen die Herzen,
Liebend vereint.

ISABELLA. Ich fliehe gern die falsche Welt.
Da ich sie nicht vernichten kann,
Wo uns ein Fluch gefesselt hält.
Und niemand trotzt dem frechen Mann,
Daß ungestraft ein solcher Wicht
Die Ärmste kränken zu können meint!
Er achtet ihrer Schmerzen nicht,
Um die ihr Leben sie verweint.

Man läutet an der Pforte

ISABELLA. Man läutet! Keine Pförtnerin?
Geh du, ich öffne selbst.

Mariana geht an das Gittertor. Isabella will ihr nach und umarmt sie

Du Ärmste!

Man läutet wieder

Mariana ab. Isabella öffnet die Pforte

DRITTE SZENE

Luzio. Isabella

ISABELLA. Es ist ein Mann!

Sie verschleiert sich

Verweilt! Ich geh,
Die Pförtnerin zu euch zu senden.

LUZIO. Nicht doch! Du Fromme, sage mir,
Wo sprech ich die Novizenschwester,
Die junge Isabella?

ISABELLA. Isabella? –
Ihr sucht sie? Nun, ich bin sie selbst!
Und wer seid ihr, mich hier zu suchen?

LUZIO. O günst'ger Zufall! Ich bin Luzio
Und Claudios, deines Bruders, Freund!

ISABELLA. Luzio? Ich hörte oft von euch
Und eurem leichten, tollen Leben.

LUZIO. Desto gewicht'ger bin ich jetzt. –
Isabella, rette deinen Bruder!

ISABELLA. Den Bruder? Sprich, was ist's?
LUZIO. Hör mich! Dein Bruder liebte Julia,
Und feuriger –
ISABELLA. Ha! Schande ihm!
Wie? Hat er sie verführt?
LUZIO. Er tat es! –
Doch fühlt er Reu und will den Fehl
Gern durch ein ehrend Band verbessern.
Doch kennst du nicht ein neu Gesetz,
Das Friedrichs Torheit ausersann,
Wonach ein so geringer Fehl
Bestraft wird mit dem Tode!
ISABELLA. Mit Tod?
LUZIO. Ja, Isabella, Claudio stirbt,
Wenn du nicht selbst zu Friedrich eilst
Und alle Bitten einer Schwester
Und alle Tränen auf ihn häufst,
Daß seine Starrheit du bezwingst.
ISABELLA. Ha, der Abscheuliche, der Verruchte!
Gott, gib mir Kraft, ihn zu vernichten!
Sie entschleiert sich
LUZIO. O Himmel! Sie ist schön!
ISABELLA. Ich folge! Noch einmal
Tret ich in die Welt!
LUZIO. Warum nur einmal? Laß das Kloster!
Du bist zu schön, zu warm dein Busen.
ISABELLA *bestimmt*. Was soll's? Das Kloster laß ich nie.
LUZIO. Du läßt es nie? Doch nur noch jetzt,
Da es des Bruders Rettung gilt!
ISABELLA. Des Bruders Rettung? Ja!
Des teuren Bruders Leben
Sei meinem Schutz vertraut.
Ich muß ihm Rettung geben,
Da fest er auf mich baut!
Den Heuchler bekriegen,
Glüh ich in Leidenschaft.
Ihn mutig zu besiegen,
Geb Gott mir Recht und Kraft.
LUZIO. Wie fühl ich mich erbeben!
Die holde Himmelsbraut!
Es muß sich ihr ergeben,
Wer ihr in's Auge schaut.
Wie kann ich sie besiegen,

Die heiße Leidenschaft?
Ich muß ihr unterliegen,
Mir fehlet Mut und Kraft.
Ach, Isabella, eile fort
Und nie betritt mehr diesen Ort!
ISABELLA. Was ficht dich an?
LUZIO. O höre mich!
Für diese Welt schuf Gott nicht dich!
Dies Feuer spottet deiner Wahl,
Und Torheit nennt sie dieser Blick.
ISABELLA. Ha, wie verwegen!
LUZIO. Kehr zurück!
Mich biet ich dir! – Sei mein Gemahl!
Er sinkt auf die Knie
ISABELLA. Steh auf, du Tor! Sprich, bist du toll?
Du wagst hier so zu mir zu sprechen?
Steh auf! Wenn ich dir folgen soll,
Magst du dich nie mehr so erfrechen!
LUZIO. Ach, Isabella!
ISABELLA. Nicht ein Wort!
LUZIO. Nun denn – du hast mich jetzt besiegt!
Befürchte nichts! Doch eile fort!
Gott! Wenn dein Bruder unterliegt!
ISABELLA. Mein Bruder! Ha, ihn zu befrein –
Reich mir die Hand!
LUZIO. Hier! Sie ist dein!
ISABELLA. Des teuren Bruders Leben
Sei meinem Schutz vertraut.
Ich muß ihm Rettung geben,
Da fest er auf mich baut!
Den Heuchler zu bekriegen,
Glüh ich in Leidenschaft,
Ihn mutig zu besiegen,
Gab Gott mir Recht und Kraft.
LUZIO. Wie fühl ich mich erbeben!
Die holde Himmelsbraut!
Es muß sich ihr ergeben,
Wer ihr in's Auge schaut.
Wie kann ich sie besiegen,
Die heiße Leidenschaft?
Ich muß ihr unterliegen,
Mir fehlet Mut und Kraft.
Luzio durch die Pforte, Isabella ins Kloster ab

Verwandlung

Großer Gerichtssaal mit einer Mitteltür. Rechts auf einigen Stufen ein großer Stuhl, mehr im Hintergrund ein großer Tisch, schwarz behangen. Hinter demselben sechs Stühle. – Brighella und Sbirren treten ein, letztere stellen sich zu beiden Seiten der Tür auf

VIERTE SZENE

BRIGHELLA. Wie lang er bleibt! – Hat man das Recht,
So denkt man auch: – sie können warten. –
Das war ein Tag! – Ein heißer Tag! –
Und was dafür der Lohn? Gar keiner!
Ach, könnt ich nur ein wenig richten!
Was gäb ich gleich um ein Verhör!
Wie gern tät ich dann meine Pflichten
Und forderte nie Löhnung mehr! –
Zwar bin ich gut, – einmal allein
Möcht ich doch gern barbarisch sein! –
Noch kommt er nicht, – was tut es denn? –
Für ihn will ich Statthalter sein –
Statthaltert er denn nur allein? –
Heda! Ihr Kerle! Bringt sie herein!
Doch eines nach dem andern hübsch!
Er setzt sich gravitätisch auf einen Richterstuhl
Jetzt naht mein schönster Augenblick!
Pontio wird hereingeführt
Nur immer näher her, Gesell!
PONTIO *sich ängstlich nähernd.* Ich bin schon da, – wär lieber fern!
BRIGHELLA. Dein Name, Bursche, – nenn ihn schnell!
PONTIO. Recht gern, – glaubt mir! – Fürwahr, recht gern!
Pontio Pilato heiß ich.
BRIGHELLA. Pontius Pilatus? – Fürchterlich!
Der Tod am Kreuze treffe dich!
PONTIO. Signor, ach, ihr verwechselt mich! –
Wenn mich die Eltern so genannt,
Darf euch dies nicht incommodieren.
Weil dieser Name so verhaßt,
So sollt ich ihn purifizieren.
BRIGHELLA. Purifizieren? Durch solchen Wandel?
Durch schnöden Sauf- und Liebeshandel?

Auf dir ruht gräßlicher Verdacht,
Du schlössest Eh'n für eine Nacht!

PONTIO. Ach, glaubt das nicht, – für eine Stunde
Und kaum so lang.

BRIGHELLA. Nur für 'ne Stunde?
Pontio, du sprichst dich um den Hals!
Geliefert bist du jedenfalls. –
Ich sprech dich aller Ehren los
Und die Verbannung sei dein Los!

PONTIO. Verbannung? Aller Ehren los? –
Erlaubt mir, daß ich mich beschwere!
Signor, was bin ich ohne Ehre?
Das geht nicht an!

BRIGHELLA. Verbanne dich!

PONTIO. Verbannen? Das versteh ich nicht!

BRIGHELLA *zur Wache.* Macht's ihm begreiflich, – jagt ihn fort!

PONTIO. Signor, hört mich!

BRIGHELLA. Schweig! Nicht ein Wort!

PONTIO *indem er hinausgeworfen wird.* Verbannt!

BRIGHELLA. Hinaus!

PONTIO. Ehrlos!

BRIGHELLA. Hinaus!
Verbannt ihn!

PONTIO. Ich halt's nicht aus!

ab

BRIGHELLA. Welch schweres Amt, – ich muß gestehn!
Doch Friedrichs Freude will ich sehn!

Dorella wird hereingeführt. Sie tritt mit gleichgültiger Miene und keck auf

BRIGHELLA. Aha! Du bist's! Nur näher 'ran!

DORELLA. Schon gut, Signor! Es ist getan.

BRIGHELLA *in Positur.* Da Liebe, Carneval und Wein
Von neuem aufgehoben sind,

Dorella lacht

Wie konnt es dir geraten sein,
Zu trotzen dem Verbote blind? –
Verführtest du in jenem Haus
Die Männer nicht zu Saus und Braus?

Dorella lacht

BRIGHELLA *springt empört auf sie los.*
Zum Teufel! Was lachst du mich aus?

DORELLA *tritt vor.* Signor!

BRIGHELLA *verblüfft.* Verdammt! Wie ist doch mir?
DORELLA *für sich.* Ha, nur Geduld! Ich sag es dir!
BRIGHELLA *für sich.* Dieses kleine Schelmenauge
Macht mich wahrlich ganz verwirrt.
Jetzt, da ich doch Fassung brauche,
Weiß ich nicht mehr, wie mir wird!
DORELLA *für sich.* Nur ein Blick von meinem Auge
Macht den Narren schon verwirrt.
Daß bei ihm ich wenig brauche,
Darin hab ich nicht geirrt.
BRIGHELLA *für sich.* Ach, ich vergesse das Gebot! –
Fassung, Brighella – oder Tod! –
DORELLA. Signor Brighella, fahret fort!
Ich bin gespannt auf jedes Wort.
BRIGHELLA *mit Amtsmiene.* Bekenne, ungerat'nes Kind,
Wieviel Untaten du getan?
DORELLA. Was das für freche Worte sind!
BRIGHELLA. Und jetzt vor Allem sag mir an,
Ob du noch achtest Zucht und Scham!
DORELLA. Wirst du dich ferner unterstehn,
Unglimpflich mit mir umzugehn?
Du Heuchler, Narr und Grobian,
Fängst du aus diesem Tone an?
BRIGHELLA *wütend.* Ist dies Benehmen vor Gericht?
DORELLA *keck.* Was soll's?
BRIGHELLA *befangen.* Nun weiß ich's selber nicht!
DORELLA *kokett.* Du liebes Affenangesicht!
BRIGHELLA UND DORELLA. Jetzt ist es ganz um { ihn / mich } gescheh'n!
Dahin ist die Richterpflicht!
Wie's ihm nun auch mag ergehn,
Denn wer diesen Schelm gesehn,
{ Er / Der } denkt nicht mehr ans Gericht!
BRIGHELLA *zärtlich.* Du hast mich überwunden,
Mein Richteramt ist hin.
DORELLA *naiv.* Habt ihr jetzt wohl gefunden,
Daß ich unschuldig bin?
BRIGHELLA. Daß du die Schönste bist,
Beschwöre ich als Christ!
DORELLA. Das freut mich!
BRIGHELLA. Ach, wie gut!
DORELLA. Und nun?

BRIGHELLA. Mir fehlt der Mut!
DORELLA. Wozu?
BRIGHELLA. Ich werde toll!
DORELLA. Warum?
BRIGHELLA. Wie schlank, wie voll!
DORELLA. Nun! Nun!
BRIGHELLA *will Dorella umarmen.* Ich halt mich nicht!
DORELLA *stößt ihn zurück.* Zurück, du frecher Bösewicht!
BRIGHELLA. Dorella!
DORELLA. Fort an's Verhör!
BRIGHELLA. So höre!
DORELLA. Kein Wort jetzt mehr!

Lärmen von außen

VOLK. Macht auf!
BRIGHELLA. Nun ist's vorbei!
VOLK *von außen.* Wie lange währt's?
DORELLA. Der Spaß ist neu!
BRIGHELLA *sucht in der wachsenden Verlegenheit und Angst mit den Sbirren allerhand komische Verteidigungsmaßregeln zu treffen – er schließt ein Carree, verbaut sich hinter Stühlen und Tischen usw.* Gibt's größere Verlegenheit?
Wie schaff ich Rat und Hilfe mir!
Hier Liebesnot, dort Schuldigkeit,
Und das Gesindel vor der Tür!
DORELLA. Wie ist er in Verlegenheit!
Er weiß nicht Rat und Hilfe hier.
Dorthin reißt ihn die Schuldigkeit,
Verliebtheit zieht ihn her zu mir!
DANIELI, VOLK. So tut doch eure Schuldigkeit,
Laßt uns nicht länger warten hier!
Währt es denn eine Ewigkeit?
Macht auf, sonst sprengen wir die Tür!

FÜNFTE SZENE

Finale

DANIELI, PONTIO, ANTONIO, ANGELO, CHOR UND VORIGE

Die Tür wird aufgebrochen

Nun wird es bald? Schafft den herbei,
Der das Gericht hier halten soll!
BRIGHELLA *in größter Angst.* Welch Lärmen? Welche Raserei?

DORELLA. Ha, welche Angst! Er wird noch toll!

FRIEDRICH *mit Ratsherren auftretend, welche an dem Tisch Platz nehmen.* Zur Ordnung! Was muß ich gewahren?
Brighella, sprich, was ist geschehn?

BRIGHELLA *verlegen.* Verzeiht! Ich wollt euch Müh ersparen –
Ich hielt Verhör – fand Widerstand –

FRIEDRICH. Beachte deine Pflicht, doch weiter
Sollst du dich niemals wagen! – Still!
Und ihr gebt Achtung den Gesetzen!

ALLE *außer Friedrich und Brighella, unter sich.*
Seid ruhig jetzt und habet Acht,
Denn der hat niemals noch gelacht!

FRIEDRICH. Jetzt zum Gericht! Und niemand störe!

ANTONIO *überreicht Friedrich eine Schrift.*
Ich bin beauftragt von dem Volke,
Euch diese Bittschrift vorzulegen.
Wir bitten, daß der Carneval,
Den ihr verboten, sei erlaubt. –
Palermo lebt nicht ohne Freude!

ALLE. Wir stimmen in die Bitte ein:
Laßt uns die Lust bewilligt sein!

FRIEDRICH *nachdem er gelesen, wirft das Blatt weg.*
Das sei die Antwort auf die Bitte! –
Verworf'nes Volk! Seid ihr denn ganz versunken
Im Pfuhl der Lüste, im Schlamme der Begierden?
Mich ekelte das sündenvolle Treiben,
Als mich des Königs Huld hierher berufen.
Ich gab ihm meinen Abscheu zu erkennen,
Er fühlte wahrlich ihn so tief wie ich.
Und da er jetzt Neapel zu geeilt,
Ließ er als Stellvertreter mich zurück
Und trug mir den Versuch auf, euch zu bessern.
Ihr kennt nun das Gesetz, das ich erlassen,
Und strenge wach ich, daß erfüllt es werde.
Ich will ein Damm sein eurer Leidenschaft,
Die frevelhafte Glut will ich euch kühlen,
Die wie ein Wind der Wüste euch versengt.
Rein will ich euch dem König übergeben.

ALLE *unter sich.*
Mit welcher Salbung spricht der Mann!
Der Teufel hat's ihm angetan!

FRIEDRICH. Jetzt zum Verhör! Bringt die Verhafteten!

CLAUDIO *wird von Sbirren gebracht.*

FRIEDRICH. Ha! Ihr seid Claudio! Ich kenne euch
An diesem Blick, der frech und unverschämt
Verspottete das Band der Sittsamkeit.
CLAUDIO. Mit solcher Härte könntet ihr
Betrachten so geringen Fehl,
Dess' sich die Jugend kaum bewußt?
FRIEDRICH. O Verderbtheit! Dieser Leichtsinn ist's,
Den ich verdamme, wie das Laster selbst!
Nicht einen Schritt weich ich von dem Gesetz!
CLAUDIO. O seid ihr klug! – Weil ich geliebt?
FRIEDRICH. Schweig! Dich und Julia trifft der Tod!
ALLE. Der Tod? O Gott, welch hartes Los!
Isabella ist mit Luzio aufgetreten und hat sich Bahn bis zu Friedrich gebrochen. Sie ist noch als Novize gekleidet
ISABELLA. Erst hört noch mich! Ich bin die Schwester.
ALLE. Ha, seine Schwester! Hört sie an!
CLAUDIO *umarmt sie.* Nur du bist's, die mich retten kann!
LUZIO. Sie ist der Gott, der dich befreit!
ISABELLA. Was eine treue Schwester kann,
Sei deiner Rettung ganz geweiht.
Zu Friedrich
Ich bitt euch, Herr, um ein Gehör!
Doch laßt die Andern sich entfernen.
FRIEDRICH. Nichts nützen Weibertränen mehr. –
Doch sei's – ihr aber bleibet hier!
ISABELLA. Laßt sie entfernen! Zu eurem Herzen,
Zu eurem Amt nicht, will ich sprechen!
FRIEDRICH. Es geht nicht an!
ISABELLA. Ihr fürchtet euch vor einem Weibe?
FRIEDRICH. Entfernt euch!
ALLE. Entfernet euch, laßt sie allein!
Gott möge ihr den Sieg verleihn!
Alle durch die Mitte ab
FRIEDRICH. Wohlan, so rede! Was hast du zu sagen?
ISABELLA. Kennst du das Leid der Elternlosen,
Die um des Bruders Leben fleht,
Du könntest nie zurück sie stoßen,
Die trostlos dann verlassen steht.
Öffne der Schwesternlieb dein Herz,
Löse durch Gnade meinen Schmerz!
FRIEDRICH. Die Schwesternliebe ehre ich,
Doch Gnade hab ich nicht für dich.
ISABELLA. Du schmähest jene andre Liebe,

Die Gott gesenkt in unsre Brust?
O wie so öd das Leben bliebe,
Gäb es nicht Lieb und Liebeslust!
Dem Weib gab Schönheit die Natur,
Dem Manne Kraft, sie zu genießen,
Und nur ein Tor, ein Heuchler nur
Sucht sich der Liebe zu verschließen.
Öffne der Erdenliebe dein Herz,
Löse durch Gnade meinen Schmerz!

FRIEDRICH *bewegt.* Wie warm ihr Atem, wie beredt ihr Ton!
Bin ich ein Mann? Weh mir, ich wanke schon!

ISABELLA. O war dein Herz denn stets verschlossen,
Drang Liebe nie in deine Brust?
Hat dich ihr Zauber nie umschlossen
Mit ihrem Leid und ihrer Lust?
Ist je es einem Weib gelungen,
Zu rühren deinen kalten Sinn?
Hat je ein Arm dich fest umschlungen?
Gabst du dich je der Liebe hin?
kniet nieder
O öffne der Erdenliebe dein Herz,
Löse durch Gnade meinen Schmerz!

FRIEDRICH. Aus ihrem Munde dies zu hören, –
Es ist zu viel! Mir wallt das Blut –
Ich bin mir meiner nicht bewußt.

ISABELLA. O Gnade! Gnade meinem Bruder!

FRIEDRICH. Dahingeschmolzen ist das Eis!
Vor ihrem Atem flieht mein Stolz –
Steh auf! Laß mich zu deinen Füßen!

ISABELLA. Nicht eh'r, als bis du Gnade spendest!

FRIEDRICH. Dein Bruder, er ist frei! Doch du,
Die tausendfache Glut mir weckte,
Wie löschest du die Flamme mir?

ISABELLA. Ha, was soll das?

FRIEDRICH. Du hast in mich
Niemals geahnte Glut gehaucht!
Die Liebe, die du mir verkündet,
Faß ich mit heißer Glut zu dir!
Frei ist dein Bruder, wenn du selbst
Mich lehrst, wie himmlisch sein Verbrechen!

ISABELLA. O Gott, was hör ich? Ha, so weit
Ginge des Frechen Heuchelei? –
Was willst du? Nenn es deutlich mir!

FRIEDRICH. Die höchste Liebe weihe mir!
Frei ist dein Bruder Claudio!
ISABELLA. Ha, Schändlicher! Abscheulicher!
Zum Fenster und zur Tür hinaus schreiend
Herbei! Betrog'nes Volk, herbei!
Sprengt alle Tore! Hört mich an!
Ich will den frechsten aller Heuchler
Vor euren Augen euch entlarven!
FRIEDRICH. Weib, bist du rasend? Was beginnst du?
ISABELLA. Du hältst mich nicht! Herbei, herbei!
Palermos Volk, eilt, eilt herbei!
Luzio, Claudio mit Sbirren, Antonio, Angelo, Danieli, Pontio, Brighello, Dorella und Volk stürzen herein
ALLE. Was ist geschehn? Was soll das Schrei'n?
ISABELLA. Ich nenne einen Heuchler euch –
FRIEDRICH. Hör mich!
ISABELLA. Erkennen sollt ihr ihn!
ALLE. Wo soll das hin? Was ficht dich an?
FRIEDRICH *leise zu Isabella*. Du schreist umsonst! Bedenke wohl
Wer *ich* bin, und wie *du* erscheinst!
ISABELLA. Laß mich, Elender!
FRIEDRICH. Hör mich an!
Du Törin, sprich, wer wird dir glauben?
Den Antrag gebe ich sogleich
Für eine List aus, dein Gelübde,
Ob es dir heilig, zu erforschen.
ISABELLA. O wie verrucht! Ich straf dich Lügen!
FRIEDRICH. Verkündetest du Strenge, Härte,
Ja, sprächest du von Grausamkeit,
So würde man dir eher glauben.
Doch sprächest du von Liebe,
Wird man nur lachen.
ISABELLA. O Himmel, er besiegt mich!
FRIEDRICH. Still denn! Sei gescheit und schweige!
Zu deinem Unglück sprichst du nur.
Isabella sinkt zusammen
ALLE. Sprich, Isabella, was ist dir?
Du riefst nach uns und wir sind hier!
Du schweigst? Wie sollen wir das deuten?
Sie schweiget in stummem Schmerz.
Was hat er ihr vertraut?
Verwund'rung erfüllt mein Herz,
Dem's vor der Lösung graut!

FRIEDRICH *für sich.* Ha, wie verklärt der Schmerz
Die schöne Himmelsbraut!
Vor Wonne bebt mein Herz,
Da ich sie so geschaut!
ISABELLA. Vor Wut und Scham glühn meine Wangen.
Bin ich so elend, bin ich so schwach? –
O wie könnt ich ihn wohl vernichten,
Enthüllen seine Heuchelei? –
Wenn ich ihn überführen könnte
Und durch sein eigenes Gesetz,
Das frech er höhnte, ihn bestrafen?
Doch sollt ich selbst das Opfer sein?
O du betrog'ne Mariana! –
Mariana? Wie? O Götterlicht!
Ha, wie begeistert mich die List!
Statt meiner send ich ihm sein Weib.
Ich überführ ihn durch die Tat
Und feßl' ihn neu an die Verlass'ne!
Triumph! Triumph! Du bist gefangen!
Ein Weib lockt dich ins eigne Netz!
FRIEDRICH. Nun, Isabella! Sprich, wozu
Bist du entschlossen? Säume nicht!
ISABELLA *verstellt.* Du hast mich mächtig überwältigt.
Was kann ich tun? Ich bin ein Weib –
FRIEDRICH. Du gehst zurück? Ich dürfte hoffen?
ISABELLA. Kann ich es ändern? Muß ich nicht?
FRIEDRICH. Und du versprichst mir?
ISABELLA. Ich verspreche.
FRIEDRICH. Entzücken! Sag, wann sprech ich dich?
ISABELLA. Ich schreib es euch.
FRIEDRICH. Ha, welche Wonne!
ISABELLA. Und dann – mein Bruder?
FRIEDRICH. Dein Billet
Sei das Patent, das ihn befreit!
ISABELLA. So bin ich dein.
FRIEDRICH. Wie faß ich mich?
ISABELLA. Ha, welche Lust! Er ist gefangen,
Gelungen ist die schönste List!
O du sollst kühlen dein Verlangen,
Bis du mir satt von Liebe bist!
Du sollst dich winden in der Falle
Der Starrheit und Verräterei!
Ich räche mich, und mache Alle

Aus deinen Narrenketten frei.

FRIEDRICH. Ha, welche Lust! Ich soll's erlangen,
Was mir die höchste Wonne ist!
Ich soll es kühlen, mein Verlangen,
Genießen, was kein Gott genießt!
Wenn ich zum tiefsten Abgrund falle,
Und wenn es auch mein Ende sei, –
O, der Besitz macht mich für alle
Die Sünden, die ich kenne, frei.

ALLE. Es fasset uns Erstaunen alle:
Ist es wohl Ernst? Ist's Raserei?
Gewiß scheint uns in jedem Falle,
Daß hier etwas verborgen sei. –
So laßt euch endlich doch erweichen,
Macht Ernst, die Sache auszugleichen!

PONTIO. Begnadigt uns!

DORELLA. Auf, macht uns frei!

DANIELI. O hört mich an!

BRIGHELLA. Welch ein Geschrei?

FRIEDRICH. Wie es bestimmt, so bleibt es stehn!
Ich darf nicht vom Gesetze gehn!

ALLE. O unbeugsame Grausamkeit!

BRIGHELLA. Ihr wißt nun wohl, woran ihr seid!

CLAUDIO. O Schwester, welch ein Ungemach! –
Sprich! Gab er deinem Flehen nach?

LUZIO. Sprecht, Isabella, was geschah?
Kamt ihr nicht seiner Narrheit nah?

ALLE. Ach, Isabella, keinen Trost?

ISABELLA. O seid nur heiter, aufgeräumt!
Das ist ja Spaß, was ihr hier seht!
Der drüben ist mein guter Freund,
Ein lust'ger Mann, der's nicht so meint.

LUZIO. Sie macht uns vollends ganz verwirrt!

CLAUDIO. Wohin hat sich dein Schmerz verirrt?

ISABELLA. So lacht und jubelt doch mit mir!
Ihr kennt die Sizilianerin!
Der Narrennebel schwindet bald:
Ich mach euch frei mit einem Spaß!

ALLE. Wo führt das hin? Sie wird verrückt!

FRIEDRICH. Isabella, sag, was fängst du an?
Was soll ich denken, bist du toll?

ISABELLA. Ich bin ein Weib, ihr kennt das nicht.
Ich sprech euch noch vor heute nacht!

FRIEDRICH. O Seligkeit! Du willigst ein?
ISABELLA. So sei's, ich schick euch das Billet!
Es sag euch sicher, wie und wo!
Stellt euch nur ein!
FRIEDRICH. Wie faß' ich mich?
ISABELLA und FRIEDRICH.
Ha, welche Lust! { Er ist gefangen,
Ich soll's erlangen,

{ Gelungen ist die schönste List!
Was mir die höchste Wonne ist!

{ O du sollst kühlen dein Verlangen,
Ich soll es kühlen, mein Verlangen,

{ Bis du mir satt von Liebe bist!
Genießen, was kein Gott genießt!

{ Du sollst dich winden in der Falle
Wenn ich zum tiefsten Abgrund falle,

{ Der Starrheit und Verräterei!
Und wenn es auch mein Ende sei, –

{ Ich räche mich, und mache Alle
O, der Besitz macht mich für alle

{ Aus deinen Narrenketten frei.
Die Sünden, die ich kenne, frei.

ALLE. Sie reißt uns wider Willen alle
Zum Strudel wilder Raserei.
Ob einer steh, ob einer falle:
Macht euch aus Narrenketten frei!

Alles wendet sich in wilder Unordnung zum Abgehen
Der Vorhang fällt schnell

ZWEITER AUFZUG

Kerkergarten, im Hintergrunde rechts das Gefängnis. Eine Mauer führt über das Theater. Links eine Bank

ERSTE SZENE

CLAUDIO *allein.* Wo Isabella bleibt? – Sie wird das Schicksal,
Daß meiner harret, mir verkünden! – Tod –
O meine Julia, soll ich scheiden
Von dir und deinem Schmerz?
Trostlos allein in deinem Leiden,
Bräch wohl auch dir das Herz! –

Pontio als Schließer führt Isabella herein und entfernt sich dann

CLAUDIO *auf sie zueilend.* Ach Isabella, teures Leben,
O rede schnell: was bringst du mir?
ISABELLA. Ein schönes Los bereit ich dir:
Sei Held und Retter meiner Ehre!
CLAUDIO. Was muß ich hören?
ISABELLA. So vernimm!
Ein Scheusal, ein Tyrann ist der,
Der das Gesetz gab, das dich mordet.
Kein größrer Heuchler wird gefunden
Als Friedrich selbst. Hör, was geschah!
Zu seinen Füßen sah er mich
und faßte frevelhafte Glut,
Und um den Preis meiner Entehrung
Versprach er Gnad und Leben dir.
CLAUDIO. Ha, niederträchtig! Welch ein Schurke!
ISABELLA *für sich.* So recht! – Zwar feststeht meine List;
Doch um zu prüfen seine Stärke,
Ob er das Leben auch verdient,
Verschweig ich ihm, was ich ersann!
CLAUDIO. O Isabella, welche Schande!
ISABELLA. Claudio, ertrügest du die Schmach?
CLAUDIO. Um solches Opfer sollt ich leben?
ISABELLA. Für meine Ehre stirb als Held!
CLAUDIO. Ha, welch ein Mut begeistert mich!
ISABELLA. Es harret dein der schönste Lohn!
CLAUDIO. Ha, welch ein Tod für Lieb und Ehre!
Ihm weih ich meine Jugendkraft!

Für die erhab'ne Heldenlehre
Glüh ich in hoher Leidenschaft.
Für meines gibst du gern dein Leben,
Doch für die Ehre sterbe ich.
Ich ende so mein männlich Streben
Und hoher Lohn erwartet mich!

ISABELLA. Dem schönen Tod für Lieb und Ehre,
Ihm weiht er seine Jugendkraft.
Für die erhab'ne Heldenlehre
Glüht er in hoher Leidenschaft.
Wohlan! So rett ich gern dein Leben,
Für deine Freiheit stürbe ich.
Für dieses männlich schöne Streben
Erwartet Glück und Freude dich.
Mein Bruder, nun – so höre mich!

CLAUDIO. Isabella, ich umarme dich –
Leb wohl, nimm diesen Abschiedskuß!
So küsse ich das schöne Leben,
Von dem ich sterbend scheiden muß!

ISABELLA. Ermanne dich!

CLAUDIO. Könnt ich sie sehn,
Eh mich der düstre Tod umhüllt –
Der Tod mit seinem kalten Schauer,
Der alle Lust und Freude knickt,
Die dieses Leben schön geschmückt!

ISABELLA. Was ficht dich an?

CLAUDIO *in Melancholie versunken.* Weil ich geliebt! –
O es ist hart! – Ach, Isabella! –

ISABELLA. Bei Gott, was soll's?

CLAUDIO. Du lebst im Kloster
Und kennst sie nicht, die schöne Welt! –

ISABELLA. Claudio!

CLAUDIO. O Schwester, mach mich frei!

ISABELLA. Weh mir! Was höre ich? – Durch Schande?

CLAUDIO. O, bleibt kein andres Mittel mehr?
Bedenke wohl – das Bruderleben! –

ISABELLA *voll Zorn.* Meinst Du? Und einer Schwester Ehre? –
Ha, feiger, ehrvergess'ner Wicht!
Elender, und mein Bruder nicht!

CLAUDIO. O Schwester!

ISABELLA. Nicht erbarmenswert!
So hast du Mut und Kraft bewährt!

CLAUDIO. Hör mich! 's war nur ein Augenblick!

ISABELLA. Schwachmüt'ger, weich von mir zurück!
CLAUDIO. Sieh meine Treu!
ISABELLA. Ich glaub ihr nicht!
Zu Pontio, der sich eben zeigt
He, Schließer, eile an dein Amt:
Schließ den Gefang'nen wieder ein!
CLAUDIO. Was tust du? –
PONTIO. Fort, Signor!
CLAUDIO. Laß los!
ISABELLA. Bring ihn von dannen!
PONTIO. He, ihr Leute!
Es kommen mehrere Sbirren und ergreifen Claudio
CLAUDIO. O Schwester, sieh auf meine Reue!
Schon bin ich wieder ganz ermannt.
Daß ich den Tod jetzt nicht mehr scheue,
Sag dir die Glut, dir mir entbrannt.
ISABELLA. Nicht acht ich mehr auf deine Reue,
Die Feigheit hat dich ganz entmannt.
Los sag ich mich der Schwesterntreue,
Ich habe niemals dich gekannt.
Claudio wird in das Gefängnis zurückgebracht.

ZWEITE SZENE

ISABELLA *sie geht einen Augenblick auf und ab.* So sei's! Für seinen feigen Wankelmut
Sei er durch Ungewißheit seines Schicksals,
Das ich so lang ihm berge, streng bestraft.
Doch dir, mein süßer Liebesantipode,
Bereit ich eine List: – sie soll dich fangen,
Für Narrheit und für Bosheit dich bestrafen. –
Der Plan ist gut. Ich melde Mariana,
Wie sie den Vogel fängt, der ihr entflohn.
Sie ist sein Weib und sträubt sich lange nicht.
Derweil bestell ich Friedrich für die Nacht.
Heut ist Beginn des Carnevals, den er verbot.
So muß er denn verlarvt erscheinen,
Zum zweitenmale brechen sein Gesetz. –
Kommt er, so naht verlarvt sich Mariana:
Verstellt beginnt die Unterredung sie,
Empfängt statt meiner Schwüre und Versprechen;
Gibt sich dann offen zu erkennen ihm,

Und ihrer Rache fällt er ganz anheim!
Doch das Begnadigungspatent des Bruders,
Das ich noch heute abend soll erwarten,
Wird Claudio vorenthalten, – ich fang es auf
Und lass ihn büßen durch die Todesfurcht.
Triumph! Triumph! Vollendet ist der Plan!
Ich spiele mit dem Tod wie mit dem Scherz –
Und List und Rache erkämpfen mir den Sieg!

Dorella kommt

ISABELLA. Dorella, sieh! – Nun, bist du jetzt befreit
Und stehst du ganz zu Diensten mir?
DORELLA. Gewiß!
Ein Wort von euch tat Wunderkraft! Ich bin
Dankbar zu eurem Dienst bereit.
ISABELLA. So nimm!
Hier diesen Brief bestellst du an Mariana –
Und dem Statthalter überbringst du jenen. –
Den Zutritt wirst du finden?
DORELLA. O leicht! Der Kauz
Brighella ist sterblich in mich verliebt.
ISABELLA. Ha, recht so! Herr und Diener sind geliefert! –
Sahst du nicht Luzio?
DORELLA. Ich sah ihn nicht!
Gott weiß, wohin er flattert!
ISABELLA. Sprich, ist er
So flatterhaft, wie man ihn immer nennt?
DORELLA. Ei, und weit mehr! – 's gibt nicht ein einzig Weib
Hier in Palermo, dem er sich nicht nahte
Mit seiner kecken Art. Mich liebt er auch!
ISABELLA. Was sagst du?
DORELLA. O, recht heftig. – Seine Schwüre,
Versprechungen, Anträge, Liebkosungen
Jedoch sind falsch: treulos ist er wie keiner.
ISABELLA. Ha, ein vortrefflich Bild, – ich muß gestehn! –
Wer kommt dort durch die Pforte?
DORELLA. Wenn man vom Teufel
Nur spricht, so ist er da! – 's ist Luzio!

DRITTE SZENE

LUZIO *galant.* Wie glücklich, schöne Isabella,
Bin ich, euch endlich hier zu sehn!

ISABELLA. Viel Dank!
DORELLA. So seht doch auch Dorella!
LUZIO. Du könntest wahrlich wieder gehn!
Zu Isabella
Nach eurem Bruder wollt ich fragen:
Wie alles abgelaufen sei?
ISABELLA. Ich kann das Beste euch nur sagen:
Noch heute wird er sicher frei.
LUZIO. O, so habt Wunder ihr getan!
Ich bete eure Allmacht an!
DORELLA *beständig um ihn herumflatternd.*
Zu viel – nun wird er gar noch fromm!
Gottlos war er doch stets bei mir!
LUZIO *verlegen.* Ich weiß nicht, wie ich dazu komm!
DORELLA. O nur Geduld, – ich sag es dir!
Denkst du nicht an die Schwüre, Küsse,
Die Schmeicheleien, die Versprechen?
LUZIO *verlegener.* Wenn ich von alledem was wisse!
DORELLA. Willst du die Eide alle brechen?
LUZIO. Bei Gott, wer mag sich so erfrechen!
ISABELLA. Ei, ei! Daß ihr so untreu seid!
LUZIO. Ich schwör's bei meiner Seligkeit! –
DORELLA. Das ist der tausendste der Schwüre!
LUZIO *ausweichend.* Daß ich nicht eins ins andre führe: –
Wann, denkt ihr wohl, wird Claudio frei?
DORELLA. Mein Freund, nein, so geht nicht das Ding!
Und damit nichts gelogen sei –
Kennst du den Brief? Kennst du den Ring?
ISABELLA. Ah! Welche zarten Liebeszeichen!
LUZIO. Nein! Das ist Frechheit sondergleichen!
DORELLA. Du leugnest es?
LUZIO. Ich kenn dich nicht!
DORELLA. Weh mir!
ISABELLA. Hört doch, was Liebe spricht!
Das ist nicht schön von euch, Signor,
Daß ihr die Arme so verlaßt!
Es geht aus ihrem Schmerz hervor,
Daß sie euch tief in's Herz gefaßt.
LUZIO. Es schwirrt mir wahrlich vor dem Ohr!
Auf dieses war ich nicht gefaßt.
Es geht aus allem mir hervor,
Daß man mir völlig aufgepaßt.
DORELLA. Das ist doch wahrlich schlecht, Signor,

Daß ihr mich endlich gar verlaßt!
Aus euren Schwüren ging hervor,
Daß ihr mich mehr ins Herz gefaßt.
ISABELLA. Welch ein Verbrecher seid ihr doch,
Daß ihr es wagen konntet, mir
Eu'r Herz und eure Hand zu bieten,
Da euch schon süße Bande fesseln!
DORELLA. Was höre ich!
LUZIO. O welcher Spott!
ISABELLA. Sollt ich nicht euch zulieb das Kloster
Für immer lassen?
DORELLA. Frevelhaft!
LUZIO. Ihr wollt doch nie es mehr betreten?
ISABELLA. Ganz recht! – Ich scheide jetzt daraus,
Weil ich der Welt muß angehören,
Da ich seit heut gezwungen bin,
Ein weltlich Bündnis einzugehn.
LUZIO. Ein weltlich Bündnis? Redet, welches?
ISABELLA. So wißt: zur Lösung meines Bruders
Verlangte Friedrich meine Hand
Und meiner Treue Schwur.
LUZIO. Zum Teufel!
Es ist nicht möglich! Welch ein Heuchler!
Und ihr?
ISABELLA. Ich muß ihm wohl gewähren.
Es drängt die Zeit, kein Mittel sonst.
LUZIO. Entsetzlich, nein! Ha, nimmermehr!
Für eure Freiheit sterb ich eh'r!
ISABELLA. Triumph! Wahrhaft ist seine Liebe!
LUZIO. Und wenn ich selbst im Kampfe bliebe:
Ich ruf es durch die Straßen aus,
Ich schrei es laut von Haus zu Haus,
Wie schändlich Friedrichs Heuchelei,
Wie schimpflich seine Tyrannei!
ISABELLA. Ich habe auch schon dran gedacht, –
Doch hätt es leicht den Tod gebracht.
Wer kann sich wohl mit Friedrich messen? –
Beruhigt euch, nichts hilft das Wüten!
LUZIO. Ich rase: ist das Isabella?
DORELLA. So seid doch still! Was geht's euch an?
LUZIO. Bei Gott! Was soll ich von euch denken?
DORELLA. Ein Kluger tut, als wüßt er's nicht!
LUZIO. Ich werde toll! O welche Schmach!

ISABELLA. In solch erhabenem Erglühen
Spricht sich die schönste Liebe aus.
Erst soll er quälen sich und mühen,
Dann lach ich ihn voll Freude aus.

LUZIO. Vor Wut fühl ich mein Herz erglühen,
Mir füllt die Adern Angst und Graus!
Ich möchte Gift und Flammen sprühen –
Und sie lacht mich wohl gar noch aus?

DORELLA. Was mögt ihr euch nur so erglühen?
Es kommt doch nur ein Spaß heraus!
Was wollt ihr denn um sie euch mühen?
Sie lacht euch noch bei Zeiten aus!

Dorella ab

VIERTE SZENE

Pontio kommt

ISABELLA *zu Pontio.* Vernimm, mein Freund, worum ich dich jetzt bitte! Vor heute nacht wird Friedrich ein Patent, das meinen Bruder Claudio betrifft, hierher bestellen. Verschweig es meinem Bruder, such mich dann auf dem Corso auf und gib mir's.

PONTIO. Verheimlichen? Das geht nicht.

ISABELLA *gibt ihm Geld.* Warum nicht? Narr!

PONTIO *es einsteckend.* O ja, es geht!

ISABELLA. Nun denn, beacht es wohl!

Schelmisch zu Luzio

Signor, lebt wohl!

Geht ab

LUZIO *wütend.* O Weiber!
Ich spielte erst mit euch, wie spielt
Ihr jetzt mit mir!

Rennt in der Hast Pontio um

Was ist das für ein Kerl?

PONTIO *sich aufrichtend.* Seid ihr gescheit? Was ist denn das für ein Benehmen?

LUZIO. Zum Teufel, Pontio! Wie kommst du hierher? Kerl, bist du ein Gefangener, oder was sonst?

PONTIO. Weder ein Gefangener, noch ein Sonst. Seht mich recht an: ich bin Schließer.

LUZIO. Und dazu nahm man dich, den verworfensten Spitzbuben in Sizilien?

PONTIO. Wahrt eure Zunge! Sagt, was soll ich tun? Alle Wirtshäuser sind aufgehoben. Alles wird ordentlich, mein Gewerbe ist dahin. Was sollte ich anfangen? Man braucht Sbirren, – man bietet mir die Aufnahme in ihre noble Gesellschaft an, ich werde sogar Schließer.

Luzio lacht bitter

Na, was ist denn da zu lachen? Ich bin sittsam geworden, beschütze die Tugend und wache über alle liederlichen Leute.

LUZIO. So ist es recht! Lumpengesindel braucht man, um seine heuchlerischen Schurkereien auszuführen! Laß mich zu Claudio!

PONTIO. Das geht nicht, Signor!

LUZIO. Da werde ich dich fragen! Ich muß ihn sprechen, ich muß ihn beschwören, eher sein Leben, als seiner Schwester Freiheit zu opfern.

PONTIO. Laßt ihm doch das Leben und ihr die Freiheit! Mit einem Wort, es darf niemand zu ihm!

LUZIO. Der Schurke macht mich verrückt! *Er packt ihn* Willst du weichen, Halunke, oder ich würge dich!

PONTIO. Zu Hilfe! Herbei! Herbei!

Einige Sbirren kommen aus dem Gefängnis

Arretiert dieses Ungeheuer! Macht euch an ihn, steckt ihn ein! Ins Loch, ins Loch mit ihm!

LUZIO. Die Frechheit dieses Kerles macht mich rasend!

Er stößt Pontio um, schlägt sich durch die Sbirren und springt über die Mauer

PONTIO *von den Sbirren aufgerichtet.* Jedes Amt hat seine Mühseligkeiten, das merke ich nun wohl. Ich glaubte, jetzt nur Prügel austeilen zu dürfen; statt dessen bekomme ich sie nach wie vor. O schlimmes Amt! *Mit den Sbirren ab*

Verwandlung

Kurzes Zimmer in Friedrichs Palast

FÜNFTE SZENE

FRIEDRICH *kommt aus der Seitentür.*

So spät und noch kein Brief von Isabella? –

Verlang ich nicht danach wie nach dem Heil
Der Seele? Was hat ein Weib aus dir gemacht?
Armseliger! Wohin ist das System,
Das du so wohl geordnet, hingefloh'n?
Ein Hauch von ihrem warmen Atem nur,
Und wie ein frost'ger Wintertraum zerfloß es! –
O, nicht zum Sklaven bloß macht mich die Liebe:
Der Pflicht und Ehre zu vergessen, zwingt
Mich ihre rächende Gewalt. –
Ich liebte nie – das lernte Mariana,
Die ich einst treulos, kalt verließ. Doch als
Mir Isabella die Erdenliebe erschloß,
Da schmolz das Eis in tausend Liebestränen. –
Ja, glühend wie des Südens Hauch
Brennt mir die Flamme in der Brust!
Verzehrt mich auch die wilde Glut,
Genieß ich doch die heiße Lust.

Brighella führt Dorella herein, die Friedrich einen Brief überreicht

FRIEDRICH *ihn lesend.* Von Isabella! Heute noch – am Ausgang des Corso – wie? – maskiert? – Sie sagt mir's zu!
O Wonne, himmlisches Entzücken!
Noch heute wird die Schönste mein!
Sie will den Glühendsten beglücken,
Mir Sel'gem ihre Liebe weihn. –
Mich zu verlarven? Darf ich's wagen?
Verbot ich nicht das Maskenfest? –
Soll ich zum zweiten Male fehlen? –
Und doch, ist's nicht das Sicherste?
Ewartet mich nicht das Entzücken,
Wird nicht die Schönste heute mein?
Den Glühendsten will sie beglücken? –
Kann ich noch eine Sünde scheu'n?
Doch laß ich wirklich Claudio frei?
Darf das Gesetz wohl unterliegen
Der Leidenschaft, die mich durchtobt?
Eh' bring ich selbst mich dem Gesetz
Als Opfer dar! Eh' sterb ich selbst! –
Claudio, du stirbst! – Ich folg dir nach.

Er schreibt und gibt Brighella den Brief

O wie verschling ich die Gedanken,
Die wie Dämonen mich durchzucken?
Im Fieber gleich wallt mir das Blut,

Bewußtlos schwanken meine Sinne.
Wie trag ich Qualen und Entzücken?
Es harret Tod und Wollust mein. –
Ich will sie an den Busen drücken,
Ich will ihr Gott und Hölle weihn!

Er eilt ab

DORELLA. Lebt wohl, Signor Brighella! Die Heiligen mögen euch beschützen!

BRIGHELLA. Bleib nur noch einen Augenblick!

DORELLA. Laßt mich!

BRIGHELLA. Nein, länger halt ich mich nicht! Mag mich der Statthalter morgen hängen lassen: der Teufel hole seine Liebesverbote! Ich bin in dich verliebt wie rasend und habe schon meinen ganzen Verstand darüber verloren.

DORELLA. Ach, das wäre schade! Du liebst mich also?

BRIGHELLA. Bis zum Wahnsinn! Kann ich dich nirgends treffen?

DORELLA. So? Gleich ein Rendezvous? Nun gut! So komm heut abend auf den Ausgang des Corso!

BRIGHELLA. Verdammt! Dort ist's gewöhnlich sehr belebt!

DORELLA. Hilft nichts! Du mußt dich maskieren, auch ich erscheine maskiert.

BRIGHELLA. Ach, das bricht mir ja den Hals! Der Carneval ist streng verboten! Das darf ich nicht wagen. –

DORELLA. So sei kein Narr! Wir werden nicht die Einzigen sein: noch ganz andere Leute als wir zwei werden sich verlarven!

BRIGHELLA. Ich tu es nicht!

DORELLA. So geh, wohin du willst! Addio!

BRIGHELLA. Ja, ja, ich will mich verlarven, maskieren von oben bis unten! Ihr Heiligen, was macht so ein Schelm nicht alles aus mir!

DORELLA. Ich komme als Colombine, und damit ich dich erkenne, kommst du als Pierrot!

BRIGHELLA. Weh mir! Als Pierrot?

DORELLA. Nun genug! Leb wohl! – Heut nacht! – Leb wohl, mein süßer Pierrot!

Sie gibt ihm einen flüchtigen Kuß und läuft davon

BRIGHELLA. Ein Kuß? Und den will mir der Statthalter verbieten? Den Teufel in sein Liebesverbot! Kann er's aushalten, so ist er ein Deutscher! Ich bin Sizilianer, und zwar von erstaunlich guter Geburt! – Aber warum ich mich nur maskieren soll? – Und warum als Pierrot? – Ob dies meinen Reiz erhöhen soll? – Ihr Heiligen, wenn man mich erwischt! Wie wird mir dann die Liebe bekommen?!

Er geht ab

Verwandlung

Der Ausgang des Corso. Ein freier Platz mit Lusthäusern und parkähnlichen Anlagen. Rechts ein Zelt, darin gedeckte Tafeln mit Erfrischungen. – Es ist Nacht

FINALE

Antonio, Angelo, Volk, alle maskiert. Danieli im Zelte stehend

ANTONIO. So recht, ihr wackern jungen Leute!
Einmütig haben wir beschlossen,
Dem albernen Verbot zum Trotz
Den Carneval froh zu begehen.
CHOR. Bereit sind wir zum Feste schon:
Wir ordnen bald die Prozession!
ANGELO. Palermos Frauen sind bereit
Zu teilen jede Lustbarkeit!
DANIELI. Ihr buntes Volk, macht euch heran!
Hört mich und was ich sage an: –
Ich biet euch meinen ganzen Rest,
Den ganzen Keller, voll von Wein!
Laßt sehn, wer uns verhindern will,
Am Carneval vergnügt zu sein!
ANGELO. Das läßt sich hören!
ANTONIO. Kommt heran!
Ein lustig Vorfest halten wir!
ANGELO. Dann ziehn wir nach dem Corso hin!

Man reicht Wein herum

DANIELI. Willkommen ganz Palermo hier!
ALLE. So jubelt in das Fest hinein,
Zur Lust begeist're uns der Wein!
Wenn jauchzend ganz Italien bebt,
Sei auch Sizilien neu belebt!
LUZIO *tritt auf*. Ihr muntres Volk, wer seid ihr alle?
ANTONIO. Ha, Luzio!
ANGELO. Sei gegrüßt!
ALLE. Willkommen!

LUZIO. So treff ich euch! Macht euch bereit,
So toll und wild den Carneval
Zu enden, wie's noch nie geschah! –
Ihr schönen Frauen, seid willkommen!
Ich sing euch jetzt ein Carn'valslied:
Es ist das tollste aller Lieder!
ALLE. Das sieht euch gleich! So singt!
LUZIO. Ihr junges Volk, macht euch heran!
Die Alltagskleider abgetan,
Die Larven vor, die Jacken an,
Die bunten Wämser angetan!
Es nahet heut der Carneval:
Da wird man seiner sich bewußt.
Herbei, herbei, ihr Leute all!
Jetzt gibt es Spaß, jetzt gibt es Lust!
ALLE. Herbei, herbei, ihr Leute all!
Jetzt gibt es Spaß, jetzt gibt es Lust!
LUZIO. Jetzt gibt's nicht Weib noch Ehemann,
Es gibt nicht Vater und nicht Sohn,
Und wer das Glück ergreifen kann,
Der trägt es im Triumph davon.
Das ist das Recht im Carneval,
Dabei wird man sich sein' bewußt.
Herbei, herbei, ihr Leute all!
Jetzt gibt es Spaß, jetzt gibt es Lust!
ALLE. Herbei, herbei, ihr Leute all!
Jetzt gibt es Spaß, jetzt gibt es Lust!
LUZIO. In Jubelrausch und Hochgenuß
Ertränkt die gold'ne Freudenzeit!
Zum Teufel fahre der Verdruß,
Und hin zur Hölle Traurigkeit!
Wer sich nicht freut beim Carneval,
Dem stoßt das Messer in die Brust!
Herbei, herbei, ihr Leute all!
Es war zum Spaß, es war zur Lust!
ALLE. Herbei, herbei, ihr Leute all!
Es war zum Spaß, es war zur Lust!
Nach jedem Vers großer Tanz mit Castagnetten.
Brighella, im Mantel, und Sbirren treten auf
BRIGHELLA. Halt! Auseinander! Welch ein Lärmen!
Welch ein gottvergessenes Schwärmen!
ANTONIO. Der kommt uns eben recht!
ANGELO. Drauf los!

BRIGHELLA. Weg die Larven!
ANTONIO. Stoßt ihn nieder!
BRIGHELLA. Wißt ihr nicht, daß verboten ist
Der ganze Plunder-Carneval?
ANGELO. Hört ihn nicht an!
ANTONIO. Auf, werft sie nieder!
ALLE. Ganz recht, das soll der Anfang sein!
LUZIO. Hört mich, ihr Freunde, jetzt noch nicht!
Gebt ihnen vor der Hand noch nach! –
Nehmt eure Larven ab, vermeidet
Noch jetzt den Streit mit jenen Schurken!
Macht euch auf Ärgeres gefaßt! –
Verderbt mir nichts, geht auseinander!
BRIGHELLA. O liebenswürd'ger junger Mann!
ANTONIO. Was soll's? Wir waren schon im Zug!
ANGELO. Was hast du vor?
ALLE. Sprecht! Was geschieht?
LUZIO. Verteilt euch jetzt in jene Straßen!
Entlarvt euch, Freunde, und seid ruhig!
Rechtfert'gen will ich sicher mich!
BRIGHELLA. Für dies Verdienst wird dir ein Orden!
ALLE. Er hat ganz sicher seinen Grund!
Zerstreuet euch, – doch nicht zu weit!

Alle ab nach verschiedenen Seiten. Die Sbirren verteilen sich in verschiedene Patrouillen. – Brighella sieht, ob sich alle verlaufen haben, nimmt schnell seinen Mantel ab und versteckt ihn im Gebüsch. Er ist als Pierrot gekleidet, nimmt die Maske vor und eilt, Dorella suchend, ängstlich ab. – Isabella und Mariana, gleichmäßig maskiert, treten auf

ISABELLA. Verweile hier – hier muß er kommen.
MARIANA. Wie glüht die Wange mir vor Scham!
ISABELLA. Doch Keckheit kann allein uns frommen.
MARIANA. Ich weiß nicht, wie ich dazu kam!
ISABELLA. Wohlan, ich grüße dich als Braut,
Denn neuen Banden bist du nah!
MARIANA. Wie mir vor solcher Ehe graut!
O wär doch schon das Ende nah!
ISABELLA. O nur Geduld, so hitzig nicht!
Gern leist ich drauf für dich Verzicht. –
Mein süßes Bräutchen, lebe wohl!
MARIANA. Novizenschwester, lebe wohl!

Isabella ab

MARIANA. Welch wunderbar Erwarten,

Gefühl voll Lust und Schmerz:
Ich zieh für eine Andre
Den Gatten an mein Herz!
Und doch winkt mir von ferne
Nach langem Gram ein Glück.
O bringt ihn, güt'ge Sterne,
Voll Reue mir zurück!

Sie geht rechts ab

Friedrich tritt auf, von Luzio gefolgt, beide sind maskiert

FRIEDRICH. Hier soll sie sein! Wo mag sie weilen?
LUZIO *für sich.* Er ist's! Ich habe ihn erkannt.
FRIEDRICH. Wer ist der Mensch, der mich verfolgt?
LUZIO *laut.* Ganz recht, dort ist noch eine Maske!
He, Freund, kommt mit zur Prozession!
FRIEDRICH. Zu einer Narrenprozession?
LUZIO. Wieso? Ich denk, ihr seid ein Kluger
Und feiert unsern Carneval?
FRIEDRICH. Ich – euren Carneval?
LUZIO. Was soll ich denken? Ihr seid doch verlarvt?
FRIEDRICH. Verdammt! – Nun ja, ich komme dann.
LUZIO. So recht! Lacht jenen Toren aus,
Der diese Lustbarkeit verbot!
FRIEDRICH. Ich lach ihn aus!
LUZIO. Ihr seid gescheit
Und macht die muntern Scherze mit!
FRIEDRICH. Das tu ich!
LUZIO. Friedrich ist ein Narr.
Glaubt nur, er denkt nicht, wie er handelt!
FRIEDRICH. Kann sein!
LUZIO. Nein, nein! – Nicht doch! Vielmehr
Er handelt nicht so, wie er denkt.
FRIEDRICH. Ganz recht! *Für sich* Wie werde ich ihn los?
LUZIO. Er ist ein Heuchler und ein Schuft!
Nicht wahr?
FRIEDRICH. Jawohl! Doch bitt ich euch,
Laßt mich, ich bin nicht aufgelegt. –
Ich komme später auf den Corso.
LUZIO. Nun gut! – Ich nehme euch beim Wort!
Ihr führt den Maskenzug mit an.
FRIEDRICH. Schon gut! – Bis dahin laßt mich gehn!

Luzio stellt sich, als entferne er sich

Ich bin den läst'gen Schwätzer los. –
Wo bleibst du, Isabella? – Ha!

Mariana erscheint im Hintergrund

Wer kommt dort? S'ist ein Weib! – Ist sie's?

Mariana gibt ein Zeichen

Das ist das Zeichen! Welche Wonne!
Du bist es, himmlisches Geschöpf?

Er eilt mit Mariana ab

LUZIO. Zum Teufel! Ja, sie war's! Frisch nach!
Ich will die Freude euch geseg'nen!

Will ihnen nach. Dorella als Colombine tritt ihm entgegen

DORELLA. Wohin so eilig?

LUZIO. Aus dem Wege!

DORELLA *sich zärtlich an ihn hängend.*
Jetzt kommst du mir nicht mehr hinweg!
Erst mußt du büßen für die Schuld,
Daß du verachtet meine Huld.

LUZIO. Sie ist verrückt! Was fang ich an?
Wer hat's der Närrin angetan?

Isabella und Brighella, die aufgetreten sind, belauschen beide. Brighella macht wütende Gebärden vor Eifersucht

ISABELLA. So recht! Sie muß zurück ihn halten,
Sonst geht es an ein Schädelspalten.

BRIGHELLA. Zum Teufel, so erwisch ich sie!
Wie schlottern mir vor Wut die Knie!

DORELLA. Ist das der Lohn? Ist das die Treu?

LUZIO *wütend.* Jetzt laß mich los, sonst wird es schlimm!

DORELLA. Fühlst du noch immer keine Reu?

BRIGHELLA. Ich schäume bald vor Wut und Grimm!

ISABELLA. Mich dünkt, ihm ist nicht wohl dabei.
Dorella ist auch gar zu frei!

BRIGHELLA. Mein Haar sträubt sich vor Schreck und Graus.
Nein, das hält nur der Teufel aus!

DORELLA. Ich laß dich Schelmen nicht mehr los!
So bald kommst du nicht wieder frei!
Du stehst jetzt meiner Rache bloß
Und nichts hilft deine Raserei.

LUZIO. Wie komm ich von der Närrin los?
Sie bringt mich bis zur Raserei!
Von diesem lästigen Gekos'
Wer macht mich armen Sünder frei?

ISABELLA. Die Schelmin läßt ihn nicht mehr los,
Sie treibt es bis zur Raserei!
Sein Ärger ist jetzt wahrlich groß
Und dieser ist nicht Heuchelei.

BRIGHELLA. Die Schändliche läßt ihn nicht los,
Sie bringt mich bis zur Raserei!
Die Wut in mir ist wahrlich groß
Ob der verruchten Heuchelei.

LUZIO *verzweifelt.* Dorella, Einz'ge, höre mich:
Untreu war ich zum Scheine bloß!
Ich bin dir treu, ich liebe dich,
Ich küsse dich! *Tut es* Jetzt laß mich los!

Er rennt ab, aber in der Eile nicht dahin, wo Friedrich abgegangen ist

ISABELLA *tritt vor.* Ha! Was war das? Was muß ich hören?

BRIGHELLA *wütend aus seinem Versteck hervorbrechend, zu Dorella.* Das ist zu viel, du Ungeheuer!
Verworf'nes, böses Katzenherz!

DORELLA *entsetzt.* Hilf Gott! Ein Scheusal, ein Gespenst!

Sie läuft ab

Pontio, maskiert, kommt zu Isabella und Brighella

PONTIO. Signora Isabella! He!
Hier dies Patent, s'ist unterschlagen!
Ich habe es für euch gestohlen.

ISABELLA. Ich danke! S'ist noch nicht erbrochen?
Claudio, bald end ich deine Zweifel!

BRIGHELLA. Wie komm ich fort? Ich muß ihr nach –
Und Friedrich soll ich hier bewachen!
He, Pontio!

PONTIO. Herr! Wie siehst du aus?

BRIGHELLA *ganz verwirrt.* Ich bitte dich um alle Welt:
Ich muß davon, bleib hier für mich!
Steh Wache hier am Pavillon!
Laß niemand zu, laß niemand aus!
Nicht doch! – Ja, ja! – Nein, nein! – Zum Teufel,
Fange ihn gleich auf, den Lumpenkerl!
Bewach ihn! – Eine Maske! –

PONTIO. Das verstehe, wer da will!

BRIGHELLA. So bleib!
Ich geb dir meine halbe Löhnung!
Dorthin, in Teufelsnamen! Ach!

Er läuft wie besessen Dorella nach

PONTIO. Ist der verrückt? Die halbe Löhnung?
Ich weiß zwar nicht recht, was ich soll,
Die Löhnung aber soll mir schmecken!
Am Pavillon? Und Wache halten?
Laß niemand zu? Laß niemand aus? –

Nicht doch! Ja, ja! Nein, nein! Zum Teufel!
Fang ihn gleich auf, den Lumpenkerl!
Bewache ihn! – Eine Maske! – Gut!
Die Sache ist mir klar! – Ich weiß,
Woran ich bin!
In den Hintergrund gehend
Ein Lump! – Eine Maske!

ISABELLA *das Schreiben erbrechend.*
Laßt sehn! Wie schreibt der edle Herr?
Sie liest entsetzt
Ihr Heil'gen! Welche Schändlichkeit!
Nicht die Begnadigung: geschärft
Zur augenblicklichen Vollziehung
Ist der Befehl! Durch welchen Zufall
Bist du, mein Claudio, gerettet!
Ha, Rache! Rache dem Verruchten!
Sie läuft nach dem Hintergrunde
Herbei! Herbei, ihr Leute! Volk!
Palermos tiefgekränktes Volk!
Eilt herbei! Zur Rache! Zur Empörung!
Hört mein Schrei'n! Herbei, herbei!
Angelo, Antonio und Chor kommen

ALLE. Wer schreit? Was ist geschehn? Was soll's?

ISABELLA. Greift zu den Waffen! Auf zur Rache!
Stürzt ihn, den schändlichsten Tyrannen!
Luzio tritt auf
Auf, Luzio, komm! Und räche mich!

ALLE. Was ist ihr?

LUZIO. Laßt die Heuchlerin!
Laßt sie nur rasen! Es ist Lüge!

ISABELLA. Luzio, höret mich!
Wie jämmerlich sind wir betrogen!

LUZIO. Ha, falsches Weib! Was soll dein Schrei'n?

ALLE. Was soll man denken? Sprecht heraus!

LUZIO und ISABELLA.
Hört nicht auf { sie! / ihn! } Auf mich allein!

ALLE. Wem soll man trau'n von diesen Zwei'n?
Warum mag sie um Rache schrei'n?

PONTIO *im Hintergrund.* Halt, halt! Er ist erwischt, gefangen!
Ein Weibsbild! Eine Maske! Halt!

ALLE. Welch neuer Lärm? Was ist geschehn?
Pontio kommt mit Friedrich und Mariana vor

Nur vor! Nur vor! Ha, – was ist das?

LUZIO. Reißt ihm die Maske ab!

ANTONIO. Laßt sehn!

ALLE. Ha, Friedrich ist's! Was soll man denken?
Er ist verlarvt, brach sein Gesetz!

ANGELO. Wer ist das Weib?

ALLE. Entlarvt auch sie!

MARIANA. Mariana bin ich, bin sein Weib!

FRIEDRICH. Mariana!

LUZIO. Mariana!

ALLE. Ha, das ist sein Verbot der Liebe?
Darum bestraft er Claudio?
Frisch auf! Reißt seine Häuser ein,
Verbrennt zu Asche die Gesetze!

ISABELLA. Hört mich, ihr sollt ihn ganz erkennen!
Begnad'gen wollt er meinen Bruder,
Wenn ich ihm Lieb und Treue schenkte.

ALLE. Ist's möglich?

ISABELLA. Dies verlangte er,
Da heimlich ihm Mariana schon vermählt.
Zum Schein gehorchend, sandt ich ihm
Verlarvt sein Weib zur Unterredung.
Doch seht, wie schlecht er ist!
Er schickt statt der Begnadigung
Befehl zur schnellen Hinrichtung!

ALLE. Ha! Bösewicht!

FRIEDRICH. So richtet mich nach meinen eig'nen Taten!

ALLE. Nein, das Gesetz ist aufgehoben!
Wir wollen gnäd'ger sein als du!

ANGELO. Kommt, die Gefang'nen zu befrein!
Holt Claudio im Triumph hierher!

Mit einigen ab

Man bringt Brighella und Dorella

ALLE. Ha, seht doch nur den Sbirrenchef!

DANIELI. Er ist maskiert! Bei ihm ein Weib?

ALLE. Signor Brighella! Hahaha!
Welch ein verliebter Pierrot!

Claudio wird herausgetragen

ANGELO. Triumph! Er ist befreit!

CLAUDIO. Habt Dank! – O meine Schwester!

ALLE. So ist's recht! Die Narrheit ist zu Ende jetzt!

LUZIO. O herrlich Weib! Wie täuschtest du
Mich Armen! Wie verkannt ich dich!

ISABELLA. Laßt mich, ich muß ins Kloster gehn.
LUZIO. Ins Kloster?
ALLE. Du ins Kloster?
ISABELLA. Ja! Für eine Sünde muß ich büßen,
Daß ich – vom Anfang dich geliebt!
Dorella, lässest du mir ihn?
DORELLA. Ich muß! Brighella will es so!
ISABELLA *zu Luzio.* Du wilder Mann, so nimm mich hin!
ALLE. Reißt alle Trauerhäuser ein,
Für Lust und Freude lebt allein!
ANGELO. Hört mich! Der König ist gelandet,
Noch heute nacht trifft er hier ein!
ALLE. Der König soll willkommen sein!
In Freud und Jubel zieh er ein!
LUZIO. Zieht ihm im Maskenzug entgegen!
Signor Statthalter führt ihn an.
Ihn freuen bunte Scherze mehr
Als euer trauriges Gesetz!
ALLE. Herbei! Herbei! Ihr Masken all!
Gejubelt sei aus voller Brust!
Wir halten dreifach Carneval
Und niemals ende seine Lust!

Es ordnet sich alles über die Bühne zum Maskenzug: zuerst Musiker, dann Friedrich und Mariana sowie einige komische Masken, die Übrigen folgen. Unter Glockengeläute, Freudenschüssen usw. fällt der Vorhang

DOKUMENTE

1834	Zweite Hälfte des Juni bis Ende Juli	Aufzeichnung des Prosaentwurfs auf der Schlackenburg bei Teplitz. Wagner wird Musikdirektor der Theatertruppe Heinrich Bethmanns.
	Mitte August	Niederschrift der Dichtung in Rudolstadt begonnen.
1835	23. Januar	Beginn der Orchesterskizze des 1. Aktes in Magdeburg.
	30. Dezember	Vollendung der Orchesterskizze des 2. Aktes.
1836	Januar(?)	Vollendung der Partitur.
	29. März	Uraufführung am Magdeburger Theater. Dirigent: Richard Wagner.
1866	24. Dezember	Schenkung der Originalpartitur an König Ludwig II. von Bayern.

Richard Wagner, *Mein Leben*:
Es war Mai, schönes Frühlingswetter, und eine Vergnügungsreise, die ich jetzt mit einem Freunde in das gelobte Land meiner Jugendromantik, Böhmen, vornahm, sollte die ausgelassene jungeuropäische Stimmung zur rechten Blüte bringen...
An einigen schönen Morgen stahl ich mich von meinem Freunde fort, um mein Frühstück einsam auf der »Schlackenburg« zu nehmen und bei dieser Gelegenheit den Entwurf zu einem neuen Operngedicht in mein Taschenbuch aufzuzeichnen. Ich hatte mich hierzu des Sujets von Shakespeares *Maß für Maß* bemächtigt, welches ich, meiner jetzigen Stimmung angemessen, in sehr freier Weise mir zu einem Opernbuch, dem ich den Titel *Das Liebesverbot* gab, umgestaltete. Das *Junge Europa* und *Ardinghello*, geschärft durch meine sonderbare Stimmung, in welche ich gegen die klassische Opernmusik geraten war, gaben mir den Grundton für meine Auffassung, welche besonders gegen die puritanische Heuchelei gerichtet war und somit zur kühnen Verherrlichung der »freien Sinnlichkeit« führte... es lag mir nur daran, das Sündhafte der Heuchelei und das Unnatürliche der grausamen Sit-

tenrichterei aufzudecken. Somit ließ ich das *Maß für Maß* gänzlich fallen und den Heuchler durch die sich rächende Liebe allein zur Strafe ziehen. Aus dem fabelhaften Wien verlegte ich das Sujet nach der Hauptstadt des glühenden Siziliens, in welcher ein deutscher Statthalter, über die ihm unbegreiflich freien Sitten der Bevölkerung empört, zu dem Versuch der Durchführung einer puritanischen Reform schreitet, in welchem er kläglich erliegt. Vermutlich half die *Stumme von Portici* einigermaßen hierbei; auch Erinnerungen an die *Sizilianische Vesper* mögen mitgewirkt haben: wenn ich bedenke, daß endlich auch selbst der sanfte Sizilianer Bellini unter den Faktoren dieser Komposition mitzählt, so muß ich allerdings über das sonderbare Quiproquo lächeln, zu welchem sich hier die eigentümlichsten Mißverständnisse gestalteten.

Richard Wagner, *Eine Mitteilung an meine Freunde*:
Vergleicht man dieses Sujet mit dem der *Feen*, so sieht man, daß die Möglichkeit, nach zwei grundverschiedenen Richtungen hin mich zu entwickeln, vorhanden war: dem heiligen Ernste meines ursprünglichen Empfindungswesens trat hier, durch die Lebenseindrücke genährt, eine kecke Neigung zu wildem sinnlichen Ungestüme, zu einer trotzigen Freudigkeit entgegen, die jenem auf das Lebhafteste zu widersprechen schien. Ganz ersichtlich wird mir dies, wenn ich namentlich die musikalische Ausführung beider Opern vergleiche. Die Musik übte auf mein Empfindungsvermögen immer einen entscheidenden Haupteinfluß aus ... Die Musik auch zu dem *Liebesverbote* hatte im voraus gestaltend auf Stoff und Anordnung gewirkt, und diese Musik war eben nur der Reflex der Einflüsse der modernen französischen und (für die Melodie) selbst italienischen Oper auf mein heftig sinnlich erregtes Empfindungsvermögen. Wer diese Komposition mit der der *Feen* zusammenhalten würde, müßte kaum begreifen können, wie in so kurzer Zeit ein so auffallender Umschlag der Richtungen sich bewerkstelligen konnte: die Ausgleichung beider sollte das Werk meines weiteren künstlerischen Entwicklungsganges sein.
Mein Weg führte mich zunächst geradewegs zur Frivolität in meinen Kunstanschauungen; es fällt dies in die erste Zeit meines Betretens der praktischen Laufbahn als Musikdirektor beim Theater. Das Einstudieren und Dirigieren jener leichtgelenkigen französischen Modeopern, das Pfiffige und

Protzige ihrer Orchestereffekte, machte mir oft kindische Freude, wenn ich vom Dirigierpulte aus links und rechts das Zeug loslassen durfte...

An Robert Schumann. Königsberg, 3. Dezember 1836:
Sie wissen, daß ich Ende vorigen Jahres mit einer Oper fertig wurde: das *Liebesverbot*, oder die Novize von Palermo; Text nach Shakespeare's *Maaß für Maaß*. Weiß nun der T..., wie's kommt, aber ich halte die Oper nicht für schlecht, und derselben Meinung war auch ungefähr unser Freund Banck, den ich damit bekannt machte. Das Ding paßt aber nicht auf deutschen Boden, sowohl Sujet, wie Musik, und wenn ich sie selbst für Deutschl. lokalisieren wollte, welche Riesenschwierigkeiten hat nicht ein unbekannter deutscher Componist, um in Deutschl. in Aufnahme zu kommen. Das ist ja die Misere, woran die ganze deutsche Oper leidet. Ich weiß wirklich nicht, an welchem Zipfel ich es anfassen sollte; Leipzig habe ich mir gleich anfänglich versperrt, weil der große Ringelhardt das Sujet nicht goutieren konnte. Auf ähnliche Hindernisse werde ich bei jeder deutschen Oper stoßen, zumal da ich zunächst hierher nach Sibirien gebannt bin und meine Anwesenheit an den Orten nicht gestattet ist, wo ich etwas persönlich wirken könnte. Dann aber auch: was hilft es mir denn eigentlich, wenn ich nun 'mal in Breslau oder Braunschweig, für welche Orte ich Hoffnung hätte, reüssierte? Es würde doch zu nichts führen. Ich will einen kühnen Sprung machen und mich nach Paris wenden. An die Opéra comique paßt das Ding.

Houston Stewart Chamberlain, *Richard Wagner* (1911):
In den frühen Werken ist... der Musiker noch nicht ganz flügge, beherrscht der spätere Meister den musikalischen Ausdruck noch nicht unbedingt; er wagt es noch nicht, sich der Musik als seinem heimischen Element vollkommen sorglos anzuvertrauen. Die schwierigsten Aufgaben des Kontrapunktes löste er freilich schon spielend – dies Zeugnis hatte ihm der Thomaskantor ausgestellt; seine Beherrschung des polyphonen Satzes war zwar schon bewundernswert, seine Kenntnis der menschlichen Stimme und der Orchesterfarben auffallend; was ihm aber noch fehlte, war das unbedingte Vertrauen auf die poetische Allmacht der Musik. Nicht aus ihrer Fülle bestimmt hier die Musik das Gedicht – wie in *Tristan* –, sondern die Sorge um den musikalischen Ausdruck wirkt be-

stimmend und vielfach hemmend auf die Dichtung. Die Entwickelung Wagners kann von diesen ersten Versuchen an als ein progressives Erstarken des Musikers betrachtet werden. Und wollen wir das wirklich charakteristische Merkmal der *Feen* und des *Liebesverbotes* in dieser Evolution bestimmen, so dürfen wir nicht die Behauptung aufstellen: hier war Wagner noch ein bloßer Musiker, sondern wir müssen vielmehr sagen: hier spielt die Musik eine überwiegende Rolle und verleiht diesen dramatischen Versuchen den Stempel reinmusikalischer, opernhafter Werke, bloß weil der Wort-Tondichter des musikalischen Ausdruckes (wie er dessen für sein Ziel bedarf) noch nicht vollkommen Herr ist: die ihr noch anhaftende Unselbständigkeit macht die Musik zum äußerlich vorherrschenden Element.

Julius Kapp, *Richard Wagner* (1913):
Wir haben hier bereits ein sehr bedeutungsvolles Sichankünden des späteren Wagner. Wirkt namentlich in der Melodik auch vieles noch konventionell, ja banal – »französische und italienische Anklänge zu vermeiden, gab ich mir nicht die geringste Mühe«, sagt Wagner selbst –, so tritt uns dafür an anderen Stellen wieder wirklich Bedeutendes entgegen (z. B. der große Monolog Friedrichs), echt Wagnersche Züge, wie die systematische Verwendung des Leitmotivs, die in den Feen nur schwach angedeutet war, ja selbst im späteren Rienzi nicht mehr so zielbewußt durchgeführt wird. Überall pulsiert Leben und echte Leidenschaft, die wir in den matten, nicht einem inneren Erlebnis entsprungenen Feen vermißten. In dem Entwicklungsgang des Musikdramatikers Wagner bildet das *Liebesverbot* einen sehr beachtenswerten Markstein.

RIENZI
DER LETZTE DER TRIBUNEN

GROSSE TRAGISCHE OPER IN FÜNF AKTEN
NACH BULWERS GLEICHNAMIGEM ROMAN

(1840)

PERSONEN

COLA RIENZI, päpstlicher Notar.
IRENE, seine Schwester.
STEFFANO COLONNA, Haupt der Familie Colonna.
ADRIANO, sein Sohn.
PAOLO ORSINI, Haupt der Familie Orsini.
RAIMONDO, päpstlicher Legat.
BARONCELLI, } römische Bürger.
CECCO DEL VECCHIO, }
EIN FRIEDENSBOTE.
EIN HEROLD.

GESANDTE DER LOMBARDISCHEN STÄDTE, NEAPELS, BAYERNS, BÖHMENS USW. RÖMISCHE NOBILI, BÜRGER UND BÜRGERINNEN ROMS. FRIEDENSBOTEN. PRIESTER UND MÖNCHE ALLER ORDEN. RÖMISCHE SÖLDNER.

Rom um die Mitte des 14. Jahrhunderts.

ERSTER AKT

Eine Straße, welche im Hintergrunde durch die Lateran-Kirche begrenzt ist; im Vordergrunde rechts das Haus Rienzis. – Es ist Nacht

ERSTE SZENE

Orsini und mehrere Nobili treten auf

ORSINI. Hier ist's, hier ist's! Frisch auf, ihr Freunde!
Zum Fenster legt die Leiter ein!
Zwei Nobili legen eine Leiter an Rienzis Haus und steigen durch das geöffnete Fenster ein
Das schönste Mädchen Roms sei mein;
ihr sollt mich loben, ich versteh's.
Die beiden Nobili bringen Irene aus dem Hause auf die Straße
IRENE. Zu Hilfe! zu Hilfe! O Gott!
DIE NOBILI. Ha! welche lustige Entführung
aus des Plebejers Haus! –
IRENE. Barbaren! Wagt ihr solche Schmach?
DIE NOBILI. Nur nicht gesträubt, du hübsches Kind!
Du siehst, der Freier sind gar viel.
ORSINI. So komm doch, Närrchen, sei nicht bös;
dein Schad' ist's nicht, kennst du mich erst.
IRENE. Welche Schmach! Wer rettet mich.
NOBILI. ORSINI. Haha! Sie ist schön! Nur fort ins Gemach!
Orsini und seine Anhänger sind im Begriff Irene davonzuschleppen, als ihnen Colonna mit einer Anzahl Nobili entgegentritt
COLONNA. Orsini ist's! – Zieht für Colonna!
ORSINI. Ha, die Colonna! – Zieht für Orsini!
DIE COLONNA. Colonna hoch!
DIE ORSINI. Orsini hoch!
COLONNA. Nehmt euch das Mädchen!
ORSINI. Haltet sie fest!
Sie kämpfen. Adriano tritt mit einigen bewaffneten Begleitern auf und mischt sich in den Streit
ADRIANO. Was für ein Streit? – Auf, für Colonna!
Was seh ich? Gott! Das ist Irene!
Laßt los! Ich schütze dieses Weib!
Er bricht sich schnell Bahn zu Irene und befreit sie

COLONNA. Ha! brav, mein Sohn! Sie sei für dich!
ADRIANO. Rührt sie nicht an! Mein Blut für sie!
ORSINI. Er spielt fürwahr den Helden gut!
Doch diesmal ist sie noch für mich.
Er dringt auf Adriano ein, dieser verteidigt Irene
COLONNA *zu den Seinigen.* Nun, seht nicht zu! Schlagt los!
DIE COLONNA. Colonna!

Erneuter Kampf. Eine große Anzahl Volkes hat sich um die Streitenden versammelt und sucht dem Kampfe Einhalt zu tun.

VOLK. Ha! Welcher Streit! – Laßt ab vom Kampf!
ORSINI. Das fehlte noch!
COLONNA. Schlagt alles nieder!
VOLK. Nieder mit Colonna! Nieder mit Orsini!

Das Volk hat zu Steinen, Stöcken, Äxten, Hämmern usw. gegriffen und sucht mit Gewalt, die Nobili zu trennen. – Raimondo mit einer Anzahl Begleiter tritt auf

RAIMONDO. Verweg'ne! Lasset ab vom Streit!
Zur Ruhe ruf ich, der Legat!
COLONNA. Zur Ruh mit euch! Geht aus dem Wege,
Und laßt die Straße frei für uns!
RAIMONDO. Ha, welche Frechheit!
ORSINI. Lest die Messe!
Macht euch von hinnen!
RAIMONDO. Unverschämte!
Ich, der Legat des heil'gen Vaters!
COLONNA. Fort, läst'ger Schwätzer!
VOLK. Hört die Frevler!
NOBILI. Drauf los! Macht Platz, wir greifen an!

Allgemeiner heftiger Streit. Als Raimondo im gefährlichsten Gedränge ist, tritt Rienzi auf, begleitet von Baroncelli und Cecco del Vecchio. Das Volk läßt sogleich bei Rienzis Erscheinen vom Streit ab. Die Nobili sind durch Erstaunen über Rienzis gebieterisches Auftreten und dessen augenscheinliche Gewalt über das Volk sprachlos gefesselt.

RIENZI. Zur Ruhe! – *zum Volke.* Und ihr, habt ihr
vergessen, was ihr mir geschworen?
Zu den Nobili. Ist dies die Achtung vor der Kirche,
Die eurem Schutze anvertraut?

Rienzis Blick fällt auf die Leiter, welche noch an seinem Hause angelehnt steht. Irene ist an seine Brust geeilt; sogleich scheint er zu verstehen, was vorgefallen; in der heftigsten Aufregung fährt er gegen die Nobili fort

Dies ist eu'r Handwerk! Daran erkenn ich euch!
Als zarte Knaben würgt ihr unsre Brüder,
und unsre Schwestern möchtet ihr entehren!
Was bleibt zu den Verbrechen auch noch übrig?
Das alte Rom, die Königin der Welt,
macht ihr zur Räuberhöhle, schändet selbst
die Kirche; Petri Stuhl muß flüchten
zum fernen Avignon; kein Pilger wagt's,
nach Rom zu ziehn zum frommen Völkerfeste,
denn ihr belagert Räubern gleich die Wege; –
Verödet, arm, versiegt das stolze Rom,
und was dem Ärmsten blieb, das raubt ihr ihm,
brecht, Dieben gleich, in seine Läden ein,
erschlagt die Männer, entehrt die Weiber –
Blickt um euch denn und seht, wo ihr dies treibt!
Seht, jene Tempel, jene Säulen sagen euch:
es ist das alte, freie, große Rom,
das einst die Welt beherrschte, dessen Bürger
Könige der Könige sich nannten! –
Banditen, sagt mir, gibt es noch Römer?

VOLK. Ha! Rienzi! Rienzi! Hoch Rienzi!

NOBILI. Ha, welche Frechheit! Hört ihr ihn?

ORSINI. Und wir? – Reißt ihm die Zunge aus!

COLONNA *dem Andrange der Nobili wehrend.*
O laßt ihn schwatzen! Dummes Zeug!

ORSINI. Plebejer!

COLONNA. Komm morgen in mein Schloß,
Signor Notar, und hol dir Geld
für deine schön studierte Rede!

COLONNA. ORSINI. NOBILI. Haha! den Narren, lacht ihn aus!
Er stammt gewiß aus edlem Haus!
Verehret ja den großen Herrn,
er kann zwar nicht, doch möcht er gern!

RIENZI. Zurück, ihr Freunde, haltet ein!
Nicht fern wird die Vergeltung sein!

BARONCELLI. CECCO. VOLK. Hört ihr den Spott der Frechen an?
Mit einem Streiche sei's getan!

RIENZI *dem Andrange des Volkes wehrend.*
Zurück! Gedenket eures Schwures!

ORSINI. Nun denn, so macht dem Scherz ein End!
Der Streit ist halb, wir fechten aus.

COLONNA. Nicht in den Straßen vor Plebejern!
Bei Tagesanbruch vor den Toren!
ORSINI. Ich stelle mich mit voller Schar.
COLONNA. Die Lanzen vor, Mann gegen Mann!
Zum Kampfe für Colonna!
DIE ORSINI. Zum Kampfe für Orsini!
DIE NOBILI. Hinaus, gerüstet zum Kampfe,
mit Speer und Lanze zu Pferd!
In Frührots nebligem Dampfe
zieht für { Colonna / Orsini } das Schwert!
DAS VOLK. Zum Kampfe ziehn die Frechen
das übermüt'ge Schwert!
Wann wirst die Schmach du rächen,
und schützen unsren Herd?

Colonna und Orsini, sowie die Nobili entfernen sich unter grossem Getümmel

RIENZI *der in nachsinnendes Schweigen versunken war.* Für Rom! – *Das Volk drängt näher an Rienzi.*
Sie ziehen aus den Toren: –
Nun denn, ich will sie euch verschließen!
RAIMONDO. Wann endlich machst du Ernst, Rienzi,
und brichst der übermüt'gen Macht?
BARONCELLI. Rienzi, wann erscheint der Tag,
den du verheißen und gelobt?
CECCO. Wann kommt der Friede, das Gesetz,
der Schutz vor jedem Übermut?
VOLK. Rienzi, sieh, wir halten Treu'!
O Römer, wann machst du uns frei?
RIENZI *Raimondo bei Seite nehmend.*
Herr Kardinal, bedenkt, was ihr verlangt!
Kann stets ich auf die heil'ge Kirche baun?
RAIMONDO. Halt fest im Aug das Ziel, und jedes Mittel,
erreichst du jenes sicher, sei geheiligt!
RIENZI. Wohlan, so mög' es sein! Die Nobili
verlassen bald die Stadt – die Zeit ist da!
Ihr Freunde, ruhig geht in eure Häuser,
und rüstet euch, zu beten für die Freiheit!
Doch höret ihr der Trompete Ruf
in langgehalt'nem Klang ertönen,
dann wachet auf, eilet all herbei,
Freiheit verkünd ich Romas Söhnen!
Doch würdig, ohne Raserei,

zeig Jeder, daß er Römer sei!
Willkommen nennet so den Tag,
er räche euch und eure Schmach!

RAIMONDO. Dem hohen Werke steh ich bei,
Daß segenvoll und heilsam es sei!

BARONCELLI. CECCO. VOLK. Wir schwören dir Gehorsam treu,
und bald sei Roma wieder frei!
Willkommen sei der hohe Tag,
er räche uns und unsre Schmach!

Alle trennen sich ruhig und gehen nach verschiedenen Seiten hin ab. Rienzi, Adriano und Irene bleiben allein zurück

ZWEITE SZENE

Rienzi. Adriano. Irene

Rienzi umarmt Irene mit heftiger Aufregung

RIENZI. O Schwester, sprich, was dir geschah,
welch Leid dir Ärmsten angetan?

IRENE. Ich bin gerettet! – Jener war's,
der mich aus ihrer Hand befreit.

Rienzi betrachtet Adriano, welcher stumm und in sich gekehrt beiseite gestanden hat

RIENZI. Adriano, du! Wie, ein Colonna
beschützt ein Mädchen vor Entehrung?

ADRIANO. Mein Blut, mein Leben für die Unschuld!
Rienzi, wie, kennst du mich nicht?
Wer nannte je mich einen Räuber?

RIENZI. Du weilst, Adriano, ziehst nicht
hinaus zum Kampfe für Colonna?

ADRIANO. Weh mir, daß ich dein Wort versteh,
erkenne, was du in dir birgst,
daß ich es ahne, wer du bist,
und doch dein Feind nicht werden kann!

RIENZI. Ich kannte stets nur edel dich,
du bist kein Greuel dem Gerechten;
Adriano, Adriano! Darf ich Freund dich nennen?

ADRIANO. Rienzi! Ha! was hast du vor?
Gewaltig seh ich dich – sag an,
wozu gebrauchst du die Gewalt?

RIENZI. Nun denn! Rom mach ich groß und frei,
aus seinem Schlaf weck ich es auf; –
und jeden, den im Staub du siehst,
mach ich zum freien Bürger Roms!

ADRIANO. Entsetzlicher! – Durch unser Blut!
Rienzi, wir haben nichts gemein!...

Er will sich entfernen; sein Blick fällt auf Irene; er hält an

Und kann ich gehn? Kann ich bezwingen dieses Herz? –
Weh mir, daß mich Entsetzen drängt,
und doch – ich nie sie fliehen kann!

RIENZI. Adriano! Hör mich, noch ein Wort!
Nicht zum Verderben deines Standes
ersann mein Geist den kühnen Plan;
nur das Gesetz will ich erschaffen,
dem Volk wie Edle untertan:
kannst du mich tadeln, wenn aus Räubern
zu wahrhaft Edlen ich euch mache?
Zu Schützern und zu festen Säulen
des Staates und der guten Sache?

ADRIANO. Ich bin der Erste, das Gesetz
getreu zu üben und zu schirmen;
doch an das Ziel der stolzen Wünsche
gelangst du nur durch blut'ge Bahn,
durch eines feigen Pöbels Wut,
durch meiner Brüder, meines Vaters Blut!

RIENZI *heftig.* Unseliger! Blut? Blut? Mahne mich nicht an Blut!
Ich sah es fließen, noch ist es nicht gerächt!
Wer war es, der einst meinen armen Bruder,
den holden Knaben, als am Tiberstrande
voll Unschuld er Irenen Kränze wand, –
wer war's, der ihn aus rohem Mißverstand
erschlug? Wer war's, den ich für diesen Mord
vergebens um Gerechtigkeit anrief?

ADRIANO. Ha, Schande! Es war ein Colonna!

RIENZI. Ha, ein Colonna! Was tat der arme Knabe
dem edlen, dem patrizischen Colonna?
Blut? Ja, Adriano di Colonna,
ich tauchte diese Hand tief in das Blut,
das aus dem Herzen meines Bruders quoll,
und schwur einen Eid! – Weh dem,
der mir ein verwandtes Blut vergossen hat!

ADRIANO. Rienzi, du bist fürchterlich!
Was kann ich tun, die Schmach zu sühnen?
RIENZI *sich schnell fassend.*
Adriano, sei mein, sei ein Römer!
ADRIANO *begeistert.* Ein Römer? Laß mich ein Römer sein!
Noch schlägt in dieser Brust
ein freies Römerherz;
es fühlt der Größe Lust,
der Schmach gewalt'gen Schmerz!
Zu sühnen alle Schande,
weih ich dies Leben dir!
Im freien Römerlande
winkt Glück und Freude mir.
IRENE. Noch schlägt in seiner Brust
ein freies Römerherz;
vor solcher Wonnelust
verschwindet jeder Schmerz!
Mit hoher Liebe Bande
zieht mich mein Herz zu dir!
Im freien Römerlande
winkt Glück und Freude mir.
RIENZI. Noch schlägt in seiner Brust
ein freies Römerherz;
es fühlt der Größe Lust,
der Schmach gewalt'gen Schmerz!
Wer trüge länger Schande?
Das Volk erheben wir!
Wenn frei der Römer Bande,
lohnt Glück und Größe dir!
Die Stunde naht, mich ruft mein hohes Amt.
Adriano, dir vertraue ich die Schwester;
du rettetest vor Schmach und Schande sie,
so schütze sie noch jetzt! Dies ein Beweis,
daß ich für edel, frei und groß dich halte!
Bald seht ihr mich, das Werk naht der Vollendung!
Er geht nach dem Hintergrunde ab

DRITTE SZENE

Adriano. Irene

ADRIANO. Er geht und läßt dich meinem Schutz;
o Holde, sprich, vertraust du mir?
IRENE. Held meiner Ehre, meines Lebens,
mein höchstes Gut vertrau ich dir!
ADRIANO. Wohl weißt du, daß ich ein Colonna,
und fliehst mich nicht, des ganzer Stamm
ein Greuel dir und deinem Bruder?
IRENE. O warum nennst du dein Geschlecht?
Mir graut vor dir, vor meinem Retter,
gedenke jener Stolzen ich,
die nie verzeihn, daß du vor Schande
ein Bürgermädchen rettetest.
ADRIANO. Ach, mahne jetzt nicht an den Jammer,
der uns, der Rom bedroht!
Dein Bruder, welch ein Geist! Doch ach!
Ich sehe ihn zugrunde gehn.
Der Pöbel selbst wird ihn verraten,
ihn zücht'gen wird der Nobile, –
und du, Irene, was dein Los?
Doch, ha! Dein Unglück sei mir Losung,
und jede Bande schwinde hin! –
Für dich mein Leben und mein Gut!
IRENE. Und wenn ich glücklich bin?
ADRIANO. O schweige!
Vor deinem Glücke zitt're ich!
Es komme Nacht und Tod,
und dein bin ich für ewig!
Ja, eine Welt voll Leiden
versüßt dein holder Blick;
von ihr mit dir zu scheiden,
ist göttliches Geschick!
Bräch auch die Welt zusammen,
riß jeder Hoffnung Band,
der Liebe Regionen
beu'n uns ein neues Vaterland.
IRENE. Ja, eine Welt voll Leiden
versüßt der Liebe Glück;
von ihr mit dir zu scheiden,
ist göttliches Geschick!

Bräch auch die Welt zusammen,
riß jeder Hoffnung Band,
der Liebe Regionen
beu'n uns ein neues Vaterland.

Trompeten. Die Colonna ziehen gewaffnet über die Straße

IRENE. Ihr Heil'gen! Welche Schreckenstöne!

ADRIANO. Mir wohlbekannt: Colonnas Scharen.

IRENE *nach ihrem Hause fliehend.*
Weh mir! Sie suchen neue Beute!

ADRIANO. O bleib! Ich stehe dir zur Seite.

Die Orsini ziehen ebenfalls gewaffnet über die Straße

ADRIANO. Das sind Orsinis Räuberscharen;
die Übermüt'gen, sie ziehn zum Kampfe!
Sie kennen Mord und Schandtat nur! –
Ich schaudre! Welche Schreckensahnung!
Welch düstres Grau'n durchbebt die Brust! –
Doch seid willkommen, Schreck und Tod!
Sie heischen meine Liebe mich bewähren!

BEIDE *umfangen sich leidenschaftlich.*
Bräch auch die Welt zusammen,
riß jeder Hoffnung Band,
der Liebe Regionen
beu'n uns ein neues Vaterland!

Sie verbleiben in stummer Umarmung, die Morgendämmerung ist angebrochen. – Aus der Ferne vernimmt man den langgehaltenen Ton einer Trompete. Nach einer Pause wiederholt sich derselbe Ton etwas näher. Irene fährt aus der Umarmung auf

IRENE. Was für ein Klang?

ADRIANO. Wie schauerlich!

Der Trompeter läßt sich noch näher vernehmen

Was hat das zu bedeuten?
Das ist kein Kriegsruf der Colonna.

Sie treten beiseite

VIERTE SZENE

Ein Trompeter betritt die Bühne und bläst einen langgehaltenen Ton. Aus allen Straßen und Häusern strömt das Volk in der freudigsten Aufregung herbei, so daß schnell von ihm der ganze Platz erfüllt ist

CHOR DES VOLKES. Gegrüßt, gegrüßt sei, hoher Tag!
Die Stunde naht! Vorbei die Schmach!

Der Tag ist angebrochen, der Lateran erglüht im vollsten Morgenrot. Die Orgel beginnt; das Volk stellt bei ihrem Klang sogleich das freudige Toben ein und sinkt auf die Knie, so daß der ganze Platz bis zur Kirche hin mit Knienden bedeckt ist. Aus dem Lateran, dessen Pforten noch verschlossen sind, hört man den folgenden Gesang

GESANG IM LATERAN. Erwacht! Erwacht, ihr Schläfer nah und fern,
und hört die frohe Botschaft an:
daß Romas schmacherloschner Stern
vom Himmel neues Licht gewann!
Seht, wie er strahlt und sonnengleich
in ferne Nachwelt siegend bricht!
Zur Nacht sinkt Schmach so totenbleich,
zum Wonnetag steigt Freiheitslicht!

Die Menge liegt noch atemlos auf den Knien, als die Pforten des Laterans sich öffnen. Die Kirche ist erfüllt von Priestern und Mönchen aller Orden. – Rienzi erscheint in voller Rüstung und entblößten Hauptes; an seiner Seite Raimondo und die Ersten des Volkes in festlicher Tracht. Bei Rienzis Anblick erhebt sich das Volk und begrüßt ihn im ausgelassensten Enthusiasmus

VOLK. Rienzi! Ha, Rienzi! Hoch!
Der Retter naht; vorbei die Schmach!

RIENZI *schreitet feierlich auf die große Treppe vor.*
Erstehe, hohe Roma, neu!
Sei frei! Sei jeder Römer frei!

VOLK. Frei Roma! Jeder Römer frei!

RIENZI. Die Freiheit Roms sei das Gesetz,
ihm untertan sei jeder Römer;
bestraft sei streng Gewalt und Raub
und jeder Räuber Romas Feind.
Verschlossen sei, wie jetzt es ist,
den übermüt'gen Romas Tor;
willkommen sei, wer Frieden bringt,
wer dem Gesetz Gehorsam schwört.
Die Feinde treffe euer Grimm,
vernichtet sei der Frevler Schar,
daß froh und frei der Pilger zieh,
geschützt der Hirt der Herde folg! –

So schwört, zu schirmen das Gesetz,
schwört freier Römer heil'gen Schwur!

VOLK. Befreier, Retter, hoher Held!
Rienzi, höre unsern Schwur!
Wir schwören dir, so groß und frei
soll Roma sein, wie Roma war;
vor Niedrigkeit und Tyrannei
sie unser letztes Blut bewahr!
Tod und Verderben schwören wir
dem Frevler an der Römer Ehr!
Ein neues Volk erstehe dir,
wie seine Ahnen groß und hehr!

Cecco und Baroncelli treten aus dem Volke hervor und beraten sich mit Einzelnen; Cecco erhält von diesen den Auftrag zu sprechen

CECCO *zum Volk.* Ihr Römer, sprecht! Nun, da wir frei,
wer war's, der euch dazu gemacht?
Wer war's, der Jeden unter euch belehrte,
was Roma sei, und was sie war?
Geschaffen hat er uns zum Volk;
drum hört mich an und stimmt mir bei: –
es sei sein Volk, und König Er!

DAS VOLK *in wildem Enthusiasmus*
Rienzi Heil! Der Römer König, Heil!

ADRIANO *beiseite, im Vordergrunde.*
Unglücklicher! Wie? Sollt er's wagen?

Es herrscht große Aufregung, die sich, sobald Rienzi beginnt, schnell legt

RIENZI *heftig unter das Volk tretend.*
Nicht also! Frei wollt ich euch haben! –
Der ganzen Welt gehöre Rom;
Gesetze gebe ein Senat.
Doch wählet ihr zum Schützer mich
der Rechte, die dem Volk erkannt,
so blickt auf eure Ahnen,
und nennt mich euren Volkstribun!

DAS VOLK *mit Rührung und würdiger Haltung.*
Rienzi Heil!
Heil dir, Volkstribun!
Hort unsrer Freiheit!

Rienzi läßt sich vor Raimondo auf die Knie

RAIMONDO. Des heil'gen Vaters Segen ruht
auf dir, Tribun und Friedensheld!

IRENE. Heil dir, Rienzi, ruhmreicher Bruder!
ADRIANO *hingerissen.* Und aller Segen folge dir!
RIENZI *sich erhebend.* Ihr Römer! Nun, so schwöre ich
zu schützen euch und euer Recht!
Lang blühe Romas neu Geschlecht!
DAS VOLK. Befreier! Retter! Hoher Held!
Dir huldigt freier Römer Schwur!
ALLGEMEINER CHOR. Wir schwören dir, so groß und frei
soll Roma sein, wie Roma war;
vor Niedrigkeit und Tyrannei
sie unser letztes Blut bewahr!
Schmach und Verderben schwören wir
dem Frevler an der Römer Ehr!
Ein neues Volk erstehe dir,
wie seine Ahnen groß und hehr!

ZWEITER AKT

Ein großer Saal im Kapitol. Im Hintergrund ein weites offenes Portal, zu welchem von außen eine breite Treppe hinaufführt und durch welches man eine weite Aussicht auf die höheren Punkte der Stadt Rom hat. Als der Vorhang aufgezogen ist, hört man den Gesang der Friedensboten wie aus den Straßen sich nähernd. Gegen das Ende des Gesanges tritt der Zug der Friedensboten durch das Portal auf. Die Friedensboten bestehen aus Jünglingen von den besten römischen Familien: sie sind halb antik in weißseidene Gewänder gekleidet, tragen Kränze im Haar und silberne Stäbe in der Hand

ERSTE SZENE

GESANG DER FRIEDENSBOTEN. Ihr Römer, hört die Kunde
des holden Friedens an!
Auf Romas heil'gem Grunde
wallt freudig jede Bahn!
In düst're Felsenschluchten
drang gold'ner Sonne Schein.
In Meeres sich'ren Buchten
zieht froh die Segel ein!

Denn Friede ist gekommen,
der Freiheit Licht gewonnen!
Jauchzet, ihr Täler!
Frohlockt, ihr Berge!

Rienzi tritt auf; er erscheint als Tribun, in phantastische und pomphafte Gewänder gekleidet. Ihm folgen die Senatoren, unter denen sich Baroncelli und Cecco befinden

RIENZI. Du Friedensbote, sage an,
hast deine Sendung du vollbracht? –
Zogst du durchs ganze Römerland,
bringst Frieden du und Segen uns?

EIN FRIEDENSBOTE. Ich sah die Städte, sah das Land,
ich zog entlang des Meeres Strand;
so weit das Land der Römer reicht,
trug mich mein Fuß beschwingt und leicht.
Und Frieden fand ich überall,
froh tönt des Jubels Widerhall;
frei treibt der Hirt die Herde hin,
reich prangt der Felder Fruchtgewinn.
Der Burgen Wälle stürzen ein,
denn frei will jeder Römer sein.

RIENZI *freudig ergriffen auf die Knie sinkend.*
Dir Preis und deiner hohen Macht!
Durch dich, mein Gott, hab ich's vollbracht!

DIE SENATOREN. Dir alles Glück verdanken wir,
dem größten Römer, Ehre dir!

RIENZI. Geht, Friedensboten, ziehet denn
durch alle Straßen Romas hin, –
bringt jedem Römer eure Kunde.

DIE FRIEDENSBOTEN. Ihr Römer, hört die Kunde
des holden Friedens an!
Auf Romas heil'gem Grunde
wallt freudig jede Bahn!
In düst're Felsenschluchten
drang gold'ner Sonne Schein.
In Meeres sich'ren Buchten
zieht froh die Segel ein!
Denn Friede ist gekommen,
der Freiheit Licht gewonnen!
Jauchzet, ihr Täler!
Frohlockt, ihr Berge!

Die Friedensboten verlassen während ihres Gesanges die Bühne, indem sie sich durch das große Portal entfernen. Der Ge-

sang verhallt in der Ferne. Rienzi verbleibt in betender Stellung; die Senatoren betrachten ihn voll Rührung. – Colonna, Orsini und die Nobili treten auf. Sie grüßen Rienzi mit stolzer Unterwürfigkeit

COLONNA. Rienzi, nimm des Friedens Gruß!

RIENZI. Heil euch! – Was fehlt noch Rom zu seinem Glücke,
da seine mächt'gen, stolzen Feinde jetzt
zurückgekehrt und Treue ihm geschworen!

COLONNA. Rienzi, ich bewundre dich;
zwar sucht ich diese Größe nie in dir, –
doch sei's darum! – ich will sie anerkennen!

RIENZI. Des Friedens, des Gesetzes Größe nur,
nicht meine sollt ihr anerkennen!
Vergeßt es nie, daß dieser Preis es war,
um den wir kämpften: daß diese Tore sich
euch öffneten, nur da ihr Treu ihm schwurt, –
daß ihr ihm untertan sein sollt
wie der geringste der Plebejer!
Die Mauern eurer Schlösser saht ihr fallen,
durch die ihr Rom zum Räuberlager machtet: –
weh euch, wenn ihr drum Groll noch nährt,
wenn euer Herz der neue Tag noch nicht
erwärmt! Weh euch beim kleinsten Übertritt!
Denn ich vor Allen schütze das Gesetz –
Ich, der Tribun. – Ihr Herrn und Edlen, ich
erwarte euch zum Fest in diesen Sälen!

Er grüßt die Nobili mit freundlicher Herablassung und entfernt sich mit den Senatoren

ZWEITE SZENE

Orsini. Colonna. Nobili

ORSINI. Colonna, hörtest du das freche Wort?
Sind wir verflucht, zu dulden solche Schmach?

COLONNA. Ha, wie ich knirsche! Der Plebejer, er,
den ich zum Spott an meiner Tafel hielt!

ORSINI. Was ist zu tun? Wir sind besiegt!
Und dieser Pöbel, den mit Füßen wir
getreten, wie verwandelte er sich!
Die Masse ist bewaffnet, Mut und Begeist'rung
in jedem der Plebejer!

COLONNA. Der Pöbel, pah!
Rienzi ist's, der ihn zu Rittern macht; –
nimm ihm Rienzi, und er ist, was er war.

Die Nobili schließen einen engern Kreis um Orsini und Colonna. Adriano tritt ungesehen auf, beobachtet die Gruppe und mischt sich unbemerkt unter sie

ORSINI *heimlich.* So wäre denn auf ihn allein
der Streich zu führen, der uns frommt?
COLONNA *ebenso.* Er ist der Götze dieses Volks,
das er durch Trug verzaubert hält.
ORSINI. Doch für Gewalt und off'ne Tat
sind wir zu schwach, vermögen nichts.
COLONNA. Was bleibt uns übrig? Tötet ihn
inmitten dieser Narrenbrut, –
hin ist die Pracht und uns der Preis!
ORSINI. Ha, du sprichst wahr! Und diesen Stoß,
wer führt ihn sich'rer wohl als ich?
Heut ist das Fest in diesen Sälen,
Schließt euch um mich, ich fehle nie!
COLONNA *heimlich.* Vierhundert Lanzen, denen er
die Stadt verschloß, bring ich herein,
besetze schnell das Kapitol,
und Rom gehört von Neuem uns!
NOBILI *heftig auffahrend.* So sei's!
ADRIANO *tritt hervor und steht vor Orsini und Colonna.*
Ha, Meuchelmörder! Sprecht,
was habt ihr vor? Was brütet ihr?
ORSINI *erschrocken.* Colonna, sprich! Sind wir verraten?
COLONNA *mißt Adriano mit strengem Blick.* Wer bist du?
Sag, bist du mein Sohn?
Ha, oder bist du mein Verräter?
ADRIANO. Des ritterlichen Vaters Sohn,
der Ehre bis ins Alter liebte,
der fremd war jeder Bubentat,
Orsinis Feind und seiner Rotte.
ORSINI. Verräter, frecher Knabe du!
COLONNA. Lehrt solches Wort dich der Tribun?
Weh dir, erkenne ich für wahr,
wie ich sie ahne, deine Schmach!
ADRIANO. Bist du noch immer blind, mein Vater?
COLONNA. Ha, schweig! Du bist in seinen Händen,
und zum Verräter am eig'nen Vater

benützt dich der Tribun! – Fluch ihm!
Erschienen sei sein letzter Tag!
ADRIANO. O Gott, so hört ich wirklich wahr?
Ihr brütet finstern Meuchelmord?
Laßt euch beschwören, o beschimpft
nicht so die Namen, schon genug
befleckt durch Raubtat und Gewalt!
ORSINI. Hört den Treulosen! – Wie, Colonna,
du züchtigst deinen Knaben nicht?
COLONNA *hart zu Adriano gewendet.*
So wisse! Heut, in diesen Sälen
stirbt der Tribun von unsrer Hand!
Du weißt's, Verworfner! Geh denn hin,
verrate ihm mich, deinen Vater!
ADRIANO. Entsetzlich! Ha! mein Schreckenslos!
O hör der Ehre Hochgebot!
Hör deines Sohnes Jammer an!
Sieh mich in meiner Todesnot!
Verzweiflung faßt mich Ärmsten an!
ORSINI und NOBILI. So sei's! Geschworen ist ihm Tod;
für unsre Schmach sei es getan!
In diesen Hallen, blutigrot,
soll enden des Plebejers Bahn.
COLONNA. So sei's! Geschworen ist ihm Tod;
für unsre Schmach sei es getan! –
Flieh meinen Fluch, der dich bedroht:
den Vatermörder trifft er an!
Colonna stößt Adriano heftig von sich; er und die übrigen Nobili entfernen sich unter drohenden Gebärden
ADRIANO *nach einer Pause starren Hinbrütens.*
Ich will denn ein Verräter sein!
Irenens Bruder, Rienzi, lebe!
Er will abgehen und hält entsetzt an
Verräter! Ha, was willst du tun?
Mein Vater – er ... sein graues Haupt
dem Henkerbeil ...? Ha, nimmermehr!
In Verzweiflung
Ihr Heil'gen, schützt vor Wahnsinn mich! *Ab*

DRITTE SZENE

Zum Portal herein nahen festliche Züge der römischen Bürgerschaften und der Nobili

CHOR. Erschallet, Feierklänge!
Stimmt Jubellieder an!
Ihn ehren die Gesänge,
der Freiheit uns gewann.

Rienzi tritt auf, mit ihm Irene, Baroncelli und Cecco. Liktoren schreiten ihm voran. Allgemeine Begrüßungen

RIENZI. Seid mir gegrüßt, ihr Römer all!
Ha, welch ein Anblick beut sich mir dar;
vereint, geschmückt zum Friedensfest! –
Der Friede hoch! Lang blühe Rom!

CHOR. Der Friede hoch! Lang blühe Rom!

BARONCELLI *mit dem Stab als Prätor.*
Es nahen die Gesandten sich,
von nah und fern dir zugesandt!

Er wendet sich nach dem Portal, wo er die Gesandten empfängt. Die Gesandten der Lombarden-Städte, Neapels, Böhmens, Bayerns und Ungarns ziehen mit glänzendem Gefolge von Herolden auf und überreichen einzeln Schreiben an Rienzi

RIENZI *zu den Gesandten.* Im Namen Roms seid mir gegrüßt!
Nie ende Neid den schönen Bund! –
Ja, Gott, der Wunder schuf durch mich,
verlangt nicht jetzt schon still zu stehn!
So wißt, nicht Rom allein sei frei,
nein, ganz Italien sei frei!
Heil dem ital'schen Bunde!

ALLGEMEINER CHOR. Heil dem ital'schen Bunde!

RIENZI *in stets wachsender Begeisterung.*
Und weiter noch treibt Gott mich an!
Im Namen dieses Volks von Rom,
und kraft der mir verlieh'nen Macht,
lad ich die Fürsten Deutschlands vor,
bevor ein Kaiser noch gewählt,
sein Recht den Römern darzutun,
mit dem er König Roms sich nennt.
Auch Rom erwähle ihn sofort,
denn Rom sei frei und blühe lang!

Außerordentliche Sensation. Betroffene Bewegung der Gesandten Böhmens und Bayerns

ORSINI *heimlich zu Colonna.* Der Übermüt'ge! Ist er toll?

COLONNA *heimlich zu Orsini.* Ha, fast erspart er dir den Stoß!

RIENZI *zu dem Herold.* Herold! Beginnen mag das Fest!

Ein Herold tritt vor und ordnet die Vorkehrungen zu einer pantomimischen Darstellung an. Adriano drängt sich nahe an Rienzi

ADRIANO *heimlich zu Rienzi.* Rienzi, sei auf deiner Hut!

RIENZI *heimlich zu Adriano.* Droht mir Verrat?

ADRIANO. Schütz dich! Nichts weiter!

RIENZI. Verrat? Von wem als diesen Edlen?

ADRIANO. Nur meine Ahnung!

RIENZI. Fürchte nichts!
Ein Panzerhemd deckt meine Brust.

Er entfernt Baroncelli mit einem heimlichen Auftrage. Nachdem alles zur Pantomime geordnet ist, tritt der Herold vor

EIN HEROLD. Ihr Römer, es beginnt das Fest!
Ein hohes Schauspiel stellt sich dar!
Erfahret, wie einst Lucretias Tod,
durch Brutus' Heldentat gerächt,
Tarquinius' Tyrannei vertrieb
Und Romas Söhnen Freiheit gab.

PANTOMIME

Es treten auf: Collatinus, Brutus und junge Römer: Lucretia, Virginia und Lucretias Frauen. – Collatinus zu Lucretia: er müsse sie verlassen; der König Tarquinius habe ihn zu einem Feste geladen, zu dem ihn seine Freunde begleiten würden. Lucretia ängstlich: er solle sie nicht verlassen, ihr bange in seiner Abwesenheit. Collatinus: er müsse der Einladung Folge leisten, denn es gelte, den Tyrannen in Sicherheit zu wiegen, um ihn desto gewisser zu verderben. Lucretia: sie beschwöre ihn, sie nur heute nicht zu verlassen; sie werde von den fürchterlichsten Ahnungen gequält, die durch gräßliche Träume der vorigen Nacht in ihr hervorgerufen worden seien. Collatinus beruhigt sie: sie sei wohl krank? Sie bedürfe Ruhe und Zerstreuung. Er befiehlt Virginia und den Jungfrauen, Lucretia treu zu bewachen und sie durch muntere Spiele zu zerstreuen. Er nimmt zärtlich Abschied von Lucre-

tia, sie umarmt ihn heftig. Er entfernt sich mit seinen Freunden; Lucretia läßt sich schwermütig auf ein Ruhebett nieder. Virginia naht sich Lucretia mit Teilnahme und richtet an sie die Frage, ob sie ihr und den Jungfrauen nicht erlauben wolle, sie durch Spiel und Tanz aufzuheitern. Lucretia willigt ein. Einige der Frauen ergreifen Harfen, die andern ordnen sich zu einem Tanze. –

Tarquinius hat die Frauen belauscht; auf sein Geheiß brechen Bewaffnete hervor und bemächtigen sich nach heftigem Widerstreben der Frauen, die sie mit sich fortschleppen. – Lucretia ist vor Schreck hingesunken. Tarquinius ist mit ihr allein, er betrachtet sie voll ungestümen Verlangens und sucht sich der Hingesunkenen zu bemächtigen. – Lucretia erwacht aus ihrer Betäubung: sie begreift schnell das Schreckliche ihrer Lage und sucht zu entfliehen. Tarquinius hält sie zurück; sie sucht ihn abzuwehren. Sie ringen eine Zeitlang: oft macht sie sich los und sucht nach verschiedenen Seiten hin zu fliehen. Sie sucht ihn durch bittende Gebärden von sich abzuhalten. Ihrer Bitten nicht achtend, sucht er sie zu umfassen. Sie ringen abermals. In der Verzweiflung senkt sie sich vor ihm auf die Knie und beschwört ihn flehentlich, ihrer Ehre zu schonen. Tarquinius hebt sie auf und kniet selbst vor ihr nieder. Er bittet sie, nicht länger seinem Verlangen zuwider zu sein; ihre Schönheit flöße ihm eine zu große Glut ein, als daß er sie nicht gelöscht sehen sollte. Sie solle bedenken, wer er sei: der Beherrscher der Römer, der über Alle und auch über sie zu gebieten habe. Lucretia stößt ihn mit Abscheu und Verachtung von sich. Dies reizt seine Wut; mit roher Gewalt sucht er sich ihrer zu bemächtigen. Sie wehrt sich auf das verzweifeltste. Ihre Kräfte scheinen endlich zu erliegen. Er erfaßt sie und schleppt sie zu dem Ruhebett. Plötzlich stößt sie ihn aufs neue gewaltsam von sich; sie hat ihm sein Schwert entrissen und droht, sich zu durchbohren, wenn er nicht von ihr ablasse. Er dringt demohngeachtet auf sie ein und sucht ihr das Schwert wieder zu entreißen. Sie wehrt ihn ab und stößt sich das Schwert mit triumphierender Miene in die Brust. Sie sinkt tot nieder. Tarquinius steht, auf das Äußerste bestürzt, regungslos da. Seine Bewaffneten nahen sich und überbringen die Nachricht, daß Collatinus, von einer starken Anzahl seiner Freunde begleitet, zurückkehre; sie ermahnen ihn zur Flucht; er folgt ihnen. –

Collatinus, Brutus, Virginia und die Freunde des Collatinus treten auf. Virginia hatte sich den Bewaffneten des Tarqui-

nius entwunden, war zu Collatinus geeilt und hat ihn von Allem benachrichtigt, was in seiner Abwesenheit vorgefallen. Sie erblicken die Leiche. – Collatinus stürzt sich mit heftigem Schmerze über sie hin. Alle stehen vom tiefsten Entsetzen ergriffen. Brutus ermannt sich zuerst; er richtet Collatinus auf und ergreift das Schwert, mit dem sich Lucretia durchbohrt. Mit heroischer Gebärde, über welche die Anderen erstaunen, hebt Brutus mit beiden Händen das Schwert gen Himmel und schwört so Untergang dem Tyrannen. Er hält den Übrigen das Schwert hin und fordert sie auf, denselben Schwur zu leisten. Alle, durch Brutus' Beispiel hingerissen, schwören auf das Schwert Bestrafung der Tyrannei. Brutus fordert sie zur schnellen Erfüllung ihres Schwures auf; sie sind entschlossen, sogleich das Äußerste zu wagen. Sie entblößen ihre Schwerter, heben Lucretias Leiche auf und eilen davon. –

Tarquinius tritt auf, von Bewaffneten begleitet. Er ist auf der Flucht, sein Schritt ist matt und schwankend. Voll Wut und Entsetzen blickt er hinter sich zurück. Seine Begleiter fordern ihn auf zu fliehen. Er wirft sich in rasender Verzweiflung nieder und verschmäht es zu fliehen. Endlich bewegen ihn seine Freunde, ihnen zu folgen. Er blickt noch einmal zurück; mit einer Gebärde, als sei nun Alles verloren, wirft er sein Diadem von sich und entflieht mit seinen Begleitern. Brutus, Collatinus und die Scharen der römischen Jugend, Alle in Waffen, gelangen, Tarquinius verfolgend, auf die Bühne. Brutus hält sie von der weiteren Verfolgung zurück; der Sieg sei entschieden, der Schwur erfüllt, der Tyrann vernichtet und Rom frei. Brutus fordert auf, die Waffen abzulegen und sich mit friedlichen Oliven zu schmücken, denn Friede und Freiheit solle herrschen. Die Waffen sollen sie aber stets in Bereitschaft halten, um Friede und Freiheit gegen jeden neuen Tyrannen zu schützen. Alle, in der einen Hand das Schwert, in der andern den Kranz, schwören mit jenem, diesen zu verteidigen. –

WAFFENTANZ

Trompeten ertönen. Ein Zug Ritter in mittelalterlicher Tracht, Römer aus der Zeit Rienzis vorstellend, erscheint. Die antik gekleideten Römer, die ihre Waffen bereits abgelegt haben, werden von Brutus ermahnt, sich gegen neue Tyrannen zu verteidigen. Sie werden von den Rittern herausgefordert, ergreifen die Waffen und beginnen den Kampf. Die alten Rö-

mer bilden mit ihren Schilden eine Testudo, auf welche ihre vorzüglichsten Helden, Brutus voran, steigen und von da herab die Ritter siegreich bekämpfen. Der Sieg ist entschieden: die Ritter unterliegen. Die Friedensgöttin erscheint, ihr folgen Jungfrauen, von welchen die einen antik, die anderen mittelalterlich gekleidet sind. Die Friedensgöttin versöhnt die alten mit den neuen Römern. Auf ihr Geheiß schmücken die mittelalterlich gekleideten Jungfrauen die alten, die antik gekleideten die neuen Römer mit Friedenskränzen und gesellen sich ihnen zu, so daß bei dem folgenden Tanze die Paare jedesmal aus einem antik gekleideten Manne und einem mittelalterlich gekleideten Mädchen, und so umgekehrt, zusammengestellt sind. Festlicher Tanz, die Vereinigung des alten und neuen Roms versinnlichend. Die Friedensgöttin verwandelt sich in die Schutzgöttin Roms. Die neuen römischen Fahnen, blau und weiß mit silbernen Sternen werden entfaltet, von der Schutzgöttin eingeweiht und von den Zuschauern enthusiastisch begrüßt. –

Orsini hat sich während des Schlusses der Tänze immer dichter an Rienzi gedrängt; als die Blicke aller auf die Gruppe gerichtet sind, führt er auf Rienzi einen Dolchstoß. Adriano, der ihn fest beobachtet hat, fährt dazwischen, ohne jedoch den Stoß zurückhalten zu können. Baroncelli hat mit Rienzis Trabanten in einem Moment den Saal besetzt. Die Nobili sind schnell überwältigt

CHOR DES VOLKES. Rienzi! Auf! Schützt den Tribun!

RIENZI *zu den Nobili.* Ihr staunt? Begreift nicht das Mißlingen der wohlberechnet schönen Tat?

Er entblößt das Gewand auf seiner Brust, die mit einem Panzer bedeckt ist

So seht denn, wie ich mich gewahrt
vor eurer Liebe! – Meuchelmord!
Er galt nicht mir, – nein, er galt Rom,
galt seiner Freiheit, seinem Gesetz!
Sie ekelte dies hohe Fest,
das Roms Erstehung feierte!
Viel edler ist ein Meuchelmord
an dem, der Roma neu erschuf! –
Zu Ende, ihr Römer, sind die Feste,
und das Gericht beginne!

Erschüttert und schweigend entfernt sich das Volk; die Nobili von Trabanten bewacht, die Senatoren, Rienzi, Baroncelli und Cecco mit den Liktoren bleiben zurück

RIENZI *zu den Senatoren.* Ihr saht, Signori, das Verbrechen,
vor euren Augen ward's verübt.

BARONCELLI. Noch mehr! Colonnas Lanzenvolk
durchbrach das Tor, und suchte jetzt
in Eil das Kapitol zu nehmen,
das du in Vorsicht schon besetzt.

RIENZI. Ihr Edlen, leugnet ihr?

COLONNA. Wer leugnet?
Zeig deinen Mut, nimm uns das Haupt: –
auch deine Stunde ist nicht fern!

RIENZI *erschüttert sich abwendend.*
Was willst du, düstre Mahnung, mir?
Er ermannt sich schnell
So richtet sie nach dem Gesetz!

CECCO. Und das Gesetz spricht: Tod durchs Beil!

RIENZI. Nun denn, bereitet sie zum Tod! –

Die Nobili werden von den Senatoren, den Trabanten und den Liktoren in den hintern Teil des Saales geführt, vor welchem ein roter Vorhang zusammengezogen wird. Man hört das dumpfe Geläute der Kapitol-Glocke

RIENZI *allein.* Mein armer Bruder! Nicht durch mich,
durch Roma selbst wirst du gerächt!
Adriano und Irene stürzen atemlos herein

ADRIANO. Den Heil'gen Dank! Er ist allein. –
Rienzi! Gib mir meinen Vater!

IRENE. Sein Vater, sprich, was ist sein Los?

RIENZI. Des Hochverräters Los – der Tod!

ADRIANO. Ha, nimmermehr! Bedenk, Tribun,
ich warnte dich, verriet den Vater;
machst du zu seinem Mörder mich?

RIENZI. Bedenke, daß du Römer bist,
und nicht des Hochverräters Sohn!

ADRIANO. Willst du die Bande der Natur
aufopfern deiner Freiheit Prunk?
Oh, Fluch dann ihr, Fluch dir, Tribun!

RIENZI. Betörter! Ward nicht die Natur,
ja, Gott selbst freventlich verletzt?
Meineid und Mord! – Colonna stirbt!

ADRIANO. Ha, wag es, blut'ger Freiheitsknecht!
Gib mir verwandtes Blut zu rächen, –
und dein Blut ist's, was mir verfällt!

RIENZI. Unsel'ger! Woran mahnst du mich?

Man hört aus dem verhängten Saal den Gesang der Mönche, welche die Nobili zum Tode vorbereiten

GESANG DER MÖNCHE. Misereat dominum
vestrorum peccatorum!

ADRIANO. Entsetzlich! Welche dumpfe Töne!
Zu Rienzi, außer sich
Errege Mordlust nicht in mir!

IRENE. O blick zu Gott! Sei gnädig, Bruder,
und schone seines Vaters Haupt!

Aus dem tiefern Hintergrunde, vom großen Portale her, hört man den Ruf des Volkes

CHOR DES VOLKES. Tod der Verräterbrut!

RIENZI. Hört diesen Ruf! Er spricht zu mir!
Ach, meine Gnade wird zum Verbrechen!

ADRIANO und IRENE *sich Rienzi zu Füßen werfend.* Zu deinen Füßen flehen wir:
sei gnädig, rette { meinen / seinen } Vater!

RIENZI. Wohlan! Vernehmt denn Rienzis Entschluß!

Auf Rienzis Wink wird der rote Vorhang zurückgezogen; man erblickt die Nobili in Todesangst betend, vor jedem einen Mönch. Sie werden nach einer Seite des Vordergrundes geführt, während die andre Seite, sowie der größere Teil der Bühne von dem Volke eingenommen wird, welches die Wachen vom Portal zurückgedrängt hat und sich wild aufgeregt hereinwälzt

CHOR DES VOLKES. Tod den Nobili! Tod den Verrätern!
Die Verräter sterben!

RIENZI *dem Volke entgegentretend.*
Höret mich! Verschworen hatten sich
die Nobili zum Mord an mir...

VOLK. Sie sterben drum!

RIENZI. Hört, Römer, mich!
Begnadigt seien sie durch euch!

CECCO. Tribun, du rasest!

VOLK. Nie, Rienzi!
Tod treffe die Verräter!
Sie sterben! Sie sterben!

RIENZI. Muß ich euch
um Gnade flehn für meine Mörder?
Wohlan! So fleh ich euch denn an:
wenn ihr mich liebt, begnadigt sie!

BARONCELLI. Er raset! Hört ihn nicht an!
RIENZI. Ihr Römer!
Ich macht euch groß und frei, den Frieden,
erhaltet ihn! Vermeidet Blut!
Seid gnädig, fleh ich, ich der Tribun!
VOLK *etwas beruhigter.* Dich, unsren Retter, unsren Befreier,
bedrohte Tod von ihrer Hand!
RIENZI. Begnadigt sie, und laßt von Neuem
sie das Gesetz beschwören;
nie können je sie's wieder brechen!
Ihr Nobili! Könnt ihr dies schwören?
DIE NOBILI *in Zerknirschung.* Wir schwören!
CECCO. Du wirst's bereu'n!
RIENZI. O, laßt der Gnade Himmelslicht
noch einmal dringen in das Herz!
Wer euch, begnadigt, Treu verspricht,
fühlt auch der Reue bittren Schmerz!
Doch dreifach Wehe treffe sie,
verletzen sie auch diesen Eid!
Den Frevlern dann verzeihet nie,
verflucht sei'n sie in Ewigkeit!
ADRIANO und IRENE. Wie Sonne schön durch Wolken bricht,
löst diese Gnade jeden Schmerz;
ja, seiner Milde Himmelslicht
dringt segnend in ihr reuig Herz.
COLONNA. ORSINI. NOBILI. Ha, stolze Gnade, die er übt!
Erniedrigung und Straferlaß!
Die Schmach der Edle nie vergibt!
Bis in den Tod trifft dich sein Haß!
BARONCELLI. CECCO. Unzeit'ge Gnade, die er übt!
Bereu'n wird er der Straf Erlaß.
Wer diesen Stolzen je vergibt,
erweckt aufs Neue ihren Haß!
CHOR DES VOLKES. In deine Hände, o Tribun,
sei der Verbrecher Los vertraut!
Du darfst nach deinem Willen tun,
da fest auf dich der Römer baut.
RIENZI *zu den Nobili.* Euch Edlen dieses Volk verzeiht;
seid frei die besten Bürger Roms!
ADRIANO und IRENE. Rienzi, dir sei Preis,
dein Name hochgeehrt;
dich schmücke Lorbeerreis,
gesegnet sei dein Herd!

So lang als Roma steht,
an's Ende aller Welt,
dein Name nie vergeht,
du hoher Friedensheld!

DIE NOBILI. Ha, dieser Gnade Schmach
erdrückt mein stolzes Herz!
Es räche bald ein Tag
der Schande blut'gen Schmerz!

BARONCELLI. CECCO. Bald schwört Verrat aufs Neu'
die stolze Räuberbrut;
wer baut auf ihre Treu?
Uns frommt allein ihr Blut!

CHOR DES VOLKES. Rienzi, dir sei Preis,
dein Name hochgeehrt;
dich schmücke Lorbeerreis,
gesegnet sei dein Herd!
So lang als Roma steht,
an's Ende aller Welt,
dein Name nie vergeht,
du hoher Friedensheld!

DRITTER AKT

Ein großer Platz in Rom, hie und da zertrümmerte Säulen und umgestürzte Kapitäle. – Noch bevor der Vorhang aufgeht, hört man die Sturmglocke heftig läuten. Wild aufgeregte Volkshaufen erfüllen die Szene

ERSTE SZENE

VOLK. Vernahmt ihr all die Kunde schon?
Schließt eure Häuser, wahrt eur Gut!
Die Nobili sind nachts geflohn;
bald fließt in Rom der Bürger Blut! –
Rienzi, Rienzi! Sucht den Tribun!

BARONCELLI *tritt auf.* Ihr Römer, hört's, wie wir betrogen!
Des Friedens Geiseln sind entfloh'n.

VOLK. Wo ist Rienzi?

BARONCELLI. Der Rasende!
Schon gibt sie ihr Verrat uns preis,

mit einem Schlag sind sie vertilgt: –
da gibt er Gnade, läßt sie frei! –
O Tor, wer zählt auf ihre Treu!
VOLK. Rienzi! Rienzi! Sucht den Tribun!
CECCO *tritt auf.* Ha! 's ist zum Rasen! Alles hin!
Gerüstet sind die Nobili,
und nahen drohend sich der Stadt!
Ha! wie zur Unzeit war die Milde!
Wir büßen sie mit unsrem Blut.
VOLK. Schreit nach Rienzi! Ruft ihn her!
Rienzi! Rienzi! Rienzi!
RIENZI *auftretend.* Ich kenne euren Ruf! Seht mich,
gleich euch, von Zorn und Wut entflammt!
Weh denen, die ihr mit Gnade überladen,
die dennoch Eid und Treue brachen!
Ha! Dreifach Wehe treffe sie!
DAS VOLK. BARONCELLI und CECCO. Tribun, du freveltest an uns,
da Gnade du vor Recht geübt!
RIENZI. Ja, ich versteh euch, tadl euch nicht.
Fortan sei mein Herz gestählt,
und eisern walte das Gesetz!
Blut fließe, wenn kein Tropfen selbst
Patrizierblutes übrigblieb!
Weh ihnen, wenn sie Roma nahn!
VOLK. Was willst du tun? Was hast du vor?
RIENZI. Die Freiheit Roms verteidigen
und niederschmettern die Verräter.
BARONCELLI. Das stand bei dir, das konntest du,
als unser Blut der Preis nicht war.
VOLK. Durch unser Blut bestrafst du sie nun!
RIENZI. Ein voll'res Recht nun haben wir;
strafbarer macht die Gnade sie, –
vernichten wir die Buben jetzt,
nennt uns die ganze Welt gerecht.
VOLK. Ha! furchtbar treffe unser Grimm
die Frevler, die treulose Brut! –
Rienzi, sprich! Was hast du vor?
Wir sind bereit und folgen dir.
RIENZI. Ihr Römer, auf! Greift zu den Waffen!
Zum Kampfe eile jeder Mann!
Der Gott, der Roma neu erschaffen,
führt euch durch seinen Streiter an!

Laßt eure neue Fahne wallen,
und kämpfet froh für ihre Ehre!
Den Schlachtruf lasset laut erschallen:
»Santo Spirito cavaliere!«

BARONCELLI. CECCO. VOLK. Ihr Römer, auf! Greift zu den Waffen!
Zum Kampfe eile jeder Mann!
Der Gott, der Roma neu geschaffen,
führt euch durch seinen Streiter an!
Laßt eure neue Fahne wallen,
und kämpfet froh für ihre Ehr!
Die stolzen Feinde seh sie fallen,
und siegen freier Römer Heer!

Alle stürmen unter dem Rufe: »Zu den Waffen!« nach verschiedenen Seiten tumultuarisch ab. Man hört die Lärmtrommeln schlagen

ZWEITE SZENE

ADRIANO *tritt auf.* Gerechter Gott! So ist's entschieden schon!
Nach Waffen schreit das Volk – kein Traum ist's mehr!
O Erde, nimm mich Jammervollen auf!
Wo gibt's ein Schicksal, das dem meinen gleicht?
Wer ließ mich dir verfallen, finstre Macht?
Rienzi, Unheilvoller, welch ein Los
beschwurst du auf dies unglücksel'ge Haupt
Wohin wend ich die irren Schritte?
Wohin das Schwert, des Ritters Zier?
Wend ich's auf dich, Irenens Bruder?
Zieh ich's auf meines Vaters Haupt? –
Er läßt sich erschöpft auf einer umgestürzten Säule nieder
In seiner Blüte bleicht mein Leben,
dahin ist all' mein Rittertum;
der Taten Hoffnung ist verloren,
mein Haupt krönt nimmer Glück und Ruhm.
Mit trübem Flor umhüllet sich
mein Stern im ersten Jugendglanz;
durch düstre Gluten dringet selbst
der schönsten Liebe Strahl ins Herz. –
Man hört mit der großen Glocke des Kapitols stürmen
Wo war ich? Ha, wo bin ich jetzt? –
Die Glocke –! Gott, es wird zu spät!

Was nun beginnen! – Ha, nur Eins!
Hinaus zum Vater will ich fliehn!
Versöhnung glückt vielleicht dem Sohne!
Er muß mich hören, denn sein Knie
umfassend sterbe willig ich!
Auch der Tribun wird milde sein;
in Frieden wandl ich glüh'nden Haß!

Auf den Knien

Du Gnadengott, zu dir fleh ich,
der Lieb in jeder Brust entflammt!
Mit Kraft und Segen waffne mich,
Versöhnung sei mein heilig Amt!

Er eilt ab

DRITTE SZENE

Kriegerische Signale nähern sich der Szene. Man hört alle Glocken läuten. Alle waffenfähigen Bürger Roms ziehen kampfgerüstet auf. Frauen und Mädchen, Greise, Kinder, Priester und Mönche geleiten die Züge. – Rienzi, ganz geharnischt und zu Pferde sitzend, Irene, ihn zu Fuß geleitend, und die Senatoren, Baroncelli und Cecco ebenfalls geharnischt, schließen den Kriegszug

RIENZI. Der Tag ist da, die Stunde naht
zur Sühne tausendjähr'ger Schmach!
Er schaue der Barbaren Fall
und freier Römer hohen Sieg!
So stimmt denn an den Schlachtgesang,
er soll der Feinde Schrecken sein!
»Santo Spirito cavaliere!«

SCHLACHTHYMNE

VOLK. »Auf, Römer, auf, für Herd und für Altäre!
Fluch dem Verräter an der Römer Ehre!
Nie sei auf Erden ihm die Schmach verziehn,
Tod seiner Seel, es lebt kein Gott für ihn!
Trompeten schmettert, Trommeln wirbelt drein!
Es soll der Sieg der Römer Anteil sein.
Ihr Rosse stampfet, Schwerter klirret laut,

heut ist der Tag, der eure Siege schaut!
Paniere weht, blinkt hell ihr Speere!
›Santo Spirito cavaliere!‹«

Als Rienzi dem Kriegszug das Zeichen zum Aufbruch gibt, erreicht Adriano atemlos die Bühne und wirft sich ihm in den Weg

ADRIANO. Zurück, zurück! Halt ein, Tribun!
Laß ab vom Kampfe, höre mich!
RIENZI. Du Ärmster, ich beklage dich!
Verfluchen mußt du dein Geschlecht!
ADRIANO. Laß ab, noch einmal fleh ich dich!
Versuche Milde, sende mich!
Schon eilt ich, ohne dein Geheiß
zu tun, was hohe Pflicht gebeut.
Doch ach, verschlossen jedes Tor...
drum sieh mich hier! Oh, höre mich!
Zu meinem Vater laß mich sprechen,
und fließen soll dann kein Tropfen Bluts!
RIENZI. Unsel'ger Jüngling, warst's nicht du,
der mich gestimmt zu jener Milde,
die römisch Blut jetzt fließen macht? –
Ha, schweig! Fremd ist den Buben Treu!
ADRIANO. Tribun, bedenke, was du tust!
Noch schone Blut, oh, sende mich!
Zum Pfand setz ich mein Leben ein
für ew'ger Treue neuen Bund!
RIENZI. Ihr Römer auf! Hört ihn nicht an!
Sie fordern Kampf, – wohlan: – zum Kampf!
ADRIANO. Auf meinen Knien beschwör ich dich!
Noch ist es Zeit, – du wirst bereun!
RIENZI. Eh du von Neuem mich bewegst,
soll alle Welt zu Grunde gehn!
ADRIANO. Rienzi, sieh, hier liege ich: –
Willst Rache du, so nimm mein Haupt!
RIENZI. Du rasest, Knabe! Stehe auf,
und laß dem Schicksal seinen Lauf!
ADRIANO *sich aufrichtend mit schmerzlichem Grimm.*
Nun denn, nimm, Schicksal, deinen Lauf!

Auf Rienzis Zeichen verläßt der ganze Kriegszug, mit ihm an der Spitze, unter Absingung des zweiten Verses der Schlachthymne, die Bühne

VOLK. »Auf, Römer, auf, für Freiheit und Gesetze,
sei Zeug', o Erd', für unsre höchsten Schätze!

Ihr Heil'gen all und Gottes Engelschar,
steht uns im Kampfe bei und in Gefahr!
Trompeten schmettert, Trommeln wirbelt drein,
es soll der Sieg der Römer Anteil sein;
ihr Rosse stampfet, Schwerter klirret laut,
heut ist der Tag, der eure Siege schaut!
Paniere weht, blinkt hell ihr Speere!
›Santo Spirito cavaliere!‹«

Die Priester und Mönche haben den Kriegszug begleitet. Adriano, Irene und die Frauen bleiben zurück

ADRIANO *umfaßt, nach einem heftigen stummen Kampfe mit seinen Gefühlen leidenschaftlich Irene.*
Leb wohl, Irene! Ich muß hinaus!
Barmherzig ist des Vaters Schwert.

IRENE *ihn heftig haltend.* Unseliger, bleib hier zurück!
Nicht mächtig bist du deiner Sinne!

ADRIANO. Laß mich fliehn. Mich ruft der Tod!
Irene, ach! Dein Umarmen selbst,
ich muß es fliehn, mich ruft der Tod!

IRENE. Treuloser! Hast du kein Erbarmen
mit deiner, mit Irenens Not?
Ich laß dich nicht aus meinen Armen,
Gott selbst gebeut mir diese Pflicht.

Wie von Windstößen getragen dringt der Schlachtlärm aus der Ferne her

ADRIANO. Hörst du? Das ist das Mordgewühl!
Rienzi würgt mein ganz Geschlecht!

DIE FRAUEN *sich auf die Knie senkend.*
Schütz, heil'ge Jungfrau, Romas Söhne,
steh ihnen bei in Kampfesnot!
Laß uns sie schaun in Sieges-Schöne,
und ihren Feinden sende Tod!
Maria, sieh im Staub uns flehn!
Oh, blick auf uns aus Himmelshöhn!

Adriano, der sich bis jetzt von Irene loszuwinden suchte, macht eine heftige Bewegung zum Fliehen

IRENE. Unsel'ger! Sieh, es ist zu spät!
Willst sinnlos du dem Tod dich weihn?

ADRIANO. Allmächt'ger! Ja! Es wird zu spät!
Ach, meine Sinne schwinden mir!

IRENE. Sieh, deinen Hals umschlinge ich,
mit meinem Leben weich ich nur.

ADRIANO. Zwiefacher Tod und Liebespein!
Oh, Himmel, ende meine Qual!

ADRIANO und IRENE *auf den Knien.* Oh, heil'ge Jungfrau, hab Erbarmen
Bring Hilfe mir in dieser Not!
Umfange ihn mit Segensarmen;
beschütze ihn vor Schmach und Tod!
Maria! Sieh im Staub mich flehn!
Oh, blick auf mich aus Himmelshöhn!

DIE FRAUEN *kniend.* Schütz, heil'ge Jungfrau, Romas Söhne!
Steh ihnen bei in Kampfesnot!
Laß uns sie schaun in Sieges-Schöne,
und ihren Feinden sende Tod!
Maria, sieh im Staub uns flehn!
Oh, blick auf uns aus Himmelshöhn!

Der Sturm hat sich gelegt: man vernimmt deutlich den Gesang der Schlachthymne sich nähern

IRENE. Schon schweigt der Sturm, – hört den Gesang!

DIE FRAUEN. Das ist der Römer Siegeslied!

IRENE. Sie nahn schon! Mein Bruder hoch vor ihnen her!

ADRIANO. Ha, großer Gott! So ist's entschieden!

Der zurückkehrende Kriegszug, von den Priestern und Mönchen geleitet, langt während des Folgenden auf der Szene an: die Männer treten aus den Reihen und umarmen ihre Frauen, Schwestern und Töchter. Rienzi steigt vom Pferde, um Irene zu begrüßen

DIE FRAUEN, PRIESTER UND MÖNCHE. Heil dir, du stolzes Siegesheer!
Willkommen, Romas siegreiche Söhne!
Heil euch! Heil euch, und euren Waffen Ruhm!
Auf, streuet Blumen, Jubel ertöne;
er gelte euch und eurem Heldentum!

RIENZI. Heil, Roma, dir! Du hast gesiegt,
zerschmettert liegt der Feinde Heer!
Wer sagt nun noch, Rom sei nicht frei?
Colonna und Orsini sind nicht mehr!

ALLES VOLK *in halb freudiger, halb schaudernder Empfindung.*
Ha! Kein Colonna, kein Orsini mehr!

Die Leiche Colonnas ist auf die Bühne gebracht worden: Adriano hat sich mit einem lauten Schrei über sie hingeworfen. – Dumpfe Trommelwirbel deuten die Ankunft von Leichen und Verwundeten an, welche in stillen Zügen über den Hintergrund der Bühne getragen werden

BARONCELLI. Ach, blutig ist die Strafe erkauft!
Auch uns traf furchtbarer Verlust.
Wie viele unter diesen Frauen
sehn nie den Freund, den Bruder mehr!

ADRIANO *sich totenbleich von der Leiche Colonnas aufrichtend.*
Weh dem,
der ein verwandtes Blut zu rächen hat! –
Blut'ger Tribun! Blick' hierher! Sieh, dies ist
dein Werk! – Fluch über dich und deine Freiheit!

Lange Pause der Erschütterung

RIENZI. Ewiger Tod sei Jener Los,
die euer Mut zu Staub zertrat!
Das Blut, das Roma heut entfloß,
komm über sie und ihren Verrat!
Jungfrauen, weinet, ihr Weiber, klaget,
nicht wehrt der Tränen heiligem Strom!
Doch euren Herzen tröstend auch saget:
die ihr verloren, fielen für Rom!

CECCO. BARONCELLI. DAS VOLK. Furchtbar entschied das Schlachtenlos,
das Freund und Feind darniedertrat!
Das Blut, das Roma heut entfloß,
Bring ew'gen Fluch dem schwarzen Verrat!
Jungfrauen, weinet, ihr Weiber, klaget,
nicht wehrt der Tränen heiligem Strom!
Doch euren Herzen tröstend auch saget:
die ihr verloren, fielen für Rom!

IRENE. Ach, schon erfüllet ist mein Los;
was ich gefürchtet, nun ist's Tat!
Nicht darf ich weinen, nicht darf ich klagen,
lindernder Träne wehr ich den Strom;
stolz meinem Herzen darf ich nur sagen:
was du verloren, opferst du Rom!

ADRIANO. Furchtbar erfüllt ist nun mein Los,
sie ist vollbracht, die grause Tat;
das Blut, das dieser Wund entfloß,
laut klagt es an des Sohnes Verrat!
Nicht weih ich dir des Kindes fromme Klagen,
nicht weicher Tränen heiligen Strom;
Doch soll die Nachwelt einst von dir sagen:
furchtbare Rache ward ihm vom Sohn!

Er wendet sich zu Rienzi

Fluchwürdiger! Der du von dir

mich stießest, da den Frieden ich
mit meinem Leben dir verbürgte!
geschieden sind wir denn fortan,
nur Rache haben wir gemein: –
die deine stilltest du, – so zittre
vor meiner, – du verfielest ihr!

RIENZI. Unsinniger! – Verzeiht ihm, Römer!

ADRIANO *will abgehen; sein Blick fällt auf die hinsinkende Irene; er umfaßt sie leidenschaftlich.*
Irene, fluche dem Geschick,
gemordet hat es unsre Liebe!

Rienzi gibt schnell und mit heftiger Gebärde den Trompetern das Zeichen zu einer Sieges-Fanfare

RIENZI *tief erschüttert.* Ha, diese Schmerzen, tief und groß!
Doch über ihnen schwebt der Sieg. –
Noch einmal bannet jeden Gram,
da Freiheit hohen Sieg gewann! –
Entflieht, ihr herben Schmerzen.
erschalle, Jubelchor!
Denn echten Römerherzen
geht Sieg dem Leide vor!
Ertönet, Freudenlieder,
und ehrt die tapfren Sieger hoch!
Die Freiheit kehret wieder,
zu Ende ist das Sklavenjoch.

ADRIANO und IRENE. Oh, brennt, ihr Trennungschmerzen,
zum Himmel schreit empor!
Aus wild entflammten Herzen,
ihr Tränen, brecht hervor!
Zerrissen sind die Bande,
die liebend uns vereint;
für uns im Erdenlande
kein schöner Tag mehr scheint! –
Von { deiner Freundin / deines Freundes } Munde
nimm hin den letzten Kuß:
Leb wohl! Es ruft die Stunde,
vom Glück ich scheiden muß!

CECCO. BARONCELLI. DAS VOLK. Entflieht, ihr herben Schmerzen,
erschalle, Jubelchor!
Denn echten Römerherzen
geht Sieg dem Leide vor!

Ertönet, Freudenlieder,
und ehrt die tapferen Sieger hoch!
Die Freiheit kehret wieder,
zu Ende ist das Sklavenjoch.

Adriano trennt sich von Irene, und stürzt, mit drohender Gebärde gegen Rienzi, ab. Rienzi besteigt einen Triumphwagen und wird vom Volke dahingeführt

VIERTER AKT

Platz vor der Lateran-Kirche, deren Pforten sich an der Seite des Vordergrundes befinden. Es ist Nacht. Baroncelli und mehrere Bürger, alle verhüllt, treffen zusammen

ERSTE SZENE

BARONCELLI. Wer war's, der euch hieher beschied?
CHOR. Er war verhüllt, unkenntlich uns.
BARONCELLI. Wißt ihr, daß Deutschlands Abgesandte
für immer Rom verlassen?
CHOR. Ha!
So zürnt der neue Kaiser Rom?

Cecco kommt, begleitet von Bürgern

CECCO. Euch treff ich hier! – So seid auch ihr
hieher beschieden?
BARONCELLI. Cecco auch?
Kennst du die schlimme Neuigkeit?
CECCO. Daß die Gesandten Rom verlassen?
Das danken wir dem Übermut,
mit dem Rienzi Deutschlands Fürsten
die römische Kaiserwahl bestritt.
BARONCELLI. Wir werden's büßen! – Mit dem Papst
Versteht der neue Kaiser sich.
CHOR. Wer bleibt dann noch zu unsrem Schutz?
BARONCELLI. Wißt noch, was mir nicht recht gefällt:
der Kardinal ist abgereist.
CHOR. Was sagst du? Auch der Kardinal?
BARONCELLI. Wohl weiß ich, daß bei seiner Flucht
Colonna an den Papst sich wandte,

und ihm versprach, der Kirche Schutz
durch seine Macht zu übernehmen.

CECCO. Und was sagt nun der Papst zu seinem Tod?

BARONCELLI. Dies das Geringste! Doch was sagt ihr
zum Tode eurer Brüder?

CHOR. Entsetzlich blutiger Verlust!

BARONCELLI. Glaubt ihr, Rienzis Milde war's,
die zu der Gnade ihn bewog?
Klar sehe ich: es war Verräterei!

CHOR. Verräterei? Womit beweisen?

BARONCELLI. Verbindung sucht er mit den Nobili,
ihr wißt, Irene liebt Colonnas Sohn; –
nun! Um den Preis dieser Begnadigung
hofft er zum Bunde Colonna zu bewegen.

CHOR und CECCO. Und darum strömte unser Blut?
Weh ihm, wenn das sich wahr erweist!
Auf, Baroncelli, stell uns Zeugen!

Adriano tritt, in einem Mantel gehüllt, hervor

ADRIANO. Ich bin ein Zeuge, – er sprach wahr!

CHOR und CECCO. Und wer bist du?

ADRIANO *sich enthüllend.* Colonnas Sohn!

Zurückschaudernd, für sich

Colonna! Ach, darf ich ihn nennen,
der aus dem Grab mir fluchend droht?
Laß dich versöhnen, blut'ger Schatten,
wend ab von mir den düstren Blick! –
Nicht eher soll dieser Arm ermatten,
bis er gerächet dein Geschick!

Er wendet sich schnell wieder zu den Bürgern

Ihr Männer, ja! Ich bin Colonnas Sohn!
Höret mich! Unwürdig seiner Macht
ist der Tribun, der euch verriet.
Ihr Römer, seid auf eurer Hut!
Der Kaiser droht, die Kirche zürnt.

BARONCELLI. CECCO. CHOR. Ha, der Verräter! Er, dem wir
dienten,
der seinem Ehrgeiz preisgab unser Blut,
in das Verderben stürzte er uns!
Ha, Rache ihm!

ADRIANO. Ja, Rache ihm!
Ich sei es selbst, der sie vollzieht.
Des Vaters blut'ge Schmach zu rächen,
treibt mich ein heiliges Gebot;

zum Himmel auf schreit sein Verbrechen;
der Frevler büß es mit dem Tod!

BARONCELLI. CECCO. CHOR. Des Hochverrates Schmach zu rächen,
treibt Ehre uns und herbe Not:
zum Himmel auf schreit sein Verbrechen;
der Frevler büß es mit dem Tod!

Der Tag bricht an

CECCO. Doch seht, die Nacht ist schon gewichen.
Sagt, brechen wir in offener Empörung los?

BARONCELLI. Durch Festespomp sucht der Tribun
zu übertäuben unsre Not.
Ein feierlich Te Deum soll
heut danken für den blut'gen Sieg.

ADRIANO. So macht's zum Fest, und straft ihn heut'!

ALLE. Vor aller Augen sei's getan!

Alle wenden sich zum Abgehen, als ihnen ein Zug entgegentritt, in welchem sich Raimondo, begleitet von Priestern und Mönchen, still und feierlich über die Straße in die Kirche begibt. Bei seinem Anblick halten die Verschworenen an und weichen auf die Seite

BARONCELLI. Seht, welch ein Zug!

CHOR. Der Kardinal!

CECCO. Ha, wie? Er ist zurückgekehrt?

BARONCELLI. Und das Te Deum hält er selbst?

CHOR. Die Kirche für Rienzi!

CECCO. Nichts
vermögen wir; – die Kirche schützt
allmächtig ihn!

ADRIANO. So schnell erlischt,
Elende, eu'r gerechter Zorn?
Sei's an den Stufen des Altars, –
verfallen ist er meinem Arm.

Er stellt sich, in seinen Mantel gehüllt, an den Pfosten der Kirchtüre auf

CECCO. Es naht der Zug, – schließt euch an mich!
Erwartet still, wie sich's fügt!

Alle Verschworenen ziehen sich an den Eingang der Kirche hin, so daß die ganze runde Treppe von ihnen besetzt wird

ZWEITE SZENE

Ein festlicher Zug betritt in feierlicher Haltung die Bühne und stellt sich, dem Eingange des Laterans zugewendet, auf. Rienzi in Festgewändern, Irene an der Hand führend, hält bei dem Anblicke der Verschworenen an, welche ihm weniger durch Gebärden, als durch ihre Stellung den Eintritt in die Kirche streitig zu machen scheinen

RIENZI *die Verschworenen ernst anblickend.*
Ihr nicht beim Feste? Achtet ihr
so gering den Sieg, nicht Dankes wert?
ADRIANO *in seiner früher angenommenen Stellung, für sich.*
O Gott! Irene an seiner Seite!
Ihn schützt ein Engel; – wie vollend ich's?
RIENZI. Wie, oder ist der Mut dahin,
da ihr die Brüder fallen saht?
Sind dafür jene nicht vernichtet,
die sonst, als ihr noch friedlich waret,
euch Väter, Söhne kalt erschlugen,
und eure Weiber schändeten?
Oh, für wie weit geringre Not
weiht einst der Römer sich dem Tod!
Doch ihr schlugt euch für Ehr und Ruhm,
für eurer Freiheit Heiligtum!
Die Verschworenen sind wie geschlagen, sie drücken durch Gebärden ihre Beschämung und Verlegenheit aus
RIENZI *den Eindruck, den er gemacht, gewahrend, fährt feuriger fort.*
Ihr habt gesiegt, – oh, laßt mich nimmer glauben,
daß ihr den Sieg, der Ruhm euch gab, verwünscht!
Traut fest auf mich, den Tribunen,
haltet getreu an meiner Seite!
Gott, der bis hierher mich führte,
Gott steht mir bei, verläßt mich nie!
DIE VERSCHWORENEN *die Hüte schwenkend, teilen sich ehrfurchtsvoll, um Rienzi Platz zu machen.*
Lang lebe der Tribun!
ADRIANO. Ha, feige Sklaven!
Soll ich allein? Soll vor Irenen selbst?
Rienzi läßt sich an, mit dem Zuge die Treppe der Kirche zu besteigen; Adriano tut einen zweifelhaften Griff nach dem Dolch; da hört man aus dem Innern des Lateran den Gesang

der Mönche: von Schauer ergriffen hält Rienzi und der Zug plötzlich an

GESANG AUS DER KIRCHE. Vae! vae tibi maledicto!
Iam te iustus ense stricto
vindex manet angelus.
Vae, spem nullam maledictus
foveat, Gehennae rictus
Iamiam hiscit flammeus!

RIENZI *einige Schritte zurücktretend.*
Wie schauerlich! Welch ein Te Deum?

CHOR. Uns faßt ein Grauen, – welche Töne!

Rienzi ermannt sich und gibt ein Zeichen, worauf sich der Zug schnell wieder ordnet und nach der Treppe zu in Bewegung setzt. Als Rienzi auf der Hälfte der Treppe angelangt ist, erscheint am Portal des Laterans Raimondo, umgeben von Priestern und Mönchen

RAIMONDO. Zurück! Dem Reinen nur
erschließt die Kirche sich!
Du aber bist verflucht,
im Bann ist, wer dir treu!

VOLK *nach allen Seiten hin von Rienzi fliehend.*
Fliehet ihn! Er ist verflucht!

Die Kirchtüre hat sich krachend geschlossen, an ihr angeheftet erblickt man die Bannbulle. Rienzi ist betäubt bis in die Mitte der Bühne zurückgewichen, wo er, in dumpfes Brüten versunken, stehen bleibt. Irene ist an seiner Seite hingesunken. Die ganze Bühne ist schnell leer geworden, nur Adriano, der seinen Platz nicht verlassen, steht an der Kirchtüre. – Der Gesang in der Kirche verstummt. Adriano geht wankenden Schrittes auf Irene zu und beugt sich, leise flüsternd, zu ihr herab

ADRIANO. Irene! Komm, flieh diesen Ort!
Zu mir! Ich bin's, dein Adriano!

IRENE *langsam wieder zu sich kommend.*
Du hier? Was willst du? Was geschah?

ADRIANO. Der Boden brennt zu deinen Füßen!
Auf, eile, flieh! – Dein Freund bin ich,
sieh her – ich bin's! Dein Geliebter!

IRENE. Mein Bruder? Sag, wo ist mein Bruder?

ADRIANO. Der ist verflucht und ausgestoßen
vom Heile des Himmels und der Erden;
verflucht ist mit ihm, wer ihm zur Seite;
drum rette dich! Flieh seine Nähe!

IRENE. Mein Bruder? – Ha, hinweg, Unsel'ger! –
Rienzi, Rienzi! o mein Bruder!
Sie wirft sich an Rienzis Brust
ADRIANO *wütend.* Wahnsinnige! Verdirb mit ihm!
Er eilt ab
RIENZI *erwacht aus seiner Betäubung; er fühlt Irene an seiner Brust, richtet sie auf und blickt ihr gerührt in die Augen.*
Irene, du? – Noch gibt's ein Rom!
Sie verweilen in einer langen Umarmung. Während der Gesang in der Kirche verhallt, fällt langsam der Vorhang
GESANG AUS DER KIRCHE. Vae, vae tibi maledicto!
Iam te justus ense stricto
vindex manet angelus!

FÜNFTER AKT

Eine Halle im Kapitol. Rienzi allein im Gebet

ERSTE SZENE

RIENZI. Allmächt'ger Vater, blick herab!
Hör mich im Staube zu dir flehn.
Die Macht, die mir dein Wunder gab,
Laß jetzt noch nicht zugrunde geh'n!
Du stärktest mich, du gabst mir Kraft,
Du liehst mir erhabne Eigenschaft:
zu hellen den, der niedrig denkt,
zu heben, was im Staub versenkt.
Du wandeltest des Volkes Schmach
zu Hoheit, Glanz und Majestät...!
O Gott, vernichte nicht das Werk,
das dir zum Preis errichtet steht!
Ach, löse Herr die tiefe Nacht,
die noch der Menschen Seele deckt!
Schenk uns den Abglanz deiner Macht,
die sich in Ewigkeit erstreckt!
Mein Herr und Vater, o blicke herab!
Senke dein Auge aus deinen Höhn!

Mein Gott, der hohe Kraft mir gab,
erhöre mein tief-inbrünstig Flehn!
Er neigt sein Haupt wie zur feierlichsten Andacht

ZWEITE SZENE

Irene ist aufgetreten und hat Rienzi mit Rührung betrachtet. Rienzi erhebt sich und gewahrt Irene; beide umarmen sich enthusiastisch

RIENZI. Verläßt die Kirche mich, zu deren Preis
mein Werk begann, verläßt mich auch das Volk,
das ich zu diesem Namen erst erhob,
verläßt mich jeder Freund, den mir das Glück
erschuf: bleibt Zweies doch mir ewig treu,
der Himmel selbst und meine Schwester!
IRENE. Mein Bruder, ja, noch kenne ich die Lehren,
in denen du mich schwaches Weib erzogst.
Du machtest mich zu einer Römerin:
sieh denn, ob ich die Lehre treu befolgt!
Den letzten Römer laß ich nie, sei auch
der Preis das Glück des Lebens und der Liebe!
Rienzi, sag, hab ich mich stark bewährt?
RIENZI. Irene, meine Heldenschwester!
IRENE. Und weißt
du auch, was einer Lieb entsagen, heißt?
O nein! Du hast ja nie geliebt!
RIENZI. Wohl liebt auch ich! – Oh, Irene,
kennst du nicht mehr meine Liebe?
Ich liebte glühend meine hohe Braut,
seit ich zum Denken, zum Fühlen erwacht,
seit mir, was einstens ihre Größe war,
erzählte der alten Ruinen Pracht.
Ich liebte schmerzlich meine hohe Braut,
da ich sie tief erniedrigt sah, –
schmählich mißhandelt, grauenvoll entstellt,
geschmäht, entehrt, geschändet und verhöhnt!
Ha! Wie ihr Anblick meine Wut entflammte!
Ach! Wie ihr Jammer Kraft gab meiner Liebe!
Mein Leben weihte ich einzig nur ihr,
ihr meine Jugend, meine Manneskraft;
denn sehen wollt ich sie, die hohe Braut,

gekrönet als Königin der Welt, –
denn wisse: Roma heißt meine Braut!
IRENE. Treulose Braut, Verachtung dir!
RIENZI. Ermiß denn meinen Schmerz,
da dieser Liebe ich entsagen soll!
IRENE. Rienzi, o mein großer Bruder!
Blick in mein tränenloses Auge,
sieh auf der Wange tiefen Gram,
empfinde, was dies Herz bezwang,
und sag, ist Roma untreu dir?
RIENZI. Irene, ach, selbst deine Treue
bricht mir das Herz, was willst du tun?
Im Bann bin ich, verflucht bist du
an meiner Seite, und mein Werk,
ich fühl es, ist vollendet bald!
Ich sei das Opfer, warum du?
Gedenkst du Adrianos nicht?
Er haßt nur mich und ist versöhnt
wenn ich gefallen, bleibe sein!
IRENE. Rienzi! Ha! Was höre ich!
Zu deiner Schwester sprichst du so?
RIENZI. Kein Rom gibt's mehr, sei denn ein Weib!
IRENE. Ich sei die letzte Römerin!
RIENZI. Ach, mehre so nicht meinen Gram!
IRENE. Rienzis Schwester trotzt dem Tod!
RIENZI. Ach, mehre so nicht meinen Gram!
IRENE. Ermorde mich, – ich laß dich nie!
RIENZI *überwältigt.* Komm, stolze Jungfrau, an mein Herz!
BEIDE. In unsrem treuen Bunde,
in dieser keuschen Brust
lebt Roma noch zur Stunde,
der Größe sich bewußt.
Blickt uns ins feste Auge
und sagt, ob Roma fiel?
Mit unsrem letzten Hauche
setzt Gott ihr erst ein Ziel!
RIENZI. Es sei! Noch einmal will ich mich denn rüsten,
noch einmal tönen soll der Ruf,
zu wecken Rom aus seinem Schlaf.

Er geht ab. Irene wendet sich nach einer anderen Seite ebenfalls zum Abgang

DRITTE SZENE

Adriano, tief in seinen Mantel gehüllt und bis zum Wahnsinn aufgeregt, tritt unter der Tür Irenen entgegen

ADRIANO. Du hier, Irene? Treff ich dich
noch in des Fluchbelad'nen Haus?
IRENE. Entsetzlicher, du wagst es noch,
des Reinen Schwelle zu übertreten?
Entflieh!
ADRIANO. Wahnsinnige, noch Trotz?
Ach, du kennst dein Verderben nicht!
Doch rett ich dich! – Flieh, komm mit mir!
IRENE. Hier, bei dem Letzten, den der Name
des Römers ziert, ist mein Asyl; –
Ihr seid Treulose, Schändliche!
Geh! Es gibt keine Liebe mehr!
ADRIANO *das Schwert fallen lassend.*
Ha, meine Liebe, ja, ich fühl es,
ist Liebe nicht, ist Raserei!
Irene, Irene, sieh mich knien!
Du schwurest einst mir ew'ge Treue –
versünd'ge nicht durch Meineid dich!
Wohl kenne ich noch meinen Schwur;
ich schwur, Tod und Verderben solle
mir Losung sein, um jedes Band
und jede Schranke zu zertrümmern!
Dies war mein Schwur, – ich halt' ihn jetzt: –
Tod und Verderben, es ist da!
Dein Bruder ward von Gott verflucht,
verflucht von mir und aller Welt;
das Volk, – es rast, kennt den Verrat, –
dies Kapitol, bald steht's nicht mehr;
schon wird der Feuerbrand genährt;
wer hier betroffen, ist verflucht,
sein Tod dem Mörder ein Verdienst; –
in meiner Hand zückt selbst der Stahl:
dein Bruder fällt, – er fällt durch mich! –
Tod und Verderben, sieh, ist da: –
nun bist du mein! Sag, bin ich treu?
Zu deinen Füßen lieg ich hier!
Sieh meine Liebe, sieh meine Treu!
IRENE *ihn abwehrend.* Verruchter! Die Hölle rast in dir!

Nichts hab ich mehr mit dir gemein!
Hier stehe ich, eine Römerin; –
nur meine Leiche nennst du dein!

Wachsendes Getümmel läßt sich von außen vernehmen, der grelle Schein von Feuerbränden erhellt blitzartig das Dunkel der Szene durch die Fenster, deren Scheiben durch Steinwürfe zerschlagen werden

ADRIANO. Sie kommen, ... ha! Die Flamme glüht,
Entsetzen! Wahnsinn! Auf! Irene!

IRENE. Laß mich! Ich fühle Riesenkraft;
Gott hilft mir, dir zu widerstehn!

ADRIANO. Nein! Du darfst nicht sterben, dein Tod trifft mich!
Komm mit! Ich reiße dich hinweg!

IRENE. Vergeh! Wahnsinniger! Frei bin ich!

Sie hat mit wütender Gewalt Adriano von sich gestoßen und entflieht

ADRIANO *ist zu Boden gesunken. Nach einer Pause rafft er sich mit starrem Blick wieder auf. Wie im Wahnsinn.*
Oh, du bist mein! Durch Flammen selbst
find' ich den Weg!

Er stürzt ab

VIERTE SZENE

Die Szene verwandelt sich in den Platz vor dem Kapitol, dessen Vorderseite mit der großen Treppe den Hintergrund einnimmt. Volkshaufen in wütender Aufregung, mit Feuerbränden, strömen von allen Seiten herbei. Baroncelli und Cecco sind unter dem Volke

CHOR DES VOLKES. Herbei! Herbei! Auf, eilt zu uns!
Bringt Steine her und Feuerbrand!
Er ist verflucht, er ist gebannt!
Verderben treffe ihn und Tod!
Auf, ehrt der Kirche Hochgebot!

Rienzi, in voller Rüstung, doch entblößten Hauptes, erscheint auf dem hohen Balkon des Kapitols

CHOR. Er ist's! Der Fluchbelad'ne trotzt!
Auf, steinigt ihn!

RIENZI. Kennt ihr mich noch?
Es fordert Ruhe der Tribun!

BARONCELLI. Hört ihn nicht an!

CHOR. Hört ihn nicht an!
RIENZI. Entartete! Sagt, zeigt ihr so den Römerstolz?
CECCO. Bringt Steine her!
CHOR. Auf! Steinigt ihn!
RIENZI. Bedenkt, wer macht euch groß und frei?
Gedenkt ihr nicht des Jubels mehr,
mit dem ihr damals mich begrüßt,
als Freiheit ich und Frieden gab?
Um euretwillen fleh ich euch:
gedenket eures Römerschwurs!
BARONCELLI. Hört ihn nicht an! Er bezaubert euch!
CHOR. Fangt an! Werft Feuer in das Kapitol!

Von allen Seiten wirft das Volk brennende Pechkränze in das Kapitol

RIENZI. Furchtbarer Hohn! Wie! Ist dies Rom?
Elende, unwert dieses Namens!
Der letzte Römer fluchet euch!
Verflucht, vertilgt sei diese Stadt!
Vermodre und verdorre, Rom!
So will es dein entartet Volk!

Das Feuer greift immer weiter um sich. Irene erscheint bei Rienzi auf dem Altane. Sie umschlingen sich. Das Volk wirft mit Steinen nach ihnen

CHOR. Bald faßt ihn schon der Feuerbrand;
er ist verflucht, er ist gebannt!
Verderben treffe ihn und Tod!
Auf, ehrt der Kirche Hochgebot!

Adriano erreicht atemlos an der Spitze der zurückkehrenden Nobili die Bühne. Das Kapitol steht in vollem Brande, man erblickt Rienzi und Irene, sich umschlungen haltend und von Flammen umgeben. – Adriano erreicht atemlos an der Spitze der zurückkehrenden Nobili die Bühne, welche teils zu Pferde, teils zu Fuße einen heftigen Angriff auf das Volk ausführen

ADRIANO *Irene erblickend, auf das Kapitol zueilend.*
Irene! Irene! Auf, durch die Flammen!

Mit einem furchbaren Krach stürzt das Vordergebäude des Kapitols zusammen und begräbt auch Adriano mit unter seinen Trümmern. Die Nobili hauen auf das Volk ein

DOKUMENTE

1837	Juni–Juli	Wagner liest in Blasewitz bei Dresden den Roman *Cola di Rienzi* von Edward Bulwer-Lytton.
	21.–25. Juli	Niederschrift des Prosaentwurfs.
1838	5.(?) August	Vollendung der Dichtung in Riga.
	6. Dezember	Vollendung der am 7. August begonnenen Orchesterskizze des 1. Aktes.
1839	6. Februar	Vollendung der Partitur des 1. Aktes.
	9. April	Vollendung der am 6. Februar begonnenen Orchesterskizze des 2. Aktes.
	9. Juli bis 16. September	Wagner verläßt fluchtartig Mitau und begibt sich auf dem Seeweg über London nach Paris.
	12. September	Vollendung der Partitur des 2. Aktes in Boulogne-sur-Mer.
1840	7. Juli	Vollendung der am 15. Februar in Paris begonnenen Orchesterskizze des 3. Aktes.
	11. August	Vollendung der am 6. Juni begonnenen Partitur des 3. Aktes.
	14. August	Beginn der Partitur des 4. Aktes.
	29. August	Vollendung der am 10. Juli begonnenen Orchesterskizze des 4. Aktes.
	19. September	Vollendung der am 5. September begonnenen Orchesterskizze des 5. Aktes.
	20. September	Kompositionsskizze der Ouvertüre begonnen.
	23. Oktober	Orchesterskizze der Ouvertüre begonnen.
	19. November	Vollendung der Partitur des 5. Aktes.
1842	7. April	Wagner verläßt Paris und übersiedelt nach Dresden.
	20. Oktober	Uraufführung am Dresdener Hoftheater. Dirigent: Gottlieb Reissiger.

1868 24. Dezember Schenkung der vierbändigen Originalpartitur an König Ludwig II. von Bayern.

Richard Wagner, *Autobiographische Skizze*:
Im Sommer 1837 besuchte ich Dresden auf eine kurze Zeit. Dort brachte mich die Lektüre des Bulwer'schen Romans *Rienzi* wieder auf eine bereits gehegte Lieblingsidee zurück, den letzten römischen Tribunen zum Helden einer großen tragischen Oper zu machen. Durch widerliche äußere Verhältnisse daran verhindert, beschäftigte ich mich aber nicht weiter mit Entwürfen. Im Herbste dieses Jahres ging ich nach Riga, um die Stelle des ersten Musikdirektors bei dem unter Holtei neu eröffneten Theater anzutreten ... Die gänzliche Unmündigkeit des Theater-Publikums unserer Provinzstädte in Bezug auf ein zu fällendes erstes Urteil über eine neue, ihm vorkommende Kunsterscheinung – da es eben nur gewöhnt ist, bereits auswärts beurteilte und accreditierte Werke sich vorgeführt zu sehen –, brachte mich zu dem Entschluß, um keinen Preis an kleineren Theatern eine größere Arbeit zur ersten Aufführung zu bringen. Als ich daher von Neuem das Bedürfnis fühlte, eine größere Arbeit zu unternehmen, resignierte ich gänzlich auf eine schnell und in der Nähe zu bewirkende Aufführung derselben: ich nahm irgend ein bedeutendes Theater an, das sie einst aufführen sollte, und kümmerte mich nun wenig darum, wo und wann sich das Theater finden werde. So verfaßte ich den Entwurf zu einer großen tragischen Oper in fünf Akten: *Rienzi, der Letzte der Tribunen*; ich legte ihn von vorn herein so bedeutend an, daß es unmöglich ward, diese Oper – wenigstens zum ersten Male – auf einem kleinen Theater zur Aufführung zu bringen. Außerdem ließ es auch der gewaltige Stoff gar nicht anders zu, und es herrschte bei meinem Verfahren weniger die Absicht, als die Notwendigkeit vor.

An Joseph Tichatschek. Meudon bei Paris, 6. September 1841:
Der *Rienzi*, den ich mir dachte u. zu zeichnen mich bemühte, sollte im vollen Sinne des Wortes Held sein – ein hochbegeisterter Schwärmer, der wie ein blitzender Lichtstrahl unter einem tiefgesunkenen, entarteten Volke erschien, welches zu erleuchten u. emporzuheben er sich berufen hielt. Es ist historisch, daß Rienzi zur Zeit, als er sein großes Unternehmen

ausführte, ein junger Mann von ungefähr 28 Jahren war; dieses – sowie meine besondere Ansicht von dem so mannigfaltigen Charakter der Tenorstimme, hat mich bewogen, diese Partie für Tenor zu schreiben, indem ich aus dem Kreis der gewöhnlichen Meinung, als ob die Tenorstimme ausschließlich nur dem Charakter der Liebhaber entspreche, heraustrat.

Richard Wagner, *Mein Leben*:
Reissiger hielt beim Studium des *Rienzi* gebührend aus. Mehr als meine Opernverse ihn im Zuge erhielten, wirkte hierauf jedoch die wachsende Teilnahme der Sänger, vor allem Tichatscheks wahre Begeisterung dafür. Für ihn, der so gern um einer Jagdpartie willen den Unterhaltungen am Klavier des Theaterfoyers entsagte, waren die Proben des *Rienzi* bald wahre Feste, zu welchen er immer mit strahlenden Augen und ausgelassener guter Laune erschien. Ich befand mich hierbei bald wie in einem fortgesetzten Rausche; besondre Lieblingsstellen wurden von den Sängern bei jeder Probe mit Akklamation begrüßt, und ein Ensemblestück des dritten Finales, welches später leider gänzlich aus allen Aufführungen (der Länge wegen) ausgelassen werden mußte, wurde bei diesen Gelegenheiten sogar für mich zu einer Erwerbsquelle. Tichatschek behauptete nämlich, dieses h-moll sei so schön, daß man nur jedesmal etwas dafür zahlen müsse, und legte einen blanken Silbergroschen auf, die übrigen Sänger zur Nachahmung auffordernd; in bester Laune ward von allen redlich beigesteuert; wenn wir so weit kamen, hieß es in jeder Probe: »Jetzt kommt die Neugroschenstelle«, und Frau Schröder-Devrient, als auch sie ihre Börse ziehen mußte, erklärte, dieses Studium würde sie noch völlig arm machen. Ich erhielt jedesmal gewissenhaft diese sonderbare Tantième überliefert, und keiner ahnte, daß dieses scherzhafte Honorar mir und meiner Frau oft höchst erwünscht zur Bestreitung der Tagesmahlzeit kam.

An Ernst Benedikt Kietz. Dresden, 7. September 1842:
Meine ganze Tätigkeit widme ich für jetzt nur meinem *Rienzi*; u. bei Gott, es tut Not! Wäre ich nicht hier u. wachte nicht mit der gespanntesten Aufmerksamkeit über mein Interesse, Gott weiß, wann dann meine Oper zur Aufführung kommen würde. Und dabei habe ich noch den großen Vorteil, daß das

gesamte Opern-Personal, Sänger, Kapellmeister u. Regisseur, mit so vortrefflichem Willen an die Arbeit gehen, daß mir allgemein versichert wird, es habe eine so günstige Übereinstimmung noch niemals stattgefunden! ... Wir haben jetzt 14 Proben am Klavier gehalten, u. in 4 Wochen, ungefähr in der ersten Hälfte des Oktober, wird die Aufführung stattfinden: wenn mich nicht alles täuscht, muß diese nun aber ausgezeichnet werden: von der Devrient brauch' ich Dir nur zu sagen, daß mir versichert wird, sie habe noch nie eine Partie mit solchem Eifer angefangen, da es ihr fast immer ungemein schwer falle, sich ganz vom Anfang herein mit etwas Neuem vertraut zu machen: ganz zum Schluß der Oper will sie, als *Mann* reitend, zu Pferde hereingesprengt kommen! – Tichatschek hat meinetwegen einen Urlaub nach Salzburg aufgegeben: er ist mit seiner Stimme wie gemacht zu meinem Rienzi, u. so sieht er diese Partie als die glänzendste an, die er je gesungen habe. Er läßt sich zu dieser Rolle eine Rüstung aus Neu-Silber, mit massivem echten Silber reich verziert, machen, die ihm gegen 400 Thaler kosten soll.

An Eduard Avenarius, Paris. Dresden, 8. Oktober 1842:
Ja, liebster Eduard, den 19ten geht der Teufel los mit Sturm u. Gewitter: ich kann sagen, daß ich mit hoher Freude dieser Aufführung entgegensehe, denn sie wird *ausgezeichnet* sein! Sänger u. Capelle studieren mit fast mehr als Liebe: von allen Seiten erhalte ich die erhebendsten Zurufe, u. Alles erwartet sich einen außerordentlichen Erfolg. Es ist gewiß selten, daß Jemand bei ähnlichen Vorhaben sagen kann: ich bin noch nirgends auf einen Böswilligen gestoßen. Erste Sänger, welche nur unbedeutende Partien in meiner Oper haben, u. deshalb anfangs mit etwas Mißmut daran gingen, sind bald doch durch das Ganze mit in's Feuer gebracht worden u. wirken jetzt so eifrig mit, als hätten sie die dankbarsten Rollen. Die Capelle ruft: »Das ist doch einmal eine Aufgabe, wo es sich der Mühe lohnt, fleißig zu sein.« Die Devrient ist trotz Heiserkeit u. Unwohlsein unausgesetzt auf die Proben gekommen u. hat durch ihre begeisterten (so ist mir gesagt worden) Aussprüche aller Orten, wohin sie kommt, nicht wenig dazu beigetragen, meiner Oper im voraus bei dem Publikum einen solchen Credit zu verschaffen, daß Alles mit der Spannung wie auf etwas Außerordentliches auf die Aufführung hinblickt ... Siehst Du, so steht es, bester Freund: nun mag Mittwoch den

19ten das Capitol zusammenbrechen: möge somit auch mein Unglücksstern erbleichen!

An Eduard und Cäcilie Avenarius, Paris.
Dresden, 21. Oktober 1842:
In aller Eile u. Abspannung muß ich heute Euch doch wenigstens mit einer Zeile melden, was gestern vorgefallen ist. Es wäre mir lieber, Ihr erführet es von einem Anderen, – denn ich muß Euch sagen, – daß noch *nie*, wie mir *Alle* versichern, in Dresden zum ersten Male eine Oper mit solchem Enthusiasmus aufgenommen worden ist, als mein *Rienzi*. Es war eine Aufregung, eine *Revolution* durch die ganze Stadt – ich bin *viermal* tumultuarisch gerufen. Man versichert mir, daß Meyerbeer's Succes bei seiner hiesigen Aufführung der *Hugenotten* nicht im Vergleich zu stellen sei mit dem meines *Rienzi*. Übermorgen ist die zweite Vorstellung: – schon auf die dritte sind alle Plätze genommen. Ich bin furchtbar ermüdet u. abgespannt; nach der zweiten Vorstellung schreibe ich *ausführlich*. Die Aufführung war *hinreißend* schön – Tichatschek – die Devrient – Alles – Alles in einer Vollendung, wie man es hier noch nie erlebt. Triumph! Triumph! Ihr guten, treuen, lieben Seelen! Der Tag ist angebrochen! Er soll *auf Euch Alle* leuchten!

Julius Kapp, *Richard Wagner* (1910):
Mit *Rienzi* schritt Wagner auf der mit dem *Liebesverbot* betretenen Bahn weiter. Beide Werke sind aus den Strömungen und Ideen ihrer Zeit heraus geboren. Und doch welch gewaltiger Unterschied zwischen ihnen! Die gärende Jugendlust, die überschäumende Sinnenfreude, das Unreife hat sich geklärt, und künstlerischer Ernst ist an Stelle des jugendlichen Leichtsinns getreten. Der ungezügelten Freiheit des *Liebesverbots* steht hier das streng herrschende Gesetz gegenüber... In Wagners Dichtung wächst Rienzi über die historische Persönlichkeit hinaus. Das rein Menschliche tritt auch hier bereits stark hervor. Es ist die Tragödie des Einzelmenschen. – Der Rienzitext ist trotz großer Mängel keineswegs nur »Operntext« der damals üblichen Art. Die zahlreichen Effekte und äußerlichen Momente der Handlung sind mit größtem Geschick von innen heraus entwickelt, mit dem Kernpunkt verwebt. Selbst das nach Überlieferung aufgenommene Ballett des zweiten Aktes ist keines der überflüssigen Einschiebsel der alten Oper, sondern es ergibt sich zwanglos aus der Handlung

selbst, ja es ist durch die Verknüpfung mit der Pantomime geradezu als Symbolisierung von Rienzis hohen Plänen ein notwendiger Bestandteil der Handlung geworden. Wie schon die Umgestaltung der Shakespeareschen Komödie beim *Liebesverbot*, so zeigt auch die Dramatisierung von Bulwers Roman Wagners dramatisches Talent wieder in hellstem Lichte. Mit genialem Blick ist aus der Breite der Erzählung das Charakteristische herausgegriffen, und packend steht die Heldengestalt des Tribunen vor uns. Neben ihm verblassen allerdings die übrigen Personen des Stückes. Sie bleiben fast durchweg Skizze...

Die an manchen Stellen offenkundige Vernachlässigung des Textes erklärt sich daraus, daß Wagner im *Rienzi* das Hauptgewicht auf die *Musik* legte. Dieser hatte er allerdings bereits unbewußt durch die Reichhaltigkeit der Handlung Grenzen gesteckt. Bei der Komposition folgte Wagner ganz den Grundsätzen, die er in seinen Aufsätzen wiederholt zum Ausdruck gebracht hatte. Die italienische Oper war sein Vorbild, namentlich Spontini; daneben hat wohl Aubers *Stumme von Portici* den größten Einfluß geübt; keineswegs dagegen, wie häufig irrtümlich behauptet wird, Meyerbeer. Vielmehr dürfte umgekehrt *Rienzi* auf die späteren Meyerbeerschen Werke (*Prophet*) eingewirkt haben.

DER FLIEGENDE HOLLÄNDER

(1841)

PERSONEN

DALAND, ein norwegischer Seefahrer
SENTA, seine Tochter
ERIK, ein Jäger
MARY, Sentas Amme
DER STEUERMANN Dalands
DER HOLLÄNDER
MATROSEN DES NORWEGERS. DIE MANNSCHAFT DES FLIEGENDEN HOLLÄNDERS. MÄDCHEN

Die norwegische Küste

ERSTER AUFZUG

Steiles Felsenufer. Das Meer nimmt den größten Teil der Bühne ein; weite Aussicht auf dasselbe. Die Felsen im Vordergrund bilden auf beiden Seiten Schluchten, aus denen die Echos antworten. – Finsteres Wetter; heftiger Sturm; zwischen den Felsen selbst verliert der Wind, den man in offener See die Wogen peitschen sieht, seine Macht; nur von Zeit zu Zeit scheint das Heulen des Sturms hereinzudringen. – Das Schiff Dalands hat soeben dicht am Ufer Anker geworfen; die Mannschaft ist in geräuschvoller Arbeit beschäftigt, die Segel aufzustreichen, Taue auszuwerfen u.s.w. Daland ist ans Land gegangen; er steigt auf einen Felsen und sucht landeinwärts die Gegend zu erkennen

MATROSEN *während der Arbeit.* Johohe! Hallajo! Hohoha!
Hallojo!
Ho! Ha! Ha! Ja! Hallajo! Hallaha! Hallahoja!

DALAND *kommt vom Felsen herab.*
Kein Zweifel! Sieben Meilen fort
trieb uns der Sturm vom sichren Port.
So nah dem Ziel nach langer Fahrt,
war mir der Streich noch aufgespart!
Der Steuermann ruft vom Schiffe her

STEUERMANN *durch die hohlen Hände.* Ho! Kapitän!

DALAND. Am Bord bei euch – wie steht's?

STEUERMANN. Gut, Kapitän! Wir haben sich'ren Grund.

DALAND. Sandwike ist's, genau kenn ich die Bucht.
Verwünscht! Schon sah am Ufer ich mein Haus,
Senta, mein Kind, glaubt ich schon zu umarmen: –
da bläst es aus dem Teufelsloch heraus...
Wer baut auf Wind, baut auf Satans Erbarmen!
Was hilft's? Geduld! Der Sturm läßt nach;
wenn so er tobte, währt's nicht lang.
Er geht am Bord des Schiffes
He, Bursche! Lange wart ihr wach, –
zur Ruhe denn! Mir ist nicht bang.
Die Matrosen steigen in den Schiffsraum hinab
Nun, Steuermann, die Wache nimmst du wohl für mich?
Gefahr ist nicht, doch gut ist's, wenn du wachst.

STEUERMANN. Seid außer Sorg! Schlaft ruhig, Kapitän!
Daland geht in die Kajüte

Der Sturm hat sich gelegt; nur in abgesetzten Pausen dringen gemilderte Windstöße in die Schlucht. Auf offener See türmen sich die Wogen. Der Steuermann macht die Schiffsrunde; von Müdigkeit überfallen setzt er sich dann am Steuerruder nieder. Er gähnt. – Er schüttelt sich auf, als ihm der Schlaf kommt

STEUERMANN. Mit Gewitter und Sturm aus fernem Meer –
mein Mädel, bin dir nah!
Über turmhohe Flut vom Süden her –
mein Mädel, ich bin da!
Mein Mädel, wenn nicht Südwind wär,
ich nimmer wohl käm zu dir;
ach, lieber Südwind, blas noch mehr!
Mein Mädel verlangt nach mir.
Hohoja! Hallohoho! Jollohohoho! Heho!

Eine große Woge naht dem Schiffe und rüttelt es heftig. – Der Steuermann fährt auf; er sieht nach, ob das Schiff Schaden genommen habe. Beruhigt setzt er sich wieder am Steuer nieder. Der Schlaf kommt ihn immer mehr an. – Er gähnt

Von den Südens Gestad, aus weitem Land –
ich hab an dich gedacht!
Durch Gewitter und Meer vom Mohrenstrand –
hab dir was mitgebracht.
Mein Mädel, preis den Südwind hoch,
ich bring dir ein gülden Band!
Ach, lieber Südwind, blase doch!
Mein Mädel hätt gern den Tand.
Hoho! Ja! Hollaho!

Er schläft völlig ein; das Meer wird von neuem unruhiger. – Das Schiff des Fliegenden Holländers, mit schwarzen Masten und blutroten Segeln, zeigt sich in der Ferne, und naht sich mit großer Schnelle der Küste. Es legt auf der dem norwegischen Schiffe entgegengesetzten Seite an. Mit einem furchtbaren Krach sinkt der Anker an der Kette in den Grund. – Der Steuermann fährt auf und sieht nach dem Steuer; überzeugt, daß nichts geschehen, setzt er sich wieder

Mein Mädel, wenn nicht Südwind wär...

Er schläft von neuem ein

Stumm und ohne ferneres Geräusch zieht die gespenstische Mannschaft des Holländers die Segel auf u.s.w. Der Holländer geht ans Land, er trägt schwarze spanische Tracht

HOLLÄNDER. Die Frist ist um, ... und abermals verstrichen
sind sieben Jahr ... voll Überdruß wirft mich

das Meer ans Land ... Ha! Stolzer Ozean!
In kurzer Frist sollst du mich wieder tragen!
Dein Trotz ist beugsam, doch ewig meine Qual.
Das Heil, das auf dem Land ich suche, nie
werd ich es finden! Euch, des Weltmeers Fluten
bleib ich getreu – bis eure letzte Welle
sich bricht – und euer letztes Naß versiegt!
Wie oft in Meeres tiefsten Schlund
stürzt ich voll Sehnsucht mich hinab:
doch ach! Den Tod, ich fand ihn nicht!
Da, wo der Schiffe furchtbar Grab,
trieb *mein* Schiff ich zum Klippengrund:
doch ach! mein Grab, es schloß sich nicht!
Verhöhnend droht ich dem Piraten,
im wilden Kampfe hofft ich Tod:
»Hier« – rief ich – »zeige deine Taten!
Von Schätzen voll ist Schiff und Boot!« –
Doch ach! Des Meers barbar'scher Sohn
schlägt bang das Kreuz und flieht davon ...
Wie oft in Meeres tiefsten Grund
stürzt ich voll Sehnsucht mich hinab!
Da, wo der Schiffe furchtbar Grab,
trieb *mein* Schiff ich zum Klippengrund:
Nirgends ein Grab! Niemals der Tod!
Dies der Verdammnis Schreckgebot.
Dich frage ich, gepries'ner Engel Gottes,
der meines Heils Bedingung mir gewann!
War ich Unsel'ger Spielwerk deines Spottes,
als die Erlösung du mir zeigtest an?
Vergebne Hoffnung! Furchtbar eitler Wahn!
Um ew'ge Treu auf Erden – ist's getan!
Nur *eine* Hoffnung soll mir bleiben,
nur *eine* unerschüttert stehn: –
so lang der Erde Keim auch treiben,
so muß sie doch zugrunde gehn.
Tag des Gerichtes! Jüngster Tag!
Wann brichst du an in meine Nacht?
Wann dröhnt er, der Vernichtungs-Schlag,
mit dem die Welt zusammenkracht?
Wann alle Toten auferstehn,
dann werde ich in Nichts vergehn!
Ihr Welten, endet euren Lauf!
Ew'ge Vernichtung, nimm mich auf!

Der Holländer lehnt sich mit verschränkten Armen, dumpf in sich gekehrt, an einer Felsenwand

CHOR *der Mannschaft des Holländers – im Schiffsraum – unsichtbar.* Ew'ge Vernichtung, nimm uns auf!

Daland kommt aus der Kajüte; er sieht sich nach dem Wind um und erblickt das fremde Schiff

DALAND *sich nach dem Steuermann umsehend.*
He! Holla! Steuermann!

STEUERMANN *sich schlaftrunken halb aufrichtend.*
's ist nichts; 's ist nichts!
– Ach, lieber Südwind, blas noch mehr! –
mein Mädel ...

DALAND *den Steuermann aufrüttelnd.*
Du siehst nichts? Gelt, du wachtest brav, mein Bursch!
Dort liegt ein Schiff ... wie lange schliefst du schon?

STEUERMANN *rasch auffahrend.*
Zum Teufel auch! Verzeiht mir, Kapitän!
Er setzt schnell das Sprachrohr an und ruft über Bord
Wer da?
Lange Pause
Wer da?
Lange Pause

DALAND. Es scheint, sie sind gerad
so faul als wir.

STEUERMANN *wie vorher.* Gebt Antwort! Schiff und Flagge?

DALAND *erblickt den Holländer am Lande.*
Laß ab! Mich dünkt, ich seh den Kapitän!
den Holländer anrufend:
He! Holla! Seemann! Nenne dich! Wes Landes?
Langes Stillschweigen

HOLLÄNDER *ohne seine Stellung zu verlassen.*
Weit komm ich her ... Verwehrt bei Sturm und Wetter
ihr mir den Ankerplatz?

DALAND. Behüt es Gott!
Gastfreundschaft kennt der Seemann!
an das Land gehend
Wer bist du?

HOLLÄNDER. Holländer.

DALAND. Gott zum Gruß! So trieb auch dich
der Sturm an diesen nackten Felsenstrand?
Mir ging's nicht besser ... wenig Meilen nur
von hier ist meine Heimat, fast erreicht

mußt ich aufs neu mich von ihr wenden. Sag,
woher kommst du? Hast Schaden du genommen?

HOLLÄNDER. Mein Schiff ist fest . . . es leidet keinen Schaden.

mit Ausdruck aber ohne Leidenschaft

Durch Sturm und bösen Wind verschlagen,
irr auf den Wassern ich umher;
wie lange? weiß ich kaum zu sagen,
schon zähl ich nicht die Jahre mehr.
Unmöglich dünkt mich's, daß ich nenne
die Länder alle, die ich fand: –
das Eine nur, nach dem ich brenne,
ich find es nicht – mein Heimatland!
Vergönne mir auf kurze Frist dein Haus,
und deine Freundschaft soll dich nicht gereun!
Mit Schätzen aller Gegenden und Zonen
ist reich mein Schiff beladen; willst du handeln,
so sollst du sicher deines Vorteils sein!

DALAND. Wie wunderbar! Soll deinem Wort ich glauben?
Ein Unstern, scheint's, hat dich bis jetzt verfolgt: –
um dir zu frommen biet ich, was ich kann . . .
Doch darf ich fragen . . . was dein Schiff enthält?

Der Holländer gibt der Wache seines Schiffes ein Zeichen, auf welches man von demselben eine Kiste an das Land bringt

HOLLÄNDER. Die seltensten der Schätze sollst du sehn;
kostbare Perlen, edelstes Gestein.
Blick hin, und überzeuge dich vom Werte
des Preises, den ich für ein gastlich Dach
dir biete!

DALAND *voll Erstaunen den Inhalt der Kiste übersehend.*
Wie! Ist's möglich! Diese Schätze!
Wer ist so reich, den Preis dafür zu bieten!

HOLLÄNDER. Den Preis? Soeben hab ich ihn genannt:
dies für das Obdach einer einz'gen Nacht!
Doch, was du siehst, ist nur der kleinste Teil
von dem, was meines Schiffes Raum verschließt . . .
Was frommt der Schatz? Ich habe weder Weib noch Kind –
und meine Heimat find ich nie!
All meinen Reichtum biet ich dir, wenn bei
den Deinen du mir neue Heimat gibst!

DALAND. Was muß ich hören!

HOLLÄNDER. Hast du eine Tochter?

DALAND. Fürwahr, ein treues Kind!

HOLLÄNDER. Sie sei mein Weib! –

DALAND *freudig betroffen.*
Wie? Hört ich recht? Meine Tochter sein Weib!
Er selbst spricht aus den Gedanken!
Fast fürcht ich, wenn unentschlossen ich bleib,
er müßt im Vorsatze wanken.
Wüßt ich, ob ich wach oder träume!
Kann ein Eidam willkommener sein?
Ein Thor! – wenn das Glück ich versäume!
Voll Entzücken schlage ich ein.

DALAND. Wohl, Fremdling! hab ich eine schöne Tochter,
mit treuer Kinderlieb ergeben mir;
sie ist mein Stolz, das Höchste meiner Güter, –
mein Trost im Unglück, meine Freud im Glück!

HOLLÄNDER. Dem Vater stets bewahr sie ihre Liebe!
Ihm treu – wird sie auch treu dem Gatten sein.

DALAND. Du gibst Juwelen, unschätzbare Perlen: –
das höchste Kleinod doch, – ein treues Weib ...

HOLLÄNDER. Du gibst es mir?

DALAND. Ich gebe dir mein Wort!
Mich rührt dein Los; – freigiebig, wie du bist,
zeigst Edelmut und hohen Sinn du mir ...
den Eidam wünscht ich so, – und wär dein Gut
auch nicht so reich, wählt ich doch keinen Andren!

HOLLÄNDER. Hab Dank! Werd ich die Tochter heut noch sehn?

DALAND. Der nächste günst'ge Wind bringt uns nach Haus;
du sollst sie sehn – und wenn sie dir gefällt ...

HOLLÄNDER. So ist sie mein ... Wird sie mein Engel sein?
Wenn aus der Qualen Schreckgewalten
die Sehnsucht nach dem Heil mich treibt,
ist mir's erlaubt, mich festzuhalten
an einer Hoffnung, die mir bleibt?
Darf ich in jenem Wahn noch schmachten,
daß sich ein Engel mir erweicht?
Der Qualen, die mein Haupt umnachten,
ersehntes Ziel hätt ich erreicht?
Ach! ohne Hoffnung, wie ich bin,
gab ich mich doch der Hoffnung hin!

DALAND. Gepriesen seid, des Sturms Gewalten,
die ihr an diesen Strand mich triebt!
Fürwahr, bloß brauch ich festzuhalten,
was sich so schön von selbst mir gibt.
Die ihn an diese Küste brachten,

ihr Winde, sollt gesegnet sein!
Ha, wonach alle Väter trachten,
ein reicher Eidam, er ist mein!
Ja! dem Mann mit Gut und hohem Sinn
gab froh ich Haus und Tochter hin.

Das Wetter hat sich völlig aufgeklärt, – der Wind ist umgeschlagen

STEUERMANN *am Bord.* Südwind! Südwind!
Ach! lieber Südwind, blas noch mehr!

MATROSEN *die Mütze schwenkend.*
Halloho! Hohoho! Halloho! Halloho!
Halloho! Ho! Ho! Ho!

DALAND. Du siehst, das Glück ist günstig dir,
der Wind ist gut, die See in Ruh.
Sogleich die Anker lichten wir,
und segeln froh der Heimat zu.

HOLLÄNDER. Darf ich dich bitten, so segelst du voran; –
der Wind ist frisch, doch meine Mannschaft müd;
ich gönn ihr kurze Ruh – und folge dann.

DALAND. Doch – unser Wind?

HOLLÄNDER. Er bläst noch lang aus Süd.
Mein Schiff ist schnell, es holt dich sicher ein.

DALAND. Du glaubst? – Wohlan! Es möge denn so sein.
Leb wohl! Mögst heute du mein Kind noch sehn!

HOLLÄNDER. Gewiß!

DALAND *an Bord seines Schiffes gehend.*
Hei! Wie die Segel schon sich blähn!
Hallo! Hallo!

Er gibt ein Signal auf der Schiffspfeife

Frisch! Jungen, greifet an!

Das Schiff wird losgemacht

MATROSEN *im Absegeln.*
Mit Gewitter und Sturm aus fernem Meer –
Mein Mädel, bin dir nah! Hurrah!
Über turmhohe Flut vom Süden her –
mein Mädel, bin ich da! Hurrah!
Mein Mädel, wenn nicht Südwind wär,
ich nimmer wohl käm zu dir!
Ach! lieber Südwind blas noch mehr!
Mein Mädel verlangt nach mir!
Ho! Ho! Ho! joloho! Hohohohoho!

Der Holländer ist an Bord seines Schiffes gegangen, der Vorhang fällt

ZWEITER AUFZUG

Ein geräumiges Zimmer im Hause Dalands; an den Seitenwänden Abbildungen von Seegegenständen, Karten usw. An der Wand im Hintergrunde das Bild eines Mannes mit dunklem Barte und in schwarzer Kleidung. – Mary und die Mädchen sitzen um den Kamin herum und spinnen; – Senta, in einem Großvaterstuhle zurückgelehnt und mit untergeschlagenen Armen, ist im träumerischen Anschauen des Bildes im Hintergrunde versunken.

MÄDCHEN. Summ und brumm, du gutes Rädchen,
munter, munter dreh dich um!
Spinne, spinne tausend Fädchen,
gutes Rädchen, summ und brumm!
Mein Schatz ist auf dem Meere draus,
er denkt nach Haus
ans fromme Kind; –
mein gutes Rädchen, braus und saus!
Ach! gäbst du Wind,
er käm geschwind
Spinnt! Spinnt!
Fleißig, Mädchen!
summ! brumm!
Gutes Rädchen!
MARY. Ei, fleißig! Fleißig, wie sie spinnen!
Will Jede sich den Schatz gewinnen.
MÄDCHEN. Frau Mary, still! Denn wohl ihr wißt,
das Lied noch nicht zu Ende ist.
MARY. So singt! Dem Rädchen läßt's nicht Ruh.
zu Senta
Du aber, Senta, schweigst dazu?
MÄDCHEN. Summ und brumm, du gutes Rädchen!
Munter, munter dreh dich um!
Spinne, spinne tausend Fädchen,
gutes Rädchen, summ und brumm!
Mein Schatz da draußen auf dem Meer,
im Süden er
viel Gold gewinnt: –
ach! gutes Rädchen, saus noch mehr! –
er gibt's dem Kind,
wenn's fleißig spinnt!

Spinnt! Spinnt!
Fleißig, Mädchen!
Brumm! Summ!
Gutes Rädchen!

MARY *zu Senta.* Du böses Kind! Wenn du nicht spinnst,
vom Schatz du kein Geschenk gewinnst!

MÄDCHEN. Sie hat's nicht not, daß sie sich eilt;
ihr Schatz nicht auf dem Meere weilt: –
bringt er nicht Gold, bringt er doch Wild, –
man weiß ja, was ein Jäger gilt!

Sie lachen

SENTA *ohne ihre Stellung zu verlassen, singt leise einen Vers aus der folgenden Ballade vor sich hin*

MARY. Da seht ihrs! Immer vor dem Bild!
Willst du dein ganzes junges Leben
verträumen vor dem Konterfei?

SENTA *ohne ihre Stellung zu verlassen.*
Was hast du Kunde mir gegeben, –
was mir erzählet, wer er sei! –

seufzend

Der arme Mann!

MARY. Gott sei mit dir!

MÄDCHEN. Ei ei! Ei ei! Was hören wir!
Sie seufzet um den bleichen Mann!

MARY. Den Kopf verliert sie noch darum!

MÄDCHEN. Da sieht man, was ein Bild doch kann!

MARY. Nichts hilft es, wenn ich täglich brumm!
Komm! Senta! Wend dich doch herum!

MÄDCHEN. Sie hört euch nicht! Sie ist verliebt!
Ei, ei! Wenn's nur nicht Händel gibt!
Herr Erik hat gar heißes Blut, –
daß er nur keinen Schaden tut!
Sagt nichts! – Er schießt sonst wutentbrannt
den Nebenbuhler – von der Wand.

Sie lachen

SENTA *heftig auffahrend.*
O schweigt! Mit eurem tollen Lachen
wollt ihr mich ernstlich böse machen?

MÄDCHEN *fallen mit komischem Eifer sehr stark ein, indem sie die Spinnräder heftig und mit großem Geräusche drehen, gleichsam um Senta nicht Zeit zum Schmälen zu lassen.* Summ und brumm, du gutes Rädchen,
munter, munter dreh dich um!

Spinne, spinne tausend Fädchen!
Gutes Rädchen, summ und brumm!

SENTA *ärgerlich unterbrechend.*
Oh! Macht dem dummen Lied ein Ende!
Es brummt und summt nur vor dem Ohr.
Wollt ihr, daß ich mich zu euch wende,
so sucht was Besseres hervor!

MÄDCHEN. Gut! Singe du!

SENTA. Hört, was ich rate!
Frau Mary singt uns die Ballade.

MARY. Bewahre Gott! Das fehlte mir!
Den fliegenden Holländer laßt in Ruh!

SENTA. Wie oft doch hört ich sie von dir!

MARY. Bewahre Gott! Das fehlte mir!

SENTA. Ich sing sie selbst! Hört, Mädchen, zu!
Laßt mich's euch recht zu Herzen führen, –
des Ärmsten Los, es muß euch rühren!

MÄDCHEN. Uns ist es recht!

SENTA. Merkt auf die Wort!

MÄDCHEN. Dem Spinnrad Ruh!

MARY *ärgerlich.* Ich spinne fort!

Die Mädchen rücken, nachdem sie ihre Spinnräder bei Seite gesetzt haben, die Sitze dem Großvaterstuhle näher und gruppieren sich um Senta. Die Amme bleibt am Kamin sitzen und spinnt fort

SENTA. Johohoe! Johohoe! Hojohe!
Traft ihr das Schiff im Meere an,
blutrot die Segel, schwarz der Mast?
Auf hohem Bord der bleiche Mann,
des Schiffes Herr wacht ohne Rast.
Hui! – Wie saust der Wind! – Johohe! Hojohe!
Hui! – Wie pfeift's im Tau! – Johohe! Hojohe!
Hui! – Wie ein Pfeil fliegt er hin,
ohne Ziel, ohne Rast, ohne Ruh!
Doch kann dem bleichen Manne Erlösung einstens noch werden,
fänd er ein Weib, das bis in den Tod getreu ihm auf Erden! –
Ach! wann wirst du, bleicher Seemann, sie finden?
Betet zum Himmel, daß bald
ein Weib Treue ihm halt!

Gegen das Ende der Strophe kehrt Senta sich gegen das Bild. Die Mädchen hören teilnahmvoll zu; die Amme hat aufgehört zu spinnen

Bei bösem Wind und Sturmes Wut
umsegeln wollt er einst ein Kap;
er flucht' und schwur mit tollem Mut:
»In Ewigkeit laß ich nicht ab!« –
Hui! – Und Satan hört's! Johohe! – Hojohe!
Hui! – Und Satan hört's! – Johohe! Hojohe!
Hui! – Und verdammt zieht er nun
durch das Meer ohne Rast, ohne Ruh!
Doch, daß der arme Mann noch Erlösung fände auf Erden,
zeigt Gottes Engel an, wie sein Heil ihm einst könne werden!
Ach möchtest du, bleicher Seemann, sie finden!
Betet zum Himmel, daß bald
ein Weib Treue ihm halt!

Die Mädchen sind ergriffen und singen den Schlußreim leise mit. Senta fährt mit immer zunehmender Aufregung fort

Vor Anker alle sieben Jahr,
ein Weib zu frei'n, geht er ans Land: –
er freite alle sieben Jahr...
noch nie ein treues Weib er fand!
Hui! – »Den Anker los!« Johohe! Hojohe!
Hui! – »Die Segel auf!« – Johohe! Hojohe!
Hui! – »Falsche Lieb, falsche Treu!
Auf in See! Ohne Rast! Ohne Ruh!« – –

Senta, zu heftig angegriffen, sinkt in den Stuhl zurück; die Mädchen singen nach einer Pause leise weiter

MÄDCHEN. Ach! wo weilt sie, die dir Gottes Engel einst könne zeigen?
Wo triffst du sie, die bis in den Tod dein bliebe treueigen?

SENTA *von plötzlicher Begeisterung hingerissen, springt vom Stuhle auf.* Ich sei's, die dich durch ihre Treu erlöset!
Mög Gottes Engel mich dir zeigen!
Durch mich sollst du das Heil erreichen!

MARY UND MÄDCHEN *erschreckt aufspringend.*
Hilf, Himmel! Senta! Senta!

Erik ist zur Türe hereingetreten und hat Sentas Ausruf vernommen

ERIK. Senta! Senta! Willst du mich verderben?

MÄDCHEN. Helft, Erik, uns! Sie ist von Sinnen!

MARY. Ich fühle mir das Blut gerinnen!

Abscheulich Bild, du sollst hinaus!
Kommt nur der Vater erst nach Haus!

ERIK *düster.* Der Vater kommt.

SENTA *die in ihrer letzten Stellung verblieben und von allem nichts vernommen hatte, wie erwachend und freudig auffahrend*
Der Vater kommt?

ERIK. Vom Felsen sah sein Schiff ich nahn.

MARY *außer sich.* Nun seht, zu was eu'r Treiben frommt!
Im Hause ist noch nichts getan!

MÄDCHEN *voll Freude.* Sie sind daheim! – Auf, eilt hinaus!

MARY *die Mädchen zurückhaltend.*
Halt, halt! Ihr bleibet fein im Haus!
Das Schiffsvolk kommt mit leerem Magen;
in Küch und Keller, säumet nicht!
Laßt euch nur von der Neugier plagen!
Vor allem geht an eure Pflicht!

MÄDCHEN *für sich.*
Ach! Wie viel hab ich ihn zu fragen!
Ich halte mich vor Neugier nicht! –
Schon gut! Sobald nur aufgetragen,
hält hier uns länger keine Pflicht!

Mary treibt die Mädchen hinaus und folgt ihnen Senta will ebenfalls fort; Erik hält sie zurück

ERIK. Bleib, Senta! Bleib nur einen Augenblick!
Aus meinen Qualen reiße mich! Doch willst du, –
ach, so verdirb mich ganz!

SENTA *zögernd.* Was ist? Was soll?

ERIK. O, Senta, sprich, was aus mir werden soll?
Dein Vater kommt ... eh wieder er verreist,
wird er vollbringen, was schon oft er wollte ...

SENTA. Und was meinst du?

ERIK *mit Entschluß und Verzweiflung.*
Dir einen Gatten geben!
Mein Herz voll Treue bis zum Sterben,
mein dürftig Gut, mein Jägerglück: –
darf so um deine Hand ich werben?
Stößt mich dein Vater nicht zurück?
Wenn sich mein Herz im Jammer bricht, –
sag, Senta, wer dann für mich spricht?

SENTA. O, schweige, Erik, jetzt! Laß mich hinaus,
den Vater zu begrüßen!

Wenn nicht wie sonst an Bord die Tochter kommt, –
wird er nicht zürnen müssen?

ERIK. Du willst mich fliehn?

SENTA. Ich muß zum Port!

ERIK. Du weichst mir aus?

SENTA. Ach, laß mich fort!

ERIK. Fliehst du zurück vor dieser Wunde,
die du mir schlugst, dem Liebeswahn?
O, höre mich zu dieser Stunde!
Hör meine letzte Frage an! –
Wenn dieses Herz im Jammer bricht,
wird's *Senta* sein, die für mich spricht?

SENTA *schwankend.* Wie? Zweifelst du an meinem Herzen?
Du zweifelst, ob ich gut dir bin?
Oh! sag, was weckt dir solche Schmerzen?
Was trübt mit Argwohn deinen Sinn?

ERIK. Dein Vater, – ach! nach Schätzen geizt er nur!
Und Senta, du... wie dürft auf dich ich zählen?
Erfülltest du nur *eine* meiner Bitten?
Kränkst du mein Herz nicht jeden Tag?

SENTA. Dein Herz?

ERIK. Was soll ich denken?... Jenes Bild...

SENTA. Das Bild?

ERIK. Lässt du von deiner Schwärmerei wohl ab?

SENTA. Kann meinem Blick Teilnahme ich verwehren?

ERIK. Und die Ballade... heut noch sangst du sie!

SENTA. Ich bin ein Kind, und weiß nicht, was ich singe!
O sag, wie? Fürchtest du ein Lied – ein Bild?

ERIK. Du bist so bleich... sag, sollte ich's nicht fürchten?

SENTA. Soll mich des Ärmsten Schreckenslos nicht rühren?

ERIK. *Mein* Leiden, Senta, rührt es dich nicht mehr?

SENTA. O, prahle nicht! Was kann *dein* Leiden sein?
Kennst jenes Unglücksel'gen Schicksal du?
auf das Bild hindeutend
Fühlst du den Schmerz, den tiefen Gram,
mit dem herab auf mich er sieht?
Ach, was die Ruhe für ewig ihm nahm,
wie schneidend Weh durchs Herz mir zieht!

ERIK. Weh mir! Es mahnt mich mein unsel'ger Traum!
Gott schütze dich! Satan hat dich umgarnt!

SENTA. Was erschreckt dich so?

ERIK. Senta! Laß dir vertraun!
Ein Traum ist's... hör' ihn zur Warnung an!

Senta setzt sich erschöpft in den Lehnstuhl nieder; bei dem Beginn von Eriks Erzählung versinkt sie wie in magnetischen Schlaf, so daß es scheint, als träume sie den von ihm erzählten Traum ebenfalls. Erik steht an den Stuhl gelehnt zur Seite

ERIK *mit gedämpfter Stimme.*
Auf hohem Felsen lag ich träumend,
sah unter mir des Meeres Flut; –
die Brandung hört ich, wie sich schäumend
am Ufer brach der Wogen Wut!
Ein fremdes Schiff am nahen Strande
erblickt ich – seltsam – wunderbar.
Zwei Männer nahten sich dem Lande,
der Ein' – ich sah's – dein Vater war.

SENTA *mit Spannung.* Der Andre? . . .

ERIK. Wohl erkannt' ich ihn . . .
mit schwarzem Wams – und bleicher Mien'

SENTA *mit zunehmender Spannung* . . . und düst'rem Blick . . .

ERIK *auf das Bild deutend* . . . der Seemann, er.

SENTA. Und ich . . .?

ERIK. Du kamst vom Hause her;
du flogst, den Vater zu begrüßen . . .
Doch kaum noch sah ich an dich langen,
du stürztest zu des Fremden Füßen, –
ich sah dich seine Knie umfangen . . . .

SENTA. Er hub mich auf . . .

ERIK. An seine Brust: –
voll Inbrunnst hingst du dich an ihn, –
du küßtest ihn mit heißer Lust . . .

SENTA. und dann . . .?

ERIK *Senta mit unheimlicher Verwunderung anblickend.*
sah ich aufs Meer euch fliehn.

SENTA *in Ekstase.* Er sucht mich auf! Ich muß ihn sehn;
mit ihm muß ich zu Grunde gehn!

ERIK *in Verzweiflung.* Entsetzlich! Mir wird es klar!
Sie ist dahin! Mein Traum sprach wahr!

Er stürzt voll Verzweiflung und Entsetzen ab

SENTA *nach dem Ausbruch ihrer Begeisterung in stummes Sinnen versunken, verbleibt in ihrer Stellung, den Blick auf das Bild geheftet; nach einer Pause singt sie leise, aber tief ergriffen:* Ach, möchtest du, bleicher Seemann, sie finden!
Betet zum Himmel, daß bald
ein Weib Treue ihm . . .

Die Türe geht auf. Daland und der Holländer zeigen sich.

Der Holländer ist sogleich eingetreten; Sentas Blick streift von dem Bilde auf den Holländer, sie stößt einen gewaltigen Schrei der Überraschung aus und bleibt wie festgebannt stehen

DALAND *ist unter der Türe stehen geblieben und scheint zu erwarten, daß ihm Senta entgegenkomme. – Sich allmählich Senta nähernd:* Mein Kind, du siehst mich auf der Schwelle ...
Wie? – Kein Umarmen? Keinen Kuß?
Du bleibst gebannt auf deiner Stelle ...
Verdien ich, Senta, solchen Gruß?

SENTA *als Daland bei ihr anlangt, ergreift sie seine Hand.* Gott dir zum Gruß! –
ihn näher an sich ziehend
Mein Vater, sprich! –
Wer ist der Fremde?

DALAND *lächelnd.* Drängst du mich?
Mögst du, mein Kind, den fremden Mann willkommen heißen!
Seemann ist er, gleich mir, das Gastrecht spricht er an.
Lang ohne Heimat, stets auf fernen, weiten Reisen,
in fremden Landen er der Schätze viel gewann.
Aus seinem Vaterland verwiesen,
für einen Herd er reichlich lohnt. –
Sprich, Senta, würd es dich verdrießen,
wenn dieser Fremde bei uns wohnt?

Senta nickt beifällig mit dem Kopfe; Daland wendet sich zum Holländer

Sagt, hab ich sie zu viel gepriesen?
Ihr seht sie selbst, ... ist sie euch recht?
Soll ich vom Lob noch überfließen?
Gesteht, sie zieret ihr Geschlecht!
Der Holländer macht eine beifällige Bewegung
Mögst du mein Kind, dem Manne freundlich dich erweisen,
von deinem Herzen auch spricht holde Gab er an;
reich ihm die Hand, denn Bräutigam sollst du ihn heißen!
Stimmst du dem Vater bei, ist morgen er dein Mann.

Senta macht eine heftige schmerzliche Bewegung. Daland zieht einen Schmuck hervor und wendet sich wieder zu Senta

Sieh dieses Band, sieh diese Spangen! –
Was er besitzt, macht dies gering.
Muß, teures Kind, dich's nicht verlangen?
Dein ist es, wechselst du den Ring!

Senta, ohne Daland zu beachten, wendet ihren Blick nicht vom Holländer ab, sowie auch dieser nur in Sentas Anblick versunken ist. – Daland betrachtet sie

Doch ... keines spricht! ... Sollt ich hier lästig sein?
So ist's – am besten laß ich sie allein.

zu Senta

Mögst du den edlen Mann gewinnen!
Glaub mir, solch Glück wird nimmer neu!

zum Holländer

Bleibt hier allein! Ich geh von hinnen ...
Glaubt mir, wie schön, so ist sie treu!

Daland geht langsam ab, indem er wohlgefällig auf Senta und den Holländer zurückblickt. – Senta und der Holländer allein

HOLLÄNDER *tief ergriffen.* Wie aus der Ferne längst vergang'ner Zeiten
spricht dieses Mädchens Bild zu mir;
wie ich's geträumt seit bangen Ewigkeiten,
vor meinen Augen seh ich's hier.
Wohl hub auch ich voll Sehnsucht meine Blicke
aus tiefer Nacht empor zu einem Weib: –
ein schlagend Herz ließ, ach! mir Satans Tücke,
daß eingedenk ich meiner Qualen bleib!
Die düst're Glut, die hier ich fühle brennen,
sollt ich Unseliger sie Liebe nennen?
Ach nein! Die Sehnsucht ist es nach dem Heil:
würd es durch solchen Engel mir zu Teil!

SENTA. Versank ich jetzt in wunderbares Träumen?
Was ich erblicke, ist's ein Wahn?
Weilt ich bisher in trügerischen Räumen?
Brach des *Erwachens* Tag heut an? –
Er steht vor mir mit leidenvollen Zügen,
es spricht sein unerhörter Gram zu mir.
Kann tiefen Mitleids Stimme mich belügen?
Wie ich ihn oft gesehn, so steht er hier.
Die Schmerzen, die in meinem Busen brennen, –
ach! dies Verlangen, wie soll ich es nennen?
Wonach mit Sehnsucht es ihn treibt, – das Heil,
würd es, du Ärmster, dir durch mich zuteil!

HOLLÄNDER *sich Senta etwas nähernd.*
Wirst du des Vaters Wahl nicht schelten?
Was er versprach, wie – dürft es gelten?

Du könntest dich für ewig mir ergeben,
und deine Hand dem Fremdling reichtest du?
Soll finden ich, nach qualenvollem Leben,
in deiner Treu die lang ersehnte Ruh?

SENTA. Wer du auch seist, und welches das Verderben,
dem grausam dich dein Schicksal konnte weihn; –
was auch das Los, das ich mir sollt erwerben: –
gehorsam stets werd ich dem Vater sein.

HOLLÄNDER. So unbedingt, wie? könnte dich durchdringen
für meine Leiden tiefstes Mitgefühl?

SENTA *für sich.* O, welche Leiden! Könnt ich Trost dir bringen!

HOLLÄNDER *der Sentas Ausbruch vernommen hat.*
Welch holder Klang im nächtigen Gewühl!
sehr bewegt
Du bist ein Engel, – eines Engels Liebe
Verworf'ne selbst zu trösten weiß . . .!
Ach, wenn Erlösung mir zu hoffen bliebe,
Allewiger! Durch *diese* sei's!

SENTA *für sich.*
Ach! wenn Erlösung ihm zu hoffen bliebe,
Allewiger, durch mich nur sei's!

HOLLÄNDER *zu Senta.* Ach! könntest das Geschick du ahnen,
dem dann mit mir du angehörst, –
dich würd es an das Opfer mahnen,
das du mir bringst, wenn Treu du schwörst!
Es flöhe schaudernd deine Jugend
dem Lose, dem du sie willst weihn, –
nennst du des Weibes schönste Tugend,
nennst ew'ge Treue du nicht dein!

SENTA. Wohl kenn ich Weibes heil'ge Pflichten; –
sei drum getrost, unsel'ger Mann!
Laß über *die* das Schicksal richten,
die seinem Spruche trotzen kann!
In meines Herzens höchster Reine
kenn ich der Treue Hochgebot: –
wem ich sie weih, schenk ich die *Eine,*
die Treue bis zum Tod!

HOLLÄNDER *mit Erhebung.*
Ein heil'ger Balsam meinen Wunden
dem Schwur, dem hohen Wort entfließt.
Hört es: mein Heil hab ich gefunden!
Mächte, die ihr zurück mich stießt!

Du, Stern des Unheils, sollst erblassen,
Licht meiner Hoffnung, leuchte neu!
Ihr Engel, die mich einst verlassen!
Stärkt jetzt dies Herz in seiner Treu!

SENTA. Von mächt'gem Zauber überwunden,
reißt's mich zu seiner Rettung fort.
Hier habe Heimat er gefunden!
Hier ruh sein Schiff in sich'rem Port!
Was ist's, das mächtig in mir lebet?
Was schließt berauscht mein Busen ein?
Allmächt'ger, was so hoch mich erhebet,
laß es die Kraft der Treue sein!

DALAND *tritt wieder auf.*
Verzeiht! Mein Volk hält draußen sich nicht mehr...
nach jeder Rückkunft, wisset, gibt's ein Fest: –
verschönern möcht ich's, – komme deshalb her, –
ob mit Verlobung sich's vereinen läßt?
zum Holländer
Ich denk, ihr habt nach Herzenswunsch gefreit?
Senta, mein Kind, sag, bist auch du bereit?

SENTA *mit feierlicher Entschlossenheit.*
Hier meine Hand! Und ohne Reu
bis in den Tod gelob ich Treu!

HOLLÄNDER.
Sie reicht die Hand! Gesprochen sei
Hohn, Hölle, dir durch ihre Treu!

DALAND.
Euch soll dies Bündnis nicht gereun!
Zum Fest! Heut soll sich Alles freun!
Sie gehen ab. Der Vorhang fällt

DRITTER AUFZUG

Seebucht mit felsigem Gestade; das Haus Dalands zur Seite im Vordergrunde. Den Hintergrund nehmen, ziemlich nah beieinanderliegend, die beiden Schiffe, das des Norwegers und das des Holländers ein. Helle Nacht: das norwegische Schiff ist erleuchtet; die Matrosen desselben sind auf dem Verdeck – Jubel und Freude. Die Haltung des holländischen

Schiffes bietet einen unheimlichen Kontrast: eine unnatürliche Finsternis ist über dasselbe ausgebreitet; es herrscht Totenstille

CHOR DER NORWEGISCHEN MATROSEN *auf ihrem Schiffe.*
Steuermann! Laß die Wacht!
Steuermann! Her zu uns!
Ho! Ha! Ja! Ha!
Hißt die Segel auf! Anker fest!
Steuermann! Her!
Fürchten weder Wind noch bösen Strand,
wollen heute mal recht lustig sein!
Jeder hat sein Mädel auf dem Land, –
herrlichen Tabak und guten Branntewein!
Hussassahe!
Klipp und Sturm draus –
Jollohohe!
lachen wir aus!
Hussassahe!
Segel ein! Anker fest!
Klipp und Sturm lachen wir aus!
Steuermann! Laß die Wacht!
Steuermann! Her zu uns!
Ho! He! Jo! Ha!
Steuermann, her! trink mit uns!
Ho! He! Ja! Ha!
Klipp und Sturm – He!
sind vorbei! He!
Hussahe! Hallohe
Hussahe! Steuermann!
He! komm und trink mit uns!

Sie tanzen auf dem Verdeck, indem sie den Niederschlag jedes Taktes mit starkem Aufstampfen der Füße begleiten. – Die Mädchen kommen aus dem Hause; sie tragen Körbe voll Essen und Trinken

CHOR DER MÄDCHEN. Mein, seht doch an! Sie tanzen gar!
Der Mädchen bedarf's da nicht fürwahr!

Sie gehen auf das holländische Schiff zu

CHOR DER NORWEGISCHEN MATROSEN. He! Mädel! Halt! Wo geht ihr hin?

MÄDCHEN. Steht euch nach frischem Wein der Sinn?
Eur Nachbar dort soll auch was haben!
Ist Trank und Speis für euch allein?

STEUERMANN. Fürwahr! Tragt's hin den armen Knaben!
Vor Durst sie scheinen matt zu sein.
MATROSEN. Man hört sie nicht.
STEUERMANN. Ei, seht doch nur!
Kein Licht ... von der Mannschaft keine Spur!
DIE MÄDCHEN *dicht am Ufer in das holländische Schiff hineinrufend.* He! Seeleut! He! Wollt Fackeln ihr?
Wo seid ihr doch? Man sieht nicht hier!
MATROSEN. Hahaha! Weckt sie nicht auf! Sie schlafen noch!
MÄDCHEN. He! Seeleut! He! Antwortet doch!
MATROSEN *spöttisch, mit affektierter Traurigkeit.* Haha!
Wahrhaftig, sie sind tot:
sie haben Speis und Trank nicht not!
MÄDCHEN *wie zuvor.*
Ei, Seeleute, liegt ihr so faul schon im Nest?
Ist heute für euch denn nicht auch ein Fest?
MATROSEN *wie zuvor.* Sie liegen fest auf ihrem Platz,
wie Drachen hüten sie den Schatz.
MÄDCHEN. He! Seeleute, wollt ihr nicht frischen Wein?
Ihr müßtet wahrlich doch durstig auch sein!
MATROSEN. Sie trinken nicht, sie singen nicht!
In ihrem Schiffe brennt kein Licht.
MÄDCHEN. Sagt, habt ihr denn nicht auch ein Schätzchen am Land?
Wollt ihr nicht mit tanzen auf freundlichem Strand?
MATROSEN. Sie sind schon alt, und bleich statt rot,
und ihre Liebsten, die sind tot.
MÄDCHEN *Immer stärker und ängstlicher rufend.*
He! Seeleut! Seeleut! Wacht doch auf!
Wir bringen euch Speis und Trank zu Hauf!
MATROSEN *den Ruf der Mädchen verstärkend.*
He! Seeleut! Seeleut! Wacht doch auf!

Langes Stillschweigen

MÄDCHEN *betroffen und furchtsam.*
Wahrhaftig, ja! Sie scheinen tot.
Sie haben Speis und Trank nicht not.
MATROSEN *mit steigender Ausgelassenheit.*
Vom fliegenden Holländer wißt ihr ja: –
sein Schiff, wie es leibt, wie es lebt, seht ihr da!
MÄDCHEN *wie zuvor.* So weckt die Mannschaft ja nicht auf!
Gespenster sind's, wir schwören drauf!
MATROSEN. Wie viel hundert Jahre seid ihr schon zur See?
Euch tut ja der Sturm und die Klippe nicht weh!

MÄDCHEN. Sie trinken nicht, sie singen nicht –
in ihrem Schiffe brennt kein Licht.
MATROSEN. Habt ihr keine Brief, keine Aufträg fürs Land?
Unsren Urgroßvätern wir bringen's zur Hand!
MÄDCHEN. Sie sind schon alt, und bleich statt rot,
und ihre Liebsten, ach! sind tot!
MATROSEN *lärmend*. Hei! Seeleute, spannt eure Segel doch auf!
und zeigt uns des fliegenden Holländers Lauf!

Die Mädchen entfernen sich furchtsam aus der Nähe des holländischen Schiffes

MÄDCHEN. Sie hören nicht ... uns graust es hier!
Sie wollen nichts ... was rufen wir?
MATROSEN. Ihr Mädel, laßt die Toten ruhn!
Laßt's uns Lebend'gen gütlich tun!
MÄDCHEN. So nehmt! der Nachbar hat's verschmäht.
Die Mädchen reichen den Matrosen ihre Körbe über Bord
STEUERMANN. Wie? Kommt ihr denn nicht selbst an Bord?
MATROSEN. Wie? Kommt ihr denn nicht selbst an Bord?
MÄDCHEN. Ei, jetzt noch nicht! Es ist ja nicht spät.
Wir kommen bald – jetzt trinkt nur fort!
Und wenn ihr wollt, so tanzt dazu, –
nur laßt dem müden Nachbar Ruh!

Sie gehen ab

Die Matrosen öffnen und leeren die Körbe

MATROSEN. Juchhe! Da gibt's die Fülle!
Lieb Nachbarn, habet Dank!
STEUERMANN. Zum Rand sein Glas ein Jeder fülle!
Lieb Nachbar liefert uns den Trank!
MATROSEN. Hallohohoho! Lieb Nachbarn habt ihr Stimm und Sprach,
so wachet auf und macht's uns nach!

Von hier an beginnt es sich auf dem holländischen Schiffe zu regen

MATROSEN *lachend*.
Wachet auf! Wachet auf! Auf! Macht's uns nach!
Sie trinken aus und stampfen die Becher heftig auf
Hussa!
Steuermann! Laß die Wacht!
Steuermann, her zu uns!
Ho, he, ja, ha!
Hißt die Segel auf! Anker fest!
Steuermann, her!
Wachten manche Nacht bei Sturm und Graus,

tranken oft des Meers gesalz'nes Naß; –
heute wachen wir bei Saus und Schmaus
besseres Getränk gibt Mädel uns vom Faß!
Hussassahe! Klipp und Sturm draus!
Jollohohe! – lachen wir aus!
Hussassahe! Segel ein! Anker fest!
Klipp und Sturm lachen wir aus!
Steuermann, laß die Wacht!
Steuermann, her zu uns!
Ho, he, ja, ha!
Steuermann, her! Trink mit uns!
Ho! He! Ja! Ha!
Klipp und Sturm – he! –
sind vorbei! – He!
Hussahe! Hollahe!
Hussahe! Steuermann!
Her! Her! komm und trink mit uns!

Das Meer, welches sonst überall ruhig bleibt, hat sich im Umkreis des holländischen Schiffes zu heben begonnen; eine dunkelbläuliche Flamme lodert in diesem als Wachtfeuer auf, heftiger Sturmwind pfeift durch die Taue; – die Mannschaft, von der man zuvor nichts sah, hat sich beim Leuchten der Flamme belebt

CHOR DER MANNSCHAFT DES FLIEGENDEN HOLLÄNDERS.

Johohoe! Johohohoe! Hoe! Hoe! Hoe!
Huih – ssa!
Nach dem Land treibt der Sturm –
Huih – ssa!
Segel ein ! Anker los!
Huih – ssa!
In die Bucht laufet ein!
Schwarzer Hauptmann, geh ans Land!
Sieben Jahre sind vorbei!
Frei um blonden Mädchens Hand: –
Blondes Mädchen, sei ihm treu!
Lustig, heut! Hui!
Bräutigam! Hui!
Sturmwind heult, Brautmusik – Ozean tanzt dazu! –
Hui! Horch! er pfeift! –
Kapitän! Bist wieder da?
Hui! »Segelauf!« –
Deine Braut – sag, wo sie blieb?
»Hui! Auf in See!« –

Kapitän! Kapitän! Hast kein Glück in der Lieb!
Hahaha!
Sause, Sturmwind! Heule zu!
Unsren Segeln läßt du Ruh!
Satan hat sie uns gefeit,
reißen nicht in Ewigkeit, – hohoa!

Während des Gesanges der Holländer wird ihr Schiff von den Wogen auf und ab getragen, als ob es tanze; furchtbarer Sturmwind heult und pfeift durch die nackten Taue. Die Luft und das Meer bleiben übrigens, außer in der nächsten Umgebung des holländischen Schiffes, ruhig wie zuvor

Die norwegischen Matrosen haben erst mit Verwunderung, dann mit Entsetzen zugehört und zugesehen

CHOR DER NORWEGISCHEN MATROSEN.

Welcher Sang? Ist es Spuk? Wie mich's graut!
Stimmt an – Unser Lied! Singet laut!
Steuermann, laß die Wacht!
Steuermann....
Ho! He! Ja! Ha!
Steuermann, her zu uns!
Singet! Singet lauter!
Fürchten weder Wind noch bösen Strand...
Singet laut! Lauter!
Steuermann, laß die Wacht!

CHOR DER MANNSCHAFT DES FLIEGENDEN HOLLÄNDERS ALLEIN.

Sause, Sturmwind, heule zu!
Unsren Segeln läßt du Ruh!
Satan hat sie selbst gefeit,
reißen nicht in Ewigkeit!
Johoe! Hohohe! Johohohoa!
Hui – ssa!

lachend

Hahahahahaha!

Die norwegischen Matrosen, durch den Sturm und das Toben des immer wilder gewordenen Spukes zum Schweigen gebracht, verlassen von Grausen übermannt ihr Verdeck, indem sie das Zeichen des Kreuzes schlagen; die Mannschaft des Holländers, als sie dies gewahrt, schlägt ein gellendes Hohngelächter auf: sogleich herrscht auf ihrem Schiff wieder die frühere Totenstille, – dichte Finsternis ist wieder über dasselbe ausgebreitet, – Luft und Meer sind ruhig wie zuvor

Senta kommt aus dem Hause; Erik folgt ihr in der größten Aufregung

ERIK. Was muß ich hören! Gott, was muß ich sehn!
Ist's Täuschung? Wahrheit? Ist es Tat?
SENTA. O frage nicht! Antwort darf ich nicht geben!
ERIK. Gerechter Gott! Kein Zweifel, es ist wahr!
Welch unheilvolle Macht riß dich dahin?
Welche Gewalt verführte dich so schnell,
grausam zu brechen dieses treuste Herz!
Dein Vater... Ha! Den Bräut'gam bracht er mit: –
wohl kenn ich ihn – mir ahnte, was geschieht...
doch du? Ist's möglich! – reichest deine Hand
dem Mann, der deine Schwelle kaum betrat!
SENTA *in heftigem innerem Kampfe.*
Nicht weiter! Schweig! – Ich muß! – Ich muß!
ERIK. Oh, des Gehorsams – blind wie deine Tat!
Den Wink des Vaters nanntest du willkommen,
mit einem Stoß vernichtest du mein Herz!
SENTA. Nicht mehr! Nicht mehr! Ich darf dich nicht mehr sehn,
nicht an dich denken – hohe Pflicht gebeut's!
ERIK. Welch hohe Pflicht? Ist's höh're nicht, zu halten,
was du mir einst gelobet: ewige Treue?
SENTA *heftig, wie erschrocken.*
Wie? Ew'ge Treue hätt ich dir gelobt?
ERIK *schmerzlich.* Senta! Oh, Senta! Leugnest du?
Willst jenen Tags du nicht dich mehr entsinnen,
als du zu dir mich riefest in das Tal?
Als, dir des Hochlands Blumen zu gewinnen,
mutvoll ich trug Beschwerden ohne Zahl?
Gedenkst du, wie auf steilem Felsenriffe,
vom Ufer wir den Vater scheiden sahn?
Er zog dahin auf weiß beschwingtem Schiffe,
und meinem Schutz vertraute er dich an.
Als sich dein Arm um meinen Nacken schlang,
gestandest du mir Liebe nicht aufs Neu?
Was bei der Hände Druck mich hehr durchdrang, –
sag, war's nicht die Versich'rung deiner Treu?

Der Holländer, welcher ungesehen den vorigen Auftritt belauscht, bricht hervor

HOLLÄNDER. Verloren! Ach! Verloren! Ewig verlor'nes Heil!
ERIK. Was seh ich! Gott!
HOLLÄNDER. Senta, leb wohl!
SENTA *zum Holländer.* Halt ein! Unsel'ger!
ERIK *zu Senta.* Was beginnst du?
HOLLÄNDER. In See! In See! In See für ew'ge Zeiten

zu Senta

Um Deine Treue ist's getan!...
Um deine Treue, um mein Heil!
Leb wohl! Ich will dich nicht verderben!

ERIK. Entsetzlich! Dieser Blick...!

SENTA *sich dem Holländer entgegenwerfend.*
Halt ein! Von dannen sollst du nimmer fliehn!

HOLLÄNDER *Er gibt ein gellendes Zeichen auf der Pfeife und ruft der Mannschaft seines Schiffes zu.* Segel auf! Anker los!
Sagt Lebewohl auf Ewigkeit dem Lande!

SENTA. Ha! zweifelst du an meiner Treue?
Unsel'ger, was verblendet dich?
Halt ein! Das Bündnis nicht bereue!
Was ich gelobte, halte ich.
Unsel'ger! Halt ein!

HOLLÄNDER. Fort, auf das Meer, treibt's mich aufs neue!
Ich zweifl' an dir! Ich zweifl'an Gott!
Dahin! Dahin ist alle Treue!
Was du gelobtest, war dir Spott!
Dahin! Dahin! Ewig dahin!

ERIK. Was hör ich? Gott! Was muß ich sehn!
Muß ich dem Ohr, muß ich dem Auge traun!
Senta! Willst du zu Grunde gehen?
Zu mir! Du bist in Satans Klaun!

HOLLÄNDER. Erfahre das Geschick, vor dem ich dich bewahr:
Verdammt bin ich zum gräßlichsten der Lose,
zehnfacher Tod wär mir erwünschte Lust!
Vom Fluch ein Weib allein kann mich erlösen,
ein Weib, das Treu bis in den Tod mir hält.
Wohl hast du Treue mir gelobt, – doch vor
dem Ewigen noch nicht: – dies rettet dich!
Denn wiss', Unsel'ge! welches das Geschick,
das jene trifft, die mir die Treue brechen:
Ew'ge Verdammnis ist ihr Los!
Zahllose Opfer fielen diesem Spruch durch mich –
du aber sollst gerettet sein! Leb wohl!

zum Abgang gewendet

Fahr hin, mein Heil, in Ewigkeit!

ERIK *in furchtbarer Angst nach dem Hause und dem Schiffe hin rufend.* Zu Hülfe! Rettet! Rettet sie!

SENTA *den Holländer aufhaltend.*

Wohl kenn ich dich! Wohl kenn ich dein Geschick;
ich kannte dich, als ich zuerst dich sah!
Das Ende deiner Qual ist da! Ich bin's,
durch deren Treu dein Heil du finden sollst!

Daland, Mary, die Mädchen vom Hause und die Matrosen vom Schiffe her eilen auf Eriks Hülferuf herbei:

ERIK. Helft ihr! Sie ist verloren!

DALAND, MARY, CHOR. Was erblick ich!

HOLLÄNDER *zu Senta.*

Du kennst mich nicht, – du ahnst nicht, wer ich bin!

Er deutet auf sein Schiff, dessen blutrote Segel aufgespannt werden und dessen Mannschaft mit Regsamkeit die Abfahrt vorbereitet

Befrag die Meere aller Zonen, befrag
den Seemann, der den Ozean durchstrich!
Er kennt dies Schiff, den Schrecken aller Frommen:
den Fliegenden Holländer nennt man mich.

CHOR DER MANNSCHAFT DES FLIEGENDEN HOLLÄNDERS *den Anker lichtend.* Jahohoe! Jahohoe! Hoe! Hoe! Hoe!

Der Holländer gelangt mit Blitzesschnelle an Bord seines Schiffes, welches augenblicklich die Küste verläßt und in See geht. Senta will dem Holländer nacheilen, Daland, Erik und Mary halten sie zurück

DALAND, ERIK, MARY, CHOR.

Senta! Senta! Senta! Was willst du tun?

Senta reißt sich mit Gewalt los und erreicht in Eile ein in die See hervorragendes Felsenriff, von wo aus sie dem Holländer nachruft

SENTA. Preis deinen Engel und sein Gebot!
Hier steh ich – treu dir bis zum Tod!

Sie stürzt sich in das Meer. Sogleich versinkt mit einem fürchterlichen Krachen das Schiff des Holländers; das Meer türmt sich hoch auf und sinkt dann in einem Wirbel zurück. – Der Holländer und Senta, beide in verklärter Gestalt, entsteigen dem Meere; er hält sie umschlungen.

DOKUMENTE

1837	21. August	Wagner trifft in Riga ein und tritt die Stelle des Musikdirektors am Theater an.
1837/38		Wagner lernt durch die *Memoiren des Herren von Schnabelewopski* von Heinrich Heine die Sage vom Fliegenden Holländer kennen.
1839	19.–29. Juli	Auf der stürmischen Seereise von Pillau nach London erhält Wagner die Sage von den Matrosen bestätigt. Seine Eindrücke werden durch das persönliche Erleben vertieft.
	17. September	Wagner kommt in Paris an.
1840	Frühjahr	Entstehung des großen Prosaentwurfs.
	Sommer	Wagner übergibt Direktor Léon Pillet von der Pariser Großen Oper einen sehr kurz gefaßten Prosaentwurf.
1841	Wintersende	Die Ballade der Senta, das Lied der norwegischen Matrosen und der Spukgesang der Mannschaft des Holländers entstehen in Dichtung und Musik.
	29. April	Wagner zieht aus Ersparnisgründen nach Meudon.
	18.–28. Mai	Aufzeichnung der Urschrift der Dichtung.
	Anfang Juli	Wagner verkauft der Großen Oper seinen Prosaentwurf für 500 Frcs. (Von Paul Foucher gedichtet und von Louis Dietsch komponiert, erlebte diese Oper am 9. November 1842 eine von Publikum und Kritik abgelehnte Aufführung.)
	11. Juli	Beginn der Orchesterskizze des 1. Aktes.
	13. August	Vollendung der Orchesterskizze des 2. Aktes. (Schlußbemerkung:

		»Morgen geht die Geldnoth wieder los!!«)
	22. August	Vollendung der Orchesterskizze des 3. Aktes. (Schlußbemerkung: »In Noth u. Sorgen.«)
1841	21. Oktober	Vollendung der Partitur.
	30. Oktober	Wagner kehrt nach Paris zurück.
	5. November	Vollendung der Orchesterskizze der Ouvertüre. (Schlußbemerkung: »Per aspera ad astra. Gott geb's!«)
	19. November	Vollendung der Partitur der Ouvertüre.
	20. November	Wagner schickt die Partitur an den Generalintendanten des Berliner Hoftheaters, Graf von Redern, dem er das Werk zur Uraufführung anbietet.
1842	12. April	Wagner trifft in Dresden ein, um die Einstudierung des *Rienzi* zu überwachen.
1843	2. Januar	Uraufführung am Dresdener Hoftheater. Dirigent: Richard Wagner.
1864	4. Dezember	Schenkung der Orchesterskizze an König Ludwig II. von Bayern anläßlich der Erstaufführung des Werkes in München. Dirigent: Richard Wagner.

Richard Wagner, *Eine Mitteilung an meine Freunde* (1851): Die Gestalt des »fliegenden Holländers« ist das mythische Gedicht des Volkes: ein uralter Zug des menschlichen Wesens spricht sich in ihm mit herzergreifender Gewalt aus. Dieser Zug ist, in seiner allgemeinsten Bedeutung, die Sehnsucht nach Ruhe aus Stürmen des Lebens. In der heitern hellenischen Welt treffen wir ihn in den Irrfahrten des Odysseus und in seiner Sehnsucht nach der Heimat, Haus, Herd und – Weib, dem wirklich Erreichbaren und endlich Erreichten des bürgerfreudigen Sohnes des alten Hellas. Das irdisch heimatlose Christentum faßte diesen Zug in die Gestalt des »ewigen Juden«: diesem immer und ewig, zweck- und freudlos zu einem längst ausgelebten Leben verdammten Wanderer blühte keine irdische Erlösung; ihm blieb als einziges Streben nur die Sehnsucht nach dem Tode, als einzige Hoffnung die Aussicht auf das Nichtmehrsein. Am Schlusse des Mittelalters lenkte ein neuer, tätiger Drang die Völker auf das *Leben* hin: weltgeschichtlich am erfolgreichsten äußerte er sich als Entdeckungstrieb. Das Meer ward jetzt der Boden des Lebens, aber nicht mehr das kleine Binnenmeer der Hellenenwelt, sondern das erdumgürtende Weltmeer. Hier war mit einer alten Welt gebrochen; die Sehnsucht des Odysseus nach Heimat, Herd und Eheweib zurück hatte sich, nachdem sie an den Leiden des »ewigen Juden« bis zur Sehnsucht nach dem Tode genährt worden, bis zu dem Verlangen nach einem Neuen, Unbekannten, noch nicht sichtbar Vorhandenen, aber im voraus Empfundenen, gesteigert. Diesen ungeheuer weit ausgedehnten Zug treffen wir im Mythos des fliegenden Holländers, diesem Gedichte des Seefahrervolkes aus der weltgeschichtlichen Epoche der Entdeckungsreisen. Wir treffen auf eine vom Volksgeiste bewerkstelligte, merkwürdige Mischung des Charakters des ewigen Juden mit dem des Odysseus. Der holländische Seefahrer ist zur Strafe seiner Kühnheit vom Teufel, das ist hier sehr ersichtlich: dem Elemente der Wasserfluten und der Stürme, verdammt, auf dem Meere in alle Ewigkeit rastlos umherzusegeln. Als Ende seiner Leiden ersehnt er, ganz wie Ahasveros, den Tod; diese, dem ewigen Juden noch verwehrte Erlösung kann der Holländer aber gewinnen durch – *ein Weib*, das sich aus Liebe ihm opfert: die Sehnsucht nach dem Tode treibt ihn somit zum Aufsuchen dieses Weibes; dies Weib ist aber nicht mehr die heimatlich sorgende, vor Zeiten gefreite Penelope des Odysseus, sondern es ist das Weib überhaupt, aber das noch unvorhandene, ersehnte, geahnte, unendlich weibliche Weib, – sage ich es mit einem Worte heraus: *das Weib der Zukunft.*

Dies war der »fliegende Holländer«, der mir aus den Sümpfen und Fluten meines Lebens so wiederholt und mit so unwiderstehlicher Anziehungskraft auftauchte; das war das erste *Volksgedicht*, das mir tief in das Herz drang und mich als künstlerischen Menschen zu seiner Deutung und Gestaltung im Kunstwerke mahnte.

Von hieran beginnt meine Laufbahn als *Dichter*, mit der ich die des Verfertigers von Operntexten verließ ...

Unter äußeren Umständen, die ich anderswo (in der *Zeitung für die elegante Welt*, 1843) bereits meinen Freunden berichtete, führte ich den *Fliegenden Holländer* mit großer

Schnelligkeit in Dichtung und Musik aus. Ich hatte mich von Paris auf das Land zurückgezogen und trat von hier aus wieder in erste Berührung mit meiner deutschen Heimat. Mein *Rienzi* war in Dresden zur Aufführung angenommen worden. Diese Annahme galt mir im allgemeinen für ein fast überraschend aufmunterndes Liebeszeichen und einen freundlichen Gruß aus Deutschland, die mich um so wärmer für die Heimat stimmten, als die Pariser Weltluft mich mit immer eisigerer Kälte anwehte...

Richard Wagner, *Autobiographische Skizze* (1842):
Der *Fliegende Holländer,* dessen innige Bekanntschaft ich auf der See gemacht hatte, fesselte fortwährend meine Phantasie; dazu machte ich die Bekanntschaft von H. Heine's eigentümlicher Anwendung dieser Sage in einem Teile seines *Salons.* Besonders die von Heine erfundene, echt dramatische Behandlung der Erlösung dieses Ahasverus des Ozeans gab mir alles an die Hand, diese Sage zu einem Opernsüjet zu benutzen. Ich verständigte mich darüber mit Heine selbst, verfaßte den Entwurf und übergab ihn dem Herrn Léon Pillet mit dem Vorschlage, mir darnach ein französisches Textbuch machen zu lassen... Bald war ich erstaunt, von Pillet zu erfahren, daß ihm der von mir überreichte Entwurf so sehr gefalle, daß er wünschte, ich träte ihm denselben ab. Er sei nämlich genötigt, einem älteren Versprechen gemäß einem anderen Komponisten baldigst ein Opernbuch zu übergeben: der von mir verfaßte Entwurf scheine ihm ganz zu solchem Zwecke geeignet, und ich würde wahrscheinlich kein Bedenken tragen, in die gebetene Abtretung einzuwilligen, wenn ich überlegte, daß ich vor dem Verlauf von vier Jahren mir unmöglich Hoffnungen machen könnte, den unmittelbaren Auftrag zur Komposition einer Oper zu erhalten... Den Winter zu 1841 durchbrachte ich... auf das Unrühmlichste. Im Frühjahr zog ich auf das Land nach Meudon; bei dem warmen Herannahen des Sommers sehnte ich mich wieder nach einer geistigen Arbeit: die Veranlassung dazu sollte mir schneller kommen, als ich dachte. Ich erfuhr nämlich, daß mein Entwurf des Textes zum *Fliegenden Holländer* bereits einem Dichter, Paul Fouché, übergeben war, und ich sah, daß, erklärte ich mich endlich zur Abtretung desselben nicht bereit, ich unter irgend einem Vorwande gänzlich darum kommen würde. Ich willigte also endlich für eine gewisse Summe in die Abtretung meines Entwurfes ein. Ich hatte nun nichts Eiligeres zu

tun, als mein Süjet selbst in deutschen Versen auszuführen. Um sie zu komponieren, hatte ich ein Klavier nötig, denn nach dreivierteljähriger Unterbrechung alles musikalischen Produzierens mußte ich mich erst wieder in eine musikalische Atmosphäre zu versetzen suchen: ich mietete ein Piano. Nachdem es angekommen, lief ich in wahrer Seelenangst umher; ich fürchtete nun entdecken zu müssen, daß ich gar nicht mehr Musiker sei. Mit dem Matrosenchor und dem Spinnerlied begann ich zuerst; alles ging mir im Fluge vonstatten, und laut auf jauchzte ich vor Freude bei der innig gefühlten Wahrnehmung, daß ich noch Musiker sei. In sieben Wochen war die ganze Oper komponiert. Am Ende dieser Zeit überhäuften mich aber wieder die niedrigsten äußeren Sorgen: zwei volle Monate dauerte es, ehe ich dazu kommen konnte, die Ouvertüre zu der fertigen Oper zu schreiben, trotzdem ich sie fast fertig im Kopfe herumtrug. Natürlich lag mir nun nichts so sehr am Herzen, als die Oper schnell in Deutschland zur Aufführung zu bringen: von München und Leipzig erhielt ich abschlägige Antworten: die Oper eigne sich nicht für Deutschland, hieß es. Ich Tor hatte geglaubt, sie eigne sich nur für Deutschland, da sie Saiten berührt, die nur bei dem Deutschen zu erklingen imstande sind. – Endlich schickte ich meine neue Arbeit an Meyerbeer nach Berlin mit der Bitte, ihr die Annahme an dem dortigen Hoftheater zu verschaffen. Mit ziemlicher Schnelle wurde dies bewirkt. Da bereits auch mein *Rienzi* für das Dresdner Hoftheater angenommen war, so sah ich nun der Aufführung zweier meiner Werke auf den ersten deutschen Bühnen entgegen, und unwillkürlich drängte sich mir die Ansicht auf, daß sonderbarerweise Paris mir vom größten Nutzen für Deutschland gewesen sei. Für Paris selbst war ich jetzt auf einige Jahre aussichtslos: ich verließ es daher im Frühjahr 1842. Zum ersten Male sah ich den Rhein – mit hellen Tränen im Auge schwur ich armer Künstler meinem deutschen Vaterlande ewige Treue.

Heinrich Heine, *Aus den Memoiren des Herren von Schnabelewopski (1834)*:
Die Fabel von dem fliegenden Holländer ist euch gewiß bekannt. Es ist die Geschichte von dem verwünschten Schiffe, das nie in den Hafen gelangen kann, und jetzt schon seit undenklicher Zeit auf dem Meere herumfährt. Begegnet es einem anderen Fahrzeuge, so kommen einige von der unheim-

lichen Mannschaft in einem Boote herangefahren und bitten, ein Paket Briefe gefälligst mitzunehmen. Diese Briefe muß man an dem Mastbaum festnageln, sonst widerfährt dem Schiffe ein Unglück, besonders, wenn keine Bibel an Bord oder kein Hufeisen am Fockmaste befindlich ist. Die Briefe sind immer an Menschen adressiert, die man gar nicht kennt, oder die längst verstorben, so daß zuweilen der späte Enkel einen Liebesbrief in Empfang nimmt, der an seine Urgroßmutter gerichtet ist, die schon seit hundert Jahren im Grabe liegt. Jenes hölzerne Gespenst, jenes grauenhafte Schiff, führt seinen Namen von seinem Kapitän, einem Holländer, der einst bei allen Teufeln geschworen, daß er irgendein Vorgebirge, dessen Name mir entfallen, trotz des heftigsten Sturms, der eben wehte, umschiffen wolle, und sollte er auch bis zum Jüngsten Tage segeln müssen. Der Teufel hat ihn beim Wort gefaßt, er muß bis zum Jüngsten Tage auf dem Meere herumirren, es sei denn, daß er durch die Treue eines Weibes erlöst werde. Der Teufel, dumm wie er ist, glaubt nicht an Weibertreue, und erlaubt daher dem verwünschten Kapitän, alle sieben Jahr einmal ans Land zu steigen und zu heiraten, und bei dieser Gelegenheit seine Erlösung zu betreiben. Armer Holländer! Er ist oft froh genug, von der Ehe selbst wieder erlöst und seine Erlöserin loszuwerden, und er begibt sich dann wieder an Bord.

Auf diese Fabel gründete sich das Stück, das ich im Theater zu Amsterdam gesehen. Es sind wieder sieben Jahre verflossen, der arme Holländer ist des endlosen Umherirrens müder als jemals, steigt ans Land, schließt Freundschaft mit einem schottischen Kaufmann, dem er begegnet, verkauft ihm Diamanten zu spottwohlfeilem Preise, und wie er hört, daß sein Kunde eine schöne Tochter besitzt, verlangt er sie zur Gemahlin. Auch dieser Handel wird abgeschlossen. Nun sehen wir das Haus des Schotten, das Mädchen erwartet den Bräutigam, zagen Herzens. Sie schaut oft mit Wehmut nach einem großen verwitterten Gemälde, welches in der Stube hängt und einen schönen Mann in spanisch-niederländischer Tracht darstellt; es ist ein altes Erbstück und nach der Aussage der Großmutter ist es ein getreues Konterfei des fliegenden Holländers, wie man ihn vor hundert Jahren in Schottland gesehen, zur Zeit König Wilhelms von Oranien. Auch ist mit diesem Gemälde eine überlieferte Warnung verknüpft, daß die Frauen der Familie sich vor dem Originale hüten sollten. Eben deshalb hat das Mädchen, von Kind auf, sich die Züge des gefährlichen Mannes ins Herz geprägt. Wenn nun der wirkliche fliegende Holländer leibhaftig hereintritt, erschrickt das Mädchen; aber nicht aus Furcht. Auch jener ist betroffen bei dem Anblick des Porträts. Als man ihm bedeutet, wen es vorstelle, weiß er jedoch jeden Argwohn von sich fernzuhalten; er lacht über den Aberglauben, er spöttelt selber über den fliegenden Holländer, den ewigen Juden des Ozeans; jedoch unwillkürlich in einen wehmütigen Ton übergehend, schildert er, wie Mijnheer auf der unermeßlichen Wasserwüste die unerhörtesten Leiden erdulden müsse, wie sein Leib nichts anderes sei als ein Sarg von Fleisch, worin seine Seele sich langweilt, wie das Leben ihn von sich stößt und auch der Tod ihn abweist: gleich einer leeren Tonne, die sich die Wellen einander zuwerfen und sich spottend einander zurückwerfen, so werde der arme Holländer zwischen Tod und Leben hin- und hergeschleudert, keins von beiden wolle ihn behalten; sein Schmerz sei tief wie das Meer, worauf er herumschwimmt, sein Schiff sei ohne Anker und sein Herz ohne Hoffnung.

Ich glaube, dieses waren ungefähr die Worte, womit der Bräutigam schließt. Die Braut betrachtet ihn ernsthaft und wirft manchmal Seitenblicke nach seinem Konterfei. Es ist, als ob sie sein Geheimnis erraten habe, und wenn er nachher fragt: »Katharina, willst du mir treu sein?« antwortet sie entschlossen: »Treu bis in den Tod.«

– – Als ich ins Theater noch einmal zurückkehrte, kam ich eben zur letzten Szene des Stücks, wo auf einer hohen Meerklippe das Weib des fliegenden Holländers, die Frau fliegende Holländerin, verzweiflungsvoll die Hände ringt, während auf dem Meere, auf dem Verdeck seines unheimlichen Schiffes, ihr unglücklicher Gemahl zu schauen ist. Er liebt sie und will sie verlassen, um sie nicht ins Verderben zu ziehen, und er gesteht ihr sein grauenhaftes Schicksal und den schrecklichen Fluch, der auf ihm lastet. Sie aber ruft mit lauter Stimme: »Ich war dir treu bis zu dieser Stunde, und ich weiß ein sicheres Mittel, wodurch ich dir meine Treue erhalte bis in den Tod!«

Bei diesen Worten stürzt sich das treue Weib ins Meer, und nun ist auch die Verwünschung des fliegenden Holländers zu Ende, er ist erlöst, und wir sehen, wie das gespenstische Schiff in den Abgrund des Meeres versinkt.

An Cäcilie Avenarius, Paris. Dresden, 5. Januar 1843: ... Nach dem *Rienzi*, dieser rauschenden, glänzenden u. prachtvollen Oper, machten wir uns alles vom *flieg. Holländer* nur sehr wenig Erwartung, u. ich gestehe, daß ich mit sehr großer Angst daran ging, weil diese Oper zu verstehen sehr viel Fantasie nötig ist, u. wenig darin für glänzende Effekte getan ist. Es ist ein ganz anderer – wie viele sagen – neuer Genre, der sich nur sehr langsam Bahn bricht: Ihr Alle habt darüber andere Vorstellungen gehabt. Am 2ten Januar wurde sie nun zum ersten Male aufgeführt, u. ich gestehe, daß ich auf den Erfolg, den diese Oper hatte, bei Weitem stolzer bin, als auf den Erfolg des *Rienzi*, weil ich dort zu viele Hülfsmittel hatte. Wir gaben die Oper in 3 Aufzügen, so daß sie den ganzen Abend füllte: nach dem zweiten u. dritten Aufzuge wurde ich stürmisch mit den Sängern gerufen. Die zweite Vorstellung war gestern, u. ich hatte den Triumph, daß der Enthusiasmus sich eher noch steigerte: abermals wurde ich zweimal mit den Sängern gerufen: das erste Mal ließ ich die Sänger allein herausgehen; das Publikum ruhte aber nicht eher, bis ich nach ihnen noch allein heraus mußte. So hätte ich denn auch diese Oper, die so ganz unter Euren Augen entstand, glücklich durchgebracht, ja, mit ihr vielleicht einen neuen Genre begründet: daß sie so gefallen hat, will wirklich viel sagen, da der *Rienzi* ungeheure Erwartungen erregt hat.

An Ferdinand Heine, Dresden. Teplitz, Anfang August 1843: Lieber Heine, als ich meinen *fliegd. Holländer* schrieb, lebte ich der Überzeugung, nicht anders schreiben zu können, als ich schrieb. Der Stoff – durch Deinen Namens-Bruder mir bereits längst bekannt – erhielt für mich auf meiner berühmten Seefahrt und in den norwegischen Schären eine ganz besondere Farbe und Eigentümlichkeit, allerdings düster, dennoch aber der Natur, der wir alle angehören, abgelauscht und nicht etwa Spekulation eines düster-süchtigen Schwärmers. Das große, wilde Meer mit seinen darüber gebreiteten Sagen ist aber ein Element, das sich nicht gehorsam und willig zu einer modernen Oper zustutzen läßt, und die ganze meerdurchbrauste Sage vom Fliegd. Holländer, die mich nun einmal so einnahm, daß sie nach einer künstlerischen Reproduktion in mir verlangte, schien mir heillos verstümmelt und verstutzt werden zu müssen, wenn sie als Operntext den modernen Anforderungen an pikanten Spannungen und Überraschungen etc. genügen sollte. Ich zog es daher vor, nichts an dem Stoff, wie er sich ganz von selbst bot, mehr zu modulieren, als der Gang einer dramatischen Handlung es verlangt, den ganzen Duft der Sage aber sich ungestört über das Ganze verteilen zu lassen, denn nur so glaubte ich den Zuhörer ganz in jener seltsamen Stimmung festbannen zu können, in der man – mit nur einiger Poesie begabt – die düsterste Sage bis zur Behaglichkeit liebgewinnen kann. So ließ ich denn aber auch meine Musik beschaffen sein: um meine Absicht zu erreichen, durfte ich nicht links und rechts sehen, dem modernen Geschmack nirgends das geringste Zugeständnis machen, weil ich sonst nicht nur unkünstlerisch, sondern auch unklug verfahren wäre. Den modernen Zuschnitt in Arien, Duetten, Finales etc. mußte ich sogleich aufgeben, und dafür in einem Zuge fort die Sage erzählen, wie es eben ein gutes Gedicht tun muß. Auf diese Weise brachte ich denn eine Oper zu Stande, von der ich – nachdem sie nun aufgeführt ist – nicht begreifen kann, wie sie hat gefallen können, weil sie in ihrem ganzen Äußeren dem, was man jetzt unter Oper versteht, so sehr unähnlich ist, daß ich einsehe, wie ich in Wahrheit viel von dem Publikum forderte, nämlich daß es mit einem Male von all dem abstrahiere, was es bisher im Theater unterhalten und angesprochen hat. Daß nun aber diese Oper nicht nur in Dresden, sondern namentlich auch in Cassel und Riga sich so viele Freunde erworben und selbst das größere Publikum für sich gewonnen hat, das erscheint mir als ein sehr wichtiger Fingerweis für uns, der uns andeutet, daß wir nur schreiben müssen, gerade wie es der uns Deutschen angeborene poetische Sinn eingibt, nirgends hin Zugeständnisse an eine fremde Mode machen und einfach die Stoffe wählen und so behandeln müssen, wie sie uns zusagen, um am sichersten zu sein, auch unsern Landsleuten zu gefallen. Auf diese Art können wir auch wieder eine deutsche Original-Oper gewinnen, und Allen, die daran verzagen und sich ausländische Modelle kommen lassen, können sich an diesem *Holländer* – der gewiß so konzipiert ist, wie ihn nun und nimmermehr ein Franzose oder Italiener konzipiert haben würde – ein Beispiel nehmen.

Louis Spohr an *Richard Wagner*. Cassel, 6. Juni 1843:
Ihre Oper ist gestern Abend mit dem allgemeinsten Beifall gegeben worden. In dem Gedränge der Hinausströmenden hörte ich von allen Seiten Ausrufe der Zufriedenheit und Teil-

nahme, die zu gleichen Teilen der Musik wie dem Sujet galten. Es tat mir leid, daß Sie Ihren Vorsatz, hierher zu kommen, nicht ausgeführt hatten; Sie würden Freude an Ihrem Werke erlebt haben! Anfangs hatte ich sehr mit den Sängern zu kämpfen, die vor der Schwierigkeit ihrer Aufgabe zurückschreckten. Da ich sie aber zu strengen Proben anhielt, es in diesen sehr genau nahm, so kamen sie nach und nach zum Verständnis ihrer Partien, und es traf zu meiner Freude ein, was ich ihnen vorausgesagt hatte, daß sie das größeste Interesse daran nehmen würden! Dies war bei allen der Fall, und so hatten sie so fest memoriert, daß selbst die Aufregung der ersten Aufführung sie nicht irre machen konnte... Die szenische Anordnung war sehr sorgsam, und ich hatte es an Versuchen nicht fehlen lassen, wie sie unserem Raume angemessen am wirksamsten sein könnte. Auch der Maschinist hatte das Seinige redlich getan und wurde nach den Sängern herausgerufen. Das Orchester war vortrefflich, und die Schwierigkeit der Aufgabe hatte seinen Eifer noch gesteigert. Freilich mußten einige Theaterproben mehr, wie gewöhnlich bei neuen Opern, gemacht werden, aber der Eifer erkaltete nicht, und so gelang es, daß zuletzt alle die schwierigen Figuren in Geigen und Bässen deutlich, rein und kräftig herauskamen. Auch beim Orchester hatte ich die Freude, sein Interesse an dem Werke mit jeder Probe immer mehr gesteigert zu sehen, und da recht viele durchgebildete Musiker darunter sind, so gereicht dies dem Werke zu besonderer Ehre und verbürgt seinen innern Wert. Was mich betrifft, so hatte ich von Anfang an eine Vorliebe dafür, weil ich schon bei der Durchsicht der Partitur bemerkt, daß es mit Begeisterung geschrieben war, nicht nach Effekt haschte und dem großen Haufen zu gefallen strebt! Fahren Sie in dieser Weise fort und Sie werden deutscher Kunst Ehre bringen! Ist es mir erlaubt, in Bezug auf künftige Arbeiten einen Wunsch auszusprechen, so ist es der, daß Sie weniger schwierige Figuren in den Saiteninstrumenten, weniger Blech, weniger Modulation und etwas mehr harmonischen und melodischen Wohlklang entfalten mögen. – Empfangen Sie meinen herzlichsten Glückwunsch zu einem so ehrenvollen und glänzenden Debut...

Hector Berlioz, *Der junge Wagner*:
Richard Wagner, der junge Kapellmeister, der lange in Paris weilte, aber dort nur durch einige Artikel in der *Gazette musicale* bekannt wurde, hatte zum erstenmal seine Autorität

geltend zu machen, als er mich in den Proben unterstützte; er tat es mit Eifer und sehr gutem Willen. Die Zeremonie, in der er der Kapelle vorgestellt und vereidigt wurde, hatte am Tag nach meiner Ankunft stattgefunden, und ich fand ihn im vollen Rausch einer sehr begreiflichen Freude wieder. Nachdem er in Frankreich tausend Entbehrungen und alle mit dem Unbekanntsein verbundenen Schmerzen erduldet hatte, kam Richard Wagner in sein Vaterland Sachsen zurück; er war kühn genug, Dichtung und Komposition zu einer fünfaktigen Oper (*Rienzi*) zu unternehmen, und hatte das Glück, beides zu vollenden. Dieses Werk errang in Dresden einen glänzenden Erfolg. Bald darauf folgte der *Fliegende Holländer*, eine dreiaktige Oper, zu der er ebenfalls Musik und Worte geschrieben hatte. Wie man auch über das Verdienst dieser Werke denken mag, so muß man zugeben, daß Männer, welche die Fähigkeit besitzen, zweimal diese musikalische und literarische Arbeit mit Erfolg durchzuführen, nicht häufig sind, und daß Wagner einen Beweis seiner Tüchtigkeit gegeben hat, der mehr als ausreichend ist, um Aufmerksamkeit und Interesse auf ihn zu lenken. Dies hat der König von Sachsen vollkommen begriffen; und an dem Tag, an dem er seinem ersten Kapellmeister den Richard Wagner als Kollegen beigab und damit des letzteren Existenz sicherte, werden wohl die Freunde der Kunst dem König das gesagt haben, was Jean Bart Ludwig XIV. antwortete, als dieser dem unerschrockenen Seebären ankündigte, er habe ihn zum Befehlshaber eines Geschwaders ernannt: »Majestät haben wohl daran getan!«

Da die Oper *Rienzi* die in Deutschland für gewöhnlich festgesetzte Zeitdauer bei weitem überschreitet, wird sie jetzt nicht mehr als Ganzes aufgeführt. Man spielt an einem Abend die ersten zwei Akte und am Abend darauf die drei letzten. Ich habe nur diesen letzten Teil aufführen sehen; ich konnte ihn beim einmaligen Hören nicht gründlich genug kennenlernen, um darüber eine bestimmte Meinung zu äußern; ich entsinne mich nur eines schönen Gebets, das Rienzi im letzten Akt singt, und eines Triumphmarsches, der ohne sklavische Nachahmung nach dem prächtigen Marsch aus *Olympia* gebildet ist.

Die Partitur des *Fliegenden Holländers* schien mir bemerkenswert durch ein dunkles Kolorit und gewisse Sturmeffekte, die der Gegenstand vollkommen motivierte; aber ich habe darin auch einen Mißbrauch des Tremolo bemerken müssen, der um so bedenklicher ist, als er mir schon im *Rienzi* aufgefallen war und bei dem Komponisten eine Gedankenträgheit verrät, gegen welche er sich nicht genug in acht nimmt. Das anhaltende Tremolo ist von allen Orchesterwirkungen diejenige, die am schnellsten ermüdet; außerdem erfordert es von seiten des Komponisten keine Erfindungsgabe, wenn es weder in den oberen noch in den unteren Stimmen von einem hervortretenden musikalischen Gedanken begleitet ist. Wie dem auch sei, man muß den königlichen Gedanken ehren, der einem jungen, mit kostbaren Fähigkeiten begabten Künstler eine volle tätige Protektion bewilligt und ihn damit sozusagen gerettet hat.

Charles Baudelaire, *Richard Wagner et Tannhauser* (1861):
Der Gedanke, einen Unglücklichen gerade um dieses seines Unglücks willen zu lieben, ist so groß, daß er nur in einem völlig reinen und unbefangenen Herzen Raum finden kann; und es ist wahrlich ein schöner Einfall, die Erlösung eines Verdammten für die leidenschaftliche Selbstaufopferung eines jungen Mädchens aufzusparen. Das ganze Drama ist mit sicherer Hand klar und unmittelbar aufgebaut; jede Szene steht an richtiger Stelle; die Gestalt der Senta zeigt eine so übernatürlich romantische Größe, daß sie im gleichen Maße zu bezaubern wie Furcht einzuflößen vermag. Die schlichte Einfachheit der Dichtung trägt wesentlich zu ihrem Eindruck bei. Alles ist auf das Beste überlegt, klar ausgedrückt und von wohlberechneter Wirkung. Die Ouvertüre, die man anläßlich des Konzertes im Italienischen Theater zu hören bekam, ist schaurig-geheimnisvoll wie das Meer mit seinen Stürmen und Nebeln selbst.

TANNHÄUSER
UND
DER SÄNGERKRIEG AUF WARTBURG

GROSSE ROMANTISCHE OPER IN DREI AKTEN

(In der sog. »Dresdener« Fassung)

(1845)

PERSONEN

HERMANN, Landgraf von Thüringen
TANNHÄUSER
WOLFRAM VON ESCHENBACH
WALTHER VON DER VOGELWEIDE
BITEROLF
HEINRICH DER SCHREIBER
REINMAR VON ZWETER
ELISABETH, Nichte des Landgrafen
VENUS
EIN JUNGER HIRT
VIER EDELKNABEN
THÜRINGISCHE RITTER, GRAFEN UND EDELLEUTE
EDELFRAUEN
ÄLTERE UND JÜNGERE PILGER
SIRENEN. NAJADEN. NYMPHEN. BACCHANTINNEN

Thüringen. Wartburg.
Zu Anfang des 13. Jahrhunderts

ERSTER AKT

ERSTE SZENE*

Die Bühne stellt das Innere des Venusberges dar. Weite Grotte, welche sich im Hintergrunde durch eine Biegung nach rechts wie unabsehbar dahinzieht. Im fernsten sichtbaren Hintergrunde dehnt sich ein bläulicher See aus; in ihm erblickt man die badenden Gestalten von Najaden; auf seinen erhöhten Ufervorsprüngen sind Sirenen gelagert. Im äußersten Vordergrunde links liegt Venus auf einem Lager ausgestreckt, vor ihr halb kniend Tannhäuser, das Haupt in ihrem Schoße. Die ganze Grotte ist durch rosiges Licht erleuchtet. – Den Mittelgrund nimmt eine Gruppe tanzender Nymphen ein; auf etwas erhöhten Vorsprüngen an den Seiten der Grotte sind liebende Paare gelagert, von denen sich einzelne nach und nach in den Tanz der Nymphen mischen. – Ein Zug von Bacchantinnen kommt aus dem Hintergrunde in wildem Tanze dahergebraust; sie durchziehen mit trunkenen Gebärden die Gruppen der Nymphen und liebenden Paare, welche durch sie bald zu größerem Ungestüm hingerissen werden. – Dem immer wilder gewordenen Tanze antwortet wie im Echo der Gesang der

SIRENEN. Naht euch dem Strande!
Die Tanzenden halten in der leidenschaftlichsten Gruppe plötzlich an und lauschen dem Gesange
Naht euch dem Lande,
wo in den Armen
glühender Liebe
selig Erwarmen
still' eure Triebe!

Von Neuem belebt sich der Tanz und gelangt zu dem äußersten Grade wilden Ungestümes. – Mit dem Momente der trunkensten bacchantischen Wut tritt eine schnell um sich greifende Erschlaffung ein. Die liebenden Paare scheiden sich nach und nach vom Tanze aus und lagern sich wie in angenehmer Ermattung auf den Vorsprüngen der Grotte. Der Zug der Bacchantinnen verschwindet nach dem Hintergrunde zu, vor welchem sich ein immer dichter werdender Duft ausbrei-

* Siehe Anhang 1

tet. Auch im Vordergrunde senkt sich allmählich ein dichterer Duft herab und verhüllt die Gruppen der Schlafenden wie in rosige Wolken, so daß endlich der sichtbare Teil der frei gelassenen Bühne sich nur noch auf einen kleinen Raum beschränkt, in welchem bloß Venus und Tannhäuser in ihrer früheren Stellung zurückbleiben. In weiter Ferne verhallt der Gesang der Sirenen

SIRENEN *sehr entfernt.* Naht euch dem Strande!
Naht euch dem Lande!

ZWEITE SZENE

Tannhäuser zuckt mit dem Haupte empor, als fahre er aus einem Traume auf. – Venus zieht ihn schmeichelnd zurück. – Tannhäuser führt die Hand über die Augen, als suche er ein Traumbild festzuhalten

VENUS. Geliebter, sag? Wo weilt dein Sinn?
TANNHÄUSER. Zuviel! Zuviel! O, daß ich nun
erwachte!
VENUS. Sag, was kümmert dich?
TANNHÄUSER. Im Traum war mir's, als hörte ich –
was meinem Ohr so lange fremd –
als hörte ich der Glocken frohes Geläute...
O sag, wie lange hört' ich's doch nicht mehr?
VENUS. Wohin verlierst du dich? Was faßt dich an?
TANNHÄUSER. Die Zeit, die hier ich verweil, ich kann sie nicht
ermessen! Tage, Monde – gibt's für mich
nicht mehr, – denn nicht mehr sehe ich die Sonne,
nicht mehr des Himmels freundliche Gestirne; –
den Halm seh ich nicht mehr, der frisch ergrünend
den neuen Sommer bringt; – die Nachtigall
hör ich nicht mehr, die mir den Lenz verkünde!
Hör ich sie nie, seh ich sie niemals mehr?
VENUS *sich in dem Lager aufrichtend.* Ha, was vernehm ich!
Welche tör'ge Klagen!
Bist du so bald der holden Wunder müde,
die meine Liebe dir bereitet? Oder
wie? Reut es dich so sehr, ein Gott zu sein?
Hast du so bald vergessen, wie du einst
gelitten, während jetzt du dich erfreust?
Mein Sänger, auf! Ergreife deine Harfe!

Die Liebe feire, die so herrlich du besingst,
daß du der Liebe Göttin selber dir gewannst, –
die Liebe feire, da ihr höchster Preis dir ward!

TANNHÄUSER *zu einem plötzlichen Entschlusse ermannt, ergreift seine Harfe und stellt sich feierlich vor Venus hin.*
Dir töne Lob! Die Wunder sei'n gepriesen,
die deine Macht mir Glücklichem erschuf!
Die Wonnen süß, die deiner Huld entsprießen,
erheb mein Lied in lautem Jubelruf!
Nach Freude, ach! nach herrlichem Genießen
verlangt' mein Herz, es dürstete mein Sinn:
da, was nur Göttern einstens du erwiesen,
gab deine Gunst mir Sterblichem dahin. –
Doch sterblich, ach! bin ich geblieben,
und übergroß ist mir dein Lieben;
wenn stets ein Gott genießen kann,
bin ich dem Wechsel untertan;
nicht Lust allein liegt mir am Herzen,
aus Freuden sehn ich mich nach Schmerzen!
Aus deinem Reiche muß ich fliehn, –
oh, Königin! Göttin, laß mich ziehn!

VENUS. Was muß ich hören? Welch ein Sang!
Welch trübem Ton verfällt dein Lied?
Wohin floh die Begeistrung dir,
die Wonnesang dir nur gebot?
Was ist's? Worin war meine Liebe lässig?
Geliebter, wessen klagest du mich an?

TANNHÄUSER. Dank deiner Huld, gepriesen sei dein Lieben!
Beglückt für immer, wer bei dir geweilt!
Ewig beneidet, wer mit warmen Trieben
in deinen Armen Götterglut geteilt!
Entzückend sind die Wunder deines Reiches,
die Zauber aller Wonnen atm' ich hier;
kein Land der weiten Erde bietet Gleiches,
was sie besitzt, scheint leicht entbehrlich dir.
Doch ich aus diesen ros'gen Düften
verlange nach des Waldes Lüften,
nach unsres Himmels klarem Blau,
nach unsrem frischen Grün der Au, –
nach unsrer Vöglein liebem Sange,
nach unsrer Glocken trautem Klange; –
aus deinem Reiche muß ich fliehn!
O Königin! Göttin, laß mich ziehn!

VENUS. Treuloser! Weh, was lässest du mich hören?
Du wagest meine Liebe zu verhöhnen!
Du preisest sie und willst sie dennoch fliehn!
Zum Überdruß ist dir mein Reiz gediehn!
TANNHÄUSER. Ach, schöne Göttin! Wolle mir nicht zürnen!
Dein übergroßer Reiz ist's, den ich fliehe!
VENUS. Weh dir, Verräter! Heuchler! Undankbarer! Weh!
Ich laß dich nicht! Du darfst nicht von mir ziehen!
TANNHÄUSER. Nie war mein Lieben größer, niemals wahrer,
als jetzt, da ich für ewig dich muß fliehn!

Venus hat ihr mit den Händen bedecktes Gesicht leidenschaftlich von Tannhäuser abgewendet; nach einer Pause wendet sie es ihm lächelnd und mit verführerischem Ausdruck wieder zu

VENUS. Geliebter, komm! Sieh dort die Grotte,
von ros'gen Düften mild durchwallt!
Entzücken böt selbst einem Gotte
der süß'sten Freuden Aufenthalt.
Besänftigt auf dem weichsten Pfühle
flieh deine Glieder jeder Schmerz!
Dein brennend Haupt umwehe Kühle,
wonnige Glut durchschwelle dein Herz!
Aus holder Ferne mahnen süße Klänge,
daß dich mein Arm in trauter Näh umschlänge;
von meinen Lippen schlürfst du Göttertrank,
aus meinen Augen strahlt dir Liebesdank!
Ein Freudenfest soll unsrem Bund entstehen,
der Liebe Feier laß uns froh begehen!
Nicht sollst du ihr ein scheues Opfer weihn,
nein! mit der Liebe Göttin schwelge im Verein!
SIRENEN *aus weiter Ferne, unsichtbar.*
Naht euch dem Strande! Naht euch dem Lande!
VENUS *während sie sucht Tannhäuser sanft nach sich zu ziehen.* Mein Ritter, mein Geliebter! Willst du fliehen?
TANNHÄUSER *auf das Äußerste hingerissen, greift mit trunkener Gebärde in die Harfe.* Stets soll nur dir, nur dir mein Lied ertönen,
gesungen laut sei nur dein Preis von mir!
Dein süßer Reiz ist Quelle alles Schönen,
und jedes holde Wunder stammt von dir.
Die Glut, die du mir in das Herz gegossen,
als Flamme lodre hell sie dir allein!

Ja, gegen alle Welt will unverdrossen
fortan ich nun dein kühner Streiter sein!
Er läßt sich die Harfe entsinken
Doch hin muß ich zur Welt der Erden, –
bei dir kann ich nur Sklave werden;
nach Freiheit doch verlangt es mich,
nach Freiheit, Freiheit dürste ich: –
zu Kampf und Streite will ich stehn,
sei's auch zum Tod und Untergehn!
Drum muß aus deinem Reich ich fliehn –!
Oh, Königin! Göttin! Laß mich ziehn!

VENUS *im heftigsten Zorne.* Zieh hin, Wahnsinniger! Zieh hin!
Verräter, sieh, nicht halt ich dich!
Ich geb dich frei! Zieh hin! Zieh hin!
Was du verlangst, das sei dein Los!
Zieh hin! Zieh hin!
Hin zu den kalten Menschen flieh,
vor deren blödem, trübem Wahn
der Freude Götter wir entflohn
tief in der Erde wärmenden Schoß.
Zieh hin, Betörter, suche dein Heil!
Suche dein Heil, und find es nie! *
Bald weicht der Stolz aus deiner Seel,
demütig seh' ich dich mir nahn!
Zerknirscht, zertreten suchst du mich auf,
flehst um die Zauber meiner Macht!

TANNHÄUSER. Ach, schöne Göttin, lebe wohl!
Nie kehre ich zu dir zurück!

VENUS. Ha! kehrtest du mir nie zurück! . . .
Verzweiflungsvoll
Kehrst du nicht wieder, ha! so sei verfluchet
von mir das ganze menschliche Geschlecht!
Nach meinen Wundern dann vergebens suchet!
Die Welt sei öde und ihr Held ein Knecht!
Kehr wieder, kehre mir zurück!

TANNHÄUSER. Nie mehr erfreu mich Liebesglück!

VENUS. Kehr wieder, wenn dein Herz dich zieht!

TANNHÄUSER. Für ewig dein Geliebter flieht!

VENUS. Wann alle Welt dich von sich stößt . . .

TANNHÄUSER. Vom Bann werd ich durch Buß erlöst!

* Siehe Anhang 2

VENUS. Nie wird Vergebung dir zuteil!
Kehr wieder, schließt sich dir das Heil!
TANNHÄUSER. Mein Heil! Mein Heil ruht in Maria!
Venus sinkt mit einem Schrei zusammen und verschwindet. Mit Blitzesschnelle verwandelt sich die Bühne

DRITTE SZENE

Tannhäuser, der seine Stellung nicht verlassen, befindet sich plötzlich in ein schönes Tal versetzt. Blauer Himmel, heitere Sonnenbeleuchtung. – Rechts im Hintergrunde die Wartburg; durch die Talöffnung nach links erblickt man den Hörselberg. – Rechts führt auf der halben Höhe des Tales ein Bergweg von der Richtung der Wartburg her nach dem Vordergrunde zu, wo er dann seitwärts abbiegt; in demselben Vordergrunde ist ein Muttergottesbild, zu welchem ein niedriger Bergvorsprung hinaufführt. – Von der Höhe links vernimmt man das Geläut von Herdeglocken; auf einem hohen Vorsprunge sitzt ein junger Hirt mit der Schalmei dem Tale zugekehrt

DER HIRT *spielt auf der Schalmei.* Frau Holda kam aus dem Berg hervor,
zu ziehn durch Fluren und Auen, –
gar süßen Klang vernahm da mein Ohr,
mein Auge begehrte zu schauen;
da träumt ich manchen holden Traum,
und als mein Aug erschlossen kaum,
da strahlte warm die Sonnen,
der Mai, der Mai war kommen.
Nun spiel ich lustig die Schalmei,
der Mai ist da, der liebe Mai!
Er spielt auf der Schalmei. Man hört den Gesang der älteren Pilger, welche, von der Richtung der Wartburg herkommend, auf dem Bergwege sich nähern
DIE ÄLTEREN PILGER. Zu dir wall ich, mein Jesus Christ,
der du des Pilgers Hoffnung bist!
Gelobt sei, Jungfrau süß und rein!
Der Wallfahrt wolle günstig sein!
Der Hirt, den Gesang vernehmend, hält auf der Schalmei ein und hört andächtig zu
Ach, schwer drückt mich der Sünden Last,

kann länger sie nicht mehr ertragen;
drum will ich auch nicht Ruh noch Rast,
und wähle gern mir Müh und Plagen,
Am hohen Fest der Gnad und Huld
in Demut büß ich meine Schuld,
gesegnet, wer im Glauben treu!
Er wird erlöst durch Buß und Reu.

DER HIRT *als die Pilger auf der ihm gegenüberliegenden Höhe angelangt sind, ruft ihnen, die Mütze schwenkend, laut zu.*
Glück auf! Glück auf nach Rom!
Betet für meine arme Seele!

Tannhäuser, der in der Mitte der Bühne wie festgewurzelt gestanden, sinkt heftig erschüttert auf die Knie

TANNHÄUSER. Allmächt'ger, dir sei Preis!
Groß sind die Wunder deiner Gnade!

Der Zug der Pilger biegt von hier an auf dem Bergwege bei dem Muttergottesbilde links ab und verläßt so die Bühne. – Der Hirt entfernt sich ebenfalls mit der Schalmei rechts von der Höhe; man hört die Herdeglocken immer entfernter

DIE PILGER. Zu dir wall ich, mein Jesus Christ,
der du des Pilgers Hoffnung bist!
Gelobt sei, Jungfrau süß und rein!
Der Wallfahrt wolle günstig sein!

Die Pilger haben hier bereits die Bühne verlassen

TANNHÄUSER *auf den Knien, wie in brünstiges Gebet versunken.* Ach, schwer drückt mich der Sünden Last,
kann länger sie nicht mehr ertragen;
drum will ich auch nicht Ruh noch Rast,
und wähle gern mir Müh und Plagen...

Tränen ersticken seine Stimme; er neigt das Haupt tief zur Erde und scheint heftig zu weinen. – Aus dem Hintergrunde, sehr entfernt, wie von Eisenach her, hört man Glockengeläute

DIE PILGER *sehr entfernt.* Am hohen Fest der Gnad und Huld
in Demut sühn ich meine Schuld,
gesegnet, wer im Glauben treu!...

Während sich der Klang der Hörner allmählich nähert, schweigt das entfernte Geläute

VIERTE SZENE

Von der Anhöhe links herab, aus einem Waldwege, treten der Landgraf und die Sänger in Jägertracht einzeln auf. Im Ver-

laufe der Szene findet sich der ganze Jagdtroß des Landgrafen nach und nach auf der Bühne ein

DER LANDGRAF *auf halber Höhe, Tannhäuser erblickend.* Wer ist der dort in brünstigem Gebete?

WALTHER. Ein Büßer wohl.

BITEROLF. Nach seiner Tracht ein Ritter.

Wolfram eilt zunächst auf Tannhäuser zu und erkennt ihn

WOLFRAM. Er ist es!

DIE SÄNGER UND DER LANDGRAF. Heinrich! Heinrich! Seh ich recht?

Tannhäuser, der überrascht schnell aufgefahren ist, faßt sich und verneigt sich stumm gegen den Landgrafen, nachdem er einen flüchtigen Blick auf ihn und die Sänger geworfen

LANDGRAF. Du bist es wirklich? Kehrest in den Kreis
zurück, den du in Hochmut stolz verließest?

BITEROLF. Sag, was uns deine Wiederkehr bedeutet?
Versöhnung? Oder gilt's erneutem Kampf?

WALTHER. Nahst du als Freund uns oder Feind? Als Feind?

DIE ANDEREN SÄNGER AUSSER WOLFRAM. Als Feind?

WOLFRAM. Oh, fraget nicht! Ist dies des Hochmuts Miene?

Er geht freundlich auf Tannhäuser zu

Gegrüßt sei uns, du kühner Sänger,
der, ach, so lang in unsrer Mitte fehlt!

WALTHER. Willkommen, wenn du friedlich nahst!

BITEROLF. Gegrüßt, wenn du uns Freunde nennst!

ALLE SÄNGER. Gegrüßt, gegrüßt, gegrüßt sei uns!

LANDGRAF. So sei willkommen denn auch mir!
Sag an, wo weiltest du so lang?

TANNHÄUSER. Ich wanderte in weiter, weiter Fern, –
da, wo ich nimmer Rast noch Ruhe fand.
Fragt nicht! Zum Kampf mit euch kam ich nicht her;
seid mir versöhnt – und laßt mich weiterziehn!

LANDGRAF. Nicht doch! Der Unsre bist du neu geworden.

WALTHER. Du darfst nicht ziehn!

BITEROLF. Wir lassen dich nicht fort!

TANNHÄUSER. Laßt mich! Mir frommet kein Verweilen,
und nimmer kann ich rastend stehn!
Mein Weg heißt mich nur vorwärts eilen,
und nimmer darf ich rückwärts sehn.

DER LANDGRAF UND DIE SÄNGER. O bleib! Bei uns sollst du verweilen,
wir lassen dich nicht von uns gehn!

Du suchtest uns, warum enteilen
nach solchem kurzen Wiedersehn?

TANNHÄUSER *sich losreißend.* Fort! Fort von hier! Laßt mich!
Fort, fort!

DIE SÄNGER. Bleib, bleib bei uns!

WOLFRAM *mit erhobener Stimme.* Bleib bei Elisabeth!

TANNHÄUSER *heftig und freudig erschüttert, bleibt wie festgebannt stehen.* Elisabeth! O Macht des Himmels,
rufst du den süßen Namen mir?

WOLFRAM. Nicht sollst du Feind mich schelten, daß ich ihn genannt. –

Zu dem Landgrafen

Erlaubest du mir, Herr, daß ich
Verkünder seines Glücks ihm sei?

LANDGRAF. Nenn ihm den Zauber, den er ausgeübt;
und Gott verleih ihm Tugend,
daß würdig er ihn löse!

WOLFRAM. Als du in kühnem Sange uns bestrittest,
bald siegreich gegen unsre Lieder sangst,
durch unsre Kunst Besiegung bald erlittest,
ein Preis doch war's, den du allein errangst.
War's Zauber, war es reine Macht,
durch die solch Wunder du vollbracht,
an deinen Sang voll Wonn und Leid
gebannt die tugendreichste Maid?
Denn ach! als du uns stolz verlassen,
verschloß ihr Herz sich unsrem Lied;
wir sahen ihre Wang erblassen,
für immer unsren Kreis sie mied.
O kehr zurück, du kühner Sänger,
dem unsren sei dein Lied nicht fern!
Den Festen fehle sie nicht länger,
auf's Neue leuchte uns ihr Stern!

DIE SÄNGER. Sei unser, Heinrich! Kehr uns wieder!
Zwietracht und Streit sei abgetan!
Vereint ertönen unsre Lieder,
und Brüder nenne uns fortan!

TANNHÄUSER *innig gerührt, umarmt Wolfram und die Sänger mit Heftigkeit*
Zu ihr! Zu ihr! O führet mich zu ihr!
Ha, jetzt erkenne ich sie wieder,
die schöne Welt, der ich entrückt!
Der Himmel blickt auf mich hernieder,

die Fluren prangen reich geschmückt!
Der Lenz mit tausend holden Klängen
zog jubelnd in die Seele mir!
In süßem, ungestümem Drängen
ruft laut mein Herz: Zu ihr! Zu ihr!

LANDGRAF UND DIE SÄNGER. Er kehrt zurück, den wir verloren!
Ein Wunder hat ihn hergebracht!
Die ihm den Übermut beschworen,
gepriesen sei die holde Macht!
Nun lausche unsren Hochgesängen
von Neuem der Gepries'nen Ohr!
Es tön' in frohbelebten Klängen
das Lied aus jeder Brust hervor!

Während des Vorhergehenden hat sich nach und nach der ganze Jagdtroß des Landgrafen mit Falkenträgern usw. auf der Bühne versammelt. Die Jäger stoßen in die Hörner. – Das ganze Tal wimmelt jetzt vom immer noch stärker angewachsenen Jagdtroß. – Der Landgraf und die Sänger wenden sich dem Jagdtroß zu; der Landgraf stößt in sein Horn: lautes Hornschmettern und Rüdengebell antwortet ihm. – Während der Landgraf und die Sänger die Pferde, die ihnen von der Wartburg zugeführt worden sind, besteigen, fällt der Vorhang

ZWEITER AKT

ERSTE SZENE

Die Sängerhalle auf der Wartburg; im Hintergrunde freie Aussicht auf den Hof und das Tal

ELISABETH *tritt freudig bewegt ein.*
Dich, teure Halle, grüß ich wieder,
froh grüß ich dich, geliebter Raum!
In dir erwachen seine Lieder
und wecken mich aus düstrem Traum.
Da Er aus dir geschieden,
wie öd erschienst du mir!
Aus mir entfloh der Frieden,
die Freude zog aus dir!

Wie jetzt mein Busen hoch sich hebet,
so scheinst du jetzt mir stolz und hehr;
der mich und dich so neu belebet,
nicht länger weilt er ferne mehr!
Sei mir gegrüßt! Sei mir gegrüßt!
Du teure Halle, sei mir gegrüßt!

Tannhäuser, von Wolfram geleitet, tritt mit diesem aus der Treppe im Hintergrunde auf.

ZWEITE SZENE

Elisabeth erblickt Tannhäuser

WOLFRAM. Dort ist sie; nahe dich ihr ungestört!

Er bleibt an die Mauerbrüstung gelehnt im Hintergrunde. – Tannhäuser stürzt ungestüm zu Elisabeths Füßen

TANNHÄUSER. O, Fürstin!

ELISABETH *in schüchterner Verwirrung.*
Gott! Stehet auf! Laßt mich! Nicht darf ich Euch hier sehn!

Sie macht eine Bewegung sich zu entfernen

TANNHÄUSER. Du darfst! O bleib, und laß zu deinen Füßen mich!

Elisabeth wendet sich ihm freundlich zu

ELISABETH. So stehet auf!
Nicht sollet hier Ihr knien, denn diese Halle
ist Euer Königreich. O, stehet auf!
Nehmt meinen Dank, daß Ihr zurückgekehrt!
Wo weiltet Ihr so lange?

TANNHÄUSER *sich langsam erhebend.* Fern von hier,
in weiten, weiten Landen; – dichtes Vergessen
hat zwischen heut und gestern sich gesenkt.
All mein Erinnern ist mir schnell geschwunden,
und nur des Einen muß ich mich entsinnen,
daß ich nie mehr gehofft, Euch zu begrüßen,
noch je zu Euch mein Auge zu erheben.

ELISABETH. Was war es dann, das Euch zurückgeführt?

TANNHÄUSER. Ein Wunder war's,
ein unbegreiflich hohes Wunder!

ELISABETH *freudig aufwallend.*
Ich preise dieses Wunder aus meines Herzens Tiefe!

Sich mäßigend, in Verwirrung

Verzeiht, wenn ich nicht weiß, was ich beginne!
Im Traum bin ich und tör'ger als ein Kind,

machtlos der Macht der Wunder preisgegeben.
Fast kenn ich mich nicht mehr ... O helfet mir,
daß ich das Rätsel meines Herzens löse!
Der Sänger klugen Weisen
lauscht ich sonst wohl gern und viel;
ihr Singen und ihr Preisen
schien mir ein holdes Spiel.
Doch welch ein seltsam neues Leben
rief Euer Lied mir in die Brust!
Bald wollt es mich wie Schmerz durchbeben,
bald drang's in mich wie jähe Lust;
Gefühle, die ich nie empfunden,
Verlangen, das ich nie gekannt!
Was sonst mir lieblich, war verschwunden
vor Wonnen, die noch nie genannt! –
Und als Ihr nun von uns gegangen,
war Frieden mir und Lust dahin;
die Weisen, die die Sänger sangen,
erschienen matt mir, trüb ihr Sinn;
im Traume fühlt ich dumpfe Schmerzen,
mein Wachen ward trübsel'ger Wahn:
die Freude zog aus meinem Herzen –
Heinrich! Heinrich! Was tatet Ihr mir an?

TANNHÄUSER *begeistert.* Den Gott der Liebe sollst du preisen!
Er hat die Saiten mir berührt,
er sprach zu dir aus meinen Weisen,
zu dir hat er mich hergeführt.

ELISABETH. Gepriesen sei die Stunde,
gepriesen sei die Macht,
die mir so holde Kunde
von Eurer Näh gebracht!
Von Wonneglanz umgeben
lacht mir der Sonne Schein;
erwacht zu neuem Leben,
nenn ich die Freude mein!

TANNHÄUSER. Gepriesen sei die Stunde,
gepriesen sei die Macht,
die mir so holde Kunde
aus deinem Mund gebracht!
Dem neu erkannten Leben
darf ich mich mutig weihn;
ich nenn in freud'gem Beben
sein schönstes Wunder mein!

WOLFRAM *im Hintergrunde.*
So flieht für dieses Leben
mir jeder Hoffnung Schein!

Tannhäuser trennt sich von Elisabeth; er geht auf Wolfram zu, umarmt ihn heftig und entfernt sich mit ihm durch die Treppe. – Elisabeth blickt Tannhäuser vom Balkon aus nach.

DRITTE SZENE

Der Landgraf tritt aus einer Seitentüre ein. Elisabeth eilt auf ihn zu und birgt ihr Gesicht an seiner Brust

LANDGRAF. Dich treff ich hier in dieser Halle, die
so lange du gemieden? Endlich denn
lockt dich ein Sängerfest, das wir bereiten?
ELISABETH. Mein Oheim! O, mein güt'ger Vater!
LANDGRAF. Drängt
es dich, dein Herz mir endlich zu erschließen?
ELISABETH. Sieh mir ins Auge! Sprechen kann ich nicht.
LANDGRAF. Noch bleibe denn unausgesprochen
dein süß Geheimnis kurze Frist;
der Zauber bleibe ungebrochen
bis du der Lösung mächtig bist.
So sei's! Was der Gesang so Wunderbares
erweckt und angeregt, soll heute er
enthüllen und mit Vollendung krönen;
die holde Kunst, sie werde jetzt zur Tat!
Man hört im Hintergrunde, tief, wie im Schloßhof, Trompeten
Schon nahen sich die Edlen meiner Lande,
die ich zum seltnen Fest hieher beschied;
zahlreicher nahen sie als je, da sie
gehört, daß du des Festes Fürstin seist.

VIERTE SZENE

Der Landgraf und Elisabeth treten an den Balkon, um nach der Ankunft der Gäste zu sehen. Vier Edelknaben treten auf und melden an. Sie erhalten vom Landgrafen Befehl für den Empfang usw. – Die Ritter und Grafen treten einzeln mit Edelfrauen und Gefolge, welches im Hintergrunde bleibt, ein und werden vom Landgrafen und von Elisabeth empfangen

CHOR. Freudig begrüßen wir die edle Halle,
wo Kunst und Frieden immer nur verweil,
wo lange noch der frohe Ruf erschalle:
Thüringens Fürsten, Landgraf Hermann, Heil!

Die Versammelten haben alle die ihnen angewiesenen, einen großen Halbkreis bildenden Plätze eingenommen. Der Landgraf und Elisabeth nehmen im Vordergrunde unter einem Baldachin Ehrensitze ein. – Trompeten. – Die Sänger treten auf, begrüßen die Versammlung und werden von den Edelknaben nach ihren Sitzen geleitet (die in der leer gelassenen Mitte des Saales einen engeren Halbkreis bilden. Tannhäuser im Mittelgrunde rechts, Wolfram am entgegengesetzten Ende links, der Versammlung gegenüber). – Der Landgraf erhebt sich

LANDGRAF. Gar viel und schön ward hier in dieser Halle
von euch, ihr lieben Sänger, schon gesungen;
in weisen Rätseln wie in heitren Liedern
erfreutet ihr gleich sinnig unser Herz.
Wenn unser Schwert in blutig ernsten Kämpfen
stritt für des deutschen Reiches Majestät,
wenn wir dem grimmen Welfen widerstanden,
und dem verderbenvollen Zwiespalt wehrten:
so ward von euch nicht mindrer Preis errungen.
Der Anmut und der holden Sitte,
der Tugend und dem reinen Glauben
erstrittet ihr durch eure Kunst
gar hohen, herrlich schönen Sieg.
Bereitet heute uns denn auch ein Fest,
heut, wo der kühne Sänger uns zurückgekehrt,
den wir so ungern lang vermißten.
Was wieder ihn in unsre Nähe brachte,
ein wunderbar Geheimnis dünkt es mich;
durch Liedes Kunst sollt ihr es uns enthüllen;
deshalb stell ich die Frage jetzt an euch:
könnt ihr der *Liebe* Wesen mir ergründen?
Wer es vermag, wer sie am würdigsten
besingt, dem reich Elisabeth den Preis, –
er fordre ihn so hoch und kühn er wolle,
ich sorge, daß sie ihn gewähren solle.
Auf, liebe Sänger! Greifet in die Saiten!
Die Aufgab ist gestellt, – kämpft um den Preis,
und nehmet All im voraus unsren Dank!

CHOR DER RITTER UND EDELFRAUEN. Heil! Heil! Thüringens Fürsten Heil!
Der holden Kunst Beschützer Heil! Heil! Heil!

Alle setzen sich. Die vier Edelknaben treten hervor; sie sammeln in einem goldenen Becher von jedem der Sänger seinen auf ein zusammengerolltes Blättchen gezeichneten Namen; darauf reichen sie den Becher Elisabeth, welche eines der Blättchen herauszieht und wiederum den Edelknaben reicht; diese lesen, treten feierlich in die Mitte und rufen:

VIER EDELKNABEN. Wolfram von Eschenbach beginne!

Sie setzen sich zu Füßen des Landgrafen und Elisabeths nieder. – Wolfram erhebt sich. Tannhäuser stützt sich, wie in Träumerei verfallend, auf seine Harfe.

WOLFRAM. Blick ich umher in diesem edlen Kreise,
welch hoher Anblick macht mein Herz erglühn!
So viel der Helden, tapfer, deutsch und weise,
ein stolzer Eichwald, herrlich, frisch und grün; –
und hold und tugendsam erblick ich Frauen,
lieblicher Blüten düftereichster Kranz.
Es wird der Blick wohl trunken mir vom Schauen,
mein Lied verstummt vor solcher Anmut Glanz.
Da blick ich auf zu *einem* nur der Sterne,
der an dem Himmel, der mich blendet, steht: –
es sammelt sich mein Geist aus jeder Ferne,
andächtig sinkt die Seele in Gebet.
Und sieh, mir zeiget sich ein Wunderbronnen,
in den mein Geist voll hohen Staunens blickt;
aus ihm er schöpfet gnadenreiche Wonnen,
durch die mein Herz er namenlos erquickt.
Und nimmer möcht ich diesen Bronnen trüben,
berühren nicht den Quell mit frevlem Mut:
in Anbetung möcht ich mich opfernd üben,
vergießen froh mein letztes Herzensblut!
Ihr Edlen mögt in diesen Worten lesen,
wie ich erkenn der Liebe reinstes Wesen.

Er setzt sich

DIE RITTER UND FRAUEN *in beifälliger Bewegung.* So ist's! So ist's! Gepriesen sei dein Lied!

TANNHÄUSER *der gegen das Ende von Wolframs Gesange wie aus dem Traume aufgefahren ist, erhebt sich.*
Auch ich darf mich so glücklich nennen
zu schaun, was, Wolfram, du geschaut.
Wer sollte nicht den Bronnen kennen?

Hör, seine Tugend preis ich laut!
Doch, ohne Sehnsucht heiß zu fühlen
ich seinem Quell nicht nahen kann;
des Durstes Brennen muß ich kühlen,
getrost leg ich die Lippen an –
in vollen Zügen trink ich Wonnen,
in die kein Zagen je sich mischt,
denn unversiegbar ist der Bronnen,
wie mein Verlangen nie erlischt.
So, daß mein Sehnen ewig brenne,
lab an dem Quell ich ewig mich.
Und wisse, Wolfram, so erkenne
der Liebe wahrstes Wesen ich!

Er setzt sich. – Elisabeth macht eine Bewegung, ihren Beifall zu bezeugen; da aber Alles in ernstem Schweigen verharrt, hält sie sich schüchtern zurück

WALTHER VON DER VOGELWEIDE *erhebt sich.* Den Bronnen, den uns Wolfram nannte,
ihn schaut auch meines Geistes Licht;
doch, der in Durst für ihn entbrannte,
du, Heinrich, kennst ihn wahrlich nicht.
Laß dir denn sagen, laß dich lehren:
der Bronnen ist die *Tugend* wahr;
du sollst in Inbrunst ihn verehren
und opfern seinem holden Klar.
Legst du an seinen Quell die Lippen,
zu kühlen frevle Leidenschaft,
ja, wolltest du am Rand nur nippen,
wich ewig ihm die Wunderkraft!
Willst du Equickung aus dem Bronnen haben,
mußt du dein Herz – nicht deinen Gaumen laben.

Er setzt sich

CHOR DER RITTER UND FRAUEN. Heil Walther! Preis sei deinem Liede!

TANNHÄUSER *erhebt sich mit Heftigkeit.*
O Walther, der du also sangest,
du hast die Liebe arg entstellt!
Wenn du in solchem Schmachten bangest,
versiegte wahrlich wohl die Welt!
Zu Gottes Preis in hoch erhabne Fernen
blickt auf zum Himmel, blickt auf zu seinen Sternen:
Anbetung solchen Wundern zollt,
da ihr sie nicht begreifen sollt!

Doch was sich der Berührung beuget,
euch Herz und Sinnen nahe liegt,
was sich, aus gleichem Stoff erzeuget,
in weicher Formung an euch schmiegt,
dem ziemt Genuß in freud'gem Triebe,
und im Genuß nur kenn ich Liebe!
Er setzt sich

BITEROLF *erhebt sich schnell und zornig.*
Heraus zum Kampfe mit uns Allen!
Wer bliebe ruhig, hört er dich?
Wird deinem Hochmut es gefallen,
so höre, Lästrer, nun auch mich!
Wenn mich begeistert hohe Liebe,
stählt sie die Waffen mir mit Mut;
daß ewig ungeschmäht sie bliebe,
vergöss ich stolz mein letztes Blut!
Für Frauenehr und hohe Tugend
als Ritter kämpf ich mit dem Schwert;
doch was Genuß beut deiner Jugend,
ist wohlfeil keines Streiches wert!

CHOR DER RITTER UND FRAUEN *in tobendem Beifall.*
Heil Biterolf! Hier unser Schwert!

TANNHÄUSER *mit immer steigender Hitze auffahrend.*
Ha, tör'ger Prahler Biterolf!
Singst du von Liebe, grimmer Wolf?
Gewißlich hast du nicht gemeint,
was mir genießenswert erscheint!
Was hast du, Ärmster, wohl genossen?
Dein Leben war nicht liebereich –
und was von Freuden dir entsprossen,
das galt wohl wahrlich keinen Streich!

DIE RITTER *in größter Aufregung.* Laßt ihn nicht enden! Wehrt seiner Kühnheit!

DER LANDGRAF *zu Biterolf, der das Schwert zieht.*
Zurück das Schwert! Ihr Sänger, haltet Frieden!
Wolfram erhebt sich; sogleich tritt wieder Ruhe ein

WOLFRAM. O Himmel! Laß dich jetzt erflehen!
Gib meinem Lied der Weihe Preis!
Gebannt laß mich die Sünde sehen
aus diesem edlen, reinen Kreis!
Dir, hohe Liebe, töne
begeistert mein Gesang,
die mir in Engels Schöne

tief in die Seele drang!
Du nahst als Gottgesandte,
ich folg aus holder Fern:
so führst du in die Lande,
wo ewig strahlt dein Stern!

Tannhäuser springt auf

TANNHÄUSER *in äußerster Verzückung.*
Dir, Göttin der Liebe,
soll mein Lied ertönen,
gesungen, laut sei jetzt dein Preis von mir!
Dein süßer Reiz ist Quelle alles Schönen,
und jedes holde Wunder stammt von dir!
Wer dich mit Glut in seine Arme geschlossen,
was Liebe ist, kennt der, nur der allein!
Armsel'ge, die ihr Liebe nie genossen,
zieht hin! Zieht in den Berg der Venus ein!

Allgemeiner Aufbruch und Entsetzen

ALLE. Ha! Der Verruchte! Fliehet ihn!
Hört es! Er war im Venusberg!

DIE EDELFRAUEN. Hinweg! Hinweg! Aus seiner Näh!

Alle Frauen verlassen in größter Bestürzung und unter Gebärden des Abscheus die Halle. Elisabeth, die dem Streite der Sänger mit wachsender Angst zugehört hatte, bleibt von den Frauen allein zurück – bleich, nur mit dem größten Aufwand ihrer Kraft an einer der hölzernen Säulen des Baldachins sich aufrecht erhaltend. – Der Landgraf, alle Ritter und Sänger haben ihre Sitze verlassen und treten zusammen. Tannhäuser zur äußersten Linken, verbleibt noch eine Zeitlang wie in Verzückung

LANDGRAF, RITTER UND SÄNGER. Ihr habt's gehört! Sein frevler Mund
tat das Verbrechen schrecklich kund:
er hat der Hölle Lust geteilt,
im Venusberg hat er geweilt!
Entsetzlich! Scheußlich! Fluchenswert!
In seinem Blute netzt das Schwert!
Zum Höllenpfuhl zurückgesandt,
sei er gefemt, sei er gebannt!

Alle dringen mit gezücktem Schwerte auf Tannhäuser ein, der eine trotzige Stellung einnimmt; Elisabeth stürzt dazwischen

ELISABETH. Haltet ein!

Alle halten in größter Betroffenheit an

LANDGRAF, RITTER UND SÄNGER. Was hör ich? Wie? Elisabeth!
Die keusche Jungfrau für den Sünder?

ELISABETH *Tannhäuser mit ihrem Körper deckend.*
Zurück! Des Todes achte ich sonst nicht!
Was ist die Wunde eures Eisens gegen
den Todesstoß, den ich von ihm empfing?

LANDGRAF, RITTER UND SÄNGER. Elisabeth, was muß ich hören?
Wie ließ dein Herz dich so betören,
von dem die Strafe zu beschwören,
der auch so furchtbar dich verriet?

ELISABETH. Was liegt an mir? Doch er – sein Heil!
Wollt ihr sein ewig Heil ihm rauben?

LANDGRAF, RITTER UND SÄNGER. Verworfen hat er jedes Hoffen,
niemals wird ihm des Heils Gewinn!
Des Himmels Fluch hat ihn getroffen!
In seinen Sünden fahr er hin!

Sie dringen von neuem auf Tannhäuser ein

ELISABETH. Zurück von ihm! Nicht ihr seid seine Richter!
Grausame! Werft von euch das wilde Schwert!
Und gebt Gehör der reinen Jungfrau Wort!
Vernehmt durch mich, was Gottes Wille ist!
Der Unglücksel'ge, den gefangen
ein furchtbar mächt'ger Zauber hält, –
wie, sollt er nie zum Heil gelangen
durch Sühn und Buß in dieser Welt?
Die ihr so stark im reinen Glauben,
verkennt ihr so des Höchsten Rat?
Wollt ihr des Sünders Hoffnung rauben,
so sagt, was euch er Leides tat?
Seht mich, die Jungfrau, deren Blüte
mit einem jähen Schlag er brach,
die ihn geliebt tief im Gemüte,
der jubelnd er das Herz zerstach! –
Ich fleh für ihn, ich flehe für sein Leben;
zur Buße lenke er reu'voll den Schritt!
Der Mut des Glaubens sei ihm neu gegeben,
daß auch für ihn einst der Erlöser litt.

TANNHÄUSER *in furchbarer Zerknirschung zusammenstürzend.*
Weh! Weh mir Unglücksel'gem!

LANDGRAF, RITTER UND SÄNGER. Ein Engel stieg aus lichtem Äther,
zu künden Gottes heil'gen Rat!
Blick hin, du schändlicher Verräter!

Werd inne deiner Missetat!
Du gabst ihr Tod, sie bittet für dein Leben!
Wer bliebe rauh, hört er des Engels Flehn?
Darf ich auch nicht dem Schuldigen vergeben,
dem Himmelswort kann ich nicht widerstehn!

TANNHÄUSER. Zum Heil den Sündigen zu führen,
die Gottgesandte nahte mir;
doch ach! – sie frevelnd zu berühren
hob ich den Lästerblick zu ihr!
O du, hoch über diesen Erdengründen,
die mir den Engel meines Heils gesandt!
Erbarm dich mein, der, ach so tief in Sünden,
schmachvoll des Himmels Mittlerin verkannt!

DER LANDGRAF *feierlich in die Mitte tretend.*
Ein furchtbares Verbrechen ward begangen;
es stahl mit heuchlerischer Larve sich
zu uns der Sünde fluchbeladner Sohn. –
Wir stoßen dich von uns, bei uns darfst du
nicht weilen! Schmachbefleckt ist unser Herd
durch dich, und dräuend blickt der Himmel selbst
auf dieses Dach, das dich zu lang schon birgt!
Zur Rettung doch vor ewigem Verderben
steht offen dir ein Weg – von mir dich stoßend,
zeig ich ihn dir: nütz ihn zu deinem Heil!
Versammelt sind aus meinen Landen
bußfert'ge Pilger, stark an Zahl;
die ältren schon voran sich wandten,
die jüngren rasten noch im Tal.
Nur um geringer Sünde willen
ihr Herz nicht Ruhe ihnen läßt;
der Buße frommen Drang zu stillen,
ziehn sie nach Rom zum Gnadenfest.

LANDGRAF, RITTER UND SÄNGER. Mit ihnen sollst du wallen
zur Stadt der Gnadenhuld,
im Staub dort niederfallen
und büßen deine Schuld;
vor ihm stürz dich darnieder,
der Gottes Urteil spricht!
Doch kehre nimmer wieder,
ward dir sein Segen nicht!
Mußt unsre Rache weichen,
weil sie ein Engel brach,

dies Schwert wird dich erreichen,
harrst du in Sünd und Schmach!

ELISABETH. Laß hin zu dir ihn wallen,
du Gott der Gnad und Huld!
Ihm, der so tief gefallen,
vergib der Sünden Schuld!
Für ihn nur will ich flehen,
mein Leben sei Gebet!
Laß ihn dein Leuchten sehen,
eh er in Nacht vergeht!
Mit freudigem Erbeben
Laß dir ein Opfer weihn: –
nimm hin, o nimm mein Leben!
Ich nenn es nicht mehr mein!

TANNHÄUSER. Wie soll ich Gnade finden?
Wie büßen meine Schuld?
Mein Heil sah ich entschwinden,
mich flieht des Himmels Huld!
Doch will ich büßend wallen,
zerschlagen meine Brust,
im Staube niederfallen;
Zerknirschung sei mir Lust!
Oh! Daß nur er versöhnet,
der Engel meiner Not,
der sich, so frech verhöhnet,
zum Opfer doch mir bot!

GESANG DER JÜNGEREN PILGER *im Hintergrunde, tief, wie aus dem Tale heraufschallend.*
Am hohen Fest der Gnad und Huld
in Demut sühn ich meine Schuld.
Gesegnet, wer im Glauben treu!
Er wird erlöst durch Buß und Reu!

Alle haben, den Gesang vernehmend, von der leidenschaftlichsten und drohendsten Gebärde zu einer milderen und gerührten übergehend, gelauscht. – Tannhäuser, dessen Züge von einem Scheine schnell erwachter Hoffnung verklärt werden, wendet sich rasch zum Abgange

TANNHÄUSER. Nach Rom!

Er eilt ab

ALLE *rufen ihm nach.* Nach Rom!

DRITTER AKT

Tal vor der Wartburg, links der Hörselberg – wie am Schlusse des ersten Aktes, nur in herbstlicher Färbung. Der Tag neigt sich zum Abend. – Auf dem kleinen Bergvorsprunge rechts, vor dem Marienbilde, liegt Elisabeth betend auf den Knien. – Wolfram kommt links von der waldigen Höhe herab; auf halber Höhe hält er an, als er Elisabeth gewahrt

ERSTE SZENE

WOLFRAM. Wohl wußt ich hier sie im Gebet zu finden,
wie ich so oft sie treffe, wenn ich einsam
aus wald'ger Höh mich in das Tal verirre.
Den Tod, den er ihr gab, im Herzen,
dahingestreckt in brünst'gen Schmerzen,
fleht für sein Heil sie Tag und Nacht: –
o heil'ger Liebe ew'ge Macht!
Von Rom zurück erwartet sie die Pilger;
schon fällt das Laub, die Heimkehr steht bevor.
Kehrt Er mit den Begnadigten zurück? –
Dies ist ihr Fragen, dies ihr Flehen, –
ihr Heil'gen, laßt erfüllt es sehen!
Bleibt auch die Wunde ungeheilt, –
o würd ihr Lindrung nur erteilt!

Als er tiefer in das Tal hinabsteigen will, vernimmt er den Gesang der Pilger und hält an

ELISABETH *erhebt sich, dem Gesange lauschend.*
Dies ist ihr Sang. – Sie sind's! Sie kehren heim!
Ihr Heil'gen, zeigt mir jetzt mein Amt,
daß ich mit Würde es erfülle!

WOLFRAM *während der Gesang sich langsam nähert.*
Die Pilger sind's; – es ist die fromme Weise,
die der empfangnen Gnade Heil verkündet.
O Himmel, stärke jetzt ihr Herz
für die Entscheidung ihres Lebens!

DIE ÄLTEREN PILGER *aus großer Ferne sich langsam der Bühne nähernd.* Beglückt darf nun dich, o Heimat, ich schauen,
und grüßen froh deine lieblichen Auen;
nun laß ich ruhn den Wanderstab,
weil Gott getreu ich gepilgert hab.

Durch Sühn und Buß hab ich versöhnt
den Herren, dem mein Herze frönt,
der meine Reu mit Segen krönt,
den Herren, dem mein Lied ertönt!

Hier betreten die Pilger die Bühne von rechts her, im Vordergrunde; sie ziehen während des Folgenden an dem Bergvorsprunge vorbei langsam das Tal entlang dem Hintergrunde zu

Der Gnade Heil ist dem Büßer beschieden,
er geht einst ein in der Seligen Frieden;
vor Höll und Tod ist ihm nicht bang,
drum preis ich Gott mein Lebelang.

Bereits dem Hintergrunde zugewendet, sich allmählich entfernend

Halleluja! Halleluja in Ewigkeit!

Sich immer mehr entfernend und endlich durch die Talöffnung nach rechts verschwindend

Beglückt darf nun dich, o Heimat, ich schauen,
und grüßen froh deine lieblichen Auen!
Nun laß ich ruhn den Wanderstab ...

ELISABETH *die von ihrem erhöhten Standpunkte aus mit großer Aufregung unter den vorüberziehenden Pilgern nach Tannhäuser geforscht hat, in schmerzlicher, aber ruhiger Fassung.*
Er kehret nicht zurück!

Sie senkt sich mit großer Feierlichkeit auf die Knie

Allmächt'ge Jungfrau! Hör mein Flehen!
Zu dir, Gepries'ne, rufe ich!
Laß mich im Staub vor dir vergehen,
o! nimm von dieser Erde mich!
Mach, daß ich rein und engelgleich
eingehe in dein selig Reich!
Wenn je in tör'gem Wahn befangen
mein Herz sich abgewandt von dir,
wenn je ein sündiges Verlangen,
ein weltlich Sehnen keimt in mir: –
so rang ich unter tausend Schmerzen,
daß ich es töt in meinem Herzen. –
Doch, konnt ich jeden Fehl nicht büßen,
so nimm dich gnädig meiner an!
Daß ich mit demutvollem Grüßen
als würd'ge Magd dir nahen kann, –
um deiner Gnaden reichste Huld
nur anzuflehn für seine Schuld!

Sie verbleibt eine Zeitlang wie in andächtiger Entrücktheit;

als sie sich dann langsam erhebt, erblickt sie Wolfram, welcher sich ihr nähert, um sie anzureden. – Sie bittet ihn durch eine Gebärde, nicht mit ihr zu sprechen

WOLFRAM. Elisabeth, dürft ich dich nicht geleiten?

Elisabeth drückt ihm abermals durch Gebärden aus: sie danke ihm und seiner treuen Liebe aus vollem Herzen; ihr Weg führe sie aber gen Himmel, wo sie ein hohes Amt zu verrichten habe – er solle sie daher ungeleitet gehen lassen, ihr aber auch nicht folgen. Sie besteigt die halbe Berghöhe und verschwindet allmählich auf dem Fußsteige, welcher auf dieser nach der Wartburg führt, nachdem man ihre Gestalt lange noch in der Entfernung erblickt hat. – Wolfram, der Elisabeth lange noch mit den Augen verfolgt hat, setzt sich am Fuße des linken Talhügels nieder und beginnt auf der Harfe zu spielen

ZWEITE SZENE

WOLFRAM. Wie Todesahnung Dämmrung deckt die Lande,
umhüllt das Tal mit schwärzlichem Gewande;
der Seele, die nach jenen Höh'n verlangt,
vor ihrem Flug durch Nacht und Grausen bangt.
Da scheinest du, o lieblichster der Sterne, –
dein sanftes Licht entsendest du der Ferne,
die nächt'ge Dämmrung teilt dein lieber Strahl,
und freundlich zeigst du den Weg aus dem Tal.
O du mein holder Abendstern,
wohl grüßt ich immer dich so gern;
vom Herzen, das sie nie verriet,
grüße sie, wenn sie vorbei dir zieht, –
wenn sie entschwebt dem Tal der Erden,
ein sel'ger Engel dort zu werden.

Er verbleibt mit gen Himmel gerichtetem Auge, auf der Harfe fortspielend

DRITTE SZENE

Es ist gänzlich Nacht geworden. Tannhäuser tritt auf: er trägt zerrissene Pilgerkleidung, sein Antlitz ist bleich und entstellt; er geht matten Schrittes an seinen Stab gestützt

TANNHÄUSER *mit matter Stimme.* Ich hörte Harfenschlag, wie klang er traurig!
Der kam wohl nicht von ihr!

WOLFRAM. Wer bist du, Pilger,
der du so einsam wanderst?

TANNHÄUSER. Wer ich bin? –
Kenn ich doch dich recht gut! Wolfram bist du,
höhnisch
der wohlgeübte Sänger!

WOLFRAM *heftig auffahrend.* Heinrich! Du?
Was bringt dich her in diese Nähe? Sprich!
Wagst du es, unentsündigt noch den Fuß
nach dieser Gegend herzulenken?

TANNHÄUSER. Sei außer Sorg, mein guter Sänger!
Nicht such ich dich, noch deiner Sippschaft Einen. –
Mit unheimlicher Lüsternheit
Doch such ich wen, der mir den Weg wohl zeige, –
den Weg, den einst so wunderleicht ich fand –

WOLFRAM. Und welchen Weg?

TANNHÄUSER. Den Weg zum Venusberg!

WOLFRAM. Entsetzlicher! Entweihe nicht mein Ohr!
Treibt es dich dahin?

TANNHÄUSER. Kennst du wohl den Weg?

WOLFRAM. Wahnsinn'ger! Grauen faßt mich, hör ich dich!
Wo warst du? Zogst du denn nicht nach Rom?

TANNHÄUSER *wütend.* Schweig mir von Rom!

WOLFRAM. Warst nicht beim heil'gen Feste?

TANNHÄUSER. Schweig mir von ihm!

WOLFRAM. So warst du nicht? Sag! – Ich
beschwöre dich!

TANNHÄUSER *wie sich besinnend, mit schmerzlichem Ingrimm.*
Wohl war auch ich in Rom...

WOLFRAM. So sprich! Erzähle mir! Unglücklicher!
Mich faßt ein tiefes Mitleid für dich an!

Tannhäuser betrachtet Wolfram lange mit gerührter Verwunderung

TANNHÄUSER. Wie sagst du, Wolfram? Bist du denn nicht mein Feind?

WOLFRAM. Nie war ich es, solang ich fromm dich wähnte.
Doch sag, du pilgertest nach Rom?

TANNHÄUSER. Nun denn,
hör an! Du, Wolfram, du... sollst es erfahren.

Er setzt sich erschöpft am Fuße des Bergvorsprunges nieder; Wolfram will sich an seiner Seite ebenfalls niederlassen

Zurück von mir! Die Stätte, wo ich raste,
ist verflucht!

Wolfram bleibt in geringer Entfernung vor Tannhäuser stehen

Hör an, Wolfram! Hör an!
Inbrunst im Herzen, wie kein Büßer noch
sie je gefühlt, sucht ich den Weg nach Rom.
Ein Engel hatte, ach! der Sünde Stolz
dem Übermütigen entwunden;
für ihn wollt ich in Demut büßen,
das Heil erflehn, das mir verneint –
um ihm die Träne zu versüßen,
die er mir Sünder einst geweint! –
Wie neben mir der schwerstbedrückte Pilger
die Straße wallt, erschien mir allzuleicht: –
betrat sein Fuß den weichen Grund der Wiesen,
der nackten Sohle sucht ich Dorn und Stein;
ließ Labung er am Quell den Mund genießen,
sog ich der Sonne heißes Glühen ein;
wenn fromm zum Himmel er Gebete schickte,
vergoß mein Blut ich zu des Höchsten Preis;
als im Hospiz der Müde sich erquickte,
die Glieder bettet ich in Schnee und Eis; –
verschloßnen Augs, ihr Wunder nicht zu schauen,
durchzog ich blind Italiens holde Auen. –
Ich tat's, denn in Zerknirschung wollt ich büßen,
um meines Engels Tränen zu versüßen!
Nach Rom gelangt ich so zur heil'gen Stelle,
lag betend auf des Heiligtumes Schwelle: –
der Tag brach an; da läuteten die Glocken, –
hernieder tönten himmlische Gesänge: –
da jauchzt es auf in brünstigem Frohlocken,
denn Gnad und Heil verhießen sie der Menge.
Da sah ich ihn, durch den sich Gott verkündigt, –
vor ihm all Volk im Staub sich niederließ.
Und Tausenden er Gnade gab, entsündigt
er Tausende sich froh erheben hieß –
Da naht auch ich, das Haupt gebeugt zur Erde,
klagt ich mich an mit jammernder Gebärde
der bösen Lust, die meine Sinn empfanden,
des Sehnens, das kein Büßen noch gekühlt;
und um Erlösung aus den heißen Banden

rief ich ihn an, von wildem Schmerz durchwühlt...
Und er, den so ich bat, hub an:
»Hast du so böse Lust geteilt,
dich an der Hölle Glut entflammt,
hast du im Venusberg geweilt,
so bist nun ewig du verdammt!
Wie dieser Stab in meiner Hand
nie mehr sich schmückt mit frischem Grün,
kann aus der Hölle heißem Brand
Erlösung nimmer dir erblühn!«
Dann sank ich in Vernichtung dumpf darnieder, –
die Sinne schwanden mir... Als ich erwacht,
auf ödem Platze lagerte die Nacht, –
von fern her tönten frohe Gnadenlieder...
Da ekelte mich der holde Sang!
Von der Verheißung lügnerischem Klang,
der eiseskalt mir durch die Seele schnitt,
trieb Grauen mich hinweg mit wildem Schritt!
Dahin zog's mich, wo ich der Wonn und Lust*
so viel genoß, an ihre warme Brust!

In grauenhafter Begeisterung

Zu dir, Frau Venus, kehr ich wieder,
in deiner Zauber holde Nacht;
zu deinem Hof steig ich darnieder,
wo nun dein Reiz mir ewig lacht!

WOLFRAM. Halt ein! Halt ein, Unsel'ger!

TANNHÄUSER. Ach, laß mich nicht vergebens suchen!
Wie leicht fand ich doch einsten dich!
Du hörst, daß mir die Menschen fluchen, –
nun, süße Göttin, leite mich!

Finstere Nacht; leichte Nebel verhüllen allmählich die Szene

WOLFRAM *in heftigem Grausen.* Wahnsinniger! Wen rufst du an?

TANNHÄUSER. Ha! Fühlest du nicht milde Lüfte?

WOLFRAM. Zu mir! Es ist um dich getan!

TANNHÄUSER. Und atmest du nicht holde Düfte?

Die Nebel beginnen in rosiger Dämmerung zu erglühen

Hörst du nicht jubelnde Klänge?

WOLFRAM. In wildem Schauer bebt die Brust!

TANNHÄUSER *immer aufgeregter, je näher der Zauber kommt.*

* Siehe Anhang 3

Das ist der Nymphen tanzende Menge!
Herbei! Herbei! Herbei, herbei zu Wonn und Lust!

Wirre Bewegungen tanzender Gestalten werden erkennbar

WOLFRAM. Weh! Böser Zauber tut sich auf!
Die Hölle naht mit wildem Lauf!

TANNHÄUSER. Entzücken dringt durch meine Sinne,
gewahr ich diesen Dämmerschein!
Dies ist das Zauberreich der Minne,
außer sich
im Venusberg drangen wir ein!

In einer hellen rosigen Beleuchtung erscheint Venus, auf ihrem Lager ruhend

VENUS. Willkommen, ungetreuer Mann!
Schlug dich die Welt mit Acht und Bann?
Und findest nirgend du Erbarmen,
suchst Liebe du in meinen Armen?

TANNHÄUSER. Frau Venus, oh, Erbarmungsreiche!
Zu dir, zu dir zieht es mich hin!

WOLFRAM. Zauber der Hölle weiche, weiche!
Berücke nicht des Reinen Sinn!

VENUS. Nahst du dich wieder meiner Schwelle,
sei dir dein Übermut verziehn;
ewig fließe dir der Freuden Quelle,
und nimmer sollst du von mir fliehn!

TANNHÄUSER *indem er sich mit wilder Entschlossenheit von Wolfram losreißt.* Mein Heil, mein Heil hab ich verloren,
nun sei der Hölle Lust erkoren!

WOLFRAM. Allmächt'ger! Steh dem Frommen bei!
Er hält Tannhäuser von neuem
Heinrich! Ein Wort, es macht dich frei!
Dein Heil!

TANNHÄUSER *zu Wolfram.* Laß ab! Laß ab von mir!

VENUS *in keimender Angst.* O komm! O komm! Auf ewig sei nun mein!

WOLFRAM. Noch soll das Heil dir Sünder werden!
Tannhäuser und Wolfram ringen heftig

TANNHÄUSER. Nie, Wolfram! Nie! Ich muß dahin!

VENUS. O komm! Komm, o komm! Zu mir! Zu mir!

WOLFRAM. Ein Engel bat für dich auf Erden,
bald schwebt er segnend über dir:
Elisabeth!

TANNHÄUSER *der sich soeben losgerissen, bleibt plötzlich wie an die Stelle geheftet.* Elisabeth!

Die Nebel verfinstern sich allmählich: heller Fackelschein leuchtet dann durch sie auf

MÄNNERGESANG *hinter der Szene.* Der Seele Heil, die nun entflohn
dem Leib der frommen Dulderin!

WOLFRAM *in erhabener Rührung.* Dein Engel fleht für dich an Gottes Thron,
er wird erhört – Heinrich, du bist erlöst!

VENUS. Weh! Mir verloren!

Sie verschwindet, und mit ihr die ganze zauberische Erscheinung. Das Tal, vom Morgenrot erleuchtet, wird wieder sichtbar. Von der Wartburg her geleitet ein Trauerzug einen offenen Sarg

MÄNNERGESANG. Ihr ward der Engel sel'ger Lohn,
himmlischer Freuden Hochgewinn!

WOLFRAM *Tannhäuser sanft umschlungen haltend.*
Und hörst du den Gesang? *

TANNHÄUSER *ersterbend.* Ich höre!

Von hier an betritt der Trauerzug die Tiefe des Tales, die älteren Pilger voran; den offenen Sarg mit der Leiche Elisabeths tragen Edle, der Landgraf und die Sänger geleiten ihn zur Seite, Grafen und Edle folgen

MÄNNERGESANG. Heilig die Reine, die nun vereint
göttlicher Schar vor dem Ewigen steht!
Selig der Sünder, dem sie geweint,
dem sie des Himmels Heil erfleht!

Auf Wolframs Bedeuten ist der Sarg in der Mitte der Bühne niedergesetzt worden. Wolfram geleitet Tannhäuser zu der Leiche, an welcher dieser niedersinkt

TANNHÄUSER. Heilige Elisabeth, bitte für mich!

Er stirbt

DIE JÜNGEREN PILGER *während des Sonnenaufgangs die Bühne vom Vordergrund her betretend.* Heil! Heil! Der Gnade Wunder Heil!
Erlösung ward der Welt zuteil.
Es tat in nächtlich heil'ger Stund
der Herr sich durch ein Wunder kund:
Den dürren Stab in Priesters Hand
hat er geschmückt mit frischem Grün:
dem Sünder in der Hölle Brand
soll so Erlösung neu erblühn!

* Siehe Anhang 4

Ruft ihm es zu durch alle Land,
der durch dies Wunder Gnade fand!
Hoch über aller Welt ist Gott,
und sein Erbarmen ist kein Spott!
Halleluja! Halleluja!
Halleluja!

LANDGRAF, RITTER, SÄNGER UND DIE ÄLTEREN PILGER *in höchster Ergriffenheit.* Der Gnade Heil ist dem Büßer beschieden, er geht nun ein in der Seligen Frieden!*

* Siehe Anhang 5

DOKUMENTE

1842	12. April	Wagner kommt von Paris in Dresden an.
	9. Juni	Wagner trifft in Teplitz ein.
	22. Juni	Aufzeichnung der Erstschrift des Prosaentwurfs (ursprünglicher Titel: *Der Venusberg*) auf dem Schreckenstein bei Aussig.
	8. Juli	Vollendung der Zweitschrift des Prosaentwurfs.
	18. Juli	Rückkehr nach Dresden.
1843	Anfang April	Vollendung der Urschrift der Dichtung.
	19. Juli	Wagner trifft wieder in Teplitz ein.
	20. Juli	Beginn der Kompositionsskizze des 1. Aktes.
	16. August	Rückkehr nach Dresden.
	November	Beginn der Orchesterskizze des 1. Aktes.
1844	Ende August	Wagner zieht für die Dauer seines Urlaubs auf »Fischer's Weinberg« bei Loschwitz.
	September	Beginn der Orchesterskizze des 2. Aktes.
	15. Oktober	Vollendung der Orchesterskizze des 2. Aktes.
	Oktober	Rückkehr nach Dresden.
	29. Dezember	Vollendung der Orchesterskizze des 3. Aktes.
1845	13. April	Vollendung der Partitur.
	19. Oktober	Uraufführung am Dresdener Hoftheater. Dirigent: Richard Wagner.
1859	11. September	Nach dem Verlust des »Asyls« in Zürich ohne festen Wohnsitz, läßt sich Wagner in Paris nieder.
1860	Mitte März	Napoleon III. gibt den Befehl zur Aufführung des *Tannhäuser* an der Pariser Großen Oper.

	30. Mai	Vollendung des Prosaentwurfs zum Bacchanal der sog. Pariser Bearbeitung in Zweitschrift.
	Ende Dezember	Partitur der neukomponierten Venus-Szene des 1. Aktes vollendet.
1861	28. Januar	Partitur des neukomponierten Bacchanals vollendet.
	13. März	Erstaufführung des *Tannhäuser* in der sog. Pariser Bearbeitung an der Großen Oper. Sie endet mit dem durch den »Jockeyklub« inszenierten berühmten Skandal.
	26. März	Wagner zieht nach der dritten und skandalösesten Aufführung am 25. März sein Werk zurück.

Richard Wagner, *Eine Mitteilung an meine Freunde* (1851):
Ganz schon nur mit meiner Rückkehr nach Deutschland und mit der Beschaffung der nötigen Mittel dazu beschäftigt, mußte ich, gerade um dieser lezteren willen, nach der Beendigung des *Fliegenden Holländers* noch einmal zur musikhändlerischen Lohnarbeit greifen. Ich machte Klavierauszüge von Halévy'schen Opern. Ein gewonnener Stolz bewahrte mich aber bereits vor der Bitterkeit, mit der mich früher diese Demütigung erfüllt hatte. Ich behielt guten Humor, korrespondierte mit der Heimat wegen der vorrückenden Zurüstungen zur Aufführung des *Rienzi*; aus Berlin traf selbst die Bestätigung der Annahme meines fliegenden Holländers zur Aufführung ein. Ich lebte ganz schon in der ersehnten, nun bald zu betretenden heimischen Welt.
In dieser Stimmung fiel mir das deutsche Volksbuch vom *Tannhäuser* in die Hände; diese wunderbare Gestalt der Volksdichtung ergriff mich sogleich auf das heftigste: sie konnte dies aber auch erst *jetzt*. Keineswegs war mir der Tannhäuser an sich eine völlig unbekannte Erscheinung: schon früh war er mir durch Tiecks Erzählung bekannt geworden. Er hatte mich damals in der phantastisch mystischen Weise angeregt, wie Hoffmanns Erzählungen auf meine jugendliche Einbildungskraft gewirkt hatten; nie aber war von diesem Gebiete aus auf meinen künstlerischen Gestaltungstrieb Einfluß ausgeübt worden. Das durchaus moderne Gedicht Tiecks las ich jetzt wieder durch und begriff nun, warum

seine mystisch kokette, katholisch frivole Tendenz mich zu keiner Teilnahme bestimmt hatte; es ward mir dies aus dem Volksbuche und dem schlichten Tannhäuserliede ersichtlich, aus dem mir das einfache echte Volksgedicht der Tannhäusergestalt in so unentstellten, schnell verständlichen Zügen entgentrat. – Was mich aber vollends unwiderstehlich anzog, war die wenn auch sehr lose Verbindung, in die ich den Tannhäuser mit dem »Sängerkrieg auf Wartburg« in jenem Volksbuche gebracht fand. Auch dieses dichterische Moment hatte ich bereits früher durch eine Erzählung Hoffmanns kennen gelernt; aber, gerade wie die Tieck'sche vom Tannhäuser, hatte sie mich ganz ohne Anregung zu dramatischer Gestaltung gelassen. Jetzt geriet ich darauf, diesem Sängerkriege, der mich mit seiner ganzen Umgebung so unendlich heimatlich anwehte, in seiner einfachsten, echtesten Gestalt auf die Spur zu kommen; dies führte mich zu dem Studium des mittelhochdeutschen Gedichtes vom »Sängerkriege«, das mir glücklicher Weise einer meiner Freunde, ein deutscher Philolog, der es zufällig in seinem Besitz hatte, verschaffen konnte. –

Durch die glückliche Veränderung meiner äußeren Lage, durch die Hoffnungen, die ich auf ihre noch günstigere Entwicklung setzte, endlich durch persönliche, in einem gewissen Sinne berauschende Berührungen mit einer mir neuen und geneigten Umgebung, war ein Verlangen in mir genährt, das mich auf Genuß hindrängte und um dieses Genusses willen mein inneres, unter leidenvollen Eindrücken der Vergangenheit und durch den Kampf gegen sie in mir gestaltetes Wesen von seiner eigentümlichen Richtung ablenkte. Ein starker sinnlicher Trieb, der in jedem Menschen zum unmittelbaren Leben hindrängt, bestimmte mich in meinen besonderen Verhältnissen als Künstler nun in einer Richtung, die mich wiederum sehr bald und heftig anekeln mußte ... Wandte ich mich nun endlich hiervon mit Widerwillen ab, und verdankte ich die Kraft meines Widerwillens nur meiner bereits zur Selbständigkeit entwickelten menschlich-künstlerischen Natur, so äußerte sie sich, menschlich und künstlerisch, notwendig als Sehnsucht nach Befriedigung in einem höheren, edleren Elemente, das, in seinem Gegensatze zu der einzig unmittelbar erkennbaren Genußsinnlichkeit der mich weithin umgebenden modernen Gegenwart im Leben und Kunst, mir als ein reines, keusches, jungfräuliches, unnahbar und ungreifbar liebendes erscheinen mußte. Was endlich konnte diese

Liebessehnsucht, das Edelste, was ich meiner Natur nach zu empfinden vermochte, wieder Anderes sein, als das Verlangen nach dem Hinschwinden aus der Gegenwart, nach dem Ersterben in einem Elemente unendlicher, irdisch unvorhandener Liebe, wie es nur mit dem Tode erreichbar schien? Was war aber dennoch im Grunde dieses Verlangen Anderes, als die Sehnsucht der Liebe, und zwar der wirklichen, aus dem Boden der vollsten Sinnlichkeit entkeimten Liebe, – nur einer Liebe, die sich auf dem ekelhaften Boden der *modernen* Sinnlichkeit eben *nicht* befriedigen konnte? – Wie albern müssen mir nun die in moderner Lüderlichkeit geistreich gewordenen Kritiker vorkommen, die meinem *Tannhäuser* eine spezifisch christliche, impotent verhimmelnde Tendenz andichten wollen! Das Gedicht ihrer eigenen Unfähigkeit erkennen sie einzig im Gedichte Dessen, den sie eben nicht begreifen können.

An Ernst Benedikt Kietz, Paris. Dresden, 10. September 1842: Das Einzige, was ich in diesem Sommer für mich gemacht habe, ist der vollständige szenische Entwurf des *Venusbergs*. Ich halte ihn für vollkommen gelungen u. bin überzeugt, daß diese Oper mein originellstes Produkt wird. Wenn ich Muße gehabt haben werde, die Verse auszuführen – (u. ich will mich bemühen, sie so gut wie möglich zu machen) –, schicke ich Euch eine Abschrift zu. Ich begann den Entwurf auf einer kleinen Fußreise auszuarbeiten, die ich von Teplitz aus in die Gebirge nach Aussig u.s.w. machte; – auf dem Schreckenstein (– wenn Du ihn kennst –) übernachtete ich u. fing die Arbeit an... In der Stadtkirche von Aussig ließ ich mir die Madonna von Carlo Dolci zeigen: das Bild hat mich außerordentlich entzückt, u. hätte es Tannhäuser gesehen, so könnte ich mir vollends ganz erklären, wie es kam, daß er sich von Venus zu Maria wandte, ohne dabei zu sehr von Frömmigkeit hingerissen zu sein. – Jedenfalls steht nun die Heilige Elisabeth bei mir fest. –

An Karl Gaillard, Berlin. Dresden, 30. Januar 1844: Es ist bei mir nicht der Fall, daß ich irgend einen beliebigen Stoff wähle, ihn in Verse bringe, u. dann darüber nachdenke, wie ich auch eine passende Musik dazu machen wolle; – bei dieser Art des Verfahrens würde ich allerdings dem Übelstande ausgesetzt, mich zweimal begeistern zu sollen, was unmöglich ist. Die Art meiner Produktion ist aber anders: zunächst kann mich kein Stoff anziehen, als nur ein solcher, der

sich mir nicht nur in seiner dichterischen, sondern auch in seiner musikalischen Bedeutung zugleich darstellt. Ehe ich dann daran gehe, einen Vers zu machen, ja eine Szene zu entwerfen, bin ich bereits in dem musikalischen Dufte meiner Schöpfung berauscht, ich habe alle Töne, alle charakteristischen Motive im Kopfe, so daß, wenn dann die Verse fertig u. die Szenen geordnet sind, für mich die eigentliche Oper ebenfalls schon fertig ist, u. die detaillierte musikalische Behandlung mehr eine ruhige u. besonnene Nacharbeit ist, der der Moment des eigentlichen Produzierens bereits vorangegangen ist. Dazu müssen aber auch allerdings nur Stoffe gewählt werden, die keiner anderen Behandlung als nur der musikalischen fähig sind: nie würde ich einen Stoff wählen, der von einem geschickten Theater-Dichter ebenso gut zu einem rezitierenden Drama benutzt werden könnte. Als Musiker kann ich aber Stoffe wählen, Situationen u. Kontraste erfinden, die dem dramatischen Dichter für das Schauspiel stets fremd bleiben müssen. Hier dürfte aber auch der Punkt sein, wo Oper u. Drama sich vollkommen scheidet, u. beide neben einander ruhig ihre Richtung verfolgen können. Wenn es die heutige Aufgabe des dramatischen Dichters ist, die materiellen Interessen unsrer Zeit vom moralischen Standpunkte aus zu läutern u. zu vergeistigen, so ist dem Opern-Dichter und -Komponisten überlassen, die ganze heilige Poesie, wie sie uns aus den Sagen u. Geschichten der Vorzeit anweht, in dem ganzen ihr eigenen Dufte hervorzuzaubern, denn die Musik bietet hier das Mittel zu Kombinationen, wie sie dem Dichter allein, zumal unsern Schauspielern gegenüber, nicht zu Gebote stehen...
– Zu meiner nächsten Oper habe ich die schöne u. so eigentümliche Sage vom *Tannhäuser* gewählt, der im Venusberge verweilte u. dann zur Buße nach Rom zog; ich habe diese Sage in Verbindung mit dem Sängerkriege auf der Wartburg gebracht, wo Tannhäuser die Stelle des Heinrich v. Ofterdingen vertritt: durch diese Verbindung erhalte ich ein reiches dramatisches Leben. – Bei diesem Stoffe, glaube ich, wird es recht klar werden, daß ihn nur ein Musiker behandeln konnte.

An Karl Gaillard, Berlin. Dresden, 3. November 1845:
Ich habe mit meinem *Tannhäuser* einen großen Prozeß gewonnen! Lassen Sie sich in größter Kürze einiges Tatsächliche berichten! Die zweite Aufführung zögerte sich durch Heiserkeit mehrerer Sänger über acht Tage nach der ersten Vorstellung hinaus – das war sehr schlimm, denn in dieser langen

Zwischenzeit hatten Unverständnis, irrige und alberne Ansichten, genährt von meinen rüstig sich erhebenden Feinden, vollen Raum, sich breit zu machen, und als es endlich zur zweiten Vorstellung kam, stand meine Oper wirklich auf dem Punkte zu fallen: das Haus war nicht stark besetzt, Opposition, Vorurteil! Glücklicher Weise blieben die Sänger aber in vollem Enthusiasmus, das Verständnis brach sich Bahn, und besonders der etwas gekürzte 3te Akt schlug vollkommen durch – nachdem die Sänger hervorgerufen, wurde ich noch stürmisch verlangt. Nun hatte ich mir einen Kern im Publikum gegründet: die dritte Vorstellung fand ein gut besetztes Haus und enthusiastische Aufnahme. Nach jedem Akte wurden Sänger und Autor stürmisch applaudiert – im dritten Akte bei den Worten: »Heinrich, du bist erlöst!« erscholl das Haus von enthusiastischem Ausbruch. – Nun hat gestern endlich die 4te Vorstellung vor brechend vollem Hause stattgefunden, nach jedem Akte die Sänger und nachher jedesmal noch der Autor gerufen: nach dem 2ten Akte ein wahrer Tumult! Wo ich mich blicken lasse, rufen mir die Leute begeistert entgegen. – Lieber Gaillard, das ist in der Tat ein seltener und nach den Umständen von mir kaum mehr gehoffter Erfolg!

An Eduard Hanslick, Wien. Dresden, 1. Januar 1847:
Nichts hat mich ... mehr befriedigt, als die Wirkung, die in den meisten Vorstellungen des *Tannhäuser* (– ob grade auch in der Vorstellung, welcher Sie beiwohnten, entsinne ich mich nicht genau –) die ganze Szene des Sängerkrieges auf das Publikum hervorbrachte: ich habe erlebt, daß jeder der einzelnen Gesänge darin mit lebhaftem Beifall aufgenommen wurde, daß dieser sich bei den letzten Gesängen u. dem schließlichen Ausbruche des Entsetzens der Versammelten auf das Ungewöhnlichste steigerte; – ich sage, mich befriedigte diese Wahrnehmung in hohem Grade, weil mich diese Wahrnehmung größter Naivität des Publikums darin bestätigte, daß jede edle Absicht erreicht werden kann. Die Wenigsten konnten sich klar sein, wem sie diesen Eindruck verdankten, dem Musiker oder – dem Dichter, u. mir kann es nur darin liegen, diese Bestimmung unentschieden zu lassen.

An Mathilde Wesendonck, Zürich. Paris, 10. April 1860:
Einstweilen muß ich gute Laune sammeln, um – ein großes Ballett zu schreiben. Was sagen Sie dazu? Zweifeln Sie an

mir? ... Jetzt nur so viel: nicht eine Note, nicht ein Wort wird am *Tannhäuser* geändert. Aber ein »Ballett« sollte gebieterisch drin sein, und dies Ballett sollte im zweiten Akte vorkommen, weil die Abonnés der Oper immer erst etwas später vom starken Diner in's Theater kämen, nie zu Anfang. Nun, da erklärte ich denn, daß ich vom Jockeyclub keine Gesetze annehmen könnte und mein Werk zurückziehen würde. Nun will ich ihnen aber aus der Not helfen: die Oper braucht erst um 8 Uhr zu beginnen, und dann will ich den unheiligen Venusberg nachträglich noch einmal ordentlich ausführen. Dieser Hof der Frau Venus war offenbar die schwache Partie in meinem Werke: ohne gutes Ballett half ich mir seiner Zeit hier nur mit einigen groben Pinselstrichen und verdarb dadurch viel: ich ließ nämlich den Eindruck dieses Venusberges gänzlich matt und unentschieden, was zur Folge hatte, daß dadurch der wichtige Hintergrund verloren ging, auf welchem sich die nachfolgende Tragödie erschütternd aufbauen soll. Alle späteren, so entscheidenden Rückerinnerungen und Mahnungen, die uns mit starkem Grauen erfüllen sollen (weil dadurch auch erst die Handlung sich erklärt), verloren fast ganz ihre Wirkung und Bedeutung: Angst und stete Beklemmung blieben uns aus. Ich erkenne nun aber auch, daß ich damals, als ich den Tannhäuser schrieb, so etwas, wie es hier nötig ist, noch nicht machen konnte: dazu gehörte eine bei weitem größere Meisterschaft, die ich erst jetzt gewonnen habe: jetzt, wo ich Isoldes letzte Verklärung geschrieben, konnte ich sowohl erst den rechten Schluß zur Fliegenden-Holländer-Ouvertüre, als auch – das Grauen dieses Venusberges finden. Man wird eben allmächtig, wenn man mit der Welt nur noch spielt.

An Mathilde Wesendonck, Zürich. Paris, 30. September 1860: Was Aufführungen meiner Werke betrifft, habe ich's in meinem Leben noch nicht so gut gehabt und werde es auch wohl nie wieder so haben. Alles, was ich nur irgend verlange, geschieht: nirgends der mindeste Widerstand. Jetzt haben die Klavierproben begonnen. Zeit wird im wohltuendsten Sinne verwendet. Jedes Detail wird meiner Prüfung unterworfen: die Dekorationspläne habe ich dreimal verworfen, ehe man's mir recht machte. Jetzt wird Alles vollkommen, und die Aufführung wird jedenfalls – wenn sie nicht an das Ideal reicht – die beste, die je stattgefunden und in Zukunft so bald wieder stattfinden kann ...

Sonderbar: alles Innerliche, Leidenschaftliche, fast möchte ich's: Weiblich-Ekstatische nennen, habe ich damals, als ich den *Tannhäuser* machte, noch gar nicht zu Stande bringen können: da habe ich Alles umwerfen und neu entwerfen müssen: wahrlich, ich erschrecke über meine damalige Kulissen-Venus!... Aber das Frische, Lebenslustige im *Tannhäuser,* das ist Alles gut und ich kann da nicht das mindeste ändern: alles, was den Duft der Sage um sich hat, ist auch schon da ätherisch; Klage und Buße Tannhäusers durchaus gelungen; die Gruppierungen unverbesserlich. Nur in leidenschaftlichen Zügen habe ich auch sonst dann und wann nachhelfen müssen: z. B. habe ich eine sehr matte Passage der Violinen bei Tannhäusers Aufbruch am Schlusse des zweiten Aktes durch eine neue ersetzt, die sehr schwer ist, mir aber einzig genügt. Meinem hiesigen Orchester kann ich aber Alles bieten: es ist das erste der Welt. –

Bemerkungen über dramatische Musik, veranlaßt durch Richard Wagners neueste Oper *Der Tannhäuser* von Hermann Franck (*Augsburger Allgemeine Zeitung* vom 7. November 1845):
Die anziehende poetische und musikalische Schönheit des Buches hat jeden Zuhörer empfänglichen Sinnes mächtig gefesselt, ja auf viele eine Art von Zauber ausgeübt. Das Stück ist von reicher dramatischer Anlage, es hat den für eine große Oper unschätzbaren Vorzug, in dem Kreise einer bekannten Volkssage und eines nicht minder bekannten national-poetischen Vorganges, des Wartburgkrieges, zu spielen; das Wunderbare, das keiner echten Oper fehlen darf und den echtesten auch nicht fehlt, erscheint in glücklicher Einheit mit dem Inhalt des Ganzen, es ist Gemüt, malerische Phantasie, mittelalterlicher Geist, deutsche Sinnesart und Sitte darin, und zu diesen Vorzügen kommt noch der einer vollkommenen Fähigkeit, ganz von der Musik aufgenommen und durchdrungen zu werden, hinzu... der *Tannhäuser* ist ein Kunstwerk eigentümlich neuer Gattung, ein Verlassen früherer, engeren und naiveren Zuständen angepaßter Vorstellungen, um auch die Oper in die Sphäre erweiterter Anschauungen und höherer poetischer Würdigkeit hinaufzuheben. Als ein solches Werk ist denn auch diese Oper bei ihrem ersten Erscheinen sogleich aufgenommen und aufgefaßt worden, mit ungemeinem Interesse, mit Verwunderung und Überraschung. Die Intensität der schon durch den Gegenstand angeregten Teil-

nahme, und daß die Musik ungeachtet ihrer vollen Entfaltung das Gedicht doch ganz durchdrang und durchleuchtete, ohne von der poetischen Entwickelung das kleinste Opfer zu fordern, das war es, woran man das Ungewöhnliche erkannte und zugleich das künstlerisch Wahre der ganzen Konzeption empfand. Die folgenden Aufführungen haben das Verständnis des Werkes noch näher gerückt, und nun ist ein großes und allgemeines Interesse dadurch angeregt... Eine herrliche Bahn ist eröffnet, auf welcher man hoffen darf die reichsten Erscheinungen, und ohne Zweifel auch den dichterischen Komponisten selbst noch mit weitern Erzeugnissen hervortreten zu sehen.

Theodor W. Adorno, *Versuch über Wagner* (1952):
Unterm Gesetz des Traumes unterliegt die Phantasmagorie ihrer eigentümlichen Dialektik. Diese ist zumal im *Tannhäuser* entfaltet. Mit dessen ersten Worten wird das Blendwerk als Traum benannt: »Zuviel! Zuviel! O, daß ich nun erwachte!« Das Motiv der Handlung ist in dem Zuviel beschlossen: wie Unterdrückte ist Tannhäuser dem Anspruch der eigenen Lust nicht gewachsen. Seine asketische Wandlung wird mit nichts anderem begründet als dem Ideal der Freiheit: »Doch hin muß ich zur Welt der Erden, bei dir kann ich nur Sklave werden; nach Freiheit doch verlangt es mich, nach Freiheit, Freiheit dürste ich.« So antwortet Tannhäuser auf das feuerbachische Versprechen der Lust durch Venus: »Nicht sollst du ihr ein scheues Opfer weih'n, nein! – mit der Liebe Göttin schwelge im Verein!« Er will das Bild der Lust aus dem Venusberg auf die Erde tragen: sein Abschied von Venus ist einer der echten politischen Momente in Wagners Werk. Gerade er aber wird zweideutig. Denn die Treue zu Venus ist nicht die zur Lust, sondern die zu deren Phantasmagorie. Gelobt der Scheidende: »Zu Kampf und Streite will ich stehn, sei's auch auf Tod und Untergehn!«, so hält er besser noch sein anderes Versprechen: »Stets soll nur dir, nur dir mein Lied ertönen.« Sein Verrat ist nicht, daß er zu den Rittern sich begibt, sondern daß er weltfremd und traumbefangen ihnen das Preislied auf Venus singt – das gleiche Preislied, das ihn zum zweitenmal eben der Welt als Opfer vorwirft, vor der er einmal in die Phantasmagorie floh. Sein Ausbruch selber ist scheinhaft: er führt aus dem Venusberg in den Sängerkrieg, aus dem Traum ins Lied, und die Spur dessen, was ihn zur Rebellion trieb, ist allein im genialischen Gesang des Hirten festgehalten, der

die Produktivität der Natur selber, jenseits von Traum und Gefangenschaft, als Werk der gleichen Macht anruft, die dem Befangenen als bloße Unfreiheit erschien. Mit den Worten: »Frau Holda kam aus dem Berg hervor« und nicht mit Tannhäusers verräterischem Lob ist Venus gerettet. Der gesellschaftlich determinierten Erfahrung der Lust als Unfreiheit verschiebt die Triebmacht selber sich in Krankheit, so wie Tannhäuser schon im Reiche der Venus des eigenen Genusses gleichwie einer Schwäche, mit dem Ruf »Zu viel!«, gewahr wird. Die Erfahrung der Lust als Krankheit durchdringt das gesamte Wagnersche Œuvre.

Wilhelm Furtwängler, *Der Fall Wagner / Frei nach Nietzsche* (1941):
Wagner ist Dichter, stets und überall. Er bleibt Dichter trotz aller der verschiedenen Mittel, die er verwendet. Er bleibt es, wenn er Musik macht, er bleibt es sogar, wenn er nur szenische Anweisungen gibt. Ein besonders merkwürdiges Beispiel dieser Kraft, dichterisch zu wirken, enthält der 1. Akt des *Tannhäuser* an der Stelle, wo auf den Anruf Tannhäusers an die Jungfrau Maria wie mit einem Schlag der Venusberg versinkt und die Wartburg-Szene erscheint. Was wir an dieser Stelle in der Musik hören, ist kaum der Rede wert. Eine belanglose Melodie des Hirten, unterbrochen von einem wenig besagenden Ritornell des Englischhorns. Und die Szene selber – nun, sie besteht schließlich aus nichts als Pappe und Leinwand. Und doch glauben wir, wir hätten noch nie einen Maimorgen so erlebt, uns wäre noch nie diese Gotteswelt so schön erschienen wie eben jetzt. Der Grund ist psychischer Art: wir erleben die Szene mit den Sinnen Tannhäusers. Und sein Ausruf: »Allmächt'ger, dir sei Preis! Groß sind die Wunder deiner Gnade!« ist solchergestalt wohl einer der großartigsten Momente der gesamten Weltliteratur.

Wieland Wagner (*Walter Erich Schäfer: Wieland Wagner / Persönlichkeit und Leistung*, 1970):
Als das zu überwindende »böse Prinzip« steht im *Tannhäuser* die typische Ichbefangenheit des Mannes der weiblichen Opferbereitschaft und fraglosen Hingabe gegenüber, und nicht etwa das Phänomen des Eros an sich.
Die Tragödie Tannhäusers ist die des Mannes im christlichen Zeitalter überhaupt, der im Bewußtsein seiner inneren Gespaltenheit im Geist und Trieb den Weg zurück zur ursprüng-

lichen göttlich-menschlichen Einheit sucht. Es ist sein ihm auferlegtes »Kreuz«, daß er irrtümlich glauben muß, sein Heil in der jeweiligen Verabsolutierung der Daseinspole »Rausch« und »Askese« finden zu können. Statt der ersehnten Erlösung in dem Ausleben dieser Extreme trifft ihn jedoch der »Fluch« der beiden getrennten Welten:

Venus: »Suche dein Heil und find' es nie!«
Papst: »So bist auf ewig du verdammt!«

Erst durch die Erkenntnis seiner furchtbaren Schuld Elisabeth gegenüber (Tannhäuser versagt in der entscheidenden Begegnung mit ihr, »der wahren Liebe«) wird er fähig, den »Heilsweg durch die Liebe«, der dem Manne nach Wagners Weltanschauung einzig durch die noch in der ursprünglichen menschlich-göttlichen Einheit lebende Frau offensteht, zu finden. Es scheint bezeichnend, daß Tannhäusers Erlösung mit seinem Tode zusammenfällt, ja geradezu mit dem Tode an sich identifiziert wird. Dies bedeutet in diesem Übergangswerk eine künstlerische Vorwegnahme der tristanischen Idee, eine Vorausahnung des Erlösungsgedankens im Parsifal (Kundry!).

LOHENGRIN

ROMANTISCHE OPER IN DREI AUFZÜGEN

(1848)

PERSONEN

HEINRICH DER VOGLER, deutscher König
LOHENGRIN
ELSA VON BRABANT
HERZOG GOTTFRIED, ihr Bruder
FRIEDRICH VON TELRAMUND, brabantischer Graf
ORTRUD, seine Gemahlin
DER HEERRUFER DES KÖNIGS
SÄCHSISCHE GRAFEN UND EDLE
BRABANTISCHE GRAFEN UND EDLE
EDELFRAUEN
EDELKNABEN
MANNEN. FRAUEN. KNECHTE

Antwerpen: erste Hälfte des zehnten Jahrhunderts

ERSTER AKT

Eine Aue am Ufer der Schelde bei Antwerpen. Der Fluß macht dem Hintergrunde zu eine Biegung, so daß rechts durch einige Bäume der Blick auf ihn unterbrochen wird und man erst in weiterer Entfernung ihn wieder sehen kann

ERSTE SZENE

Im Vordergrunde links sitzt König Heinrich unter der Gerichtseiche: zu seiner Seite Grafen und Edle vom sächsischen Heerbann. Gegenüber brabantische Grafen und Edle, Reisige und Volk, an ihrer Spitze Friedrich von Telramund, zu dessen Seite Ortrud. Mannen und Knechte füllen die Räume im Hintergrunde. Die Mitte bildet einen offenen Kreis. – Der Heerrufer ist aus dem Heerbann des Königs in die Mitte geschritten: auf sein Zeichen blasen vier Trompeter des Königs den Aufruf

DER HEERRUFER. Hört! Grafen, Edle, Freie von Brabant!
Heinrich, der Deutschen König, kam zur Statt,
mit euch zu dingen nach des Reiches Recht.
Gebt ihr nun Fried' und Folge dem Gebot?
DIE BRABANTER. Wir geben Fried' und Folge dem Gebot.
An die Waffen schlagend
Willkommen, willkommen, König, in Brabant!
Der König erhebt sich
KÖNIG HEINRICH. Gott grüß euch, liebe Männer von Brabant!
Nicht müßig tat zu euch ich diese Fahrt;
der Not des Reiches seid von mir gemahnt!
Feierliche Aufmerksamkeit
Soll ich euch erst der Drangsal Kunde sagen,
die deutsches Land so oft aus Osten traf?
In fernster Mark hieß't Weib und Kind ihr beten:
»Herr Gott, bewahr uns vor der Ungarn Wut!«
Doch mir, des Reiches Haupt, mußt' es geziemen
solch wilder Schmach ein Ende zu ersinnen;
als Kampfes Preis gewann ich Frieden auf
neun Jahr – ihn nützt' ich zu des Reiches Wehr:
beschirmte Städt' und Burgen ließ ich baun,
den Heerbann übte ich zum Widerstand.

Zu End ist nun die Frist, der Zins versagt, –
mit wildem Drohen rüstet sich der Feind.

Mit großer Wärme

Nun ist es Zeit, des Reiches Ehr zu wahren;
ob Ost, ob West? Das gelte Allen gleich!
Was deutsches Land heißt, stelle Kampfes Scharen,
dann schmäht wohl Niemand mehr das deutsche Reich.

DIE SACHSEN *an die Waffen schlagend.*

Wohlauf! Mit Gott für deutschen Reiches Ehr'!

KÖNIG *nachdem er sich wieder gesetzt.*

Komm ich zu euch nun, Männer von Brabant,
zur Heeresfolg nach Mainz euch zu entbieten, –
wie muß mit Schmerz und Klagen ich ersehn,
daß ohne Fürsten ihr in Zwietracht lebt!
Verwirrung, wilde Fehde wird mir kund;
drum ruf ich dich, Friedrich von Telramund!
Ich kenne dich als aller Tugend Preis, –
jetzt rede, daß der Drangsal Grund ich weiß.

FRIEDRICH. Dank, König, dir, daß du zu richten kamst!
Die Wahrheit künd ich, Untreu ist mir fremd.
Zum Sterben kam der Herzog von Brabant,
und meinem Schutz empfahl er seine Kinder,
Elsa die Jungfrau und Gottfried den Knaben;
mit Treue pflag ich seiner großen Jugend,
sein Leben war das Kleinod meiner Ehre.
Ermiß nun, König, meinen grimmen Schmerz,
als meiner Ehre Kleinod mir geraubt!
Lustwandelnd führte Elsa den Knaben einst
zum Wald, doch ohne ihn kehrte sie zurück;
mit falscher Sorge frug sie nach dem Bruder,
da sie, von ungefähr von ihm verirrt,
bald seine Spur, so sprach sie, nicht mehr fand.
Fruchtlos war all Bemühn um den Verlornen;
als ich mit Drohen nun in Elsa drang,
da ließ in bleichem Zagen und Erbeben
der gräßlichen Schuld Bekenntnis sie uns sehn.
Es faßte mich Entsetzen vor der Magd;
dem Recht auf ihre Hand, vom Vater mir
verliehn, entsagt' ich willig da und gern,
und nahm ein Weib, das meinem Sinn gefiel:

Er stellt Ortrud vor, diese verneigt sich vor dem König

Ortrud, Radbods, des Friesenfürsten Sproß.

Er schreitet feierlich einige Schritte vor

Nun führ ich Klage wider Elsa von
Brabant; des Brudermordes zeih' ich sie.
Dies Land doch sprech ich für mich an mit Recht,
da ich der Nächste von des Herzogs Blut,
mein Weib dazu aus dem Geschlecht, das einst
auch diesen Landen seine Fürsten gab.
Du hörst die Klage, König! Richte recht!

ALLE MÄNNER *in feierlichem Grauen.*
Ha, schwerer Schuld zeiht Telramund!
Mit Grau'n werd ich der Klage kund!

KÖNIG. Welch fürchterliche Klage sprichst du aus!
Wie wäre möglich solche große Schuld?

FRIEDRICH *immer heftiger.* O Herr, traumselig ist die eitle Magd,
die meine Hand voll Hochmut von sich stieß.
Geheimer Buhlschaft klag ich drum sie an:
Immer mehr einen bitter gereizten Zustand verratend
sie wähnte wohl, wenn sie des Bruders ledig,
dann könnte sie als Herrin von Brabant
mit Recht dem Lehnsmann ihre Hand verwehren,
und offen des geheimen Buhlen pflegen.

Der König unterbricht durch eine ernste Gebärde Friedrichs Eifer

KÖNIG. Ruft die Beklagte her!
Sehr feierlich
Beginnen soll
nun das Gericht! Gott laß mich weise sein!

Der Heerrufer schreitet feierlich in die Mitte

DER HEERRUFER Soll hier nach Recht und Macht Gericht gehalten sein?

Der König hängt mit Feierlichkeit den Schild an der Eiche auf

KÖNIG. Nicht eh'r soll bergen mich der Schild,
bis ich gerichtet streng und mild.

Alle Männer entblößen die Schwerter; die Sachsen stoßen sie vor sich in die Erde, die Brabanter strecken sie flach vor sich nieder

ALLE MÄNNER. Nicht eh'r zur Scheide kehr das Schwert,
bis ihm durch Urteil Recht gewährt.

DER HEERRUFER. Wo ihr des Königs Schild gewahrt,
dort Recht und Urteil nun erfahrt!
Drum ruf ich klagend laut und hell:
Elsa, erscheine hier zur Stell!

ZWEITE SZENE

Elsa tritt auf in einem weißen, sehr einfachen Gewande; sie verweilt eine Zeitlang im Hintergrunde; dann schreitet sie sehr langsam und mit großer Verschämtheit der Mitte des Vordergrundes zu: Frauen, sehr einfach weiß gekleidet, folgen ihr –, diese bleiben aber zunächst im Hintergrunde an der äußersten Grenze des Gerichtskreises

ALLE MÄNNER. Seht hin! Sie naht, die hart Beklagte.
Elsa gelangt weiter in den Vordergrund
Ha! wie erscheint sie so licht und rein!
Der sie so schwer zu zeihen wagte, –
wie sicher muß der Schuld er sein!
KÖNIG. Bist du es, Elsa von Brabant?
Elsa neigt das Haupt bejahend
Erkennst
du mich als deinen Richter an?
Elsa wendet ihr Haupt nach dem König, blickt ihm ins Auge und bejaht dann mit vertrauensvoller Gebärde
So frage
ich weiter, ist die Klage dir bekannt,
die schwer hier wider dich erhoben?
Elsa erblickt Friedrich und Ortrud, neigt traurig das Haupt und bejaht
Was
entgegnest du der Klage?
Elsa durch eine Gebärde: »Nichts!«
KÖNIG *lebhaft*. So bekennst
du deine Schuld?
Elsa blickt eine Zeitlang traurig vor sich hin
ELSA. Mein armer Bruder!...
DIE MÄNNER *flüsternd*. Wie wunderbar! Welch seltsames Gebaren!
KÖNIG *ergriffen*. Sag, Elsa! Was hast du mir zu vertraun?
Erwartungsvolles Schweigen
ELSA *ruhig vor sich hinblickend*.
Einsam in trüben Tagen
hab ich zu Gott gefleht,
des Herzens tiefstes Klagen
ergoß ich im Gebet: –
da drang aus meinem Stöhnen
ein Laut so klagevoll,

der zu gewalt'gem Tönen
weit in die Lüfte schwoll: –
ich hört ihn fernhin hallen,
bis kaum mein Ohr er traf;
mein Aug' ist zugefallen,
ich sank in süßen Schlaf!

DIE MÄNNER. Wie sonderbar! Träumt sie? Ist sie entrückt?

KÖNIG *als wolle er Elsa aus dem Traume wecken.*
Elsa, verteid'ge dich vor dem Gericht!

Elsas Mienen gehen von dem Ausdruck träumerischen Entrücktseins zu dem schwärmerischer Verklärung über

ELSA. In lichter Waffen Scheine
ein Ritter nahte da,
so tugendlicher Reine
ich keinen noch ersah:
ein golden Horn zur Hüften,
gelehnet auf sein Schwert, –
so trat er aus den Lüften
zu mir, der Recke wert;
mit züchtigem Gebaren
gab Tröstung er mir ein; –
mit erhobener Stimme
des Ritters will ich wahren,
er soll mein Streiter sein!
Schwärmerisch
Er soll mein Streiter sein!

ALLE MÄNNER *sehr gerührt.* Bewahre uns des Himmels Huld,
daß klar wir sehen, wer hier schuld!

KÖNIG. Friedrich, du ehrenwerter Mann,
bedenke wohl, wen klagst du an?

FRIEDRICH. Mich irret nicht ihr träumerischer Mut;
immer leidenschaftlicher
ihr hört, sie schwärmt von einem Buhlen!
Wes ich sie zeih, des hab ich sich'ren Grund.
Glaubwürdig ward ihr Frevel mir bezeugt;
doch eurem Zweifel durch ein Zeugnis wehren,
das stünde wahrlich übel meinem Stolz!
Hier steh ich, hier mein Schwert: – wer wagt von euch
zu streiten wider meiner Ehre Preis?

DIE BRABANTER *sehr lebhaft.* Keiner von uns! Wir streiten nur für dich!

FRIEDRICH. Und König, du? Gedenkst du meiner Dienste,
wie ich im Kampf den wilden Dänen schlug?

KÖNIG *lebhaft.* Wie schlimm, ließ ich von dir daran mich mahnen!
Gern geb ich dir der höchsten Tugend Preis;
in keiner andren Hut als in der deinen,
möcht ich die Lande wissen ...

Mit feierlichem Entschluß

Gott allein
soll jetzt in dieser Sache noch entscheiden!

ALLE MÄNNER. Zum Gottesgericht! Zum Gottesgericht! Wohlan!

Der König zieht sein Schwert und stößt es vor sich in die Erde

KÖNIG. Dich frag ich, Friedrich Graf von Telramund!
Willst du durch Kampf auf Leben und auf Tod
im Gottesgericht vertreten deine Klage?

FRIEDRICH. Ja!

KÖNIG. Und dich nun frag ich, Elsa von Brabant!
Willst du, daß hier auf Leben und auf Tod
im Gottesgericht ein Kämpe für dich streite?

ELSA *ohne die Augen aufzuschlagen.* Ja!

KÖNIG. Wen wählest du zum Streiter?

FRIEDRICH *hastig.* Vernehmet jetzt
den Namen ihres Buhlen!

DIE BRABANTER. Merket auf!

Elsa hat ihre Stellung und schwärmerische Miene nicht verlassen; alles blickt mit Gespanntheit auf sie

ELSA *fest.* ... Des Ritters will ich wahren,
er soll mein Streiter sein!

Ohne sich umzublicken

Hört, was dem Gottgesandten
ich biete zu Gewähr: –
in meines Vaters Landen
die Krone trage er;
mich glücklich soll ich preisen,
nimmt er mein Gut dahin, –
will er Gemahl mich heißen,
geb ich ihm, was ich bin!

ALLE MÄNNER *für sich.* Ein schöner Preis, stünd er in Gottes Hand!

Unter sich

Wer um ihn stritt', wohl setzt' er schweres Pfand!

KÖNIG. Im Mittag hoch steht schon die Sonne:
so ist es Zeit, daß nun der Ruf ergeh!

Der Heerrufer tritt mit den vier Trompetern vor, die er den vier Himmelsgegenden zugewendet an die äußersten Grenzen des Gerichtskreises vorschreiten und so den Ruf blasen läßt

DER HEERRUFER. Wer hier im Gotteskampf zu streiten kam
für Elsa von Brabant, der trete vor! Der trete vor!

Gespanntes Stillschweigen. – Elsa, welche bisher in ununterbrochen ruhiger Haltung verweilt, zeigt entstehende Unruhe der Erwartung

ALLE MÄNNER. Ohn Antwort ist der Ruf verhallt.
Um ihre Sache steht es schlecht!

FRIEDRICH *auf Elsa deutend.* Gewahrt, ob ich sie fälschlich schalt?
Auf meiner Seite bleibt das Recht!

ELSA *etwas näher zum König tretend.*
Mein lieber König, laß dich bitten, –
noch einen Ruf an meinen Ritter!
Sehr unschuldig
Wohl weilt er fern und hört ihn nicht.

KÖNIG *zum Heerrufer.* Noch einmal rufe zum Gericht!

Auf das Zeichen des Heerrufers richten die Trompeter sich wieder nach den vier Himmelsgegenden

DER HEERRUFER. Wer hier im Gotteskampf zu streiten kam
für Elsa von Brabant, der trete vor! Der trete vor!

ALLE MÄNNER. In düstrem Schweigen richtet Gott!

Elsa sinkt zu inbrünstigem Gebet auf die Knie. Die Frauen, in Besorgnis um ihre Herrin, treten etwas näher in den Vordergrund

ELSA. Du trugest zu ihm meine Klage,
zu mir trat er auf dein Gebot: –
O Herr! Nun meinem Ritter sage,
daß er mir helf in meiner Not!
In wachsender Begeisterung
Laß mich ihn sehn, wie ich ihn sah,
wie ich ihn sah,
mit freudig verklärter Miene
sei er mir nah!

Die Männer, die dem Ufer des Flusses zunächst stehen, gewahren zuerst die Ankunft Lohengrins, welcher in einem Nachen, von einem Schwan gezogen, auf dem Flusse in der Ferne sichtbar wird. Die dem Ufer entfernter stehenden Männer im Vordergrunde wenden sich, ohne zunächst ihren Platz zu verlassen, mit immer regerer Neugier fragend an die dem Ufer näher Stehenden; sodann verlassen sie in einzelnen Haufen den Vordergrund, um selbst am Ufer nachzusehen

DIE MÄNNER *erst einige, dann immer mehrere, je nachdem sie dem Ufer näher sind oder sich allmählich ihm nähern.*
Seht! Seht! Welch ein seltsam Wunder! Wie? Ein Schwan!
Ein Schwan zieht einen Nachen dort heran!
Ein Ritter drin hoch aufgerichtet steht.
Wie glänzt sein Waffenschmuck! Das Aug' vergeht
vor solchem Glanz! –

Lohengrin ist in der Biegung des Flusses rechts hinter den Bäumen dem Auge des Publikums entschwunden; die Darstellenden jedoch sehen ihn rechts in der Szene immer näher kommen. – Auch die Letzten eilen noch nach dem Hintergrund; im Vordergrunde bleiben nur der König, Elsa, Friedrich, Ortrud und die Frauen

Seht, näher kommt er an!
An einer goldnen Kette zieht der Schwan!
Seht hin! Er naht! Seht, er naht!

In höchster Ergriffenheit stürzen alle nach vorn

Ein Wunder! Ein Wunder! Ein Wunder ist gekommen,
ein unerhörtes, nie geseh'nes Wunder!

Von seinem erhöhten Platz aus übersieht der König alles: Friedrich und Ortrud sind durch Schreck und Staunen gefesselt; Elsa, die mit steigender Entzückung den Ausrufen der Männer gelauscht hat, verbleibt in ihrer Stellung in der Mitte der Bühne; sie wagt gleichsam nicht, sich umzublicken

DIE FRAUEN *auf die Knie sinkend.* Dank, du Herr und Gott, der die Schwache beschirmt!

Der Blick aller wendet sich wieder erwartungsvoll nach dem Hintergrunde

DRITTE SZENE

Elsa hat sich umgewandt und schreit bei Lohengrins Anblick laut auf. – Der Nachen, vom Schwan gezogen, erreicht in der Mitte des Hintergrundes das Ufer; Lohengrin, in glänzender Silberrüstung, den Helm auf dem Haupte, den Schild im Rücken, ein kleines goldenes Horn zur Seite, steht, auf sein Schwert gelehnt, darin. – Friedrich blickt in sprachlosem Erstaunen auf Lohengrin hin. – Ortrud, die während des Gerichtes in kalter, stolzer Haltung verblieben, gerät bei dem

Anblick des Schwans in tödlichen Schreck. Alles entblößt in höchster Ergriffenheit das Haupt

DIE MÄNNER UND FRAUEN. Gegrüßt, du gottgesandter Held!
Sei gegrüßt, du gottgesandter Mann!

Sowie Lohengrin die erste Bewegung macht, den Kahn zu verlassen, tritt bei Allen sogleich des gespannteste Schweigen ein

LOHENGRIN *mit einem Fuß noch im Nachen, neigt sich zum Schwan.* Nun sei bedankt, mein lieber Schwan!
Zieh durch die weite Flut zurück,
dahin, woher mich trug dein Kahn,
kehr wieder nur zu unsrem Glück:
drum sei getreu dein Dienst getan!
Leb wohl! Leb wohl, mein lieber Schwan!

Der Schwan wendet langsam den Nachen und schwimmt den Fluß zurück; Lohengrin sieht ihm eine Weile wehmütig nach

DIE MÄNNER UND FRAUEN *flüsternd.* Wie faßt uns selig süßes Grauen,
welch holde Macht hält uns gebannt!

Lohengrin verläßt das Ufer und schreitet langsam und feierlich in den Vordergrund

Wie ist er schön und hehr zu schauen,
den solch ein Wunder trug an's Land!

LOGENGRIN *verneigt sich vor dem König.*
Heil, König Heinrich! Segenvoll
mög' Gott bei deinem Schwerte stehn!
Ruhmreich und groß dein Name soll
von dieser Erde nie vergehn!

KÖNIG. Hab Dank! Erkenn ich recht die Macht,
die dich in dieses Land gebracht,
so nahst du uns von Gott gesandt?

LOHENGRIN. Zum Kampf für eine Magd zu stehn,
der schwere Klage angetan,
bin ich gesandt. Nun laßt mich sehn,
ob ich zurecht sie treffe an! –

Er wendet sich etwas näher zu Elsa

So sprich denn, Elsa von Brabant:
wenn ich zum Streiter dir ernannt,
willst du wohl ohne Bang und Grau'n
dich meinem Schutze anvertraun?

ELSA *die, seitdem sie Lohengrin erblickte, wie in Zauber regungslos festgebannt war, sinkt, wie durch seine Ansprache*

erweckt, in überwältigend wonnigem Gefühle zu seinen Füßen. Mein Held, mein Retter! Nimm mich hin!
Dir geb ich Alles, was ich bin.

LOHENGRIN *mit größerer Wärme.* Wenn ich im Kampfe für dich siege,
willst du, daß ich dein Gatte sei?

ELSA. Wie ich zu deinen Füßen liege,
geb ich dir Leib und Seele frei.

LOHENGRIN. Elsa, soll ich dein Gatte heißen,
soll Land und Leut ich schirmen dir, –
soll nichts mich wieder von dir reißen,
mußt Eines du geloben mir: –
Nie sollst du mich befragen,
noch Wissens Sorge tragen,
woher ich kam der Fahrt,
noch wie mein Nam' und Art!

ELSA *leise, fast bewußtlos.* Nie, Herr, soll mir die Frage kommen!

LOHENGRIN *gesteigert, sehr ernst.* Elsa! Hast du mich wohl vernommen?

Noch bestimmter

Nie sollst du mich befragen,
noch Wissens Sorge tragen,
woher ich kam der Fahrt,
noch wie mein Nam' und Art!

ELSA *mit großer Innigkeit zu ihm aufblickend.*
Mein Schirm! Mein Engel! Mein Erlöser,
der fest an meine Unschuld glaubt!
Wie gäb es Zweifelschuld, die größer,
als die an dich den Glauben raubt?
Wie du mich schirmst in meiner Not,
so halt in Treu' ich dein Gebot!

LOHENGRIN *Elsa an seine Brust erhebend.* Elsa! Ich liebe dich.

Beide verweilen eine Zeitlang in dieser Stellung

DIE MÄNNER UND FRAUEN *leise und gerührt.*
Welch holde Wunder muß ich sehn?
Ist's Zauber, der mir angetan?

Lohengrin geleitet Elsa zum König und übergibt sie dessen Hut

Ich fühl das Herze mir vergehn,
schau ich den wonnevollen Mann!

Lohengrin schreitet feierlich in die Mitte des Kreises

LOHENGRIN. Nun hört! Euch, Volk und Edlen, mach ich kund:
frei aller Schuld ist Elsa von Brabant.
Daß falsch dein Klagen, Graf von Telramund,
durch Gottes Urteil werd es dir bekannt!

BRABANTISCHE EDLE *leise zu Friedrich.*
Steh ab vom Kampf! Wenn du ihn wagst,
zu siegen nimmer du vermagst!
Ist er von höchster Macht beschützt,
sag, was dein tapfres Schwert dir nützt?
Steh ab! Wir mahnen dich in Treu'!
Dein harret Unsieg, bittre Reu'!

FRIEDRICH *der unverwandt sein Auge forschend auf Lohengrin geheftet hat, heftig.* Viel lieber tot als feig!
Welch Zaubern dich auch hergeführt,
Fremdling, der mir so kühn erscheint;
dein stolzes Drohn mich nimmer rührt,
da ich zu lügen nie vermeint:
den Kampf mit dir drum nehm ich auf,
und hoffe Sieg nach Rechtes Lauf!

LOHENGRIN. Nun, König, ordne unsren Kampf!

Alles begibt sich in die erste Gerichts-Stellung

KÖNIG. So tretet vor zu Drei für jeden Kämpfer,
und messet wohl den Ring zum Streite ab!

Drei sächsische Edle treten für Lohengrin, drei brabantische für Friedrich vor: sie schreiten feierlich aneinander vorüber und messen so den Kampfplatz ab; als die Sechs einen vollständigen Kreis gebildet haben, stoßen sie die Speere in die Erde

DER HEERRUFER *in der Mitte des Kampfringes.*
Nun höret mich, und achtet wohl!
Den Kampf hier Keiner stören soll!
Dem Hage bleibet abgewandt,
denn wer nicht wahrt des Friedens Recht,
der Freie büß es mit der Hand,
mit seinem Haupte büß es der Knecht!

ALLE MÄNNER. Der Freie büß es mit der Hand,
mit seinem Haupte büß es der Knecht!

DER HEERRUFER. Hört auch, ihr Streiter vor Gericht!
Gewahrt in Treue Kampfes Pflicht!
Durch bösen Zaubers List und Trug
stört nicht des Urteils Eigenschaft: –
Gott richtet euch nach Recht und Fug, –
so trauet ihm, nicht eurer Kraft!

LOHENGRIN UND FRIEDRICH *zu beiden Seiten außerhalb des Kampfkreises stehend.* Gott richte mich nach Recht und Fug!
So trau' ich ihm, nicht meiner Kraft!

Der König schreitet mit großer Feierlichkeit in die Mitte vor

KÖNIG. Mein Herr und Gott, nun ruf ich dich!

Alle entblößen das Haupt und lassen sich zur feierlichsten Andacht an

Daß du dem Kampf zugegen seist!
Durch Schwertes Sieg ein Urteil sprich,
das Trug und Wahrheit klar erweist.
Des Reinen Arm gib Heldenkraft,
des Falschen Stärke sei erschlafft:
so hilf uns, Gott, zu dieser Frist,
weil unsre Weisheit Einfalt ist.

ELSA UND LOHENGRIN. Du kündest nun dein wahr Gericht,
mein Gott und Herr, drum zag ich nicht!

FRIEDRICH. Ich geh in Treu' vor dein Gericht!
Herr Gott, verlaß mein' Ehre nicht!

ORTRUD. Ich baue fest auf seine Kraft,
die, wo er kämpft, ihm Sieg verschafft.

ALLE MÄNNER. Des Reinen Arm gib Heldenkraft,
des Falschen Stärke sei erschlafft:
so hilf uns, Gott, zu dieser Frist,
weil unsre Weisheit Einfalt ist!
So künde nun dein wahr' Gericht,
du Herr und Gott, nun zögre nicht!

Alle treten unter großer, feierlicher Aufregung an ihre Plätze zurück; die sechs Kampfzeugen bleiben bei ihren Speeren dem Ringe zunächst; die übrigen Männer stellen sich in geringer Weite um ihn her. Elsa und die Frauen im Vordergrund unter der Eiche bei dem Könige. – Auf des Heerrufers Zeichen blasen die Trompeter den Kampfruf: Lohengrin und Friedrich vollenden ihre Waffenrüstung. Der König zieht sein Schwert aus der Erde und schlägt damit dreimal auf den an der Eiche aufgehängten Schild. Erster Schlag: Lohengrin und Friedrich treten in den Ring. Zweiter Schlag: sie legen den Schild vor und ziehen das Schwert. Dritter Schlag: sie beginnen den Kampf; Lohengrin greift zuerst an. Nach mehreren ungestümen Gängen streckt Lohengrin mit einem weit ausgeholten Streiche Friedrich nieder. – Friedrich versucht sich wieder zu erheben, taumelt einige Schritte zurück und stürzt zu Boden

LOHENGRIN *das Schwert auf Friedrichs Hals setzend,*
Durch Gottes Sieg ist jetzt dein Leben mein: –
von ihm ablassend
ich schenk es dir, – mögst du der Reu' es weihn!

Alle Männer nehmen ihre Schwerter wieder an sich und stoßen sie in die Scheiden; die Kampfzeugen ziehen die Speere aus der Erde, der König nimmt seinen Schild von der Eiche. Alles stürzt jubelnd nach der Mitte und erfüllt so den vorherigen Kampfkreis. Elsa eilt auf Lohengrin zu

KÖNIG *sein Schwert ebenfalls in die Scheide stoßend.* Sieg!

MÄNNER UND FRAUEN. Sieg! Sieg! Heil dir, Held!

ELSA. O fänd ich Jubelweisen,
deinem Ruhme gleich,
dich würdig zu preisen,
an höchstem Lobe reich!
In dir muß ich vergehen,
vor dir schwind ich dahin,
soll ich mich selig sehen,
nimm Alles, was ich bin!
Sie sinkt an Lohengrins Brust

LOHENGRIN *Elsa von seiner Brust erhebend.*
Den Sieg hab ich erstritten
durch deine Rein' allein;
nun soll, was du gelitten,
dir reich vergolten sein!

FRIEDRICH *sich am Boden qualvoll windend.*
Weh, mich hat Gott geschlagen,
durch ihn ich sieglos bin!
Am Heil muß ich verzagen!
Mein Ruhm und Ehr' ist hin!

ORTRUD *den finstren Blick unverwandt auf Lohengrin geheftet*
Wer ist's, der ihn geschlagen?
Durch den ich machtlos bin?
Sollt ich vor ihm verzagen,
wär all mein Hoffen hin?

DER KÖNIG, ALLE MÄNNER UND FRAUEN. Ertöne, Sieges Weise,
dem Helden laut zum Preise!
Ruhm deiner Fahrt,
Preis deinem Kommen!
Heil deiner Art,
Schützer der Frommen!
Dich nur besingen wir,
dir schallen unsre Lieder!

Nie kehrt ein Held gleich dir
in diese Lande wieder!
Heil dir! Preis dir!
Heil deiner Fahrt!

Junge Männer erheben Lohengrin auf seinen Schild und Elsa auf den Schild des Königs, auf welchen zuvor mehrere ihre Mäntel gebreitet haben: so werden beide unter Jauchzen davongetragen. – Friedrich sinkt zu Ortruds Füßen ohnmächtig zusammen

ZWEITER AKT

ERSTE SZENE

In der Burg von Antwerpen
Im Hintergrunde der Palas (Ritterwohnung), links im Vordergrunde die Kemenate (Frauenwohnung); rechts das Münster. Es ist Nacht
Ortrud und Friedrich, beide in dunkler knechtischer Tracht, sitzen auf den Stufen des Münsters: Friedrich finster in sich gekehrt, Ortrud die Augen unverwandt auf die hell erleuchteten Fenster des Palas gerichtet. – Aus dem Palas hört man jubelnde Musik

FRIEDRICH *erhebt sich rasch.* Erhebe dich, Genossin meiner Schmach!
Der junge Tag darf hier uns nicht mehr sehn.

ORTRUD *ohne ihre Stellung zu ändern.*
Ich kann nicht fort, hieher bin ich gebannt;
aus diesem Glanz des Festes unsres Feindes
laß saugen mich ein furchtbar tödlich Gift,
das unsre Schmach und ihre Freuden ende!

FRIEDRICH *finster vor Ortrud hintretend.*
Du fürchterliches Weib, was bannt mich noch in deine Nähe?
Mit schnell wachsender Heftigkeit
Warum laß ich dich nicht
allein, – und fliehe fort, dahin, dahin,
schmerzlich
wo mein Gewissen Ruhe wieder fänd!
Im heftigsten Ausbruch schmerzlicher Leidenschaft und Wut

Durch dich mußt ich verlieren
mein Ehr', all meinen Ruhm;
nie soll mich Lob mehr zieren,
Schmach ist mein Heldentum!
Die Acht ist mir gesprochen,
zertrümmert liegt mein Schwert;
mein Wappen ward zerbrochen,
verflucht mein Vaterherd! –
Wohin ich nun mich wende,
gebannt, gefemt bin ich;
daß ihn mein Blick nicht schände,
flieht selbst der Räuber mich.
O, hätt ich Tod erkoren,

fast weinend

da ich so elend bin!

In höchster Verzweiflung

Mein Ehr' hab ich verloren,
mein Ehr', mein Ehr' ist hin!

Er stürzt, von wütendem Schmerz überwältigt, zu Boden. – Musik aus dem Palas

ORTRUD *immer in ihrer ersten Stellung, während Friedrich sich erhebt.* Was macht dich in so wilder Klage doch vergehn?

FRIEDRICH. Daß mir die Waffe selbst geraubt,

mit einer heftigen Bewegung

mit der ich dich erschlüg!...

ORTRUD *mit ruhigem Hohn.* Friedreicher Graf
von Telramund, weshalb mißtraust du mir?

FRIEDRICH. Du fragst? War's nicht dein Zeugnis, deine Kunde,
die mich bestrickt, die Reine zu verklagen?
Die du im düstren Wald zu Haus, logst du
mir nicht, von deinem wilden Schlosse aus
die Untat habest du verüben sehn? –
Mit eignem Aug', wie Elsa selbst den Bruder
im Weiher dort ertränkt? Umstricktest du
mein stolzes Herz durch die Weissagung nicht,
bald würde Radbods alter Fürstenstamm
von neuem grünen und herrschen in Brabant?
Bewogst du so mich nicht, von Elsas Hand,
der reinen, abzustehn, und dich zum Weib
zu nehmen, weil du Radbods letzter Sproß?

ORTRUD *leise, doch grimmig.* Ha, wie tödlich du mich kränkst!

Laut

Dies alles, ja, ich sagt und zeugt es dir!

FRIEDRICH *sehr lebhaft.* Und machtest mich, des Name hochgeehrt,
des Leben aller höchsten Tugend Preis,
zu deiner Lüge schändlichem Genossen?
ORTRUD *trotzig.* Wer log?
FRIEDRICH. Du! Hat nicht durch sein Gericht
Gott mich dafür geschlagen?
ORTRUD *mit fürchterlichem Hohne.* Gott?
FRIEDRICH. Entsetzlich!
Wie tönt aus deinem Munde furchtbar der Name!
ORTRUD. Ha, nennst du deine Feigheit Gott?
FRIEDRICH. Ortrud!
ORTRUD Willst du mir drohn? Mir, einem Weibe, drohn?
O Feiger, – hättest du so grimmig ihm
gedroht, der jetzt dich in das Elend schickt, –
wohl hättest Sieg für Schande du erkauft!
Ha, wer ihm zu entgegnen wüßt, der fänd
ihn schwächer als ein Kind!
FRIEDRICH. Je schwächer er,
desto gewalt'ger kämpfte Gottes Kraft!
ORTRUD. Gottes Kraft? Haha!
Gib mir die Macht, – und sicher zeig ich dir,
welch schwacher Gott es ist, der ihn beschützt.
FRIEDRICH *von Schauer ergriffen, mit leiser, bebender Stimme*
Du wilde Seherin, wie willst du doch
geheimnisvoll den Geist mir neu berücken!
ORTRUD *auf den Palas deutend, in dem das Licht verlöscht ist*
Die Schwelger streckten sich zur üpp'gen Ruh; –
setz dich zur Seite mir! Die Stund ist da,
wo dir mein Seherauge leuchten soll.
Friedrich nähert sich Ortrud immer mehr und neigt sein Ohr aufmerksam zu ihr herab
Weißt du, wer dieser Held, den hier
ein Schwan gezogen an das Land?
FRIEDRICH. Nein!
ORTRUD. Was gäbst du doch, es zu erfahren,
wenn ich dir sag, ist er gezwungen
zu nennen wie sein Nam' und Art,
all seine Macht zu Ende ist,
die mühvoll ihm ein Zauber leiht.
FRIEDRICH. Ha! Dann begriff ich sein Verbot.
ORTRUD. Nun hör! Niemand hier hat Gewalt
ihm das Geheimnis zu entreißen,

als die, der er so streng verbot,
die Frage je an ihn zu tun.
FRIEDRICH. So gält' es Elsa zu verleiten,
daß sie die Frag ihm nicht erließ?
ORTRUD. Ha, wie begreifst du schnell und wohl!
FRIEDRICH. Doch wie soll das gelingen?
ORTRUD. Hör! –
Vor Allem gilt's, von hinnen nicht
zu fliehn; drum schärfe deinen Witz!
Gerechten Argwohn ihr zu wecken,
tritt vor, klag ihn des Zaubers an,
mit dem er das Gericht getäuscht!
FRIEDRICH *mit fürchterlich wachsender innerer Wut.*
Ha! Trug und Zaubers List! –
ORTRUD. Mißglückt's,
so bleibt ein Mittel der Gewalt!
FRIEDRICH. Gewalt?
ORTRUD. Umsonst nicht bin ich in
geheimsten Künsten tief erfahren;
drum achte wohl, was ich dir sage!
Jed' Wesen, das durch Zauber stark, –
wird ihm des Leibes kleinstes Glied
entrissen nur, muß sich alsbald
ohnmächtig zeigen, wie es ist!
FRIEDRICH *sehr rasch.* Ha, sprächst du wahr!
ORTRUD *lebhaft.* O hättest du
im Kampf nur einen Finger ihm,
ja, eines Fingers Glied entschlagen,
der Held – er war in deiner Macht!
FRIEDRICH. Entsetzlich! Ha, was lässest du mich hören!
Durch Gott geschlagen wähnt' ich mich: –
Mit furchtbarer Bitterkeit
Nun ließ durch Trug sich das Gericht betören, –
durch Zaubers List verlor mein' Ehre ich!
Doch meine Schande könnt ich rächen,
bezeugen könnt ich meine Treu'?
Des Buhlen Trug, ich könnt ihn brechen,
und meine Ehr' gewänn ich neu!
O Weib, das in der Nacht ich vor mir seh, –
betrügst du jetzt mich noch, dann weh dir! Weh!
ORTRUD. Ha, wie du rasest! Ruhig und besonnen!
So lehr ich dich der Rache süße Wonnen!
Friedrich setzt sich langsam an Ortruds Seite nieder

ORTRUD und FRIEDRICH. Der Rache Werk sei nun beschworen
aus meines Busens wilder Nacht!
Die ihr in süßem Schlaf verloren
wißt, daß für euch das Unheil wacht!
Die Tür zum Söller in der Kemenate öffnet sich

ZWEITE SZENE

Elsa, in weißem Gewande, erscheint auf dem Söller, sie tritt an die Brüstung und lehnt den Kopf auf die Hand; Friedrich und Ortrud ihr gegenüber auf den Stufen des Münsters sitzend

ELSA. Euch Lüften, die mein Klagen
so traurig oft erfüllt, –
euch muß ich dankend sagen,
wie sich mein Glück enthüllt.
ORTRUD. Sie ist es!
FRIEDRICH. Elsa!
ELSA. Durch euch kam er gezogen,
ihr lächeltet der Fahrt, –
auf wilden Meereswogen
habt ihr ihn treu bewahrt.
ORTRUD. Der Stunde soll sie fluchen,
in der sie jetzt mein Blick gewahrt!
ELSA. Zu trocknen meine Zähren
hab ich euch oft gemüht;
wollt Kühlung nun gewähren
der Wang', in Lieb' erglüht!
ORTRUD. Hinweg!
Entfern ein Kleines dich von hier!
FRIEDRICH. Warum?
ORTRUD. Sie ist für mich – ihr Held gehöre dir!
Friedrich entfernt sich und verschwindet im Hintergrunde
ELSA. Wollt Kühlung nun gewähren
der Wang' in Lieb' erglüht! In Liebe!
ORTRUD *laut, mit klagendem Ausdruck.* Elsa!
ELSA Wer ruft? – Wie schauerlich und klagend
ertönt mein Name durch die Nacht?
ORTRUD. Elsa!
Ist meine Stimme dir so fremd?

Willst du die Ärmste ganz verleugnen,
die du ins fernste Elend schickst?

ELSA. Ortrud – bist du's? Was machst du hier,
unglücklich Weib?

ORTRUD. »Unglücklich Weib!« –
wohl hast du recht, so mich zu nennen!
In ferner Einsamkeit des Waldes,
wo still und friedsam ich gelebt, –
was tat ich dir, was tat ich dir?
Freudlos, das Unglück nur beweinend,
das lang belastet meinen Stamm, –
was tat ich dir, was tat ich dir?

ELSA. Um Gott, was klagest du mich an?
War ich es, die dir Leid gebracht?

ORTRUD. Wie könntest du fürwahr mir neiden
das Glück, daß mich zum Weib erwählt
der Mann, den du so gern verschmäht?

ELSA. Allgüt'ger Gott! Was soll mir das?

ORTRUD. Mußt ihn unsel'ger Wahn betören,
dich Reine einer Schuld zu zeihn, –
von Reu' ist nun sein Herz zerrissen,
zu grimmer Buß ist er verdammt.

ELSA. Gerechter Gott!

ORTRUD. O, du bist glücklich! –
Nach kurzem, unschuldsüßem Leiden
siehst lächeln du das Leben nur;
von mir darfst selig du dich scheiden,
mich schickst du auf des Todes Spur, –
daß meines Jammers trüber Schein
nie kehr' in deine Feste ein!

ELSA *sehr bewegt.* Wie schlecht ich deine Güte priese,
Allmächt'ger, der mich so beglückt,
wenn ich das Unglück von mir stieße,
das sich im Staube vor mir bückt!
O nimmer! Ortrud! Harre mein!
Ich selber laß dich zu mir ein!

Sie eilt in die Kemenate zurück. – Ortrud springt in wilder Begeisterung von den Stufen auf

ORTRUD. Entweihte Götter! Helft jetzt meiner Rache!
Bestraft die Schmach, die hier euch angetan!
Stärkt mich im Dienste eurer heil'gen Sache!
Vernichtet der Abtrünn'gen schnöden Wahn!
Wodan! Dich Starken rufe ich!

Freia! Erhabne, höre mich!
Segnet mir Trug und Heuchelei,
daß glücklich meine Rache sei!

ELSA *noch außerhalb.* Ortrud, wo bist du?

Elsa und zwei Mägde mit Lichten treten aus der unteren Tür auf

ORTRUD *sich demütig vor Elsa niederwerfend.* Hier – zu deinen Füßen.

ELSA *bei Ortruds Anblick erschreckt zurücktretend.*
Hilf Gott! So muß ich dich erblicken,
die ich in Stolz und Pracht nur sah! –
Es will das Herze mir ersticken,
seh ich so niedrig dich mir nah!
Steh auf! O, spare mir dein Bitten!
Trugst du mir Haß, – verzieh ich dir;
was du schon jetzt durch mich gelitten,
das, bitte ich, verzeih auch mir!

ORTRUD. O habe Dank für so viel Güte!

ELSA. Der morgen nun mein Gatte heißt,
anfleh' ich sein liebreich Gemüte,
daß Friedrich auch er Gnad erweist.

ORTRUD. Du fesselst mich in Dankes Banden!

ELSA *mit immer gesteigerter heiterer Erregtheit.*
In Frühn laß mich bereit dich sehn, –
geschmückt mit prächtigen Gewanden,
sollst du mit mir zum Münster gehn: –
dort harre ich des Helden mein,
freudig stolz
Vor Gott sein Ehgemahl zu sein!
Selig entzückt
Sein Ehgemahl!

ORTRUD. Wie kann ich solche Huld dir lohnen,
da machtlos ich und elend bin?
Soll ich in Gnaden bei dir wohnen,
stets bleibe ich die Bettlerin!
Immer näher zu Elsa tretend
Nur eine Macht ist mir geblieben,
sie raubte mir kein Machtgebot; –
durch sie vielleicht schütz ich dein Leben,
bewahr es vor der Reue Not.

ELSA *unbefangen und freundlich.* Wie meinst du?

ORTRUD *heftig.* Wohl daß ich dich warne,
sich mäßigend

zu blind nicht deinem Glück zu traun;
daß nicht ein Unheil dich umgarne,
laß mich für dich zur Zukunft schaun.

ELSA *mit heimlichem Grauen.* Welch Unheil?

ORTRUD *sehr geheimnisvoll.* Könntest du erfassen,
wie dessen Art so wundersam,
der nie dich möge so verlassen,
wie er durch Zauber zu dir kam!

ELSA *von Grausen erfaßt, wendet sich unwillig ab; voll Trauer und Mitleid wendet sie sich dann wieder zu Ortrud.*
Du Ärmste kannst wohl nie ermessen,
wie zweifellos mein Herze liebt?
Du hast wohl nie das Glück besessen,
das sich uns nur durch Glauben gibt? –
Freundlich
Kehr bei mir ein! Laß mich dich lehren,
wie süß die Wonne reinster Treu'!
Laß zu dem Glauben dich bekehren:
es gibt ein Glück, das ohne Reu'.

ORTRUD *für sich.* Ha! Dieser Stolz, – er soll mich lehren,
wie ich bekämpfe ihre Treu'!
Gen ihn will ich die Waffen kehren,
durch ihren Hochmut werd' ihr Reu'!

Ortrud, von Elsa geleitet, tritt mit heuchlerischem Zögern durch die kleine Pforte ein; die Mägde leuchten voran und schließen, nachdem Alle eingetreten. – Erstes Tagesgrauen. – Friedrich tritt aus dem Hintergrunde vor.

FRIEDRICH. So zieht das Unheil in dies Haus! –
Vollführe, Weib, was deine List ersonnen;
dein Werk zu hemmen fühl ich keine Macht.
Das Unheil hat mit meinem Fall begonnen, –
nun stürzet nach, die mich dahin gebracht!
Nur Eines seh ich mahnend vor mir stehn:
der Räuber meiner Ehre soll vergehn!

DRITTE SZENE

Allmählicher Tagesanbruch. Zwei Wächter blasen vom Turm das Morgenlied, von einem entfernteren Turme hört man antworten. – Friedrich, nachdem er den Ort erspäht, der ihn vor dem Zulaufe des Volkes am günstigsten verbergen könnte, tritt hinter einen Mauervorsprung des Münsters. – Wäh-

rend die Türmer herabsteigen und das Tor erschließen, treten aus verschiedenen Richtungen der Burg Dienstmannen auf, begrüßen sich, gehen ruhig an ihre Verrichtungen usw. Einige schöpfen am Brunnen in metallenen Gefäßen Wasser, klopfen an der Pforte des Palas und werden damit eingelassen. – Die Pforte des Palas öffnet sich von Neuem, die vier Trompeter des Königs schreiten heraus und blasen den Ruf. Sie treten in den Palas zurück. – Die Dienstmannen haben die Bühne verlassen. – Die Edlen und Burgbewohner treten, teils vom Stadtweg, teils aus den verschiedenen Gegenden der Burg herkommend, nach und nach immer zahlreicher auf

DIE EDLEN und MANNEN. In Früh'n versammelt uns der Ruf,
gar viel verheißet wohl der Tag.
Der hier so hehre Wunder schuf,
manch neue Tat vollbringen mag.

Der Heerrufer schreitet aus dem Palas, die vier Trompeter ihm voran. – Alle wenden sich in lebhafter Erwartung dem Hintergrunde zu

DER HEERRUFER *auf der Höhe vor der Pforte des Palas.*
Des Königs Wort und Will' tu ich euch kund;
drum achtet wohl, was euch durch mich er sagt!
In Bann und Acht ist Friedrich Telramund,
weil untreu er den Gotteskampf gewagt: –
wer sein noch pflegt, wer sich zu ihm gesellt,
nach Reiches Recht derselben Acht verfällt.

DIE MÄNNER. Fluch ihm, dem Ungetreuen,
den Gottes Urteil traf!
Ihn soll der Reine scheuen,
es flieh' in Ruh und Schlaf!

Beim Rufe der Trompeten sammelt sich das Volk schnell wieder zur Aufmerksamkeit

DER HEERRUFER. Und weiter kündet euch der König an,
daß er den fremden, gottgesandten Mann,
den Elsa zum Gemahle sich ersehnt,
mit Land und Krone von Brabant belehnt;
doch will der Held nicht Herzog sein genannt –
ihr sollt ihn heißen: Schützer von Brabant!

DIE MÄNNER. Hoch, der ersehnte Mann!
Heil ihm, den Gott gesandt!
Treu sind wir untertan
dem Schützer von Brabant!

DER HEERRUFER. Nun hört, was Er durch mich euch sagen läßt:
heut feiert er mit euch sein Hochzeitsfest –

doch morgen sollt ihr kampfgerüstet nahn,
zur Heeresfolg' dem König untertan;
er selbst verschmäht, der süßen Ruh zu pflegen,
er führt euch an zu hehren Ruhmes Segen!

DIE MÄNNER *mit Begeisterung.* Zum Streite säumet nicht,
führt euch der Hehre an!
Wer mutig mit ihm ficht,
dem lacht des Ruhmes Bahn!
Von Gott ist er gesandt
zur Größe von Brabant!

Der Heerrufer geht nach einiger Zeit mit den vier Trompetern in den Palas zurück. – Während das Volk freudig durcheinanderwogt, treten im Vordergrunde vier Edle, Friedrichs sonstige Lehnsmannen, zusammen

DER DRITTE EDLE. Nun hört, dem Lande will er uns entführen!

DER ZWEITE. Gen einen Feind, der uns noch nie bedroht?

DER VIERTE. Solch kühn Beginnen sollt ihm nicht gebühren.

Friedrich ist unbemerkt unter sie getreten

DER ERSTE. Wer wehret ihm, wenn er die Fahrt gebot?

FRIEDRICH. Ich!

Er enthüllt sein Haupt; sie fahren entsetzt zurück

DIE VIER EDLEN. Ha! Wer bist du? – Friedrich! Seh ich recht?
Du wagst dich her, zur Beute jedem Knecht!

FRIEDRICH. Gar bald will ich wohl weiter noch mich wagen,
vor euren Augen soll es leuchtend tagen!
Der euch so kühn die Heerfahrt angesagt,
der sei von mir des Gottestrugs beklagt!

DIE VIER EDLEN. Was hör ich! Rasender! Was hast du vor?
Verlor'ner du, hört dich des Volkes Ohr!

Sie drängen Friedrich nach dem Münster, wo sie ihn vor dem Blicke des Volkes zu verbergen suchen. – Vier Edelknaben treten aus der Tür der Kemenate auf den Söller, laufen munter den Hauptweg hinab und stellen sich vor dem Palas auf der Höhe auf. Das Volk, das die Knaben gewahrt, drängt sich mehr nach dem Vordergrund

VIER EDELKNABEN *auf der Höhe vor dem Palas.*
Macht Platz! Macht Platz für Elsa, unsre Frau:
die will in Gott zum Münster gehn!

Sie schreiten nach vorn, indem sie durch die willig zurückweichenden Edlen eine breite Gasse bis zu den Stufen des Münsters bilden, wo sie dann sich selbst aufstellen. – Vier andere Edelknaben treten gemessen und feierlich aus der Türe der

Kemenate auf den Söller und stellen sich daselbst auf, um den Zug der Frauen, den sie erwarten, zu geleiten

VIERTE SZENE

Ein langer Zug von Frauen in prächtigen Gewändern schreitet langsam aus der Pforte der Kemenate auf den Söller; er wendet sich links auf dem Hauptwege am Palas vorbei und von da wieder nach vorn dem Münster zu, auf dessen Stufen die zuerst gekommenen sich aufstellen. – Elsa tritt im Zuge auf: die Edlen entblößen ehrfurchtsvoll die Häupter

DIE EDLEN und MANNEN. Gesegnet soll sie schreiten,
die lang in Demut litt;
Gott möge sie geleiten,
Gott hüte ihren Schritt!

Die Edlen, die unwillkürlich die Gasse wieder vertreten hatten, weichen hier vor den Edelknaben aufs Neue zurück, welche dem Zuge, der bereits vor dem Palas angekommen ist, Bahn machen. – Elsa ist auf der Erhöhung vor dem Palas angelangt; die Gasse ist wieder offen, Alle können Elsa sehen, welche eine Zeitlang verweilt

Sie naht, die Engelgleiche,
von keuscher Glut entbrannt!
Heil dir, o Tugendreiche!

Von hier an schreitet Elsa aus dem Hintergrunde langsam nach vorn durch die Gasse der Männer

Heil Elsa von Brabant!

Außer den Edelknaben sind auch die vordersten Frauen bereits auf der Treppe des Münsters angelangt, wo sie sich aufstellen, um Elsa den Vortritt in die Kirche zu lassen. – Als Elsa den Fuß auf die zweite Stufe des Münsters setzt, tritt Ortrud, welche bisher unter den letzten Frauen des Zuges gegangen, heftig hervor, schreitet auf dieselbe Stufe und stellt sich so Elsa entgegen

ORTRUD. Zurück, Elsa! Nicht länger will ich dulden,
daß ich gleich einer Magd dir folgen soll!
Den Vortritt sollst du überall mir schulden,
vor mir dich beugen sollst du demutvoll!

DIE EDELKNABEN und DIE MÄNNER. Was will das Weib?

Ortrud wird von den Edelknaben nach der Mitte der Bühne zurückgedrängt

ELSA *heftig erschrocken.* Um Gott! Was muß ich sehn!
Welch jäher Wechsel ist mit dir geschehn?
ORTRUD. Weil eine Stund ich meines Werts vergessen,
glaubest du, ich müßte dir nur kriechend nahn?
Mein Leid zu rächen, will ich mich vermessen,
mit großer Kraft
was mir gebührt, das will ich nun empfahn!
Lebhaftes Staunen und Bewegung Aller
ELSA. Weh, ließ ich durch dein Heucheln mich verleiten!
Die diese Nacht sich jammernd zu mir stahl:
wie willst du nun in Hochmut vor mir schreiten, –
du eines Gottgerichteten Gemahl?
ORTRUD *mit dem Anschein tiefer Gekränktheit und stolz.*
Wenn falsch Gericht mir den Gemahl verbannte,
war doch sein Nam' im Lande hochgeehrt;
als aller Tugend Preis man ihn nur nannte,
gekannt, gefürchtet war sein tapfres Schwert.
Der Deine, sag! wer sollte hier ihn kennen,
vermagst du selbst den Namen nicht zu nennen!
MÄNNER und FRAUEN *in großer Bewegung.*
Was sagt sie? Ha, was tut sie kund?
Sie lästert! Wehret ihrem Mund!
ORTRUD. Kannst du ihn nennen, kannst du uns es sagen,
ob sein Geschlecht, sein Adel wohl bewährt?
Woher die Fluten ihn zu dir getragen,
wann und wohin er wieder von dir fährt?
Ha, nein! Wohl brächte ihm es schlimme Not –
der kluge Held die Frage drob verbot.
MÄNNER und FRAUEN. Ha, spricht sie wahr? Welch schwere Klagen!
Sie schmähet ihn; darf sie es wagen?
ELSA *nach großer Betroffenheit sich ermannend.*
Du Lästerin! Ruchlose Frau!
Hör, ob ich Antwort mir getrau!
Mit großer Wärme
So rein und edel ist sein Wesen,
so tugendreich der hehre Mann,
daß nie des Unheils soll genesen,
wer seiner Sendung zweifeln kann!
DIE MÄNNER. Gewiß! Gewiß!
ELSA. Hat nicht durch Gott im Kampf geschlagen
mein teurer Held den Gatten dein?
Zum Volke

Nun sollt nach Recht ihr Alle sagen,
wer kann da nur der Reine sein?

MÄNNER und FRAUEN. Nur er! Nur er! Dein Held allein!

ORTRUD *Elsa verspottend.* Ha, diese Reine deines Helden,
wie wäre sie so bald getrübt,
müßt er des Zaubers Wesen melden,
durch den hier solche Macht er übt;
wagst du ihn nicht darum zu fragen,
so glauben Alle wir mit Recht,
du müssest selbst in Sorge zagen,
um seine Reine steh es schlecht!

DIE FRAUEN *Elsa unterstützend.*
Helft ihr vor der Verruchten Haß!

Der Palas wird geöffnet; die vier Trompeter des Königs schreiten heraus und blasen

DIE MÄNNER *dem Hintergrund zu blickend.*
Macht Platz! Macht Platz! Der König naht!

FÜNFTE SZENE

Der König, Lohengrin und die sächsischen Grafen und Edlen sind in feierlichem Zuge aus dem Palas getreten; durch die Verwirrung im Vordergrunde wird der Zug unterbrochen. Der König und Lohengrin schreiten lebhaft vor.

DIE MÄNNER. Heil! Heil dem König!
Heil dem Schützer von Brabant!

KÖNIG. Was für ein Streit?

ELSA *sehr aufgeregt an Lohengrins Brust stürzend.*
Mein Herr! O mein Geliebter!

LOHENGRIN. Was ist?

KÖNIG. Wer wagt es hier den Kirchengang zu stören?

DES KÖNIGS GEFOLGE. Welcher Streit, den wir vernahmen?

LOHENGRIN *Ortrud erblickend.* Was seh ich! Das unsel'ge Weib
bei dir?

ELSA. Mein Retter! Schütze mich vor dieser Frau!
Schilt mich, wenn ich dir ungehorsam war!
In Jammer sah ich sie vor dieser Pforte,
aus ihrer Not nahm ich sie bei mir auf: –
nun sieh, wie furchtbar sie mir lohnt die Güte,
sie schilt mich, daß ich dir zu sehr vertrau!

LOHENGRIN *den Blick fest und bannend auf Ortrud heftend, welche vor ihm sich nicht zu regen vermag.*
Du fürchterliches Weib, steh ab von ihr!
Hier wird dir nimmer Sieg.
Er wendet sich freundlich zu Elsa.
Sag, Elsa, mir,
vermocht ihr Gift sie in dein Herz zu gießen?
Elsa birgt ihr Gesicht weinend an seiner Brust. Lohengrin, sie aufrichtend und nach dem Münster deutend
Komm, laß in Freude dort die Tränen fließen!
Er wendet sich mit Elsa und dem König dem Zuge voran nach dem Münster; Alle lassen sich an, wohlgeordnet zu folgen. – Friedrich tritt auf der Treppe des Münsters hervor; die Frauen und Edelknaben weichen entsetzt aus seiner Nähe
FRIEDRICH. O König! Trugbetörte Fürsten! Haltet ein!
DER KÖNIG UND ALLE MÄNNER. Was will der hier? Verfluchter! Weich von dannen!
FRIEDRICH. O hört mich an!
DIE MÄNNER. Hinweg! Du bist des Todes, Mann!
FRIEDRICH. Hört mich, dem grimmes Unrecht ihr getan!
DIE MÄNNER. Hinweg! Weich von dannen!
FRIEDRICH. Gottes Gericht, es ward entehrt, betrogen!
Durch eines Zaubrers List seid ihr belogen!
DIE MÄNNER. Greift den Verruchten! Hört! Er lästert Gott!
Sie dringen von allen Seiten auf ihn ein
FRIEDRICH *mit der fürchterlichsten Anstrengung, um gehört zu werden, seinen Blick nur auf Lohengrin geheftet und der Andringenden nicht achtend.*
Den dort im Glanz ich vor mir sehe,
den klage ich des Zaubers an!
Die Andringenden schrecken vor Friedrich zurück und hören endlich aufmerksam zu
Wie Staub vor Gottes Hauch verwehe
die Macht, die er durch List gewann!
Wie schlecht ihr des Gerichtes wahrtet,
das doch die Ehre mir benahm, –
da eine Frag' ihr ihm erspartet,
als er zum Gotteskampfe kam!
Die Frage nun sollt ihr nicht wehren,
daß sie ihm jetzt von mir gestellt!
In gebieterischer Stellung
Nach Namen, Stand und Ehren
frag ich ihn laut vor aller Welt!

Bewegung großer Betroffenheit unter Allen

Wer ist er, der an's Land geschwommen,
gezogen von einem wilden Schwan?
Wem solche Zaubertiere frommen,
des Reinheit achte ich für Wahn.
Nun soll der Klag' er Rede stehn;
vermag er's, so geschah mir Recht, –
wo nicht, so sollet ihr ersehn,
um seine Reine steh es schlecht!

DER KÖNIG. ALLE MÄNNER UND FRAUEN. *Alle blicken bestürzt und erwartungsvoll auf Lohengrin.*
Welch harte Klagen! Was wird er ihm entgegnen?

LOHENGRIN. Nicht dir, der so vergaß der Ehren,
hab Not ich Rede hier zu stehn;
des Bösen Zweifel darf ich wehren,
vor ihm wird Reine nie vergehn!

FRIEDRICH. Darf ich ihm nicht als würdig gelten,
dich ruf ich, König hoch geehrt;
wird er auch dich unadlig schelten,
daß er die Frage dir verwehrt?

LOHENGRIN. Ja, selbst dem König darf ich wehren,
und aller Fürsten höchstem Rat!
Nicht darf sie Zweifels Last beschweren,
sie sahen meine gute Tat!
Nur Eine ist's, der muß ich Antwort geben:
Elsa . . .

Lohengrin hält betroffen an, als er, sich zu Elsa wendend, diese mit heftig wogender Brust in wildem innerem Kampfe vor sich hinstarren sieht

Elsa, – wie seh ich sie erbeben!
In wildem Brüten muß ich sie gewahren!
Hat sie betört des Hasses Lügenmund?
O Himmel, schirm ihr Herz vor den Gefahren!
Nie werde Zweifel dieser Reinen kund!

FRIEDRICH UND ORTRUD. In wildem Brüten darf ich sie gewahren,
der Zweifel keimt in ihres Herzens Grund.
Der mir zur Not in dieses Land gefahren,
er ist besiegt, wird ihm die Frage kund!

DER KÖNIG, DIE FRAUEN UND MÄNNER.
Welch ein Geheimnis muß der Held bewahren?
Bringt es ihm Not, so wahr' es treu sein Mund!

Wir schirmen ihn, den Edlen, vor Gefahren;
durch seine Tat ward uns sein Adel kund!

ELSA *der Umgebung entrückt, vor sich hinblickend.*
Was er verbirgt, wohl brächt es ihm Gefahren,
vor aller Welt spräch es hier aus sein Mund;
die er errettet, weh mir Undankbaren!
Verriet ich ihn, daß hier es werde kund!
Wüßt ich sein Los, ich wollt es treu bewahren!
Im Zweifel doch erbebt des Herzens Grund!

KÖNIG. Mein Held, entgegne kühn dem Ungetreuen!
Du bist zu hehr, um, was er klagt, zu scheuen!

DIE MÄNER *sich an Lohengrin drängend.*
Wir stehn zu dir, es soll uns nicht gereuen,
daß wir der Helden Preis in dir erkannt!
Reich uns die Hand! Wir glauben dir in Treuen,
daß hehr dein Nam', auch wenn er nicht genannt!

LOHENGRIN. Euch Helden soll der Glaube nicht gereuen,
werd euch mein Nam' und Art auch nie genannt.

Die Männer schließen einen Ring um Lohengrin; er empfängt von jedem der Reihe nach den Handschlag. – Friedrich drängt sich an Elsa, welche vor sich hin brütend, einsam im Vordergrunde zur Seite steht

FRIEDRICH *leise, mit leidenschaftlicher Unterbrechung.*
Vertraue mir! Laß dir ein Mittel heißen,
das dir Gewißheit schafft!

ELSA *erschrocken, doch leise.* Hinweg von mir!

FRIEDRICH. Laß mich das kleinste Glied ihm nur entreißen,
des Fingers Spitze, und ich schwöre dir,
was er dir hehlt, sollst frei du vor dir sehn, –
dir treu, soll nie er dir von hinnen gehn!

ELSA. Ha! Nimmermehr!

FRIEDRICH. Ich bin dir nah zur Nacht, –
rufst du, ohn Schaden ist es schnell vollbracht!

LOHENGRIN *schnell in den Vordergrund tretend.*
Elsa, mit wem verkehrst du da?
Mit fürchterlicher Stimme zu Ortrud und Friedrich
Zurück von ihr, Verfluchte!
Daß nie mein Auge je
euch wieder bei ihr seh!

Friedrich macht eine Gebärde der schmerzlichsten Wut. – Lohengrin wendet sich zu Elsa, welche bei seinem ersten Zuruf wie vernichtet ihm zu Füßen gesunken ist

Elsa, erhebe dich! In deiner Hand,

in deiner Treu' liegt alles Glückes Pfand!
Läßt nicht des Zweifels Macht dich ruhn?
Willst du die Frage an mich tun?

ELSA *in heftigster innerer Aufregung und in schamvoller Verwirrung.* Mein Retter, der mir Heil gebracht!
Mein Held, in dem ich muß vergehn, –
mit Bedeutung und Entschluß
hoch über alles Zweifels Macht
soll meine Liebe stehn!

Sie sinkt an seine Brust. – Orgel und Glockengeläute

LOHENGRIN. Heil dir, Elsa! Nun laß vor Gott uns gehn!

DIE MÄNNER UND FRAUEN *in begeisterter Rührung.*
Seht, seht! Er ist von Gott gesandt! –

Lohengrin führt Elsa feierlich an den Edlen vorüber zum König. Wo Lohengrin mit Elsa vorbeikommt, machen die Männer ehrerbietig Platz

Heil euch! Heil Elsa von Brabant!

Von dem König geleitet, schreiten Lohengrin und Elsa dem Münster zu

Gesegnet sollst du schreiten!
Gott möge dich geleiten!
Heil dir, Tugendreiche!
Heil! Heil Elsa von Brabant!

Der König hat mit dem Brautpaar die höchste Stufe zum Münster erreicht; Elsa wendet sich in großer Ergriffenheit zu Lohengrin, dieser empfängt sie in seinen Armen. Aus dieser Umarmung blickt sie mit scheuer Besorgnis rechts von der Treppe hinab und gewahrt Ortrud, welche den Arm gegen sie erhebt, als halte sie sich des Sieges gewiß; Elsa wendet erschreckt ihr Gesicht ab. – Sowie Elsa und Lohengrin, wieder vom König geführt, dem Eingang des Münsters weiter zuschreiten, fällt der Vorhang

DRITTER AKT

Eine einleitende Musik schildert das prächtige Rauschen des Hochzeitsfestes

ERSTE SZENE

Das Brautgemach

In der Mitte des Hintergrundes das reichgeschmückte Brautbett; rechts ein Erkerturm mit offenem Fenster. – Musik hinter der Bühne; der Gesang ist erst entfernt, dann näher kommend. In der Mitte des Liedes werden rechts und links im Hintergrunde Türen geöffnet: rechts treten die Frauen auf, welche Elsa – links die Männer mit dem König, welche Lohengrin geleiten; Edelknaben mit Lichtern voraus

ALLE MÄNNER UND FRAUEN *der Szene sich nähernd.*

Treulich geführt ziehet dahin,
wo euch in Frieden die Liebe bewahr!
Siegreicher Mut, Minnegewinn
eint euch in Treue zum seligsten Paar.
Streiter der Tugend, schreite voran!
Zierde der Jugend, schreite voran!
Rauschen des Festes seid nun entronnen,
Wonne des Herzens sei euch gewonnen!

Die Türen werden geöffnet

Duftender Raum, zur Liebe geschmückt,
nehm euch nun auf, dem Glanze entrückt.
Treulich geführt ziehet nun ein,
wo euch in Segen die Liebe bewahr!
Siegreicher Mut, Minne so rein
eint euch in Treue zum seligsten Paar!

Als die beiden Züge in der Mitte der Bühne sich begegneten, ist Elsa von den Frauen Lohengrin zugeführt worden; sie umfassen sich und bleiben in der Mitte stehen. – Acht Frauen umschreiten feierlich Lohengrin und Elsa, während diese von den Edelknaben ihrer schweren Obergewänder entkleidet werden

ACHT FRAUEN *nach dem Umschreiten.*

Wie Gott euch selig weihte,
zu Freuden weihn euch wir.

Sie halten einen zweiten Umzug

In Liebesglücks Geleite
denkt lang der Stunde hier!

Der König umarmt und segnet Lohengrin und Elsa. – Die Edelknaben mahnen zum Aufbruch: die Züge ordnen sich wieder, und während des Folgenden schreiten sie an den Neuvermählten vorüber, so daß die Männer rechts, die Frauen links das Gemach verlassen

ALLE MÄNNER UND FRAUEN. Treulich bewacht bleibet zurück,
wo euch in Segen die Liebe bewahr.
Siegreicher Mut, Minne und Glück
eint euch in Treue zum seligsten Paar.
Streiter der Tugend, bleibe daheim!
Zierde der Jugend, bleibe daheim!
Rauschen des Festes seid nun entronnen,
Wonne des Herzens sei euch gewonnen!
Duftender Raum, zur Liebe geschmückt,
nahm euch nun auf, dem Glanze entrückt.

Die Züge haben die Bühne gänzlich verlassen; die Türen werden von den letzten Knaben geschlossen. – Allmählich immer entfernter:

Treulich bewacht bleibet zurück,
wo euch in Segen die Liebe bewahr!
Siegreicher Mut, Minne und Glück,
eint euch in Treue zum seligsten Paar.
Ganz verhallend
Zum seligsten Paar.

ZWEITE SZENE

Elsa ist, als die Züge das Gemach verlassen haben, wie überselig Lohengrin an die Brust gesunken. – Lohengrin setzt sich, während der Gesang verhallt, auf einem Ruhebett am Erkerfenster nieder, indem er Elsa sanft nach sich zieht.

LOHENGRIN. Das süße Lied verhallt; wir sind allein,
zum ersten Mal allein, seit wir uns sahn.
Nun sollen wir der Welt entronnen sein,
kein Lauscher darf des Herzens Grüßen nahn!
Elsa, mein Weib! Du süße, reine Braut!
Ob glücklich du, das sei mir jetzt vertraut!

ELSA. Wie wär ich kalt, mich glücklich nur zu nennen,
besitz ich aller Himmel Seligkeit!

Fühl ich zu dir so süß mein Herz entbrennen,
atme ich Wonnen, die nur Gott verleiht.

LOHENGRIN *feurig.* Vermagst du, Holde, glücklich dich zu nennen,
gibst du auch mir des Himmels Seligkeit!

Zärtlich

Fühl ich zu dir, so süß mein Herz entbrennen,
atme ich Wonnen, die nur Gott verleiht.

BEIDE. Fühl ich so süß, so süß mich entbrennen,
atme ich Wonnen, die nur Gott verleiht.

LOHENGRIN. Wie hehr erkenn ich unsrer Liebe Wesen!
Die nie sich sahn, wir hatten uns geahnt;
war ich zu deinem Streiter auserlesen,
hat Liebe mir zu dir den Weg gebahnt:
dein Auge sagte mir dich rein von Schuld, –
mich zwang dein Blick zu dienen deiner Huld.

ELSA. Doch ich zuvor schon hatte dich gesehen,
in sel'gem Traume warst du mir genaht;
als ich nun wachend dich sah vor mir stehen,
erkannt ich, daß du kamst auf Gottes Rat.
Da wollte ich vor deinem Blick zerfließen,
gleich einem Bach umwinden deinen Schritt,
gleich einer Blume, duftend auf der Wiesen,
wollt ich entzückt mich beugen deinem Tritt!
Ist dies nur Liebe? – Wie soll ich es nennen,
dies Wort, so unaussprechlich wonnevoll,
wie, ach! dein Name, – den ich nie soll kennen,
bei dem ich nie mein Höchstes nennen soll!

LOHENGRIN *schmeichelnd.* Elsa!

ELSA. Wie süß mein Name deinem Mund entgleitet!
Gönnst du des deinen holden Klang mir nicht?
Nur wenn zur Liebesstille wir geleitet,
sollst du gestatten, daß mein Mund ihn spricht.

LOHENGRIN. Mein süßes Weib!

ELSA. Einsam, wenn niemand wacht: –
nie sei der Welt er zu Gehör gebracht.

LOHENGRIN *umfaßt Elsa freundlich und deutet durch das offene Fenster auf den Blumengarten.*
Atmest du nicht mit mir die süßen Düfte?
O, wie so hold berauschen sie den Sinn!
Geheimnisvoll sie nahen durch die Lüfte,
fraglos geb ihrem Zauber ich mich hin. –

Mit erhobener Stimme

So ist der Zauber, der mich dir verbunden,
da ich zuerst, du Süße, dich ersah;
nicht deine Art ich brauchte zu erkunden,
dich sah mein Aug', mein Herz begriff dich da.
Wie mir die Düfte hold den Sinn berücken,
nahn sie mir gleich aus rätselvoller Nacht –
Feurig
so deine Reine mußte mich entzücken,
traf ich dich auch in schwerer Schuld Verdacht.

Elsa birgt ihre Beschämung, indem sie sich demütig an ihn schmiegt

ELSA. Ach, könnt ich deiner wert erscheinen,
müßt ich vor dir nicht bloß vergehn;
könnt ein Verdienst mich dir vereinen,
dürft ich in Pein für dich mich sehn!
Wie du mich trafst vor schwerer Klage,
o wüßte ich auch dich in Not;
daß mutvoll ich ein Mühen trage,
kennt ich ein Sorgen, das dir droht!
Wär das Geheimnis so geartet,
das aller Welt verschweigt dein Mund?
Immer geheimnisvoller
Vielleicht, daß Unheil dich erwartet,
würd aller Welt es offen kund?
Wär es so, und dürft ich's wissen,
dürft ich in meiner Macht es sehn, –
durch Keines Drohn sei mir's entrissen,
für dich wollt' ich zum Tode gehn.

LOHENGRIN. Geliebte!

ELSA *immer leidenschaftlicher*. O, mach mich stolz durch dein Vertrauen,
daß ich in Unwert nicht vergeh!
Laß dein Geheimnis mich durchschauen,
daß, wer du bist, ich offen seh!

LOHENGRIN. Ach, schweige, Elsa!

ELSA *immer drängender*. Meiner Treue
enthülle deines Adels Wert!
Woher du kamst, sag ohne Reue –
durch mich sei Schweigens Kraft bewährt.

LOHENGRIN *streng und ernst, einige Schritte zurücktretend*.
Höchstes Vertraun hast du mir schon zu danken,
da deinem Schwur ich Glauben gern gewährt;

wirst nimmer du vor dem Gebote wanken,
hoch über alle Fraun dünkst du mich wert. –

Er wendet schnell sich wieder liebevoll zu Elsa

An meine Brust, du Süße, Reine!
Sei meines Herzens Glühen nah,
daß mich dein Auge sanft bescheine,
in dem ich all mein Glück ersah!

Feurig

O gönne mir, daß mit Entzücken
ich deinen Atem sauge ein;
laß fest, ach, fest an mich dich drücken,
daß ich in dir mög glücklich sein!
Dein Lieben muß mir hoch entgelten
für das, was ich um dich verließ;
kein Los in Gottes weiten Welten
wohl edler als das meine hieß!
Böt mir der König seine Krone,
ich dürfte sie mit Recht verschmähn.
Das Einz'ge, was mein Opfer lohne,
muß ich in deiner Lieb' ersehn.
Drum wolle stets den Zweifel meiden,
dein Lieben sei mein stolz Gewähr!
Denn nicht komm ich aus Nacht und Leiden,
aus Glanz und Wonne komm ich her!

ELSA. Hilf Gott, was muß ich hören!
Welch Zeugnis gab dein Mund!
Du wolltest mich betören,
nun wird mir Jammer kund!
Das Los, dem du entronnen,
es war dein höchstes Glück;
du kamst zu mir aus Wonnen,
und sehnest dich zurück!
Wie soll ich Ärmste glauben,
dir g'nüge meine Treu'?
Ein Tag wird dich mir rauben
durch deiner Liebe Reu'!

LOHENGRIN. Halt ein, dich so zu quälen!

ELSA. Was quälest du mich doch!
Soll ich die Tage zählen,
die du mir bleibest noch?
In Sorg' um dein Verweilen
verblüht die Wange mir, –
dann wirst du mir enteilen,

im Elend bleib ich hier!

LOHENGRIN. Nie soll dein Reiz entschwinden,
bleibst du von Zweifel rein!

ELSA. Ach, dich an mich zu binden,
wie sollt ich mächtig sein!
Voll Zauber ist dein Wesen,
durch Wunder kamst du her; –
wie sollt ich da genesen,
wo fänd ich dein' Gewähr?

Sie schreckt in heftigster Aufregung zusammen und hält an, wie um zu lauschen

Hörtest du nichts? Vernahmest du kein Kommen?

LOHENGRIN. Elsa!

ELSA *vor sich hinstarrend.*
Ach nein! . . . Doch dort – der Schwan – der Schwan!
Dort kommt er auf der Wasserflut geschwommen, –
du rufest ihm, – er zieht herbei den Kahn! –

LOHENGRIN. Elsa! Halt ein! Beruh'ge deinen Wahn!

ELSA. Nichts kann mir Ruhe geben,
dem Wahn mich nichts entreißt,
als – gelt es auch mein Leben –
zu wissen, wer du seist!

LOHENGRIN. Elsa, was willst du wagen?

ELSA. Unselig holder Mann,
hör, was ich dich muß fragen!
Den Namen sag mir an!

LOHENGRIN. Halt ein!

ELSA. Woher die Fahrt?

LOHENGRIN. Weh dir!

ELSA. Wie deine Art?

LOHENGRIN. Weh uns! Was tatest du?

Elsa gewahrt Friedrich und seine vier Genossen, welche mit gezückten Schwertern durch eine hintere Tür hereinbrechen.

ELSA *nach einem Schrei.*
Rette dich! Dein Schwert, dein Schwert!

Sie reicht das am Ruhebett angelehnte Schwert hastig Lohengrin, so daß dieser schnell es aus der Scheide, welche sie hält, ziehen kann; Lohengrin streckt Friedrich, welcher nach ihm ausholt, mit einem Streiche tot zu Boden; den entsetzten Edlen entfallen die Schwerter, sie stürzen zu Lohengrins Füßen auf die Knie. – Elsa, die sich an Lohengrins Brust geworfen hatte, sinkt ohnmächtig langsam an ihm zu Boden. Langes

Stillschweigen. Lohengrin, tief erschüttert, steht allein aufrecht

LOHENGRIN. Weh, nun ist all unser Glück dahin!

Er neigt sich zu Elsa hinab, erhebt sie sanft und lehnt sie auf das Ruhebett

ELSA *matt die Augen aufschlagend.* Allewiger, erbarm dich mein!

Auf Lohengrins Zeichen erheben sich die vier Edlen

LOHENGRIN. Tragt den Erschlag'nen vor des Königs Gericht!

Die Edlen nehmen die Leiche Friedrichs auf und entfernen sich mit ihr durch die Türe rechts. – Lohengrin läutet an einem Glockenzuge; zwei Frauen treten von links ein

Sie vor den König zu geleiten,
schmückt Elsa, meine süße Frau! –
Dort will ich Antwort ihr bereiten,
daß sie des Gatten Art erschau'!

Er geht mit traurig feierlicher Haltung ab. – Die Frauen geleiten Elsa, die keines Wortes mächtig ist, nach links von dannen. – Der Tag hat langsam begonnen zu grauen; die Kerzen sind verloschen. – Wie aus dem Burghof vernimmt man den kriegerischen Ruf zum Aufbruch. – Ein großer Vorhang fällt im Vordergrunde zusammen und schließt die Bühne gänzlich

DRITTE SZENE

Als der vordere Vorhang wieder aufgezogen wird, stellt die Bühne die

Aue am Ufer der Schelde

dar, wie im ersten Akt; glühende Morgenröte, allmählicher Anbruch des vollen Tages

Ein Graf mit seinem Heergefolge zieht im Vordergrunde rechts auf, steigt vom Pferd und übergibt dies einem Knechte; zwei Edelknaben tragen ihm Schild und Speer. Er pflanzt sein Banner auf, sein Heergefolge sammelt sich um dasselbe. – Während ein zweiter Graf auf die Weise, wie der erste, einzieht, hört man bereits die Trompeten eines dritten sich nähern. – Ein dritter Graf zieht mit seinem Heergefolge ebenso ein. Die neuen Scharen sammeln sich um ihre Banner; die Grafen und Edlen begrüßen sich, prüfen und loben ihre Waffen usw. – Ein vierter Graf zieht mit seinem Heergefolge von rechts her ein und stellt sich bis in die Mitte des Hintergrundes auf. – Als die Trompeten des Königs vernommen werden, eilt Alles, sich um die Banner zu ordnen. – Der König mit seinem sächsischen Heerbann zieht von links ein

ALLE MÄNNER *an die Schilde schlagend, als der König unter der Eiche angelangt ist.* Heil, König Heinrich!
König Heinrich Heil!

KÖNIG HEINRICH. Habt Dank, ihr Lieben von Brabant!
Wie fühl' ich froh mein Herz entbrannt,
find ich in jedem deutschen Land
so kräftig reichen Heerverband!
Nun soll des Reiches Feind sich nahn,
wir wollen tapfer ihn empfahn:
aus seinem öden Ost daher
soll er sich nimmer wagen mehr!
Für deutsches Land das deutsche Schwert!
So sei des Reiches Kraft bewährt!

ALLE MÄNNER. Für deutsches Land das deutsche Schwert!
So sei des Reiches Kraft bewährt!

KÖNIG. Wo weilt nun der, den Gott gesandt
zum Ruhm, zur Größe von Brabant?

Ein scheues Gedränge ist entstanden: die vier Edlen bringen auf einer Bahre Friedrichs verhüllte Leiche und setzen sie in der Mitte des Kreises nieder

DIE MÄNNER. Was bringen die? Was tun sie kund?
Die Mannen sind's des Telramund.

KÖNIG. Was führt ihr her? Was soll ich schau'n?
Mich faßt bei eurem Anblick Grau'n!

DIE VIER EDLEN. So will's der Schützer von Brabant;
wer dieser ist, macht er bekannt.

Elsa, mit einem großen Gefolge von Frauen, tritt auf und schreitet langsam, wankenden Schrittes vor

DIE MÄNNER. Seht, Elsa naht, die Tugendreiche!

Der König geht Elsa entgegen und geleitet sie zu einem Sitze der Eiche gegenüber

Wie ist ihr Antlitz trüb und bleiche!

KÖNIG. Wie muß ich dich so traurig sehn!
Will dir so nah die Trennung gehn?

Elsa versucht vor ihm aufzublicken, vermag es aber nicht. – Großes Gedränge im Hintergrunde

EIN TEIL DER MÄNNER *im Hintergrunde.*
Macht Platz dem Helden von Brabant!

ALLE MÄNNER. Heil! Heil dem Helden von Brabant!

Der König hat seinen Platz unter der Eiche wieder eingenommen. – Lohengrin, ganz so gewaffnet wie im ersten Akte, tritt auf und schreitet feierlich und ernst in den Vordergrund

KÖNIG. Heil deinem Kommen, teurer Held!
Die du so treulich riefst ins Feld,
die harren dein in Streites Lust,
von dir geführt des Siegs bewußt.

DIE BRABANTER. Wir harren dein in Streites Lust,
von dir geführt des Siegs bewußt!

LOHENGRIN. Mein Herr und König, laß dir melden:
die ich berief, die kühnen Helden,
zum Streit sie führen darf ich nicht!

Alle drücken höchste Betroffenheit aus

DER KÖNIG. ALLE MÄNNER UND FRAUEN.
Hilf Gott! Welch hartes Wort er spricht!

LOHENGRIN. Als Streitgenoß bin nicht ich euch gekommen; –
als Kläger sei ich jetzt von euch vernommen!

Er enthüllt Friedrichs Leiche, vor deren Anblick sich Alle mit Abscheu abwenden. Lohengrin feierlich vor der Leiche

Zum ersten klage laut ich vor euch Allen,
und frag um Spruch nach Recht und Fug:
da dieser Mann zur Nacht mich überfallen,
sagt, ob ich ihn mit Recht erschlug?

DER KÖNIG UND ALLE MÄNNER *die Hand feierlich nach der Leiche ausstreckend.* Wie deine Hand ihn schlug auf Erden,
soll dort ihm Gottes Strafe werden!

LOHENGRIN. Zum andren aber sollt ihr Klage hören,
denn aller Welt nun klag ich laut:
daß zum Verrat an mir sich ließ betören
das Weib, das Gott mir angetraut!

DER KÖNIG UND ALLE MÄNNER *heftig erschrocken und betrübt.*
Elsa! Wie mochte das geschehn?
Wie konntest so du dich vergehn?

DIE FRAUEN *mit klagenden Gebärden auf Elsa blickend.*
Wehe dir, Elsa!

LOHENGRIN *immer streng.* Ihr hörtet Alle, wie sie mir versprochen,
daß nie sie woll' erfragen, wer ich bin?
Nun hat sie ihren teuren Schwur gebrochen,
treulosem Rat gab sie ihr Herz dahin!

Alle drücken die heftigste Erschütterung aus

Zu lohnen ihres Zweifels wildem Fragen,

sei nun die Antwort länger nicht gespart;
des Feindes Drängen durft ich sie versagen, –
nun muß ich künden, wie mein Nam' und Art.

Mit immer steigender Verklärung seiner Mienen

Nun merket wohl, ob ich den Tag muß scheuen!
Vor aller Welt, vor König und vor Reich
enthülle mein Geheimnis ich in Treuen.

Sich hoch aufrichtend

Nun hört, ob ich an Adel euch nicht gleich.

DER KÖNIG. ALLE MÄNNER UND FRAUEN.
Welch Unerhörtes muß ich nun erfahren?
O, könnt' er die erzwung'ne Kunde sich ersparen!

LOHENGRIN. In fernem Land, unnahbar euren Schritten,
liegt eine Burg, die Monsalvat genannt;
ein lichter Tempel stehet dort inmitten,
so kostbar als auf Erden nichts bekannt;
drin ein Gefäß von wundertät'gem Segen
wird dort als höchstes Heiligtum bewacht:
es ward, daß sein der Menschen Reinste pflegen,
herab von einer Engelschar gebracht;
alljährlich naht vom Himmel eine Taube,
um neu zu stärken seine Wunderkraft:
es heißt der Gral, und selig reinster Glaube
erteilt durch ihn sich seiner Ritterschaft.
Wer nun dem Gral zu dienen ist erkoren,
den rüstet er mit überirdischer Macht, –
an dem ist jedes Bösen Trug verloren,
wenn ihn er sieht, weicht dem des Todes Nacht;
selbst wer von ihm in ferne Land' entsendet,
zum Streiter für der Tugend Recht ernannt,
dem wird nicht seine heil'ge Kraft entwendet,
bleibt als sein Ritter dort er unerkannt;
so hehrer Art doch ist des Grales Segen,
enthüllt muß er des Laien Auge fliehn: –
des Ritters drum sollt Zweifel ihr nicht hegen,
erkennt ihr ihn – dann muß er von euch ziehn. –
Nun hört, wie ich verbot'ner Frage lohne: –
vom Gral ward ich zu euch daher gesandt;
mein Vater Parzival trägt seine Krone, –
sein Ritter ich – bin Lohengrin genannt.*

ALLE MÄNNER UND FRAUEN *voll Staunen und in größter Rüh-*

* Siehe Anhang 6

rung. Hör ich so seine höchste Art bewähren,
entbrennt mein Aug' in heil'gen Wonnezähren!

ELSA. Mir schwankt der Boden! – Welche Nacht! –
O Luft – Luft der Unglücksel'gen!

Sie droht umzusinken – Lohengrin faßt sie in seine Arme

LOHENGRIN. O, Elsa! Was hast du mir angetan?
Als meine Augen dich zuerst ersahn,
zu dir fühlt ich in Liebe mich entbrannt,
und schnell hatt ich ein neues Glück erkannt:
die hehre Macht, die Wunder meiner Art,
die Kraft, die mein Geheimnis mir bewahrt,
wollt ich dem Dienst des reinsten Herzens weihn; –
was rissest du nun mein Geheimnis ein?
Jetzt muß ich – ach! von dir geschieden sein!

ELSA *in höchster Verzweiflung aufschreckend.*
Mein Gatte! Nein! ich laß dich nicht von hinnen!
Als Zeuge meiner Buße bleibe hier!

LOHENGRIN. Ich muß, ich muß, mein süßes Weib!

ELSA. Nicht darfst du meiner bittren Reu' entrinnen,
daß du mich strafest, liege ich vor dir!

DER KÖNIG. ALLE MÄNNER UND FRAUEN. Weh! Wehe! Mußt du von uns ziehn?
Du hehrer, gottgesandter Mann!
Soll uns des Himmels Segen fliehn,
wo fänden dein wir Tröstung dann?

LOHENGRIN. Ich muß, ich muß, mein süßes Weib!
Schon zürnt der Gral, daß ich ihm ferne bleib!

ELSA. Bist du so göttlich, als ich dich erkannt,
sei Gottes Gnade nicht aus dir verbannt!
Büßt sie in Jammer ihre schwere Schuld,
nicht flieh' die Ärmste deiner Nähe Huld!
Verstoß mich nicht, wie groß auch mein Verbrechen!
Verlaß mich nicht! Verlaß die Arme nicht!

LOHENGRIN. Nur eine Strafe gibt's für dein Vergehen, –
ach! mich wie dich trifft ihre herbe Pein!
Getrennt, geschieden sollen wir uns sehen:
dies muß die Strafe, dies die Sühne sein!

Elsa sinkt mit einem Schrei zurück

DER KÖNIG UND ALLE MÄNNER *ungestüm Lohengrin umdrängend.* O bleib, und zieh uns nicht von dannen!
Des Führers harren deine Mannen!

LOHENGRIN. O König! hör! Ich darf dich nicht geleiten!
Des Grales Ritter, – habt ihr ihn erkannt, –

wollt er in Ungehorsam mit euch streiten,
ihm wäre alle Manneskraft entwandt! –
Doch, großer König, laß mich dir weissagen:
Dir Reinem ist ein großer Sieg verliehn!
Nach Deutschland sollen noch in fernsten Tagen –
des Ostens Horden siegreich nimmer ziehn!

Während sämtliche Gruppen des Vordergrundes von dem Eindruck der Weissagung lebhaft erregt sind, gewahren die im Hintergrunde die Annäherung des Schwanes

EIN TEIL DER MÄNNER *im Hintergrunde.*
Der Schwan! Der Schwan!

DIE MÄNNER *im Vordergrunde, nach hinten gewandt.*
Der Schwan! Der Schwan!
Seht dort ihn wieder nahn!

DIE FRAUEN *im nächsten Vordergrunde um Elsa.*
Der Schwan! Der Schwan!
Weh, er naht!

Der Schwan kommt um die vordere Flußbiegung herum. Er zieht den leeren Nachen

ELSA *aus ihrer Betäubung erweckt, erhebt sich, auf den Sitz gestützt, und blickt nach dem Ufer*
Entsetzlich! Ha! Der Schwan!
Sie verbleibt lange Zeit wie erstarrt in ihrer Stellung

LOHENGRIN *erschüttert.* Schon sendet nach dem Säumigen der Gral!

Unter der gespanntesten Erwartung der Übrigen tritt Lohengrin dem Ufer näher und neigt sich zu dem Schwan, ihn wehmütig betrachtend

Mein lieber Schwan!
Ach, diese letzte traurige Fahrt,
wie gern hätt ich sie dir erspart!
In einem Jahr, wenn deine Zeit
im Dienst zu Ende sollte gehn,
dann, durch des Grales Macht befreit,
wollt ich dich anders wiedersehn!

Er wendet sich im Ausbruch heftigen Schmerzes in den Vordergrund zu Elsa zurück

O Elsa! Nur ein Jahr an deiner Seite
hätt ich als Zeuge deines Glücks ersehnt!
Dann kehrte, selig in des Grals Geleite,
dein Bruder wieder, den du tot gewähnt.

Alle drücken ihre lebhafte Überraschung aus. Lohengrin, wäh-

rend er sein Horn, sein Schwert und seinen Ring Elsa überreicht

Kommt er dann heim, wenn ich ihm fern im Leben, –
dies Horn, dies Schwert, den Ring sollst du ihm geben:
dies Horn soll in Gefahr ihm Hülfe schenken, –
in wildem Kampf dies Schwert ihm Sieg verleiht; –
doch bei dem Ringe soll er mein gedenken,
der einst auch dich aus Schmach und Not befreit!

Während er Elsa, die keines Ausdruckes mächtig ist, wiederholt küßt

Leb wohl! Leb wohl! Leb wohl, mein süßes Weib!
Leb wohl! Mein zürnt der Gral, wenn ich noch bleib!
Leb wohl! Leb wohl!

Elsa hat sich krampfhaft an ihm festgehalten: endlich verläßt sie die Kraft, sie sinkt ihren Frauen in die Arme, denen sie Lohengrin übergibt. Er eilt schnell dem Ufer zu

DER KÖNIG. ALLE MÄNNER UND FRAUEN. Weh, weh! Du edler, holder Mann!
Welch harte Not tust du uns an!

ORTRUD *im Vordergrund auftretend.* Fahr heim! Fahr heim, du stolzer Helde,
daß jubelnd ich der Törin melde,
wer dich gezogen in dem Kahn;
am Kettlein, das ich um ihn wand,
ersah ich wohl, wer dieser Schwan:
es ist der Erbe von Brabant!

ALLE. Ha!

ORTRUD *zu Elsa.* Dank, daß den Ritter du vertrieben!
Nun gibt der Schwan ihm Heimgeleit!
Der Held, wär länger er geblieben,
den Bruder hätt er auch befreit!

ALLE *in äußerster Entrüstung.* Abscheulich Weib! Ha, welch Verbrechen
hast du in frechem Hohn bekannt!

ORTRUD. Erfahrt, wie sich die Götter rächen,
von deren Huld ihr euch gewandt!

Sie bleibt in wilder Verzückung hoch aufgerichtet stehen. – Lohengrin, bereits am Ufer angelangt, hat Ortrud genau vernommen und sinkt jetzt zu einem stummen Gebet feierlich auf die Knie. Aller Blicke richten sich mit gespanntester Erwartung auf ihn. – Die weiße Gralstaube schwebt über den Nachen herab. Lohengrin erblickt sie; mit einem dankenden Blicke springt er auf und löst dem Schwan die Kette, worauf dieser sogleich untertaucht; an seiner Stelle hebt Lohengrin einen schönen Knaben in glänzendem Silbergewande – Gottfried – aus dem Flusse an das Ufer

LOHENGRIN. Seht da den Herzog von Brabant, –
zum Führer sei er euch ernannt.

Lohengrin springt schnell in den Kahn, den die Taube an der Kette gefaßt hat und sogleich fortzieht. – Ortrud sinkt bei Gottfrieds Anblick mit einem Schrei zusammen. – Elsa blickt mit letzter freudiger Verklärung auf Gottfried, welcher nach vorn schreitet und sich vor dem König verneigt; Alle betrachten ihn mit seligem Erstaunen, die Brabanter senken sich huldigend vor ihm auf die Knie. – Gottfried eilt in Elsas Arme; diese, nach einer kurzen freudigen Entrückung, wendet hastig den Blick nach dem Ufer, wo sie Lohengrin nicht mehr erblickt

ELSA. Mein Gatte! Mein Gatte!

In der Ferne wird Lohengrin wieder sichtbar. Er steht mit gesenktem Haupte, traurig auf seinen Schild gelehnt, im Nachen; bei diesem Anblick bricht Alles in einen lauten Wehruf aus. – Elsa sinkt entseelt in Gottfrieds Armen zu Boden. – Während Lohengrin immer ferner gesehen wird, sinkt langsam der Vorhang.

DOKUMENTE

1840/41		Wagner lernt in Paris die Abhandlung *Über den Krieg von Wartburg* von C. T. L. Lucas (Königsberg 1838) kennen, in der auch die Lohengrin-Sage berichtet wird.
1845	Juli	Wagner liest in Marienbad die 1813 von J. Görres »mit der großen Einleitung« herausgegebene Lohengrin-Sage.
	3. Aug.	Vollendung des großen Prosaentwurfs in Marienbad.
	27. Nov.	Vollendung der Dichtung in Dresden.
1846	30. Juli	Vollendung der Kompositionsskizze in Groß-Graupa bei Pillnitz.
	9. Sept.	Beginn des 3. Aktes der Orchesterskizze in Dresden.
1847	5. März	Vollendung der Orchesterskizze des 3. Aktes (nach der textlichen und musikalischen Neubearbeitung von Glucks *Iphigenie in Aulis*).
	8. Juni	Vollendung der am 12. Mai begonnenen Orchesterskizze des 1. Aktes.
	2. Aug.	Vollendung der am 18. Juni begonnenen Orchesterskizze des 2. Aktes.
	28. Aug.	Vollendung der Orchesterskizze des Vorspiels.
1848	28. April	Vollendung der am 1. Januar begonnenen Partitur.
1850	28. Aug.	Uraufführung in Weimar durch Franz Liszt.
1861	11. Mai	Wagner erlebt in der Wiener Hofoper zum ersten Mal eine Aufführung seines *Lohengrin*.

Richard Wagner, *Mein Leben*:

... So den besten Hoffnungen mich hingebend, trat ich im Juli meinen diesjährigen Sommerurlaub mit einer Reise nach

Marienbad in Böhmen an, um dort wegen einer mir und meiner Frau gleichmäßig angeratenen Brunnenkur unseren Erholungsaufenthalt zu nehmen.

Wieder war ich auf dem vulkanischen Bodens dieses merkwürdigen und für mich immer anregenden Böhmen; ein wundervoller, fast nur zu heißer Sommer diente zur Nahrung meiner inneren Heiterkeit. Ich hatte mir vorgenommen, mich der gemächlichsten Lebensweise, wie sie andrerseits für die sehr aufregende Kur unerläßlich ist, hinzugeben. Sorgsam hatte ich mir die Lektüre hierzu mitgenommen: die Gedichte Wolfram von Eschenbachs in den Bearbeitungen von Simrock und San Marte, damit im Zusammenhange das anonyme Epos vom *Lohengrin* mit der großen Einleitung von Görres. Mit dem Buche unter dem Arm vergrub ich mich in die nahen Waldungen, um am Bache gelagert mit Titurel und Parzival in dem fremdartigen und doch so innig traulichen Gedichte Wolframs mich zu unterhalten. Bald regte aber die Sehnsucht nach eigener Gestaltung des von mir Erschauten sich so stark, daß ich, vor jeder aufregenden Arbeit während des Genusses des Marienbader Brunnens gewarnt, Mühe hatte, meinen Drang zu bekämpfen. Hieraus erwuchs mir eine bald beängstigend sich steigernde Aufregung: der *Lohengrin*, dessen allererste Konzeption schon in meine letzte Pariser Zeit fällt, stand plötzlich vollkommen gerüstet mit größter Ausführlichkeit der dramatischen Gestaltung des ganzen Stoffes vor mir. Namentlich gewann die an ihm so bedeutungsvoll haftende Schwanensage durch alle um jene Zeit vermöge meiner Studien mir bekannt gewordenen Züge dieses Mythenkomplexes einen übermäßigen Reiz für meine Phantasie... kaum war ich um die Mittagszeit in mein Bad gestiegen, als ich von solcher Sehnsucht, den *Lohengrin* aufzuschreiben, ergriffen ward, daß ich, unfähig, die für das Bad nötige Stunde abzuwarten, nach wenigen Minuten bereits ungeduldig heraussprang, kaum die Zeit zum ordentlichen Wiederankleiden mir gönnte und wie ein Rasender in meine Wohnung lief, um das mich Bedrängende zu Papier zu bringen. Dies wiederholte sich mehrere Tage, bis der ausführliche szenische Plan des *Lohengrin*... niedergeschrieben war... Mitte August reisten wir zurück nach Dresden; meine Freunde freuten sich meiner übermütig heitern Laune: mir war, als ob ich Flügel hätte.

An Albert Wagner. Marienbad, 4. August 1845:
... Mein Kopf hat seine Rastlosigkeit aber nicht verlieren wollen u. so habe ich denn gestern das Niederschreiben eines sehr ausführlichen, vollständigen Planes zum *Lohengrin* beendigt, der mir große Freude macht, ja, ich gestehe es frei, mit stolzem Behagen erfüllt. Du weißt, welche Sorge mich manchmal beschlich, nach dem *Tannhäuser* keinen Stoff wieder zu finden, der ihm an Wärme u. Eigentümlichkeit gleichkomme: – je näher ich mich nun aber mit meinem neuen Stoff vertraut machte, je inniger ich die Idee erfaßte, desto reicher u. üppiger ging mir dessen Kern auf u. entfaltete sich zu einer so vollen, schwellenden Blume, daß ich mich in ihrem Besitze wahrhaft glücklich fühle. Meine Erfindung u. Gestaltung hat bei dieser Schöpfung den größten Anteil: das altdeutsche Gedicht, welches uns diese hochpoetische Sage bewahrt hat, ist das dürftigste u. platteste, was in dieser Art auf uns gekommen ist, und ich fühle mich in der Befriedigung des Reizes sehr glücklich, die fast ganz unkenntlich gewordene Sage aus dem Schutt u. Moder der schlechten, prosaischen Behandlung des alten Dichters erlöst u. durch eigene Erfindung u. Nachgestaltung sie wieder zu ihrem reichen, hochpoetischen Werte gebracht zu haben. – Aber abgesehen davon, welch ein glückliches Opernbuch ist es! Wirkungsvoll, anziehend, imponierend u. rührend in jedem Teile! –

Richard Wagner, *Eine Mitteilung an meine Freunde*:
Lohengrin suchte das Weib, das an ihn *glaubte*; das nicht früge, wer er sei und woher er komme, sondern ihn liebte, wie er sei, und weil er so sei, wie er ihm erschiene. Er suchte das Weib, dem er sich nicht zu erklären, nicht zu rechtfertigen habe, sondern das ihn unbedingt *liebe*. Er mußte deshalb seine höhere Natur verbergen, denn gerade eben in der Nichtaufdeckung, in der Nichtoffenbarung dieses höheren – oder richtiger gesagt: *erhöhten* – Wesens konnte ihm die einzige Gewähr liegen, daß er nicht um dieses Wesens willen nur bewundert und angestaunt, oder ihm – als einem Unverstandenen – anbetungsvoll demütig gehuldigt würde, wo es ihn eben *nicht* nach Bewunderung und Anbetung, sondern nach dem Einzigen, was ihn aus seiner Einsamkeit erlösen, seine Sehnsucht stillen konnte – nach *Liebe*, nach *Geliebtsein*, nach *Verstandensein durch die Liebe*, verlangte. Mit seinem höchsten Sinnen, mit seinem wissendsten Bewußtsein, wollte er nichts Anderes werden und sein als voller, ganzer, warmemp-

findender und warmempfundener Mensch, also überhaupt *Mensch*, nicht Gott, d. h. absoluter Künstler. So ersehnte er sich das Weib – das menschliche Herz. Und so stieg er herab aus seiner wonnig öden Einsamkeit, als er den Hülferuf dieses Weibes, dieses Herzens, mitten aus der Menschheit da unten vernahm. Aber an ihm haftet unabstreifbar der verräterische Heiligenschein der erhöhten Natur; er kann nicht anders als wunderbar erscheinen; das Staunen der Gemeinheit, das Geifern des Neides wirft seine Schatten bis in das Herz des liebenden Weibes; Zweifel und Eifersucht bezeugen ihm, daß er nicht *verstanden*, sondern nur *angebetet* wurde, und entreißen ihm das Geständnis seiner Göttlichkeit, mit dem er vernichtet in seine Einsamkeit zurückkehrt.
In Elsa ersah ich von Anfang herein den von mir ersehnten Gegensatz Lohengrins – natürlich jedoch nicht den diesem Wesen fern abliegenden, absoluten Gegensatz, sondern vielmehr das *andere Teil* seines eigenen Wesens – den Gegensatz, der in seiner Natur überhaupt mit enthalten, und nur die notwendig von ihm zu ersehnende Ergänzung seines männlichen, besonderen Wesens ist. Elsa ist das Unbewußte, Unwillkürliche, in welchem das bewußte, willkürliche Wesen Lohengrins sich zu erlösen sehnt; dieses *Verlangen* ist aber selbst wiederum das unbewußte Notwendige, Unwillkürliche im Lohengrin, durch das er dem Wesen Elsas sich verwandt fühlt. Durch das Vermögen dieses »unbewußten Bewußtseins«, wie ich es selbst mit Lohengrin empfand, kam mir auch die weibliche Natur – und zwar gerade als es mich zur treuesten Darstellung ihres Wesens drängte – zu immer innigerem Verständnisse. Es gelang mir, mich durch dieses Vermögen so vollständig in dieses weibliche Wesen zu versetzen, daß ich zu gänzlichem Einverständnisse mit der Äußerung desselben in meiner liebenden Elsa kam. Ich mußte sie so berechtigt finden in dem endlichen Ausbruche ihrer Eifersucht, daß ich das reinmenschliche Wesen der Liebe gerade in diesem Ausbruche erst ganz verstehen lernte; und ich litt wirklichen, tiefen – oft in heißen Tränen mir entströmenden – Jammer, als ich unabweislich die tragische Notwendigkeit der Trennung, der Vernichtung der beiden Liebenden empfand. Dieses Weib, das sich mit hellem Wissen in ihre Vernichtung stürzt um des notwendigen Wesens der Liebe willen – das, wo es mit schwelgerischer Anbetung empfindet, ganz auch untergehen will, wenn es nicht ganz den Geliebten umfassen kann; dieses Weib, das in ihrer Berührung gerade

mit Lohengrin untergehen mußte, um auch diesen der Vernichtung preiszugeben; dieses so und nicht anders lieben könnende Weib, das gerade durch den Ausbruch ihrer Eifersucht erst aus der entzückten Anbetung in das volle Wesen der Liebe gerät und dies Wesen dem hier noch Unverständnisvollen an ihrem Untergange offenbart; dieses herrliche Weib, vor dem Lohengrin noch entschwinden mußte, weil er es aus seiner besonderen Natur nicht verstehen konnte, – ich hatte es *jetzt* entdeckt: und der verlorene Pfeil, den ich nach dem geahnten, noch nicht aber gewußten, edlen Funde abschoß, war eben mein Lohengrin, den ich verloren geben mußte, um mit Sicherheit dem *wahrhaft Weiblichen* auf die Spur zu kommen, das mir und aller Welt die Erlösung bringen soll, nachdem der männliche Egoismus, selbst in seiner edelsten Gestaltung, sich selbstvernichtend vor ihm gebrochen hat. – Elsa, das Weib – das bisher von mir unverstandene und nun verstandene Weib, diese notwendigste Wesensäußerung der reinsten sinnlichen Unwillkür – hat mich zum vollständigen Revolutionär gemacht. Sie war der Geist des Volkes, nach dem ich auch als künstlerischer Mensch zu meiner Erlösung verlangte.

An Ferdinand Heine, Dresden. Zürich, 31. Oktober 1853:
... Du meinst, auch mein szenisches Arrangement reiche nicht aus, Elsa's Brautzug im 2ten Acte der Länge der Musik (so mit der von mir beabsichtigten künstlerischen Wirkung) gemäß darzustellen, und schlägst dazu einen höfischen Umgang – als Vorspiel zum eigentlichen Brautzug – vor, mit dem ich mich gar nicht einverstanden erklären kann. Das ist viel zu viel Ceremonial für die edle, naive Einfachheit jener Zeit. Heinrich der Vogler wußte noch nichts von Marschällen pp. in dem Sinne, wie sie später vorkommen: bei ihm ist »Marschalk« der wirkliche Pferdeknecht u.s.w.; ... *Das* gerade soll nun aber eben das Colorit meines *Lohengrin* ausmachen, daß wir hier ein altes *deutsches* Königtum vor uns sehn, nach seinem schönsten, idealsten Wesen. Hier tut niemand etwas aus bloßer Routine und höfischer Gewohnheit, sondern an jeder Begegnung nehmen die Teilnehmenden unmittelbaren, gefühlten Anteil; hier ist kein despotischer Prunk, der seine »Leibwachen« (oh! oh!) hat und das »Volk zurückdrängen« läßt, um »Spalier« zu bilden für die hohen Herrschaften. Sondern kindische Knaben sind es, die Geleite für eine junge Frau machen, und denen alles mit Freude und ganz von selbst weicht.

Ich bitte Dich um Gottes Willen, liebster Heinemännel, bringe mir das garstige Zeug mit den Zeremonienmeistern, Marschällen, Leibwachen u.s.w. heraus; es darf *hier* keinen Platz mehr finden. Laß meinen Lohengrin *schön*, aber nicht prunkend und – albern sein. Sieh meinen »Heerrufer« an, wie der Kerl singt, als ob ihn alles persönlich anginge: keine Maschinen!

An Franz Liszt. Paris, 21. April 1850:
Lieber, soeben las ich etwas in der Partitur meines *Lohengrin* – ich lese sonst nie in meinen Arbeiten. Eine ungeheure Sehnsucht ist in mir entflammt, dies Werk aufgeführt zu wissen. Ich lege Dir hiermit meine Bitte an das Herz: Führe meinen *Lohengrin* auf! *Du bist der Einzige*, an den ich diese Bitte richten würde: niemand als Dir vertraue ich die Creation dieser Oper an: aber Dir übergebe ich sie mit vollster, freudigster Ruhe. Führe sie auf, wo Du willst: gleichviel wenn es selbst nur in Weimar ist: ich bin gewiß, Du wirst alle möglichen und nötigen Mittel dazu herbeischaffen, und man wird Dir nichts abschlagen. Führe den *Lohengrin* auf und laß sein Inslebentreten *Dein* Werk sein.

An Mathilde Wesendonck. Wien, 11. Mai 1861:
Soeben habe ich der Probe zum *Lohengrin* beigewohnt! Ich kann die unglaublich ergreifende Wirkung dieses ersten Anhörens unter den schönsten und liebevollsten Umständen, künstlerischer wie menschlicher Art, nicht in mir verschlossen halten, ohne sie Ihnen sogleich mitzuteilen. Zwölf Jahre meines Lebens – welche Jahre! – durchlebte ich!! Sie hatten recht, mir diese Freude oft zu wünschen! Aber nirgends hätte sie mir so vollständig geboten werden können, als hier!...

Franz Liszt *an Richard Wagner.* 2. September 1850:
Dein *Lohengrin* ist von Anfang bis Ende ein erhabenes Werk. Bei gar mancher Stelle sind mir die Tränen aus dem Herzen gekommen. Da die Oper ein einziges unteilbares Wunder ist, kann ich Dir unmöglich diesen oder jenen Zug, diese oder jene Kombination, diesen oder jenen Effekt besonders hervorheben. Gerade so wie es dem frommen Geistlichen erging, der Wort für Wort die ganze Nachahmung Christi unterstrich, möchte es geschehen, daß ich Note für Note Deinen ganzen *Lohengrin* unterstreiche. Für diesen Fall würde ich mit dem Ende beginnen, nämlich mit dem Duett des 3. Aktes zwischen

Elsa und Lohengrin, welches für mich der Höhepunkt des Schönen und Wahren in der Kunst ist.

Franz Liszt *an Hans von Bülow*. 14. März 1856:
... diese Aufführung des *Lohengrin* hat hier ein ungeheures Aufsehen erregt ... Was mich betrifft, gestehe ich, daß meine Bewunderung für dieses herrliche Werk noch im Wachsen begriffen ist, das meinem Gefühl nach die höchste Kundgebung des dramatischen Genies darstellt.

Peter Cornelius *an die Fürstin Carolyne Sayn-Wittgenstein*. 12. September 1859:
Lohengrin ist ein hoher Festtag, so oft man ihn hört ... Wer ein gesunder, tüchtiger Mensch ist, und nur etwas dichterisches Gefühl hat, muß von der Stunde an, wo er die Sache mit offener Seele anhört, ein begeisterter Verehrer Wagners sein.

König Ludwig II. *an Richard Wagner*. 8. Juni 1867:
Durch dieses Werk ... erglühte in mir die heilige, ewige Liebe zu Ihnen, die mich beseligt, die meinen innersten Lebensnerv bildet; die mir die unerschütterliche Kraft des Glaubens an Sie und Ihre Sendung verlieh, sowie die Kraft der Treue, die niemals wankt, die sich bewähren wird bis in den Tod.

Thomas Mann *an Emil Preetorius*. 6. Dezember 1949:
... den ganzen *Tristan* könnte ich nicht mehr aushalten. Wohl aber den *Lohengrin*, dessen Vorspiel vielleicht das Wunderbarste ist, was er überhaupt geschrieben hat, und den ich in seiner blau-silbernen Schönheit wohl immer noch am innigsten liebe – es ist eine echte, bleibende, bei jedem Kontakt sich erneuernde Jugendliebe. Ich habe noch eine alte Platte von der »goldenen Delia« ... als Elsa mit dem »Einsam in trüben Tagen« und bei dem Einsatz der pp. Trompete, wenn es heißt: »In lichter Waffen Scheine – ein Ritter nahte da« bin ich jedesmal helles Entzücken wie mit achtzehn Jahren, – es ist der Gipfel der Romantik.

Hans Mayer, *Richard Wagner* (1959):
Lohengrin ist abermals Tannhäuser, abermals der Künstler, abermals Richard Wagner. Er ist das Wunder, das Genie, das im Alltag erscheint. Die Geniegestalten der deutschen Sturm- und Drang-Bewegung (Götz gehörte dazu und Prometheus und der ursprüngliche Faust) waren Selbsthelfer, sie

waren auch als Künstler zugleich Genies der Tat und der Empörung. Die Romantiker hatten den Künstler als *Genie* durch den Künstler als *Wunder* in religiöser Aura ersetzt. Wagner folgte ihnen hier nicht. Im *Lohengrin* ist die Romantik – darüber möge man sich nicht täuschen – weitgehend Requisit, viel weniger Substanz. Der *Tristan* ist weitaus romantischer als der *Lohengrin.* Das Wunder des Grals und der Lohengrin-Gestalt ist säkularisiert, durchaus noch nicht christlich verstanden. Den Gral deutet der Schöpfer des *Lohengrin* ganz anders als der spätere Meister des *Parsifal.*

Lohengrins Tragik beruht auf seiner Einsamkeit. Er ist das Wunder in einer Welt, die (in der Gestalt der Elsa) das Wunder zwar ersehnt, doch auch bemüht ist, es in die Alltagssphäre zu zwingen, eben dadurch aber des Wunderbaren zu entkleiden. *Holländer-* und *Tannhäuser*-Motive sind ineinander verschlungen. Wie im *Fliegenden Holländer,* wie in der deutschromantischen Tradition gibt es abermals ein Bündnis zwischen Menschenwelt und Geisterwelt, das tragisch enden muß. Die Ehe zwischen Lohengrin und Elsa muß ebenso scheitern wie die Verlobung der Senta mit dem Ahasver des Ozeans. Hinzu kommt Tannhäusers Protest gegen Alltag und Kunsttreiben der üblichen Umwelt. Der Künstler Tannhäuser ersehnte andere Freuden und Schmerzen als die Wolfram und Walther; darum ging er in den Venusberg: um ein neues Künstlertum zu erlangen. Lohengrin *ist* dieser neue Künstler, dieser Wagner oder Wagnerianer. Die Glorie des Gralsrittertums bietet nur die äußere Form, die das Künstlersymbol annehmen soll, sie ist aber nicht das Symbol. Lohengrin ist das Künstlertum der Ausnahme, das sich nicht in den Alltag zwingen läßt. Das Frageverbot an Elsa drückt diesen Zustand höchst sinnreich aus. Das Genie verlangt fraglose Treue, höchstes Vertrauen, alle Reservate des Außerordentlichen. Der Alltag verlangt Kenntnis von Namen und Art, Einordnung des Wunders in das Übliche. An diesem Konflikt waren bereits E. T. A. Hoffmanns Künstlergestalten zerschellt. Auch der Anselmus in der Erzählung vom goldenen Topf lebte gleichzeitig in Dresden und in Atlantis. Lohengrin aber kann nicht zugleich Gralsritter, Ehegatte und Herzog sein. Der Gral ist Utopie, die sich nicht alltäglich machen läßt. Darum muß der Lohengrin-Konflikt mit Notwendigkeit tragisch enden. Dies um so mehr, als Wagner, wie bereits zitiert wurde, im Grunde geneigt ist, die Umwelt und den Alltag als das Unnatürliche, das Wunder des Künstlers aber als höhere Natürlichkeit zu betrachten.

TRISTAN UND ISOLDE

(1859)

PERSONEN

TRISTAN
KÖNIG MARKE
ISOLDE
KURWENAL
MELOT
BRANGÄNE
EIN HIRT
EIN STEUERMANN
EIN SEEMANN
SCHIFFSVOLK, RITTER UND KNAPPEN

Schauplätze

ERSTER AUFZUG
Zur See auf dem Verdeck von Tristans Schiff während der Überfahrt von Irland nach Kornwall

ZWEITER AUFZUG
In der Königlichen Burg Markes in Kornwall

DRITTER AUFZUG
Tristans Burg in der Bretagne

ERSTER AUFZUG

Zeltartiges Gemach auf dem Vorderdeck eines Seeschiffes

reich mit Teppichen behangen, beim Beginn nach dem Hintergrunde zu gänzlich geschlossen; zur Seite führt eine schmale Treppe in den Schiffsraum hinab

Isolde auf einem Ruhebett, das Gesicht in die Kissen gedrückt. – Brangäne, einen Teppich zurückgeschlagen haltend, blickt zur Seite über Bord –

ERSTE SZENE

STIMME EINES JUNGEN SEEMANNES *aus der Höhe, wie vom Mast her, vernehmbar.*
Westwärts
schweift der Blick;
ostwärts
streicht das Schiff.
Frisch weht der Wind
der Heimat zu:
mein irisch Kind,
wo weilest du?
Sind's deiner Seufzer Wehen,
die mir die Segel blähen?
Wehe, wehe, du Wind!
Weh, ach wehe, mein Kind!
Irische Maid,
du wilde, minnige Maid!

ISOLDE *jäh auffahrend.* Wer wagt mich zu höhnen?
Sie blickt verstört um sich
Brangäne, du?
Sag – wo sind wir?

BRANGÄNE *an der Öffnung.* Blaue Streifen
stiegen im Westen auf;
sanft und schnell
segelt das Schiff:
auf ruhiger See vor Abend
erreichen wir sicher das Land.

ISOLDE. Welches Land?
BRANGÄNE. Kornwalls grünen Strand.
ISOLDE. Nimmermehr!
Nicht heut noch morgen!
BRANGÄNE *läßt den Vorhang zufallen und eilt bestürzt zu Isolde.* Was hör ich! Herrin! Ha!
ISOLDE *wild vor sich hin.* Entartet Geschlecht!
Unwert der Ahnen!
Wohin, Mutter,
vergabst du die Macht
über Meer und Sturm zu gebieten?
O zahme Kunst
der Zauberin,
die nur Balsamtränke noch braut!
Erwache mir wieder,
kühne Gewalt;
herauf aus dem Busen ,
wo du dich bargst!
Hört meinen Willen,
zagende Winde!
Heran zu Kampf
und Wettergetös!
Zu tobender Stürme
wütendem Wirbel!
Treibt aus dem Schlaf
dies träumende Meer,
weckt aus dem Grund
seine grollende Gier!
Zeigt ihm die Beute,
die ich ihm biete!
Zerschlag es, dies trotzige Schiff,
des zerschellten Trümmer verschling's!
Und was auf ihm lebt,
den wehenden Atem,
den laß ich euch Winden zum Lohn!
BRANGÄNE *im äußersten Schreck um Isolde sich bemühend.*
O weh!
Ach! Ach
des Übels, das ich geahnt!
Isolde Herrin!
Teures Herz!
Was bargst du mir so lang?
Nicht eine Träne

weintest du Vater und Mutter;
kaum einen Gruß
den Bleibenden botest du.
Von der Heimat scheidend
kalt und stumm,
bleich und schweigend
auf der Fahrt;
ohne Nahrung,
ohne Schlaf;
starr und elend,
wild verstört:
wie ertrug ich,
so dich sehend,
nichts dir mehr zu sein,
fremd vor dir zu stehn?
O, nun melde,
was dich müht!
Sage, künde,
was dich quält!
Herrin Isolde!
trauteste Holde!
Soll sie wert sich dir wähnen,
vertraue nun Brangänen!

ISOLDE. Luft! Luft!
Mir erstickt das Herz!
Öffne! Öffne dort weit!

Brangäne zieht eilig die Vorhänge in der Mitte auseinander

ZWEITE SZENE

Man blickt dem Schiff entlang bis zum Steuerbord, über den Bord hinaus auf das Meer und den Horizont. Um den Hauptmast in der Mitte ist Seevolk, mit Tauen beschäftigt, gelagert; über sie hinaus gewahrt man am Steuerbord Ritter und Knappen, ebenfalls gelagert, von ihnen etwas entfernt Tristan, mit verschränkten Armen stehend und sinnend in das Meer blickend; zu Füßen ihm, nachlässig gelagert, Kurwenal. Vom Maste her, aus der Höhe, vernimmt man wieder die Stimme des jungen Seemanns

DER JUNGE SEEMANN *auf dem Maste, unsichtbar.*
Frisch weht der Wind

der Heimat zu: –
Mein irisch Kind,
wo weilest du?
Sind's deiner Seufzer Wehen,
die mir die Segel blähen?
Wehe, wehe du Wind!
Weh, ach wehe, mein Kind!

ISOLDE *deren Blick sogleich Tristan fand und starr auf ihn geheftet blieb, dumpf für sich*

Mir erkoren, –
mir verloren, –
hehr und heil –
kühn und feig!
Tod geweihtes Haupt!
Tod geweihtes Herz! –

Zu Brangäne, unheimlich lachend

Was hältst du von dem Knechte?

BRANGÄNE *ihrem Blicke folgend.* Wen meinst du?

ISOLDE. Dort den Helden,
der meinem Blick
den seinen birgt,
in Scham und Scheue
abwärts schaut?
Sag, wie dünkt er dich?

BRANGÄNE. Frägst du nach Tristan,
teure Frau?
Dem Wunder aller Reiche,
dem hochgepries'nen Mann?
Dem Helden ohne Gleiche,
des Ruhmes Hort und Bann?

ISOLDE *sie verhöhnend.* Der zagend vor dem Streiche
sich flüchtet, wo er kann,
weil eine Braut er als Leiche
für seinen Herrn gewann!
Dünkt es dich dunkel,
mein Gedicht?
Frag ihn denn selbst,
den freien Mann,
ob mir zu nah'n er wagt?
Der Ehren Gruß
und zücht'ge Acht
vergißt der Herrin
der zage Held,

daß ihr Blick ihn nur nicht erreiche,
den Helden ohne Gleiche!
Oh, er weiß
wohl, warum!
Zu dem Stolzen geh,
meld ihm der Herrin Wort!
Meinem Dienst bereit,
schleunig soll er mir nah'n.

BRANGÄNE. Soll ich ihn bitten,
dich zu grüßen?

ISOLDE. Befehlen ließ
dem Eigenholde
Furcht der Herrin
ich, Isolde!

Auf Isoldes gebieterischen Wink entfernt sich Brangäne und schreitet verschämt dem Deck entlang dem Steuerbord zu, an den arbeitenden Seeleuten vorbei. Isolde, mit starrem Blicke ihr folgend, zieht sich rücklings nach dem Ruhebett zurück, wo sie sitzend während des Folgenden bleibt, das Auge unabgewandt nach dem Steuerbord gerichtet

KURWENAL *der Brangäne kommen sieht, zupft, ohne sich zu erheben, Tristan am Gewande.*
Hab acht, Tristan!
Botschaft von Isolde.

TRISTAN *auffahrend.* Was ist? – Isolde? –

Er faßt sich schnell, als Brangäne vor ihm anlangt und sich verneigt

Von meiner Herrin? –
Ihr gehorsam
was zu hören
meldet höfisch
mir die traute Magd?

BRANGÄNE. Mein Herre Tristan,
dich zu sehen
wünscht Isolde,
meine Frau.

TRISTAN. Grämt sie die lange Fahrt –,
die geht zu End;
eh noch die Sonne sinkt,
sind wir am Land.
Was meine Frau mir befehle,
treulich sei's erfüllt.

BRANGÄNE. So mög' Herr Tristan

zu ihr gehn:
das ist der Herrin Will'.

TRISTAN. Wo dort die grünen Fluren
dem Blick noch blau sich färben,
harrt mein König
meiner Frau:
zu ihm sie zu geleiten,
bald nah ich mich der Lichten;
keinem gönnt ich
diese Gunst.

BRANGÄNE. Mein Herre Tristan,
höre wohl:
deine Dienste
will die Frau,
daß du zur Stell ihr nahtest,
dort, wo sie deiner harrt.

TRISTAN. Auf jeder Stelle
wo ich steh,
getreulich dien ich ihr,
der Frauen höchster Ehr;
ließ ich das Steuer
jetzt zur Stund,
wie lenkt' ich sicher den Kiel
zu König Markes Land?

BRANGÄNE. Tristan, mein Herre!
Was höhnst du mich?
Dünkt dich nicht deutlich
die tör'ge Magd,
hör meiner Herrin Wort!
So hieß sie, sollt ich sagen: –
befehlen ließ
dem Eigenholde
Furcht der Herrin
sie, Isolde.

KURWENAL *aufspringend.* Darf ich die Antwort sagen?

TRISTAN *ruhig.* Was wohl erwidertest du?

KURWENAL. Das sage sie
der Frau Isold!
Wer Kornwalls Kron
und Englands Erb
an Irlands Maid vermacht,
der kann der Magd
nicht eigen sein,

die selbst dem Ohm er schenkt.
Ein Herr der Welt
Tristan der Held!
Ich ruf's: du sag's, und grollten
mir tausend Frau Isolden!

Da Tristan durch Gebärden ihm zu wehren sucht und Brangäne entrüstet sich zum Weggehen wendet, singt Kurwenal der zögernd sich Entfernenden mit höchster Stärke nach:

»Herr Morold zog
zu Meere her,
in Kornwall Zins zu haben;
ein Eiland schwimmt
auf ödem Meer,
da liegt er nun begraben!
Sein Haupt doch hängt
im Irenland,
als Zins gezahlt
von Engeland:
hei! unser Held Tristan,
wie der Zins zahlen kann!«

Kurwenal, von Tristan fortgescholten, ist in den Schiffsraum hinabgestiegen; Brangäne, in Bestürzung zu Isolde zurückgekehrt, schließt hinter sich die Vorhänge, während die ganze Mannschaft außen sich hören läßt

ALLE MÄNNER. Sein Haupt doch hängt
im Irenland,
als Zins gezahlt
von Engeland:
hei! unser Held Tristan,
wie der Zins zahlen kann!

DRITTE SZENE

Isolde und Brangäne allein, bei vollkommen wieder geschlossenen Vorhängen. – Isolde erhebt sich mit verzweiflungsvoller Wutgebärde, Brangäne stürzt ihr zu Füßen

BRANGÄNE. Weh, ach wehe!
dies zu dulden!

ISOLDE *dem furchtbarsten Ausbruche nahe, schnell sich zusammenraffend*

Doch nun von Tristan!
Genau will ich's vernehmen.
BRANGÄNE. Ach, frage nicht!
ISOLDE. Frei sag's ohne Furcht!
BRANGÄNE. Mit höf'schen Worten
wich er aus.
ISOLDE. Doch als du deutlich mahntest?
BRANGÄNE. Da ich zur Stell
ihn zu dir rief –:
wo er auch steh –
so sagte er –,
getreulich dien' er ihr,
der Frauen höchster Ehr';
ließ' er das Steuer
jetzt zur Stund,
wie lenkt' er sicher den Kiel
zu König Markes Land?
ISOLDE *schmerzlich bitter.* »Wie lenkt' er sicher den Kiel
zu König Markes Land« –
Grell und heftig
Den Zins ihm auszuzahlen,
den er aus Irland zog!
BRANGÄNE. Auf deine eig'nen Worte,
als ich ihm die entbot,
ließ seinen Diener Kurwenal –
ISOLDE. Den hab ich wohl vernommen,
kein Wort das mir entging. –
Erfuhrest du meine Schmach,
nun höre, was sie mir schuf.
Wie lachend sie
mir Lieder singen,
wohl könnt auch ich erwidern!
Von einem Kahn,
der klein und arm
an Irlands Küsten schwamm,
darinnen krank
ein siecher Mann
elend im Sterben lag.
Isoldes Kunst
ward ihm bekannt;
mit Heil-Salben
und Balsam-Saft
der Wunde, die ihn plagte,

getreulich pflag sie da. –
Der »Tantris«
mit sorgender List sich nannte,
als Tristan
Isold' ihn bald erkannte,
da in des Müß'gen Schwerte
eine Scharte sie gewahrte,
darin genau
sich fügt ein Splitter,
den einst im Haupt
des Iren-Ritter,
zum Hohn ihr heimgesandt,
mit kund'ger Hand sie fand.
Da schrie's mir auf
aus tiefstem Grund!
Mit dem hellen Schwert
ich vor ihm stund,
an ihm dem Überfrechen
Herrn Morolds Tod zu rächen. –
Von seinem Lager
blickt' er her, –
nicht auf das Schwert,
nicht auf die Hand, –
er sah mir in die Augen.
Seines Elendes
jammerte mich; –
das Schwert – ich ließ es fallen!
Die Morold schlug, die Wunde,
sie heilt' ich, daß er gesunde,
und heim nach Hause kehre –,
mit dem Blick mich nicht mehr beschwere!

BRANGÄNE. O Wunder! Wo hatt ich die Augen?
Der Gast, den einst
ich pflegen half?

ISOLDE. Sein Lob hörtest du eben: –
»Hei! unser Held Tristan« –,
der war jener traur'ge Mann!
Er schwur mit tausend Eiden
mir ew'gen Dank und Treue!
Nun hör wie ein Held
Eide hält!
Den als Tantris
unerkannt ich entlassen,

als Tristan
kehrt er kühn zurück;
auf stolzem Schiff,
von hohem Bord,
Irlands Erbin
begehrt er zur Eh'
für Kornwalls müden König,
für Marke, seinen Ohm. –
Da Morold lebte,
wer hätt es gewagt
uns je solche Schmach zu bieten?
Für der zinspflicht'gen
Kornen Fürsten
um Irlands Krone zu werben!
Ach, wehe mir!
Ich ja war's,
die heimlich selbst
die Schmach sich schuf!
Das rächende Schwert,
statt es zu schwingen,
machtlos ließ ich's fallen!
Nun dien ich dem Vasallen!

BRANGÄNE. Da Friede, Sühn und Freundschaft
von Allen ward beschworen
wir freuten uns all des Tags;
wie ahnte mir da,
daß dir es Kummer schüf'?

ISOLDE. O blinde Augen!
Blöde Herzen!
Zahmer Mut,
verzagtes Schweigen!
Wie anders prahlte
Tristan aus,
was ich verschlossen hielt!
Die schweigend ihm
das Leben gab,
vor Feindes Rache
ihn schweigend barg;
was stumm ihr Schutz
zum Heil ihm schuf, –
mit ihr gab er es preis!
Wie Sieg-prangend
heil und hehr,

laut und hell
wies er auf mich.
»Das wär' ein Schatz,
mein Herr und Ohm;
wie dünkt euch die zur Eh'?
Die schmucke Irin
hol ich her;
mit Steg und Wegen
wohlbekannt,
ein Wink, ich flieg
nach Irenland;
Isolde, die ist euer! –
mir lacht das Abenteuer!«
Fluch dir Verruchter!
Fluch deinem Haupt!
Rache! Tod!
Tod uns Beiden!

BRANGÄNE *mit ungestümer Zärtlichkeit sich auf Isolde stürzend*

O Süße! Traute!
Teure! Holde!
Gold'ne Herrin!
Lieb' Isolde!

Sie zieht Isolde allmählich nach dem Ruhebett

Hör mich! Komme!
Setz dich her!
Welcher Wahn!
Welch eitles Zürnen!
Wie magst du dich betören,
nicht hell zu seh'n noch hören?
Was je Herr Tristan
dir verdankte,
sag, konnt er's höher lohnen,
als mit der herrlichsten der Kronen?
So dient' er treu
dem edlen Ohm;
dir gab er der Welt
begehrlichsten Lohn:
dem eig'nen Erbe,
ächt und edel,
entsagt er zu deinen Füßen,
als Königin dich zu grüßen!

Isolde wendet sich ab

Und warb er Marke
dir zum Gemahl,
wie wolltest du die Wahl doch schelten,
muß er nicht wert dir gelten?
Von edler Art
und mildem Mut,
wer gliche dem Mann
an Macht und Glanz?
Dem ein hehrster Held
so treulich dient,
wer möchte sein Glück nicht teilen,
als Gattin bei ihm weilen?

ISOLDE *starr vor sich hinblickend.* Ungeminnt
den hehrsten Mann
stets mir nah zu sehen –!
wie könnt' ich die Qual bestehen?

BRANGÄNE. Was meinst du, Arge?
Ungeminnt? –
Sie nähert sich schmeichelnd und kosend Isolden
Wo lebte der Mann,
der dich nicht liebte?
Der Isolden säh,
und in Isolden
selig nicht ganz verging?
Doch, der dir erkoren,
wär er so kalt,
zög ihn von dir
ein Zauber ab:
den bösen wüßt ich
bald zu binden,
ihn bannte der Minne Macht.
Mit geheimnisvoller Zutraulichkeit ganz nah zu Isolden
Kennst du der Mutter
Künste nicht?
Wähnst du, die Alles
klug erwägt,
ohne Rat in fremdes Land
hätt sie mit dir mich entsandt?

ISOLDE *düster.* Der Mutter Rat
gemahnt mich recht;
willkommen preis ich
ihre Kunst: –
Rache für den Verrat, –

Ruh in der Not dem Herzen! –
Den Schrein dort bring mir her!

BRANGÄNE. Er birgt, was Heil dir frommt.

Sie holt eine kleine gold'ne Truhe herbei, öffnet sie und deutet auf ihren Inhalt

So reihte sie die Mutter,
die mächt'gen Zaubertränke.
Für Weh und Wunden
Balsam hier;
für böse Gifte
Gegen-Gift.

Sie zieht ein Fläschchen hervor

Den hehrsten Trank,
ich halt ihn hier.

ISOLDE. Du irrst, ich kenn ihn besser;
ein starkes Zeichen
schnitt ich ihm ein.

Sie ergreift ein Fläschchen und zeigt es

Der Trank ist's, der mir frommt.

Sie hat sich vom Ruhebett erhoben und vernimmt mit wachsendem Schrecken den Ruf des Schiffsvolkes

BRANGÄNE. Der Todestrank!

Sie weicht entsetzt zurück

SCHIFFSVOLK *außen.* Ho! he! ha! he!
Am Untermast
die Segel ein!
Ho! he! ha! he!

ISOLDE. Das deutet schnelle Fahrt!
Weh mir! Nahe das Land!

VIERTE SZENE

Durch die Vorhänge tritt mit Ungestüm Kurwenal herein

KURWENAL. Auf! Auf! Ihr Frauen!
Frisch und froh!
Rasch gerüstet!
Fertig nun, hurtig und flink!

Gemessener

Und Frau Isolden
sollt ich sagen
von Held Tristan,

meinem Herrn:
Vom Mast der Freude Flagge,
sie wehe lustig ins Land;
in Markes Königschlosse
mach' sie ihr Nah'n bekannt.
Drum Frau Isolde
bät' er eilen,
fürs Land sich zu bereiten,
daß er sie könnt geleiten.

ISOLDE *nachdem sie zuerst bei der Meldung in Schauer zusammengefahren, gefaßt und mit Würde*

Herrn Tristan bringe
meinen Gruß,
und meld ihm, was ich sage.
Sollt ich zur Seit ihm gehen,
vor König Marke zu stehen,
nicht möcht es nach Zucht
und Fug geschehn,
empfing ich Sühne
nicht zuvor
für ungesühnte Schuld: –
drum such er meine Huld.

Kurwenal macht eine trotzige Gebärde.

Mit Steigerung

Du merke wohl,
und meld es gut!
Nicht wollt ich mich bereiten,
ans Land ihn zu begleiten;
nicht werd ich zur Seit ihm gehen,
vor König Marke zu stehen;
begehrte Vergessen
und Vergeben
nach Zucht und Fug
er nicht zuvor –
für ungebüßte Schuld: –
die böt ihm meine Huld.

KURWENAL. Sicher wißt,
das sag ich ihm;
nun harrt, wie er mich hört!

Er geht schnell zurück. Isolde eilt auf Brängane zu und umarmt sie heftig

ISOLDE. Nun leb wohl, Brangäne!

Grüß mir die Welt,
grüße mir Vater und Mutter!

BRANGÄNE. Was ist? Was sinnst du?
Wolltest du fliehn?
Wohin soll ich dir folgen?

ISOLDE *faßt sich schnell.* Hörtest du nicht?
Hier bleib ich,
Tristan will ich erwarten.
Getreu befolg,
was ich befehl,
den Sühnetrank
rüste schnell;
du weißt, den ich dich wies?

Sie entnimmt dem Schrein das Fläschchen

BRANGÄNE. Und welchen Trank?

ISOLDE. Diesen Trank!
In die gold'ne Schale
gieß ihn aus;
gefüllt faßt sie ihn ganz.

BRANGÄNE *voll Grausen das Fläschchen empfangend.*
Trau ich dem Sinn?

ISOLDE. Sei du mir treu!

BRANGÄNE. Der Trank – für wen?

ISOLDE. Wer mich betrog.

BRANGÄNE. Tristan?

ISOLDE. Trinke mir Sühne!

BRANGÄNE *zu Isoldes Füßen stürzend.* Entsetzen! Schone mich Arme!

ISOLDE *sehr heftig.* Schone du mich,
untreue Magd!
Kennst du der Mutter
Künste nicht?
Wähnst du, die Alles
klug erwägt, –
ohne Rat in fremdes Land
hätt sie mit dir mich entsandt?
Für Weh und Wunden
gab sie Balsam,
für böse Gifte
Gegen-Gift: –
für tiefstes Weh, –
für höchstes Leid –

gab sie den Todestrank. –
Der Tod nun sag ihr Dank!
BRANGÄNE *kaum ihrer mächtig.* O tiefstes Weh!
ISOLDE. Gehorchst du mir nun?
BRANGÄNE. O höchstes Leid!
ISOLDE. Bist du mir treu?
BRANGÄNE. Der Trank? –
KURWENAL *eintretend.* Herr Tristan!
Brangäne erhebt sich erschrocken und verwirrt. Isolde sucht mit furchtbarer Anstrengung sich zu fassen
ISOLDE *zu Kurwenal.* Herr Tristan trete nah.

FÜNFTE SZENE

Kurwenal geht wieder zurück. Brangäne, kaum ihrer mächtig, wendet sich in den Hintergrund. Isolde, ihr ganzes Gefühl zur Entscheidung zusammenfassend, schreitet langsam, mit großer Haltung, dem Ruhebett zu, auf dessen Kopfende sich stützend, sie den Blick fest dem Eingange zuwendet. – Tristan tritt ein und bleibt ehrerbietig am Eingang stehen. – Isolde ist mit furchtbarer Aufregung in seinen Anblick versunken

TRISTAN. Begehrt, Herrin,
was Ihr wünscht.
ISOLDE. Wüßtest du nicht,
was ich begehre,
da doch die Furcht,
mir's zu erfüllen,
fern meinem Blick dich hielt?
TRISTAN. Ehrfurcht
hielt mich in Acht.
ISOLDE. Der Ehre wenig
botest du mir;
mit offnem Hohn
verwehrtest du
Gehorsam meinem Gebot.
TRISTAN. Gehorsam einzig
hielt mich in Bann.
ISOLDE. So dankt ich Geringes
deinem Herrn,
riet dir sein Dienst

Unsitte
gegen sein eigen Gemahl?
TRISTAN. Sitte lehrt,
wo ich gelebt:
zur Brautfahrt
der Brautwerber
meide fern die Braut.
ISOLDE. Aus welcher Sorg?
TRISTAN. Fragt die Sitte!
ISOLDE. Da du so sittsam,
mein Herr Tristan,
auch einer Sitte
sei nun gemahnt:
den Feind dir zu sühnen,
soll er als Freund dich rühmen.
TRISTAN. Und welchen Feind?
ISOLDE. Frag deine Furcht!
Blutschuld
schwebt zwischen uns.
TRISTAN. Die ward gesühnt.
ISOLDE. Nicht zwischen uns!
TRISTAN. Im offnen Feld
von allem Volk
ward Urfehde geschworen.
ISOLDE. Nicht da war's,
wo ich Tantris barg,
wo Tristan mir verfiel.
Da stand er herrlich,
hehr und heil;
doch was er schwur,
das schwur ich nicht: –
zu schweigen hatt' ich gelernt.
Da in stiller Kammer
krank er lag,
mit dem Schwerte stumm
ich vor ihm stund:
schwieg da mein Mund,
bannt ich meine Hand, –
doch was einst mit Hand
und Mund ich gelobt,
das schwur ich schweigend zu halten.
Nun will ich des Eides walten.
TRISTAN. Was schwurt Ihr, Frau?

ISOLDE. Rache für Morold!
TRISTAN. Müht Euch die?
ISOLDE. Wagst du zu höhnen?
Angelobt war er mir,
der hehre Irenheld;
seine Waffen hatt ich geweiht;
für mich zog er zum Streit.
Da er gefallen,
fiel meine Ehr: –
in des Herzens Schwere
schwur ich den Eid,
würd ein Mann den Mord nicht sühnen,
wollt ich Magd mich des erkühnen.
Siech und matt
in meiner Macht, –
warum ich dich da nicht schlug?
Das sag dir selbst mit leichtem Fug.
Ich pflag des Wunden,
daß den Heilgesunden
rächend schlüge der Mann,
der Isolden ihn abgewann.
Dein Los nun selber
magst du dir sagen!
Da die Männer sich all ihm vertragen,
wer muß nun Tristan schlagen?
TRISTAN *bleich und düster.* War Morold dir so wert,
nun wieder nimm das Schwert,
und führ es sicher und fest, –
daß du nicht dir's entfallen läßt!
Er reicht ihr sein Schwert dar
ISOLDE. Wie sorgt' ich schlecht
um deinen Herren;
was würde König
Marke sagen,
erschlüg ich ihm
den besten Knecht,
der Kron und Land ihm gewann,
den allertreusten Mann?
Dünkt dich so wenig,
was er dir dankt,
bringst du die Irin
ihm als Braut,
daß er nicht schölte,

schlüg ich den Werber,
der Urfehde-Pfand
so treu ihm liefert zur Hand?
Wahre dein Schwert!
Da einst ich's schwang,
als mir die Rache
im Busen rang: –
als dein messender Blick
mein Bild sich stahl,
ob ich Herrn Marke
taug als Gemahl: –
das Schwert – da ließ ich's sinken.
Nun laß uns Sühne trinken!

Sie winkt Brangänen. Diese schaudert zusammen, schwankt und zögert in ihrer Bewegung. Isolde treibt sie mit gesteigerter Gebärde an. Brangäne läßt sich zur Bereitung des Trankes an

STIMMEN DES SCHIFFSVOLKES *außen.* Ho – he – ha –he!
Am Obermast
die Segel ein!
Ho – ha – ha – he!

TRISTAN *aus düstrem Brüten auffahrend.* Wo sind wir?

ISOLDE. Hart am Ziel!
Tristan, gewinn ich Sühne?
Was hast du mir zu sagen?

TRISTAN *finster.* Des Schweigens Herrin
heißt mich schweigen: –
faß ich, was sie verschwieg,
verschweig ich, was sie nicht faßt.

ISOLDE. Dein Schweigen faß ich,
weichst du mir aus.
Weigerst du die Sühne mir?

SCHIFFSVOLK *außen.* Ho – he – ha – he!

Auf Isoldes ungeduldigen Wink reicht Brangäne ihr die gefüllte Trinkschale

ISOLDE *mit dem Becher zu Tristan tretend, der ihr starr in die Augen blickt.* Du hörst den Ruf?
Wir sind am Ziel: –
in kurzer Frist

mit leisem Hohne

stehn wir – vor König Marke.
Geleitest du mich,
dünkt dich's nicht lieb,

darfst du so ihm sagen? –
»Mein Herr und Ohm,
sieh die dir an:
ein sanftres Weib
gewännst du nie.
Ihren Angelobten
erschlug ich ihr einst,
sein Haupt sandt ich ihr heim;
die Wunde, die
seine Wehr mir schuf,
die hat sie hold geheilt;
mein Leben lag
in ihrer Macht –:
das schenkte mir
die milde Magd,
und ihres Landes
Schand und Schmach,
die gab sie mit darein, –
dein Eh'gemahl zu sein.
So guter Gaben
holden Dank
schuf mir ein süßer
Sühnetrank;
den bot mir ihre Huld,
zu sühnen alle Schuld.«

SCHIFFSVOLK *außen.* Auf das Tau!
Anker los!

TRISTAN *wild auffahrend.* Los den Anker!
Das Steuer dem Strom!
Den Winden Segel und Mast! –
Er entreißt ihr die Trinkschale
Wohl kenn ich Irlands
Königin
und ihrer Künste
Wunderkraft.
Den Balsam nützt ich,
den sie bot:
den Becher nehm ich nun,
daß ganz ich heut genese.
Und achte auch
des Sühne-Eids,
den ich zum Dank dir sage –!
Tristans Ehre –

höchste Treu'!
Tristans Elend –
kühnster Trotz!
Trug des Herzens!
Traum der Ahnung!
Ew'ger Trauer
einz'ger Trost:
Vergessens güt'ger Trank, –
dich trink ich sonder Wank!

Er setzt an und trinkt

ISOLDE. Betrug auch hier?
Mein die Hälfte!

Sie entwindet ihm den Becher

Verräter! Ich trink sie dir!

Sie trinkt. Dann wirft sie die Schale fort. – Beide, von Schauer erfaßt, blicken sich mit höchster Aufregung, doch mit starrer Haltung unverwandt in die Augen, in deren Ausdruck der Todestrotz bald der Liebesglut weicht. – Zittern ergreift sie. Sie fassen sich krampfhaft an das Herz – und führen die Hand wieder an die Stirn. – Dann suchen sie sich wieder mit dem Blick, senken ihn verwirrt und heften ihn wieder mit steigender Sehnsucht aufeinander

ISOLDE *mit bebender Stimme.* Tristan!
TRISTAN *überströmend.* Isolde!
ISOLDE *an seine Brust sinkend.* Treuloser Holder!
TRISTAN *er umfaßt sie mit Glut.* Seligste Frau!

Sie verbleiben in stummer Umarmung
Aus der Ferne vernimmt man Trompeten

RUF DER MÄNNER *von außen auf dem Schiffe.*
Heil! König Marke Heil!

BRANGÄNE *die, mit abgewandtem Gesicht, voll Verwirrung und Schauder sich über den Bord gelehnt hatte, wendet sich jetzt dem Anblick des in Liebesumarmung versunkenen Paares zu und stürzt händeringend voll Verzweiflung in den Vordergrund*

Wehe! Weh!
Unabwendbar
ew'ge Not
für kurzen Tod!
Tör'ger Treue
trugvolles Werk
blüht nun jammernd empor!

Beide fahren verwirrt aus der Umarmung auf

TRISTAN. Was träumte mir
von Tristans Ehre?
ISOLDE. Was träumte mir
von Isoldes Schmach?
TRISTAN. Du mir verloren?
ISOLDE. Du mich verstoßen?
TRISTAN. Trügenden Zaubers
tückische List!
ISOLDE. Törigen Zürnens
eitles Dräu'n!
TRISTAN. Isolde!
ISOLDE. Tristan!
TRISTAN. Süßeste Maid!
ISOLDE. Trautester Mann!
BEIDE. Wie sich die Herzen
wogend erheben,
wie alle Sinne
wonnig erbeben!
Sehnender Minne
schwellendes Blühen,
schmachtender Liebe
seliges Glühen!
Jach in der Brust
jauchzende Lust!
Isolde! Tristan!
Welten-entronnen,
du mir gewonnen!
Du mir einzig bewußt,
höchste Liebeslust!

Die Vorhänge werden weit auseinander gerissen; das ganze Schiff ist mit Rittern und Schiffsvolk bedeckt, die jubelnd über Bord winken, dem Ufer zu, das man, mit einer hohen Felsenburg gekrönt, nahe erblickt. – Tristan und Isolde bleiben, in ihren gegenseitigen Anblick verloren, ohne Wahrnehmung des um sie Vorgehenden

BRANGÄNE *zu den Frauen, die auf ihren Wink aus dem Schiffsraum heraufsteigen.* Schnell, den Mantel,
den Königsschmuck!
Zwischen Tristan und Isolde stürzend
Unsel'ge! Auf!
Hört, wo wir sind!

Sie legt Isolden, die es nicht gewahrt, den Königsmantel an

ALLE MÄNNER *auf dem Schiff.* Heil! Heil! Heil!

König Marke Heil!
Heil dem König!

KURWENAL *lebhaft herantretend.* Heil Tristan!
Glücklicher Held!
Mit reichem Hofgesinde
dort auf Nachen
naht Herr Marke.
Hei! wie die Fahrt ihn freut,
daß er die Braut sich freit!

TRISTAN *in Verwirrung aufblickend.* Wer naht?

KURWENAL. Der König!

TRISTAN. Welcher König?

Kurwenal deutet über Bord

ALLE MÄNNER *die Hüte schwenkend.* Heil! König Marke Heil!

Tristan starrt wie sinnlos nach dem Lande

ISOLDE *in Verwirrung.* Was ist, Brangäne?
Welcher Ruf?

BRANGÄNE. Isolde! Herrin!
Fassung nur heut!

ISOLDE. Wo bin ich? Leb ich?
Ha! welcher Trank?

BRANGÄNE *verzweiflungsvoll.* Der Liebestrank!

ISOLDE *starrt entsetzt auf Tristan.* Tristan!

TRISTAN. Isolde!

ISOLDE. Muß ich leben?

Sie stürzt ohnmächtig an seine Brust

BRANGÄNE *zu den Frauen.* Helft der Herrin!

TRISTAN. O Wonne voller Tücke!
O Trug – geweihtes Glücke!

ALLE MÄNNER *Ausbruch allgemeinen Jauchzens.*
Kornwall Heil!

Trompeten vom Lande her

Leute sind über Bord gestiegen, andere haben eine Brücke ausgelegt, und die Haltung Aller deutet auf die soeben bevorstehende Ankunft der Erwarteten. Der Vorhang fällt schnell

ZWEITER AUFZUG

ERSTE SZENE

Garten mit hohen Bäumen vor dem Gemach Isoldes, zu welchem, seitwärts gelegen, Stufen hinaufführen. Helle, anmutige Sommernacht. An der geöffneten Türe ist eine brennende Fackel aufgesteckt. – Jagdgetön. Brangäne, auf den Stufen am Gemach, späht dem immer entfernter vernehmbaren Jagdtrosse nach. – Brangäne blickt ängstlich in das Gemach zurück, darin sie Isolde nahen sieht. – Isolde tritt feurig bewegt aus dem Gemach zu Brangäne

ISOLDE. Hörst du sie noch?
Mir schwand schon fern der Klang.
BRANGÄNE *lauschend.* Noch sind sie nah; –
deutlich tönt's da her.
ISOLDE *lauschend.* Sorgende Furcht
beirrt dein Ohr.
Dich täuscht des Laubes
säuselnd Getön,
das lachend schüttelt der Wind.
BRANGÄNE. Dich täuscht des Wunsches
Ungestüm,
zu vernehmen, was du wähnst.
Sie lauscht
Ich höre der Hörner Schall.
ISOLDE *wieder lauschend.* Nicht Hörnerschall
tönt so hold,
des Quelles sanft
rieselnde Welle
rauscht so wonnig daher.
Wie hört' ich sie,
tosten noch Hörner?
In schweigender Nacht
nur lacht mir der Quell.
Der meiner harrt
in schweigender Nacht,
als ob Hörner noch nah dir schallten,
willst du ihn fern mir halten?
BRANGÄNE. Der deiner harrt, –
o hör mein Flehen! –

des harren Späher zur Nacht.
Weil du erblindet,
wähnst du den Blick
der Welt erblödet für euch?
Als dort an Schiffes Bord,
von Tristans bebender Hand,
die bleiche Braut,
kaum ihrer mächtig,
König Marke empfing;
als Alles verwirrt
auf die Wankende sah,
der güt'ge König,
mild besorgt,
die Mühen der langen Fahrt,
die du littest, laut beklagt: –
ein Einz'ger war's,
ich achtet' es wohl,
der nur Tristan faßt' ins Auge.
Mit böslicher List
lauerndem Blick
sucht' er in seiner Miene
zu finden, was ihm diene.
Tückisch lauschend
treff ich ihn oft: –
der heimlich euch umgarnt,
vor Melot seid gewarnt.

ISOLDE. Meinst du Herrn Melot?
O, wie du dich trügst!
Ist er nicht Tristans
treuester Freund?
Muß mein Trauter mich meiden,
dann weilt er bei Melot allein.

BRANGÄNE. Was mir ihn verdächtig,
macht dir ihn teuer!
Von Tristan zu Marke
ist Melots Weg;
dort sät er üble Saat.
die heut im Rat
dies nächtliche Jagen
so eilig schnell beschlossen,
einem edlern Wild,
als dein Wähnen meint,
gilt ihre Jägerslist.

ISOLDE. Dem Freund zulieb
erfand diese List
aus Mitleid
Melot, der Freund.
Nun willst du den Treuen schelten?
Besser als du
sorgt er für mich;
ihm öffnet er,
was mir du sperrst.
O spare mir des Zögerns Not!
Das Zeichen, Brangäne!
O gib das Zeichen!
Lösche des Lichtes
letzten Schein!
Daß ganz sie sich neige,
winke der Nacht.
Schon goß sie ihr Schweigen
durch Hain und Haus,
schon füllt sie das Herz
mit wonnigem Graus.
O lösche das Licht nun aus,
lösche den scheuchenden Schein!
Laß meinen Liebsten ein!
BRANGÄNE. O laß die warnende Zünde,
laß die Gefahr sie dir zeigen! –
O wehe! Wehe!
Ach mir Armen!
Des unseligen Trankes! –
Daß ich untreu
einmal nur
der Herrin Willen trog!
Gehorcht' ich taub und blind,
dein Werk
war dann der Tod.
Doch, deine Schmach,
deine schmählichste Not, –
mein Werk
muß ich Schuld'ge es wissen!
ISOLDE. Dein Werk?
O tör'ge Magd!
Frau Minne kenntest du nicht?
Nicht ihres Zaubers Macht?
Des kühnsten Mutes

Königin?
Des Weltenwerdens
Walterin?
Leben und Tod
sind untertan ihr,
die sie webt aus Lust und Leid,
in Liebe wandelnd den Neid.
Des Todes Werk,
nahm ich's vermessen zur Hand, –
Frau Minne hat es
meiner Macht entwandt.
Die Todgeweihte
nahm sie in Pfand,
faßte das Werk
in ihre Hand.
Wie sie es wendet,
wie sie es endet,
was sie mir küre,
wohin mich führe:
ihr ward ich zu eigen.
Nun laß mich Gehorsam zeigen.

BRANGÄNE. Und mußte der Minne
tückischer Trank
des Sinnes Licht dir verlöschen;
darfst du nicht sehen
wenn ich dich warne:
nur heute hör,
o hör mein Flehen!
Der Gefahr leuchtendes Licht,
nur heute, heut,
die Fackel dort lösche nicht!

ISOLDE. Die im Busen mir
die Glut entfacht,
die mir das Herze
brennen macht,
die mir als Tag
der Seele lacht, –
Frau Minne will:
es werde Nacht,
daß hell sie dorten leuchte,
während sie auf die Fackel zueilt
wo sie dein Licht verscheuchte.
Sie nimmt die Fackel von der Tür

Zur Warte du:
dort wache treu!
Die Leuchte, –
und wär's meines Lebens Licht, –
lachend
sie zu löschen zag ich nicht!

Sie wirft die Fackel zur Erde, wo sie allmählich verlischt Brangäne wendet sich bestürzt ab, um auf einer äußeren Treppe die Zinne zu ersteigen, wo sie langsam verschwindet. – Isolde lauscht und späht, zunächst schüchtern, in einen Baumgang. Von wachsendem Verlangen bewegt, schreitet sie dem Baumgang näher und späht zuversichtlicher. Sie winkt mit dem Tuche, erst seltener, dann häufiger, und endlich, in leidenschaftlicher Ungeduld, immer schneller. Eine Gebärde des plötzlichen Entzückens sagt, daß sie den Freund in der Ferne gewahr geworden. Sie streckt sich höher und, um besser den Raum zu übersehen, eilt sie zur Treppe zurück, von deren oberster Stufe aus sie dem Herannahenden zuwinkt

ZWEITE SZENE

Jetzt springt sie ihm entgegen

TRISTAN *stürzt herein.* Isolde! Geliebte!
ISOLDE. Tristan! Geliebter!

Stürmische Umarmungen Beider, unter denen sie in den Vordergrund gelangen

Bist du mein?
TRISTAN. Hab ich dich wieder?
ISOLDE. Darf ich dich fassen?
TRISTAN. Kann ich mir trauen?
ISOLDE. Endlich! Endlich!
TRISTAN. An meiner Brust!
ISOLDE. Fühl ich dich wirklich?
TRISTAN. Seh ich dich selber?
ISOLDE. Dies deine Augen?
TRISTAN. Dies dein Mund?
ISOLDE. Hier deine Hand?
TRISTAN. Hier dein Herz?
ISOLDE. Bin ich's? Bist du's?
Halt ich dich fest?

TRISTAN. Bin ich's? Bist du's?
Ist es kein Trug?
BEIDE. Ist es kein Traum?
O Wonne der Seele,
o süße, hehrste,
kühnste, schönste,
seligste Lust!
TRISTAN. Ohne Gleiche!
ISOLDE. Überreiche!
TRISTAN. Überselig!
ISOLDE. Ewig!
TRISTAN. Ewig!
ISOLDE. Ungeahnte,
nie gekannte!
TRISTAN. Überschwenglich
hoch erhab'ne!
ISOLDE. Freudejauchzen!
TRISTAN. Lustentzücken!
BEIDE. Himmelhöchstes
Weltentrücken!
Mein!
ISOLDE. Tristan mein!
TRISTAN. Isolde mein!
BEIDE. Mein und dein!
ISOLDE. Ewig! Tristan mein,
Isolde ewig dein!
TRISTAN. Ewig, Isolde mein
BEIDE. Ewig, ewig ein!
ISOLDE. Wie lange fern!
Wie fern so lang!
TRISTAN. Wie weit, so nah!
So nah, wie weit!
ISOLDE. O Freundesfeindin,
böse Ferne!
Träger Zeiten
zögernde Länge!
TRISTAN. O Weit und Nähe!
Hart entzweite!
Holde Nähe!
Öde Weite!
ISOLDE. Im Dunkel du,
im Lichte ich!
TRISTAN. Das Licht! Das Licht!

Oh, dieses Licht,
wie lang verlosch es nicht!
Die Sonne sank,
der Tag verging,
doch seinen Neid
erstickt er nicht:
sein scheuchend Zeichen
zündet er an,
und steckt's an der Liebsten Türe,
daß nicht ich zu ihr führe.

ISOLDE. Doch der Liebsten Hand
löschte das Licht;
wes die Magd sich wehrte,
scheut ich mich nicht:
in Frau Minnes Macht und Schutz
bot ich dem Tage Trutz!

TRISTAN. Dem Tage! Dem Tage!
Dem tückischen Tage,
dem härtesten Feinde
Haß und Klage!
Wie du das Licht,
o könnt ich die Leuchte,
der Liebe Leiden zu rächen,
dem frechen Tage verlöschen!
Gibt's eine Not,
gibt's eine Pein,
die er nicht weckt
mit seinem Schein?
Selbst in der Nacht
dämmernder Pracht
hegt' ihn Liebchen am Haus,
streckt mir drohend ihn aus!

ISOLDE. Hegt' ihn die Liebste
am eig'nen Haus,
im eig'nen Herzen
hell und kraus
hegt ihn trotzig
einst mein Trauter:
Tristan, – der mich verriet!
War's nicht der Tag,
der aus ihm log,
als er nach Irland
werbend zog,

für Marke mich zu frein,
dem Tod die Treue zu weihn?

TRISTAN. Der Tag! Der Tag,
der dich umgliß,
dahin, wo sie
der Sonne glich,
in höchster Ehren
Glanz und Licht
Isolden mir entrückt!
Was mir das Auge
so entzückt':
das Herze tief
zur Erde drückt':
in lichten Tages Schein
wie war Isolde mein?

ISOLDE. War sie nicht dein,
die dich erkor?
Was log der böse
Tag dir vor,
daß, die für dich beschieden,
die Traute du verrietest?

TRISTAN. Was dich umgliß
mit hehrster Pracht,
der Ehre Glanz,
des Ruhmes Macht,
an sie mein Herz zu hangen
hielt mich der Wahn gefangen.
Die mit des Schimmers
hellstem Schein
mir Haupt und Scheitel
licht beschien,
der Welten-Ehren
Tages-Sonne,
mit ihrer Strahlen
eitler Wonne,
durch Haupt und Scheitel
drang mir ein,
bis in des Herzens
tiefsten Schrein.
Was dort in keuscher Nacht
dunkel verschlossen wacht,
was ohne Wiss' und Wahn
ich dämmernd dort empfahn:

ein Bild, das meine Augen
zu sehn sich nicht getrauten,
von des Tages Schein betroffen
lag mir's da schimmernd offen.
Was mir so rühmlich
schien und hehr,
das rühmt ich hell
vor allem Heer;
vor allem Volke
pries ich laut
der Erde schönste
Königin.
Dem Neid, den mir
der Tag erweckt';
dem Eifer, den
mein Glücke schreckt';
der Mißgunst, die mir Ehren
und Ruhm begann zu schweren:
denen bot ich Trotz,
und treu beschloß,
um Ehr und Ruhm zu wahren,
nach Irland ich zu fahren.
ISOLDE. O eitler Tagesknecht!
Getäuscht von ihm,
der dich getäuscht,
wie mußt' ich liebend
um dich leiden,
den, in des Tages
falschem Prangen,
von seines Gleißens
Trug befangen,
dort, wo ihn Liebe
heiß umfaßte,
im tiefsten Herzen
hell ihn haßte.
Ach, in des Herzens Grunde
wie schmerzte tief die Wunde!
Den dort ich heimlich barg,
wie dünkt' er mich so arg,
wenn in des Tages Scheine
der treu gehegte Eine
der Liebe Blicken schwand,
als Feind nur vor mir stand!

Das als Verräter
dich mir wies,
dem Licht des Tages
wollt ich entfliehn,
dorthin in die Nacht
dich mit mir ziehn,
wo der Täuschung Ende
mein Herz mir verhieß;
wo des Trugs geahnter
Wahn zerrinne;
dort dir zu trinken
ew'ge Minne,
mit mir dich im Verein
wollt ich dem Tode weihn.

TRISTAN. In deiner Hand
den süßen Trank,
als ich ihn erkannt,
den sie mir bot;
als mir die Ahnung
hehr und gewiß
zeigte, was mir
die Sühne verhieß:
da erdämmerte mild
erhab'ner Macht
im Busen mir die Nacht;
mein Tag war da vollbracht.

ISOLDE. Doch ach, dich täuschte
der falsche Trank,
daß dir von neuem
die Nacht versank:
dem einzig am Tode lag,
den gab er wieder dem Tag!

TRISTAN. O Heil dem Tranke!
Heil seinem Saft!
Heil seines Zaubers
hehrer Kraft!
Durch des Todes Tor,
wo er mir floß,
weit und offen
er mir erschloß,
darin ich sonst nur träumend gewacht,
das Wunderreich der Nacht;
von dem Bild in des Herzens

bergendem Schrein
scheucht' er des Tages
täuschenden Schein,
daß nachtsichtig mein Auge
wahr es zu sehen tauge.
ISOLDE. Doch es rächte sich
der verscheuchte Tag;
mit deinen Sünden
Rats er pflag:
was dir gezeigt
die dämmernde Nacht,
an des Tagsgestirnes
Königsmacht
mußtest du's übergeben, –
um einsam
in öder Pracht
schimmernd dort zu leben. –
Wie ertrug ich's nur?
Wie ertrag' ich's noch?
TRISTAN. O nun waren wir
Nachtgeweihte!
Der tückische Tag,
der Neid-bereite,
trennen konnt uns sein Trug,
doch nicht mehr täuschen sein Lug!
Seine eitle Pracht,
seinen prahlenden Schein
verlacht, wem die Nacht
den Blick geweiht.
Seines flackernden Lichtes
flüchtige Blitze
blenden uns nicht mehr.
Wer des Todes Nacht
liebend erschaut,
wem sie ihr tief
Geheimnis vertraut:
des Tages Lügen,
Ruhm und Ehr,
Macht und Gewinn,
so schimmernd hehr,
wie eitler Staub der Sonnen
sind sie vor dem zersponnen!
In des Tages eitlem Wähnen

bleibt ihm ein einzig Sehnen, –
das Sehnen hin
zur heil'gen Nacht,
wo ur-ewig,
einzig wahr,
Liebeswonne ihm lacht!

Tristan zieht Isolde sanft zur Seite auf eine Blumenbank nieder, senkt sich vor ihr auf die Knie und schmiegt sein Haupt in ihren Arm

BEIDE. O sink hernieder,
Nacht der Liebe,
gib Vergessen,
daß ich lebe,
nimm mich auf
in deinen Schoß,
löse von
der Welt mich los!
TRISTAN. Verloschen nun
die letzte Leuchte;
ISOLDE. was wir dachten,
was uns deuchte;
TRISTAN. all Gedenken –
ISOLDE. all Gemahnen –
BEIDE. heil'ger Dämm'rung
hehres Ahnen
löscht des Wähnens Graus
welterlösend aus.
ISOLDE. Barg im Busen
uns sich die Sonne,
leuchten lachend
Sterne der Wonne.
TRISTAN. Von deinem Zauber
sanft umsponnen,
vor deinen Augen
süß zerronnen;
ISOLDE. Herz an Herz dir,
Mund an Mund;
TRISTAN. eines Atems
ein'ger Bund;
BEIDE. bricht mein Blick sich
Wonn-erblindet,
erbleicht die Welt
mit ihrem Blenden:

ISOLDE. die uns der Tag
trügend erhellt,
TRISTAN. zu täuschendem Wahn
entgegen gestellt,
BEIDE. selbst dann
bin ich die Welt:
wonnehehrstes Weben,
Liebe-heiligstes Leben,
Nie-wieder-Erwachens
wahnlos
hold bewußter Wunsch.

Tristan und Isolde versinken wie in gänzlicher Entrücktheit, in der sie, Haupt an Haupt auf die Blumenbank zurückgelehnt, verweilen

BRANGÄNE *von der Zinne her unsichtbar.* Einsam wachend
in der Nacht,
wem der Traum
der Liebe lacht,
hab der Einen
Ruf in Acht,
die den Schläfern
Schlimmes ahnt,
bange zum
Erwachen mahnt.
Habet Acht!
Habet acht!
Bald entweicht die Nacht!
ISOLDE. Lausch, Geliebter!
TRISTAN. Laß mich sterben!
ISOLDE *allmählich sich ein wenig erhebend.*
Neid'sche Wache!
TRISTAN *zurückgelehnt bleibend.* Nie erwachen!
ISOLDE. Doch der Tag
muß Tristan wecken?
TRISTAN *ein wenig das Haupt erhebend.* Laß den Tag
dem Tode weichen!
ISOLDE. Tag und Tod,
mit gleichen Streichen,
sollten unsre
Lieb' erreichen?
TRISTAN *sich mehr aufrichtend.* Unsre Liebe?
Tristans Liebe?
Dein und mein,

Isoldes Liebe?
Welches Todes Streichen
könnte je sie weichen?
Stünd er vor mir,
der mächt'ge Tod,
wie er mir Leib
und Leben bedroht, –
die ich so willig
der Liebe lasse,
wie wäre seinen Streichen
die Liebe selbst zu erreichen?
Immer inniger mit dem Haupt sich an Isolde schmiegend
Stürb ich nun ihr,
der so gern ich sterbe,
wie könnte die Liebe
mit mir sterben,
die ewig lebende
mit mir enden?
Doch, stürbe nie seine Liebe,
wie stürbe dann Tristan
seiner Liebe?

ISOLDE. Doch – unsre Liebe,
heißt sie nicht Tristan
und – Isolde?
Dies süße Wörtlein: und,
was es bindet,
der Liebe Bund,
wenn Tristan stürb,
zerstört es nicht der Tod?

TRISTAN. Was stürbe dem Tod,
als was uns stört,
was Tristan wehrt,
Isolde immer zu lieben,
ewig ihr nur zu leben?

ISOLDE. Doch, dieses Wörtlein: und,
wär es zerstört,
wie anders als
mit Isoldes eig'nem Leben
wär Tristan der Tod gegeben?

Tristan zieht, mit bedeutungsvoller Gebärde, Isolde sanft an sich

TRISTAN. So starben wir,
um ungetrennt,

ewig einig
ohne End',
ohn Erwachen,
ohn Erbangen,
namenlos
in Lieb' umfangen,
ganz uns selbst gegeben,
der Liebe nur zu leben!

ISOLDE *wie in sinnender Entrücktheit zu ihm aufblickend.*
So stürben wir,
um ungetrennt –

TRISTAN. ewig einig
ohne End –,

ISOLDE. ohn Erwachen –

TRISTAN. ohn Erbangen –,

BEIDE. namenlos
in Lieb' umfangen,
ganz uns selbst gegeben,
der Liebe nur zu leben!

Isolde neigt wie überwältigt das Haupt an seine Brust

BRANGÄNES STIMME *wie vorher.* Habet Acht!
Habet Acht!
Schon weicht dem Tag die Nacht!

TRISTAN *lächelnd zu ihr geneigt.* Soll ich lauschen?

ISOLDE *schwärmerisch zu ihm aufblickend.* Laß mich sterben!

TRISTAN *ernster.* Muß ich wachen?

ISOLDE *bewegter.* Nie erwachen!

TRISTAN *drängender.* Soll der Tag
noch Tristan wecken?

ISOLDE *begeistert.* Laß den Tag
dem Tode weichen!

TRISTAN. Des Tages Dräuen
nun trotzten wir so?

ISOLDE *mit wachsender Begeisterung.*
Seinem Trug ewig zu fliehn.

TRISTAN. Sein dämmernder Schein
verscheuchte uns nie?

ISOLDE *mit großer Gebärde ganz sich erhebend.*
Ewig wär uns die Nacht!

BEIDE. O ew'ge Nacht,
süße Nacht!
Hehr erhab'ne
Liebesnacht!

Wen du umfangen,
wem du gelacht,
wie wär ohne Bangen
aus dir er je erwacht?
Nun banne das Bangen,
holder Tod,
sehnend verlangter
Liebestod!
In deinen Armen,
dir geweiht,
urheilig Erbarmen,
von Erwachens Not befreit!
Wie sie fassen,
wie sie lassen,
diese Wonne,
fern der Sonne,
fern der Tage
Trennungsklage!
Ohne Wähnen,
sanftes Sehnen;
ohne Bangen,
süß Verlangen;
ohne Wehen
hehr Vergehen;
ohne Schmachten
hold Umnachten;
ohne Meiden,
ohne Scheiden,
traut allein,
ewig heim,
in ungemess'nen Räumen
übersel'ges Träumen. –

ISOLDE. Du Isolde,
Tristan ich,
nicht mehr Isolde!

TRISTAN. Du Tristan,
Isolde ich,
nicht mehr Tristan!

BEIDE. Ohne Nennen,
ohne Trennen,
neu Erkennen,
neu Entbrennen;
endlos ewig

ein-bewußt:
heiß erglühter Brust,
höchste Liebeslust!
Sie verbleiben in verzückter Stellung

DRITTE SZENE

Brangäne stößt einen grellen Schrei aus. – Kurwenal stürzt mit entblößtem Schwerte herein

KURWENAL. Rette dich, Tristan!
Er blickt mit Entsetzen hinter sich in die Szene zurück
Marke, Melot und Hofleute (in Jägertracht) kommen aus dem Baumgange lebhaft nach dem Vordergrunde und halten entsetzt der Gruppe der Liebenden gegenüber an. Brangäne kommt zugleich von der Zinne herab und stürzt auf Isolde zu. Diese, von unwillkürlicher Scham ergriffen, lehnt sich, mit abgewandtem Gesicht, auf die Blumenbank. Tristan, in ebenfalls unwillkürlicher Bewegung, streckt mit dem einen Arme den Mantel breit aus, so daß er Isolde vor den Blicken der Ankommenden verdeckt. In dieser Stellung verbleibt er längere Zeit, unbeweglich den starren Blick auf die Männer gerichtet, die in verschiedener Bewegung die Augen auf ihn heften. – Morgendämmerung

TRISTAN. Der öde Tag
zum letzten Mal!

MELOT *zu Marke.* Das sollst du, Herr, mir sagen,
ob ich ihn recht verklagt;
das dir zum Pfand ich gab,
ob ich mein Haupt gewahrt?
Ich zeigt' ihn dir
in off'ner Tat:
Namen und Ehr
hab ich getreu
vor Schande dir bewahrt.

MARKE *nach tiefer Erschütterung, mit bebender Stimme.*
Tatest du's wirklich?
Wähnst du das?
Sieh ihn dort,
den treu'sten aller Treuen;
blick auf ihn,
den freundlichsten der Freunde:

seiner Treue
frei'ste Tat
traf mein Herz
mit schmerzlichstem Verrat!
Trog mich Tristan,
sollt' ich hoffen,
was sein Trügen
mir getroffen,
sei durch Melots Rat
redlich mir bewahrt?

TRISTAN *krampfhaft heftig.* Tagsgespenster!
Morgenträume! –
täuschend und wüst –!
Entschwebt! Entweicht!

MARKE *mit tiefer Ergriffenheit.* Mir dies?
Dies, Tristan, mir?
Wohin nun Treue,
da Tristan mich betrog?
Wohin nun Ehr
und echte Art,
da aller Ehren Hort,
da Tristan sie verlor?
Die Tristan sich
zum Schild erkor,
wohin ist Tugend
nun entflohn,
da meinen Freund sie flieht,
da Tristan mich verriet?

Tristan senkt langsam den Blick zu Boden; in seinen Mienen ist, während Marke fortfährt, zunehmende Trauer zu lesen

Wozu die Dienste
ohne Zahl,
der Ehren Ruhm,
der Größe Macht,
die Marken du gewannst;
mußt' Ehr und Ruhm,
Größ' und Macht,
mußte die Dienste
ohne Zahl
dir Markes Schmach bezahlen?
Dünkte zu wenig
dich mein Dank,
daß, was du mir erworben,

Ruhm und Reich,
ich zu Erb' und Eigen dir gab?
Da kinderlos einst
schwand sein Weib,
so liebt' er dich,
daß nie auf's neu
sich Marke wollt vermählen.
Da alles Volk
zu Hof und Land
mit Bitt' und Dräuen
in ihn drang,
die Königin dem Lande
die Gattin sich zu kiesen;
da selber du
den Ohm beschworst,
des Hofes Wunsch,
des Landes Willen
gütlich zu erfüllen;
in Wehr wider Hof und Land,
in Wehr selbst gegen dich,
mit List und Güte
weigerte er sich, –
bis, Tristan, du ihm drohtest,
für immer zu meiden
Hof und Land,
würdest du selber
nicht entsandt,
dem König die Braut zu frei'n.
Da ließ er's denn so sein. –
Dies wundervolle Weib,
das mir dein Mut gewann,
wer durft es sehen,
wer es kennen,
wer mit Stolze
sein es nennen,
ohne selig sich zu preisen?
Der mein Wille
nie zu nahen wagte,
der mein Wunsch
ehrfurchtscheu entsagte,
die so herrlich,
hold erhaben
mir die Seele

mußte laben,
trotz Feind und Gefahr
die fürstliche Braut
brachtest du mir dar.
Nun, da durch solchen
Besitz mein Herz
du fühlsamer schufst
als sonst dem Schmerz,
dort, wo am weichsten,
zart und offen,
würd' ich getroffen,
nie zu hoffen,
daß je ich könnte gesunden:
warum so sehrend,
Unseliger,
dort nun mich verwunden?
Dort mit der Waffe
quälendem Gift,
das Sinn und Hirn
mir sengend versehrt,
das mir dem Freund
die Treue verwehrt,
mein off'nes Herz
erfüllt mit Verdacht,
daß ich nun heimlich
in dunkler Nacht
den Freund lauschend beschleiche, –
meiner Ehren Ende erreiche?
Die kein Himmel erlöst,
warum mir diese Hölle?
Die kein Elend sühnt,
warum mir diese Schmach?
Den unerforschlich tief
geheimnisvollen Grund,
wer macht der Welt ihn kund?

TRISTAN *mitleidig das Auge zu Marke erhebend.* O König, das
kann ich dir nicht sagen;
und was du frägst,
das kannst du nie erfahren.

Er wendet sich zu Isolde, die sehnsüchtig zu ihm aufblickt

Wohin nun Tristan scheidet,
willst du, Isold', ihm folgen?
Dem Land, das Tristan meint,

der Sonne Licht nicht scheint:
es ist das dunkel
nächt'ge Land,
daraus die Mutter
mich entsandt,
als, den im Tode
sie empfangen,
im Tod sie ließ
an das Licht gelangen.
Was, da sie mich gebar,
ihr Liebesberge war,
das Wunderreich der Nacht,
aus der ich einst erwacht:
das bietet dir Tristan,
dahin geht er voran:
ob sie ihm folge
treu und hold?
Das sag' ihm nun Isold'!

ISOLDE. Als für ein fremdes Land
der Freund sie einstens warb,
dem Unholden
treu und hold
mußt' Isolde folgen.
Nun führst du in dein Eigen,
dein Erbe mir zu zeigen;
wie flöh' ich wohl das Land,
das alle Welt umspannt?
Wo Tristans Haus und Heim,
da kehr Isolde ein;
auf dem sie folge
treu und hold,
den Weg nun zeig Isold'!

Tristan neigt sich langsam über sie und küßt sie sanft auf die Stirn. – Melot fährt wütend auf

MELOT *das Schwert ziehend.* Verräter! ha!
Zur Rache, König!
Duldest du diese Schmach?

Tristan zieht sein Schwert und wendet sich schnell um

TRISTAN. Wer wagt sein Leben an das meine?

Er heftet den Blick auf Melot

Mein Freund war der,
er minnte mich hoch und teuer;
um Ehr und Ruhm

mir war er besorgt wie keiner:
zum Übermut
trieb er mein Herz,
die Schar führt' er,
die mich gedrängt,
Ehr und Ruhm mir zu mehren,
dem König dich zu vermählen! –
Dein Blick, Isolde,
blendet' auch ihn;
aus Eifer verriet
mich der Freund –
dem König, den ich verriet!

Er dringt auf Melot ein

Wehr dich, Melot!

Als Melot ihm das Schwert entgegenstreckt, läßt Tristan das seinige fallen und sinkt verwundet in Kurwenals Arme. Isolde stürzt sich an seine Brust. Marke hält Melot zurück. – Der Vorhang fällt schnell

DRITTER AUFZUG

ERSTE SZENE

Burggarten

Zur einen Seite hohe Burggebäude, zur andern eine niedrige Mauerbrüstung, von einer Warte unterbrochen; im Hintergrunde das Burgtor. Die Lage ist auf felsiger Höhe anzunehmen; durch Öffnungen blickt man auf einen weiten Meereshorizont. Das Ganze macht den Eindruck der Herrenlosigkeit, übel gepflegt, hie und da schadhaft und bewachsen. Im Vordergrunde, an der inneren Seite, liegt Tristan, unter dem Schatten einer großen Linde, auf einem Ruhebett schlafend, wie leblos ausgestreckt. Zu Häupten ihm sitzt Kurwenal, in Schmerz über ihn hingebeugt und sorgsam seinem Atem lauschend. – Von der Außenseite hört man einen Hirtenreigen geblasen. Der Hirt erscheint mit dem Oberleibe über der Mauerbrüstung und blickt teilnehmend herein

HIRT *leise.* Kurwenal! He!
Sag, Kurwenal!
Hör doch, Freund! –
Kurwenal wendet ein wenig das Haupt nach ihm
Wacht er noch nicht?
KURWENAL *schüttelt traurig mit dem Kopf.* Erwachte er,
wär's doch nur
um für immer zu verscheiden: –
erschien zuvor
die Ärztin nicht,
die einz'ge, die uns hilft. –
Sahst du noch nichts?
Kein Schiff noch auf der See?
HIRT. Eine andre Weise
hörtest du dann,
so lustig, als ich sie nur kann. –
Nun sag auch ehrlich,
alter Freund:
was hat's mit uns'rem Herrn?
KURWENAL. Laß die Frage: –
du kannst's doch nie erfahren.
Eifrig späh';

und siehst du ein Schiff,
so spiele lustig und hell!
Der Hirt wendet sich und späht, mit der Hand überm Aug', nach dem Meer aus
HIRT. Öd und leer das Meer!
Er setzt die Schalmei an und entfernt sich blasend
TRISTAN *bewegungslos, dumpf.* Die alte Weise –;
was weckt sie mich?
Er schlägt die Augen auf und wendet das Haupt ein wenig
KURWENAL *fährt erschrocken auf.* Ha!
TRISTAN. Wo bin ich?
KURWENAL. Ha! diese Stimme!
Seine Stimme!
Tristan! Herre!
Mein Held! Mein Tristan!
TRISTAN *mit Anstrengung.* Wer ruft mich?
KURWENAL. Endlich! Endlich!
Leben, o Leben!
Süßes Leben,
meinem Tristan neu gegeben!
TRISTAN. Kurwenal – du?
Wo war ich?
Wo – bin ich?
KURWENAL. Wo du bist?
In Frieden, sicher und frei!
Kareol, Herr:
kennst du die Burg
der Väter nicht?
TRISTAN. Meiner Väter?
KURWENAL. Sieh dich nur um!
TRISTAN. Was erklang mir?
KURWENAL. Des Hirten Weise
hörtest du wieder;
am Hügel ab
hütet er deine Herde.
TRISTAN. Meine Herde?
KURWENAL. Herr, das mein ich!
Dein das Haus,
Hof und Burg!
Das Volk, getreu
dem trauten Herrn,
so gut es konnt,
hat's Haus und Hof gepflegt,

das einst mein Held
zu Erb und Eigen
an Leut' und Volk verschenkt,
als Alles er verließ,
in fremde Land' zu ziehn.
TRISTAN. In welches Land?
KURWENAL. Hei! Nach Kornwall:
kühn und wonnig,
was sich da Glanzes,
Glückes und Ehren
Tristan, mein Held, hehr ertrotzt!
TRISTAN. Bin ich in Kornwall?
KURWENAL. Nicht doch: in Kareol!
TRISTAN. Wie kam ich her?
KURWENAL. Hei nun! Wie du kamst?
Zu Roß rittest du nicht;
ein Schifflein führte dich her:
doch zu dem Schifflein
hier auf den Schultern
trug ich dich; – die sind breit:
sie trugen dich dort zum Strand.
Nun bist du daheim, daheim zu Land:
im echten Land,
im Heimatland;
auf eig'ner Weid und Wonne,
im Schein der alten Sonne,
darin von Tod und Wunden
du selig sollst gesunden.

Er schmiegt sich an Tristans Brust

TRISTAN. Dünkt dich das?
Ich weiß es anders:
doch kann ich's dir nicht sagen.
Wo ich erwacht –
weilt ich nicht;
doch, wo ich weilte,
das kann ich dir nicht sagen.
Die Sonne sah ich nicht,
noch sah ich Land und Leute:
doch, was ich sah –
das kann ich dir nicht sagen.
Ich war,
wo ich von je gewesen,
wohin auf je ich geh:

im weiten Reich
der Weltennacht.
Nur ein Wissen
dort uns eigen: –
göttlich ew'ges
Urvergessen!
Wie schwand mir seine Ahnung?
Sehnsücht'ge Mahnung,
nenn ich dich,
die neu dem Licht
des Tags mich zugetrieben?
Was einzig mir geblieben,
ein heiß-inbrünstig Lieben,
aus Todeswonne Grauen
jagt's mich, das Licht zu schauen,
das trügend hell und golden
noch dir, Isolden, scheint!
Isolde noch
im Reich der Sonne!
Im Tagesschimmer
noch Isolde!
Welches Sehnen!
Welches Bangen!
Sie zu sehen,
welch Verlangen!
Krachend hört ich
hinter mir
schon des Todes
Tor sich schließen: –
weit nun steht es
wieder offen,
der Sonne Strahlen
sprengt' es auf;
mit hell erschloss'nen Augen
muß ich der Nacht enttauchen –,
sie zu suchen,
sie zu sehen;
sie zu finden,
in der einzig
zu vergehen,
zu entschwinden
Tristan ist vergönnt.
Weh, nun wächst,

bleich und bang,
mir des Tages
wilder Drang;
grell und täuschend
sein Gestirn
weckt zu Trug
und Wahn mir das Hirn.
Verfluchter Tag
mit deinem Schein!
Wachst du ewig
meiner Pein?
Brennt sie ewig,
diese Leuchte,
allmählich abnehmend
die selbst nachts
von ihr mich scheuchte?
Ach, Isolde,
süße Holde!
Wann endlich,
wann, ach wann?
löschest du die Zünde, –
immer mehr ermattend
daß sie mein Glück mir künde?
Das Licht – wann löscht es aus?
Er sinkt erschöpft leise zurück
Wann wird es Ruh im Haus?

KURWENAL *nach großer Erschütterung aus der Niedergeschlagenheit sich aufraffend.*
Der einst ich trotzt,
aus Treu' zu dir,
mit dir nach ihr
nun muß ich mich sehnen.
Glaub meinem Wort:
du sollst sie sehen,
hier und heut;
den Trost kann ich dir geben –
ist sie nur selbst noch am Leben.

TRISTAN *sehr matt.* Noch losch das Licht nicht aus, –
noch ward's nicht Nacht im Haus:
Isolde lebt und wacht; –
sie rief mich aus der Nacht.

KURWENAL. Lebt sie denn,
so laß dir Hoffnung lachen!

Muß Kurwenal dumm dir gelten,
heut sollst du ihn nicht schelten.
Wie tot lagst du
seit dem Tag,
da Melot der Verruchte
dir eine Wunde schlug.
Die böse Wunde,
wie sie heilen?
Mir tör'gem Manne
dünkt es da,
wer einst dir Morolds
Wunde schloß,
der heilte leicht die Plagen,
von Melots Wehr geschlagen.
Die beste Ärztin
bald ich fand;
nach Kornwall hab ich
ausgesandt:
ein treuer Mann
wohl über's Meer
bringt dir Isolden her.

TRISTAN *außer sich.* Isolde kommt!
Isolde naht!

Er ringt gleichsam nach Sprache

O Treue! Hehre,
holde Treue!

Er zieht Kurwenal an sich und umarmt ihn

Mein Kurwenal,
du trauter Freund!
Du Treuer ohne Wanken,
wie soll dir Tristan danken?
Mein Schild, mein Schirm
im Kampf und Streit,
zu Lust und Leid
mir stets bereit:
wen ich gehaßt,
den haßtest du;
wen ich geminnt,
den minntest du.
Dem guten Marke,
dient ich ihm hold –,
wie warst du ihm treuer als Gold!
Mußt ich verraten

den edlen Herrn,
wie betrogst du ihn da so gern!
Dir nicht eigen,
einzig mein,
mit leidest du,
wenn ich leide:
nur was ich leide,
das – kannst du nicht leiden!
Dies furchtbare Sehnen,
das mich sehrt;
dies schmachtende Brennen,
das mich zehrt;
wollt ich dir's nennen,
könntest du's kennen: –
nicht dort würdest du weilen,
zur Warte müßtest du eilen, –
mit allen Sinnen
sehnend von hinnen
nach dorten trachten und spähen,
wo ihre Segel sich blähen,
wo vor den Winden,
mich zu finden,
von der Liebe Drang befeuert,
Isolde zu mir steuert! –
Es naht! Es naht –
mit mutiger Hast!
Sie weht, sie weht –
die Flagge am Mast!
Das Schiff! Das Schiff!
Dort streicht es am Riff!
Siehst du es nicht?

Heftig

Kurwenal! Siehst du es nicht?

Als Kurwenal, um Tristan nicht zu verlassen, zögert und dieser in schweigender Spannung auf ihn blickt, ertönt, wie zu Anfang, die klagende Weise des Hirten

KURWENAL *niedergeschlagen.* Noch ist kein Schiff zu sehn!

TRISTAN *hat mit abnehmender Aufregung gelauscht und beginnt nun mit wachsender Schwermut*

Muß ich dich so verstehn,
du alte ernste Weise,
mit deiner Klage Klang?
Durch Abendwehen

drang sie bang,
als einst dem Kind
des Vaters Tod verkündet; –
durch Morgengrauen
bang und bänger,
als der Sohn
der Mutter Los vernahm. –
Da er mich zeugt' und starb,
sie sterbend mich gebar, –
die alte Weise
sehnsuchtbang
zu ihnen wohl
auch klagend drang,
die einst mich frug,
und jetzt mich frägt:
zu welchem Los erkoren,
ich damals wohl geboren?
Zu welchem Los?
Die alte Weise
sagt mir's wieder: –
mich sehnen – und sterben!
Nein! Ach nein!
So heißt sie nicht!
Sehnen! Sehnen!
Im Sterben mich zu sehnen,
vor Sehnsucht nicht zu sterben! –
Die nie erstirbt,
sehnend nun ruft
um Sterbens Ruh
sie der fernen Ärztin zu. –
Sterbend lag ich
stumm im Kahn,
der Wunde Gift,
dem Herzen nah: –
Sehnsucht klagend
klang die Weise;
das Segel blähte der Wind
hin zu Irlands Kind.
Die Wunde, die
sie heilend schloß,
riß mit dem Schwert
sie wieder los;
das Schwert dann aber –

ließ sie sinken;
den Gifttrank gab sie
mir zu trinken:
wie ich da hoffte
ganz zu genesen,
da war der sehrendste
Zauber erlesen:
daß nie ich sollte sterben,
mich ew'ger Qual vererben! –
Der Trank! Der Trank!
Der furchtbare Trank!
Wie vom Herz zum Hirn
er wütend mir drang.
Kein Heil nun kann,
kein süßer Tod
je mich befrein
von der Sehnsucht Not,
nirgends, ach nirgends
find ich Ruh:
mich wirft die Nacht
dem Tage zu,
um ewig an meinen Leiden
der Sonne Auge zu weiden.
O dieser Sonne
sengender Strahl,
wie brennt mir das Hirn
seine glühende Qual!
Für dieser Hitze
heißes Verschmachten,
ach, keines Schattens
kühlend Umnachten!
Für dieser Schmerzen
schreckliche Pein,
welcher Balsam sollte
mir Lind'rung verleihn?
Den furchtbaren Trank,
der der Qual mich vertraut,
ich selbst – ich selbst,
ich hab ihn gebraut!
Aus Vaters Not
und Mutter-Weh, –
aus Liebestränen
eh und je –

aus Lachen und Weinen,
Wonnen und Wunden,
hab ich des Trankes
Gifte gefunden!
Den ich gebraut,
der mir geflossen,
den Wonne schlürfend
je ich genossen, –
verflucht sei, furchtbarer Trank!
Verflucht, wer dich gebraut!

Er sinkt ohnmächtig zurück

KURWENAL *der vergebens Tristan zu mäßigen suchte, schreit entsetzt auf*

Mein Herre! Tristan!
Schrecklicher Zauber!
O Minnetrug!
O Liebeszwang!
Der Welt holdester Wahn!
Wie ist's um dich getan!
Hier liegt er nun,
der wonnige Mann,
der wie keiner geliebt und geminnt.
Nun seht, was von ihm
sie Dankes gewann,
was je Minne je gewinnt!

Mit schluchzender Stimme

Bist du nun tot?
Lebst du noch?
Hat dich der Fluch entführt?

Er lauscht seinem Atem

O Wonne! Nein!
Er regt sich, er lebt! –
Wie sanft er die Lippen rührt!

TRISTAN. Das Schiff? Siehst du's noch nicht?

KURWENAL. Das Schiff? Gewiß,
es naht noch heut:
es kann nicht lang mehr säumen.

TRISTAN. Und drauf Isolde,
wie sie winkt –
wie sie hold
mir Sühne trinkt –:
siehst du sie?
Siehst du sie noch nicht?

Wie sie selig,
hehr und milde
wandelt durch
des Meers Gefilde?
Auf wonniger Blumen
sanften Wogen
kommt sie licht
ans Land gezogen.
Sie lächelt mir Trost
und süße Ruh,
sie führt mir letzte
Labung zu.
Ach, Isolde! Isolde!
Wie schön bist du!
Und Kurwenal, wie,
du sähst sie nicht?
Hinauf zur Warte,
du blöder Wicht!
Was so hell und licht ich sehe,
daß das dir nicht entgehe!
Hörst du mich nicht?
Zur Warte schnell!
Eilig zur Warte!
Bist du zur Stell?
Das Schiff? Das Schiff?
Isoldens Schiff?
Du mußt es sehen!
Mußt es sehen!
Das Schiff? Sähst du's noch nicht?

Während Kurwenal noch zögernd mit Tristan ringt, läßt der Hirt von außen die Schalmei ertönen. Kurwenal springt freudig auf

KURWENAL. O Wonne! Freude!

Er stürzt auf die Warte und späht aus

Ha! Das Schiff!
Von Norden seh ich's nahen.

TRISTAN. Wußt ich's nicht?
Sagt ich's nicht?
Daß sie noch lebt,
noch Leben mir webt?
Die mir Isolden
einzig enthält,

wie wär Isolde
mir aus der Welt?
KURWENAL *jauchzend.* Hahei! Heiha!
Wie es mutig steuert!
Wie stark das Segel sich bläht!
Wie es jagt, wie es fliegt!
TRISTAN. Die Flagge? Die Flagge?
KURWENAL. Der Freude Flagge
am Wimpel lustig und hell!
TRISTAN *auf dem Lager hoch sich aufrichtend.*
Hahei der Freude!
Hell am Tage
zu mir Isolde!
Isolde zu mir!
Siehst du sie selbst?
KURWENAL. Jetzt schwand das Schiff
hinter dem Fels.
TRISTAN. Hinter dem Riff?
Bringt es Gefahr?
Dort wütet die Brandung, –
scheitern die Schiffe!
Das Steuer, wer führt's?
KURWENAL. Der sicherste Seemann.
TRISTAN. Verriet er mich?
Wär er Melots Genoß?
KURWENAL. Trau ihm wie mir!
TRISTAN. Verräter auch du! –
Unsel'ger!
Siehst du sie wieder?
KURWENAL. Noch nicht.
TRISTAN. Verloren!
KURWENAL *jauchzend.* Heiha! Heihahaha!
Vorbei! Vorbei!
Glücklich vorbei!
TRISTAN *jauchzend.* Heihahaha! Kurwenal,
treuester Freund!
All mein Hab und Gut
vererb ich noch heute.
KURWENAL. Sie nahen im Flug.
TRISTAN. Siehst du sie endlich?
Siehst du Isolde?
KURWENAL. Sie ist's! Sie winkt!
TRISTAN. O seligstes Weib!

KURWENAL. Im Hafen der Kiel!
Isolde, ha!
mit einem Sprung
springt sie vom Bord an Land.
TRISTAN. Herab von der Warte,
müßiger Gaffer!
Hinab! Hinab
an den Strand!
Hilf ihr! Hilf meiner Frau!
KURWENAL. Sie trag ich herauf:
trau meinen Armen!
Doch du, Tristan,
bleib mir treulich am Bett!
Kurwenal eilt fort

ZWEITE SZENE

TRISTAN. *In höchster Aufregung auf dem Lager sich mühend.*
O diese Sonne!
Ha! dieser Tag!
Ha, dieser Wonne
sonnigster Tag!
Jagendes Blut,
jauchzender Mut!
Lust ohne Maßen,
freudiges Rasen!
Auf des Lagers Bann
wie sie ertragen!
Wohlauf und daran,
wo die Herzen schlagen!
Tristan der Held,
in jubelnder Kraft,
hat sich vom Tod
emporgerafft.
Er richtet sich hoch auf
Mit blutender Wunde
bekämpft ich einst Morolden:
mit blutender Wunde
erjag ich mir heut Isolden!
Er reißt sich den Verband der Wunde auf
Heia, mein Blut!
Lustig nun fließe!

Er springt vom Lager herab und schwankt vorwärts

Die mir die Wunde
ewig schließe, –
sie naht wie ein Held,
sie naht mir zum Heil!
Vergeh die Welt
meiner jauchzenden Eil!

Er taumelt nach der Mitte der Bühne

ISOLDE *von außen rufend.* Tristan! Geliebter!

TRISTAN *in der furchtbarsten Aufregung.*

Wie, hör ich das Licht?
Die Leuchte, ha!
Die Leuchte verlischt.
Zu ihr! Zu ihr!

Isolde eilt atemlos herein. Tristan, seiner nicht mächtig, stürzt sich ihr schwankend entgegen. In der Mitte der Bühne begegnen sie sich; sie empfängt ihn in ihren Armen. – Tristan sinkt langsam in ihren Armen zu Boden

ISOLDE. Tristan! Ha!

TRISTAN *sterbend zu ihr aufblickend.* Isolde!

Er stirbt

ISOLDE. Ha! Ich bin's, ich bin's –,
süßester Freund!
Auf, noch einmal
hör meinen Ruf!
Isolde ruft;
Isolde kam
mit Tristan treu zu sterben!
Bleibst du mir stumm?
Nur eine Stunde!
Nur eine Stunde
bleib mir wach!
So bange Tage
wachte sie sehnend,
um eine Stunde
mit dir noch zu wachen: –
betrügt Isolden,
betrügt sie Tristan
um dieses einzige
ewig kurze
letzte Weltenglück? –
Die Wunde? Wo?
Laß sie mich heilen!

Daß wonnig und hehr
die Nacht wir teilen;
nicht an der Wunde,
an der Wunde stirb mir nicht:
uns beiden vereint
erlösche das Lebenslicht! –
Gebrochen der Blick –!
Still das Herz!
Nicht eines Atems
flücht'ges Wehn!
Muß sie nun jammernd
vor dir stehn,
die sich wonnig dir zu vermählen
mutig kam über's Meer?
Zu spät!
Trotziger Mann!
Strafst du mich so
mit härtestem Bann?
Ganz ohne Huld
meiner Leidensschuld?
Nicht meine Klagen
darf ich dir sagen?
Nur einmal – ach! –
nur einmal noch! –
Tristan! – Ha! –
horch –! Er wacht!
Geliebter!

Sie sinkt bewußtlos über der Leiche zusammen

DRITTE SZENE

Kurwenal war sogleich hinter Isolde zurückgekommen; sprachlos in furchtbarer Erschütterung hat er dem Auftritte beigewohnt und bewegungslos auf Tristan hingestarrt. – Aus der Tiefe hört man jetzt dumpfes Gemurmel und Waffengeklirr. – Der Hirt kommt über die Mauer gestiegen

HIRT *hastig und leise sich zu Kurwenal wendend.* Kurwenal!
Hör!
Ein zweites Schiff.

Kurwenal fährt heftig auf und blickt über die Brüstung, während der Hirt aus der Ferne erschüttert auf Tristan und Isolde sieht

KURWENAL. Tod und Hölle!
In Wut ausbrechend
Alles zur Hand!
Marke und Melot
hab ich erkannt. –
Waffen, und Steine!
Hilf mir! Ans Tor!
Er eilt mit dem Hirten an das Tor, das sie in der Hast zu verrammeln suchen
DER STEUERMANN *stürzt herein.* Marke mir nach
mit Mann und Volk:
vergeb'ne Wehr,
bewältigt sind wir.
KURWENAL. Stell dich und hilf!
So lang ich lebe,
lugt mir keiner herein!
Man hört Brangänens Stimme, außen, von unten her
BRANGÄNE. Isolde! Herrin!
KURWENAL. Brangänens Ruf?
Was suchst du hier?
BRANGÄNE. Schließ nicht, Kurwenal!
Wo ist Isolde?
KURWENAL. Verrät'rin auch du?
Weh dir, Verruchte!
MELOT *außerhalb.* Zurück, du Tor!
Stemm dich nicht dort!
KURWENAL *wütend auflachend.* Heiahaha! Dem Tag,
an dem ich dich treffe!
Melot, mit gewaffneten Männern, erscheint unter dem Tor, Kurwenal stürzt sich auf ihn und streckt ihn zu Boden
Stirb, schändlicher Wicht!
MELOT. Weh mir! Tristan!
Er stirbt
BRANGÄNE *noch außerhalb.* Kurwenal! Wütender!
Hör, du betrügst dich!
KURWENAL. Treulose Magd!
Zu den Seinen
Drauf! Mir nach!
Werft sie zurück!
Sie greifen von neuem an
MARKE *außerhalb.* Halte, Rasender!
Bist du von Sinnen?
KURWENAL. Hier wütet der Tod!

Nichts andres, König,
ist hier zu holen:
willst du ihn kiesen, so komm!

Er dringt auf Marke und dessen Gefolge ein

MARKE *unter dem Tore mit Gefolge erscheinend.*
Zurück! Wahnsinniger!

BRANGÄNE *hat sich seitwärts über die Mauer geschwungen und eilt in den Vordergrund.* Isolde! Herrin!
Glück und Heil!
Was seh ich! Ha!
Lebst du? Isolde!

Sie müht sich um Isolde. – Marke mit seinem Gefolge hat Kurwenal mit dessen Helfern vom Tore zurückgetrieben und dringt herein

MARKE. O Trug und Wahn!
Tristan! Wo bist du?

KURWENAL *schwer verwundet, schwankt vor Marke her nach dem Vordergrund.* Da liegt er –
hier –, wo ich – liege.

Er sinkt bei Tristans Füßen zusammen

MARKE. Tristan! Tristan!
Isolde! Weh!

KURWENAL *nach Tristans Hand fassend.* Tristan! Trauter!
Schilt mich nicht –,
daß der Treue auch mitkommt!

Er stirbt

MARKE. Tot denn alles!
Alles tot!
Mein Held, mein Tristan!
Trautester Freund,
auch heute noch
mußt du den Freund verraten?
Heut, wo er kommt,
die höchste Treue zu bewähren?
Erwache meinem Jammer!

Schluchzend über die Leiche sich herabbeugend

Du treulos treu'ster Freund!

BRANGÄNE *die in ihren Armen Isolde wieder zu sich gebracht.*
Sie wacht, sie lebt!
Isolde! hör mich,
vernimm meine Sühne!
Des Trankes Geheimnis
entdeckt ich dem König:

mit sorgender Eil'
stach er in See
dich zu erreichen,
dir zu entsagen,
dir zuzuführen den Freund.

MARKE. Warum, Isolde,
warum mir das?
Da hell mir enthüllt,
was zuvor ich nicht fassen konnt,
wie selig, daß den Freund
ich frei von Schuld da fand!
Dem holden Mann
dich zu vermählen,
mit vollen Segeln
flog ich dir nach.
Doch Unglückes
Ungestüm,
wie erreicht es, wer Frieden bringt?
Die Ernte mehrt ich dem Tod:
der Wahn häufte die Not.

BRANGÄNE. Hörst du uns nicht?
Isolde! Traute!
Vernimmst du die Treue nicht?

Isolde, die nichts um sie her vernommen, heftet das Auge mit wachsender Begeisterung auf Tristans Leiche

ISOLDE. Mild und leise
wie er lächelt,
wie das Auge
hold er öffnet –
seht ihr's, Freunde?
Säht ihr's nicht?
Immer lichter
wie er leuchtet,
Stern-umstrahlet
hoch sich hebt?
Seht ihr's nicht?
Wie das Herz ihm
mutig schwillt,
voll und hehr
im Busen ihm quillt?
Wie den Lippen,
wonnig mild,
süßer Atem

sanft entweht?
Freunde! Seht!
Fühlt und seht ihr's nicht? –
Höre ich nur
diese Weise,
die so wunder-
voll und leise,
Wonne klagend,
Alles sagend,
mild versöhnend
aus ihm tönend
in mich dringet,
auf sich schwinget,
hold erhallend
um mich klinget?
Heller schallend,
mich umwallend,
sind es Wellen
sanfter Lüfte?
Sind es Wolken
wonniger Düfte?
Wie sie schwellen,
mich umrauschen,
soll ich atmen,
soll ich lauschen?
Soll ich schlürfen,
untertauchen?
Süß in Düften
mich verhauchen?
In dem wogenden Schwall,
in dem tönenden Schall,
in des Welt-Atems
wehendem All –,
ertrinken,
versinken –,
unbewußt –,
höchste Lust!

Isolde sinkt, wie verklärt, in Brangänes Armen, sanft auf Tristans Leiche. – Große Rührung und Entrücktheit unter den Umstehenden. – Der Vorhang fällt während der letzten Fermate

DOKUMENTE

1854	Oktober	Erste Konzeption des Werkes, durch Schopenhauers Hauptwerk *Die Welt als Wille und Vorstellung* angeregt.
1855	Dezember	»Tristan bestimmter konzipiert: III. Akt Ausgangspunkt der Stimmung für das Ganze (mit Hineinflechtung des gralsuchenden Parzival).«
1856	19. Dezember	Konzeption und Niederschrift der ersten musikalischen Themen.
1857	28. April	Einzug in das von Otto und Mathilde Wesendonck bereitete »Asyl auf dem grünen Hügel«.
	9. August	Vollendung der Orchesterskizze des 2. Aktes von *Siegfried* und damit Abbruch der Komposition dieses Werkes.
	20. August	Beginn des großen Prosaentwurfs.
	18. September	Vollendung der Urschrift der Dichtung.
	1. Oktober	Beginn der Kompositionsskizze des 1. Aktes.
	5. November	Beginn der Orchesterskizze des 1. Aktes.
	31. Dezember	Vollendung der Kompositionsskizze des 1. Aktes.
1858	13. Januar	Vollendung der Orchesterskizze des 1. Aktes.
	3. April	Vollendung der Partitur des 1. Aktes.
	4. Mai – 1. Juli	Aufzeichnung der Kompositionsskizze des 2. Aktes.
	5. Juli	Beginn der Orchesterskizze des 2. Aktes.
	17. August	Wagner verläßt das »Asyl auf dem grünen Hügel« für immer und begibt sich nach Venedig.
	15. Oktober	Wiederaufnahme der Arbeit an der Orchesterskizze des 2. Aktes im

		Palazzo Giustiniani am Canal Grande.
1859	9. März	Vollendung der Orchesterskizze des 2. Aktes.
	18. März	Vollendung der Partitur des 2. Aktes.
	28. März	Wagner trifft in Luzern ein und nimmt im »Schweizerhof« Wohnung.
	9. April bis 16. Juli	Niederschrift der Kompositionsskizze des 3. Aktes.
	1. Mai – 19. Juli	Niederschrift der Orchesterskizze des 3. Aktes.
	6. August	Vollendung der Partitur des 3. Aktes.
1861	14. August	Wagner trifft in Wien ein, um die Einstudierung des *Tristan* zu beginnen: nach 72 Proben und wiederholter Hinauszögerung findet die Aufführung nicht statt.
1865	10. Juni	Uraufführung im Münchener Hof- und Nationaltheater mit Ludwig und Malvina Schnorr von Carolsfeld. Dirigent: Hans von Bülow.

Richard Wagner, »*Epilogischer Bericht*« (Wien 1862):
Mit dem Entwurfe von *Tristan und Isolde* war es mir, als entfernte ich mich selbst nicht eigentlich aus dem Kreise der durch meine Nibelungenarbeit mir erweckten dichterischen und mythischen Anschauungen. Der große Zusammenhang aller echten Mythen, wie er mir durch meine Studien aufgegangen war, hatte mich namentlich für die wundervollen Variationen hellsichtig gemacht, welche in diesem aufgedeckten Zusammenhange hervortreten. Eine solche trat mir mit entzückender Unverkennbarkeit in dem Verhältnisse Tristans zu Isolde, zusammengehalten mit dem Siegfrieds zu Brünnhilde, entgegen. Wie in den Sprachen durch Lautverschiebung aus demselben Worte zwei oft ganz verschieden dünkende Worte sich bilden, so waren auch, durch eine ähnliche Verschiebung oder Umstellung der Zeitmotive, aus diesem einen mythischen Verhältnisse zwei anscheinend verschieden-

artige Verhältnisse entstanden. Die völlige Gleichheit dieser besteht aber darin, daß Tristan wie Siegfried das ihm nach dem Urgesetze bestimmte Weib, im Zwange einer Täuschung, welche diese seine Tat zu einer unfreien macht, für einen Anderen freit und aus dem hieraus entstehenden Mißverhältnis seinen Untergang findet. Während der Dichter des *Siegfried*, den großen Zusammenhang des ganzen Nibelungen-Mythus vor allem festhaltend, nur den Untergang des Helden durch die Rache des, mit ihm sich aufopfernden, Weibes in das Auge fassen konnte, findet der Dichter des *Tristan* seinen Hauptstoff in der Darstellung der Liebesqual, welcher die beiden über ihr Verhältnis aufgeklärten Liebenden bis zu ihrem Tode verfallen sind. Hier ist nur breiter und deutlicher gefaßt, was auch dort unverkennbar sich ausspricht: der Tod durch Liebesnot, welche in der einseitig des Verhältnisses sich bewußten Brünnhilde zum Ausdrucke gelangt. Was hier nur mit entscheidender Heftigkeit sich äußern konnte, wird dort zu einem unendlich mannigfaltigen Inhalte; und hierin lag für mich der Anreiz, diesen Stoff gerade jetzt auszuführen, nämlich als einen Ergänzungsakt des großen, ein ganzes Weltverhältnis umfassenden Nibelungenmythus.

An Franz Liszt. Zürich, 16. (?) Dezember 1854:
Neben dem – langsamen – Vorrücken meiner Musik habe ich mich jetzt ausschließlich mit einem Menschen beschäftigt, der mir – wenn auch nur literarisch – wie ein Himmelsgeschenk in meine Einsamkeit gekommen ist. Es ist *Arthur Schopenhauer*, der größte Philosoph seit Kant... Sein Hauptgedanke, die endliche Verneinung des Willens zum Leben, ist von furchtbarem Ernste, aber einzig erlösend. Mir kam er natürlich nicht neu, und niemand kann ihn überhaupt denken, in dem er nicht bereits lebte. Aber zu dieser Klarheit erweckt hat mir ihn erst dieser Philosoph. Wenn ich auf die Stürme meines Herzens, den furchtbaren Krampf, mit dem es sich – wider Willen – an die Lebenshoffnung anklammerte, zurückdenke, ja, wenn sie noch jetzt oft zum Orkan anschwellen, so habe ich dagegen doch nun ein Quietiv gefunden, das mir endlich in wachen Nächten einzig zu Schlaf verhilft; es ist die herzliche und innige Sehnsucht nach dem Tod: volle Bewußtlosigkeit, gänzliches Nichtsein, Verschwinden aller Träume – einzigste endliche Erlösung!

An Mathilde Wesendonck. Venedig, 8. Dezember 1858:
Seit gestern beschäftige ich mich wieder mit dem *Tristan.* Ich bin immer noch im zweiten Akte. Aber – was wird das für Musik! Ich könnte mein ganzes Leben nur noch an dieser Musik arbeiten. O, es wird tief und schön; und die erhabensten Wunder fügen sich so geschmeidig dem Sinn. So etwas habe ich denn doch noch nicht gemacht: aber ich gehe auch ganz in dieser Musik auf; ich will nichts mehr davon hören, wann sie fertig werde. Ich lebe ewig in ihr. Und mit mir –

An Mathilde Wesendonck. Venedig, April 1859:
Kind! Dieser *Tristan* wird was *furchtbares*!
Dieser letzte Akt!!!– – – – – – –
Ich fürchte, die Oper wird verboten – falls durch schlechte Aufführung nicht das Ganze parodiert wird –: nur mittelmäßige Aufführungen können mich retten! Vollständig *gute* müssen die Leute verrückt machen, – ich kann mir's nicht anders denken. So weit hat's noch mit mir kommen müssen!! O weh! –

An Mathilde Wesendonck. Paris, 29. Oktober 1859:
Meine feinste und tiefste Kunst möchte ich jetzt die Kunst des Übergang nennen, denn mein ganzes Kunstgewebe besteht aus solchen Übergängen: das Schroffe und Jähe ist mir zuwider geworden... Mein größtes Meisterstück in der Kunst des feinsten allmählichsten Überganges ist gewiß die große Szene des zweiten Aktes von *Tristan und Isolde.* Der Anfang dieser Szene bietet das überströmendste Leben in seinen allerheftigsten Affekten, – der Schluß das weihevollste, innigste Todesverlangen. Das sind die Pfeiler: nun sehen Sie einmal, Kind, wie ich diese Pfeiler verbunden habe, wie sich das vom einen zum andern hinüberleitet! Das ist denn nun auch das Geheimnis meiner musikalischen Form, von der ich kühn behaupte, daß sie in solcher Übereinstimmung und jedes Detail umfassenden klaren Ausdehnung noch nie auch nur geahnt worden ist.

An König Ludwig II. von Bayern. München, 13. Juni 1865:
Doch – Eines ist gewonnen! Dieser wunderliche *Tristan* ist – vollendet. Sie wissen, wer noch am *Tristan* dichtete, hinterließ ihn unvollendet – von Gottfried von Straßburg an. Fast schien das alte Mißgeschick sich auf mein Werk ausdehnen zu wollen: denn – vollendet war es erst, wenn es ganz und leibhaftig, als Drama, vor uns lebte und unmittelbar zu Herz und

Sinnen sprach. – Dies wär' erreicht. Das uralte Liebesgedicht, da lebt es und spricht laut zum Volk, das mir durch rührende Zeugnisse seine Ergriffenheit kundgibt.

Hans von Bülow *an Franz Brendel* (1859):
Mit dem Erscheinen von *Tristan und Isolde* tritt die äußerliche Situation der neu-deutschen Schule in eine ganz neue Phase. Da die *Nibelungen* vor der Hand in Wagners Pulte ruhen bleiben, so tritt diese einabendige Oper an die Stelle. Hier ist die Verwirklichung von Wagners Tendenzen, und zwar in ganz ungeahnter Weise. Solche Musik hat Niemand von Wagner erwartet. Das knüpft direkt an den letzten Beethoven an – keine Analogie mehr zu Weber oder Gluck. Zum *Lohengrin* verhält sich *Tristan* wie *Fidelio* zur *Entführung aus dem Serail,* wie das cis-moll-Quartett zum ersten in F-Dur, op. 18. Ich gestehe, aus einer Überraschung des Entzükkens in die andere geraten zu sein. Welcher Musiker hier noch nicht an den Fortschritt glauben will, der hat keine Ohren. Auf jeder Seite schlägt Wagner durch sein gewaltiges, reinmusikalisches Wissen. Von dieser Architektonik, dieser musikalischen Detailarbeit können Sie sich keinen zu hohen Begriff machen. An Erfindung ist *Tristan* Wagners potentestes Werk. Nichts ist so erhaben, als z. B. dieser zweite Akt. An verschiedenen, speziell nicht zu unserer Partei gehörigen Musikern, denen ich Fragmente mitteilte, habe ich Erfahrungen gemacht. Einer z. B. war sprachlos vor Erstaunen: »Nie hätte ich so etwas von Wagner erwartet – das ist bei weitem das Schönste, was er geschrieben – er erreicht hier das Höchste im Idealen, was die Gegenwart denken kann.« – Nach *Tristan* gibt es nur noch zwei Parteien – die Leute, die etwas gelernt, und die, welche nichts gelernt haben. Wen diese Oper nicht bekehrt, der hat keine Musik im Leibe. So reiche, klare und originale Polyphonie gibt's in nicht allzuvielen Partituren. Sie kennen mich zu gut, als daß Sie meinen sollten, ich wäre in überspannte Schwärmerei verfallen: Sie wissen, daß mein Herz erst bei der Behörde des Kopfes um Erlaubnis fragt, sich zu begeistern. Nun, mein Kopf hat hier unbedingte Genehmigung erteilt. Populär kann *Tristan und Isolde* kaum werden, aber jeder einigermaßen poetisch begabte Laie wird gepackt werden müssen von der Erhabenheit und Gewalt des Genies, die sich in diesem Werke offenbaren. Abgesehen von allem Übrigen: – ich versichere Ihnen, die Oper ist der Gipfelpunkt bisheriger Tonkunst! –

Franz Liszt an Richard Wagner. Weimar, 26. Dezember 1858: Eine himmlische Weihnachts-Bescheerung sendet mir Härtel. Die ganze gesamte Kinderwelt kann sich nicht bei allen Tannen-Bäumen, mit goldenen Früchten und glänzenden Geschenken behängt, so freuen, als ich, Einzelner, mit Deinem einzigen *Tristan*! – Weg mit allen Sorgen und Plackereien der Alltags-Welt! Da kann man wieder weinen und auflodern. Welch' wonniglicher Zauber, welch' ungeahnte Fülle der Schönheit in diesem flammenden Liebes-Trunk! – Wie mag Dir dabei zu Mute gewesen sein, als Du dies wunderbare Werk geschaffen und gestaltet? – Was darf ich Dir anderes darüber sagen, als daß ich es im Herzen des Herzens mit empfinde?

Presseurteile nach der Uraufführung am 10. Juni 1865 in München:

Münchener Neueste Nachrichten:
Wir stehen nicht an zu behaupten, das Werk ist ein großartiges, merkwürdiges, originelles, es zeugt von tiefem Ernst, von edlem Streben, von wunderbarer Energie, von einer gewaltigen Gestaltungskraft; der Dichter-Musiker sucht die Wahrheit auf einer falschen Spur, aber dieses Suchen allein ist schon schätzenswert. So haben wir ein Recht, hier mit Dante auszurufen: Man muß verdammen, aber bewundern und bedauern.

Bayerische Zeitung:
In *Tristan und Isolde* entfaltet sich eine musikalische Charakteristik, die sowohl nach Seite des Gefühlswechsels wie auch hinsichtlich der Wortdeklamation zum Vollendetsten gehört, das unsere musikalische Literatur aufzuweisen hat.

Augsburger Allgemeine Zeitung:
Daß dieses Werk zur Aufführung gelangte, müssen wir mit dem freudigsten Dank aufnehmen, weil es jahrelang mit einer ganz merkwürdigen Zuversicht als ein epochemachendes ausgegeben wurde, während es die allgemeine Meinung schon jetzt nur als die Verirrung eines hochbegabten Mannes betrachtet.

Richard Strauß *an Joseph Gregor*. Garmisch, 8. Januar 1935:
Lieber Herr Gregor!
Auf dem letzten Briefbogen der lieben Wiener Oper möchte ich Ihnen mit besten Neujahrswünschen mitteilen, daß ich Ihre ausgezeichnete Geschichte des Theaters mit großer Freude und regstem Interesse nun beinahe zu Ende gelesen habe.
Anknüpfend an Ihre Gedanken über das Verhältnis zwischen Schiller und Goethe (eines Ihrer besten Kapitel!) und Ihre besonders scharfsinnige Erkenntnis, daß Sie gerade die *Iphigenie* als jenes Werk bezeichnen, das dem Welttheater »jene letzte geistige Formung gegeben hat, die seitdem nie wieder erreicht worden ist«, muß ich bitten, als Musiker und dramatischer Komponist mit bescheidener Kritik einsetzen zu dürfen.
Diese letzte »geistige Formung« ist – dank der Musik – im *Tristan* nicht nur erreicht, sondern noch übertroffen worden. Es ist dankenswert, daß Sie Werke wie den *Tasso*, die nur »mit innerer Problematik« gesättigt sind und um »ihres inneren Reichtums willen bewußt auf das Theatralisch-Wirksame einer äußeren Handlung verzichten«, als die letzten Höhepunkte des Theaters bezeichnen. Sie nennen die wenigen, ganz schlichten Vorgänge im Tasso ganz richtig nur noch »Symbole für das innere Leben der Personen«.
Wenn die große Goethesche Leistung, die höchste menschliche Problematik auf das Theater »mit der Tat des Genius« anzuwenden, oft »Formen angenommen hat, die gegen das Theater selbst gerichtet scheinen«, so war es dem Universalgenie Richard Wagners vorbehalten, die unvergleichliche Architektur des Schillerschen Dramas (dies sein großer Fortschritt gegen Shakespeares dramatische Romane, wie sie Wagner nennt) mit der inneren Problematik der Goetheschen Geistigkeit zu verbinden – im *Tristan*, in dem nicht, wie Sie meinen, die Romantik ihre blendende Auferstehung feiert, sondern der das Ende aller Romantik bedeutet, wo in einem Brennpunkt die Sehnsucht des ganzen 19. Jahrhunderts aufgefangen und im Tag- und Nachtgespräch und in Isoldens Liebestod endgültig erledigt ist.
Der *Tristan* ist die allerletzte Konklusion von Schiller und Goethe und die höchste Erfüllung einer 2000jährigen Entwicklung des Theaters.
Und zwar durch die Erfindung des modernen Orchesters. Ausführliches darüber in *Oper und Drama*. Das von Haydn, Mo-

zart, Berlioz und Wagner geschaffene moderne Orchester ist das Instrument geworden, das allein fähig ist, jenes Inkommensurable, von dem der alte Goethe spricht (das dem Verstande nicht mehr erreichbar ist), darzustellen in Symbolen, die nur dem ahnenden Gefühl sich erschließen; nur die Musik kann es wagen, das »Reich der Mütter« ohne Schauer und Entsetzen zu betreten.

Es ist richtig, daß Sie die eigentliche Oper, soweit sie bloß Ohrenschmaus ist, nebensächlich behandeln, aber die musikdramatischen Gebilde – die sich von den Gluckschen *Iphigenien* über den Mozartschen *Don Juan* (Komthurszenen), die *Zauberflöte* mit dem Isischor, die psychologischen Finessen von *Così fan tutte* über *Freischütz*, *Euryanthe*, *Tannhäuser* bis zum *Nibelungenring* erstrecken –, sind eben durch das Orchester letzte Erfüllung und von einer inneren Geistigkeit, die der genialste Wortdichter mit Hilfe des größten Schauspielers und der kompliziertesten Theatermaschinerie niemals zu voller Erscheinung zu bringen imstande ist.

Ich erinnere an den seelischen Kontrapunkt des III. Tristanaktes, an Tristans Vision der herannahenden Isolde, an das »Reich der Weltennacht«, das »göttlich ewige Urvergessen«, an den Anfang der *Götterdämmerung*, die Läuterung des sterbenden Siegfried im letzten Anruf an Brünnhilde, die Szenen zwischen Erda und Wotan, manche Stellen des Hunding im II. Akt; ja als allerletztes Extrem der vollen Vergeistigung des Theaters wäre die 3. Leonorenouvertüre zu nennen, in der die Idee des *Fidelio*dramas zur reinsten, unsichtbaren Darstellung gelangt, ebenso wie im *Lohengrin*vorspiel die ganzen Mysterienspiele des Mittelalters, in einen symphonischen Komplex zusammengefaßt, nur dem geistigen Auge des Zuhörers sichtbar werden (Tristans: »Hör ich das Licht?«), wie der *Parsifal* als höchste Krönung des Jesuitentheaters *) angesprochen werden kann und Teile wie das Vorspiel zum dritten Akt, die 16 Takte des leuchtenden Grals als reinste, gefühlsmäßige Darstellung des Christentums über alle Evangelien hinweg.

Erst mit der Erfindung und äußersten Differenzierung des modernen Orchesters ist das Welttheater zur höchsten Vollendung emporgestiegen.

* Gemeint ist das Barocktheater überhaupt, das sich nach meinem in Rede stehenden Buche in Jesuitentheater, cäsarische Spiele, Festzug, Prunkoper, Theater des großen Humors, auflöst.

Joseph Gregor

Was die schönsten Verse der größten Dichter in seitenlangen Umschreibungen der Phantasie des Lesers oder Hörers allenfalls zu suggerieren vermögen, mit einem Akkord gelingt es der Musik, die Empfindung selbst auszusprechen: Das Gefühl der Liebe, der Sehnsucht, der Bußfertigkeit, der Todesbereitschaft – die ersten zwei Takte des Tristanvorspiels sagen dem Hörer mehr als die schönste Wortdichtung.
Ohne diese Würdigung der Wirkung der Musik und ihrer Aufgabe am Drama fehlt Ihrem ausgezeichneten Buche der Schluß. Vielleicht fügen Sie ihn der nächsten Auflage bei. – Auch das Ereignis von Bayreuth, die theatralischen Leistungen von 1876 und 1882 unter der persönlichen Leitung des »großen Komödianten«, die Wiedererweckung des *Tristan*, der *Meistersinger*, des *Tannhäuser*, *Lohengrin* durch den genialen Regisseur Cosima verdienen über die Leistungen eines Georg von Meiningen u. a. gestellt zu werden. Auch die letzten *Parsifals*, die ich persönlich in Bayreuth zu dirigieren die Auszeichnung hatte, dürfen ruhig als Höhepunkte des Theaters bezeichnet werden, was vollendete Ausführung, Darstellung und Stilreinheit betrifft, ein Lob, das meines Wissens in dieser Ausdehnung noch keiner Wiedergabe Schillerscher Dramen gespendet werden konnte.
Ohne unbescheiden zu sein, darf ich zum Schluß – natürlich in gehörigem Abstand – noch mein Lebenswerk nennen – als vielleicht letzten Ausläufer der Welttheater-Entwicklung ins Reich der Musik. Ahnungslose Kritiker haben *Salome* und *Elektra*: »Symphonien mit begleitender Singstimme« genannt. Daß diese »Symphonien« den Kern des dramatischen Inhaltes bewegen, daß nur ein symphonisches Orchester (statt des in der Oper meist nur den Gesang begleitenden) eine Handlung bis zum Ende entwickeln kann, wie sogar in meiner dramatischen Biographie *Intermezzo* eigentlich nur die »symphonischen Zwischenspiele« kundgeben, was innerlich in den Darstellern vorgeht, genau wie in der berühmten Szene zwischen Siegfried und Mime, bevor letzterer erschlagen wird: ein Musterbeispiel dafür, was auf der Bühne nur mit Hilfe von musikalischer Thematik möglich ist – das alles werden vielleicht erst unsere Nachkommen voll und ganz begreifen. Auch nur mein so fein differenziertes Orchester mit seiner subtilen »Nervenkontrapunktik« (wenn der gewagte Ausdruck gestattet ist) konnte in der Schlußszene der *Salome*, in Klytämnestras Angstzuständen, in der Erkennungsszene zwischen Elektra und Orest, im zweiten Akt der *Helena*, im

Traum der Kaiserin (II. Akt, *Frau ohne Schatten*) sich in Gebiete vorwagen, die nur der Musik zu erschließen vergönnt waren.
Nur auf diesen Wegen, wenn auch vergangene Höhepunkte einer tausendjährigen Kulturentwicklung, wie *Tristan* und *Meistersinger*, wohl nie mehr zu erreichen sind, ist vielleicht ein bescheidenes Neuland zu gewinnen.
Nun leben Sie wohl und seien Sie herzlich begrüßt von Ihrem in aufrichtigster Wertschätzung stets ergebenen

Dr. Richard Strauß

Joseph Gregor, *Kulturgeschichte der Oper* (1941):
Diese prächtigsten Gedanken zu einer Philosophie der Oper, bis heute unübertroffen, leiten uns von selbst zu Wagners unbestritten vollkommenstem Werke, das selbst der größte Verneiner des Meisters – Nietzsche in seiner letzten Epoche – unangetastet ließ: zu *Tristan und Isolde*. Im Gegensatz zur eben zitierten Auffassung habe ich bereits erwähnt, hier die Überwindung des Mythos erkennen zu müssen: die stoffliche Grundlage des Gottfried von Straßburg ist verschwindend gegenüber ihren seelischen Folgerungen. Eines verbindet die beiden einander im Geiste übrigens ganz entgegengesetzten Werke: die Macht der Minne. Wirkt die »Handlung«, schon von Wagner sichtlich auf das dramatische Mindestmaß beschränkt, im ersten Akt auf die rein seelischen Gaben des Werkes lastend, so vermehrt sich dieser Eindruck im zweiten Akte (nach dem Eintritte Markes und der Gesellschaft), der dritte Akt befreit, im Sinne Nietzsches, völlig von ihr. Hier gibt es nur die beiden unvergleichlichen Gestalten, der so unsagbar warm empfundene Kurwenal wird nirgends störend. So würde man auch Brangäne niemals missen wollen, schon wegen der herrlichen Idee des mittelalterlichen Wächterliedes im zweiten Akt. Marke erfordert einen ganz großen Darsteller, um die Thoas-Idee der Entsagung auch noch über das Elementare der Minne jener beiden leuchten zu lassen! So ist es Wagner hier gelungen, seine Gestalten zu einer Größe zu steigern, die kein anderes Drama der Bühne der Neuzeit bieten kann, ja ich möchte Nietzsche dahin variieren, daß hier nicht der Mythos, sondern die Seele selbst ihren Triumph feiere; *Tristan und Isolde* ist das höchste Drama des Idealismus. Man muß zu den Iphigenien und zu Antigone zurückgreifen, um eine solche Idealität der Gestalten, »apollinisch« durchleuchtet durch »dionysische« Musik, zu erkennen; wer

es vermag, sich über stilistische Unterschiede hinwegzusetzen, wird in moderner Zeit nur in Glucks *Orpheus* und in Beethovens *Fidelio* Verwandtes finden. Und in demselben Maße, als die Überwindung des Mythos gelang, erhöht sich auch Wagners musikalisches Kompositionsprinzip; die begrifflichen Assoziationen der »Leitmotive«, die stets angreifbar bleiben werden, sinken auf ein Minimum herab; wie dort die Handlung sich immer mehr vereinfacht und schließlich nur die wenigen seelischen Akte zwischen wenigen Menschen zuließ, so sinkt die Musik auf wenige, nun wahrhaft magische Symbole zurück, deren Wandlungsfähigkeit und Ausdruckskraft aber wirklich unerschöpflich sind. Mit der Tatsache des *Tristan* hat die Kultur der Oper ihren Höhepunkt erreicht, es ist manches vergleichbare, aber kein ebenbürtiges Werk mehr geschaffen worden.

Bruno Walter, *Thema und Variationen* (1950):
Kaum aber hatte ich mein Glück begriffen, kaum begonnen, die erforderliche Erweiterung meiner Studien zu planen, als wiederum ein Erlebnis wie ein Blitz in meine Seele einschlug, zündete und mein Innenleben nun völlig revolutionierte. *Tristan und Isolde* war das Erlebnis, »himmelhöchstes Weltentrücken« seine Folge, und es ereignete sich so: Wie schon berichtet, herrschte im Konservatorium, im Elternhause und in den Kreisen, mit denen wir verkehrten, eine eingewurzelte Gegnerschaft gegen Wagner. Man war »klassisch« gesinnt, Brahms galt als Fortsetzer der großen Musik, Wagner aber als Verderber und Verführer, vor dem man Ohr und Seele zu hüten hatte. Gewiß, *Lohengrin* und *Tannhäuser* waren schön, das sagten nicht nur Verwandte und Bekannte, das gab man auch im Konservatorium zu, wogegen allerdings die echten Wagnerianer über jene früheren Werke schon mit einem Beiklang von Herablassung zu sprechen begannen. Aber nach dem *Lohengrin*, so ging das unisono des Chores, war Wagner auf Abwege geraten. Nun hatte mein Widerspruchsgeist sich schon lange geregt, angestachelt durch meine Tendenz zur Heldenverehrung: um Bismarck wurde gestritten, meine Umgebung war gegen ihn, also war ich geneigt, ihn für einen großen Mann zu halten. Alles um mich sprach gegen Wagner, also drängte es mich, für ihn einzutreten. Aber mir fehlten zum Streit die Waffen, denn ich kannte ihn ja nicht, und wenn ich unsicher sagte, es sei unmöglich, daß ein Komponist zwei so schöne Opern geschaffen und dann völlig versagt

habe, zitierte man spöttisch »Wagalaweia« und »Hojotoho« – und fügte hinzu, der Sprachverderber habe auch die Musik korrumpiert, Maß und Form verlassen und mit Blech- und Schlagzeughäufung den Klang des Orchesters verroht – kein kultiviertes Ohr könne solchen Lärm ertragen, und außerdem, fügte man leiser hinzu, gäbe es noch etwas sehr Verruchtes, Unreines in Wagners Musik – aber das verstünde ich noch nicht. Nun, ich verstand sehr wohl, daß damit die Sinnlichkeit gemeint war, und die fand ich interessant und gar nicht verrucht. Meine Position gegenüber den Wagnerschen Wort-Neubildungen war allerdings unsicher, mir gefielen sie eigentlich auch nicht, doch mein Interesse für ihn war aufs höchste gestiegen, seinen Orchesterklang sehnte ich mich zu hören. Maßlosigkeit fand ich durchaus anziehend, und so lehnte ich mich auf und erklärte zu Hause, jetzt wolle ich ein Werk von Wagner kennenlernen. Ich muß wohl damals schon selbst etwas Geld verdient haben, denn mein Vater hätte sicher nicht durch Ankauf eines Opernbillets zu meinem Seelenverderb beitragen wollen. Da saß ich nun auf der höchsten Galerie des Berliner Opernhauses, und vom ersten Einsatz der Celli an krampfte sich mir das Herz zusammen und der Zauber, gleich dem »furchtbaren Trank«, dem der totkranke Tristan im dritten Akt flucht, »drang mir wütend vom Herz zum Hirn« – solche Ton- und Leidenschaftsfluten hatten mir noch nie die Seele bedrängt, solches Leiden, solche Sehnsucht noch nie das Herz verzehrt und solch hehre Seligkeit, solche himmlische Verklärung mich noch nie der Wirklichkeit entrückt. Ich fühlte mich nicht mehr auf der Welt, ich lief danach ziellos auf der Straße umher – als ich nach Hause kam, erzählte ich nichts und bat nur, mich nicht zu fragen. Meine Ekstase sang weiter in mir die halbe Nacht, und als ich am nächsten Morgen erwachte, wußte ich, daß mein Leben verändert war. Eine neue Epoche hatte begonnen: Wagner war mein Gott und ich wollte sein Prophet werden.

Wieland Wagner (Walter Erich Schäfer: *Wieland Wagner / Persönlichkeit und Leistung*, 1970):
Vollendung der Leidenschaft im Tod: dieses mystische Moment deckt die tiefe Bedeutung des *Tristan*-Mythos auf, der in der Überlieferung der Sagen und Legenden durch Jahrhunderte – nicht anders als der Mythos im *Ring* und im *Parsifal* – durch gesellschaftlich bedingte epische, malerische und moralische Zutaten verunklart und verdunkelt worden ist. Es

ist deshalb kein Zufall, daß der Tristan- wie der Don Giovanni-Mythos erst in der Oper, erst durch die Musik ihren endgültigen, ja ihren vollendeten Ausdruck gefunden haben. Allein die Musik ist der Tragödie angemessen, da sie deren Mutter und Tochter zugleich ist.

Gustav Hillard, *Wagner und Bayreuth*, in *Recht auf Vergangenheit* (1970):

Dagegen ist der *Tristan* ganz jenseitig und visionär. Mit seiner intrikaten Bezauberung das höchste und gefährlichste unter Wagners Werken. Der tragische Liebesmythos zweier mit dem Transzendenten kommunizierender Seelen. Er hat viele Deutungen erfahren. Man glaubte, in ihm Relationen zum buddhistischen Nirwana, zum leidenskundigen Pessimismus Schopenhauers, zu des Novalis *Hymnen an die Nacht* zu finden. Wenn man aber diese Geistesbrücken betritt, tragen sie nicht. Nirwana kennt keine Vereinigung Liebender im Tode, sondern ein Aufgehen der Einzelseele im Absoluten. Schopenhauer lehrt die Unzerstörbarkeit unseres wahren Wesens durch den Tod, und die Novalishymnen haben Element und Halt ihrer Todeswehmut, Tagesscheu und Nachtsehnsucht in einer christlichen Metaphysik. Das Phänomen des *Tristan* erklärt sich allein aus dem Wunder seiner Musik. Das Irdische löst sich auf in Tönen. Das Nichts wird musikalische Form. Der metaphysische Sinn ist nur durch die Musik zu erfassen, welche – nach einem schönen Nietzschewort – ihr Ohr gleichsam an der Herzkammer des Weltwillens hat.

DIE MEISTERSINGER VON NÜRNBERG

(1867)

PERSONEN

HANS SACHS, Schuster	Meistersinger
VEIT POGNER, Goldschmied	
KUNZ VOGELGESANG, Kürschner	
KONRAD NACHTIGALL, Spengler	
SIXTUS BECKMESSER, Schreiber	
FRITZ KOTHNER, Bäcker	
BALTHASAR ZORN, Zinngießer	
ULRICH EISSLINGER, Würzkrämer	
AUGUSTIN MOSER, Schneider	
HERMANN ORTEL, Seifensieder	
HANS SCHWARZ, Strumpfwirker	
HANS FOLTZ, Kupferschmied	

WALTHER VON STOLZING, ein junger Ritter aus Franken
DAVID, Sachsens Lehrbube
EVA, Pogners Tochter
MAGDALENE, Evas Amme
EIN NACHTWÄCHTER

MEISTERSINGER.
BÜRGER UND FRAUEN ALLER ZÜNFTE. GESELLEN.
LEHRBUBEN. MÄDCHEN. VOLK

Nürnberg
Um die Mitte des 16. Jahrhunderts

ERSTER AUFZUG

ERSTE SZENE

Die Bühne stellt das Innere der Katharinenkirche in schrägem Durchschnitt dar; von dem Hauptschiff, welches links ab, dem Hintergrunde zu, sich ausdehnend anzunehmen ist, sind nur noch die letzten Reihen der Kirchenstuhlbänke sichtbar: Den Vordergrund nimmt der freie Raum vor dem Chor ein; dieser wird später durch einen schwarzen Vorhang gegen das Schiff zu gänzlich geschlossen

In der letzten Reihe der Kirchstühle sitzen Eva und Magdalene; Walther von Stolzing steht, in einiger Entfernung, zur Seite an eine Säule gelehnt, die Blicke auf Eva heftend, die sich mit stummem Gebärdenspiel wiederholt zu ihm umkehrt

DIE GEMEINDE. Da zu dir der Heiland kam,

Walther drückt durch Gebärde eine schmachtende Frage an Eva aus

willig deine Tauf nahm,

Evas Blick und Gebärde sucht zu antworten; doch beschämt schlägt sie das Auge wieder nieder

weihte sich dem Opfertod,

Walther zärtlich, dann dringender

gab er uns des Heils Gebot:

Eva: Walther schüchtern abweisend, aber schnell wieder seelenvoll zu ihm aufblickend

daß wir durch sein' Tauf uns weihn,

Walther entzückt; höchste Beteuerungen; Hoffnung

seines Opfers wert zu sein.

Eva selig lächelnd; – dann beschämt die Augen senkend. Walther dringend – aber schnell sich unterbrechend

Edler Täufer!
Christs Vorläufer!

Walther nimmt die dringende Gebärde wieder auf, mildert sie aber sogleich wieder, um dadurch sanft um eine Unterredung zu bitten

Nimm uns gnädig an,
dort am Fluß Jordan!

Die Gemeinde erhebt sich. Alles wendet sich dem Ausgange zu und verläßt unter dem Nachspiele allmählich die Kirche. – Walther heftet in höchster Spannung seinen Blick auf Eva, welche ihren Sitz langsam verläßt und, von Magdalene ge-

folgt, langsam in seine Nähe kommt. Da Walther Eva sich nähern sieht, drängt er sich gewaltsam, durch die Kirchgänger durch, zu ihr

WALTHER. Verweilt! – Ein Wort – ein einzig Wort!

EVA *sich schnell zu Magdalene umwendend.*
Mein Brusttuch ... schau! Wohl liegt's im Ort.

MAGDALENE. Vergeßlich Kind! Nun heißt es: such!
Sie geht nach den Kirchstühlen zurück

WALTHER. Fräulein! Verzeiht der Sitte Bruch!
Eines zu wissen, Eines zu fragen,
was müßt ich nicht zu brechen wagen?
Ob Leben oder Tod? Ob Segen oder Fluch?
Mit einem Worte sei mir's vertraut: –
mein Fräulein, – sagt ...

MAGDALENE *wieder zurückkommend.* Hier ist das Tuch.

EVA. O weh! Die Spange?

MAGDALENE. Fiel sie wohl ab?
Sie geht abermals suchend nach hinten

WALTHER. Ob Licht und Lust, oder Nacht und Tod?
Ob ich erfahr, wonach ich verlange,
ob ich vernehme, wovor mir graut: –
Mein Fräulein – sagt ...

MAGDALENE *wieder zurückkommend.*
Da ist auch die Spange.
Komm, Kind! Nun hast du Spang und Tuch ...
O weh, da vergaß ich selbst mein Buch!
Sie geht nochmals eilig nach hinten

WALTHER. Dies eine Wort, Ihr sagt mir's nicht?
Die Silbe, die mein Urteil spricht?
Ja oder nein! – ein flücht'ger Laut:
mein Fräulein, sagt –
entschlossen und hastig
seid Ihr schon Braut?

MAGDALENE *die wieder zurückgekehrt ist und sich vor Walther verneigt.* Sieh da! Herr Ritter?
Wie sind wir hochgeehrt:
mit Evchens Schutze
habt Ihr Euch gar beschwert!
Darf den Besuch des Helden
ich Meister Pogner melden?

WALTHER *leidenschaftlich.* O, betrat ich doch nie sein Haus!

MAGDALENE. Ei! Junker, was sagt Ihr da aus?
In Nürnberg eben nur angekommen,

wart Ihr nicht freundlich aufgenommen?
Was Küch und Keller, Schrein und Schrank
Euch bot, verdient es keinen Dank?
EVA. Gut, Lenchen, ach! das meint er ja nicht;
doch von mir wohl wünscht er Bericht, –
wie sag ich's schnell? Versteh ich's doch kaum!
Mir ist, als wär ich gar wie im Traum! –
er frägt, – ob ich schon Braut?
MAGDALENE *heftig erschrocken.* Hilf Gott! Sprich nicht so laut!
Jetzt laß uns nach Hause gehn; –
wenn uns die Leut hier sehn!
WALTHER. Nicht eh'r, bis ich Alles weiß!
EVA *zu Magdalene.* 's ist leer, die Leut sind fort.
MAGDALENE. Drum eben wird mir heiß!
Herr Ritter, an andrem Ort!

David tritt aus der Sakristei ein und macht sich daran, die schwarzen Vorhänge zu schließen

WALTHER *dringend.* Nein! Erst dies Wort!
EVA *bittend zu Magdalene.* Dies Wort!
MAGDALENE *die sich bereits umgewendet, erblickt David und hält an; zärtlich für sich.* David? Ei! David hier?
Sie wendet sich wieder zurück und zu Walther
EVA *zu Magdalene.* Was sag ich? Sag du's mir!
MAGDALENE *zerstreut, öfter nach David sich umsehend.*
Herr Ritter, was Ihr die Jungfer fragt,
das ist so leichtlich nicht gesagt.
Fürwahr ist Evchen Pogner Braut –,
EVA *lebhaft unterbrechend.* Doch hat noch keiner den Bräut'gam erschaut!
MAGDALENE. Den Bräut'gam wohl noch niemand kennt,
bis morgen ihn das Gericht ernennt,
das dem Meistersinger erteilt den Preis ...
EVA *enthusiastisch.* Und selbst die Braut ihm reicht das Reis.
WALTHER *verwundert.* Dem Meistersinger?
EVA *bang.* Seid Ihr das nicht?
WALTHER. Ein Werbgesang?
MAGDALENE. Vor Wettgericht.
WALTHER. Den Preis gewinnt?
MAGDALENE. Wen die Meister meinen.
WALTHER. Die Braut dann wählt? ...
EVA *sich vergessend.* Euch – oder keinen!

Walther wendet sich, in großer Erregung auf und ab gehend, zur Seite

MAGDALENE *sehr erschrocken.* Was, Evchen! Evchen! Bist du von Sinnen?
EVA. Gut' Lene, laß mich den Ritter gewinnen!
MAGDALENE. Sahst ihn doch gestern zum ersten Mal?
EVA. Das eben schuf mir so schnelle Qual,
daß ich schon längst ihn im Bilde sah!
Sag, trat er nicht ganz wie David nah?
MAGDALENE *höchst verwundert.* Bist du toll! Wie David?
EVA. Wie David im Bild.
MAGDALENE. Ach! – meinst du den König mit der Harfen
und langem Bart in der Meister Schild?
EVA. Nein! Der, des Kiesel den Goliath warfen,
das Schwert im Gurt, die Schleuder zur Hand,
das Haupt von lichten Locken umstrahlt,
wie ihn uns Meister Dürer gemalt!
MAGDALENE *laut seufzend.* Ach, David! David!
DAVID *der hinausgegangen und jetzt wieder zurückkommt, ein Lineal im Gürtel und ein großes Stück weißer Kreide an einer Schnur schwenkend.* Da bin ich: wer ruft?
MAGDALENE. Ach, David! Was Ihr für Unglück schuft!
Beiseite
Der liebe Schelm! Wüßt er's noch nicht?
Laut
Ei, seht, da hat er uns gar verschlossen?
DAVID *zärtlich.* Ins Herz Euch allein!
MAGDALENE *feurig.* Das treue Gesicht! –
Ei, sagt! Was treibt Ihr hier für Possen?
DAVID. Behüt es! Possen? Gar ernste Ding:
für die Meister hier richt ich den Ring.
MAGDALENE. Wie? Gäb es ein Singen?
DAVID. Nur Freiung heut:
der Lehrling wird da losgesprochen,
der nichts wider die Tabulatur verbrochen:
Meister wird, wen die Prob nicht reut.
MAGDALENE. Da wär der Ritter ja am rechten Ort! –
Jetzt, Evchen, komm! Wir müssen fort!
WALTHER *schnell zu den Frauen sich wendend.* Zu Meister Pogner laßt mich euch geleiten!
MAGDALENE. Erwartet den hier, er ist bald da.
Wollt Ihr Evchens Hand erstreiten,
rückt Zeit und Ort das Glück Euch nah. –
Zwei Lehrbuben kommen dazu und tragen Bänke herbei
Jetzt eilig von hinnen!

WALTHER. Was soll ich beginnen?
MAGDALENE. Laßt David Euch lehren
die Freiung begehren. –
Davidchen! Hör, mein lieber Gesell:
den Ritter hier bewahr mir wohl zur Stell!
Was Fein's aus der Küch
bewahr ich für dich,
und morgen begehr du noch dreister,
wird hier der Junker heut Meister.
Sie drängt Eva zum Fortgehen
EVA *zu Walther.* Seh ich Euch wieder?
WALTHER *sehr feurig.* Heut abend gewiß!
Was ich will wagen,
wie könnt ich's sagen?
Neu ist mein Herz, neu mein Sinn,
neu ist mir Alles, was ich beginn.
Eines nur weiß ich,
Eines begreif ich:
mit allen Sinnen
Euch zu gewinnen! –
Ist's mit dem Schwert nicht, muß es gelingen,
gilt es als Meister Euch zu ersingen.
Für Euch Gut und Blut,
für Euch
Dichters heil'ger Mut!
EVA *mit großer Wärme.* Mein Herz, sel'ger Glut,
für Euch
liebesheil'ge Hut!
MAGDALENE. Schnell heim! Sonst geht's nicht gut!
DAVID *der Walther verwunderungsvoll gemessen.*
Gleich Meister? Oho! Viel Mut!
Magdalene zieht Eva eilig durch die Vorhänge nach sich fort. Walther wirft sich, aufgeregt und brütend, in einen erhöhten, kathederartigen Lehnstuhl, welchen zuvor zwei Lehrbuben von der Wand ab, mehr nach der Mitte zu gerückt hatten

ZWEITE SZENE

Noch mehrere Lehrbuben sind eingetreten: sie tragen und stellen Bänke und richten Alles zur Sitzung der Meistersinger her

ZWEITER LEHRBUBE. David! Was stehst?
ERSTER LEHRBUBE. Greif an's Werk!
ZWEITER LEHRBUBE. Hilf uns richten das Gemerk!
DAVID. Zu eifrigst war ich vor euch Allen;
schafft nun für euch, hab ander Gefallen!
VIER LEHRBUBEN. Was der sich dünkt!
VIER LEHRBUBEN. Der Lehrling Muster!
VIER LEHRBUBEN. Das macht, weil sein Meister ein Schuster!
LEHRBUBEN. Beim Leisten sitzt er mit der Feder!
LEHRBUBEN. Beim Dichten mit Draht und Pfriem!
LEHRBUBEN. Sein Verse schreibt er auf rohes Leder.
LEHRBUBEN *mit der entsprechenden Gebärde.*
Das – dächt ich – gerbten wir ihm!
Sie machen sich lachend an die fernere Herrichtung
DAVID *nachdem er den sinnenden Ritter eine Weile betrachtet.* Fanget an!
WALTHER *verwundert.* Was soll's?
DAVID *noch stärker.* Fanget an! – So ruft der Merker: –
nun sollt Ihr singen! Wißt Ihr das nicht?
WALTHER. Wer ist der Merker?
DAVID. Wißt Ihr das nicht?
Wart Ihr noch nie bei 'nem Singgericht?
WALTHER. Noch nie, wo die Richter Handwerker.
DAVID. Seid Ihr ein Dichter?
WALTHER. Wär ich's doch!
DAVID. Seid Ihr ein Singer?
WALTHER. Wüßt ich's noch?
DAVID. Doch »Schulfreund« wart Ihr, und »Schüler« zuvor?
WALTHER. Das klingt mir Alles fremd vorm Ohr.
DAVID. Und so grad hin wollt Ihr Meister werden?
WALTHER. Wie machte das so große Beschwerden?
DAVID. O Lene! Lene!
WALTHER. Wie Ihr doch tut!
DAVID. O Magdalene!
WALTHER. Ratet mir gut!
DAVID *setzt sich in Positur.* Mein Herr! Der Singer Meisterschlag
gewinnt sich nicht an einem Tag.
In Nüremberg der größte Meister
mich lehrt die Kunst Hans Sachs;
schon voll ein Jahr mich unterweist er,
daß ich als Schüler wachs.
Schuhmacherei und Poeterei,

die lern ich da alleinerlei:
hab ich das Leder glatt geschlagen,
lern ich Vokal und Konsonanz sagen;
wichst ich den Draht erst fest und steif,
was sich dann reimt, ich wohl begreif.
Den Pfriemen schwingend
im Stich die Ahl,
was stumpf, was klingend,
was Maß, was Zahl –
den Leisten im Schurz,
was lang, was kurz,
was hart, was lind,
hell oder blind,
was Waisen, was Milben,
was Klebsilben,
was Pausen, was Körner,
was Blumen, was Dörner, –
das Alles lernt ich mit Sorg und Acht:
wie weit nun, meint Ihr, daß ich's gebracht?

WALTHER. Wohl zu 'nem Paar recht guter Schuh? –

DAVID. Ja, dahin hat's noch gute Ruh!
Ein »Bar« hat manch Gesätz und Gebänd:
wer da gleich die rechte Regel fänd, –
die richt'ge Naht
und den rechten Draht,
mit gut gefügten Stollen
den Bar recht zu versohlen.
Und dann erst kommt der Abgesang,
daß der nicht kurz, und nicht zu lang,
und auch keinen Reim enthält,
der schon im Stollen gestellt.
Wer Alles das merkt, weiß und kennt,
wird doch immer noch nicht Meister genennt.

WALTHER. Hilf Gott! Will ich denn Schuster sein?
In die Singkunst lieber führ mich ein!

DAVID. Ja – hätt ich's nur selbst schon zum Singer gebracht!
Wer glaubt wohl, was das für Mühe macht!
Der Meister Tön und Weisen,
gar viel an Nam und Zahl,
die starken und die leisen,
wer die wüßte allzumal!
Der kurze, lang und überlang Ton,
die Schreibpapier-, Schwarz-Dintenweis';

der rote, blau und grüne Ton;
die Hageblüh-, Strohhalm-, Fengelweis';
der zarte, der süße, der Rosenton;
der kurzen Liebe, der vergess'ne Ton;
die Rosmarin-, Gelbveigleinweis',
die Regenbogen-, die Nachtigallweis';
die englische Zinn-, die Zimtröhrenweis',
frisch Pomeranzen-, grün Lindenblühweis';
die Frösch-, die Kälber-, die Stieglitzweis',
die abgeschiedne Vielfraßweis';
der Lerchen-, der Schnecken-, der Bellerton;
die Melissenblümlein-, die Meiranweis',
gelb Löwenhaut-,

gefühlvoll

treu Pelikanweis',

prunkend

die buttglänzende Drahtweis'!

WALTHER. Hilf Himmel! Welch endlos Tönegeleis!

DAVID. Das sind nur die Namen; nun lernt sie singen,
recht wie die Meister sie gestellt.
Jed' Wort und Ton muß klärlich klingen,
wo steigt die Stimm und wo sie fällt;
fangt nicht zu hoch, zu tief nicht an,
als es die Stimm erreichen kann.
Mit dem Atem spart, daß er nicht knappt,
und gar am End Ihr überschnappt;
vor dem Wort mit der Stimme ja nicht summt,
nach dem Wort mit dem Mund auch nicht brummt.
Nicht ändert an Blum und Koloratur,
jed' Zierat fest nach des Meisters Spur.
Verwechseltet Ihr, würdet gar irr;
verlört Ihr Euch, und kämt ins Gewirr: –
wär' sonst Euch Alles auch gelungen,
da hättet Ihr gar versungen! –
Trotz großem Fleiß und Emsigkeit,
ich selbst noch bracht es nicht so weit:
so oft ich's versuch, und's nicht gelingt,
die Knieriem-Schlagweis' der Meister mir singt.
Wenn dann Jungfer Lene nicht Hilfe weiß,
sing ich die eitel Brot- und Wasserweis'.
Nehmt Euch ein Beispiel dran,
und laßt vom Meisterwahn!

Denn Singer und Dichter müßt Ihr sein,
eh Ihr zum Meister kehret ein.

WALTHER. Wer ist nun »Dichter«?

LEHRBUBEN *während der Arbeit.* David! Kommst her?

DAVID *zu den Lehrbuben.* Wartet nur! Gleich! –

Schnell wieder zu Walther sich wendend

Wer »Dichter« wär'?
Habt Ihr zum Singer Euch aufgeschwungen,
und der Meister Töne richtig gesungen;
fügtet Ihr selbst nun Reim und Wort,
daß sie genau an Stell und Ort
paßten zu eines Meisters Ton,
dann trügt Ihr den Dichterpreis davon.

LEHRBUBEN. He! David! Soll man's dem Meister klagen?
Wirst dich bald deines Schwatzens entschlagen?

DAVID. Oho! Jawohl! Denn helf ich euch nicht,
ohne mich wird Alles doch falsch gericht't!

Er will sich zu ihnen wenden

WALTHER *ihn zurückhaltend.* Nur dies noch: – wer wird »Meister« genannt?

DAVID *schnell wieder umkehrend.* Damit, Herr Ritter, ist's so bewandt: –

Mit sehr tiefsinniger Miene

der Dichter, der aus eignem Fleiße
zu Wort und Reimen, die er erfand,
aus Tönen auch fügt eine neue Weise:
der wird als Meistersinger erkannt.

WALTHER. So bleibt mir einzig der Meister-Lohn!
Muß ich singen,
kann's nur gelingen,
find ich zum Vers auch den eignen Ton.

DAVID *der sich zu den Lehrbuben gewendet hat.*
Was macht ihr denn da? – Ja, fehl ich beim Werk,
verkehrt nur richtet ihr Stuhl und Gemerk!

Er wirft polternd und lärmend die Anordnungen der Lehrbuben in betreff des Gemerkes um

Ist denn heut Singschul? Daß ihr's wißt!
Das kleine Gemerk! Nur Freiung ist.

Die Lehrbuben, welche in der Mitte der Bühne ein größeres Gerüste mit Vorhängen aufgeschlagen hatten, schaffen auf Davids Weisung dies schnell bei Seite und stellen dafür ebenso eilig ein geringeres Brettergerüst auf; darauf stellen sie einen Stuhl mit einem kleinen Pult davor, daneben eine große schwarze Tafel, daran die Kreide am Faden aufgehängt wird; um das Gerüst sind schwarze Vorhänge angebracht, welche zunächst hinten und an den beiden Seiten, dann auch vorn ganz zusammengezogen werden

DIE LEHRBUBEN *während der Herrichtung.*
Aller End ist doch David der Allergescheit'st;
nach hohen Ehren ganz sicher er geizt.
's ist Freiung heut!
gewiß er freit;
als vornehmer Singer er schon sich spreizt.
Die Schlagreime fest er inne hat,
arm Hungerweise singt er glatt!
Doch die harte Trittweis, die kennt er am best,
die trat ihm der Meister hart
mit der Gebärde zweier Fußtritte
und fest.
Sie lachen

DAVID. Ja, lacht nur zu! Heut bin ich's nicht.
Ein andrer stellt sich zum Gericht;
der war nicht Schüler, ist nicht Singer,
den Dichter – sagt er – überspring' er;
denn er ist Junker,
und mit einem Sprung er
denkt ohne weitre Beschwerden
heut hier Meister zu werden.
Drum richtet nur fein
das Gemerk dem ein!
Während die Lehrbuben vollends aufrichten
Dorthin! Hierher! Die Tafel an die Wand, –
so daß sie recht dem Merker zur Hand! –
Zu Walther sich umwendend
Jaja: dem Merker! – Wird Euch wohl bang?
Vor ihm schon mancher Werber versang.
Sieben Fehler gibt er Euch vor,
die merkt er mit Kreide dort an:
wer über sieben Fehler verlor,
hat versungen und ganz vertan!
Nun nehmt Euch in Acht:
Der Merker wacht!
Derb in die Hände schlagend
Glück auf zum Meistersingen!
Mögt Euch das Kränzlein erschwingen!

Das Blumenkränzlein aus Seiden fein,
wird das dem Herrn Ritter beschieden sein?

DIE LEHRBUBEN *welche zu gleicher Zeit das Gemerk geschlossen haben, fassen sich an und tanzen einen verschlungenen Reigen um dasselbe.* Das Blumenkränzlein aus Seiden fein,
wird das dem Herrn Ritter beschieden sein?

Die Lehrbuben fahren sogleich erschrocken auseinander, als die Sakristei aufgeht und Pogner mit Beckmesser eintritt; sie ziehen sich nach hinten zurück

DRITTE SZENE

Die Einrichtung ist nun folgender Maßen beendigt: zur Seite rechts sind gepolsterte Bänke in der Weise aufgestellt, daß sie einen schwachen Halbkreis nach der Mitte zu bilden. Am Ende der Bänke, in der Mitte der Bühne, befindet sich das »Gemerk« benannte Gerüste, welches zuvor hergerichtet worden. Zur linken Seite steht nur der erhöhte, kathederartige Stuhl (»der Singstuhl«) der Versammlung gegenüber. Im Hintergrunde, den großen Vorhang entlang, steht eine lange niedere Bank für die Lehrlinge. – Walther, verdrießlich über das Gespött der Knaben, hat sich auf die vordere Bank niedergelassen. – Pogner und Beckmesser sind im Gespräch aus der Sakristei aufgetreten. Die Lehrbuben harren ehrerbietig vor der hinteren Bank stehend. Nur David stellt sich anfänglich am Eingang bei der Sakristei auf

POGNER *zu Beckmesser.* Seid meiner Treue wohl versehen,
was ich bestimmt, ist Euch zu Nutz:
im Wettgesang müßt Ihr bestehen,
wer böte Euch als Meister Trutz?

BECKMESSER. Doch wollt Ihr von dem Punkt nicht weichen,
der mich – ich sag's – bedenklich macht:
kann Evchens Wunsch den Werber streichen,
was nützt mir meine Meister-Pracht?

POGNER. Ei sagt, ich mein, vor allen Dingen
sollt Euch an dem gelegen sein?
Könnt Ihr der Tochter Wunsch nicht zwingen,
wie möchtet Ihr wohl um sie frein?

BECKMESSER. Ei ja! Gar wohl! Drum eben bitt' ich,
daß bei dem Kind Ihr für mich sprecht,

wie ich geworben zart und sittig,
und wie Beckmesser grad Euch recht.

POGNER. Das tu ich gern.

BECKMESSER *bei Seite.* Er läßt nicht nach.
Wie wehrt ich da 'nem Ungemach?

WALTHER *der, als er Pogner gewahrt, aufgestanden und ihm entgegengegangen ist, verneigt sich vor ihm.* Gestattet, Meister!

POGNER. Wie, mein Junker?
Ihr sucht mich in der Singschul hie?

Pogner und Walther wechseln Begrüßungen

BECKMESSER *immer bei Seite.* Verstünden's die Fraun; doch schlechtes Geflunker
gilt ihnen mehr als all' Poesie.

Er geht verdrießlich im Hintergrunde auf und ab

WALTHER. Hier eben bin ich am rechten Ort:
gesteh ich's frei, vom Lande fort
was mich nach Nürnberg trieb,
war nur zur Kunst die Lieb.
Vergaß ich's gestern Euch zu sagen,
heut muß ich's laut zu künden wagen:
ein Meistersinger möcht ich sein!
Schließt, Meister, in die Zunft mich ein!

Kunz Vogelsang und Konrad Nachtigall sind eingetreten

POGNER *freudig zu den Hinzutretenden sich wendend.*
Kunz Vogelgesang! Freund Nachtigall!
Hört doch, welch ganz besondrer Fall:
der Ritter hier, mir wohl bekannt,
hat der Meisterkunst sich zugewandt.

Vorstellungen und Begrüßungen; andre Meistersinger treten noch dazu

BECKMESSER *wieder in den Vordergrund tretend, für sich.*
Noch such ich's zu wenden; doch, sollt's nicht gelingen,
versuch ich des Mädchens Herz zu ersingen:
in stiller Nacht, von ihr nur gehört,
erfahr ich, ob auf mein Lied sie schwört.

Walther erblickend

Wer ist der Mensch? –

POGNER *sehr warm zu Walther fortfahrend.* Glaubt, wie mich's freut!
Die alte Zeit dünkt mich erneut.

BECKMESSER. Er gefällt mir nicht!

POGNER. Was Ihr begehrt,
so viel an mir, sei's Euch gewährt.
BECKMESSER. Was will er hier? Wie der Blick ihm lacht!
POGNER. Half ich Euch gern bei des Gut's Verkauf,
in die Zunft nun nehm ich Euch gleich gern auf.
BECKMESSER. Holla! Sixtus! Auf den hab Acht!
WALTHER. Habt Dank der Güte
aus tiefstem Gemüte!
Und darf ich denn hoffen?
Steht heut mir noch offen,
zu werben um den Preis,
daß Meistersinger ich heiß?
BECKMESSER. Oho! Fein sacht! Auf dem Kopf steht kein Kegel!
POGNER. Herr Ritter, dies geh nun nach der Regel.
Doch heut ist Freiung; ich schlag Euch vor:
mir leihen die Meister ein willig Ohr!

Die Meistersinger sind nun alle angelangt, zuletzt auch Hans Sachs

SACHS. Gott grüß Euch, Meister!
VOGELGESANG. Sind wir beisammen?
BECKMESSER. Der Sachs ist ja da!
NACHTIGALL. So ruft die Namen.
FRITZ KOTHNER *zieht eine Liste hervor, stellt sich zur Seite auf und ruft laut*: Zu einer Freiung und Zunftberatung
ging an die Meister ein' Einladung:
bei Nenn' und Nam',
ob Jeder kam,
ruf ich nun auf als letzt-Entbot'ner,
der ich mich nenn' und bin Fritz Kothner. –
Seid Ihr da, Veit Pogner?
POGNER. Hier zur Hand!

Er setzt sich

KOTHNER. Kunz Vogelgesang?
VOGELGESANG. Ein sich fand.

Setzt sich

KOTHNER. Hermann Ortel?
ORTEL. Immer am Ort.

Setzt sich

KOTHNER. Balthasar Zorn?
ZORN. Bleibt niemals fort.

Setzt sich

KOTHNER. Konrad Nachtigall?

NACHTIGALL. Treu seinem Schlag.

Setzt sich

KOTHNER. Augustin Moser?

MOSER. Nie fehlen mag.

Setzt sich

KOTHNER. Niklaus Vogel? – Schweigt?

EIN LEHRBUBE *von der Bank aufstehend.* Ist krank!

KOTHNER. Gut Bess'rung dem Meister!

ALLE MEISTER. Walt's Gott!

DER LEHRBUBE. Schön' Dank!

Er setzt sich wieder nieder

KOTHNER. Hans Sachs?

DAVID *vorlaut sich erhebend und auf Sachs zeigend.* Da steht er!

SACHS *drohend zu David.* Juckt dich das Fell? –
Verzeiht, Meister! – Sachs ist zur Stell.

Er setzt sich

KOTHNER. Sixtus Beckmesser?

BECKMESSER. Immer bei Sachs,

während er sich setzt

daß den Reim ich lern von »blüh' und wachs'«.

Sachs lacht

KOTHNER. Ulrich Eißlinger?

EISSLINGER. Hier!

Setzt sich

KOTHNER. Hans Foltz?

FOLTZ. Bin da.

Setzt sich

KOTHNER. Hans Schwarz?

SCHWARZ. Zuletzt: Gott wollt's!

KOTHNER. Zur Sitzung gut und voll die Zahl.
Beliebt's, wir schreiten zur Merkerwahl?

VOGELGESANG. Wohl eh'r nach dem Fest?

BECKMESSER *zu Kothner.* Pressiert's den Herrn?
Mein Stell und Amt laß ich ihm gern.

POGNER. Nicht doch, ihr Meister; laßt das jetzt fort!
Für wicht'gen Antrag bitt ich ums Wort.

Die Meister stehen auf, nicken Kothner zu und setzen sich wieder

KOTHNER. Das habt Ihr; Meister, sprecht!

POGNER. Nun hört, und versteht mich recht! –
Das schöne Fest, Johannistag,
ihr wißt, begehn wir morgen:

auf grüner Au', am Blumenhag,
bei Spiel und Tanz im Lustgelag,
an froher Brust geborgen,
vergessen seiner Sorgen,
ein Jeder freut sich wie er mag.
Die Singschul ernst im Kirchenchor
die Meister selbst vertauschen;
mit Kling und Klang hinaus zum Tor
auf offne Wiese ziehn sie vor;
bei hellen Festes Rauschen
das Volk sie lassen lauschen
dem Freigesang mit Laienohr.
Zu einem Werb- und Wettgesang
gestellt sind Siegespreise,
und beide preist man weit und lang,
die Gabe wie die Weise.
Nun schuf mich Gott zum reichen Mann;
und gibt ein Jeder, wie er kann,
so mußte ich wohl sinnen,
was ich gäb, zu gewinnen,
daß ich nicht käm zuschand': –
so hört denn, was ich fand.
In deutschen Landen viel gereist,
hat oft es mich verdrossen,
daß man den Bürger wenig preist,
ihn karg nennt und verschlossen.
An Höfen, wie an niedrer Statt,
des bittren Tadels ward ich satt,
daß nur auf Schacher und Geld
sein Merk der Bürger stellt.
Daß wir im weiten deutschen Reich
die Kunst einzig noch pflegen,
dran dünkt ihnen wenig gelegen.
Doch wie uns das zur Ehre gereich,
und daß mit hohem Mut
wir schätzen, was schön und gut,
was wert die Kunst, und was sie gilt,
das ward ich der Welt zu zeigen gewillt;
drum hört, Meister, die Gab,
die als Preis bestimmt ich hab!
Dem Singer, der im Kunstgesang
vor allem Volk den Preis errang,
am Sankt-Johannis-Tag,

sei er wer er auch mag,
dem geb ich, ein Kunst-Gewogner,
von Nürenberg Veit Pogner,
mit all meinem Gut, wie's geh und steh,
Eva, mein einzig Kind, zur Eh'.

DIE MEISTER *sich erhebend und sehr lebhaft durcheinander.*
Das heißt ein Wort, ein Wort ein Mann!
Da sieht man, was ein Nürnberger kann!
Drob preist man Euch noch weit und breit,
den wackren Bürger, Pogner Veit!

DIE LEHRBUBEN *lustig aufspringend.* Alle Zeit! Weit und breit!
Pogner Veit!

VOGELGESANG. Wer möchte da nicht ledig sein!

SACHS. Sein Weib gäb mancher gern wohl drein.

KOTHNER. Auf, ledig Mann!
Jetzt macht euch 'ran!

POGNER. Nun hört noch, wie ich's ernstlich mein!

Die Meister setzen sich allmählich wieder nieder; die Lehrbuben ebenfalls

Ein' leblos Gabe geb ich nicht;
ein Mägdlein sitzt mit zum Gericht:
den Preis erkennt die Meisterzunft;
doch, gilt's der Eh', so will's Vernunft,
daß ob der Meister Rat
die Braut den Ausschlag hat.

BECKMESSER *zu Kothner gewandt.* Dünkt Euch das klug?

KOTHNER. Versteh ich gut,
Ihr gebt uns in des Mägdleins Hut?

BECKMESSER. Gefährlich das!

KOTHNER. Stimmt es nicht bei,
wie wäre dann der Meister Urteil frei?

BECKMESSER. Laßt's gleich wählen nach Herzens Ziel,
und laßt den Meistergesang aus dem Spiel!

POGNER. Nicht so! Wie doch? Versteht mich recht!
Wem ihr Meister den Preis zusprecht,
die Maid kann dem verwehren,
doch nie einen andren begehren.
Ein Meistersinger muß er sein,
nur wen ihr krönt, den soll sie frei'n.

SACHS *erhebt sich.* Verzeiht,
vielleicht schon ginget ihr zu weit.
Ein Mädchenherz und Meisterkunst
erglühn nicht stets von gleicher Brunst:

der Frauen Sinn, gar unbelehrt;
dünkt mich dem Sinn des Volks gleich wert.
Wollt ihr nun vor dem Volke zeigen,
wie hoch die Kunst ihr ehrt,
und laßt ihr dem Kind die Wahl zu eigen,
wollt nicht, daß dem Spruch es wehrt –,
so laßt das Volk auch Richter sein:
mit dem Kinde sicher stimmt's überein.
DIE MEISTER. Oho! Das Volk? Ja, das wäre schön!
Ade dann Kunst und Meister-Tön'!
KOTHNER. Nein, Sachs! Gewiß, das hat keinen Sinn!
Gebt Ihr dem Volk die Regeln hin?
SACHS. Vernehmt mich recht! Wie ihr doch tut!
Gesteht, ich kenn die Regeln gut;
und daß die Zunft die Regeln bewahr,
bemüh ich mich selbst schon manches Jahr.
Doch einmal im Jahre fänd ich's weise,
daß man die Regeln selbst probier,
ob in der Gewohnheit trägem Gleise
ihr' Kraft und Leben nicht sich verlier.
Und ob ihr der Natur
noch seid auf rechter Spur,
das sagt euch nur,
wer nichts weiß von der Tabulatur.
Die Lehrbuben springen auf und reiben sich die Hände
BECKMESSER. Hei wie sich die Buben freuen!
SACHS *eifrig fortfahrend*. Drum mocht' es euch nie gereuen,
daß jährlich am Sankt-Johannis-Fest,
statt daß das Volk man kommen läßt,
herab aus hoher Meisterwolk
ihr selbst euch wendet zu dem Volk.
Dem Volke wollt ihr behagen;
nun dächt ich, läg es nah,
ihr ließt es selbst euch auch sagen,
ob das ihm zur Lust geschah!
Daß Volk und Kunst gleich blüh und wachs,
bestellt ihr so, mein ich, Hans Sachs!
VOGELGESANG. Ihr meint's wohl recht!
KOTHNER. Doch steht's drum faul.
NACHTIGALL. Wenn spricht das Volk, halt ich das Maul.
KOTHNER. Der Kunst droht allweil Fall und Schmach,
läuft sie der Gunst des Volkes nach.

BECKMESSER. Drin bracht er's weit, der hier so dreist:
Gassenhauer dichtet er meist.
POGNER. Freund Sachs! Was ich mein, ist schon neu:
zuviel auf einmal brächte Reu.
Er wendet sich zu den Meistern
So frag ich, ob den Meistern gefällt
Gab' und Regel, so wie ich's gestellt?
Die Meister erheben sich beistimmend
SACHS. Mir genügt der Jungfer Ausschlagstimm.
BECKMESSER. Der Schuster weckt doch stets mir Grimm!
KOTHNER. Wer schreibt sich als Werber ein?
Ein Junggesell muß es sein.
BECKMESSER. Vielleicht auch ein Witwer? Fragt nur den Sachs!
SACHS. Nicht doch, Herr Merker! Aus jüngrem Wachs,
als ich und Ihr, muß der Freier sein,
soll Evchen ihm den Preis verleihn.
BECKMESSER. Als wie auch ich? – Grober Gesell!
KOTHNER. Begehrt wer Freiung, der komm zur Stell'!
Ist Jemand gemeld't, der Freiung begehrt?
POGNER. Wohl, Meister! Zur Tagesordnung kehrt,
und nehmt von mir Bericht,
wie ich auf Meisterpflicht
einen jungen Ritter empfehle,
der will, daß man ihn wähle,
und heut als Meistersinger frei.
Mein Junker Stolzing – kommt herbei!
Walther tritt vor und verneigt sich
BECKMESSER *bei Seite.*
Dacht ich mir's doch! Geht's dahinaus, Veit? –
Laut
Meister, ich mein, zu spät ist's der Zeit!
DIE MEISTER. Der Fall ist neu: – Ein Ritter gar?
Soll man sich freun? – Oder wär' Gefahr?
Immerhin hat's ein groß Gewicht,
daß Meister Pogner für ihn spricht.
KOTHNER. Soll uns der Junker willkommen sein,
zuvor muß er wohl vernommen sein.
POGNER. Vernehmt ihn wohl! Wünsch ich ihm Glück,
nicht bleib ich doch hinter der Regel zurück.
Tut, Meister, die Fragen!
KOTHNER. So mög uns der Junker sagen:
Ist er frei und ehrlich geboren?

POGNER. Die Frage gebt verloren,
da ich euch selbst des Bürge steh,
daß er aus frei und edler Eh':
von Stolzing Walther aus Frankenland,
nach Brief und Urkund mir wohlbekannt.
Als seines Stammes letzter Sproß
verließ er neulich Hof und Schloß,
und zog nach Nürnberg her,
daß er hier Bürger wär.
BECKMESSER. Neu-Junkerunkraut – tut nicht gut!
NACHTIGALL. Freund Pogners Wort Genüge tut.
SACHS. Wie längst von den Meistern beschlossen ist,
ob Herr, ob Bauer, hier nichts beschließt:
hier fragt sich's nach der Kunst allein,
wer will ein Meistersinger sein.
KOTHNER. Drum nun frag ich zur Stell:
welch Meisters seid Ihr Gesell?
WALTHER. Am stillen Herd in Winterszeit,
wann Burg und Hof mir eingeschneit, –
wie einst der Lenz so lieblich lacht,
und wie er bald wohl neu erwacht, –
ein altes Buch, vom Ahn vermacht,
gab das mir oft zu lesen:
Herr Walther von der Vogelweid,
der ist mein Meister gewesen.
SACHS. Ein guter Meister!
BECKMESSER. Doch lang schon tot,
wie lehrt ihn der wohl der Regeln Gebot?
KOTHNER. Doch in welcher Schul das Singen
mocht Euch zu lernen gelingen?
WALTHER. Wann dann die Flur vom Frost befreit,
und wiederkehrt die Sommerszeit,
was einst in langer Wintersnacht
das alte Buch mir kund gemacht,
das schallte laut in Waldes Pracht,
das hört ich hell erklingen:
im Wald dort auf der Vogelweid
da lernt ich auch das Singen.
BECKMESSER. Oho! Von Finken und Meisen
lerntet Ihr Meisterweisen?
Das wird denn wohl auch darnach sein!
VOGELGESANG. Zwei art'ge Stollen faßt er da ein.

BECKMESSER. Ihr lobt ihn, Meister Vogelgesang,
wohl weil vom Vogel er lernt den Gesang?
KOTHNER. Was meint ihr, Meister, frag ich noch fort?
Mich dünkt, der Junker ist fehl am Ort.
SACHS. Das wird sich bäldlich zeigen:
wenn rechte Kunst ihm eigen,
und gut er sie bewährt,
was gilt's, wer sie ihn gelehrt?
KOTHNER *zu Walther.* Seid Ihr bereit, ob Euch geriet
mit neuer Find' ein Meisterlied,
nach Dicht' und Weis' eu'r eigen,
zur Stunde jetzt zu zeigen?
WALTHER. Was Winternacht,
was Waldespracht,
was Buch und Hain mich wiesen,
was Dichtersanges Wundermacht
mir heimlich wollt erschließen;
was Rosses Schritt
beim Waffenritt,
was Reihentanz
bei heitrem Schanz
mir sinnend gab zu lauschen:
gilt es des Lebens höchsten Preis
um Sang mir einzutauschen,
zu eignem Wort und eigner Weis'
will einig mir es fließen,
als Meistersang, ob den ich weiß,
euch Meistern sich ergießen.
BECKMESSER. Entnahmt ihr was der Worte Schwall?
VOGELGESANG. Ei nun, er wagt's!
NACHTIGALL. Merkwürd'ger Fall!
KOTHNER. Nun, Meister! Wenn's gefällt,
werd das Gemerk bestellt.

Zu Walther

Wählt der Herr einen heil'gen Stoff?
WALTHER. Was heilig mir,
der Liebe Panier
schwing und sing ich, mir zu Hoff'.
KOTHNER. Das gilt uns weltlich. Drum allein,
Meister Beckmesser, schließt Euch ein!
BECKMESSER *erhebt sich und schreitet wie widerwillig dem Gemerk zu.* Ein saures Amt, und heut zumal!
Wohl gibt's mit der Kreide manche Qual!

Er verneigt sich gegen Walther

Herr Ritter, wißt:
Sixtus Beckmesser Merker ist;
hier im Gemerk
verrichtet er still sein strenges Werk.
Sieben Fehler gibt er Euch vor,
die merkt er mit Kreide dort an:
wenn er über sieben Fehler verlor,
dann versang der Herr Rittersmann.

Er setzt sich im Gemerk

Gar fein er hört;
doch, daß er Euch den Mut nicht stört,
säh't Ihr ihm zu,
so gibt er Euch Ruh,
und schließt sich gar hier ein, –
läßt Gott Euch befohlen sein.

Er streckt den Kopf, höhnisch freundlich nickend, heraus und verschwindet hinter dem eingezogenen Vorhange des Gemerks gänzlich

KOTHNER *winkt den Lehrbuben. Zu Walther.*

Was Euch zum Liede Richt und Schnur,
vernehmt nun aus der Tabulatur!

Die Lehrbuben haben die an der Wand aufgehängte Tafel der »Leges Tabulaturae« herabgenommen und halten sie Kothner vor; dieser liest daraus

KOTHNER *lesend.* »Ein jedes Meistergesanges Bar
stell ordentlich ein Gemäße dar
aus unterschiedlichen Gesetzen,
die keiner soll verletzen.
Ein Gesetz besteht aus zweenen Stollen,
die gleiche Melodei haben sollen;
der Stoll aus etlicher Vers' Gebänd,
der Vers hat seinen Reim am End.
Darauf so folgt der Abgesang,
der sei auch etlich Verse lang,
und hab sein' besondre Melodei,
als nicht im Stollen zu finden sei.
Derlei Gemäßes mehre Baren
soll ein jed' Meisterlied bewahren;
und wer ein neues Lied gericht,
das über vier der Silben nicht
eingreift in andrer Meister Weis',
des Lied erwerb sich Meisterpreis!«

Er gibt die Tafel den Lehrbuben zurück; diese hängen sie wieder auf

Nun setzt Euch in den Singestuhl.

WALTHER *mit einem Schauer.* Hier – in den Stuhl?

KOTHNER. Wie's Brauch der Schul.

WALTHER *besteigt den Stuhl und setzt sich mit Widerstreben.*

Bei Seite. Für dich, Geliebte, sei's getan!

KOTHNER *sehr laut.* Der Sänger sitzt.

BECKMESSER *unsichtbar im Gemerk, sehr laut.* Fanget an!

WALTHER. »Fanget an!« –
So rief der Lenz in den Wald,
daß laut es ihn durchhallt:
und, wie in fern'ren Wellen
der Hall von dannen flieht,
von weit her naht ein Schwellen,
das mächtig näher zieht.
Es schwillt und schallt,
es tönt der Wald
von holder Stimmen Gemenge;
nun laut und hell,
schon nah zur Stell,
wie wächst der Schwall!
Wie Glockenhall
ertost des Jubels Gedränge!
Der Wald,
wie bald
antwortet er dem Ruf,
der neu ihm Leben schuf:
stimmte an
das süße Lenzeslied. –

Man hört aus dem Gemerk unmutige Seufzer des Merkers und heftiges Anstreichen mit der Kreide. Auch Walther hat es bemerkt; nach kurzer Störung fährt er fort

In einer Dornenhecken,
von Neid und Gram verzehrt,
mußt er sich da verstecken,
der Winter, Grimm-bewehrt:
von dürrem Laub umrauscht,
er lauert da und lauscht,
wie er das frohe Singen
zu Schaden könnte bringen. –

Er steht vom Stuhle auf

Doch: fanget an! –

So rief es mir in die Brust,
als noch ich von Liebe nicht wußt.
Da fühlt ich's tief sich regen,
als weckt es mich aus dem Traum;
mein Herz mit bebenden Schlägen
erfüllte des Busens Raum:
Das Blut, es wallt
mit Allgewalt,
geschwellt von neuem Gefühle;
aus warmer Nacht,
mit Übermacht,
schwillt mir zum Meer
der Seufzer Heer
in wildem Wonnegewühle.
Die Brust
wie bald
antwortet sie dem Ruf,
der neu ihr Leben schuf;
stimmt nun an
das hehre Liebeslied!

BECKMESSER *den Vorhang aufreißend.* Seid Ihr nun fertig?

WALTHER. Wie fraget Ihr?

BECKMESSER. Mit der Tafel ward ich fertig schier.

Er hält die ganz mit Kreidestrichen bedeckte Tafel heraus. Die Meister brechen in ein Gelächter aus

WALTHER. Hört doch, zu meiner Frauen Preis
gelang ich jetzt erst mit der Weis'.

BECKMESSER *das Gemerk verlassend.*
Singt, wo Ihr wollt! Hier habt Ihr vertan! –
Ihr Meister, schaut die Tafel euch an:
so lang ich leb, ward's nicht erhört!
Ich glaubt's nicht, wenn ihr's all auch schwört!

WALTHER. Erlaubt ihr's, Meister, daß er mich stört?
Blieb ich von Allen ungehört?

POGNER. Ein Wort, Herr Merker! Ihr seid gereizt!

BECKMESSER. Sei Merker fortan, wer darnach geizt!
Doch daß der Junker hier versungen hat,
beleg ich erst noch vor der Meister Rat.
Zwar wird's 'ne harte Arbeit sein:
wo beginnen, da wo nicht aus noch ein?
von falscher Zahl, und falschem Gebänd –
schweig ich schon ganz und gar:
zu kurz, zu lang – wer ein End da fänd?

Wer meint hier im Ernst einen Bar?
Auf »blinde Meinung« klag ich allein: –
Sagt, konnt ein Sinn unsinniger sein?

MEHRERE MEISTER. Man ward nicht klug, ich muß gestehn.
Ein Ende konnte keiner ersehn.

BECKMESSER. Und dann die Weis', welch tolles Gekreis
aus »Abenteuer«, »blau Rittersporn«-Weis',
»hoch-Tannen«–, »stolz-Jüngling«-Ton!

KOTHNER. Ja, ich verstand gar nichts davon.

BECKMESSER. Kein Absatz wo, kein Koloratur,
von Melodei auch nicht eine Spur!

Die Meister sind in wachsendem Aufstand begriffen

ORTEL und FOLTZ. Wer nennt das Gesang?

MOSER und NACHTIGALL. Es ward einem bang!

VOGELGESANG. Eitel Ohrgeschinder!

ZORN. Auch gar nichts dahinter!

KOTHNER. Und gar vom Singstuhl ist er gesprungen!

BECKMESSER. Wird erst auf die Fehlerprobe gedrungen?
Oder gleich erklärt, daß er versungen?

SACHS *der vom Beginn an Walther mit wachsendem Ernst zugehört hat, schreitet vor.* Halt, Meister! Nicht so geeilt!
Nicht jeder eure Meinung teilt. –
Des Ritters Lied und Weise,
sie fand ich neu, doch nicht verwirrt:
verließ er unsre Gleise,
schritt er doch fest und unbeirrt.
Wollt ihr nach Regeln messen,
was nicht nach eurer Regeln Lauf,
der eignen Spur vergessen,
sucht davon erst die Regeln auf!

BECKMESSER. Aha, schon recht! Nun hört ihr's doch:
den Stümpern öffnet Sachs ein Loch,
da aus und ein nach Belieben
ihr Wesen leicht sie trieben! –
Singet dem Volk auf Markt und Gassen!
Hier wird nach den Regeln nur eingelassen.

SACHS. Herr Merker, was doch solch ein Eifer?
Was doch so wenig Ruh?
Eu'r Urteil, dünkt mich, wäre reifer,
hörtet Ihr besser zu.
Darum so komm ich jetzt zum Schluß,
daß den Junker man zu End hören muß.

BECKMESSER. Der Meister Zunft, die ganze Schul,
gegen den Sachs da sind wir Null!

SACHS. Verhüt es Gott, was ich begehr,
daß das nicht nach den Gesetzen wär!
Doch da nun steht geschrieben:
»Der Merker werde so bestellt,
daß weder Haß noch Lieben
das Urteil trübe, das er fällt.«
Geht er nun gar auf Freiers Füßen,
wie sollt er da die Lust nicht büßen,
den Nebenbuhler auf dem Stuhl
zu schmähen vor der ganzen Schul?

Walther flammt auf

NACHTIGALL. Ihr geht zu weit!

KOTHNER. Persönlichkeit!

POGNER. Vermeidet, Meister, Zwist und Streit!

BECKMESSER. Ei! Was kümmert doch Meister Sachsen,
auf was für Füßen ich geh?
Ließ er doch lieber Sorge sich wachsen,
daß mir nichts drück' die Zeh'!
Doch seit mein Schuster ein großer Poet,
gar übel es um mein Schuhwerk steht:
da seht, wie's schlappt,
und überall klappt!
All seine Vers und Reim
ließ ich ihm gern daheim,
Historien, Spiel und Schwänke dazu,
brächt er mir morgen die neuen Schuh.

SACHS *kratzt sich hinter den Ohren.* Ihr mahnt mich da gar recht:
doch schickt sich's, Meister, sprecht,
daß – find ich selbst dem Eseltreiber
ein Sprüchlein auf die Sohl,
dem hochgelahrten Herrn Stadtschreiber
ich nichts drauf schreiben soll?
Das Sprüchlein, das Eu'r würdig sei,
mit all meiner armen Poeterei,
fand ich noch nicht zur Stund.
Doch wird's wohl jetzt mir kund,
wenn ich des Ritters Lied gehört:
drum sing er nun weiter ungestört!

Walther steigt in großer Aufregung auf den Singstuhl und blickt stehend herab

BECKMESSER. Nicht weiter! Zum Schluß!
DIE MEISTER. Genug! Zum Schluß!
SACHS *zu Walther.* Singt dem Herrn Merker zum Verdruß!
BECKMESSER. Was sollte man da noch hören?
Wär's nicht, euch zu betören?

Er holt aus dem Gemerk die Tafel herbei und hält sie, während des Folgenden, von Einem zum Andern sich wendend, den Meistern zur Prüfung vor

WALTHER. Aus finstrer Dornenhecken
die Eule rauscht hervor,
tät rings mit Kreischen wecken
der Raben heis'ren Chor:
in nächt'gem Heer zu Hauf',
wie krächzen all' da auf,
mit ihren Stimmen, den hohlen,
die Elstern, Krähen und Dohlen! –
Auf da steigt
mit goldnem Flügelpaar
ein Vogel wunderbar;
sein strahlend hell Gefieder
licht in den Lüften blinkt;
schwebt selig hin und wieder,
zu Flug und Flucht mir winkt.
Es schwillt das Herz
vor süßem Schmerz,
der Not entwachsen Flügel.
es schwingt sich auf
zum kühnen Lauf,
aus der Städte Gruft,
zum Flug durch die Luft,
dahin zum heim'schen Hügel,
dahin zur grünen Vogelweid,
wo Meister Walther einst mich freit';
da sing ich hell und her
der liebsten Frauen Ehr:
auf dann steigt,
ob Meisterkräh'n ihm ungeneigt,
das stolze Liebeslied!
Ade, ihr Meister hienied!

Er verläßt mit einer stolz verächtlichen Gebärde den Stuhl und wendet sich rasch zum Fortgehen

BECKMESSER. Jeden Fehler, groß und klein,
seht genau auf der Tafel ein.

»Falsch Gebänd« – »Unredbare Worte« –
»Klebsilben« – hier »Laster« gar!
»Äquivoca«, »Reim am falschen Orte«,
»verkehrt«, »verstellt« der ganze Bar!
Ein »Flickgesang« hier zwischen den Stollen!
»Blinde Meinung« allüberall!
»Unklare Wort'«, »Differenz«, hie »Schrollen«!
Da »falscher Atem«, hier »Überfall«!
Ganz unverständliche Melodei!
Aus allen Tönen ein Mischgebräu!
Scheutet ihr nicht das Ungemach,
Meister, zählt mir die Fehler nach!
Verloren hätt er schon mit dem Acht,
doch so weit wie der hat's noch Keiner gebracht:
wohl über Fünfzig, schlecht gezählt!
Sagt, ob ihr euch den zum Meister wählt?

DIE MEISTER. Jawohl, so ist's; ich seh es recht:
mit dem Herrn Ritter steht es schlecht!
Mag Sachs von ihm halten, was er will,
hier in der Singschul schweig er still!
Bleibt einem Jeden doch unbenommen,
wen er sich zum Genossen begehrt?
Wär uns der erste Best' willkommen,
was blieben die Meister dann wert?
Hei, wie sich der Ritter da quält!
Der Sachs hat sich ihn erwählt! –
Lachend
Hahaha!
's ist ärgerlich gar! Drum macht ein End!
Auf, Meister! Stimmt und erhebt die Händ!

SACHS *beobachtet Walther entzückt.* Ha! welch ein Mut!
Begeistrungsglut! –
Ihr Meister, schweigt doch und hört!
Inständig
Hört, wenn Sachs euch beschwört!
Herr Merker dort, gönnt doch nur Ruh!
Laßt andre hören, – gebt das nur zu!
Umsonst! All eitel Trachten!
Kaum vernimmt man sein eignes Wort;
des Junkers will keiner achten:
das nenn ich Mut, singt der noch fort!
Das Herz auf dem rechten Fleck:
ein wahrer Dichter-Reck'!

Mach ich Hans Sachs wohl Vers und Schuh,
ist Ritter der und Poet dazu!

POGNER. Jawohl, ich seh's, was mir nicht recht:
mit meinem Junker steht es schlecht!
Weich ich hier der Übermacht,
mir ahnet, daß mir's Sorge macht.
Wie gern säh ich ihn angenommen!
Als Eidam wär er mir gar wert:
nenn ich den Sieger jetzt willkommen, –
wer weiß, ob ihn mein Kind erwählt?
Gesteh ich's, daß mich's quält,
ob Eva den Meister wählt!

DIE LEHRBUBEN *sind von der Bank aufgestanden und nähern sich dem Gemerk, um welches sie dann einen Ring schließen und sich zum Reigen ordnen.*
Glückauf zum Meistersingen!
Mögt Ihr Euch das Kränzlein erschwingen;
sie fassen sich an und tanzen im Ringe immer lustiger um das Gemerk
das Blumenkränzlein aus Seiden fein,
wird das dem Herrn Ritter beschieden sein?

BECKMESSER. Nun, Meister, kündet's an!
Die Meister heben die Hände

DIE MEISTER. Versungen und vertan!

Alles geht in großer Aufregung auseinander; lustiger Tumult der Lehrbuben, welche sich des Gemerkes, des Singstuhls und der Meisterbänke bemächtigen, wodurch Gedräng und Durcheinander der nach dem Ausgang sich wendenden Meister entsteht. – Sachs, der allein im Vordergrund geblieben, blickt noch gedankenvoll nach dem leeren Singstuhl; als die Lehrbuben auch diesen erfassen und Sachs darob mit humoristisch unmutiger Gebärde sich abwendet, fällt der Vorhang.

ZWEITER AUFZUG

ERSTE SZENE

Die Bühne stellt im Vordergrunde eine Straße im Längendurchschnitt dar, welche in der Mitte von einer schmalen Gasse, nach dem Hintergrunde zu krumm abbiegend, durch-

schnitten wird, so daß sich im Front zwei Eckhäuser darbieten, von denen das eine, reichere – rechts – das Haus Pogners, das andere, einfachere – links – das des Sachs ist. – Vor Pogners Haus eine Linde; vor dem Sachsens ein Fliederbaum. – Heitrer Sommerabend; im Verlaufe der ersten Auftritte allmählich einbrechende Nacht –

David ist darüber her, die Fensterläden nach der Gasse zu von außen zu schließen. Alle Lehrbuben tun das Gleiche bei andren Häusern

LEHRBUBEN *während der Arbeit.* Johannistag! Johannistag!
Blumen und Bänder, so viel man mag!

DAVID *leise für sich.* »Das Blumenkränzlein aus Seiden fein –«
möcht es mir balde beschieden sein!

MAGDALENE *ist mit einem Korbe am Arm aus Pogners Haus gekommen und sucht David unbemerkt sich zu nähern.*
Bst! David!

DAVID *heftig nach der Gasse zu sich umwendend.*
Ruft ihr schon wieder?
Singt allein eure dummen Lieder!

Er wendet sich unwillig zur Seite

LEHRBUBEN *zuerst Magdalenens Stimme nachahmend.*
David, was soll's?
Wärst nicht so stolz,
schaut'st besser um,
wärst nicht so dumm!
»Johannistag! Johannistag!«
Wie der nur die Jungfer Lene nicht kennen mag!

MAGDALENE. David! Hör doch! Kehr dich zu mir!

DAVID. Ach, Jungfer Lene, Ihr seid hier?

MAGDALENE *auf ihren Korb deutend.*
Bring dir was Gut's, schau nur hinein:
das soll für mein lieb Schätzel sein.
Erst aber schnell, wie ging's mit dem Ritter?
Du rietest ihm gut? Er gewann den Kranz?

DAVID. Ach, Jungfer Lene! Da steht's bitter:
der hat versungen und ganz vertan!

MAGDALENE *erschrocken.* Versungen? Vertan?

DAVID. Was geht's Euch nur an?

MAGDALENE *den Korb, nach welchem David die Hand ausstreckt, heftig zurückziehend.*
Hand von der Taschen!
Nichts zu naschen!

Hilf Gott! – Unser Junker vertan!

Sie geht mit Gebärden der Trostlosigkeit in das Haus zurück. David sieht ihr verblüfft nach

DIE LEHRBUBEN *welche unvermerkt näher geschlichen waren und gelauscht hatten, präsentieren sich jetzt, wie glückwünschend, David.* Heil! Heil zur Eh' dem jungen Mann!
Wie glücklich hat er gefreit!
Wir hörten's all und sahen's an,
der er sein Herz geweiht,
für die er läßt sein Leben,
die hat ihm den Korb nicht gegeben!

DAVID *auffahrend.* Was steht ihr hier faul?
Gleich haltet das Maul!

DIE LEHRBUBEN *schließen einen Ring um David und tanzen um ihn.* Johannistag! Johannistag!
Da freit ein Jeder, wie er mag:
der Meister freit,
der Bursche freit,
da gibt's Geschlamb und Geschlumbfer!
Der Alte freit
die junge Maid,
der Bursche die alte Jumbfer!
Juchhei! Juchhei! Johannistag!

David ist im Begriff, wütend drein zu schlagen, als Sachs, der aus der Gasse hervorgekommen, dazwischen tritt. – Die Buben fahren auseinander

SACHS *zu David.* Was gibt's? Treff ich dich wieder am Schlag?

DAVID. Nicht ich: Schandlieder singen die!

SACHS. Hör nicht drauf; lern's besser wie sie!
Zur Ruh, ins Haus! Schließ und mach Licht!

Die Lehrbuben zerstreuen sich

DAVID. Hab ich noch Singstund?

SACHS. Nein, singst nicht –
zur Straf für dein heutig frech Erdreisten.
Die neuen Schuh steck mir auf den Leisten!

David und Sachs sind in die Werkstatt eingetreten und gehen durch innere Türen ab

ZWEITE SZENE

Pogner und Eva – wie vom Spaziergang heimkehrend –, die Tochter leicht am Arm des Vaters eingehenkt, sind beide schweigsam die Gasse heraufgekommen

POGNER *durch eine Klinze im Fensterladen Sachsens spähend.*
Laß sehn, ob Meister Sachs zu Haus? –
Gern spräch ich ihn; trät ich wohl ein?
David kommt mit Licht aus der Kammer, setzt sich damit an den Werktisch am Fenster und macht sich an die Arbeit
EVA *spähend.* Er scheint daheim: kommt Licht heraus.
POGNER. Tu' ich's? – Zu was doch? – Besser nein! –
Er wendet sich ab
Will einer Seltnes wagen,
was ließ er sich dann sagen? –
Er sinnt nach
War er's nicht, der meint, ich ging zu weit? ...
Und blieb ich nicht im Geleise,
war's nicht auf seine Weise?
Doch war's vielleicht auch Eitelkeit? –
Er wendet sich zu Eva
Und du, mein Kind? Du sagst mir nichts?
EVA. Ein folgsam Kind, gefragt nur spricht's.
POGNER. Wie klug! Wie gut! – Komm, setz dich hier
ein' Weil noch auf die Bank zu mir.
Er setzt sich auf die Steinbank unter der Linde
EVA. Wird's nicht zu kühl?
's war heut gar schwül.
Sie setzt sich zögernd und beklommen Pogner zur Seite
POGNER. Nicht doch, 's ist mild und labend,
gar lieblich lind der Abend: –
das deutet auf den schönsten Tag,
der morgen soll erscheinen.
O Kind! Sagt dir kein Herzensschlag,
welch Glück dich morgen treffen mag, –
wenn Nüremberg, die ganze Stadt,
mit Bürgern und Gemeinen,
mit Zünften, Volk und hohem Rat
vor dir sich soll vereinen,
daß du den Preis,
das edle Reis,

erteilest als Gemahl
dem Meister deiner Wahl?
EVA. Lieb Vater, muß es ein Meister sein?
POGNER. Hör wohl: ein Meister deiner Wahl.
Magdalene erscheint an der Türe und winkt Eva
EVA *zerstreut.* Ja, – meiner Wahl. – Doch tritt nun ein
Laut zu Magdalene gewandt
(gleich, Lene, gleich!) – zum Abendmahl.
Sie steht auf
POGNER *ärgerlich aufstehend.* 's gibt doch keinen Gast?
EVA *wie zuvor.* Wohl den Junker?
POGNER *verwundert.* Wieso?
EVA. Sahst ihn heut nicht?
POGNER *halb für sich, nachdenklich zerstreut.*
Ward sein' nicht froh. –
Sich zusammennehmend
Nicht doch ... Was denn? ...
Sich vor die Stirn klopfend
Ei! Werd ich dumm?
EVA. Lieb Väterchen, komm! Geh, kleid dich um.
POGNER *während er ins Haus vorangeht.*
Hm! Was geht mir im Kopf doch 'rum? –
MAGDALENE *heimlich zu Eva.* Hast was heraus?
EVA *ebenso.* Blieb still und stumm.
MAGDALENE. Sprach David, meint, er habe vertan.
EVA *erschrocken.* Der Ritter? Hilf Gott! Was fing ich an?
Ach, Lene, die Angst! Wo was erfahren?
MAGDALENE. Vielleicht vom Sachs?
EVA *heiter.* Ach! Der hat mich lieb:
gewiß, ich geh hin.
MAGDALENE. Laß drin nichts gewahren;
der Vater merkt es, wenn man jetzt blieb.
Nach dem Mahl! – Dann hab ich dir noch was zu sagen,
im Abgehen, auf der Treppe
was Jemand geheim mir aufgetragen.
EVA *sich umwendend.* Wer denn? Der Junker?
MAGDALENE. Nichts da! Nein!
Beckmesser.
EVA. Das mag was Rechtes sein!
Sie geht in das Haus; Magdalene folgt ihr

DRITTE SZENE

Sachs ist, in leichter Hauskleidung, von innen in die Werkstatt zurückgekommen. Er wendet sich zu David, der an seinem Werktische verblieben ist

SACHS. Zeig her! – 's ist gut. – Dort an die Tür
rück mir Tisch und Schemel herfür.
Leg dich zu Bett, steh auf beizeit:
verschlaf die Dummheit, sei morgen gescheit!
DAVID. Schafft Ihr noch Arbeit?
SACHS. Kümmert dich das?
DAVID *während er den Tisch und Schemel richtet, für sich.*
Was war nur der Lene? – Gott weiß, was! –
Warum wohl der Meister heute wacht?
SACHS. Was stehst noch?
DAVID. Schlaft wohl, Meister!
SACHS. Gut Nacht!

David geht in die der Gasse zu gelegene Kammer ab. – Sachs legt sich die Arbeit zurecht, setzt sich an der Tür auf den Schemel, läßt aber die Arbeit wieder liegen und lehnt, mit dem Arm auf den geschlossenen Unterteil des Türladens gestützt, sich zurück

Was duftet doch der Flieder
so mild, so stark und voll! –
Mir löst es weich die Glieder,
will, daß ich was sagen soll.
Was gilt's, was ich dir sagen kann?
Bin gar ein arm einfältig Mann!
Soll mir die Arbeit nicht schmecken,
gäbst, Freund, lieber mich frei:
tät besser, das Leder zu strecken,
und ließ alle Poeterei!

Er nimmt heftig und geräuschvoll die Schusterarbeit vor. Läßt wieder ab, lehnt sich von Neuem zurück und sinnt nach.

Und doch, 's will halt nicht gehn: –
Ich fühl's und kann's nicht verstehn, –
kann's nicht behalten, – doch auch nicht vergessen:
und faß ich es ganz, kann ich's nicht messen! –
Doch wie wollt ich auch messen,
was unermeßlich mir schien.
Kein' Regel wollte da passen, –
und war doch kein Fehler drin.

Es klang so alt, – und war doch so neu, –
wie Vogelsang im süßen Mai!
Wer ihn hört
und wahnbetört
sänge dem Vogel nach,
dem brächt es Spott und Schmach: –
Lenzes Gebot,
die süße Not,
die legt es ihm in die Brust: –
nun sang er, wie er mußt,
und wie er mußt, so konnt er's, –
das merkt ich ganz besonders.
Dem Vogel, der heut sang,
dem war der Schnabel hold gewachsen;
macht er den Meistern bang,
gar wohl gefiel er doch Hans Sachsen! –

Er nimmt mit heitrer Gelassenheit seine Arbeit vor

VIERTE SZENE

Eva ist auf die Straße getreten, hat sich schüchtern der Werkstatt genähert und steht jetzt unvermerkt in der Türe bei Sachs

EVA. Gut'n Abend, Meister! Noch so fleißig?
SACHS *fährt, angenehm überrascht, auf.*
Ei, Kind! Lieb' Evchen? Noch so spät?
Und doch, warum so spät noch, weiß ich:
die neuen Schuh?
EVA. Wie fehl er rät!
Die Schuh hab ich noch gar nicht probiert;
sie sind so schön und reich geziert,
daß ich sie noch nicht an die Füß mir getraut.
Sie setzt sich dicht neben Sachs auf den Steinsitz
SACHS. Doch sollst sie morgen tragen als Braut?
EVA. Wer wäre denn Bräutigam?
SACHS. Weiß ich das?
EVA. Wie wißt Ihr denn, daß ich Braut?
SACHS. Ei, was!
Das weiß die Stadt.
EVA. Ja! Weiß es die Stadt,
Freund Sachs gute Gewähr dann hat!

Ich dacht – er wüßt mehr.
SACHS. Was sollt ich wissen?
EVA. Ei, seht doch! Werd ich's ihm sagen müssen?
Ich bin wohl recht dumm?
SACHS. Das sag ich nicht.
EVA. Dann wärt Ihr wohl klug?
SACHS. Das weiß ich nicht.
EVA. Ihr wißt nichts? Ihr sagt nichts? – Ei, Freund Sachs,
jetzt merk ich wahrlich, Pech ist kein Wachs.
Ich hätt Euch für klüger gehalten.
SACHS. Kind,
beid, Wachs und Pech, bekannt mir sind:
mit Wachs strich ich die seidnen Fäden,
damit ich dir die zieren Schuh gefaßt:
heut faß ich die Schuh mit dichtren Drähten,
da gilt's mit Pech für den derbren Gast.
EVA. Wer ist denn der? Wohl was rechts?
SACHS. Das mein' ich!
Ein Meister, stolz auf Freiers Fuß;
denkt morgen zu siegen ganz alleinig:
Herrn Beckmessers Schuh ich richten muß.
EVA. So nehmt nur tüchtig Pech dazu:
da kleb er drin, und laß mir Ruh!
SACHS. Er hofft dich sicher zu ersingen.
EVA. Wieso denn der?
SACHS. Ein Junggesell, –
's gibt deren wenig dort zur Stell.
EVA. Könnt's einem Witwer nicht gelingen?
SACHS. Mein Kind, der wär zu alt für dich.
EVA. Ei, was! Zu alt? Hier gilt's der Kunst,
wer sie versteht, der werb um mich.
SACHS. Lieb' Evchen, machst mir blauen Dunst?
EVA. Nicht ich, Ihr seid's, Ihr macht mir Flausen!
Gesteht nur, daß Ihr wandelbar.
Gott weiß, wer Euch jetzt im Herzen mag hausen!
Glaubt ich mich doch drin so manches Jahr.
SACHS. Wohl, da ich dich gern auf den Armen trug?
EVA. Ich seh, 's war nur, weil Ihr kinderlos.
SACHS. Hatt' einst ein Weib und Kinder genug.
EVA. Doch, starb Eure Frau, so wuchs ich groß?
SACHS. Gar groß und schön!
EVA. Da dacht ich aus,
Ihr nähm't mich für Weib und Kind ins Haus?

SACHS. Da hätt ich ein Kind, und auch ein Weib!
's wär gar ein lieber Zeitvertreib!
Ja, ja! Das hast du dir schön erdacht.
EVA. Ich glaub, der Meister mich gar verlacht?
Am End auch ließ er sich gar gefallen,
daß unter der Nas ihm weg vor Allen
der Beckmesser morgen mich ersäng'?
SACHS. Wer sollt's ihm wehren, wenn's ihm geläng'?
Dem wüßt allein dein Vater Rat.
EVA. Wo so ein Meister den Kopf nur hat!
Käm ich zu Euch wohl, fänd ich's zu Haus?
SACHS *trocken.* Ach, ja! Hast recht: 's ist im Kopf mir kraus.
Hab heut manch Sorg und Wirr erlebt:
da mag's dann sein, daß was drin klebt.
EVA *wieder näher rückend.* Wohl in der Singschul? 's war heut Gebot?
SACHS. Ja, Kind! Eine Freiung machte mir Not.
EVA. Ja, Sachs! Das hättet Ihr gleich solln sagen,
quält Euch dann nicht mit unnützen Fragen. –
Nun sagt, wer war's, der Freiung begehrt?
SACHS. Ein Junker, Kind, gar unbelehrt.
EVA *wie heimlich.* Ein Ritter? Mein, sagt! Und ward er gefreit?
SACHS. Nichts da, mein Kind! 's gab gar viel Streit.
EVA. So sagt, – erzählt, – wie ging es zu?
Macht's Euch Sorg', wie ließ mir es Ruh? –
So bestand er übel, und hat vertan?
SACHS. Ohne Gnad versang der Herr Rittersmann.
MAGDALENE *kommt zum Hause heraus und ruft leise.*
Bst! Evchen! Bst!
EVA *eifrig zu Sachs gewandt.* Ohne Gnade? Wie?
Kein Mittel gäb's, das ihm gedieh?
Sang er so schlecht, so fehlervoll,
daß nichts mehr zum Meister ihm helfen soll?
SACHS. Mein Kind, für den ist Alles verloren,
und Meister wird der in keinem Land,
denn wer als Meister geboren,
der hat unter Meistern den schlimmsten Stand.
MAGDALENE *vernehmlicher rufend.* Der Vater verlangt.
EVA *immer dringender zu Sachs.* So sagt mir noch an,
ob keinen der Meister zum Freund er gewann?
SACHS. Das wär nicht übel, Freund ihm noch sein!
Ihm, vor dem sich Alle fühlten so klein?

Den Junker Hochmut, laßt ihn laufen!
Mag er durch die Welt sich raufen;
was wir erlernt mit Not und Müh,
dabei laßt uns in Ruh verschnaufen:
hier renn er uns nichts übern Haufen;
sein Glück ihm anderswo erblüh!

EVA *erhebt sich zornig.* Ja! anderswo soll's ihm erblühn,
als bei euch garst'gen, neid'schen Mannsen, –
wo warm die Herzen noch erglühen,
trotz allen tück'schen Meister Hansen! –

Zu Magdalene

Gleich, Lene, gleich! Ich komme schon!
Was trüg ich hier für Trost davon?
Da riecht's nach Pech, daß Gott erbarm: –
brennt' er's lieber, da würd er doch warm!

Sie geht sehr aufgeregt über die Straße hinüber und verweilt in großer Unruhe unter der Türe des Hauses

SACHS *sieht ihr mit bedeutungsvollem Kopfnicken nach.*
Das dacht ich wohl. Nun heißt's: schaff Rat!

Er ist während des Folgenden damit beschäftigt, auch die obere Ladentür so weit zu schließen, daß sie nur ein wenig Licht noch durchläßt: er selbst verschwindet so fast gänzlich

MAGDALENE. Hilf Gott! Wo bliebst du nur so spat?
Der Vater rief.

EVA. Geh zu ihm ein:
ich sei zu Bett, im Kämmerlein.

MAGDALENE. Nicht doch, – hör mich! Komm ich dazu?
Beckmesser fand mich; er läßt nicht Ruh:
zur Nacht sollst du dich ans Fenster neigen,
er will dir was Schönes singen und geigen,
mit dem er dich hofft zu gewinnen, das Lied,
ob das dir nach Gefallen geriet.

EVA. Das fehlte auch noch! – Käme nur Er!

MAGDALENE. Hast David gesehn?

EVA. Was soll mir der?

Sie späht aus

MAGDALENE *für sich.* Ich war zu streng; er wird sich grämen.

EVA. Siehst du noch nichts?

MAGDALENE *tut, als spähte sie.* 's ist, als ob Leut dort kämen.

EVA. Wär er's?

MAGDALENE. Mach, und komm jetzt hinan!

EVA. Nicht eh'r, bis ich sah den teuersten Mann!

MAGDALENE. Ich täuschte mich dort; er war es nicht.
Jetzt komm, sonst merkt der Vater die Geschicht!
EVA. Ach, meine Angst! –
MAGDALENE. Auch laß uns beraten,
wie wir des Beckmessers uns entladen!
EVA. Zum Fenster gehst du für mich.

Sie lauscht

MAGDALENE. Wie? ich? –

Für sich

Das machte wohl David eiferlich? –
Er schläft nach der Gassen: hihi! 's wär fein! –
EVA. Da hör ich Schritte.
MAGDALENE *zu Eva.* Jetzt komm, es muß sein.
EVA. Jetzt näher!
MAGDALENE. Du irrst; 's ist nichts, ich wett.
Ei, komm! Du mußt, bis der Vater zu Bett.
POGNERS STIMME *von innen.* He! Lene! Eva!
MAGDALENE. 's ist höchste Zeit.
Hörst du's? Komm! Dein Ritter ist weit.

Sie zieht die sich sträubende Eva am Arm die Stufen zur Tür hinauf

FÜNFTE SZENE

Walther ist die Gasse heraufgekommen; jetzt biegt er um die Ecke herum; Eva erblickt ihn

EVA. Da ist er!

Sie reißt sich von Magdalene los und stürzt Walther auf die Straße entgegen

EVA *außer sich.* Ja. Ihr seid es;
nein, du bist es!
Alles sag ich,
denn Ihr wißt es;
alles klag' ich,
denn ich weiß es:
Ihr seid Beides,
Held des Preises
und mein einz'ger Freund!
WALTHER *leidenschaftlich.* Ach, du irrst: bin nur dein Freund,
doch des Preises
noch nicht würdig,

nicht den Meistern
ebenbürtig:
mein Begeistern
fand Verachten,
und ich weiß es,
darf nicht trachten
nach der Freundin Hand.

EVA. Wie du irrst! Der Freundin Hand,
erteilt nur sie den Preis,
wie deinen Mut ihr Herz erfand,
reicht sie nur dir das Reis.

WALTHER. Ach, nein! Du irrst: der Freundin Hand,
wär keinem sie erkoren,
wie sie des Vaters Wille band,
mir wär sie doch verloren!
»Ein Meistersinger muß es sein;
nur, wen ihr krönt, den darf sie frei'n!«
So sprach er festlich zu den Herrn;
kann nicht zurück, möcht er auch gern! –
Das eben gab mir Mut:
wie ungewohnt mir Alles schien,
ich sang voll Lieb und Glut,
daß ich den Meisterschlag verdien. –
Doch, diese Meister!

Wütend

Ha! diese Meister!
Dieser Reimgesetze
Leimen und Kleister! –
Mir schwillt die Galle,
das Herz mir stockt,
denk ich der Falle,
darein ich gelockt.
Fort, in die Freiheit!
Dahin gehör ich, –
da, wo ich Meister im Haus!
Soll ich dich frei'n heut,
dich nun beschwör ich,
komm und folg mir hinaus!
Nichts steht zu hoffen;
keine Wahl ist offen!
Überall Meister,
wie böse Geister,
seh ich sich rotten,

mich zu verspotten:
mit den Gewerken,
aus den Gemerken,
aus allen Ecken,
auf allen Flecken,
seh ich zu Haufen
Meister nur laufen,
mit höhnendem Nicken
frech auf dich blicken,
in Kreisen und Ringeln
dich umzingeln,
näselnd und kreischend
zur Braut dich heischend,
als Meisterbuhle
auf dem Singstuhle,
zitternd und bebend,
hoch dich erhebend!
Und ich ertrüg es, sollt es nicht wagen,
gradaus tüchtig drein zu schlagen?

Man hört den starken Ruf eines Nachtwächterhorns

Ha!

Walter hat mit emphatischer Gebärde die Hand an das Schwert gelegt und starrt wild vor sich hin

EVA *faßt ihn besänftigend bei der Hand.* Geliebter, spare den Zorn;
's war nur des Nachtwächters Horn. –
Unter der Linde
birg dich geschwinde;
hier kommt der Wächter vorbei.

MAGDALENE *ruft leise unter der Türe.* Evchen! 's Zeit: mach dich frei!

WALTHER. Du fliehst?

EVA *lächelnd.* Muß ich denn nicht?

WALTHER. Entweichst?

EVA *mit zarter Bestimmtheit.* Dem Meistergericht.

Sie verschwindet mit Magdalene im Hause

DER NACHTWÄCHTER *ist während dem in der Gasse erschienen, kommt singend nach vorn, biegt um die Ecke von Pogners Haus und geht nach links zu weiter ab.* Hört, ihr Leut, und laßt euch sagen,
die Glock hat zehn geschlagen;
bewahrt das Feuer und auch das Licht,

daß niemand kein Schad geschicht.
Lobet Gott den Herrn! –

SACHS *welcher hinter der Ladentüre dem Gespräche gelauscht, öffnet jetzt, bei eingezogenem Lampenlicht, ein wenig mehr.* Üble Dinge, die ich da merk:
eine Entführung gar im Werk?
Aufgepaßt! Das darf nicht sein. –

WALTHER *hinter der Linde.* Käm sie nicht wieder? O der Pein!

Eva kommt in Magdalenes Kleidung aus dem Hause: die Gestalt gewahrend

Doch ja, sie kommt dort? – Weh mir! – nein! –
die Alte ist's. –

Eva erblickt Walther und eilt auf ihn zu

Doch – aber – ja!

EVA. Das tör'ge Kind, da hast du's, da!

Sie wirft sich ihm heiter an die Brust

WALTHER *hingerissen.* O Himmel! Ja, nun wohl ich weiß,
daß ich gewann den Meisterpreis.

EVA. Doch nun kein Besinnen!
Von hinnen! Von hinnen!
O, wären wir schon fort!

WALTHER. Hier durch die Gasse, dort
finden wir vor dem Tor
Knecht und Rosse vor.

Nachtwächterhorn entfernt

Als sich Beide wenden, um in die Gasse einzubiegen, läßt Sachs, nachdem er die Lampe hinter eine Glaskugel gestellt, durch die ganz wieder geöffnete Ladentüre einen grellen Lichtschein quer über die Straße fallen, so daß Eva und Walther sich plötzlich hell erleuchtet sehen

EVA *Walther hastig zurückziehend.* O weh! Der Schuster! –
Wenn er uns säh!
Birg dich – komm ihm nicht in die Näh!

WALTHER. Welch andrer Weg führt uns hinaus?

EVA. Dort durch die Straße; doch der ist kraus,
ich kenn ihn nicht gut; auch stießen wir dort
auf den Wächter.

WALTHER. Nun denn, durch die Gasse.

EVA. Der Schuster muß erst vom Fenster fort.

WALTHER. Ich zwing ihn, daß er's verlasse.

EVA. Zeig dich ihm nicht: er kennt dich.

WALTHER. Der Schuster?

EVA. 's ist Sachs.
WALTHER. Hans Sachs? Mein Freund!
EVA. Glaub's nicht!
Von dir Übles zu sagen nur wußt er.
WALTHER. Wie? Sachs? Auch er? – Ich lösch ihm das Licht.

SECHSTE SZENE

Beckmesser ist, dem Nachtwächter nachschleichend, die Gasse heraufgekommen, hat nach den Fenstern von Pogners Haus gespäht, und an Sachsens Haus angelehnt, stimmt er jetzt seine mitgebrachte Laute

EVA *Walther zurückhaltend.* Tu's nicht! – Doch horch! –
WALTHER. Einer Laute Klang.
EVA. Ach! meine Not!

Als Sachs den ersten Ton der Laute vernommen, hat er, von einem plötzlichen Einfall erfaßt, das Licht wieder etwas eingezogen und öffnet leise den unteren Teil des Ladens

WALTHER. Wie wird dir bang?
Der Schuster, sieh, zog ein das Licht:
so sei's gewagt!
EVA. Weh! Siehst du denn nicht?
Ein Andrer kam, und nahm dort Stand.
WALTHER. Ich hör's und seh's: ein Musikant.
Was will der hier so spät des Nachts?
EVA *in Verzweiflung.* 's ist Beckmesser schon!
SACHS *hat unvermerkt seinen Werktisch ganz unter die Tür gestellt; jetzt erlauscht er Evas Ausruf.* Aha! – ich dacht's.
Er setzt sich leise zur Arbeit zurecht
WALTHER. Der Merker? Er? In meiner Gewalt?
Drauf zu! Den Lung'rer mach ich kalt.
EVA. Um Gott! So hör! Willst du den Vater wecken?
Er singt ein Lied, dann zieht er ab. –
Laß dort uns im Gebüsch verstecken! –
Was mit den Männern ich Müh doch hab!

Sie zieht Walther hinter das Gebüsch auf die Bank unter der Linde. Beckmesser, eifrig nach dem Fenster lugend, klimpert voll Ungeduld heftig auf der Laute. Als er sich endlich auch zum Singen rüstet, schlägt Sachs sehr stark mit dem Hammer auf den Leisten, nachdem er soeben das Licht wieder hell auf die Straße hat fallen lassen

SACHS. Jerum! Jerum!
Hallahallohe!
O ho ! Tralalei! Tralalei! O he!
BECKMESSER *springt ärgerlich von dem Steinsitz auf und gewahrt Sachs bei der Arbeit.* Was soll das sein? –
Verdammtes Schrei'n!
SACHS. Als Eva aus dem Paradies
von Gott dem Herrn verstoßen,
gar schuf ihr Schmerz der harte Kies
an ihrem Fuß, dem bloßen.
BECKMESSER. Was fällt dem groben Schuster ein?
SACHS. Das jammerte den Herrn;
ihr Füßchen hatt er gern,
und seinem Engel rief er zu:
»Da, mach der armen Sünd'rin Schuh';
und da der Adam, wie ich seh,
an Steinen dort sich stößt die Zeh,
daß recht fortan
er wandeln kann,
so miß dem auch Stiefeln an!«
WALTHER *flüsternd zu Eva.* Was heißt das Lied? Wie nennt er dich?
EVA *flüsternd zu Walther.* Ich hört es schon; 's geht nicht auf mich:
doch eine Bosheit steckt darin.
WALTHER. Welch Zögernis! Die Zeit geht hin.
BECKMESSER *tritt zu Sachs heran.* Wie? Meister? Auf? Noch so spät zur Nacht?
SACHS. Herr Stadtschreiber! Was? Ihr wacht? –
Die Schuh machen Euch große Sorgen?
Ihr seht, ich bin dran: Ihr habt sie morgen.
Arbeitet
BECKMESSER *zornig.* Hol der Teufel die Schuh!
Hier will ich Ruh!
SACHS. Jerum! Jerum!
Hallahallohe!
O ho! Tralalei! Tralalei! O he!
O Eva! Eva! Schlimmes Weib,
das hast du am Gewissen,
daß ob der Füß am Menschenleib
jetzt Engel schustern müssen!
Bliebst du im Paradies,
da gab es keinen Kies:

um deiner jungen Missetat
hantier ich jetzt mit Ahl und Draht,
und ob Herrn Adams übler Schwäch'
versohl ich Schuh und streiche Pech!
Wär ich nicht fein
ein Engel rein,
der Teufel möchte Schuster sein! –
Je –

Sich unterbrechend

WALTHER *zu Eva.* Uns, oder dem Merker,
wem spielt er den Streich?
EVA *zu Walther.* Ich fürcht, uns Dreien
gilt er gleich.
O weh, der Pein!
Mir ahnt nichts Gutes.
WALTHER. Mein süßer Engel,
sei guten Mutes!
EVA. Mich betrübt das Lied.
WALTHER. Ich hör es kaum;
du bist bei mir:
Welch holder Traum!

Er zieht Eva zärtlich an sich

BECKMESSER *drohend auf Sachs zufahrend.* Gleich höret auf!
Spielt Ihr mir Streich'?
Bleibt Ihr tags
und nachts Euch gleich?
SACHS. Wenn ich hier sing,
was kümmert's Euch?
Die Schuhe sollen
doch fertig werden?
BECKMESSER. So schließt Euch ein,
und schweigt dazu still!
SACHS. Des Nachts arbeiten
macht Beschwerden;
wenn ich da munter
bleiben will,
so brauch ich Luft
und frischen Gesang:
drum hört, wie der dritte
Vers gelang! –

Er wichst den Draht recht ersichtlich

BECKMESSER. Er macht mich rasend! – Das grobe Geschrei!
Am End denkt sie gar, daß ich das sei!

Er hält sich die Ohren zu und geht, verzweiflungsvoll sich mit sich beratend, die Gasse vor dem Fenster auf und ab

SACHS. Jerum! Jerum!
Hallahallohe!
O ho! Tralalei! Tralalei! O he!
O Eva! Hör mein Klageruf,
mein Not und schwer Verdrüssen!
Die Kunstwerk', die ein Schuster schuf,
sie tritt die Welt mit Füßen.
Gäb nicht ein Engel Trost,
der gleiches Werk erlost,
und rief mich oft ins Paradies,
wie ich da Schuh und Stiefel ließ!
Doch wenn mich der im Himmel hält,
dann liegt zu Füßen mir die Welt,
und bin in Ruh
Hans Sachs, ein Schuh-
macher und Poet dazu!

BECKMESSER. Das Fenster geht auf!

Er späht nach dem Fenster, welches jetzt leise geöffnet wird und an welchem vorsichtig Magdalene in Evas Kleidung sich zeigt

Herr Gott, 's ist sie. –

EVA *mit großer Aufgeregtheit.* Mich schmerzt das Lied, ich weiß nicht wie!
O fort! Laß uns fliehen!

WALTHER *auffahrend.* Nun denn: mit dem Schwert!

EVA. Nicht doch! Ach, halt!

WALTHER *die Hand vom Schwert nehmend.* Kaum wär er's wert.

EVA. Ja, besser Geduld!

BECKMESSER. Jetzt bin ich verloren, singt der noch fort!

Er tritt zu Sachs an den Laden heran und klimpert, während des Folgenden, mit dem Rücken der Gasse zugewendet, seitwärts auf der Laute, um Magdalene am Fenster festzuhalten

Freund Sachs! So hört doch nur ein Wort!

EVA. O, bester Mann!
Daß ich so Not dir machen kann!

WALTHER *leise zu Eva.* Wer ist am Fenster?

EVA *leise.* 's ist Magdalene.

WALTHER. Das heiß ich vergelten. Fast muß ich lachen.

EVA. Wie ich ein End und Flucht mir ersehne!

WALTHER. Ich wünscht, er möchte den Anfang machen.

Walther und Eva, auf der Bank sanft aneinander gelehnt, verfolgen des weiteren den Vorgang zwischen Sachs und Beckmesser mit wachsender Teilnahme

BECKMESSER. Wie seid Ihr auf die Schuh versessen!
Ich hatt sie wahrlich schon vergessen.
Als Schuster seid Ihr mir wohl wert,
als Kunstfreund doch weit mehr verehrt.

Er klimpert wiederholt seitwärts, ängstlich nach dem Fenster gewandt

Eu'r Urteil, glaubt, das halt ich wert;
drum bitt ich, hört das Liedlein doch,
mit dem ich morgen möcht gewinnen,
ob das auch recht nach Euren Sinnen.

SACHS. O ha! Wollt mich beim Wahne fassen?
Mag mich nicht wieder schelten lassen.
Seit sich der Schuster dünkt Poet,
gar übel es um Eu'r Schuhwerk steht:
ich seh, wie's schlappt,
und überall klappt;
drum laß ich Vers und Reim
gar billig nun daheim,
Verstand und Witz, und Kenntnis dazu,
mach Euch für morgen die neuen Schuh.

BECKMESSER *kreischend*. Laßt das doch sein! Das war ja nur Scherz.
Vernehmt besser, wie's mir ums Herz. –
Vom Volk seid Ihr geehrt,
auch der Pognerin seid Ihr wert:
will ich vor aller Welt
nun morgen um die werben,
sagt! – könnt's mich nicht verderben,
wenn mein Lied ihr nicht gefällt?
Drum hört mich ruhig an,
und sang ich, sagt mir dann,
was Euch gefällt, was nicht, –
daß ich mich darnach richt.

SACHS. Ei! Laßt mich doch in Ruh,
wie käme solche Ehr mir zu?
Nur Gassenhauer dicht' ich zum meisten:
drum sing ich zur Gassen, und hau auf den Leisten! –
Jerum! Jerum!
Hallahallohe!
O ho! Tralalei! Tralalei! O he!

BECKMESSER. Verfluchter Kerl! Den Verstand verlier ich,
mit seinem Lied voll Pech und Schmierich!
Schweigt doch! Weckt Ihr die Nachbarn auf?
SACHS. Die sind's gewöhnt: 's hört keiner drauf.
»O Eva! Eva!«
BECKMESSER *in höchste Wut ausbrechend.* Oh, Ihr boshafter Geselle!
Ihr spielt mir heut den letzten Streich:
Schweigt Ihr jetzt nicht auf der Stelle,
so denkt Ihr dran, das schwör ich Euch!
Er klimpert wütend
Neidisch seid Ihr, nichts weiter:
dünkt Ihr Euch auch gleich gescheiter;
daß Andre auch was sind, ärgert Euch schändlich:
glaubt, ich kenne Euch aus- und inwendlich!
Daß man Euch noch nicht zum Merker gewählt,
das ist's, was den gallichten Schuster quält.
Nun gut! So lang als Beckmesser lebt,
und ihm noch ein Reim an den Lippen klebt;
so lang ich noch bei den Meistern was gelt –
ob Nürnberg blüh und wachs,
das schwör ich Herrn Hans Sachs,
nie wird er je zum Merker bestellt.
Er klimpert in höchster Wut
SACHS *der ihm ruhig und aufmerksam zugehört hat.*
War das Eu'r Lied?
BECKMESSER. Der Teufel hol's!
SACHS. Zwar wenig Regel, doch klang's recht stolz.
BECKMESSER. Wollt Ihr mich hören?
SACHS. In Gottes Namen,
singt zu: ich schlag auf die Sohl die Rahmen.
BECKMESSER. Doch schweigt Ihr still?
SACHS. Ei, singet Ihr,
die Arbeit, schaut, fördert's auch mir.
BECKMESSER. Das verfluchte Klopfen wollt Ihr doch lassen?
SACHS. Wie sollt ich die Sohl Euch richtig fassen?
BECKMESSER. Was? Ihr wollt klopfen, und ich soll singen?
SACHS. Euch muß das Lied, mir der Schuh gelingen.
BECKMESSER. Ich mag keine Schuh!
SACHS. Das sagt Ihr jetzt:
in der Singschul Ihr mir's dann wieder versetzt.
Doch hört! Vielleicht sich's richten läßt;
zwei-einig geht der Mensch am best'.

Darf ich die Arbeit nicht entfernen,
die Kunst des Merkers möcht ich erlernen;
darin kommt Euch nun Keiner gleich:
ich lern sie nie, wenn nicht von Euch.
Drum, singt Ihr nun, ich acht und merk,
und fördr' auch wohl dabei mein Werk.

BECKMESSER. Merkt immer zu; und was nicht gewann,
nehmt Eure Kreide und streicht mir's an.

SACHS. Nein, Herr! da fleckten die Schuh mir nicht:
mit dem Hammer auf den Leisten halt ich Gericht.

BECKMESSER. Verdammte Bosheit! – Gott, und 's wird spät!
Am End mir die Jungfer vom Fenster geht!

Er klimpert eifrig

SACHS *aufschlagend.* Fanget an, 's pressiert: sonst sing ich für mich.

BECKMESSER. Haltet ein! Nur das nicht! – (Teufel! Wie ärgerlich!) –
Wollt Ihr Euch denn als Merker erdreisten,
nun gut, so merkt mit dem Hammer auf den Leisten:
nur mit dem Beding, nach den Regeln scharf,
aber nichts, was nach den Regeln ich darf.

SACHS. Nach den Regeln, wie sie der Schuster kennt,
dem die Arbeit unter den Händen brennt.

BECKMESSER. Auf Meisterehr?

SACHS. Und Schustermut!

BECKMESSER. Nicht einen Fehler: glatt und gut.

Nachtwächterhorn sehr entfernt

SACHS. Dann ging't Ihr morgen unbeschuht!

Auf den Steinsitz vor der Ladentüre deutend

Setzt Euch denn hier!

BECKMESSER *zieht sich nach der Ecke des Hauses zurück.*
Laßt mich hier stehen.

SACHS. Warum so weit?

BECKMESSER. Euch nicht zu sehen,
wie's Brauch der Schul vor dem Gemerk.

SACHS. Da hör ich Euch schlecht.

BECKMESSER. Der Stimme Stärk
ich so gar lieblich dämpfen kann.

Er stellt sich ganz um die Ecke dem Fenster gegenüber auf

SACHS. (Wie fein!) – Nun, gut denn! Fanget an!

Beckmesser stimmt die in der Wut unversehens heraufgeschraubte D-Saite wieder herunter

WALTHER *leise zu Eva.* Welch toller Spuk! Mich dünkt's ein Traum:
den Singstuhl, scheint's, verließ ich kaum.
EVA *sanft an Walthers Brust gelehnt.* Die Schläf umwebt mir's wie ein Wahn:
ob's Heil, ob Unheil, was ich ahn?
BECKMESSER. »Den Tag seh' ich erscheinen,
Sachs holt mit dem Hammer aus
der mir wohl gefall'n tut;
Sachs schlägt auf. Beckmesser schüttelt sich
da faßt mein Herz sich einen ...
Sachs schlägt auf. Beckmesser setzt heftig ab, singt aber weiter
guten und frischen« –
Sachs hat aufgeschlagen. Beckmesser wendet sich wütend um die Ecke herum
Treibt Ihr hier Scherz?
Was wär nicht gelungen?
SACHS. Besser gesungen:
»Da faßt mein Herz
sich einen guten, frischen« –?
BECKMESSER. Wie soll sich das reimen
auf »seh ich erscheinen«?
SACHS. Ist Euch an der Weise nichts gelegen?
Mich dünkt, sollt passen Ton und Wort?
BECKMESSER. Mit Euch zu streiten? – Laßt von den Schlägen,
sonst denkt Ihr mir dran!
SACHS. Jetzt fahret fort!
BECKMESSER. Bin ich verwirrt! –
SACHS. So fangt noch mal an:
drei Schläg ich jetzt pausieren kann.
BECKMESSER *beiseite.* Am besten, wenn ich ihn gar nicht beacht: –
wenn's nur die Jungfer nicht irre macht!
»Den Tag seh ich erscheinen,
der mir wohl gefall'n tut;
da faßt mein Herz sich einen
guten und frischen Mut:
da denk ich nicht an Sterben,
Sachs schlägt
lieber an Werben
um jung Mägdeleins Hand.
Sachs schlägt

Warum wohl aller Tage
schönster mag dieser sein?
Zwei Schläge. Ärgerlich
Allen hier ich es sage:
weil ein schönes Fräulein
Zwei Schläge
von ihrem lieb'n Herrn Vater,
Sachs nickt ironisch beifällig
wie gelobt hat er,
Viele kleine Schläge
ist bestimmt zum Eh'stand.
Fünf Schläge. Sehr ärgerlich
Wer sich getrau,
Schlag
der komm und schau.
Schlag
Da steht die hold lieblich Jungfrau,
Schlag
auf die ich all mein Hoffnung bau,
Schlag
darum ist der Tag so schön blau,
Viele Schläge
als ich anfänglich fand.«
Springt wütend auf
Sachs! Seht, Ihr bringt mich um!
Wollt Ihr jetzt schweigen?

SACHS. Ich bin ja stumm!
Die Zeichen merkt ich; wir sprechen dann:
derweil lassen die Sohlen sich an.

BECKMESSER *gewahrt, daß Magdalene sich vom Fenster entfernen will.* Sie entweicht? Bst! Bst! – Herr Gott, ich muß!
Um die Ecke herum die Faust gegen Sachs ballend
Sachs, Euch gedenk ich die Ärgernuß!
Er macht sich zum 2. Vers fertig

SACHS *mit dem Hammer nach dem Leisten ausholend.*
Merker am Ort:
fahret fort!

BECKMESSER *immer stärker und atemloser.* »Will heut mir das Herz hüpfen,
Schläge wie vorher
werben um Fräulein jung,
doch tät der Vater knüpfen
daran ein Bedingung

für den, wer ihn beerben
will, und auch werben
um sein Kindelein fein.
Der Zunft ein biedrer Meister,
wohl sein Tochter er liebt,
doch zugleich auch beweist er,
was er auf die Kunst gibt:
zum Preise muß es bringen
im Meistersingen,
wer sein Eidam will sein.

Er stampft wütend mit den Füßen

Nun gilt es Kunst,
daß mit Vergunst,
ohn all schädlich gemeinen Dunst
ihm glücke des Preises Gewunst,
wer begehrt mit wahrer Inbrunst,

Sachs, welcher kopfschüttelnd es aufgibt, die einzelnen Fehler anzumerken, arbeitet hämmernd fort, um den Keil aus dem Leisten zu schlagen

um die Jungfrau zu frei'n.« –

SACHS *über den Laden weit herausgelehnt.* Seid Ihr nun fertig?

BECKMESSER *in höchster Angst.* Wie fraget Ihr?

SACHS *hält die fertigen Schuhe triumphierend heraus.*
Mit den Schuhen ward ich fertig schier. –

Während er die Schuhe an den Bändern hoch in der Luft tanzen läßt

Das heiß ich mir echte Merkerschuh: –
mein Merkersprüchlein hört dazu! –

Sehr kräftig

Mit lang und kurzen Hieben
steht's auf der Sohl geschrieben:
da lest es klar
und nehmt es wahr,
und merkt's Euch immerdar.
Gut Lied will Takt:
wer den verzwackt,
dem Schreiber mit der Feder
haut ihn der Schuster aufs Leder. –
Nun lauft in Ruh:
habt gute Schuh,
der Fuß Euch drin nicht knackt,
ihn hält die Sohl im Takt!

BECKMESSER *der sich ganz in die Gasse zurückgezogen hat und an die Mauer mit dem Rücken sich anlehnt, singt, um Sachs zu übertäuben, mit größter Anstrengung, schreiend und atemlos hastig, während er die Laute wütend nach Sachs schwingt.* »Darf ich mich Meister nennen,
das bewähr ich heut gern,
weil ich nach dem Preis brennen
muß, dursten und hungern.
Nun ruf ich die neun Musen,
daß an sie blusen
mein dicht'rischen Verstand.
Wohl kenn ich alle Regeln,
halte gut Maß und Zahl;
doch Sprung und Überkegeln
wohl passiert je einmal,
wann der Kopf ganz voll Zagen
zu frei'n will wagen
um jung Mägdeleins Hand.

Er verschnauft sich

Ein Junggesell,
trug ich mein Fell,
mein Ehr, Amt, Würd und Brot zur Stell,
daß Euch mein Gesang wohl gefällt,
und mich das Jungfräulein erwähl,
wenn sie mein Lied gut fand.« –

DAVID *hat den Fensterladen, dicht hinter Beckmesser, ein wenig geöffnet und lugt daraus hervor.* Wer Teufel, hier? –

Er wird Magdalene gewahr

Und drüben gar?
Die Lene ist's –, ich seh es klar!
Herrje, der war's, den hat sie bestellt.
Der ist's, der ihr besser als ich gefällt!
Nun warte, du kriegst's! Dir streich ich das Fell!

Er entfernt sich nach innen

NACHBARN *erst einige, dann immer mehre, öffnen in der Gasse die Fenster und gucken heraus.*
Was heult denn da? Wer kreischt mit Macht?
Ist das erlaubt so spät zur Nacht?
Gebt Ruhe hier! 's ist Schlafenszeit.
Mein', hört nur, wie dort der Esel schreit!
Ihr da! Seid still und schert Euch fort!
Heult, kreischt und schreit an andrem Ort!

Sie verlassen die Fenster und kommen nach und nach in Nachtkleidern einzeln auf die Straße heraus

Sachs beobachtet noch eine Zeitlang den wachsenden Tumult, löscht aber alsbald sein Licht aus und schließt den Laden so weit, daß er, ungesehen, stets durch eine kleine Öffnung den Platz unter der Linde beobachten kann. – Walther und Eva sehen mit wachsender Sorge dem anschwellenden Auflaufe zu; er schließt sie in seinen Mantel fest an sich und birgt sich hart an der Linde im Gebüsch, so daß beide fast ungesehen bleiben

DAVID *ist, mit einem Knüppel bewaffnet, zurückgekommen, steigt aus dem Fenster und wirft sich auf Beckmesser.*
Zum Teufel mit dir, verdammter Kerl!

Magdalene winkt, da sie David wiederkommen sieht, diesem heftig zurück, was Beckmesser, als Zeichen des Mißfallens deutend, zur äußersten Verzweiflung im Gesangsausdrucke bringt

MAGDALENE *am Fenster, schreiend.* Ach, Himmel! David! Gott, welche Not!
Zu Hilfe! Zu Hilfe! Sie schlagen sich tot!

BECKMESSER *wehrt sich, will fliehen; David hält ihn am Kragen.* Verfluchter Bursch! Läßt du mich los?

DAVID. Gewiß! Die Glieder brech ich dir bloß!

Beckmesser und David balgen sich fortwährend; bald verschwinden sie gänzlich, bald kommen sie wieder in den Vordergrund, immer Beckmesser auf der Flucht. David ihn einholend, festhaltend und prügelnd

NACHBARN *an den Fenstern.* Seht nach! Springt zu! Da würgen sich zwei!

Sie kommen herab

's gibt Schlägerei!

ANDERE NACHBARN *in die Gasse laut schreiend.*
Heda! Herbei! 's gibt Schlägerei:
da würgen sich zwei.
Ihr da, laßt los! Gebt freien Lauf!
Laßt ihr nicht los, wir schlagen drauf.

EIN NACHBAR. Ei, seht, auch Ihr hier? Geht's Euch was an?

EIN ZWEITER. Was sucht Ihr hier? Hat man Euch was getan?

ERSTER NACHBAR. Euch kennt man gut.

ZWEITER NACHBAR. Euch noch viel besser.

ERSTER NACHBAR. Wieso denn?

ZWEITER NACHBAR *zuschlagend.* Ei, so!

MAGDALENE *hinabschreiend.* David! Beckmesser!

LEHRBUBEN *einzeln, dann mehr, kommen von allen Seiten dazu.* Herbei! Herbei! 's gibt Keilerei!

EINIGE. 's sind die Schuster!

ANDERE. Nein, 's sind die Schneider!

DIE ERSTEREN. Die Trunkenbolde!

DIE ANDEREN. Die Hungerleider!

DIE NACHBARN *auf der Gasse durcheinander.*

Euch gönnt ich's schon lange!
Wird euch wohl bange?
Das für die Klage!
Seht euch vor, wenn ich schlage!
Hat euch die Frau gehetzt?
Schau, wie es Prügel setzt!
Seid ihr noch nicht gewitzt?
Nun, schlagt doch! – Das sitzt!
Daß dich Halunken
gleich ein Donnerwetter träf!
Wartet, ihr Racker!
Maßabzwacker! –
Esel! – Dummrian! –
Du Grobian! –
Lümmel du! –
Drauf und zu!

LEHRBUBEN *kommen von allen Seiten dazu.*

Kennt man die Schlosser nicht?
Die haben's sicher angericht't!
Ich glaub, die Schmiede werden's sein!
Die Schreiner seh ich dort beim Schein! –
Hei! Schaut die Schäffler dort beim Tanz! –
Dort seh die Bader ich im Glanz;
herbei zum Tanz!
Krämer finden sich zur Hand
mit Gerstenstang und Zuckerkand,
mit Pfeffer, Zimt, Muskatennuß,
sie riechen schön,
doch machen viel Verdruß;
sie riechen schön,
und bleiben gern vom Schuß.
Seht nur, der Has
hat überall die Nas!
Meinst du damit etwa mich?
Mein ich damit etwa dich?
Immer mehr heran!

Lustig, wacker! Jetzt geht's erst recht an!
Hei, nun geht's Plauz hast du nicht gesehn!
Hast's auf die Schnauz! –
Ha! nun geht's: Krach! Hagelwetterschlag!
Wo es sitzt, da wächst nichts so bald nach!
Keilt euch wacker! Keiner weiche!
Haltet selbst Gesellen mutig stand!
Wer wich, 's wär' wahrlich eine Schand!
Wacker drauf und dran!
Wir stehen Alle wie ein Mann!
Wie ein Mann
stehn wir Alle fest zur Keilerei!

Bereits prügeln sich Nachbarn und Lehrbuben fast allgemein durcheinander

GESELLEN *mit Knitteln bewaffnet, kommen von verschiedenen Seiten dazu.* Heda! Gesellen 'ran!
Dort wird mit Streit und Zank getan;
da gibt's gewiß noch Schlägerei;
Gesellen, haltet euch dabei!
's sind die Weber! 's sind die Gerber!
Die Preisverderber!
Dacht ich mir's doch gleich:
spielen immer Streich! –
Dort den Metzger Klaus
kenn ich heraus!
's brennt manchem im Haus!
's ist morgen der Fünfte!
Zünfte heraus! –
Hei, hier setzt's Prügel!
Schneider mit dem Bügel!
Gürtler! – Spengler! – Zinngießer! –
Leimsieder! – Lichtgießer! –
Tuchscherer! Leinweber!
Immer 'ran! Immer drauf!
Schert euch selber fort und macht euch heim!
Immer drauf und dran!
Jetzt gilt's: keiner weiche hier!
Zünfte! Zünfte! Heraus! –

DIE MEISTER *und älteren Bürger kommen von verschiedenen Seiten dazu.* Was gibt's denn da für Zank und Streit?
Das tost ja weit und breit!
Gebt Ruh und schert euch jeder gleich nach Hause heim,
sonst schlag ein Hageldonnerwetter drein!

Stemmt euch hier nicht mehr zu Hauf,
oder sonst wir schlagen drein!

DIE NACHBARINNEN *haben die Fenster geöffnet und gucken heraus.* Was ist das für Zanken und Streit?
Da gibt's gewiß noch Schlägerei?
Wär nur der Vater nicht dabei!
's wird einem wahrlich angst und bang!
Heda! Ihr dort unten,
so seid doch nur gescheit!
Seid ihr denn Alle gleich
zu Streit und Zank bereit?
Seid ihr Alle blind und toll?
Sind euch vom Wein denn noch die Köpfe voll?
Mein! Dort schlägt sich mein Mann!
Hilfe Der Vater! Der Vater! Ach, sie haun ihn tot!
Hört keines mehr sein Wort! Gott, welche Not!
Seht dort den Christian; er walkt den Peter ab!
Auf, schreit zu Hilfe: Mord und Zeter! –
Gott, wie sie walken!
Die Köpf und Zöpfe wackeln hin und her!
Schafft Wasser, Wasser her! Wasser her!
das gießt ihn' auf die Köpf herab!

Die Rauferei ist allgemein geworden, Schreien und Toben

MAGDALENE *am Fenster, schreiend.* Ach Himmel! David! Gott, welche Not!
Zu Hilfe! Zu Hilfe! Sie schlagen sich tot!

Mit größter Anstrengung

Hör doch nur, David!
So laß doch nur den Herrn dort los,
er hat mir nichts getan!

Hinabspähend

So hör mich doch nur an!
Herrgott, er hält ihn noch!
Mein'! David, ist er toll?

Mit höchster Anstrengung

Ach, David, hör:
's ist Herr Beckmesser!

POGNER *ist im Nachtgewand oben an das Fenster getreten.*
Um Gott! Eva! Schließ zu!
Ich seh, ob unt' im Hause Ruh!

Er zieht Magdalenen, welche jammernd die Hände nach der Gasse hinab gerungen, herein und schließt das Fenster

WALTHER *der bisher mit Eva sich hinter dem Gebüsch verbor-*

gen, faßt jetzt Eva dicht in den linken Arm und zieht mit der rechten Hand das Schwert. Jetzt gilt's zu wagen,
sich durchzuschlagen!

Er dringt mit geschwungenem Schwerte bis in die Mitte der Bühne vor, um sich mit Eva durch die Gasse durchzuhauen. – Da springt Sachs mit einem kräftigen Satze aus dem Laden, bahnt sich mit geschwungenem Knieriemen den Weg bis zu Walther und packt diesen beim Arm

POGNER *auf der Treppe.* He! Lene! Wo bist du?

SACHS *die halb ohnmächtige Eva die Treppe hinaufstoßend.*
Ins Haus, Jungfer Lene!

Pogner empfängt Eva und zieht sie am Arme in das Haus. Sachs, mit dem Knieriemen David eines überhauend und mit einem Fußtritt ihn voran in den Laden stoßend, zieht Walther, den er mit der andren Hand fest gefaßt hält, gewaltsam schnell ebenfalls mit sich hinein und schließt sogleich fest hinter sich zu. – Beckmesser, durch Sachs von David befreit, sucht sich, jämmerlich zerschlagen, eilig durch die Menge zu flüchten. – Im gleichen Augenblick, wo Sachs auf die Straße sprang, hörte man, rechts zur Seite im Vordergrunde, einen besonders starken Hornruf des Nachtwächters. Gleichzeitig haben die Frauen aus allen Fenstern starke Güsse von Wasser aus Kannen, Krügen und Becken auf die Streitenden hinabstürzen lassen: dieses, mit dem besonders starken Tönen des Hornes zugleich, wirkt auf Alle mit einem panischen Schrecken: Nachbarn, Lehrbuben, Gesellen und Meister suchen in eiliger Flucht nach allen Seiten hin das Weite, so daß die Bühne sehr bald gänzlich leer wird; die Haustüren werden hastig geschlossen; auch die Nachbarinnen verschwinden von den Fenstern, welche sie zuschlagen. – Als die Straße und Gasse leer geworden und alle Häuser geschlossen sind, betritt

DER NACHTWÄCHTER *im Vordergrunde rechts die Bühne, reibt sich die Augen, sieht sich verwundert um, schüttelt den Kopf, und stimmt, mit leise bebender Stimme, den Ruf an.*
Hört, ihr Leut, und laßt euch sagen,
die Glock' hat eilfe geschlagen:
bewahrt euch vor Gespenstern und Spuk,
daß kein böser Geist eu'r Seel beruck!
Lobet Gott, den Herrn!

Hornruf

Der Vollmond tritt hervor und scheint hell in die Gasse hinein; der Nachtwächter schreitet langsam dieselbe hinab. Als der Nachtwächter um die Ecke biegt, fällt der Vorhang schnell, genau mit dem letzten Takte

DRITTER AUFZUG

ERSTE SZENE

In Sachsens Werkstatt. (Kurzer Raum.) Im Hintergrunde die halbgeöffnete Ladentüre, nach der Straße führend. Rechts zur Seite eine Kammertüre. Links das nach der Gasse gehende Fenster, mit Blumenstöcken davor, zur Seite ein Werktisch. Sachs sitzt auf einem großen Lehnstuhle an diesem Fenster, durch welches die Morgensonne hell auf ihn hereinscheint; er hat vor sich auf dem Schoße einen großen Folianten und ist im Lesen vertieft

David zeigt sich, von der Straße kommend, unter der Ladentüre; er lugt herein und, da er Sachs gewahrt, fährt er zurück. Er versichert sich aber, daß Sachs ihn nicht bemerkt, schlüpft herein, stellt seinen mitgebrachten Handkorb auf den hinteren Werktisch beim Laden und untersucht seinen Inhalt; er holt Blumen und Bänder hervor, kramt sie auf dem Tische aus und findet endlich auf dem Grunde eine Wurst und einen Kuchen; er läßt sich an, diese zu verzehren, als Sachs, der ihn fortwährend nicht beachtet, mit starkem Geräusch eines der großen Blätter des Folianten umwendet

DAVID *fährt zusammen, verbirgt das Essen und wendet sich zurück.* Gleich, Meister! Hier! –
Die Schuh sind abgegeben
in Herrn Beckmessers Quartier. –
Mir war's, als rieft Ihr mich eben?
Beiseite
Er tut, als säh er mich nicht?
Da ist er bös, wenn er nicht spricht! –
Er nähert sich, sehr demütig, langsam Sachs
Ach, Meister! Wollt mir verzeihn;
kann ein Lehrbub vollkommen sein?
Kenntet Ihr die Lene wie ich,
dann vergäbt Ihr mir sicherlich.

Sie ist so gut, so sanft für mich,
und blickt mich oft an so innerlich.
Wenn Ihr mich schlagt, streichelt sie mich,
und lächelt dabei holdseliglich;
muß ich karieren, füttert sie mich,
und ist in Allem gar liebelich!
Nur gestern, weil der Junker versungen,
hab ich den Korb ihr nicht abgerungen.
Das schmerzte mich: – und da ich fand,
daß nachts Einer vor dem Fenster stand,
und sang zu ihr, und schrie wie toll, –
da hieb ich dem den Buckel voll:
wie käm nun da was Großes drauf an?
Auch hat's unsrer Liebe gar wohl getan! –
Die Lene hat mir eben Alles erklärt,
und zum Fest Blumen und Bänder beschert. –

Er bricht in größere Angst aus

Ach, Meister! Sprecht doch nur ein Wort! –
(Hätt ich nur die Wurst und den Kuchen erst fort!)

SACHS *hat unbeirrt immer weiter gelesen. Jetzt schlägt er den Folianten zu. Von dem starken Geräusch erschrickt David so, daß er strauchelt und unwirllkürlich vor Sachs auf die Knie fällt. Sachs sieht über das Buch, das er noch auf dem Schoße behält, hinweg, über David, welcher, immer auf den Knien, furchtsam nach ihm aufblickt, hin und heftet seinen Blick unwillkürlich auf den hinteren Werktisch. Sehr leise.* Blumen und Bänder seh ich dort?
Schaut hold und jugendlich aus.
Wie kamen mir die ins Haus?

DAVID *verwundert über Sachs' Freundlichkeit.*
Ei, Meister! 's ist heut festlicher Tag;
da putzt sich jeder so schön er mag.

SACHS *immer leise, wie für sich.* Wär heut Hochzeitsfest?

DAVID. Ja, käm's erst so weit,
daß David die Lene freit!

SACHS *immer wie zuvor.* 's war Polterabend, dünkt mich doch?

DAVID *für sich.* (Polterabend? . . . Da krieg ich's wohl noch?)
Verzeiht das, Meister! Ich bitt, vergeßt!
Wir feiern ja heut Johannisfest.

SACHS. Johannisfest?

DAVID. (Hört er heut schwer?)

SACHS. Kannst du dein Sprüchlein, so sag es her!

DAVID *ist allmählich wieder zu stehen gekommen.*
Mein Sprüchlein? Denk, ich kann's gut – –
(Setzt nichts! der Meister ist wohlgemut.) –
Stark und grob
»Am Jordan Sankt Johannes stand...«
Er hat in der Zerstreuung die Worte mit der Melodie von Beckmessers Werbelied aus dem vorhergehenden Aufzuge gesungen; Sachs macht eine verwunderte Bewegung, worauf David sich unterbricht
SACHS. Wa... was?
DAVID *lächelnd.* Verzeiht das Gewirr!
Mich machte der Polterabend irr'.
Er sammelt und stellt sich gehörig auf
»Am Jordan Sankt Johannes stand,
all Volk der Welt zu taufen;
kam auch ein Weib aus fernem Land,
aus Nürnberg gar gelaufen:
sein Söhnlein trug's zum Uferrand,
empfing da Tauf und Namen;
doch als sie dann sich heimgewandt,
nach Nürnberg wieder kamen,
in deutschem Land gar bald sich fand's,
daß wer am Ufer des Jordans
Johannes war genannt,
an der Pegnitz hieß der Hans.«
sich besinnend
Hans?... Hans!...
Herr – Meister!
feurig
's ist heut Eu'r Namenstag!
Nein! Wie man so was vergessen mag!
Hier! hier die Blumen sind für Euch, –
die Bänder, und was nur Alles noch gleich?
Ja, hier, schaut! Meister, herrlicher Kuchen!
Möchtet Ihr nicht auch die Wurst versuchen? –
SACHS *immer ruhig, ohne seine Stellung zu verändern.*
Schön Dank, mein Jung! Behalt's für dich!
Doch heut auf die Wiese begleitest du mich;
mit Blumen und Bändern putz dich fein:
sollst mein stattlicher Herold sein!
DAVID. Sollt ich nicht lieber Brautführer sein?
Meister, ach! Meister, Ihr müßt wieder frei'n.
SACHS. Hätt'st wohl gern eine Meist'rin im Haus?

DAVID. Ich mein, es säh doch viel stattlicher aus.
SACHS. Wer weiß? Kommt Zeit, kommt Rat.
DAVID. ’s ist Zeit.
SACHS. Dann wär der Rat wohl auch nicht weit?
DAVID. Gewiß! Gehn schon Reden hin und wieder;
den Beckmesser, denk ich, säng’t Ihr doch nieder?
Ich mein, daß der heut sich nicht wichtig macht!
SACHS. Wohl möglich; hab mir’s auch schon bedacht. –
Jetzt geh und stör mir den Junker nicht.
Komm wieder, wenn du schön gericht’t!
DAVID *küßt Sachs gerührt die Hand.*
So war er noch nie, wenn sonst auch gut! –
(Kann mir gar nicht mehr denken, wie der Knieriemen tut!) –

Er packt seine Sachen zusammen und geht in die Kammer ab

SACHS *immer noch den Folianten auf dem Schoße, lehnt sich, mit untergestütztem Arm, sinnend darauf: es scheint, daß ihn das Gespräch mit David gar nicht aus seinem Nachdenken gestört hat.* Wahn! Wahn!
Überall Wahn!
Wohin ich forschend blick
in Stadt- und Weltchronik,
den Grund mir aufzufinden,
warum gar bis aufs Blut
die Leut sich quälen und schinden
in unnütz toller Wut?
Hat keiner Lohn
noch Dank davon:
in Flucht geschlagen
wähnt er zu jagen;
hört nicht sein eigen
Schmerzgekreisch,
wenn er sich wühlt ins eigne Fleisch,
wähnt Lust sich zu erzeigen! –
Wer gibt den Namen an? –
Kräftig
’s ist halt der alte Wahn,
ohn den nichts mag geschehen,
’s mag gehen oder stehen!
Steht’s wo im Lauf,
er schläft nur neue Kraft sich an:
gleich wacht er auf; –
dann schaut, wer ihn bemeistern kann!...

Wie friedsam treuer Sitten,
getrost in Tat und Werk,
liegt nicht in Deutschlands Mitten
mein liebes Nürenberg! –

Er blickt mit freudiger Begeisterung ruhig vor sich hin

Doch eines Abends spat,
ein Unglück zu verhüten
bei jugendheißen Gemüten,
ein Mann weiß sich nicht Rat;
ein Schuster in seinem Laden
zieht an des Wahnes Faden;
wie bald auf Gassen und Straßen
fängt der da an zu rasen!
Mann, Weib, Gesell und Kind
fällt sich da an wie toll und blind;
und will's der Wahn gesegnen,
nun muß es Prügel regnen,
mit Hieben, Stoß und Dreschen
den Wutesbrand zu löschen. –
Gott weiß, wie das geschah? –
Ein Kobold half wohl da: –
ein Glühwurm fand sein Weibchen nicht;
der hat den Schaden angericht't. –
Der Flieder war's: – Johannisnacht! –
Nun aber kam Johannistag! –
Jetzt schaun wir, wie Hans Sachs es macht,
daß er den Wahn fein lenken kann,
ein edler Werk zu tun:
denn läßt er uns nicht ruhn,
selbst hier in Nürenberg,
so sei's um solche Werk,
die selten vor gemeinen Dingen
und nie ohn ein'gen Wahn gelingen.

ZWEITE SZENE

Walther tritt unter der Kammertür ein. Er bleibt einen Augenblick dort stehen und blickt auf Sachs. Dieser wendet sich und läßt den Folianten auf den Boden gleiten

SACHS. Grüß Gott, mein Junker! Ruhet Ihr noch?
Ihr wachtet lang, nun schlieft Ihr doch?

WALTHER *sehr ruhig.* Ein wenig, aber fest und gut.
SACHS. So ist Euch nun wohl baß zumut?
WALTHER *immer sehr ruhig.* Ich hatt einen wunderschönen Traum.
SACHS. Das deutet Gut's: erzählt mir den!
WALTHER. Ihn selbst zu denken wag ich kaum:
ich fürcht ihn mir vergehn zu sehn. –
SACHS. Mein Freund! Das grad ist Dichters Werk
daß er sein Träumen deut und merk.
Glaubt mir, des Menschen wahrster Wahn
wird ihm im Traume aufgetan:
all Dichtkunst und Poeterei
ist nichts als Wahrtraumdeuterei.
Was gilt's, es gab der Traum Euch ein,
wie heut Ihr sollet Meister sein?
WALTHER *sehr ruhig.* Nein, von der Zunft und ihren Meistern
wollt sich mein Traumbild nicht begeistern.
SACHS. Doch lehrt es wohl den Zauberspruch,
mit dem Ihr sie gewännet?
WALTHER *etwas lebhafter.* Wie wähnt Ihr doch nach solchem Bruch,
wenn Ihr noch Hoffnung kennet!
SACHS. Die Hoffnung laß ich mir nicht mindern,
nichts stieß sie noch übern Haufen;
wär's nicht, glaubt, statt Eure Flucht zu hindern,
wär ich selbst mit Euch fortgelaufen!
Drum bitt ich, laßt den Groll jetzt ruhn!
Ihr habt's mit Ehrenmännern zu tun;
die irren sich, und sind bequem,
daß man auf ihre Weise sie nähm. –
Wer Preise erkennt und Preise stellt,
der will am End auch, daß man ihm gefällt.
Eu'r Lied, das hat ihnen bang gemacht;
und das mit Recht: denn wohlbedacht,
mit solchem Dicht- und Liebesfeuer
verführt man wohl Töchter zum Abenteuer;
doch für liebseligen Ehestand
man andre Wort' und Weisen fand.
WALTHER *lächelnd.* Die kenn ich nun auch seit dieser Nacht:
es hat viel Lärm auf der Gasse gemacht.
SACHS *lachend.* Ja, ja! Schon gut! Den Takt dazu
hörtet Ihr auch! – Doch laßt dem Ruh,

und folgt meinem Rate, kurz und gut:
faßt zu einem Meisterliede Mut!
WALTHER. Ein schönes Lied – ein Meisterlied:
wie faß ich da den Unterschied?
SACHS *zart.* Mein Freund, in holder Jugendzeit,
wenn uns von mächt'gen Trieben
zum sel'gen ersten Lieben
die Brust sich schwellet hoch und weit,
ein schönes Lied zu singen
mocht vielen da gelingen:
der Lenz, der sang für sie.
Kam Sommer, Herbst und Winterszeit
viel Not und Sorg im Leben,
manch ehlich Glück daneben:
Kindtauf, Geschäfte, Zwist und Streit: –
denen 's dann noch will gelingen
ein schönes Lied zu singen,
seht: Meister nennt man die!
WALTHER *zart und begeistert anschwellend.* Ich lieb ein Weib,
und will es frein,
mein dauernd Ehgemahl zu sein. –
SACHS. Die Meisterregeln lernt beizeiten,
daß sie getreulich Euch geleiten
und helfen wohl bewahren,
was in der Jugend Jahren
mit holdem Triebe
Lenz und Liebe
Euch unbewußt ins Herz gelegt,
daß Ihr das unverloren hegt!
WALTHER. Stehn sie nun in so hohem Ruf,
wer war es, der die Regeln schuf?
SACHS. Das waren hochbedürft'ge Meister,
von Lebensmüh bedrängte Geister:
in ihrer Nöten Wildnis
sie schufen sich ein Bildnis,
daß ihnen bliebe
der Jugendliebe
ein Angedenken, klar und fest,
dran sich der Lenz erkennen läßt.
WALTHER. Doch, wem der Lenz schon lang entschwunden
wie wird er dem im Bild gewonnen?
SACHS. Er frischt es an, so gut er kann:
drum möcht ich, als bedürft'ger Mann,

will ich die Regeln Euch lehren,
sollt Ihr sie mir neu erklären. –
Seht, hier ist Tinte, Feder, Papier:
ich schreib's Euch auf, diktiert Ihr mir!

WALTHER. Wie ich begänne, wüßt ich kaum.

SACHS. Erzählt mir Euren Morgentraum.

WALTHER. Durch Eurer Regeln gute Lehr
ist mir's, als ob verwischt er wär.

SACHS. Grad nehmt die Dichtkunst jetzt zur Hand:
mancher durch sie das Verlor'ne fand.

WALTHER. So wär's nicht Traum, doch Dichterei?

SACHS. 's sind Freunde beid, stehn gern sich bei.

WALTHER. Wie fang ich nach der Regel an?

SACHS. Ihr stellt sie selbst und folgt ihr dann.
Gedenkt des schönen Traums am Morgen:
fürs Andre laßt Hans Sachs nur sorgen.

WALTHER *hat sich zu Hans Sachs am Werktisch gesetzt, wo dieser das Gedicht Walthers nachschreibt.*
»Morgenlich leuchtend in rosigem Schein *,
von Blüt und Duft
geschwellt die Luft,
voll aller Wonnen
nie ersonnen,
ein Garten lud mich ein,
Gast ihm zu sein.«

SACHS. Das war ein »Stollen«; nun achtet wohl,
daß ganz ein gleicher ihm folgen soll.

WALTHER. Warum ganz gleich?

SACHS. Damit man seh,
Ihr wähltet Euch gleich ein Weib zur Eh'! –

WALTHER. »Wonnig entragend dem seligen Raum,
bot goldner Frucht
heilsaft'ge Wucht,
mit holdem Prangen
dem Verlangen,
an duft'ger Zweige Saum,
herrlich ein Baum.« –

SACHS. Ihr schlosset nicht im gleichen Ton:
das macht den Meistern Pein;
doch nimmt Hans Sachs die Lehr davon,

* Siehe Anhang 7

im Lenz wohl müss es so sein. –
Nun stellt mir einen »Abgesang«.
WALTHER. Was soll nun der?
SACHS. Ob Euch gelang,
ein rechtes Paar zu finden,
das zeigt sich an den Kinden;
den Stollen ähnlich, doch nicht gleich,
an eignen Reim und Tönen reich;
daß man's recht schlank und selbstig find,
das freut die Eltern an dem Kind;
und Euren Stollen gibt's den Schluß,
daß nichts davon abfallen muß. –
WALTHER. »Sei euch vertraut,
welch hehres Wunder mir geschehn:
an meiner Seite stand ein Weib,
so hold und schön ich nie gesehn:
gleich einer Braut
umfaßte sie sanft meinen Leib;
mit Augen winkend,
die Hand wies blinkend,
was ich verlangend begehrt,
die Frucht so hold und wert
vom Lebensbaum.«
SACHS *gerührt*. Das nenn ich mir einen Abgesang!
Seht, wie der ganze Bar gelang!
Nur mit der Melodei
seid Ihr ein wenig frei:
doch sag ich nicht, daß das ein Fehler sei;
nur ist's nicht leicht zu behalten, –
und das ärgert unsre Alten.
Jetzt richtet mir noch einen zweiten Bar,
damit man merk, welch der erste war.
Auch weiß ich noch nicht, so gut Ihr's gereimt,
was Ihr gedichtet, was Ihr geträumt.
WALTHER. »Abendlich glühend in himmlischer Glut
verschied der Tag,
wie dort ich lag:
aus ihren Augen
Wonne saugen,
Verlangen einz'ger Macht
in mir nur wacht.
Nächtlich umdämmert der Blick mir sich bricht:
wie weit so nah,

beschienen da
zwei lichte Sterne
aus der Ferne,
durch schlanker Zweige Licht,
hehr mein Gesicht.
Lieblich ein Quell
auf stiller Höhe dort mir rauscht;
jetzt schwellt er an sein hold Getön,
so stark und süß ich's nie erlauscht:
leuchtend und hell,
wie strahlten die Sterne da schön!
Zu Tanz und Reigen
in Laub und Zweigen
der goldnen sammeln sich mehr,
statt Frucht ein Sternenheer
im Lorbeerbaum.«

SACHS *sehr gerührt.* Freund, Euer Traumbild wies Euch wahr:
gelungen ist auch der zweite Bar.
Wolltet Ihr noch einen dritten dichten,
des Traumes Deutung würd' er berichten. –

WALTHER *steht schnell auf.* Wo fänd' ich die? Genug der Wort!

SACHS *erhebt sich ebenfalls und tritt mit freundlicher Entschiedenheit zu Walther.* Dann Tat und Wort
am rechten Ort! –
Drum bitt ich, merkt mir wohl die Weise:
gar lieblich drin sich's dichten läßt.
Und singt Ihr sie in weitrem Kreise,
so haltet mir auch das Traumbild fest.

WALTHER. Was habt Ihr vor?

SACHS. Eu'r treuer Knecht
fand sich mit Sack und Tasch zurecht:
die Kleider, drin am Hochzeitsfest
daheim Ihr wolltet prangen,
die ließ er her zu mir gelangen:
ein Täubchen zeigt ihm wohl das Nest,
darin sein Junker träumt.
Drum folgt mir jetzt ins Kämmerlein:
mit Kleiden, wohl gesäumt,
sollen beide wir gezieret sein,
wenn's Stattliches zu wagen gilt.
Drum kommt, seid Ihr gleich mir gesinnt.

Walther schlägt in Sachsens Hand ein; so geleitet ihn dieser ruhig festen Schrittes zur Kammer, deren Türe er ihm ehrerbietig öffnet und dann ihm folgt. – Man gewahrt Beckmesser, welcher draußen vor dem Laden erscheint, in großer Aufgeregtheit hereinlugt und, da er die Werkstatt leer findet, hastig hereintritt

DRITTE SZENE

BECKMESSER *ist sehr aufgeputzt, aber in sehr leidendem Zustande. Er blickt sich erst unter der Türe nochmals genau in der Werkstatt um. Dann hinkt er vorwärts, zuckt aber zusammen und streicht sich den Rücken. Er macht wieder einige Schritte, knickt aber mit den Knien und streicht nun diese. Er setzt sich auf den Schusterschemel, fährt aber schnell schmerzhaft wieder auf. Er betrachtet sich den Schemel und gerät dabei in immer aufgeregteres Nachsinnen. Er wird von den verdrießlichsten Erinnerungen und Vorstellungen gepeinigt; immer unruhiger beginnt er sich den Schweiß von der Stirn zu wischen. Er hinkt immer lebhafter umher und starrt dabei vor sich hin. Als ob er von allen Seiten verfolgt wäre, taumelt er fliehend hin und her. Wie um nicht umzusinken, hält er sich an dem Werktisch, zu dem er hingeschwankt war, an und starrt vor sich hin. Matt und verzweiflungsvoll sieht er um sich: – sein Blick fällt endlich durch das Fenster auf Pogners Haus; er hinkt mühsam an dasselbe heran, und, nach dem gegenüberliegenden Fenster ausspähend, versucht er sich in die Brust zu werfen, als ihm sogleich der Ritter Walther einfällt. Ärgerliche Gedanken entstehen ihm dadurch, gegen die er mit schmeichelndem Selbstgefühle anzukämpfen sucht. Die Eifersucht übermannt ihn; er schlägt sich vor den Kopf. Er glaubt die Verhöhnung der Weiber und Buben auf der Gasse zu vernehmen, wendet sich wütend ab und schmeißt das Fenster zu. Sehr verstört wendet er sich mechanisch wieder dem Werktische zu, indem er, vor sich hin brütend, nach einer neuen Weise zu suchen scheint. Sein Blick fällt auf das von Sachs zuvor beschriebene Papier; er nimmt es neugierig auf, überfliegt es mit wachsender Aufregung und bricht endlich wütend aus.*

Ein Werbelied! Von Sachs! – Ist's wahr?
Ha! Jetzt wird mir Alles klar! –

Da er die Kammertüre gehen hört, fährt er zusammen und steckt das Papier eilig in die Tasche

SACHS *im Festgewande, tritt ein, kommt vor und hält an, als er Beckmesser gewahrt.*

Sieh da, Herr Schreiber: auch am Morgen?
Euch machen die Schuh doch nicht mehr Sorgen?

BECKMESSER. Zum Teufel! So dünn war ich noch nie beschuht;
fühl durch die Sohl den kleinsten Kies!

SACHS. Mein Merkersprüchlein wirkte dies;
trieb sie mit Merkerzeichen so weich.

BECKMESSER. Schon gut der Witz, und genug der Streich!
Glaubt mir, Freund Sachs: jetzt kenn ich Euch!
Der Spaß von dieser Nacht,
der wird Euch noch gedacht.
Daß ich Euch nur nicht im Wege sei,
schuft Ihr gar Aufruhr und Meuterei!

SACHS. 's war Polterabend, laßt Euch bedeuten;
Eure Hochzeit spukte unter den Leuten:
je toller es da hergeh,
je besser bekommt's der Eh'!

BECKMESSER *wütend.* Oh, Schuster voll von Ränken
und pöbelhaften Schwänken!
Du warst mein Feind von je:
nun hör, ob hell ich seh! –
Die ich mir auserkoren,
die ganz für mich geboren,
zu aller Witwer Schmach
der Jungfer stellst du nach.
Daß sich Herr Sachs erwerbe
des Goldschmieds reiches Erbe,
im Meisterrat zur Hand
auf Klauseln er bestand,
ein Mägdlein zu betören,
das nur auf ihn sollt hören,
und Andren abgewandt
zu ihm allein sich fand.
Darum! Darum! –
Wär ich so dumm? –
Mit Schreien und mit Klopfen
wollt er mein Lied zustopfen,
daß nicht dem Kind werd kund,
wie auch ein Andrer bestund.
Ja, ja! Haha!

Hab ich dich da? –
Aus seiner Schusterstuben
hetzt endlich er den Buben
mit Knüppeln auf mich her,
daß meiner los er wär!
Au, au! Au, au!
Wohl grün und blau
zum Spott der allerliebsten Frau,
zerschlagen und zerprügelt,
daß kein Schneider mich aufbügelt!
Gar auf mein Leben
war's angegeben.
Doch kam ich noch so davon,
daß ich die Tat Euch lohn:
zieht heut nur aus dem Singen,
merkt auf, wie's mag gelingen!
Bin ich gezwackt
auch und zerhackt,
Euch bring ich doch sicher aus dem Takt.

SACHS. Gut Freund, Ihr seid in argem Wahn;
glaubt was Ihr wollt, daß ich getan;
gebt Eure Eifersucht nur hin;
zu werben kommt mir nicht in Sinn.

BECKMESSER. Lug und Trug! Ich kenn es besser.

SACHS. Was fällt Euch nur ein, Meister Beckmesser?
Was ich sonst im Sinn, geht Euch nicht an;
doch, glaubt, ob der Werbung seid Ihr im Wahn.

BECKMESSER. Ihr sängt heut nicht?

SACHS. Nicht zur Wette.

BECKMESSER. Kein Werbelied?

SACHS. Gewißlich, nein!

BECKMESSER. Wenn ich aber drob ein Zeugnis hätte?
Er greift in die Tasche

SACHS *blickt auf den Werktisch.*
Das Gedicht? ... hier ließ ich's. Stecktet Ihr's ein?

BECKMESSER *das Blatt hervorziehend.* Ist das Eure Hand?

SACHS. Ja, war es das?

BECKMESSER. Ganz frisch noch die Schrift?

SACHS. Und die Tinte noch naß?

BECKMESSER. 's wär wohl gar ein biblisches Lied?

SACHS. Der fehlte wohl, wer darauf riet!

BECKMESSER. Nun denn?

SACHS. Wie doch?

BECKMESSER. Ihr fragt?
SACHS. Was noch?
BECKMESSER. Daß Ihr mit aller Biederkeit
der ärgste aller Spitzbuben seid.
SACHS. Mag sein; doch hab ich noch nie entwandt,
was ich auf fremden Tischen fand:
und daß man von Euch auch nicht Übles denkt,
behaltet das Blatt, es sei Euch geschenkt.
BECKMESSER *in freudigem Schreck aufspringend.*
Herr Gott! – Ein Gedicht? Ein Gedicht von Sachs?
Doch halt – daß kein neuer Schad mir erwachs!
Ihr habt's wohl schon recht gut memoriert?
SACHS. Seid meinethalb doch nur unbeirrt!
BECKMESSER. Ihr laßt mir das Blatt?
SACHS. Damit Ihr kein Dieb.
BECKMESSER. Und mach ich Gebrauch?
SACHS. Wie's Euch belieb.
BECKMESSER. Doch sing ich das Lied?
SACHS. Wenn's nicht zu schwer.
BECKMESSER. Und wenn ich gefiel?
SACHS. Das – wunderte mich sehr.
BECKMESSER *ganz zutraulich.* Da seid Ihr nun wieder zu bescheiden;
ein Lied von Sachs,
gleichsam pfeifend
das will was bedeuten. –
Und seht nur, wie mir's ergeht,
wie's mit mir Ärmsten steht!
Erseh ich doch mit Schmerzen,
das Lied, das nachts ich sang –
Dank Euren lust'gen Scherzen! –
es machte der Pognerin bang. –
Wie schaff ich mir nun zur Stelle
ein neues Lied herzu?
Ich armer, zerschlagner Geselle,
wie fänd ich heut dazu Ruh.
Werbung und ehlich Leben,
ob das mir Gott beschied,
muß ich nun grad aufgeben,
hab ich kein neues Lied. –
Ein Lied von Euch, des bin ich gewiß,
mit dem besieg ich jed' Hindernis:
soll ich das heute haben,

vergessen, begraben
sei Zwist, Hader und Streit,
und was uns je entzweit!

Er blickt seitwärts in das Blatt: plötzlich runzelt sich seine Stirne

Und doch! Wenn's nur eine Falle wär? –
Noch gestern wart Ihr mein Feind: –
wie käm's, daß nach so großer Beschwer
Ihr's freundlich heut mit mir meint?

SACHS. Ich macht Euch Schuh in später Nacht:
hat man je so einen Feind bedacht?

BECKMESSER. Ja, ja! Recht gut! Doch Eines schwört:
wo und wie Ihr das Lied auch hört,
daß nie Ihr Euch beikommen laßt,
zu sagen, das Lied sei von Euch verfaßt.

SACHS. Das schwör ich, und gelob es euch
nie mich zu rühmen, das Lied sei von mir.

BECKMESSER *sich vergnügt die Hände reibend.*
Was will ich mehr? Ich bin geborgen:
jetzt braucht sich Beckmesser nicht mehr zu sorgen.

SACHS. Doch, Freund, ich führ's Euch zu Gemüte,
und rat es Euch in aller Güte:
studiert mir recht das Lied;
sein Vortrag ist nicht leicht;
ob Euch die Weise geriet,
und Ihr den Ton erreicht.

BECKMESSER. Freund Sachs, Ihr seid ein guter Poet;
doch was Ton und Weise betrifft, gesteht,
da tut's mir keiner vor.
Drum spitzt nur fein das Ohr –
und: »Beckmesser!
Keiner besser!« –
darauf macht Euch gefaßt,
wenn Ihr mich ruhig singen laßt. –
Doch nun memorieren,
schnell nach Haus:
ohne Zeit zu verlieren
richt ich das aus. –
Hans Sachs, mein Teurer,
ich hab Euch verkannt;
durch den Abenteurer
war ich verrannt:

sehr zutraulich

(so Einer fehlte uns bloß! –
Den wurden wir Meister doch los!)
Doch mein Besinnen
läuft mir von hinnen!
Bin ich verwirrt
und ganz verirrt? –
Die Silben, die Reime,
die Worte, die Verse!
Ich kleb wie am Leime,
und brennt doch die Ferse.
Ade! Ich muß fort:
an andrem Ort
dank ich Euch inniglich,
weil Ihr so minniglich;
für Euch nun stimme ich,
kauf Eure Werke gleich,
mache zum Merker Euch, –
doch fein mit Kreide weich,
nicht mit dem Hammerstreich! –
Merker! Merker! Merker Hans Sachs!
Daß Nürnberg schusterlich blüh und wachs!

Beckmesser nimmt tanzend von Sachs Abschied, taumelt und poltert der Ladentüre zu; plötzlich glaubt er das Gedicht in seiner Tasche vergessen zu haben; läuft wieder vor, sucht ängstlich auf dem Werktische, bis er es in der eigenen Hand gewahr wird: darüber scherzhaft erfreut, umarmt er Sachs nochmals voll feurigen Dankes und stürzt dann, hinkend und strauchelnd, geräuschvoll durch die Ladentür ab

SACHS *sieht Beckmesser gedankenvoll lächelnd nach.*
So ganz boshaft doch Keinen ich fand;
er hält's auf die Länge nicht aus:
vergeudet Mancher oft viel Verstand,
doch hält er auch damit haus;
die schwache Stunde kommt für jeden, –
da wird er dumm und läßt mit sich reden,
Daß hier Herr Beckmesser ward zum Dieb,
ist mir für meinen Plan gar lieb. –

Eva nähert sich auf der Straße der Ladentür. Sachs wendet sich und gewahrt Eva

Sieh, Evchen! Dacht ich doch, wo sie blieb! –

VIERTE SZENE

Eva, reich geschmückt, in glänzend weißer Kleidung, etwas leidend und blaß, tritt zum Laden herein und schreitet langsam vor

SACHS. Grüß Gott, mein Evchen! Ei, wie herrlich
und stolz du's heute meinst!
Du machst wohl Alt und Jung begehrlich,
wenn du so schön erscheinst!
EVA. Meister, 's ist nicht so gefährlich:
und ist's dem Schneider geglückt,
wer sieht dann, wo's mir beschwerlich,
wo still der Schuh mich drückt?
SACHS. Der böse Schuh! 's war deine Laun,
daß du ihn gestern nicht probiert.
EVA. Merkt wohl, ich hatt zu viel Vertraun;
im Meister hatt ich mich geirrt.
SACHS. Ei, 's tut mir leid! Zeig her, mein Kind,
daß ich dir helfe gleich geschwind.
EVA. Sobald ich stehe, will es gehn;
doch, will ich gehn, zwingt mich's zu stehn.
SACHS. Hier auf den Schemel streck den Fuß:
der üblen Not ich wehren muß. –
Sie streckt einen Fuß auf dem Schemel am Werktisch aus
Was ist mit dem?
EVA. Ihr seht, zu weit!
SACHS. Kind, das ist pure Eitelkeit;
der Schuh ist knapp.
EVA. Das sagt ich ja:
drum drückt er mich an den Zehen da.
SACHS. Hier links?
EVA. Nein, rechts.
SACHS. Wohl mehr am Spann?
EVA. Hier mehr am Hacken.
SACHS. Kommt der auch dran?
EVA. Ach, Meister! Wüßtet Ihr besser als ich,
wo der Schuh mich drückt?
SACHS. Ei! 's wundert mich,
daß er zu weit, und doch drückt überall!

Walther, in glänzender Rittertracht, tritt unter die Türe der Kammer. Eva stößt einen Schrei aus und bleibt, unverwandt auf Walther blickend, in ihrer Stellung, mit dem Fuße auf dem Schemel. Sachs, der vor ihr niedergebückt steht, bleibt mit dem Rücken der Türe zugekehrt, ohne Walthers Eintritt zu beachten. Walther, durch den Anblick Evas festgebannt, bleibt ebenfalls unbeweglich unter der Türe stehen

Aha! – hier sitzt's: nun begreif ich den Fall. –
Kind, du hast recht: 's stak in der Naht.
Nun warte, dem Übel schaff ich Rat:
bleib nur so stehn; ich nehm dir den Schuh
eine Weil auf den Leisten, dann läßt er dir Ruh!

Sachs hat Eva sanft den Schuh vom Fuße gezogen; während sie in ihrer Stellung verbleibt, macht er sich am Werktisch mit dem Schuh zu schaffen und tut, als beachte er nichts anderes

SACHS *bei der Arbeit.* Immer schustern, das ist nun mein Los;
des Nachts, des Tags, komm nicht davon los.
Kind, hör zu: ich hab mir's überdacht,
was meinem Schustern ein Ende macht:
am besten, ich werbe doch nun um dich;
da gewänn ich doch was als Poet für mich. –
Du hörst nicht drauf? So sprich doch jetzt;
hast mir's ja selbst in den Kopf gesetzt? –
Schon gut! – ich merk: – »mach deine Schuh!« –
Säng mir nur wenigstens Einer dazu! –
Hörte heut gar ein schönes Lied: –
wem dazu wohl ein dritter Vers geriet? –

WALTHER *den begeisterten Blick unverwandt auf Eva.*
»Weilten die Sterne im lieblichen Tanz? *
So licht und klar
im Lockenhaar,
vor allen Frauen
hehr zu schauen,
lag ihr mit zartem Glanz
ein Sternenkranz.«

SACHS *immerfort arbeitend.* Lausch, Kind! Das ist ein Meisterlied.

WALTHER. »Wunder ob Wunder nun bieten sich dar:
zwiefachen Tag
ich grüßen mag;
denn gleich zwei'n Sonnen
reinster Wonnen,
der hehrsten Augen Paar
nahm ich da wahr.«

* Siehe Anhang 8

SACHS *beiseite zu Eva.* Derlei hörst du jetzt bei mir singen.
WALTHER. »Huldreichstes Bild,
dem ich zu nahen mich erkühnt!
Den Kranz, von zweier Sonnen Strahl
zugleich geblichen und ergrünt,
minnig und mild
sie flocht ihn um das Haupt dem Gemahl:
dort Huld-geboren,
nun Ruhm-erkoren,
gießt paradiesische Lust
sie in des Dichters Brust –
im Liebestraum.«
SACHS *hat den Schuh zurückgebracht und ist jetzt darüber her, ihn Eva wieder an den Fuß zu ziehen.*
Nun schau, ob dazu mein Schuh geriet?
Mein' endlich doch,
es tät mir gelingen?
Versuch's, – tritt auf! Sag, drückt er dich noch?

Eva, die wie bezaubert, regungslos gestanden, gesehen und gehört hat, bricht jetzt in heftiges Weinen aus, sinkt Sachs an die Brust und drückt ihn schluchzend an sich. – Walther ist zu ihnen getreten; er drückt begeistert Sachs die Hand. Längeres Schweigen leidenschaftlicher Ergriffenheit. – Sachs tut sich endlich Gewalt an, reißt sich wie unmutig los und läßt dadurch Eva unwillkürlich an Walthers Schulter sich anlehnen

SACHS. Hat man mit dem Schuhwerk nicht seine Not!
Wär ich nicht noch Poet dazu,
ich machte länger keine Schuh!
Das ist eine Müh, ein Aufgebot!
Zu weit dem Einen, dem Andern zu eng;
von allen Seiten Lauf und Gedräng:
da klappt's,
da schlappt's;
hier drückt's,
da zwickt's; –
der Schuster soll auch Alles wissen,
flicken, was nur immer zerrissen:
und ist er gar Poet dazu,
da läßt man am End ihm auch da keine Ruh;
und ist er erst noch Witwer gar,
zum Narren hält man ihn fürwahr: –
die jüngsten Mädchen, ist Not am Mann,

begehren, er hielte um sie an;
versteht er sie, versteht er sie nicht, –
all eins, ob ja, ob nein er spricht, –
am End riecht er doch nach Pech,
und gilt für dumm, tückisch und frech. –
Ei! 's ist mir nur um den Lehrbuben leid,
der verliert mir allen Respekt:
die Lene macht ihn schon nicht recht gescheit,
daß aus Töpf und Tellern er leckt.
Wo Teufel er jetzt nur wieder steckt!

EVA *indem sie Sachs zurückhält und von Neuem an sich zieht.*
O Sachs! Mein Freund! Du teurer Mann!
Wie ich dir Edlem lohnen kann!
Was ohne deine Liebe,
was wär ich ohne dich, –
ob je auch Kind ich bliebe,
erwecktest du mich nicht?
Durch dich gewann ich,
was man preist;
durch dich ersann ich,
was ein Geist;
durch dich erwacht,
durch dich nur dacht
ich edel, frei und kühn;
du ließest mich erblühn!
Ja, lieber Meister, schilt mich nur;
ich war doch auf der rechten Spur.
Denn, hatte ich die Wahl,
nur dich erwählt ich mir;
du warest mein Gemahl,
den Preis reicht ich nur dir. –
Doch nun hat's mich gewählt
zu nie gekannter Qual;
und werd ich heut vermählt,
so war's ohn alle Wahl:
das war ein Müssen, war ein Zwang! –
Euch selbst, mein Meister, wurde bang.

SACHS. Mein Kind,
von Tristan und Isolde
kenn ich ein traurig Stück:
Hans Sachs war klug, und wollte
nichts von Herrn Markes Glück. –

's war Zeit, daß ich den Rechten fand,
wär sonst am End doch hineingerannt. –
Aha! Da streicht die Lene schon ums Haus:
nur herein! He! David! Kommst nicht heraus?

Magdalene, in festlichem Staate, tritt durch die Ladentüre herein. David, ebenfalls im Festkleid, mit Blumen und Bändern sehr reich und zierlich ausgeputzt, kommt zugleich aus der Kammer heraus

Die Zeugen sind da, Gevatter zur Hand:
jetzt schnell zur Taufe! Nehmt euren Stand!

Alle blicken ihn verwundert an

Ein Kind ward hier geboren:
jetzt sei ihm ein Nam' erkoren.
So ist's nach Meisterweis' und Art,
wenn eine Meisterweise geschaffen ward,
daß die einen guten Namen trag,
dran Jeder sie erkennen mag. –
Vernehmt, respektable Gesellschaft,
was euch hier zur Stell schafft. –
Eine Meisterweise ist gelungen,
von Junker Walther gedichtet und gesungen:
der jungen Weise lebender Vater
lud mich und die Pognerin zu Gevatter.
Weil wir die Weise wohl vernommen,
sind wir zur Taufe hieher gekommen;
auch daß wir zur Handlung Zeugen haben,
ruf ich Jungfer Lene und meinen Knaben.
Doch da's zum Zeugen kein Lehrbube tut,
und heut auch den Spruch er gesungen gut,
so mach ich den Burschen gleich zum Gesell.
Knie nieder, David, und nimm diese Schell!

David ist niedergekniet; Sachs gibt ihm eine starke Ohrfeige

Steh auf, Gesell, und denk an den Streich:
du merkst dir dabei die Taufe zugleich. –
Fehlt sonst noch was, uns keiner schilt;
wer weiß, ob's nicht gar einer Nottaufe gilt.
Daß die Weise Kraft behalte zum Leben,
will ich nur gleich den Namen ihr geben: –
Die »selige Morgentraum-Deutweise«
sei sie genannt zu des Meisters Preise. –
Nun wachse sie groß, ohn Schad' und Bruch.
Die jüngste Gevatterin spricht den Spruch.

Er tritt aus der Mitte des Halbkreises, der von den Übrigen um ihn gebildet worden war, auf die Seite, so daß nun Eva in der Mitte zu stehen kommt

EVA. Selig, wie die Sonne
meines Glückes lacht,
Morgen voller Wonne,
selig mir erwacht;
Traum der höchsten Hulden,
himmlisch Morgenglühn:
Deutung euch zu schulden,
selig süß Bemühn! –
Einer Weise, mild und hehr,
sollt es hold gelingen,
meines Herzens süß Beschwer
deutend zu bezwingen.
Ob es nur ein Morgentraum?
Selig deut ich mir es kaum.
Doch die Weise,
was sie leise
mir vertraut,
hell und laut,
in der Meister vollem Kreis,
deute sie auf den höchsten Preis.

SACHS. Vor dem Kinde, lieblich hold,
mocht ich gern wohl singen:
doch des Herzens süß Beschwer
galt es zu bezwingen:
's war ein schöner Morgentraum;
dran zu deuten wag ich kaum.
Diese Weise,
was sie leise
mir anvertraut,
im stillen Raum,
sagt mir laut:
auch der Jugend ew'ges Reis
grünt nur durch des Dichters Preis.

WALTHER. Deine Liebe ließ mir es gelingen,
meines Herzens süß Beschwer
deutend zu bezwingen:
ob es noch der Morgentraum?
Selig deut ich mir es kaum!
Doch die Weise,
was sie leise

dir vertraut
im stillen Raum,
hell und laut
in der Meister vollem Kreis,
werbe sie um den höchsten Preis!

DAVID. Wach oder träum ich schon so früh?
Das zu erklären macht mir Müh:
's ist wohl nur ein Morgentraum?
Was ich seh, begreif ich kaum.
Ward zur Stelle
gleich Geselle?
Lene Braut? –
im Kirchenraum
wir gar getraut?
's geht der Kopf mir wie im Kreis,
daß ich Meister bald heiß!

MAGDALENE. Wach oder träum ich schon so früh?
Das zu erklären macht mir Müh:
's ist wohl nur ein Morgentraum?
Was ich seh, begreif ich kaum.
Er zur Stelle
gleich Geselle?
Ich die Braut,
im Kirchenraum
wir gar getraut?
Ja, wahrhaftig, 's geht! Wer weiß,
daß ich Meist'rin bald heiß?

SACHS *zu den Übrigen sich wendend.* Jetzt alle am Fleck!

Zu Eva

Den Vater grüß!
Auf, nach der Wies – schnell auf die Füß!

Eva und Magdalene gehen

Zu Walther

Nun, Junker, kommt! Habt frohen Mut! –
David, Gesell: schließ den Laden gut!

Als Sachs und Walther ebenfalls auf die Straße gehen und David über das Schließen der Ladentür sich hermacht, wird im Proszenium ein Vorhang von beiden Seiten zusammengezogen, so daß er die Szene gänzlich verschließt

FÜNFTE SZENE

Die Vorhänge sind nach der Höhe aufgezogen worden; die Bühne ist verwandelt. Diese stellt einen freien Wiesenplan dar, im ferneren Hintergrunde die Stadt Nürnberg. Die Pegnitz schlängelt sich durch den Plan: der schmale Fluß ist an den nächsten Punkten praktikabel gehalten. Buntbeflaggte Kähne setzen unablässig die ankommenden, festlich gekleideten Bürger der Zünfte, mit Frauen und Kindern, an das Ufer der Festwiese über. Eine erhöhte Bühne, mit Bänken und Sitzen darauf, ist rechts zur Seite aufgeschlagen; bereits ist sie mit den Fahnen der angekommenen Zünfte ausgesckmückt; im Verlaufe stecken die Fahnenträger der noch ankommenden Zünfte ihre Fahnen ebenfalls um die Sängerbühne auf, so daß diese schließlich nach drei Seiten hin ganz davon eingefaßt ist. – Zelte mit Getränken und Erfrischungen aller Art begrenzen im Übrigen die Seiten des vorderen Hauptraumes

Vor den Zelten geht es bereits lustig her: Bürger, mit Frauen, Kindern und Gesellen, sitzen und lagern daselbst. – Die Lehrbuben der Meistersinger, festlich gekleidet, mit Blumen und Bändern reich und anmutig geschmückt, üben mit schlanken Stäben, die ebenfalls mit Blumen und Bändern geziert sind, in lustiger Weise das Amt von Herolden und Marschällen aus. Sie empfangen die am Ufer Aussteigenden, ordnen die Züge der Zünfte und geleiten diese nach der Singerbühne, von wo aus, nachdem der Bannerträger die Fahne aufgepflanzt, die Zunftbürger und Gesellen nach Belieben sich unter den Zelten zerstreuen. – Soeben, nach der Verwandlung, werden in der angegebenen Weise die Schuster am Ufer empfangen und nach dem Vordergrund geleitet

DIE SCHUSTER *mit fliegender Fahne aufziehend.*
Sankt Krispin,
lobet ihn!
War gar ein heilig Mann,
zeigt, was ein Schuster kann.
Die Armen hatten gute Zeit,
macht ihnen warme Schuh;
und wenn ihm keiner 's Leder leiht,
so stahl er sich's dazu.
Der Schuster hat ein weit Gewissen,
macht Schuhe selbst mit Hindernissen;

und ist vom Gerber das Fell erst weg,
dann streck, streck, streck!
Leder taugt nur am rechten Fleck.

Die Stadtwächter ziehen mit Trompeten und Trommeln den Stadtpfeifern, Lautenmachern usw. voraus

DIE SCHNEIDER *mit fliegender Fahne aufziehend.*
Als Nürenberg belagert war
und Hungersnot sich fand,
wär Stadt und Land verdorben gar,
war nicht ein Schneider zur Hand,
der viel Mut hatt und Verstand.
Hat sich in ein Bocksfell eingenäht,
auf dem Stadtwall da spazieren geht,
und macht wohl seine Sprünge
gar lustig guter Dinge.
Der Feind, der sieht's und zieht vom Fleck:
der Teufel hol die Stadt sich weg,
hat's drin noch so lustige Meck-meck-meck!
Meck! Meck! Meck!
Wer glaubt's, daß ein Schneider im Bocke steck!

DIE BÄCKER *mit fliegender Fahne aufziehend.*
Hungersnot! Hungersnot!
Das ist ein greulich Leiden:
gäb euch der Bäcker nicht täglich Brot,
müßt alle Welt verscheiden.
Beck! Beck! Beck!
Täglich auf dem Fleck,
nimm uns den Hunger weg!

DIE SCHUSTER *welche ihre Fahne aufgesteckt, begegnen beim Herabschreiten von der Sängerbühne den Bäckern.*
Streck! Streck! Streck!
Leder taugt nur am rechten Fleck!

DIE SCHNEIDER *nachdem sie die Fahne aufgesteckt, herabschreitend.* Meck! Meck! Meck!
Wer meint, daß ein Schneider im Bocke steck!

Ein bunter Kahn mit jungen Mädchen in reicher bäuerischer Tracht kommt an. Die Lehrbuben laufen nach dem Gestade

LEHRBUBEN. Herrje! Herrje! Mädel von Fürth!
Stadtpfeifer, spielt! Daß 's lustig wird!

Sie heben währenddem die Mädchen aus dem Kahn. – Das Charakteristische des folgenden Tanzes, mit welchem die Lehrbuben und Mädchen zunächst nach dem Vordergrund kommen, besteht darin, daß die Lehrbuben die Mädchen scheinbar nur an den Platz bringen wollen; sowie die Gesellen zugreifen wollen, ziehen die Buben die Mädchen aber immer wieder zurück, als ob sie sie anderswo unterbringen wollten, wobei sie meistens den ganzen Kreis, wie wählend, ausmessen und somit die scheinbare Absicht auszuführen anmutig und lustig verzögern

DAVID *kommt vom Landungsplatz vor und sieht mißbilligend dem Tanze zu.* Ihr tanzt? Was werden die Meister sagen?

Die Lehrbuben drehen ihm Nasen

Hört nicht? – Laß ich mir's auch behagen.

Er nimmt sich ein junges, schönes Mädchen und gerät im Tanze mit ihr schnell in großes Feuer. Die Zuschauer freuen sich und lachen

EIN PAAR LEHRBUBEN *winken David.* David! David! Die Lene sieht zu!

DAVID *erschrocken, läßt das Mädchen schnell fahren, um welches die Lehrbuben sogleich tanzend einen Kreis schließen: da er Lene nirgends gewahrt, merkt David, daß er nur geneckt worden, durchbricht den Kreis, erfaßt sein Mädchen wieder und tanzt nun noch feuriger weiter.*

Ach! laßt mich mit euren Possen in Ruh!

Die Buben suchen ihm das Mädchen zu entreißen; er wendet sich mit ihr jedesmal glücklich ab, so daß nun ein ähnliches Spiel entsteht wie zuvor, als die Gesellen nach den Mädchen faßten

GESELLEN *vom Ufer her.* Die Meistersinger!

LEHRBUBEN. Die Meistersinger!

Sie unterbrechen schnell den Tanz und eilen dem Ufer zu

DAVID. Herr Gott! – Ade, ihr hübschen Dinger!

Er gibt dem Mädchen einen feurigen Kuß und reißt sich los. Die Lehrbuben reihen sich zum Empfang der Meister: das Volk macht ihnen willig Platz. – Die Meistersinger ordnen sich am Landungsplatze zum festlichen Aufzuge. Wenn Kothner im Vordergrunde ankommt, wird die geschwungene Fahne, auf welcher König David mit der Harfe abgebildet ist, von allem Volk mit Hutschwenken begrüßt. Der Zug der Meistersinger ist nun auf der Singerbühne, wo Kothner die Fahne aufpflanzt, angelangt. – Pogner, Eva an der Hand führend, diese von festlich geschmückten und reich gekleideten jungen Mädchen, unter denen auch Magdalene, begleitet, voran. Als Eva von den Mädchen umgeben, den mit Blumen geschmückten Ehrenplatz eingenommen und alle Übrigen, die Meister auf den Bänken, die Gesellen hinter ihnen stehend, ebenfalls Platz genommen haben, treten die Lehrbuben dem Volke zugewendet, feierlich vor die Bühne in Reih und Glied

LEHRBUBEN. Silentium! Silentium!
Macht kein Reden und kein Gesumm!

Sachs erhebt sich und tritt vor. Bei seinem Anblick stößt sich Alles an; Hüte und Mützen werden abgezogen: Alle deuten auf ihn

ALLES VOLK. Ha! Sachs! 's ist Sachs!
Seht, Meister Sachs!
Stimmt an! Stimmt an! Stimmt an!

Alle Sitzenden erheben sich; die Männer bleiben mit entblößtem Haupte. Beckmesser bleibt, mit dem Memorieren des Gedichtes beschäftigt, hinter den anderen Meistern versteckt, so daß er bei dieser Gelegenheit der Beachtung des Publikums entzogen wird. Außer Sachs singen alle Anwesenden die folgende Strophe mit

»Wach auf, es nahet gen den Tag;
ich hör singen im grünen Hag
ein wonnigliche Nachtigal,
ihr Stimm' durchdringet Berg und Tal;
die Nacht neigt sich zum Okzident,
der Tag geht auf von Orient,
die rotbrünstige Morgenröt
her durch die trüben Wolken geht.«

Das Volk nimmt wieder eine jubelnd bewegte Haltung an. Der Chor des Volkes singt wieder allein; die Meister auf der Bühne sowie die anderen vorigen Teilnehmer am Gesange der Strophe geben sich dem Schauspiele des Volksjubels hin

Heil! Heil!
Heil dir, Hans Sachs!
Heil Nürnbergs Sachs!
Heil Nürnbergs teurem Sachs!
Heil! Heil!

Sachs, der unbeweglich, wie geistesabwesend, über die Volksmenge hinweg geblickt hatte, richtet endlich seine Blicke vertrauter auf sie, und beginnt mit ergriffener, schnell aber sich festigender Stimme

SACHS. Euch macht ihr's leicht, mir macht ihr's schwer,
gebt ihr mir Armen zu viel Ehr.
Soll vor der Ehr ich bestehn,
sei's, mich von euch geliebt zu sehn. –

Schon große Ehr ward mir erkannt,
ward heut ich zum Spruchsprecher ernannt.
Und was mein Spruch euch künden soll,
glaubt, das ist hoher Ehren voll. –
Wenn ihr die Kunst so hoch schon ehrt,
da galt es zu beweisen,
daß, wer ihr selbst gar angehört,
sie schätzt ob allen Preisen.
Ein Meister, reich und hochgemut,
der will heut euch das zeigen:
sein Töchterlein, sein höchstes Gut,
mit allem Hab und Eigen,
dem Singer, der im Kunstgesang
vor allem Volk den Preis errang,
als höchsten Preises Kron
er bietet das zum Lohn. –
Darum, so hört, und stimmt mir bei:
die Werbung steh dem Dichter frei. –
Ihr Meister, die ihr's euch getraut,
euch ruf ich's vor dem Volke laut: –
erwägt der Werbung seltnen Preis,
und wem sie soll gelingen,
daß der sich rein und edel weiß
im Werben wie im Singen,
will er das Reis erringen,
das nie, bei Neuen noch bei Alten,
ward je so herrlich hoch gehalten,
als von der lieblich Reinen,
die niemals soll beweinen,
daß Nürenberg mit höchstem Wert
die Kunst und ihre Meister ehrt!

Große Bewegung unter Allen. – Sachs geht auf Pogner zu, der ihm gerührt die Hand drückt

POGNER. O Sachs, mein Freund! Wie dankenswert!
Wie wißt Ihr, was mein Herz beschwert! –

SACHS *zu Pogner.* 's war viel gewagt; – jetzt habt nur Mut! –
Er wendet sich zu Beckmesser, der schon während des Einzuges und dann fortwährend eifrig das Blatt mit dem Gedicht herausgezogen, memoriert, genau zu lesen versucht und oft verzweiflungsvoll sich den Schweiß getrocknet hat
Herr Merker! Sagt, wie steht's? Gut?

BECKMESSER. O! Dieses Lied!... Werd nicht draus klug,
und hab doch dran studiert genug.

SACHS. Mein Freund, 's ist Euch nicht aufgezwungen.
BECKMESSER. Was hilft's? Mit dem meinen ist doch versungen:
's war Eure Schuld! Jetzt seid hübsch für mich:
's wär schändlich, ließt Ihr mich im Stich!
SACHS. Ich dächt, Ihr gäbt's auf.
BECKMESSER. Warum nicht gar?
Die Andren sing ich alle zu Paar';
wenn Ihr nur nicht singt.
SACHS. So seht, wie's geht!
BECKMESSER. Das Lied, bin's sicher, zwar Niemand versteht;
doch bau ich auf Eure Popularität.
SACHS. Nun denn, wenn's Meistern und Volk beliebt,
zum Wettgesang man den Anfang gibt.
KOTHNER *hervortretend.* Ihr ledig' Meister! Macht euch bereit!
Der Ältest' sich zuerst anläßt!
Herr Beckmesser, Ihr fangt an: 's ist Zeit!

Die Lehrbuben führen Beckmesser zu einem kleinen Rasenhügel vor der Singerbühne, welchen sie zuvor festgerammelt und reich mit Blumen überdeckt haben

BECKMESSER *strauchelt darauf, tritt unsicher und schwankt.*
Zum Teufel! Wie wackelig! Macht das hübsch fest!

Die Buben lachen unter sich und stopfen lustig an dem Rasen

DAS VOLK *stößt sich gegenseitig an.* Wie? Der? Der wirbt?
Scheint mir nicht der Rechte!
An der Tochter Stell ich den nicht möchte!
Ach, der kann ja nicht mal stehn!
Wie soll es mit dem gehn?
Seid still! 's ist gar ein tücht'ger Meister!
Stadtschreiber ist er, Beckmesser heißt er. –
Gott, ist der dumm!
Still! Macht keinen Witz!
Er fällt fast um! –
Der hat im Rate Stimm und Sitz.

Viele lachen

DIE LEHRBUBEN *in Aufstellung.* Silentium! Silentium!
Macht kein Reden und kein Gesumm!
KOTHNER. Fanget an!
BECKMESSER *der sich endlich mit Mühe auf dem Rasenhügel festgestellt hat, macht eine erste Verbeugung gegen die Meister, eine zweite gegen das Volk, dann gegen Eva, auf welche er, da sie sich abwendet, nochmals verlegen hinblin-*

zelt; große Beklommenheit erfaßt ihn; er sucht sich durch ein Vorspiel auf der Laute zu ermutigen.

»Morgen ich leuchte in rosigem Schein *
von Blut und Duft
geht schnell die Luft;
wohl bald gewonnen,
wie zerronnen;
im Garten lud ich ein
garstig und fein.«

Er richtet sich wieder ein, besser auf den Füßen zu stehen

DIE MEISTER *leise unter sich.* Mein! Was ist das? Ist er von Sinnen?
Woher mocht er solche Gedanken gewinnen?

VOLK *leise unter sich.* Sonderbar! Hört ihr's? Wen lud er ein?
Verstand man recht? Wie kann das sein?

BECKMESSER *zieht das Blatt verstohlen hervor und lugt eifrig hinein; dann steckt er es ängstlich wieder ein.*

»Wohn ich erträglich im selbigen Raum,
hol Geld und Frucht, –
Bleisaft und Wucht.

Er lugt in das Blatt

Mich holt am Pranger
der Verlanger
auf luft'ger Steige kaum,
häng ich am Baum.«

Er wackelt wieder sehr: sucht im Blatt zu lesen, vermag es nicht; ihm schwindelt. Angstschweiß bricht aus

DAS VOLK. Schöner Werber! Der find't wohl seinen Lohn.
Bald hängt er am Galgen! Man sieht ihn schon!

DIE MEISTER. Was soll das heißen? Ist er nur toll?
Sein Lied ist ganz von Unsinn voll!

BECKMESSER *rafft sich verzweiflungsvoll und ingrimmig auf.*

»Heimlich mir graut,
weil es hier munter will hergehn:
an meiner Leiter stand ein Weib; –
sie schämt und wollt mich nicht besehn; –
bleich wie ein Kraut
umfasert mir Hanf meinen Leib;
mit Augen zwinkend –
der Hund blies winkend,
was ich vor langem verzehrt,

* Siehe Anhang 9

wie Frucht so Holz und Pferd
vom Leberbaum.«

Alles bricht in ein dröhnendes Gelächter aus

BECKMESSER *verläßt wütend den Hügel und stürzt auf Sachs zu.* Verdammter Schuster, das dank ich dir! –
Das Lied, es ist gar nicht von mir:
vom Sachs, der hier so hoch verehrt,
von eurem Sachs ward mir's beschert.
Mich hat der Schändliche bedrängt,
sein schlechtes Lied mir aufgehängt.

Er stürzt wütend fort und verliert sich unter dem Volke

VOLK. Mein! Was soll das sein? Jetzt wird's immer bunter!
Von Sachs das Lied? Das nähm uns doch Wunder!

KOTHNER. Erklärt doch, Sachs!

NACHTIGALL. Welch ein Skandal!

VOGELGESANG. Von Euch das Lied?

ORTEL UND FOLTZ. Welch eigner Fall!

SACHS *hat ruhig das Blatt, welches ihm Beckmesser hingeworfen, aufgenommen.* Das Lied, fürwahr, ist nicht von mir:
Herr Beckmesser irrt, wie dort so hier.
Wie er dazu kam, mag selbst er sagen;
doch möcht ich nie mich zu rühmen wagen,
ein Lied, so schön, wie dies erdacht,
sei von mir, Hans Sachs, gemacht.

MEISTERSINGER. Wie? Schön? Dieser Unsinnswust?

VOLK. Hört! Sachs macht Spaß! Er sagt es nur zur Lust.

SACHS. Ich sag Euch Herrn, das Lied ist schön;
nur ist's auf den ersten Blick zu ersehn,
daß Freund Beckmesser es entstellt.
Doch schwör ich, daß es euch gefällt,
wenn richtig Wort und Weise
hier Einer säng im Kreise;
und wer dies verstünd, zugleich bewies,
daß er des Liedes Dichter,
und gar mit Rechte Meister hieß,
fänd er gerechte Richter. –
Ich bin verklagt, und muß bestehn:
drum laßt mich meinen Zeugen ausersehn. –
Ist Jemand hier, der Recht mir weiß?
Der tret als Zeug in diesen Kreis!

Walther tritt aus dem Volke hervor und begrüßt Sachs, sodann nach den beiden Seiten hin die Meister und das Volk mit ritterlicher Freundlichkeit. Es entsteht sogleich eine an-

genehme Bewegung; Alles weilt einen Augenblick schweigend in seiner Betrachtung.

So zeuget, das Lied sei nicht von mir;
und zeuget auch, daß, was ich hier
vom Lied hab gesagt,
zuviel nicht sei gewagt.

DIE MEISTER. Wie fein! Ei, Sachs, Ihr seid gar fein!
Doch mag es heut geschehen sein.

SACHS. Der Regel Güte daraus man erwägt,
daß sie auch mal 'ne Ausnahm verträgt.

DAS VOLK. Ein guter Zeuge, stolz und kühn!
Mich dünkt, dem kann was Gut's erblühn.

SACHS. Meister und Volk sind gewillt
zu vernehmen, was mein Zeuge gilt.
Herr Walther von Stolzing, singt das Lied! –
Ihr Meister, lest, ob's ihm geriet.

Er übergibt Kothner das Blatt zum Nachlesen

DIE LEHRBUBEN *in Aufstellung.* Alles gespannt! 's gibt kein Gesumm:
da rufen wir auch nicht »Silentium!«

WALTHER *beschreitet festen Schrittes den kleinen Blumenhügel.* »Morgenlich leuchtend im rosigen Schein,
von Blüt und Duft
geschwellt die Luft,
voll aller Wonnen,
nie ersonnen,
ein Garten lud mich ein, –

An dieser Stelle läßt Kothner das Blatt, in welchem er mit andren Meistern eifrig nachzulesen begonnen, vor Ergriffenheit unwillkürlich fallen; er und die übrigen hören nur noch teilnahmsvoll zu. Wie verzückt

dort unter einem Wunderbaum,
von Früchten reich behangen,
zu schaun in sel'gem Liebestraum,
was höchstem Lustverlangen
Erfüllung kühn verhieß,
das schönste Weib:
Eva im Paradies.«

DAS VOLK *leise flüsternd.*
Das ist was Andres, wer hätt's gedacht;
was doch recht Wort und Vortrag macht!

DIE MEISTERSINGER *leise flüsternd.*

Jawohl, ich merk, ’s ist ein ander Ding,
ob falsch man oder richtig sing.

SACHS. Zeuge am Ort,
fahret fort!

WALTHER. »Abendlich dämmernd umschloß mich die Nacht;
auf steilem Pfad
war ich genaht
zu einer Quelle
reiner Welle,
die lockend mir gelacht:
dort unter einem Lorbeerbaum,
von Sternen hell durchschienen,
ich schaut im wachen Dichtertraum,
von heilig holden Mienen,
mich netzend mit dem edlen Naß,
das hehrste Weib,
die Muse des Parnaß!«

DAS VOLK *immer leiser, für sich.*
So hold und traut, wie fern es schwebt,
doch ist es grad, als ob man selber Alles miterlebt!

DIE MEISTERSINGER. ’s ist kühn und seltsam, das ist wahr:
doch wohlgereimt und singebar.

SACHS. Zeuge, wohl erkiest!
Fahret fort, und schließt!

WALTHER *sehr feurig.* »Huldreichster Tag,
dem ich aus Dichters Traum erwacht!
Das ich erträumt, das Paradies,
in himmlisch neu verklärter Pracht
hell vor mir lag,
dahin lachend nun der Quell den Pfad mir wies;
die, dort geboren,
mein Herz erkoren,
der Erde lieblichstes Bild,
als Muse mir geweiht,
so heilig ernst als mild,
ward kühn von mir gefreit,
am lichten Tag der Sonnen,
durch Sanges Sieg gewonnen
Parnaß und Paradies!«

VOLK. Gewiegt wie in den schönsten Traum,
hör ich es wohl, doch faß es kaum.

Zu Eva

Reich ihm das Reis;

sein sei der Preis!
Keiner wie er so hold zu werben weiß!

DIE MEISTER *sich erhebend.* Ja, holder Sänger, nimm das Reis;
dein Sang erwarb dir Meisterpreis!

POGNER *mit großer Rührung und Ergriffenheit zu Sachs sich wendend.* O Sachs! Dir dank ich Glück und Ehr:
vorüber nun all Herzbeschwer!

Walther ist auf die Stufen der Singerbühne geleitet worden und läßt sich dort vor Eva auf ein Knie nieder

EVA *zu Walther, indem sie ihn mit einem Kranz aus Lorbeer und Myrte bekränzt, sich hinabneigend.*
Keiner wie du so hold zu werben weiß!

SACHS *zum Volk gewandt, auf Walther und Eva deutend.*
Den Zeugen, denk es, wählt ich gut:
tragt ihr Hans Sachs drum üblen Mut?

DAS VOLK *bricht schnell und heftig in jubelnde Bewegung aus.*
Hans Sachs! Nein! Das war schön erdacht!
Das habt Ihr einmal wieder gut gemacht!

DIE MEISTERSINGER *feierlich sich zu Pogner wendend.*
Auf, Meister Pogner! Euch zum Ruhm,
meldet dem Junker sein Meistertum!

POGNER *mit einer goldenen Kette, dran drei große Denkmünzen, zu Walther.* Geschmückt mit König Davids Bild,
nehm ich Euch auf in der Meister Gild!

WALTHER *mit schmerzlicher Heftigkeit abweisend.*
Nicht Meister! – Nein!
Er blickt zärtlich auf Eva
Will ohne Meister selig sein! –
Alles blickt mit großer Betroffenheit auf Sachs

SACHS *schreitet auf Walther zu und faßt ihn bedeutungsvoll bei der Hand.* Verachtet mir die Meister nicht,
und ehrt mir ihre Kunst!
Was ihnen hoch zum Lobe spricht,
fiel reichlich Euch zur Gunst.
Nicht Euren Ahnen, noch so wert,
nicht Eurem Wappen, Speer noch Schwert, –
daß Ihr ein Dichter seid,
ein Meister Euch gefreit,
dem dankt Ihr heut Eu'r höchstes Glück.
Drum, denkt mit Dank Ihr dran zurück,
wie kann die Kunst wohl unwert sein,
die solche Preise schließet ein? –

Daß unsre Meister sie gepflegt
grad recht nach ihrer Art,
nach ihrem Sinne treu gehegt,
das hat sie echt bewahrt:
blieb sie nicht adlig, wie zur Zeit,
wo Höf und Fürsten sie geweiht,
im Drang der schlimmen Jahr
blieb sie doch deutsch und wahr;
und wär sie anders nicht geglückt,
als wie, wo Alles drängt und drückt,
Ihr seht, wie hoch sie blieb in Ehr: –
was wollt Ihr von den Meistern mehr? *

Habt Acht! Uns dräuen üble Streich: –
zerfällt erst deutsches Volk und Reich,
in falscher welscher Majestät
kein Fürst bald mehr sein Volk versteht,
und welschen Dunst mit welschem Tand
sie pflanzen uns in deutsches Land;
was deutsch und echt, wüßt Keiner mehr,
lebt's nicht in deutscher Meister Ehr.
Drum sag ich Euch:
ehrt Eure deutschen Meister!
Dann bannt Ihr gute Geister;
und gebt Ihr ihrem Wirken Gunst,
zerging in Dunst
das heil'ge röm'sche Reich,
uns bliebe gleich
die heil'ge deutsche Kunst!

Während des folgenden Schlußgesanges nimmt Eva den Kranz von Walthers Stirn und drückt ihn Sachs auf; dieser nimmt die Kette aus Pogners Hand und hängt sie Walther um. Nachdem Sachs das Paar umarmt, bleiben Walther und Eva zu beiden Seiten an Sachsens Schultern gestützt; Pogner läßt sich, wie huldigend, auf ein Knie vor Sachs nieder. Die Meistersinger deuten mit erhobenen Händen auf Sachs, als auf ihr Haupt. Alle Anwesenden – schließlich auch Walther und Eva – schließen sich dem Gesange des Volkes an

VOLK. Ehrt eure deutschen Meister,
dann bannt ihr gute Geister;
und gebt ihr ihrem Wirken Gunst,

* Siehe S. 888, Anhang 10.

zerging in Dunst
das heil'ge röm'sche Reich,
uns bliebe gleich
die heil'ge deutsche Kunst!

Als es hier zu der bezeichneten Schlußgruppe gelangt ist, schwenkt das Volk begeistert Hüte und Tücher; die Lehrbuben tanzen und schlagen jauchzend in die Hände

Heil! Sachs!
Nürnbergs teurem Sachs!

1845	3. Juli	Wagner trifft von Dresden aus für fünf Wochen in Marienbad ein.
	16. Juli	Vollendung des ersten Prosaentwurfs.
1861	14. August	Wagner läßt sich in Wien nieder, um die Einstudierung des *Tristan* zu beginnen.
	6.–11. November	Wagner weilt auf Grund einer Einladung von Otto und Mathilde Wesendonck in Venedig.
	12. (?) November	Konzeption des Hauptteiles vom Vorspiel in C-Dur während der Rückfahrt nach Wien.
	14.–16. (?) November	Erstschrift des zweiten Prosaentwurfs im Hotel »Kaiserin Elisabeth«.
	18. November	Vollendung der Zweitschrift des Entwurfs für den Verleger Franz Schott in Mainz.
	4. Dezember	Wagner kommt in Paris an, wo er im 3. Stock des Hotels Voltaire ein kleines Zimmer bezieht.
	27. Dezember	Beginn der Urschrift der Dichtung.
1862	25. Januar	Vollendung der Urschrift und – am 31. Januar – der Reinschrift der Dichtung.
	1. Februar	Wagner verläßt Paris.
	5. Februar	Vorlesung der Dichtung im Hause Schott in Mainz.
	Mitte Februar	Wagner bezieht in Biebrich a. Rh., im Hause des Architekten Frickhöfer, eine kleine Wohnung.
	Ende März	Beginn der Kompositionsskizze des Vorspiels.
	13.–20. April	Aufzeichnung der Orchesterskizze des Vorspiels.
	22. Mai	Konzeption des Vorspiels zum 3. Akt.
	3. Juni	Beginn der Partitur des Vorspiels.

1863	12. Mai	Nach Konzerten in Wien, Prag, Petersburg und Moskau bezieht Wagner in Penzing bei Wien eine eigene Wohnung.
	16. (?) Juni	Vollendung der Partitur der 1. Szene des 1. Aktes.
1865	28. Dezember	Nach dem Zusammenbruch seiner Wiener Existenz, der Berufung durch König Ludwig II. am 3. Mai 1864 nach München und dessen erzwungenem Verlassen am 10. Dezember 1865, bezieht Wagner das Landhaus »Les Artichaux« bei Genf.
1866	12. Januar	Wiederaufnahme der Komposition des 1. Aktes mit Beckmessers Worten »Seid ihr nun fertig?«
	21. Februar	Vollendung der Kompositions- und Orchesterskizze des 1. Aktes.
	23. März	Vollendung der Partitur des 1. Aktes.
	15. April	Wagner bezieht Haus Tribschen bei Luzern.
	15. Mai bis 6. September	Aufzeichnung der Kompositionsskizze des 2. Aktes.
	8. Juni bis 23. September	Aufzeichnung der Orchesterskizze des 2. Aktes.
	2. Oktober	Beginn der Kompositionsskizze des 3. Aktes.
	8. Oktober	Beginn der Orchesterskizze des 3. Aktes.
1867	7. Februar	Vollendung der Kompositionsskizze des 3. Aktes.
	5. März	Vollendung der Orchesterskizze des 3. Aktes.
	22. März bis 22. Juni	Niederschrift der Partitur des 2. Aktes.
	26. Juni bis 24. Oktober	Niederschrift der Partitur des 3. Aktes.
1868	21. Juni	Uraufführung im Münchener Hof- und Nationaltheater. Dirigent: Hans von Bülow.

Richard Wagner: *Eine Mitteilung an meine Freunde* (1851): Sogleich nach dem Schlusse dieser Arbeit [*Tannhäuser*] war es mir vergönnt, zu meiner Erholung eine Reise in ein böhmisches Bad zu machen. Hier wie jedesmal, wenn ich mich der Theaterlampenluft und meinem »Dienste« in ihrer Atmosphäre entziehen konnte, fühlte ich mich bald leicht und fröhlich gestimmt; zum ersten Male machte sich eine, meinem Charakter eigentümliche, Heiterkeit auch mit künstlerischer Bedeutung merklich bei mir geltend. Mit fast willkürlicher Absichtlichkeit hatte ich in der letzten Zeit mich bereits dazu bestimmt, mit Nächstem eine *komische* Oper zu schreiben; ich entsinne mich, daß zu dieser Bestimmung namentlich der wohlgemeinte Rat guter Freunde mitgewirkt hatte, die von mir eine Oper »leichteren Genres« verfaßt zu sehen wünschten, weil diese mir den Zutritt zu den deutschen Theatern verschaffen und so für meine äußeren Verhältnisse einen Erfolg herbeiführen sollte, dessen hartnäckiges Ausbleiben diese allerdings mit einer bedenklichen Wendung zu bedrohen begonnen hatten. Wie bei den Athenern ein heitres Satyrspiel auf die Tragödie folgte, erschien mir auf jener Vergnügungsreise plötzlich das Bild eines komischen Spieles, das in Wahrheit als beziehungsvolles Satyrspiel meinem *Sängerkriege auf Wartburg* sich anschließen konnte. Es waren dies die *Meistersinger zu Nürnberg* mit Hans Sachs an der Spitze. Ich faßte Hans Sachs als die letzte Erscheinung des künstlerisch produktiven Volksgeistes auf und stellte ihn mit dieser Geltung der meistersingerlichen Spießbürgerschaft entgegen, deren durchaus drolligem, tabulatur-poetischem Pedantismus ich in der Figur des »Merkers« einen ganz persönlichen Ausdruck gab...

So mein schnell erfundener und entworfener Plan. Kaum hatte ich ihn niedergeschrieben, so ließ es mir aber auch schon keine Ruhe, den ausführlicheren Plan des *Lohengrin* zu entwerfen... Eine besondere Bewandtnis mußte es damit haben, daß ich gerade jetzt so schnell von dem erquicklichen kleinen Ausfluge in das Gebiet des Heiteren in die sehnsüchtig ernste Stimmung zurückgetrieben ward, mit der ich den *Lohengrin* zu erfassen so leidenschaftlich mich gedrängt fühlte. Mir ist es jetzt klar geworden, aus welchem Grunde jene heitere Stimmung, wie sie sich in der Konzeption der *Meistersinger* zu genügen suchte, von keiner wahrhaften Dauer bei mir sein konnte. Sie sprach sich damals nur erst noch in der *Ironie* aus und bezog sich als solche mehr auf das bloß formell-künstlerische meiner Richtung und meines Wesens, als auf den Kern desselben, wie er im Leben selbst wurzelt...

An Mathilde Wesendonck. Paris, Quai Voltaire, 21. Dezember 1861:

Ich muß oft laut auflachen, wenn ich von meinem Arbeitsplane aus den Blick auf Tuilerien und Louvre mir gegenüber richten muß! Sie müssen nämlich wissen, daß ich mich jetzt eigentlich in Nürnberg herumtreibe, und dabei mit ziemlich eckigem, derbem Volk zu tun habe. Es blieb mir nichts andres übrig, als mich unter solche Gesellschaft zu machen. Die Rückreise von Venedig nach Wien war recht lang: zwei volle, lange Nächte und einen Tag saß ich zwischen Einst und Jetzt hilflos eingeklemmt, und fuhr so recht ins Graue hinein. Eine neue Arbeit mußte es sein, sonst – war's zu Ende! Leider werden meine Gesichtsfunktionen immer stumpfer: meinen Blick fesselt gar nichts, und alles Lokale, so wie Alles, was dran haftet oder haften kann, und wären's die größten Meisterbilder der Welt, zerstreut mich nicht, ist mir gleichgültig. Ich hab' das Auge nur noch, um Tag oder Nacht, hell oder düster, zu unterscheiden. Es ist wirklich ein Absterben gegen außen und nach außen: ich sehe nur noch innere Bilder, und die verlangen nur nach Klang.

Aber kein passioniertes Bild wollte mir auf jener grauen Reise mehr hell werden: es kam mir die Welt recht wie Spielware vor. Und das brachte mich denn wieder nach Nürnberg, wo ich im vergangenen Sommer einen Tag zugebracht hatte. Da ist viel Hübsches zu sehen.

Jetzt klang mir's nach, wie eine Ouvertüre zu den *Meistersingern von Nürnberg*. Als ich in meinem Wiener Gasthof wieder angekommen, arbeitete ich mit sonderbarer Hast den Plan schnell aus; es wurde mir ganz wohl, dabei zu bemerken, wie klar mein Gedächtnis geblieben, wie willig und ergiebig meine Phantasie im Erfinden war! Es war eben eine Rettung, wie eintretender Wahnsinn ja auch das Leben retten kann! Nun schloß ich links und rechts ab, schob den Jahresriegel vor *Tristan*, dankte schön für einige Einladungen zu Triumphen in verschiedenen Städten meines herrlichen deutschen Vaterlandes, und – gelangte dahin, wo ich bin, um »zu vergessen, daß ich lebe!« –

An Mathilde Wesendonck. Karlsruhe, 3. Februar 1862:
... mein Manuskript habe ich Ihnen eingepackt; das geht soeben gleichfalls an Sie ab. Sehen Sie, wie Sie sich da durchschlagen: es sieht manchmal gräßlich aus, auch Tintenflecke sind drin. Mir wär's spaßhaft zu sehen, ob Sie überall daraus klug wurden.
Manchmal konnte ich vor Lachen, manchmal vor Weinen nicht weiter arbeiten. Ich empfehle Ihnen Herrn Sixtus Beckmesser. Auch David wird Ihre Gunst gewinnen.
Lassen Sie sich übrigens nicht irre machen: was drin steht, ist Alles von mir eigens gefertigt. Nur die 8 Zeilen, mit denen in der letzten Szene Sachs vom Volke begrüßt wird, sind von Sachs aus seinem Lied auf Luther. Auch die Namen der Meister-Weisen und -Töne (mit Ausnahme einiger von mir erfundener) sind echt: im Ganzen wundert's mich, was ich aus den wenigen Notizen machen konnte.
Morgen gehe ich nach Mainz, um von da aus in Biebrich oder Wiesbaden das Nest zu suchen, in welchem ich mein gelegtes Meister-Ei musikalisch ausbrüten kann.

An Malwida von Meysenbug. Biebrich, 12. März 1862:
Aus der ganzen letzten Zeit hatte ich eine einzige Periode, wo ich eigentlich existierte. Das war, als ich mich, unter unerhört widerwärtigen Umständen, wie zur letzten Lebensrettung, in Paris einschloß um, in vier Wochen, meine *Meistersinger* zu dichten. Ende Januar war ich damit fertig, und nun galt's ein Asyl aufsuchen, wo ich die Musik dazu schreiben könnte. Das habe ich mir nun, mit unzähligen Beschwerden, hier in Biebrich zurecht gemacht, und darüber ist die ganze Zeit bis heute wieder vergangen, beständig im Kampf mit Unannehmlichkeiten und übelster Laune. Morgen will ich nun, so hoffe ich, mit dem Componieren anfangen. Es liegt mir daran, Alles bis zum Spätherbst fertig zu haben, damit es den nächsten Winter über alle deutschen Theater geht, worum ich mich dann gar nicht bekümmern will. Es war dieser Entschluß meine einzige Rettung. Auf ein solches Unternehmen konnte ich nötige Vorschüsse von meinem Verleger ansprechen, um ein Jahr lang während der Arbeit bestehen zu können. Die vier Wochen Arbeit in Paris waren meine glücklichsten, ich konnte den Zauber aber nur erhalten, wenn ich nicht links noch rechts blickte; schließlich sah man keinen Menschen mehr, sondern nur Garçons und Concierges. Das

Gedicht hat mir ungeheure Freude gemacht, ich glaub', 's ist mein genialstes Produkt.

An König Ludwig II. Tribschen, 7. März 1867:
Nun habe ich die Komposition der *Meistersinger* vollendet: das Gewebe ist an seinem letzten Knoten geknüpft. Nur noch Fleiß, nicht mehr eigentliche Erfindung habe ich noch darauf zu verwenden: ich habe etwa 300 Seiten Partitur zu schreiben, und dazu werde ich 100 Tage der ruhigen Ausdauer bedürfen; habe ich diese äußere Ruhe, so ist die Arbeit nur eine sanfte Bemühung, kein aufregender Gebärungsprozeß. – Es ist »mein« Meisterwerk. Daß es mit »Uns« dabei eine besondere Bewandtnis hat, habe ich nun deutlich ersehen und will es der Welt so klar ersichtlich machen, daß ihr die Augen aufgehen sollen.

An Hans von Bülow, München. Tribschen, 24. Oktober 1867:
Heute Abend Schlag 8 Uhr wird das letzte C niedergeschrieben. Bitte um stille Mitfeier. Sachs.

An Verena Stocker, Tribschen. München, 22. Juni 1868:
Die gestrige Aufführung war ein großartiges, wohl nie wiederkehrendes Fest. Ich mußte vom Anfang bis zum Schluß der Vorstellung an der Seite des Königs in dessen Loge beiwohnen, auch von da herab die Huldigungen des Publikums entgegennehmen. Es ist so etwas noch nie und nirgends erlebt worden.

König Ludwig II. *an Richard Wagner*. München, 22. Juni 1868:
Es ist schon 1 Uhr nachts, unmöglich aber däucht es mich, mich zur Ruhe zu begeben, bevor ich Ihnen, geliebter Freund und Meister, in wenigen Worten den Eindruck dieses Tages schildere, den er in mir zurückließ. Die Worte Schillers können auch Wir dem Volke zurufen: Du siehst nur das Gewöhnliche der Dinge, denn Deinen Blick umhüllt das ird'sche Band. Ich habe das Unsterbliche mit Augen gesehen, ja mir ist es, als hätte ich in das Allerheiligste des Himmels selbst geschaut... es heißt der Gral, und selig reinster Glaube erteilt durch Ihn sich seiner Ritterschaft. Und die überirdische Kraft, die den Erkorenen erwächst, ich fühle sie in mir; durch Sie, mein Einziger, ward sie mir verliehen; denn zu Großem hat Uns das Schicksal berufen: daß Wir Zeugnis geben von

der Wahrheit, sind Wir auf die Welt gekommen. Durch Dich ersann ich, was ein Geist! Durch Dich erwacht, durch Dich nur dacht ich edel frei und kühn, Du ließest mich erblüh'n! Alles, Alles verdanke ich Ihnen! Heil der deutschen Kunst! in diesem Zeichen werden Wir siegen.

Peter Cornelius' Bericht in der *Süddeutschen Presse*, 20. Juni 1868:

Unter den Musikern, welche die lieben »Noten« nicht vergessen können, wird bei aller Anerkennung eines großartigen stilvollen Werkes manches Für und Wider über Einzelheiten, manches »Merkerwort«, manches »Versungen« laut werden, und auch Kothners: »Ich verstand gar nichts davon« wird nicht ausbleiben; das Publikum aber und, um es lieber beim rechten Namen zu nennen, das deutsche Volk wird früher oder später wie in einem Spiegel in das Werk schauen und sich für alle Zeiten hier gemalt sehen in Lieb und Lust, bei Fest und Tumult, in Kirch' und Singeschul', und aus den Liedern Walther von Stolzings wird ihm die deutsche Melodie in siegender Schönheit entgegenklingen.

Friedrich Nietzsche, *Richard Wagner in Bayreuth* (1876):

Wo ist das ritterliche Mittelalter so mit Fleisch und Geist in ein Gebilde übergegangen, wie dies im *Lohengrin* geschehen ist? Und werden nicht die *Meistersinger* noch zu den spätesten Zeiten von dem deutschen Wesen erzählen, ja mehr als erzählen, werden sie nicht vielmehr eine der reifsten Früchte jenes Wesens sein, das immer reformieren und nicht revolvieren will und das auf dem breiten Grunde seines Behagens auch das edelste Unbehagen, das der erneuernden Tat, nicht verlernt hat?

Wer sich über die Nachbarschaft des *Tristan* und der *Meistersinger* befremdet fühlen kann, hat das Leben und Wesen aller wahrhaft großen Deutschen in einem wichtigen Punkte nicht verstanden: er weiß nicht, auf welchem Grunde allein jene eigentlich und einzig *deutsche Heiterkeit* Luthers, Beethovens und Wagners erwachsen kann, die von anderen Völkern gar nicht verstanden wird und den jetzigen Deutschen selber abhanden gekommen scheint – jene goldhelle durchgegohrene Mischung von Einfalt, Tiefblick der Liebe, betrachtendem Sinne und Schalkhaftigkeit, wie sie Wagner als den köstlichsten Trank allen Denen eingeschenkt hat, welche tief am Leben gelitten haben und sich ihm gleichsam mit dem Lächeln der Genesenden wieder zukehren.

Richard Strauss an *Hugo von Hofmannsthal*, 1927:
Ich hörte unlängst wieder die *Meistersinger*, ein unerhörtes Werk. Seitdem verläßt mich der Wunsch nicht, auch noch ein Werk dieser Art zu schreiben – leider natürlich nur in gehörigem Abstand. Aber immerhin so ein richtiges deutsches Werk, ein gutes Theaterstück, zugleich ein echtes deutsches Kulturdokument. Als bester stofflicher Hintergrund erscheint mir hierfür der uralte Gegensatz zwischen romanischer Kunst und deutscher – der sich entsprechend den drei Typen Walther, Sachs, Beckmesser, in drei Repräsentanten der Musik und Poesie verkörpern müßte.

Thomas Mann *an Emil Preetorius*, 6. Dezember 1949:
Glauben Sie ernsthaft – Sie können es ja gar nicht glauben! – daß dieser Siegeszug über die bourgeoise Welt der Sehnsucht zu danken ist, »zurückzutauchen in den wiedervereinenden Abgrund und die heilige Nacht« – und nicht vielmehr der deutschen Mischung aus Barbarismus und Raffinement, mit der ja auch Bismarck Europa unterworfen hat –, plus einem Erotizismus, wie er in Gesellschaft noch nie exhibiert worden war? Können Sie die Pariser Venusbergmusik noch gut hören? Es ist ja wirklich zuweilen unappetitlich. Und, wieder anders: Können Sie Hans Sachsens Theatersinnigkeit noch recht vertragen, die Gans, Evchen traut, den »Juden im Dorn«, Beckmesser? Dabei ist dessen Pantomime, bis er das Lied findet, einfach glänzend, das Vorspiel zu dem Akt ganz herrlich, das Quintett ein wunderschönes Stück. Überhaupt ein Können, ein Talent, eine Vortragskunst – nicht zu sagen. Aber Manieren dabei, ein Anspruch, eine Selbstverherrlichung und mystagogische Selbstinszenierung – auch nicht zu sagen und zu ertragen. Warum nun gerade dieses Werk, das es, bei persönlichster Synthese, doch überall her hat, volkschaffend und welterlösend sein soll, das wissen die Götter.

Thomas Mann *an den Intendanten des Stadttheaters Basel, Friedrich Schramm*, 25. August 1951:
Nicht im mindesten hindern mich die Ablehnungen oder Schein-Ablehnungen der Worte an Preetorius, den Vorsprecher abzugeben für Ihre festliche Neuinszenierung der *Meistersinger von Nürnberg* – ich wollte, ich könnte ihn besser

und ausführlicher abgeben; aber die Bäder sind anstrengend, und es ist mir hier alles Arbeiten verboten. Hinter dem Rükken des Doktors also nur diesen Gruß: Ihre Wahl ist gut und herrlich, denn die *Meistersinger* sind ein herrliches Werk, ein Festspiel, wenn es je eins gab, ein Gedicht, worin Weisheit und Kühnheit, das Würdige und das Revolutionäre, Tradition und Zukunft sich auf eine großartig heitere, Begeisterung für das Leben und für die Kunst tief aufweckende Weise vermählen. In persönlich trüben und drangvollen, ja hoffnungslosen Tagen ist es aus innerem Jubel der Kraft und des Glaubens geboren, und Jubel wird es immer erregen, auch jetzt, selbst jetzt, gerade jetzt – auch bei Ihnen.

Theodor W. Adorno, *Versuch über Wagner* (1952):
Fürs ideologische Wesen des »Geheimnisses der Form« liefern die *Meistersinger* ein erstaunliches Indizium. Die Lieder, die darin von den Angehörigen der Bildungsschicht, also den Antipoden Walther und Beckmesser, gesungen werden, halten sich an die Barform. Sachs aber, der vom »Volk« her das Recht des Einspruchs bewahrt und vertritt, und der doppelsinnig von sich sagt, »nur Gassenhauer dicht' ich zu meisten«, singt ein rein strophisches Lied. Die *Meistersinger*, das größte Zeugnis des Wagnerschen Bewußtseins von sich selber, weisen die Barform den Vornehmen und der herrschenden Oberschicht zu. Nimmt man aber die Deutung von Lorenz an, die dem ganzen Werk Barform zuschreibt, so behielte die Oberschicht in der Totalität der *Meistersinger* ebenso recht wie im *Ring* die Rheintöchter, Allegorien jenes Meeres, in welches der Wagnersche Traum regrediert, gegen den Parvenu Alberich.

Wieland Wagner (Walter Erich Schäfer: *Wieland Wagner / Persönlichkeit und Leistung*, 1970):
Ein inbrünstiger Choral leitet Richard Wagners »Meisterwerk« beziehungsvoll ein und durchstrahlt mit seiner johannäischen Geisteskraft wesentliche Teile der Handlung: er gilt jener Taufe, die der biblische Johannes an den Ufern des Jordan an Jesus Christus vollzog. Durch einen nürnbergischen Johannes – der Jordan wird zur Pegnitz und Johannes zum Hans – läßt Wagner in den *Meistersingern* die feierliche Taufe und Namensgebung eines »Kindes« vornehmen, das als »selige Morgentraumdeutweise« stellvertretend für die

schöpferische Zeugungstat des Genies bewegender Mittelpunkt des Spieles ist.
»Der jungen Weise lebender Vater« ist Herr Walther von Stolzing, ekstatischer Träumer und zügelloser Revolutionär, ganz Selbstporträt des jungen Wagner.
Soll sein »Kind« zu einem »Meisterwerk« werden, bedarf es der Tradition – des begeisternden Leitbildes aus einer großen Vergangenheit (hier Walther von der Vogelweide). Es bedarf des weisen Lehrers und reifen Mannes, der, als Hans Sachs, dem Genie ebenso liebevoll wie unerbittlich zeigt, daß Traum ohne Reflexion und Rausch ohne Form noch keine Kunst sind. Es bedarf der »femme inspiratrice«, die als »Eva« allein schon durch ihre weibliche Existenz die latenten schöpferischen Kräfte des männlichen Eros zu entzünden weiß. Es bedarf der snobistischen Opposition ehrenwerter Zunftgenossen und deren Besserwisserei nicht weniger als eines »Beckmesser« von Format, der als »adversarius« und vom Schicksal gesetzter Widerpart die ungewollt positive Funktion des Korrektivs und Reizmittels zugleich für jeden echten Künstler ausübt. Es bedarf, last not least, eines kühnen Mäzens, der als Veit Pogner seine kommerziellen Fähigkeiten idealistisch in den Dienst der Kunst stellt.
Und wann wäre jemals eine »neue Weise« geschaffen worden ohne »viel Lärm auf der Gassen«, ohne heillose Verwirrung kluger Köpfe, ohne nächtliche Prügelei der aktiven und passiven »Geburtshelfer« – kurz ohne jenen »Wahn«, dem der fünfzigjährige, gereifte und wissende Kunstphilosoph Wagner einen sehr wesentlichen Anteil an der Entstehung des Kunstwerkes beimißt?
»Nachtwächter« – Zeitgenossen, die von nichts etwas bemerken –, unbegabte, aber desto ehrgeizigere Kunstaspiranten wie der stets hungrige David und allzu verständnisvolle mütterliche Freundinnen à la Magdalena vervollständigen, fast parodistisch, Richard Wagners »kleines Kunsttheater«.
Das Volk schließlich ist für den Demokraten Wagner höchster Kunstrichter: Es hat die instinktive Erkenntnis vom echten Kunstwerk und ist dazu berufen, über Triumph oder Niederlage der neuen Schöpfung zu entscheiden. Auf der idealen »Festwiese« erhält die »junge Weise« ihre feierliche Weihe und jubelnde Bekrönung – wieder ertönt ein hymnischer Choral, der von neuem Werden kündet! – durch die allumfassende menschliche Gemeinschaft, in die Genius und Volk im Zeichen der Kunst aufgegangen sind...

DER RING DES NIBELUNGEN

EIN BÜHNENFESTSPIEL
AUFZUFÜHREN IN DREI TAGEN
UND EINEM VORABEND

DOKUMENTE

1848	Spätsommer	Aufzeichnung der Studie *Die Wibelungen / Weltgeschichte aus der Sage.*
	4. Oktober	Vollendung des Entwurfs *Die Nibelungensage* (*Mythus*), später veröffentlicht unter dem Titel *Der Nibelungen-Mythus / Als Entwurf zu einem Drama.*
	20. Oktober	Vollendung des Prosaentwurfs zu *Siegfrieds Tod.*
	12.–28. November	Aufzeichnung der Urschrift der Dichtung von *Siegfrieds Tod.*
1851	Oktober	Konzeption der *Ring*-Dichtung als vierteiliges Werk.
1852	15. Dezember	Abschluß der gesamten *Ring*-Dichtung. Erscheinen des Privatdruckes der Dichtung.
1853	11. Februar	
1863	Januar	Niederschrift des Vorwortes zur ersten öffentlichen Ausgabe der Dichtung.
1864	26. November	König Ludwig II. teilt Wagner seinen Entschluß mit, für die möglichst vollendete Aufführung des *Ringes* in München ein monumentales Festtheater erbauen zu lassen. Gottfried Semper wird mit dem Entwurf beauftragt.
1868	März	Ludwig II. überwirft sich mit Semper, die Planung des Festtheaters wird aufgegeben.
1869	Februar	Ludwig II. befiehlt gegen Wagners Willen die Einzel-Uraufführung des *Rheingold* (sowie – 1870 – die der *Walküre*) und bricht damit sein Wagner gegebenes Versprechen.
1871	12. Mai	Wagner kündigt von Leipzig aus für 1873 die erste Aufführung des *Rings* in Bayreuth an.

1872	22. Mai	Grundsteinlegung des Bayreuther Festspielhauses.
1876	13.–17. August	*Der Ring des Nibelungen* erlebt im Bayreuther Festspielhaus seine Uraufführung.

Richard Wagner: *Eine Mitteilung an meine Freunde* (1851): Seit meiner Rückkehr aus Paris nach Deutschland hatte mein Lieblingsstudium das des deutschen Altertumes ausgemacht. Ich erwähnte bereits näher des damals tief mich erfüllenden Verlangens nach der Heimat. Diese Heimat konnte in ihrer gegenwärtigen Wirklichkeit mein Verlangen auf keine Weise befriedigen, und ich fühlte, daß meinem Triebe ein tieferer Drang zu Grunde lag, der in einer anderen Sehnsucht seine Nahrung haben mußte, als eben nur im Verlangen nach der modernen Heimat. Wie um ihn zu ergründen, versenkte ich mich in das urheimische Element, das uns aus den Dichtungen einer Vergangenheit entgegentritt, die uns um so wärmer und anziehender berührt, als die Gegenwart uns mit feindseliger Kälte von sich abstößt. Alle unsre Wünsche und heißen Triebe, die in Wahrheit uns in die *Zukunft* hinübertragen, suchen wir aus den Bildern der Vergangenheit zu sinnlicher Erkennbarkeit zu gestalten, um so für sie die Form zu gewinnen, die ihnen die moderne Gegenwart nicht verschaffen kann. In dem Streben, den Wünschen meines Herzens künstlerische Gestalt zu geben und im Eifer zu erforschen, *was* mich denn so unwiderstehlich zu dem urheimatlichen Sagenquelle hinzog, gelangte ich Schritt für Schritt in das tiefere Altertum hinein, wo ich denn endlich zu meinem Entzücken, und zwar eben dort im *höchsten* Altertume, den jugendlich schönen *Menschen* in der üppigsten Frische seiner Kraft antreffen sollte. Meine Studien trugen mich so durch die Dichtungen des Mittelalters hindurch bis auf den Grund des alten urdeutschen Mythos; ein Gewand nach dem anderen, das ihm die spätere Dichtung entstellend umgeworfen hatte, vermochte ich von ihm abzulösen, um ihn so endlich in seiner keuschesten Schönheit zu erblicken. Was ich hier ersah, war nicht mehr die historisch konventionelle Figur, an der uns das Gewand mehr als die wirkliche Gestalt interessieren muß; sondern der wirkliche, nackte Mensch, an dem ich jede Wallung des Blutes, jedes Zucken der kräftigen Muskeln in uneingeengter, freiester Bewegung erkennen durfte: der *wahre Mensch* überhaupt.

Hatte mich nun schon längst die herrliche Gestalt des *Siegfried* angezogen, so entzückte sie mich doch vollends erst, als es mir gelungen war, sie, von aller späteren Umkleidung befreit, in ihrer reinsten menschlichen Erscheinung vor mir zu sehen. Erst jetzt auch erkannte ich die Möglichkeit, ihn zum Helden eines Dramas zu machen, was mir nie eingefallen war, solange ich ihn nur aus dem mittelalterlichen Nibelungenliede kannte. – Zugleich mit ihm war mir aus dem Studium der Geschichte aber auch *Friedrich I.* entgegengetreten: er erschien mir, wie er dem sagengestaltenden deutschen Volke erschienen war, als eine geschichtliche Wiedergeburt des altheidnischen Siegfried. Als die politischen Bewegungen der letzten Zeit hereinbrachen und in Deutschland zunächst im Verlangen nach politischer Einheit sich kundgaben, mußte es mich dünken, als ob Friedrich I. dem Volke näher liegen und eher verständlich sein würde, als der rein menschliche Siegfried. Schon hatte ich den Plan zu einem Drama entworfen, das in fünf Akten Friedrich vom ronkalischen Reichstage bis zum Antritte seines Kreuzzuges darstellen sollte. Unbefriedigt wandte ich mich aber immer wieder von dem Plane ab.
Als ich den *Siegfried* entwarf, fühlte ich, mit vorläufigem gänzlichen Absehen von der musikalischen Ausführungsform, die Unmöglichkeit, oder mindestens die vollständige Ungeeignetheit davon, diese Dichtung im modernen Verse auszuführen. Ich war mit der Konzeption des *Siegfried* bis dahin vorgedrungen, wo ich den Menschen in der natürlichsten, heitersten Fülle seiner sinnlich belebten Kundgebung vor mir sah; kein historisches Gewand engte ihn mehr ein; kein außer ihm entstandenes Verhältnis hemmte ihn irgendwie in seiner Bewegung, die aus dem innersten Quelle seiner Lebenslust jeder Begegnung gegenüber sich so bestimmte, daß Irrtum und Verwirrung, aus dem wildesten Spiele der Leidenschaften genährt, rings um ihn bis zu seinem offenbaren Verderben sich häufen konnten, ohne daß der Held einen Augenblick, selbst dem Tode gegenüber, den inneren Quell in seinem wellenden Ergusse nach Außen gehemmt, oder je etwas Anderes für berechtigt über sich und seine Bewegung gehalten hätte, als eben die notwendige Ausströmung des rastlos quillenden inneren Lebensbrunnens. Mich hatte »Elsa« diesen Mann finden gelehrt: er war mir der männlich verkörperte Geist der ewig und einzig zeugenden Unwillkür, des Wirkers wirklicher Taten, *des Menschen* in der Fülle höchster, unmittelbarster Kraft und zweifellosester Liebenswür-

digkeit. Hier, in der Bewegung dieses Menschen, war kein gedankenhaftes Wollen der Liebe mehr, sondern leibhaftig lebte sie da, schwellte jede Ader und regte jeden Muskel des heitren Menschen zur entzückenden Betätigung ihres Wesens auf. So, wie dieser Mensch sich bewegte, mußte aber notwendig auch sein redender Ausdruck sein; hier reichte der nur *gedachte* moderne Vers mit seiner verschwebenden, körperlosen Gestalt nicht mehr aus ... Den *Siegfried* mußte ich geradesweges fahren lassen, wenn ich ihn nur in diesem Verse hätte ausführen können. Somit mußte ich auf eine andere Sprachmelodie sinnen; und doch hatte ich in Wahrheit gar nicht zu sinnen nötig, sondern nur mich zu entscheiden, denn an dem urmythischen Quelle, wo ich den jugendlich schönen Siegfriedmenschen fand, traf ich auch ganz von selbst auf den sinnlich vollendeten Sprachausdruck, in dem einzig dieser Mensch sich kundgeben konnte. Es war dies der, nach dem wirklichen Sprachaccente zur natürlichsten und lebendigsten Rhythmik sich fügende, zur unendlich mannigfaltigsten Kundgebung jederzeit leicht sich befähigende, *stabgereimte Vers*, in welchem einst das Volk selbst dichtete, als es eben noch Dichter und Mythenschöpfer war.

An Theodor Uhlig, Dresden. Albisbrunn, 12. November 1851: Über die beabsichtigte Vollendung der großen Dramendichtung, die ich nun vorhabe, kann ich Dir jetzt nur wenig mitteilen. Bedenke, daß – ehe ich den *Siegfrieds Tod* dichtete – ich den ganzen Mythos in seinem großartigen Zusammenhange entwarf: jene Dichtung war nun der – unsrem Theater gegenüber von mir als zu ermöglichen gedachte – Versuch, eine Hauptkatastrophe des Mythos mit der *Andeutung* jenes Zusammenhanges zu geben. Als ich nun an die volle musikalische Ausführung ging, und ich dabei endlich fest unser Theater ins Auge fassen mußte, fühlte ich das Unvollständige der beabsichtigten Erscheinung: es blieb eben der große Zusammenhang, der den Gestalten erst ihre ungeheure, schlagende Bedeutung gibt, nur durch epische Erzählung, durch Mitteilung an den Gedanken übrig. Um daher *Siegfrieds Tod* zu ermöglichen, verfaßte ich den »jungen Siegfried«: je bedeutender aber dadurch das Ganze sich schon gestaltete, desto mehr mußte mir jetzt, als ich an die szenisch-musikalische Ausführung des »jungen Siegfried« ging, einleuchten, daß ich das Bedürfnis nach deutlicher Darstellung des ganzen Zusammenhanges *an die Sinne* nur noch gesteigert hatte. Jetzt sehe ich, ich muß, um vollkommen von der Bühne herab verstanden zu werden, den ganzen Mythos plastisch ausführen. Nicht diese Rücksicht allein bewog mich aber zu meinem neuen Plane, sondern namentlich auch das hinreißend Ergreifende des Stoffes, den ich somit für die Darstellung gewinne, und der mir einen Reichtum für künstlerische Bildung zuführt, den es Sünde wäre, ungenützt zu lassen. Denke Dir den Inhalt der Erzählung der Brünnhilde, in der letzten Szene des »jungen Siegfried« – das Schicksal Siegmunds und Siegelinds, der Kampf Wodans mit seiner Neigung und der Sitte (Fricka); der herrliche Trotz der Walküre, der tragische Zorn Wodans, mit dem er diesen Trotz straft: denke Dir dies in *meinem* Sinne, mit dem ungeheuren Reichtum von Momenten, in ein bündiges Drama zusammengefaßt, so ist eine Tragödie von erschütterndster Wirkung geschaffen, die zugleich alles das zu einem bestimmten sinnlichen Eindrucke vorführt, was mein Publikum in sich aufgenommen haben muß, um den »jungen Siegfried« und den »Tod« – nach ihrer weitesten Bedeutung – leicht zu verstehen. Diesen drei Dramen sende ich nun ein größeres Vorspiel voran, welches für sich an einem besonderen einleitenden Festtage aufgeführt werden muß: es beginnt mit Alberich, der die drei Wasserfrauen des Rheines mit Liebesgelüste verfolgt, von einer nach der anderen (scherzend heiter) abgewiesen wird, und aus Wut ihnen endlich das Rheingold stiehlt: – dieses Gold ist an sich nur ein glänzender Schmuck der Wassertiefe (*Siegfrieds Tod*, Akt III. Sz. I), eine andere Macht wohnt ihm aber bei, die jedoch nur der ihm zu entlocken vermag, *der der Liebe entsagt.* – Hier hast Du das gestaltende Motiv bis zu Siegfrieds Tod: denke Dir die ganze Fülle von Folgen! Der Fang Alberichs, die Zuteilung des Goldes an die zwei Riesenbrüder, die schnelle Erfüllung von Alberichs Fluch an diesen Beiden, von denen der eine sogleich den andren erschlägt, bilden den Gegenstand dieses Vorspiels ...

Aber *noch* Eines bestimmte mich zur Erweiterung dieses Planes: die gefühlte Unmöglichkeit, auch den »jungen Siegfried« nur einigermaßen entsprechend in Weimar – oder sonstwo aufführen zu können. Ich mag und kann jetzt nicht mehr die Marter des *Halben* durchmachen. – Mit dieser meiner neuen Konzeption trete ich *gänzlich* aus allem Bezug zu unserem heutigen Theater und Publikum heraus: ich breche bestimmt und für immer mit der formellen Gegenwart. Fragst Du mich nun, was ich mit meinem Plane vorhabe? –

Zunächst ihn *ausführen*, soweit es in meinem dichterischen und musikalischen Vermögen steht: dies wird mich mindestens *3 volle Jahre* beschäftigen... An eine *Aufführung* kann ich erst unter ganz anderen Umständen denken. Am Rheine schlage ich dann ein Theater auf und lade zu einem großen dramatischen Feste ein: nach einem Jahre Vorbereitung führe ich dann im Laufe von *vier Tagen* mein ganzes Werk auf. So ausschweifend dieser Plan ist, so ist er doch der einzige, an den ich noch mein Leben, Tichten und Trachten setze. Erlebe ich seine Ausführung, so habe ich herrlich gelebt; wenn nicht, so starb ich für 'was Schönes. Nur dies aber kann mich noch erfreuen.

An Wilhelm Fischer, Dresden. Zürich, 15. Februar 1854:
Ich bin jetzt wieder ganz Musiker geworden, und mehr wie je. Jetzt mache ich schon die Partitur von dem (erst im November begonnenen) *Rheingold*. Im Sommer geht es an die *Walküre*; im Frühjahr 1855 kommt der *junge Siegfried* dran und im Winter drauf denke ich *Siegfrieds Tod* vorzunehmen, so daß Ostern 1856 Alles fertig ist. Dann geht es an's Unmögliche: mir mein eigenes Theater zu schaffen, mit dem ich vor ganz Europa mein Werk als großes dramatisches Musikfest aufführe. Dann – gebe Gott, daß ich meinen letzten Seufzer von mir stoße! –

An Breitkopf & Härtel, Leipzig. Mornex, 10. Juli 1856:
Wie viel mehr muß ich aber dies Alles in das Auge fassen für ein Werk, welches ich in der vollendeten Reife meiner künstlerischen Kraft als das sorgfältigst gepflegte Kind meiner Muse der Welt zu übergeben gedenke? Es ist nicht möglich, daß ich je wieder etwas meinem »Nibelungenwerk« ähnliches konzipiere oder gar ausführe: es ist das volle und üppige Hauptwerk meines Lebens, und schon in dem Gedichte glaube ich der Nation ein Werk geschenkt zu haben, das ich mit Stolz ihr auch für die Zukunft empfohlen halten darf. Außer dem Vorzuge, den diese große Arbeit vor meinen früheren durch eine bei weitem größere Fülle in ihm bewährter Erfahrung haben muß, wird es aber schon für den ersten Erfolg den großen Vorteil genießen, daß es in einer jedenfalls außerordentlichen Aufführung, für deren Bewerkstelligung und Leitung ich alle meine Kräfte spare, und zu deren Ermöglichung andrerseits meine bisherigen und bis dahin zu erwar-

tenden Erfolge beitragen werden, zum ersten Male dem Publikum vorgeführt werden soll.

An Franz Schott, Mainz. Starnberg, 26. Mai 1864:
Der junge König von Bayern, glücklich, durch seine Thronbesteigung hierzu in den Stand gesetzt zu sein, bietet mir Alles, um ruhig zu leben und – namentlich – meine Werke in vollendeten ersten Aufführungen zu Tage fördern zu können. Ich bin für alle Zeiten jetzt bei ihm. Er erwartet auch mit Ungeduld die Vollendung der *Nibelungen*, die er ganz so aufführen will, wie ich es verlange, daß sie zum erstenmal vorgeführt werden sollen.

Franz Liszt *an Dr. Gille, Jena*. Zürich, 14. November 1856:
Von Wagner erzähle ich Ihnen vieles mündlich. Wir sehen uns natürlich täglich, den ganzen lieben Tag hinan. Seine *Nibelungen* sind eine gänzlich neue und herrliche Welt, nach welcher ich mich längst gesehnt habe, und für die die besonnensten Leute sich noch begeistern werden, wenn auch dabei der Maßstab der Mittelmäßigkeit sich unzulänglich erweist! –

Franz Liszt *an Dr. Adolf Stern, Dresden*.
Zürich, 14. November 1856:
Ungeachtet meines Unwohlseins verlebe ich hier mit Wagner prächtige Tage und durchsättige mich an seiner *Nibelungen*-Welt, von welcher unsre Handwerker-Musiker und leeres Stroh dreschenden Kritiker noch keine Ahnung haben können. Hoffentlich wird dieses colossale Werk im Jahre 59 zur Aufführung gelangen, und meinerseits werde ich nichts vernachlässigen, um diese Aufführung (die freilich mancherlei Schwierigkeiten und Anstrengungen impliciert) baldmöglichst einzulenken. Wagner bedarf dazu eines ganz eignen Theaterbaus und eines nicht gewöhnlichen Darsteller- und Orchester-Personals. Selbstverständlich kann das Werk nur unter *seiner* eignen Leitung in die Welt treten, und falls dies, wie es so wünschenswert ist, in Deutschland geschehen sollte, müßte vor allem seine Begnadigung erzielt werden. – Ich tröste mich mit dem Spruch: »Was sein soll, muß kommen!«

Louis Köhler *an Franz Liszt*. Königsberg, 3. Juli 1853:
Wagner hat mir eine unendlich hohe Freude durch Übersendung seiner *Nibelungen* bereitet, ich danke dies Ihnen – Sie waren ein Fürsprecher.

Ich bin noch bei der Lektüre des Buches. Anfangs war mir's befremdend, doch zog's mich an in der Weise, wie eben Fremdes anzieht. Unmerklich aber versenkte ich mich und fühle mich jetzt mit wahrer Walhallwonne heimisch darin. Das Werk wirkt mit einer *Macht* auf mich, die ganz *eigener* Art ist, und ich habe nicht Lust, meinen Geist abzumartern mit Reflexionen ... Ich glaube nicht, daß seit Jahrhunderten ein so wahrhaft *hehres* Dichterstück geschaffen wurde, so gewaltig und so einfaltvoll-einfach in der Sprache; da ist doch Mark in jedem Worte. Alles erscheint mir *groß* darin, selbst optisch genommen: die Göttergestalten sehe ich immer groß, doch von idealer Kraftschönheit; ich höre ihre Stimme weit hallen, und wenn sie sich bewegen, so weht die Luft davon. Wahre Musik ist die Sprache schon, und darum ist sie unmöglich »in Musik zu setzen«. Ich habe eine helle Ahnung von der wirklichen Darstellung dieses Werkes und seiner Vollendung, und ich fühle eine Art Sprachmelodie aus den schwunghaft gegliederten, lebendig gruppierten Versen Wagners heraus, wie sie mir als letztes Ideal der dramatischen Tonrede bei der Arbeit meines Buches vorschwebte. Sie werden vielleicht bereits eine ähnliche Ansicht haben, oder vielmehr Sie werden *wissen*, denn Sie waren ja bei Wagner.

An diesen möcht ich alle Tage schreiben, wenn auch nur immer zwei Zeilen, doch Gott bewahre den Vielbeanspruchten vor meinen höchst überflüssigen Wörtern. Ich möchte nur zehn *Gesang*-Noten von Wagner zu seinen Nibelungen kennen lernen, dann hätte ich festen Fuß. Erhaben wie Erzguß steht Wodan da, und doch zugleich so menschlich-faßbar. Der Schluß des ersten Aktes der *Walküre* ist hinreißend, Gott, ich fühlte wie Siegmund! Mir wird so weit in der Seele beim Lesen, wie wenn ich von einem hohen Punkte aus in eine große neue Welt sähe.

Gottfried Keller *an seinen Freund Hettner*.
Zürich, 21. Februar 1856:
Ich gehe viel mit Richard Wagner um, welcher ein genialer und auch guter Mensch ist. Wenn Sie Gelegenheit finden, seine *Nibelungen*-Trilogie zu lesen, welche er für Freunde hat drucken lassen, so tun Sie es doch. Sie werden finden, daß eine gewaltige Poesie, urdeutsch, aber von antik-tragischem Geiste geläutert, darin weht. Auf mich hat es wenigstens diesen Eindruck gemacht.

Hans von Bülow *an Julius Stern, Berlin.* Zürich, 19. September 1857:
Seit vierzehn Tagen wohne ich mit meiner Frau bei Wagner, und ich wüßte wirklich nichts zu nennen, was mir solche Wohltat, solche Erquickung gewähren könnte, als das Zusammensein mit dem herrlichen, einzigen Manne, den man wie einen Gott verehren muß. Aus aller Misère des Lebens taue und tauche ich auf in der Nähe dieses Großen und Guten. Von den *Nibelungen* kann ich Ihnen nichts schreiben. Da hört alles Ausdrucksvermögen der Bewunderung auf. Nur so viel: auch die spezifischen Musiker, sobald sie noch einen ehrlichen Faden am Leibe haben, sobald sie nicht Petrefakten von Dummheit und Schlechtigkeit geworden sind, werden *staunen*!
Etwas Ähnliches, Annäherndes ist nicht geschrieben worden – überhaupt nicht – nirgends – in keiner Kunst, in keiner Sprache. Von da darf man auf alles Andere herabsehen, alles Andere *über*sehen. Es ist eine wahre Erlösung aus dem Weltkote. Und nachdem ich dies so gründlich eingesehen, gehe ich getrost mit diesen Überzeugungs-Überschuhen in die Residenz zurück.

Friedrich Nietzsche, *Richard Wagner in Bayreuth* (1876):
Im *Ringe des Nibelungen* ist der tragische Held ein Gott, dessen Sinn nach Macht dürstet, und der, indem er alle Wege geht, sie zu gewinnen, sich durch Verträge bindet, seine Freiheit verliert und in den Fluch, welcher auf der Macht liegt, verflochten wird. Er erfährt seine Unfreiheit gerade darin, daß er kein Mittel mehr hat, sich des goldenen Ringes, des Inbegriffs aller Erdenmacht und zugleich der höchsten Gefahren für ihn selbst, so lange er in dem Besitze seiner Feinde ist, zu bemächtigen: die Furcht vor dem Ende und der Dämmerung aller Götter überkommt ihn und ebenso die Verzweifelung darüber, diesem Ende nur entgegensehen, nicht entgegenwirken zu können. Er bedarf des freien furchtlosen Menschen, welcher, ohne seinen Rat und Beistand, ja im Kampfe wider die göttliche Ordnung, von sich aus die dem Gotte versagte Tat vollbringt: er sieht ihn nicht, und gerade dann, wenn eine neue Hoffnung noch erwacht, muß er dem Zwange, der ihn bindet, gehorchen: durch seine Hand muß das Liebste vernichtet, das reinste Mitleiden mit seiner Not bestraft werden. Da ekelt ihn endlich vor der Macht, welche das Böse und die Unfreiheit im Schoße trägt, sein Wille bricht

sich, er selber verlangt nach dem Ende, das ihm von ferne her droht. Und jetzt erst geschieht das früher Ersehnteste: der freie furchtlose Mensch erscheint, er ist im Widerspruche gegen alles Herkommen entstanden; seine Erzeuger büßen es, daß ein Bund wider die Ordnung der Natur und Sitte sie verknüpfte: sie gehen zu Grunde, aber Siegfried lebt. Im Anblicke seines herrlichen Werdens und Aufblühens weicht der Ekel aus der Seele Wotans, er geht dem Geschicke des Helden mit dem Auge der väterlichsten Liebe und Angst nach. Wie er das Schwert sich schmiedet, den Drachen tötet, den Ring gewinnt, dem listigsten Truge entgeht, Brünnhilde erweckt, wie der Fluch, der auf dem Ringe ruht, auch ihn nicht verschont, ihm nah und näher kommt, wie er, treu in Untreue, das Liebste aus Liebe verwundend, von den Schatten und Nebeln der Schuld umhüllt wird, aber zuletzt lauter wie die Sonne heraustaucht und untergeht, den ganzen Himmel mit seinem Feuerglanze entzündend und die Welt vom Fluche reinigend – das alles schaut der Gott, dem der waltende Speer im Kampfe mit dem Freiesten zerbrochen ist und der seine Macht an ihn verloren hat, voller Wonne am eigenen Unterliegen, voller Mitfreude und Mitleiden mit seinem Überwinder: sein Auge liegt mit dem Leuchten einer schmerzlichen Seligkeit auf den letzten Vorgängen, er ist frei geworden in Liebe, frei von sich selbst.

Und nun fragt euch selber, ihr Geschlechter jetzt lebender Menschen! Ward dies *für euch* gedichtet? Habt ihr den Mut, mit eurer Hand auf die Sterne dieses ganzen Himmelsgewölbes von Schönheit und Güte zu zeigen und zu sagen: es ist *unser* Leben, das Wagner unter die Sterne versetzt hat?

Wo sind unter euch die Menschen, welche das göttliche Bild Wotans sich nach ihrem Leben zu deuten vermögen und welche selber immer größer werden, je mehr sie, wie er, zurücktreten? Wer von euch will auf Macht verzichten, wissend und erfahrend, daß die Macht böse ist? Wo sind die, welche wie Brünnhilde aus Liebe ihr Wissen dahingeben und zuletzt doch ihrem Leben das allerhöchste Wissen entnehmen: »trauernder Liebe tiefstes Leid schloß die Augen mir auf«? Und die Freien, Furchtlosen, in unschuldiger Selbstigkeit aus sich Wachsenden und Blühenden, die Siegfriede unter euch?

Wer so fragt und vergebens fragt, der wird sich nach der Zukunft umsehen müssen; und sollte sein Blick in irgendwelcher Ferne gerade noch jenes »Volk« entdecken, welches seine eigene Geschichte aus den Zeichen der Wagnerischen Kunst herauslesen darf, so versteht er zuletzt auch, *was Wagner diesem Volke sein wird*: – Etwas, das er uns allen nicht sein kann, nämlich nicht der Seher einer Zukunft, wie er uns vielleicht erscheinen möchte, sondern der Deuter und Verklärer einer Vergangenheit.

George Bernard Shaw, *Ein Wagnerbrevier* (1908):
Vor allen Dingen ist der *Ring* mit seinen Göttern und Riesen und Zwergen, seinen Wasserjungfrauen und Walküren, seiner Tarnkappe, seinem Zauberring, seinem verzauberten Schwert und seinem wandernden Schatz ein Drama von heute und nicht das einer fernen und sagenhaften Vorzeit. Es hätte nicht vor der zweiten Hälfte des neunzehnten Jahrhunderts geschrieben werden können, weil es sich mit Ereignissen befaßt, die gerade damals zu einem Abschluß gelangten. Wenn der Zuschauer darin nicht ein Abbild des Lebens erkennt, durch das er sich selbst einen Weg erkämpft, muß es ihm schlechterdings als eine ungeheure Erweiterung der Weihnachtspantomimen erscheinen, die durch den ersten Bariton stellenweise zu unerträglich langen, wirren Reden ausgesponnen werden. Zum Glück ist aber der *Ring* gerade in dieser Beziehung voll außerordentlich anziehender Episoden, sowohl in musikalischer als auch in dramatischer Hinsicht. Schon die Naturmusik – die Musik des Flusses und Regenbogens, des Feuers und Waldes – genügt, Leute, die einige Liebe zur Landschaft empfinden, in einer Weise zu bestechen, daß sie die politisch-philosophischen Stellen in der festen Hoffnung auf eine hübschere Melodie über sich ergehen lassen. Es kann sich auch jeder Mensch an der Liebesmusik erfreuen, der Hammer- und Amboßmusik, dem Getrampel der Riesen, dem Hornmotiv des jungen Waldmenschen, dem Trillern des Vogels, dem Drachenmotiv und dem Nachtmarmotiv, und an der Donner- und Blitzmusik, dieser Überfülle einfacher Melodien und dem ansprechenden Charme der Instrumentierung, kurz: an der ungeheuren Ausdehnung des Gebietes, das dem *Ring* und der gewöhnlichen Musik gemeinsam ist, die wir zu bloßem Zeitvertreib und zum Vergnügen genießen. Daher kommt es, daß die vier einzelnen Musikdramen, aus denen der *Ring* zusammengesetzt ist, in ganz Europa als Opern populär geworden sind.

Gerhart Hauptmann, *Richard Wagner* (1911):
Es ist Tiefes, Allzutiefes, Flaches, Allzuflaches genug über ihn

gesagt worden. Trotzdem muß wohl das Schweigen immer wieder gebrochen werden. Ich bin als Jüngling in Wagners Bann gewesen, stand seiner Kunst lange fern und mußte ihr fernstehen, um eigene Kräfte zu entwickeln. Gefestigt bin ich zu ihr zurückgekehrt. Ich sehe sie heute ganz anders als im Jugendbann. Ich sehe sie heute als künstlerisches Urphänomen, stammend aus einer Zeit vor aller deutschen Kunst, auch Musik. Ich bin weit davon entfernt, mich an Richard Wagner deutschtümelnd zu entzücken, denn er ist ebenso griechisch wie deutsch, ebenso asiatisch wie europäisch. Ein Werk wie der *Ring* ist, was Ursprung, Wachstum und Vollendung anlangt, das einzige seiner Art in der Welt und vielleicht das rätselhafteste Kunstgebilde der letzten Jahrtausende. Kultur hat damit nichts zu schaffen, und es hat nichts mit Kultur zu schaffen. Es hat nichts mit dem deutschen Rhein, den germanischen Göttern und den Nibelungen zu schaffen, und alle diese schönen Sachen haben nichts mit ihm zu schaffen. Es hat auch nichts zu tun mit Christentum, obgleich es ganz und gar etwas Offenbartes ist.
Wer sie verstehen will, muß nicht in dieser Kunst ertrinken, auch nicht darin schwimmen. Er muß sie als das Große, Ewigfremde willkommen heißen. Man könnte sie gleichnisweise als einen unterirdisch hervorbrechenden kochenden Geysir bezeichnen, der ein unbekanntes glühendes Element emporschleudert aus dem Erdinnern, das die menschliche Seele, die es benetzt, von den Schlacken der letzten Jahrtausende reinbaden und reinbrennen kann.

Thomas Mann, *Leiden und Größe Richard Wagners.* (1933): Man kennt die Entstehungsgeschichte dieses Werkes. Wagner, mit der Gestaltung seines dramatischen Entwurfes *Siegfrieds Tod* beschäftigt, ertrug es nicht, wie er selbst erzählt, daß so viel vorauszusetzen war, so viel Handlung vor dem Anfang lag, deren Mitteilung in das Stück hätte hineinkomponiert werden müssen. Sein Bedürfnis, die Vorgeschichte zu sinnlicher Anschauung zu bringen, war übermächtig, und so begann er nach rückwärts zu schreiben: er dichtete den *Jungen Siegfried*, dann die *Walküre*, dann das *Rheingold*; er ruhte nicht, bis er alles in voller Gegenwart auf die Bühne gebracht hatte, in vier Abenden alles, von der Urzelle, dem Erzbeginn, dem ersten Baßfagott-*Es* des Rheingoldvorspiels an, womit er denn feierlich und fast unerhörbar zu erzählen anhob. Etwas Herrliches entstand, und man versteht die Begeisterung, die den Schöpfer angesichts seines so gewordenen, an neuen und tiefen Wirkungsmöglichkeiten so reichen Riesenplanes ergriff.

Thomas Mann, *Richard Wagner und der »Ring des Nibelungen«* (1937):
Wagner hat die moderne Kultur, die Kultur der bürgerlichen Gesellschaft durch das Medium und im Bilde des Operntheater-Betriebes seiner Zeit erlebt. Die Stellung der Kunst oder doch dessen, was künstlerisch seine Sache war, in dieser modernen Welt wurde ihm zum Kriterium für den Wert der bürgerlichen Kultur überhaupt – was Wunder, daß er sie verachten und hassen lernte? Er sah die Kunst zum üppigen Genußmittel, den Künstler zum Sklaven der Geldmacht erniedrigt, sah Leichtfertigkeit und trägen Schlendrian, wo er sich heiligen Ernst und schöne Weihe ersehnte, sah mit Ingrimm die Vergeudung ungeheuerer Mittel – nicht für die hohe Wirkung, sondern für das, was er als Künstler am meisten verachtete: für den Effekt; und da er niemanden an all dem leiden sah, wie er selber litt, schloß er auf die Nichtswürdigkeit der politischen und sozialen Zustände, die dergleichen hervorbrachten und mit denen es zusammengehörte – er schloß auf die Notwendigkeit ihrer revolutionären Umgestaltung.
So wurde Wagner zum Revolutionär. Er wurde es als Künstler, weil er sich von der Veränderung aller Dinge glücklichere Bedingungen für die Kunst, für seine Kunst, das mythisch-musikalische Volksdrama versprach. Ein eigentlich politischer Mensch zu sein, hat er stets geleugnet und aus seinem Widerwillen gegen das Treiben der politischen Parteien nie ein Hehl gemacht. Wenn er die Revolution von 1848 bejahte und an ihr teilnahm, so geschah es aus allgemeiner revolutionärer Sympathie und kaum um ihrer konkreten Ziele willen, über die sein wahres Träumen und Wollen weit hinaus ging, *denn es ging über das bürgerliche Zeitalter selbst hinaus.* Man muß sich darüber klar sein, daß ein Werk, wie *Der Ring des Nibelungen*, das Wagner nach dem *Lohengrin* konzipierte, im Grunde gegen die ganze bürgerliche Kultur und Bildung gerichtet und gedichtet ist, wie sie seit der Renaissance herrschend gewesen war, daß es sich in seiner Mischung aus Urtümlichkeit und Zukünftigkeit an eine inexistente Welt klassenloser Volklichkeit wendet. Die Widerstände, auf die es stieß, die Empörung, die es erregte, richteten sich viel weniger

gegen das Revolutionäre seiner Form und dagegen, daß es mit den Regeln einer Kunstgattung, der Oper, brach, aus der es offenkundig heraustrat. Es trat noch aus ganz anderem heraus. Der deutsche Goethemensch, der seinen *Faust* auswendig wußte, erhob zornig-verächtlichen Protest dagegen – einen respektablen Protest, der aus der noch bestehenden Verbundenheit mit der Bildungswelt des deutschen Klassizismus und Humanismus kam, von welcher dieses Werk sich lossagte. Der deutsche Bildungsbürger lachte über das Wagalaweia und all die Stabreimerei wie über eine barbarische Schrulle, und wenn es das Wort schon gegeben hätte, so hätte er Wagner einen Kulturbolschewisten genannt – nicht ohne Fug. Der ungeheuere, man kann sagen: planetarische Erfolg, den dann dennoch die bürgerliche Welt, die internationale Bourgeoisie dieser Kunst dank gewisser sinnlicher, nervöser und intellektueller Reize, die sie ihr bot, bereitete, ist ein tragi-komisches Paradox und darf nicht vergessen machen, daß sie einem ganz anderen Publikum zugedacht ist und sozial-sittlich weit hinauszielt über alle kapitalistisch-bürgerliche Ordnung in eine von Machtwahn und Geldherrschaft befreite, auf Gerechtigkeit und Liebe gegründete, brüderliche Menschenwelt.

Ernst Bloch, *Pastorale und Paradoxa in Wagners Musik*: Das Leitmotiv selber, das im *Ring* vor allem verwendete, bezeichnet dies Mehrschichtige des Ausdrucks zwischen Ton und Wort grundsätzlich, indem es – wie noch zu zeigen sein wird – teils untergleichzeitig, nämlich erinnernd zum Text steht, zuweilen aber auch übergleichzeitig, nämlich vorwegnehmend. Und das gerade in dem sonst so direkt wirkenden *Ring*, dem vollmündigen Werk, das mit Baßtuben und Heldensopranen das übliche Bild von Wagner-Musik hauptsächlich bestimmt hat. Weit öffnet sich hier die Textsprache einem allemal pathetisch schweifenden Orchester, und dieses hat genau in dieser Sprache vieldeutig Platz. Zwar gibt es hier von Zeit zu Zeit überhaupt keinen verständlich bindenden Text, der musikhaft auszuweiten wäre (man denke nur an einen Satz wie: »Glühender Glanz entgleißet dir weihlich im Wag«), doch in der Mehrzahl, ohne solch prae-Heideggerschen Schwulst, zwischen Rheintöchtern und Rheingold, gibt eben der *Ring* mächtige Gelegenheit, um Musikemotion fern um das Wort zu setzen oder im Zwischenraum des faltenwerfenden und seiner kolossalen Handlung. Wieder geht es nicht um Perlen, sondern um Paradoxes, das hier als eine Art Para-Textum sein indirektes Wesen treibt. So wenn Sieglinde sucht, wo sie den Gast, den Geliebten, schon gesehen, wo sie seine Stimme schon gehört habe, gleich ihrer eigenen, »und jetzt gewahr ich es wieder« – ein Gesang in lauter Halbschritten, verlierend, auftauchend und dem ausgemachten Lenzjubel von vorher und nachher höchst unausgemacht überlegen. Dann gar im zweiten Aufzug der gleichen *Walküre*, die Todverkündung Siegmunds durch Brünnhilde, mit Tönen, dann Rhythmen wie in den Text eingebrochen aus einer anderen Welt. Unbewegt kauern Siegmund und Sieglinde düster und ohnmächtig zwischen Bergwänden, fast wie ein Emigrantenpaar preisgegeben, sehr einsam klingt das Liebesmotiv, tiefes Schweigen. Brünnhilde erscheint auf der von ihnen abgewandten Seite, Athenahaft, dem Zuschauer früher sichtbar als Siegmund, und nur mit schlaf-traumhaft gestockter Bewegung wendet er sich ihrem Anruf zu. Auch sein Fragegesang an Brünnhilde ist ganz eigentümlich stockend-synkopisch, bleibt starr wie die vorige Bewegung, freilich auch unnachgiebig insistierend. Das Schicksalsmotiv ertönt, das gleiche wie, soviel später, bei Siegfrieds Tod, die Triolenfiguren des Trauermarschs aus der *Götterdämmerung* mengen sich ein, mit unerhört textüberlegener Fern-Konkordanz, Siegmund ist schon, bevor er gekämpft hat, so unrettbar tot wie dereinst sein Sohn Siegfried auf der Bahre. Aber nun geschieht gleichzeitig ein unerwartetes Stück Beethoven bei Wagner: Siegmund verhält sich, als der wachste, freieste, wenigst Konforme aller *Ring*-Helden, anders als der bloß naturburschenhaft »freie« Siegfried. Denn da Brünnhilde nicht auch Sieglinde nach Walhall führen kann, nimmt Siegmund die »geschenkte Wonne« Walhalls nicht an, verschmäht sie – mit einer nur an dieser Stelle vorhandenen Dur-Auflösung des Schicksalsmotivs – als noch Lebender und auch im Totschlag durch Wotan nicht Widerlegter.

Theodor W. Adorno, *Versuch über Wagner* (1952):
Wollte man die »Idee« des *Rings* in einfachen Worten aussprechen, es ließe sich angeben: daß der Mensch vom blinden Naturzusammenhang, aus dem er selber entspringt, sich emanzipiert und Macht über die Natur gewinnt, um ihr in letzter Instanz dennoch zu erliegen. Die Allegorik des *Rings* sagt die Einheit von Naturbeherrschung und Naturverfallenheit aus. Dabei ist die Spaltung der Welt in Natur und Individuation das Signum jener zwischen Autorität und Rebellen.

In der Szene des Wanderers mit Siegfried wird die profane Substanz des metaphysischen Dualismus sichtbar. Siegfried sagt: »Alter Frager, hör' einmal auf.« Danach der Wanderer: »Geduld du Knabe! Dünk' ich dich alt, so sollst du mir Achtung bieten.« Siegfried: »Das wär' nicht übel! So lang' ich lebe, stand mir ein Alter im Wege: den hab' ich nun fort gefegt.« Der respektlose Siegfried erringt scheinbar den Sieg. Aber ihn erringen heißt zugleich dem Fluch des Rings verfallen. Die Musik läßt an dieser Intention keinen Zweifel. Zu den letzten Worten des Wanderers: »Zieh hin, ich kann dich nicht halten« ertönt das Motiv der *Götterdämmerung*. Das Gleichnis von der Naturverfallenheit des naturbeherrschenden Menschen nimmt in der dramatischen Handlung des *Rings* seinen geschichtlichen Aspekt an: mit dem Sieg des Bürgertums bleibt die »schicksalhafte« Naturwüchsigkeit der Gesellschaft aller partikularen Naturbeherrschung zum Trotz bestehen. Das Unheil ist geschehen in dem Augenblick, in dem die auftrumpfende »Naturwüchsigkeit« als bloßes Produkt und Stigma des ungelenkten gesellschaftlichen Prozesses, als Lakai der wohlweisen Autorität sich enthüllt. Das erst macht die musikalische Geste Wagners als die der Zurücknahme gesellschaftlich voll verständlich. – Der Verrat wohnt der Rebellion selber inne.

Wieland Wagner (Walter Erich Schäfer: *Wieland Wagner / Persönlichkeit und Leistung*, 1970):
Die Stellung Loges – nicht nur im *Rheingold* selbst, sondern auch in ihren mittelbaren Auswirkungen im Ablauf des ganzen *Ringes* – ist von besonderer Wichtigkeit. Selbst das Verständnis der Gestalt Wotans ist von ihr wesentlich abhänging... In einer Szene, die zu den schönsten Offenbarungen der Kunst gehört, feiert Loge mit sich steigernder Begeisterung die Allherrschaft der Liebe in der Natur und reißt damit Götter und Riesen hin. Ebenso tief aber erschüttert ihn der Fluch, der sie getroffen hat, die Schändung der Welt durch die Gier nach Gold, welche an die Stelle der schöpferischen Liebe getreten ist. Wotans kühle Verstandesklugheit begreift das drohende Verhängnis mitnichten; ihn blendet der Herrschaftswille über die Welt, wie er ihn versteht: herab von den Zinnen der Burg.
Mit der Vollendung Walhalls ist Wotans Schicksal besiegelt.

DAS RHEINGOLD

(1854)

SZENENFOLGE

ERSTE SZENE. Die drei Rheintöchter und Alberich
ZWEITE SZENE. Wotan, Fricka, Freia, Fasolt und Fafner, Donner, Froh, Loge
DRITTE SZENE. Alberich und Mime, Wotan und Loge
VIERTE SZENE. Alberich, Wotan, Loge; die übrigen Götter und Göttinnen mit Erda. Die drei Rheintöchter (unsichtbar)

SCHAUPLATZ DER HANDLUNG

VORSPIEL UND ERSTE SZENE
In der Tiefe des Rheines

ZWEITE SZENE
Freie Gegend auf Bergeshöhen

DRITTE SZENE
Nibelheim

VIERTE SZENE
Freie Gegend auf Bergeshöhen

PERSONEN

WOTAN DONNER FROH LOGE	Götter
FASOLT FAFNER	Riesen
ALBERICH MIME	Nibelungen
FRICKA FREIA ERDA	Göttinnen
WOGLINDE WELLGUNDE FLOSSHILDE	Rheintöchter

NIBELUNGEN

In der Tiefe des Rheines

Grünliche Dämmerung, nach oben zu lichter, nach unten zu dunkler. Die Höhe ist von wogendem Gewässer erfüllt, das rastlos von rechts nach links zuströmt. Nach der Tiefe zu lösen sich die Fluten in einen immer feineren feuchten Nebel auf, so daß der Raum der Manneshöhe vom Boden auf gänzlich frei von Wasser zu sein scheint, welches wie in Wolkenzügen über den nächtlichen Grund dahinfließt. Überall ragen schroffe Felsenriffe aus der Tiefe auf und grenzen den Raum der Bühne ab; der ganze Boden ist in ein wildes Zackengewirr zerspalten, so daß er nirgends vollkommen eben ist und nach allen Seiten hin in dichtester Finsternis tiefere Schlüffte annehmen läßt.

Um ein Riff in der Mitte der Bühne, welches mit seiner schlanken Spitze bis in die dichtere, heller dämmernde Wasserflut hinaufragt, kreist in anmutig schwimmender Bewegung eine der Rheintöchter

Volles Wogen der Wassertiefe

WOGLINDE *kreist um das mittlere Riff.* Weia! Waga!
Woge, du Welle,
walle zur Wiege!
wagala weia!
wallala weiala weia!

WELLGUNDES STIMME *von oben.* Woglinde, wachst du allein?

WOGLINDE. Mit Wellgunde wär ich zu zwei.

WELLGUNDE *sie taucht aus der Flut zum Riff herab.* Laß sehn, wie du wachst!

Sie sucht Woglinde zu erhaschen

WOGLINDE *entweicht ihr schwimmend.* Sicher vor dir!

Sie necken sich und suchen sich spielend zu fangen

FLOSSHILDES STIMME VON OBEN. Heiala weia!
Wildes Geschwister!

WELLGUNDE. Floßhilde, schwimm!
Woglinde flieht:
hilf mir die Fließende fangen!

FLOSSHILDE *taucht herab und fährt zwischen die Spielenden.*
Des Goldes Schlaf
hütet ihr schlecht!

Besser bewacht
des Schlummernden Bett,
sonst büßt ihr beide das Spiel!

Mit muntrem Gekreisch fahren die beiden auseinander: Floßhilde sucht bald die eine, bald die andre zu erhaschen; sie entschlüpfen ihr und vereinigen sich endlich, um gemeinsam auf Floßhilde Jagd zu machen. So schnellen sie gleich Fischen von Riff zu Riff, scherzend und lachend. – Aus einer finstren Schlufft ist währenddem Alberich, an einem Riffe klimmend, dem Abgrund entstiegen. Er hält, noch vom Dunkel umgeben, an und schaut dem Spiele der Rheintöchter mit steigendem Wohlgefallen zu.

ALBERICH. Hehe! ihr Nicker!
wie seid ihr niedlich,
neidliches Volk!
Aus Nibelheims Nacht
naht ich mich gern,
neigtet ihr euch zu mir.

Die Mädchen halten, sobald sie Alberichs Stimme hören, mit dem Spiele ein

WOGLINDE. Hei! wer ist dort?
FLOSSHILDE. Es dämmert und ruft.
WELLGUNDE. Lugt, wer uns belauscht!

Sie tauchen tiefer herab und erkennen den Nibelung

WOGLINDE UND WELLGUNDE. Pfui! der Garstige!
FLOSSHILDE *schnell auftauchend.* Hütet das Gold!
Vater warnte
vor solchem Feind.

Die beiden andern folgen ihr, und alle drei versammeln sich schnell um das mittlere Riff

ALBERICH. Ihr, da oben!
DIE DREI. Was willst du dort unten?
ALBERICH. Stör ich eu'r Spiel,
wenn staunend ich still hier steh?
Tauchet ihr nieder,
mit euch tollte
und neckte der Niblung sich gern.
WOGLINDE. Mit uns will er spielen?
WELLGUNDE. Ist ihm das Spott?
ALBERICH. Wie scheint im Schimmer
ihr hell und schön
Wie gern umschlänge

der Schlanken eine mein Arm,
schlüpfte hold sie herab!

FLOSSHILDE. Nun lach ich der Furcht:
der Feind ist verliebt!

Sie lachen

WELLGUNDE. Der lüsterne Kauz!

WOGLINDE. Laßt ihn uns kennen!

Sie läßt sich auf die Spitze des Riffes hinab, an dessen Fuße Alberich angelangt ist

ALBERICH. Die neigt sich herab.

WOGLINDE. Nun nahe dich mir!

Alberich klettert mit koboldartiger Behendigkeit, doch wiederholt aufgehalten, der Spitze des Riffes zu

ALBERICH *hastig.* Garstig glatter
glitschriger Glimmer!
Wie gleit ich aus!
Mit Händen und Füßen
nicht fasse noch halt ich
das schlecke Geschlüpfer!
Feuchtes Naß
füllt mir die Nase –
verfluchtes Niesen!

Er ist in Woglindes Nähe angelangt

WOGLINDE *lachend.* Prustend naht
meines Freiers Pracht!

ALBERICH. Mein Friedel sei,
du fräuliches Kind!

Er sucht sie zu umfassen

WOGLINDE *sich ihm entwindend.* Willst du mich frei'n,
so freie mich hier!

Sie taucht zu einem andern Riff auf

ALBERICH *kratzt sich in den Kopf.* Oh weh! du entweichst?
Komm doch wieder!
Schwer ward mir,
was so leicht du erschwingst.

WOGLINDE *schwingt sich auf ein drittes Riff in größerer Tiefe.*
Steig nur zu Grund:
da greifst du mich sicher.

ALBERICH *hastig hinabkletternd.* Wohl besser da unten!

WOGLINDE *schnellt sich rasch aufwärts nach einem höheren Riffe zur Seite.* Nun aber nach oben!

WELLGUNDE UND FLOSSHILDE *lachend.* Hahahahaha!

ALBERICH. Wie fang ich im Sprung

den spröden Fisch?
Warte, du Falsche!
Er will ihr eilig nachklettern.

WELLGUNDE *hat sich auf ein tieferes Riff auf der andern Seite gesenkt.* Heia, du Holder,
hörst du mich nicht?

ALBERICH *sich umwendend.* Rufst du nach mir?

WELLGUNDE. Ich rate dir wohl:
zu mir wende dich,
Woglinde meide!

ALBERICH *indem er hastig über den Bodengrund zu Wellgunde hin klettert.* Viel schöner bist du
als jene Scheue,
die minder gleißend
und gar zu glatt. –
Nur tiefer tauche,
willst du mir taugen.

WELLGUNDE *noch etwas mehr sich herabsenkend.*
Bin nun ich dir nah?

ALBERICH. Noch nicht genug!
Die schlanken Arme
schlinge um mich,
daß ich den Nacken
dir neckend betaste,
mit schmeichelnder Brunst
an die schwellende Brust mich dir schmiege!

WELLGUNDE. Bist du verliebt
und lüstern nach Minne,
laß sehn, du Schöner,
wie bist du zu schaun? –
Pfui! du haariger,
höck'riger Geck!
Schwarzes, schwieliges
Schwefelgezwerg!
Such dir ein Friedel,
dem du gefällst!

ALBERICH *sucht sie mit Gewalt zu halten.* Gefall ich dir nicht,
dich faß ich doch fest!

WELLGUNDE *schnell zum mittleren Riffe auftauchend.*
Nur fest, sonst fließ ich dir fort!

WOGLINDE UND FLOSSHILDE *lachend.* Hahahahaha!

ALBERICH *Wellgunden erbost nachzankend.* Falsches Kind!
Kalter, grätiger Fisch!

Schein ich nicht schön dir,
niedlich und neckisch,
glatt und glau –
hei! so buhle mit Aalen,
ist dir eklig mein Balg!

FLOSSHILDE. Was zankst du, Alp?
Schon so verzagt?
Du freitest um zwei:
frügst du die dritte,
süßen Trost
schüfe die Traute dir!

ALBERICH. Holder Sang
singt zu mir her! –
Wie gut, daß ihr
eine nicht seid:
von vielen gefall ich wohl einer,
bei einer kieste mich keine! –
Soll ich dir glauben,
so gleite herab!

FLOSSHILDE *taucht zu Alberich herab.* Wie törig seid ihr,
dumme Schwestern,
dünkt euch dieser nicht schön?

ALBERICH *hastig ihr nahend.* Für dumm und häßlich
darf ich sie halten,
seit ich dich Holdeste seh!

FLOSSHILDE. O singe fort
so süß und fein, –
wie hehr verführt es mein Ohr!

ALBERICH *zutraulich sie berührend.* Mir zagt, zuckt
und zehrt sich das Herz,
lacht mir so zierliches Lob.

FLOSSHILDE *ihn sanft abwehrend.* Wie deine Anmut
mein Aug erfreut,
deines Lächelns Milde
den Mut mir labt!

Sie zieht ihn zärtlich an sich

Seligster Mann!

ALBERICH. Süßeste Maid!

FLOSSHILDE. Wärst du mir hold!

ALBERICH. Hielt ich dich immer.

FLOSSHILDE. Deinen stechenden Blick,
deinen struppigen Bart,
o säh ich ihn, faßt ich ihn stets!

Deines stachlichen Haares
strammes Gelock,
umflöss' es Floßhilde ewig!
Deine Krötengestalt,
deiner Stimme Gekrächz,
o dürft ich staunend und stumm
sie nur hören und sehn!

WOGLINDE UND WELLGUNDE *sind nahe herabgetaucht, lachend.*
Hahahahahaha!

ALBERICH *erschreckt auffahrend.* Lacht ihr Bösen mich aus?

FLOSSHILDE *sich plötzlich ihm entreißend.*
Wie billig am Ende vom Lied!

Sie taucht mit den Schwestern schnell auf

WOGLINDE UND WELLGUNDE *lachend.* Hahahahahaha!

ALBERICH *mit kreischender Stimme.* Wehe! Ach wehe!
O Schmerz! O Schmerz!
Die dritte, so traut,
betrog sie mich auch?
Ihr schmächlich schlaues,
liederlich schlechtes Gelichter!
Nährt ihr nur Trug
ihr treuloses Nickergezücht?

DIE DREI RHEINTÖCHTER. Wallala! Wallala! Lalaleia, leialalei!
Heia! Heia! haha!
Schäme dich, Albe!
Schilt nicht dort unten!
Höre, was wir dich heißen!
Warum, du Banger,
bandest du nicht
das Mädchen, das du minnst?
Treu sind wir,
und ohne Trug
dem Freier, der uns fängt. –
Greife nur zu,
und grause dich nicht:
in der Flut entfliehn wir nicht leicht.
Wallala! Lalaleia! Leialalei!
Heia! Heia! Hahei!

Sie schwimmen auseinander, hierher und dorthin, bald tiefer, bald höher, um Alberich zur Jagd auf sie zu reizen

ALBERICH. Wie in den Gliedern
brünstige Glut
mir brennt und glüht!

Wut und Minne,
wild und mächtig,
wühlt mir den Mut auf. –
Wie ihr auch lacht und lügt,
lüstern lechz ich nach euch,
und eine muß mir erliegen!

Er macht sich mit verzweifelter Anstrengung zur Jagd auf: mit grauenhafter Behändigkeit erklimmt er Riff für Riff, springt von einem zum andern, sucht bald dieses, bald jenes der Mädchen zu erhaschen, die mit lustigem Gekreisch stets ihm ausweichen. – Er strauchelt, stürzt in den Abgrund und klettert dann hastig wieder in die Höhe zu neuer Jagd. Sie neigen sich etwas herab. Fast erreicht er sie, stürzt abermals zurück und versucht es nochmals. – Alberich hält endlich, vor Wut schäumend, atemlos an und streckt die geballte Faust nach den Mädchen hinauf.

ALBERICH. Fing' eine diese Faust!

Er verbleibt in sprachloser Wut, den Blick aufwärts gerichtet, wo er dann plötzlich von dem folgenden Schauspiel angezogen und gefesselt wird. – Durch die Flut ist von oben her ein immer lichterer Schein gedrungen, der sich an einer hohen Stelle des mittelsten Riffes allmählich zu einem blendend hellstrahlenden Goldglanz entzündet; ein zauberisch goldenes Licht bricht von hier durch das Wasser

WOGLINDE. Lugt, Schwestern!
Die Weckerin lacht in den Grund.

WELLGUNDE. Durch den grünen Schwall,
den wonnigen Schläfer sie grüßt.

FLOSSHILDE. Jetzt küßt sie sein Auge,
daß er es öffne.

WELLGUNDE. Schaut, er lächelt
in lichtem Schein.

WOGLINDE. Durch die Fluten hin
fließt sein strahlender Stern!

DIE DREI RHEINTÖCHTER *zusammen das Riff anmutig umschwimmend.* Heiajaheia!
Heiajaheia!
Wallalallalala leiajahei!
Rheingold!
Rheingold!
Leuchtende Lust,
wie lachst du so hell und hehr!
Glühender Glanz

entgleißet dir weihlich im Wag!
Heiajahei!
Heiajaheia!
Wache Freund,
wache froh!
Wonnige Spiele
spenden wir dir:
flimmert der Fluß,
flammet die Flut,
umfließen wir tauchend,
tanzend und singend,
im seligen Bade dein Bett!
Rheingold!
Rheingold!
Heiaja heia!
Heiaja heia!
Wallalalalala leiajahei!

Mit immer ausgelassenerer Lust umschwimmen die Mädchen das Riff. Die ganze Flut flimmert in hellem Goldglanze

ALBERICH *dessen Augen, mächtig von dem Glanze angezogen, starr auf dem Golde haften.* Was ist's, ihr Glatten,
das dort so glänzt und gleißt?

DIE DREI MÄDCHEN. Wo bist du Rauher denn heim,
daß vom Rheingold nicht du gehört?

WELLGUNDE. Nicht weiß der Alp
von des Goldes Auge,
das wechselnd wacht und schläft?

WOGLINDE. Von der Wassertiefe
wonnigem Stern,
der hehr die Wogen durchhellt?

DIE DREI MÄDCHEN. Sieh, wie selig
im Glanze wir gleiten!
Willst du Banger,
in ihm dich baden,
so schwimm und schwelge mit uns!
Wallala lala leia la lei!
Wallala lalaleia jahei!

ALBERICH. Eurem Taucherspiele
nur taugte das Gold?
Mir gält' es dann wenig!

WOGLINDE. Des Goldes Schmuck
schmähte er nicht,
wüßte er all seine Wunder!

WELLGUNDE. Der Welt Erbe
gewänne zu eigen,
wer aus dem Rheingold
schüfe den Ring,
der maßlose Macht ihm verlieh!
FLOSSHILDE. Der Vater sagt es,
und uns befahl er
klug zu hüten
den klaren Hort,
daß kein Falscher der Flut ihn entführe:
drum schweigt, ihr schwatzendes Heer!
WELLGUNDE. Du klügste Schwester,
verklagst du uns wohl?
Weißt du denn nicht,
wem nur allein
das Gold zu schmieden vergönnt?
WOGLINDE. Nur wer der Minne
Macht versagt,
nur wer der Liebe
Lust verjagt,
nur der erzielt sich den Zauber,
zum Reif zu zwingen das Gold.
WELLGUNDE. Wohl sicher sind wir
und sorgenfrei,
denn was nur lebt will lieben,
meiden will keiner die Minne.
WOGLINDE. Am wenigsten er,
der lüsterne Alp;
vor Liebesgier
möcht er vergehn.
FLOSSHILDE. Nicht fürcht ich den,
wie ich ihn erfand:
seiner Minne Brunst
brannte fast mich.
WELLGUNDE. Ein Schwefelbrand
in der Wogen Schwall,
vor Zorn der Liebe
zischt er laut!
DIE DREI MÄDCHEN. Wallala! Wallaleia lala!
Lieblichster Albe!
Lachst du nicht auch?
In des Goldes Scheine
wie leuchtest du schön!

O komm, Lieblicher, lache mit uns!
Heiajaheia! Heiajaheia!
Wallalalalala leiajahei!

Sie schwimmen lachend im Glanze auf und ab

ALBERICH *die Augen starr auf das Gold gerichtet, hat dem Geplauder der Schwestern wohl gelauscht.*

Der Welt Erbe
gewänn ich zu eigen durch dich?
Erzwäng ich nicht Liebe,
doch listig erzwäng ich mir Lust?

Furchtbar laut

Spottet nur zu!
Der Niblung naht eurem Spiel!

Wütend springt er nach dem mittleren Riff hinüber und klettert nach dessen Spitze hinauf. – Die Mädchen fahren kreischend auseinander und tauchen nach verschiedenen Seiten hin auf

DIE DREI RHEINTÖCHTER. Heia! Heia! Heiajahei!
Rettet euch!
Es raset der Alp;
in den Wassern sprüht's,
wohin er springt –
die Minne macht ihn verrückt!

Lachend

Hahahahahahaha!

ALBERICH *gelangt mit einem letzten Satze zur Spitze.*

Bangt euch noch nicht? –
So buhlt nun im Finstern,
feuchtes Gezücht!

Er streckt die Hand nach dem Gold aus

Das Licht lösch ich euch aus,
entreiße dem Riff das Gold,
schmiede den rächenden Ring; –
denn hör es die Flut:
so verfluch ich die Liebe!

Er reißt mit furchtbarer Gewalt das Gold aus dem Riffe und stürzt dann hastig in die Tiefe, wo er schnell verschwindet. Dichte Nacht bricht plötzlich überall herein. Die Mädchen tauchen jach dem Räuber in die Tiefe nach

FLOSSHILDE. Haltet den Räuber!

WELLGUNDE. Rettet das Gold!

WOGLINDE UND WELLGUNDE. Hilfe! Hilfe!

DIE DREI RHEINTÖCHTER. Weh! Weh!

Die Flut fällt mit ihnen nach der Tiefe hinab. Aus dem untersten Grunde hört man Alberichs gellendes Hohngelächter. In dichtester Finsternis verschwinden die Riffe, die ganze Bühne ist von der Höhe bis zur Tiefe von schwarzem Gewoge erfüllt, das eine Zeitlang immer nach abwärts zu sinken scheint. – Allmählich sind die Wogen in Gewölk übergegangen, welches, als eine immer heller dämmernde Beleuchtung dahintertritt, zu feinerem Nebel sich abklärt. Als der Nebel, in zarten Wölkchen, sich gänzlich in der Höhe verliert, wird, im Tagesgrauen, eine freie Gegend auf Bergeshöhen sichtbar. – Wotan, und neben ihm Fricka, beide schlafend, liegen zur Seite auf blumigem Grunde

ZWEITE SZENE

Freie Gegend auf Bergeshöhen

Der hervorbrechende Tag beleuchtet mit wachsendem Glanze eine Burg mit blinkenden Zinnen, die auf einem Felsgipfel im Hintergrunde steht, zwischen diesem und dem Vordergrunde ist ein tiefes Tal, durch das der Rhein fließt, anzunehmen. –

Wotan und Fricka schlafend. – Die Burg ist ganz sichtbar geworden. – Fricka erwacht: ihr Auge fällt auf die Burg

FRICKA *erschrocken.* Wotan, Gemahl! Erwache!
WOTAN *fortträumend.* Der Wonne seligen Saal
bewachen mir Tür und Tor:
Mannes Ehre,
ewige Macht,
ragen zu endlosem Ruhm!
FRICKA *rüttelt ihn.* Auf, aus der Träume
wonnigem Trug!
Erwache, Mann, und erwäge!
WOTAN *erwacht und erhebt sich ein wenig; sein Blick wird sogleich vom Anblick der Burg gefesselt.*
Vollendet das ewige Werk!
Auf Berges Gipfel
die Götterburg;
prächtig prahlt
der prangende Bau!
Wie im Traum ich ihn trug,
wie mein Wille ihn wies,

stark und schön
steht er zur Schau:
hehrer, herrlicher Bau!

FRICKA. Nur Wonne schafft dir,
was mich erschreckt?
Dich freut die Burg,
mir bangt es um Freia!
Achtloser, laß dich erinnern
des ausbedungenen Lohns!
Die Burg ist fertig,
verfallen das Pfand:
vergaßest du, was du vergabst?

WOTAN. Wohl dünkt mich's, was sie bedangen,
die dort die Burg mir gebaut;
durch Vertrag zähmt ich
ihr trotzig Gezücht,
daß sie die hehre
Halle mir schüfen;
die steht nun – Dank den Starken! –
um den Sold sorge dich nicht.

FRICKA. O lachend frevelnder Leichtsinn!
Liebelosester Frohmut! –
Wußt' ich um euren Vertrag,
dem Truge hätt ich gewehrt;
doch mutig entferntet
ihr Männer die Frauen,
um taub und ruhig vor uns
allein mit den Riesen zu tagen:
so ohne Scham
verschenktet ihr Frechen
Freia, mein holdes Geschwister,
froh des Schächergewerbs! –
Was ist euch Harten
doch heilig und wert,
giert ihr Männer nach Macht!

WOTAN *ruhig*. Gleiche Gier
war Fricka wohl fremd,
als selbst um den Bau sie mich bat?

FRICKA. Um des Gatten Treue besorgt
muß traurig ich wohl sinnen,
wie an mich er zu fesseln,
zieht's in die Ferne ihn fort:
herrliche Wohnung,

wonniger Hausrat
sollten dich binden
zu säumender Rast.
Doch du bei dem Wohnbau sannst
auf Wehr und Wall allein:
Herrschaft und Macht
soll er dir mehren;
nur rastloser'n Sturm zu erregen,
erstand dir die ragende Burg.

WOTAN *lachend.* Wolltest du Frau
in der Feste mich fangen,
mir Gotte mußt du schon gönnen,
daß, in der Burg
gefangen, ich mir
von außen gewinne die Welt:
Wandel und Wechsel
liebt wer lebt;
das Spiel drum kann ich nicht sparen!

FRICKA. Liebeloser
leidigster Mann!
Um der Macht und Herrschaft
müßigen Tand
verspielst du in lästerndem Spott
Liebe und Weibes Wert?

WOTAN. Um dich zum Weib zu gewinnen,
mein eines Auge
setzt ich werbend daran:
wie törig tadelst du jetzt!
Ehr ich die Frauen
doch mehr als dich freut; –
und Freia, die gute,
geb ich nicht auf,
nie sann dies ernstlich mein Sinn.

FRICKA *mit ängstlicher Spannung in die Szene blickend.*
So schirme sie jetzt:
in schutzloser Angst
läuft sie nach Hilfe dort her.

FREIA *tritt, wie in hastiger Flucht, auf.*
Hilf mir, Schwester!
Schütze mich, Schwäher!
Vom Felsen drüben
drohte mir Fasolt,
mich Holde käm er zu holen.

WOTAN. Laß ihn drohn! –
Sahst du nicht Loge?
FRICKA. Daß am liebsten du immer
dem Listigen traust!
Viel Schlimmes schuf er uns schon,
doch stets bestrickt er dich wieder.
WOTAN. Wo freier Mut frommt,
allein frag ich nach keinem.
Doch des Feindes Neid
zum Nutz sich fügen,
lehrt nur Schlauheit und List,
wie Loge verschlagen sie übt.
Der zum Vertrage mir riet,
versprach mir Freia zu lösen:
auf ihn verlaß ich mich nun.
FRICKA. Und er läßt dich allein! –
Dort schreiten rasch
die Riesen heran:
Wo harrt dein schlauer Gehilf?
FREIA. Wo harren meine Brüder,
daß Hilfe sie brächten,
da mein Schwäher die Schwache verschenkt?
Zu Hilfe, Donner!
Hieher, hieher!
Rette Freia, mein Froh!
FRICKA. Die im bösen Bund dich verrieten,
sie Alle bergen sich nun!
Fasolt und Fafner, beide in riesiger Gestalt, mit starken Pfählen bewaffnet, treten auf
FASOLT. Sanft schloß
Schlaf dein Aug;
wir beide bauten
Schlummers bar die Burg.
Mächt'ger Müh
müde nie,
stauten starke
Stein' wir auf;
steiler Turm,
Tür und Tor,
deckt und schließt
im schlanken Schloß den Saal.
Auf die Burg deutend
Dort steht's,

was wir stemmten,
schimmernd hell
bescheint's der Tag:
zieh nun ein,
uns zahl den Lohn!

WOTAN. Nennt, Leute, den Lohn;
was dünkt euch zu bedingen?

FASOLT. Bedungen ist
was tauglich uns dünkt;
gemahnt es dich so matt?
Freia die holde,
Holda die freie –
vertragen ist's,
sie tragen wir heim.

WOTAN *schnell*. Seid ihr bei Trost
mit eurem Vertrag?
Denkt auf andren Dank:
Freia ist mir nicht feil!

FASOLT *steht, in höchster Bestürzung, eine Weile sprachlos.*
Was sagst du? Ha!
Sinnst du Verrat?
Verrat am Vertrag?
Die dein Speer birgt,
sind sie dir Spiel,
des berat'nen Bundes Runen?

FAFNER. Getreuster Bruder,
merkst du Tropf nun Betrug?

FASOLT. Lichtsohn du,
leicht gefügter!
Hör und hüte dich;
Verträgen halte Treu'!
Was du bist,
bist du nur durch Verträge;
bedungen ist,
wohl bedacht deine Macht:
bist weiser du
als witzig wir sind,
bandest uns Freie
zum Frieden du:
all deinem Wissen fluch ich,
fliehe weit deinen Frieden,
weißt du nicht offen,
ehrlich und frei

Verträgen zu wahren die Treu'! –
Ein dummer Riese
rät dir das:
du Weiser, wiss' es von ihm!

WOTAN. Wie schlau für Ernst du achtest,
was wir zum Scherz nur beschlossen!
Die liebliche Göttin,
licht und leicht,
was taugt euch Tölpeln ihr Reiz?

FASOLT. Höhnst du uns?
Ha, wie unrecht! –
Die ihr durch Schönheit herrscht,
schimmernd hehres Geschlecht,
wie törig strebt ihr
nach Türmen von Stein,
setzt um Burg und Saal
Weibes Wonne zum Pfand!
Wir Plumpen plagen uns
schwitzend mit schwieliger Hand –
ein Weib zu gewinnen,
das wonnig und mild
bei uns Armen wohne: –
verkehrt nennst du den Kauf?

FAFNER. Schweig dein faules Schwatzen;
Gewinn werben wir nicht:
Freias Haft
hilft wenig;
doch viel gilt's,
den Göttern sie zu entreißen.

leise

Gold'ne Äpfel
wachsen in ihrem Garten,
sie allein
weiß die Äpfel zu pflegen;
der Frucht Genuß
frommt ihren Sippen
zu ewig nie
alternder Jugend:
siech und bleich
doch sinkt ihre Blüte,
alt und schwach
schwinden sie hin,
müssen Freia sie missen.

grob

Ihrer Mitte drum sei sie entführt!

WOTAN. Loge säumt zu lang!

FASOLT. Schlicht gib nun Bescheid!

WOTAN. Fordert andern Sold!

FASOLT. Kein andrer: Freia allein!

FAFNER. Du da! folge uns!

Fafner und Fasolt dringen auf Freia. – Froh und Donner kommen eilig

FREIA *fliehend.* Helft! Helft vor den Harten!

FROH *Freia in seine Arme fassend.* Zu mir, Freia! –

Zu Fafner

Meide sie, Frecher!
Froh schützt die Schöne.

DONNER *sich vor die beiden Riesen stellend.* Fasolt und Fafner,
fühltet ihr schon
meines Hammers harten Schlag?

FAFNER. Was soll das Droh'n?

FASOLT. Was dringst du her?
Kampf kiesten wir nicht,
verlangen nur unsern Lohn.

DONNER. Schon oft zahlt ich
Riesen den Zoll.
Kommt her, des Lohnes Last
wäg ich mit gutem Gewicht.

Er schwingt den Hammer.

WOTAN *seinen Speer zwischen den Streitenden ausstreckend.*
Halt, du Wilder!
Nichts durch Gewalt!
Verträge schützt
meines Speeres Schaft: –
spar deines Hammers Heft!

FREIA. Wehe! Wehe!
Wotan verläßt mich!

FRICKA. Begreif ich dich noch,
grausamer Mann?

WOTAN *wendet sich ab und sieht Loge kommen.*
Endlich Loge!
Eiltest du so,
den du geschlossen,
den schlimmen Handel zu schlichten?

LOGE *ist im Hintergrunde aus dem Tale heraufgestiegen.*
Wie? Welchen Handel

hätt ich geschlossen?
Wohl was mit den Riesen
dort im Rate du dangst? –
In Tiefen und Höhen
treibt mich mein Hang;
Haus und Herd
behagt mir nicht.
Donner und Froh,
die denken an Dach und Fach,
wollen sie frei'n,
ein Haus muß sie erfreu'n.
Ein stolzer Saal,
ein starkes Schloß,
danach stand Wotans Wunsch.
Haus und Hof,
Saal und Schloß,
die selige Burg,
sie steht nun fest gebaut.
Das Prachtgemäuer
prüft ich selbst,
ob alles fest,
forscht ich genau,
Fasolt und Fafner
fand ich bewährt:
kein Stein wankt im Gestemm.
Nicht müßig war ich,
wie mancher hier;
der lügt, wer lässig mich schilt.

WOTAN. Arglistig
weichst du mir aus:
mich zu betrügen
hüte in Treuen dich wohl!
Von allen Göttern
dein einz'ger Freund,
nahm ich dich auf
in der übel trauenden Troß: –
Nun red' und rate klug!
Da einst die Bauer der Burg
zum Dank Freia bedangen, –
du weißt, nicht anders
willigt ich ein,
als weil auf Pflicht du gelobtest
zu lösen das hehre Pfand?

LOGE. Mit höchster Sorge
drauf zu sinnen,
wie es zu lösen,
das – hab ich gelobt.
Doch, daß ich fände,
was nie sich fügt,
was nie gelingt –
wie ließ sich das wohl geloben?
FRICKA *zu Wotan.* Sieh, welch trugvollem
Schelm du getraut!
FROH *zu Loge.* Loge heißt du,
doch nenn ich dich Lüge!
DONNER. Verfluchte Lohe,
dich lösch ich aus!
LOGE. Ihre Schmach zu decken
schmähen mich Dumme!
Donner holt auf Loge aus
WOTAN *dazwischen tretend.* In Frieden laßt mir den Freund!
Nicht kennt ihr Loges Kunst:
reicher wiegt
seines Rates Wert,
zahlt er zögernd ihn aus.
FAFNER. Nichts gezögert!
Rasch gezahlt!
FASOLT. Lang währt's mit dem Lohn!
WOTAN *wendet sich hart zu Loge, drängend.*
Jetzt hör; Störrischer!
Halte Stich!
Wo schweifst du hin und her?
LOGE. Immer ist Undank
Loges Lohn!
Für dich nur besorgt,
sah ich mich um,
durchstöbert im Sturm
alle Winkel der Welt:
Ersatz für Freia zu suchen,
wie er den Riesen wohl recht.
Umsonst sucht ich,
und sehe nun wohl:
in der Welten Ring
nichts ist so reich,
als Ersatz zu muten dem Mann
für Weibes Wonne und Wert!

Alle geraten in Erstaunen und verschiedenartige Betroffenheit

So weit Leben und Weben,
in Wasser, Erd und Luft,
viel frug ich,
forschte bei Allen,
wo Kraft nur sich rührt,
und Keime sich regen:
was wohl dem Manne
mächt'ger dünk'
als Weibes Wonne und Wert?
Doch so weit Leben und Weben,
verlacht nur ward
meine fragende List:
in Wasser, Erd und Luft
lassen will nichts
von Lieb und Weib. –

Gemischte Bewegung

Nur Einen sah ich,
der sagte der Liebe ab;
um rotes Gold
entriet er des Weibes Gunst.
Des Rheines klare Kinder
klagten mir ihre Not:
der Nibelung,
Nachtalberich,
buhlte vergebens
um der Badenden Gunst;
das Rheingold da
raubte sich rächend der Dieb:
das dünkt ihm nun
das teuerste Gut,
hehrer als Weibes Huld.
Um den gleißenden Tand,
der Tiefe entwandt,
erklang mir der Töchter Klage:
an dich, Wotan,
wenden sie sich,
daß zu Recht du zögest den Räuber,

mit wachsender Wärme

das Gold dem Wasser
wieder gebest,
und ewig es bliebe ihr Eigen. –

Hingebende Bewegung Aller

Dir's zu melden
gelobt ich den Mädchen:
nun löste Loge sein Wort.

WOTAN. Törig bist du,
wenn nicht gar tückisch!
Mich selbst siehst du in Not:
wie hülf' ich andern zum Heil?

FASOLT *der aufmerksam zugehört, zu Fafner.*
Nicht gönn ich das Gold dem Alben;
viel Not schon schuf uns der Niblung,
doch schlau entschlüpfte unserm
Zwange immer der Zwerg.

FAFNER. Neue Neidtat
sinnt uns der Niblung,
gibt das Gold ihm Macht. –
Du da, Loge!
Sag ohne Lug:
was Großes gilt denn das Gold,
daß dem Niblung es genügt?

LOGE. Ein Tand ist's
in des Wassers Tiefe,
lachenden Kindern zur Lust;
doch, ward es zum runden
Reife geschmiedet,
hilft es zu höchster Macht,
gewinnt dem Manne die Welt.

WOTAN *sinnend.* Von des Rheines Gold
hört ich raunen:
Beute-Runen
berge sein roter Glanz;
Macht und Schätze
schüf ohne Maß ein Reif.

FRICKA *leise zu Loge.* Taugte wohl
des gold'nen Tandes
gleißend Geschmeid
auch Frauen zu schönem Schmuck?

LOGE. Des Gatten Treu'
ertrotzte die Frau,
trüge sie hold
den hellen Schmuck,
den schimmernd Zwerge schmieden,
rührig im Zwange des Reifs.

FRICKA *schmeichelnd zu Wotan.*
Gewänne mein Gatte
sich wohl das Gold?
WOTAN *wie in einem Zustande wachsender Bezauberung.*
Des Reifes zu walten,
rätlich will es mich dünken. –
Doch wie, Loge,
lernt ich die Kunst?
Wie schüf ich mir das Geschmeid!
LOGE. Ein Runen-Zauber
zwingt das Gold zum Reif;
keiner kennt ihn;
doch Einer übt ihn leicht,
der sel'ger Lieb entsagt.
Wotan wendet sich unmutig ab
Das sparst du wohl;
zu spät auch kamst du;
Alberich zauderte nicht.
Zaglos gewann er
des Zaubers Macht:
grell
geraten ist ihm der Ring!
DONNER *zu Wotan.* Zwang uns Allen
schüfe der Zwerg,
würd ihm der Reif nicht entrissen.
WOTAN. Den Ring muß ich haben!
FROH. Leicht erringt
ohne Liebesfluch er sich jetzt.
LOGE *grell.* Spottleicht,
ohne Kunst, wie im Kinderspiel!
WOTAN. So rate, wie?
LOGE. Durch Raub!
Was ein Dieb stahl,
das stiehlst du dem Dieb:
ward leichter ein Eigen erlangt? –
Doch mit arger Wehr
wahrt sich Alberich;
klug und fein
mußt du verfahren,
ziehst den Räuber du zu Recht,
um des Rheines Töchtern
den roten Tand,
mit Wärme

das Gold wieder zu geben;
denn darum flehen sie dich.

WOTAN. Des Rheines Töchter?
Was taugt mir der Rat!

FRICKA. Von dem Wassergezücht
mag ich nichts wissen;
schon manchen Mann
– mir zum Leid! –
verlockten sie buhlend im Bad.

Wotan steht stumm mit sich kämpfend, die übrigen Götter heften in schweigender Spannung die Blicke auf ihn. – Währenddem hat Fafner bei Seite mit Fasolt beraten

FAFNER *zu Fasolt.* Glaub mir, mehr als Freia
frommt das gleißende Gold:
auch ew'ge Jugend erjagt,
wer durch Goldes Zauber sie zwingt. –

Fasolts Gebärde deutet an, daß er sich wider Willen überredet fühlt. – Fafner tritt mit Fasolt wieder an Wotan heran

Hör, Wotan,
der Harrenden Wort!
Freia bleib euch in Frieden;
leicht'ren Lohn
fand ich zur Lösung:
uns rauhen Riesen genügt
des Niblungen rotes Gold.

WOTAN. Seid ihr bei Sinn?
Was nicht ich besitze,
soll ich euch Schamlosen schenken?

FAFNER. Schwer baute
dort sich die Burg:
leicht wird dir's
mit list'ger Gewalt,
(was im Neidspiel nie uns gelang,)
den Niblungen fest zu fah'n.

WOTAN. Für euch müht' ich
mich um den Alben?
Für euch fing ich den Feind?
Unverschämt
und überbegehrlich
macht euch Dumme mein Dank!

FASOLT *ergreift plötzlich Freia und führt sie mit Fafner zur Seite.*
Hieher, Maid!
In unsre Macht!

Als Pfand folgst du uns jetzt,
bis wir Lösung empfah'n.

FREIA *schreiend.* Wehe! Wehe! Weh!

FAFNER. Fort von hier
sei sie entführt!
Bis Abend – achtet's wohl! –
pflegen wir sie als Pfand;
wir kehren wieder;
doch kommen wir,
und bereit liegt nicht als Lösung
das Rheingold licht und rot –

FASOLT. Zu End ist die Frist dann,
Freia verfallen:
für immer folge sie uns!

FREIA *schreiend.* Schwester! Brüder!
Rettet! Helft!

Freia wird von den hastig enteilenden Riesen fortgetragen

FROH. Auf, ihnen nach!

DONNER. Breche denn Alles!

Sie blicken Wotan fragend an

FREIA *aus der Ferne.* Rettet! Helft!

LOGE *den Riesen nachsehend.* Über Stock und Stein zu Tal
stapfen sie hin:
durch des Rheines Wasserfurt
waten die Riesen:
Fröhlich nicht
hängt Freia
den Rauhen über den Rücken! –
Heia! hei!
wie taumeln die Tölpel dahin!
Durch das Tal talpen sie hin,
wohl an Riesenheims Mark
erst halten sie Rast. –

Er wendet sich zu den Göttern

Was sinnt nun Wotan so wild?
Den sel'gen Göttern wie geht's?

Ein fahler Nebel erfüllt mit wachsender Dichtheit die Bühne; in ihm erhalten die Götter ein zunehmend bleiches und ältliches Aussehen; alle stehen bang und erwartungsvoll auf Wotan blickend, der sinnend die Augen an den Boden heftet

Trügt mich ein Nebel?
Neckt mich ein Traum?
Wie bang und bleich

verblüht ihr so bald!
Euch erlischt der Wangen Licht;
der Blick eures Auges verblitzt! –
Frisch, mein Froh!
noch ist's ja früh! –
Deiner Hand, Donner,
entsinkt ja der Hammer! –
Was ist's mit Fricka?
Freut sie sich wenig
ob Wotans grämlichem Grau,
das schier zum Greisen ihn schafft?

FRICKA. Wehe! Wehe!
Was ist geschehn?

DONNER. Mir sinkt die Hand!

FROH. Mir stockt das Herz!

LOGE. Jetzt fand ich's! Hört, was euch fehlt!
Von Freias Frucht
genosset ihr heute noch nicht.
Die gold'nen Äpfel
in ihrem Garten,
sie machten euch tüchtig und jung,
aßt ihr sie jeden Tag.
Des Gartens Pflegerin
ist nun verpfändet;
an den Ästen darbt
und dorrt das Obst,
bald fällt faul es herab. –
Mich kümmert's minder;
an mir ja kargte
Freia von je
knausernd die köstliche Frucht:
denn halb so echt nur
bin ich wie, Selige, ihr!

Frei, doch lebhaft und grell

Doch ihr setztet alles
auf das jüngende Obst:
das wußten die Riesen wohl;
auf euer Leben
legten sie's an:
nun sorgt, wie ihr das wahrt!
Ohne die Äpfel,
alt und grau,
greis und grämlich,

welkend zum Spott aller Welt,
erstirbt der Götter Stamm.
FRICKA *bang*. Wotan, Gemahl!
Unsel'ger Mann!
Sieh, wie dein Leichtsinn
lachend uns Allen
Schimpf und Schmach erschuf!
WOTAN *mit plötzlichem Entschluß auffahrend*. Auf, Loge!
Hinab mit mir!
Nach Nibelheim fahren wir nieder:
gewinnen will ich das Gold!
LOGE. Die Rheintöchter
riefen dich an:
so dürfen Erhörung sie hoffen?
WOTAN *heftig*. Schweige, Schwätzer!
Freia, die Gute,
Freia gilt es zu lösen!
LOGE. Wie du befiehlst,
führ ich dich gern:
steil hinab
steigen wir denn durch den Rhein?
WOTAN. Nicht durch den Rhein!
LOGE. So schwingen wir uns
durch die Schwefelkluft:
dort schlüpfe mit mir hinein!

Er geht voran und verschwindet seitwärts in einer Kluft, aus der sogleich ein schwefliger Dampf hervorquillt

WOTAN. Ihr Andern harrt
bis Abend hier:
verlor'ner Jugend
erjag ich erlösendes Gold!

Er steigt Loge nach in die Kluft hinab. Der aus ihr dringende Schwefeldampf verbreitet sich über die ganze Bühne und erfüllt diese schnell mit dickem Gewölk. Bereits sind die Zurückbleibenden unsichtbar

DONNER. Fahre wohl, Wotan!
FROH. Glück auf! Glück auf!
FRICKA. O kehre bald
zur bangenden Frau!

Der Schwefeldampf verdüstert sich zu ganz schwarzem Gewölk, welches von unten nach oben steigt; dann verwandelt sich dieses in festes, finstres Steingeklüft, das sich immer aufwärts bewegt, so daß es den Anschein hat, als sänke die Szene immer tiefer in die Erde hinab. Von verschiedenen Seiten her dämmert aus der Ferne dunkelroter Schein auf: wachsendes Geräusch wie von Schmiedenden wird überallher vernommen. – Das Getöse der Ambosse verliert sich. Eine unabsehbar weit sich dahinziehende unterirdische Kluft wird erkennbar, die sich nach allen Seiten hin in enge Schachten auszumünden scheint

DRITTE SZENE

Nibelheim

Alberich zerrt den kreischenden Mime an den Ohren aus einer Seitenschlufft herbei

ALBERICH. Hehe! hehe!
hieher! hieher!
Tückischer Zwerg!
Tapfer gezwickt
sollst du mir sein,
schaffst du nicht fertig,
wie ich's bestellt,
zur Stund das feine Geschmeid!
MIME *heulend.* Ohe! Ohe!
Au! Au!
Laß mich nur los!
Fertig ist's,
wie du befahlst,
mit Fleiß und Schweiß
ist es gefügt: –
nimm nur die
grell
Nägel vom Ohr!
ALBERICH. Was zögerst du dann,
und zeigst es nicht?
MIME. Ich Armer zagte,
daß noch was fehle.
ALBERICH. Was wär noch nicht fertig?
MIME *verlegen.* Hier – und da –
ALBERICH. Was hier und da?
Her das Geschmeid!
Er will ihm wieder an das Ohr fahren: vor Schreck läßt Mime

ein metallnes Gewirke, das er krampfhaft in den Händen hielt, sich entfallen. Alberich hebt es hastig auf und prüft es genau

Schau, du Schelm!
Alles geschmiedet
und fertig gefügt –
wie ich's befahl.
So wollte der Tropf
schlau mich betrügen?
Für sich behalten
das hehre Geschmeid,
das meine List
ihn zu schmieden gelehrt?
Kenn ich dich, dummer Dieb?

Er setzt das Gewirk als Tarnhelm auf den Kopf

Dem Haupt fügt sich der Helm:
ob sich der Zauber auch zeigt?

Sehr leise

»Nacht und Nebel –
Niemand gleich!« –

Seine Gestalt verschwindet; statt ihrer gewahrt man eine Nebelsäule

Siehst du mich, Bruder?

MIME *blickt sich verwundert um.* Wo bist du? Ich sehe dich nicht.

ALBERICH *unsichtbar.* So fühle mich doch,
du fauler Schuft!
Nimm das für dein Diebsgelüst!

MIME *windet sich unter empfangenen Geißelhieben, deren Fall man vernimmt, ohne die Geißel selbst zu sehen*

Ohe! Ohe!
Au! Au! Au!

ALBERICH *lachend, unsichtbar.* Hahahahahaha!
Hab Dank, du Dummer!
Dein Werk bewährt sich gut! –
Hoho! Hoho!
Niblungen all,
neigt euch nun Alberich!
Überall weilt er nun
euch zu bewachen;
Ruh und Rast
ist euch zerronnen;
ihm müßt ihr schaffen,

wo nicht ihr ihn schaut,
wo ihr nicht ihn gewahrt,
seid seiner gewärtig!
Untertan seid ihr ihm immer!

grell

Hoho! Hoho!
hört ihn, er naht:
der Niblungen Herr!

Die Nebelsäule verschwindet dem Hintergrunde zu: man hört in immer weiterer Ferne die tobende Ankunft Alberichs. – Mime ist vor Schmerz zusammen gesunken. Wotan und Loge lassen sich aus einer Schlufft von oben herab

LOGE. Nibelheim hier.
Durch bleiche Nebel
was blitzen dort feurige Funken?
MIME *am Boden.* Au! Au! Au!
WOTAN. Hier stöhnt es laut:
was liegt im Gestein?
LOGE *sich zu Mime neigend.* Was Wunder wimmerst du hier?
MIME. Ohe! Ohe!
Au! Au!
LOGE. Hei, Mime! Muntrer Zwerg!
Was zwingt und zwackt dich denn so?
MIME. Laß mich in Frieden!
LOGE. Das will ich freilich,
und mehr noch, hör!
Helfen will ich dir, Mime.

Er stellt ihn mühsam aufrecht

MIME. Wer hälfe mir!
Gehorchen muß ich
dem leiblichen Bruder,
der mich in Bande gelegt.
LOGE. Dich, Mime, zu binden,
was gab ihm die Macht?
MIME. Mir arger List
schuf sich Alberich
aus Rheines Gold
einen gelben Reif:
seinem starken Zauber
zittern wir staunend;
mit ihm zwingt er uns alle,
der Niblungen nächt'ges Heer. –
Sorglose Schmiede,

schufen wir sonst wohl
Schmuck unsren Weibern,
wonnig Geschmeid,
niedlichen Niblungentand;
wir lachten lustig der Müh. –
Nun zwingt uns der Schlimme,
in Klüfte zu schlüpfen,
für ihn allein
uns immer zu müh'n.
Durch des Ringes Gold
errät seine Gier,
wo neuer Schimmer
in Schachten sich birgt:
da müssen wir spähen,
spüren und graben,
die Beute schmelzen,
und schmieden den Guß,
ohne Ruh und Rast
dem Herrn zu häufen den Hort.

LOGE. Dich Trägen soeben
traf wohl sein Zorn?

MIME. Mich Ärmsten, ach!
mich zwang er zum Ärgsten.
Ein Helmgeschmeid
hieß er mich schweißen;
genau befahl er,
wie es zu fügen.
Wohl merkt ich klug,
welch mächt'ge Kraft
zu eigen dem Werk,
das aus Erz ich wob;
für mich drum hüten
wollt ich den Helm;
durch seinen Zauber
Alberichs Zwang mich entziehn:
vielleicht – ja vielleicht
den Lästigen selbst überlisten,
in meine Gewalt ihn zu werfen;
den Ring ihm zu entreißen,
daß, wie ich Knecht jetzt dem Kühnen,
grell
mir Freien er selber dann frön'!

LOGE. Warum, du Kluger,
glückte dir's nicht?
MIME. Ach! der das Werk ich wirkte,
den Zauber, der ihm entzuckt,
den Zauber erriet ich nicht recht:
der das Werk mir riet
und mir's entriß,
der lehrte mich nun
– doch leider zu spät –,
welche List läg in dem Helm.
Meinem Blick entschwand er;
doch Schwielen dem Blinden
schlug unschaubar sein Arm.
Heulend und schluchzend
Das schuf ich mir Dummer
schön zu Dank!
Er streicht sich den Rücken. Wotan und Loge lachen
LOGE *zu Wotan.* Gesteh, nicht leicht
gelingt der Fang.
WOTAN. Doch erliegt der Feind,
hilft deine List!
MIME *betrachtet die Götter aufmerksamer.*
Mit eurem Gefrage,
wer seid denn ihr Fremde?
LOGE. Freunde dir;
von ihrer Not
befrei'n wir der Niblungen Volk!
MIME *schrickt zusammen, da er Alberich sich wieder nahen hört.* Nehmt euch in acht.
Alberich naht.
Er rennt vor Angst hin und her
WOTAN *ruhig sich auf einen Stein setzend.*
Sein harren wir hier.
Alberich, der den Tarnhelm vom Haupte genommen und an den Gürtel gehängt hat, treibt mit geschwungener Geißel aus der unteren, tiefer gelegenen Schlucht aufwärts eine Schar Nibelungen vor sich her: diese sind mit goldenem und silbernem Geschmeide beladen, das sie, unter Alberichs steter Nötigung, all auf einen Haufen speichern und so zu einem Horte häufen
ALBERICH. Hieher! Dorthin!
Hehe! Hoho!
Träges Heer!

Dort zu Hauf
schichtet den Hort!
Du da, hinauf!
Willst du voran?
Schmähliches Volk!
Ab das Geschmeide!
Soll ich euch helfen?
Alles hieher!

Er gewahrt plötzlich Wotan und Loge

He! wer ist dort?
Wer drang hier ein? –
Mime, zu mir!
Schäbiger Schuft!
Schwatzest du gar
mit dem schweifenden Paar?
Fort, du Fauler!
Willst du gleich schmieden und schaffen?

Er treibt Mime mit Geißelhieben in den Haufen der Nibelungen hinein

He! an die Arbeit!
Alle von hinnen!
Hurtig hinab!
Aus den neuen Schachten
schafft mir das Gold!
Euch grüßt die Geißel,
grabt ihr nicht rasch!
Daß keiner mir müßig,
bürge mir Mime,
sonst birgt er sich schwer
meiner Geißel Schwunge!
Daß ich überall weile,
wo keiner mich wähnt,
das weiß er, dünkt mich, genau! –
Zögert ihr noch?
Zaudert wohl gar? –

Er zieht seinen Ring vom Finger, küßt ihn und streckt ihn drohend aus

Zittre und zage,
gezähmtes Heer!
Rasch gehorcht
des Ringes Herrn!

Unter Geheul und Gekreisch stieben die Nibelungen – unter

ihnen Mime – auseinander und schlüpfen nach allen Seiten in die Schachten hinab

ALBERICH *betrachtet lange und mißtrauisch Wotan und Loge.*
Was wollt ihr hier?
WOTAN. Von Nibelheims nächt'gem Land
vernahmen wir neue Mär;
mächt'ge Wunder
wirke hier Alberich;
daran uns zu weiden
trieb uns Gäste die Gier.
ALBERICH. Nach Nibelheim
führt euch der Neid:
so kühne Gäste,
glaubt, kenn ich gut!
LOGE. Kennst du mich gut,
kindischer Alp?
Nun sag, wer bin ich,
daß du so bellst?
Im kalten Loch,
da kauernd du lagst,
wer gab dir Licht
und wärmende Lohe,
wenn Loge nie dir gelacht?
Was hülf dir dein Schmieden,
heizt ich die Schmiede dir nicht?
Dir bin ich Vetter
und war dir Freund:
nicht fein drum dünkt mich dein Dank!
ALBERICH. Den Lichtalben
lacht jetzt Loge,
der list'ge Schelm?
Bist du Falscher ihr Freund,
wie mir Freund du einst warst: –
haha! – mich freut's! –
Von ihnen fürcht ich dann nichts.
LOGE. So denk ich, kannst du mir trau'n.
ALBERICH. Deiner Untreu trau ich,
nicht deiner Treu!
Doch getrost trotz ich euch allen.
LOGE. Hohen Mut
verleiht deine Macht;
grimmig groß
wuchs dir die Kraft!

ALBERICH. Siehst du den Hort,
den mein Heer
dort mir gehäuft?
LOGE. So neidlichen sah ich noch nie.
ALBERICH. Das ist für heut,
ein kärglich Häufchen!
Kühn und mächtig
soll er künftig sich mehren.
WOTAN. Zu was doch frommt dir der Hort,
da freudlos Nibelheim,
und nichts für Schätze hier feil?
ALBERICH. Schätze zu schaffen,
und Schätze zu bergen
nützt mir Nibelheims Nacht.
Doch mit dem Hort,
in der Höhle gehäuft,
denk ich dann Wunder zu wirken:
die ganze Welt
gewinn ich mit ihm mir zu eigen!
WOTAN. Wie beginnst du, Gütiger, das?
ALBERICH. Die in linder Lüfte Weh'n
da oben ihr lebt,
lacht und liebt: –
mit gold'ner Faust
euch Göttliche fang ich mir Alle!
Wie ich der Liebe abgesagt,
Alles was lebt
soll ihr entsagen!
Mit Golde gekirrt,
nach Gold nur sollt ihr noch gieren!
Auf wonnigen Höh'n,
in seligem Weben
wiegt ihr euch;
den Schwarzalben
verachtet ihr ewigen Schwelger! –
Habt Acht! Habt Acht!
Denn dient ihr Männer
erst meiner Macht,
eure schmucken Frau'n,
die mein Frei'n verschmäht,
sie zwingt zur Lust sich der Zwerg,
lacht Liebe ihm nicht! –

Wild lachend

Hahahaha!
Habt ihr's gehört?
Habt Acht!
Habt Acht vor dem nächtlichen Heer,
entsteigt des Niblungen Hort
aus stummer Tiefe zu Tag!

WOTAN *auffahrend.* Vergeh, frevelnder Gauch!

ALBERICH. Was sagt der?

LOGE *dazwischen tretend.* Sei doch bei Sinnen! –
Wen doch faßte nicht Wunder,
erfährt er Alberichs Werk?
Gelingt deiner herrlichen List,
was mit dem Horte du heischest:
den Mächtigsten muß ich dich rühmen,
denn Mond und Stern,
und die strahlende Sonne,
sie auch dürfen nicht anders,
dienen müssen sie dir. –
Doch – wichtig acht ich vor allem,
daß des Hortes Häufer,
der Niblungen Heer,
neidlos dir geneigt?
Einen Reif rührtest du kühn;
dem zagte zitternd dein Volk: –
doch, wenn im Schlaf
ein Dieb dich beschlich',
den Ring schlau dir entriß: –
wie wahrtest du Weiser dich dann?

ALBERICH. Der Listigste dünkt sich Loge;
andre denkt er
immer sich dumm:
daß sein ich bedürfte
zu Rat und Dienst,
um harten Dank,
das hörte der Dieb jetzt gern!
Den hehlenden Helm
ersann ich mir selbst;
der sorglichste Schmied,
Mime mußt ihn mir schmieden:
schnell mich zu wandeln,
nach meinem Wunsch
die Gestalt mir zu tauschen,
taugt der Helm.

Niemand sieht mich,
wenn er mich sucht;
doch überall bin ich,
geborgen dem Blick.
So ohne Sorge
bin ich selbst sicher vor dir,
du fromm sorgender Freund!

LOGE. Vieles sah ich,
Seltsames fand ich,
doch solches Wunder
gewahrt ich nie.
Dem Werk ohne Gleichen
kann ich nicht glauben;
wäre dies eine möglich,
deine Macht währte dann ewig!

ALBERICH. Meinst du, ich lüg
und prahle wie Loge?

LOGE. Bis ich's geprüft,
bezweifl' ich, Zwerg, dein Wort.

ALBERICH. Vor Klugheit bläht sich
zum Platzen der Blöde!
Nun plage dich Neid!
Bestimm, in welcher Gestalt
soll ich jach vor dir stehn?

LOGE. In welcher du willst;
nur mach vor Staunen mich stumm!

ALBERICH *setzt den Helm auf.* »Riesenwurm
winde sich ringelnd!«

Sogleich verschwindet er. Statt seiner windet sich eine ungeheure Riesenschlange am Boden; sie bäumt sich und sperrt den aufgerissenen Rachen auf Wotan und Loge zu

LOGE *stellt sich von Furcht ergriffen.* Ohe! Ohe!
Schreckliche Schlange,
verschlinge mich nicht!
Schone Logen das Leben!

WOTAN. Hahaha! Hahaha!
Gut, Alberich!
Gut, du Arger!
Wie wuchs so rasch
zum riesigen Wurme der Zwerg!

Die Schlange verschwindet; statt ihrer erscheint sogleich Alberich wieder in seiner wirklichen Gestalt

ALBERICH. Hehe! Ihr Klugen!
Glaubt ihr mir nun?
LOGE *mit zitternder Stimme.* Mein Zittern mag dir's bezeugen!
Zur großen Schlange
schufst du dich schnell:
weil ich's gewahrt,
willig glaub ich dem Wunder.
Doch, wie du wuchsest,
kannst du auch winzig
und klein dich schaffen?
Das Klügste schien mir das,
Gefahren schlau zu entfliehn:
das aber dünkt mich zu schwer!
ALBERICH. Zu schwer dir,
weil du zu dumm!
Wie klein soll ich sein?
LOGE. Daß die feinste Klinze dich fasse,
wo bang die Kröte sich birgt.
ALBERICH. Pah! Nichts leichter!
Luge du her!

Er setzt den Helm auf

»Krumm und grau
krieche Kröte.«

Er verschwindet: die Götter gewahren im Gestein eine Kröte auf sich zukriechen

LOGE *zu Wotan.* Dort, die Kröte!
Greife sie rasch!

Wotan setzt seinen Fuß auf die Kröte: Loge fährt ihr nach dem Kopfe und hält den Tarnhelm in der Hand

ALBERICH. Ohe! Verflucht!
Ich bin gefangen!
LOGE. Halt ihn fest,
bis ich ihn band.

Alberich ist plötzlich in seiner wirklichen Gestalt sichtbar geworden, wie er sich unter Wotans Füße windet. Loge bindet ihm mit einem Bastseil Hände und Füße

LOGE. Nun schnell hinauf:
dort ist er unser!

Den Geknebelten, der sich wütend zu wehren sucht, fassen Beide und schleppen ihn mit sich zu der Kluft, aus der sie herabkamen. Dort verschwinden sie, aufwärts steigend. – Die Szene verwandelt sich, nur in umgekehrter Weise, wie zuvor.

Die Verwandlung führt wieder an den Schmieden vorbei.
Fortdauernde Verwandlung nach oben

VIERTE SZENE

Freie Gegend auf Bergeshöhen

Die Aussicht ist noch in fahle Nebel verhüllt wie am Schlusse der zweiten Szene. Wotan und Loge, den gebundenen Alberich mit sich führend, steigen aus der Kluft herauf

LOGE. Da, Vetter,
sitze du fest! –
Luge, Liebster,
dort liegt die Welt,
die du Lungrer gewinnen dir willst: –
welch Stellchen, sag
bestimmst du drin mir zum Stall?
Er schlägt tanzend ihm Schnippchen
ALBERICH. Schändlicher Schächer!
Du Schalk! Du Schelm!
Löse den Bast,
binde mich los;
den Frevel sonst büßest du Frecher!
WOTAN. Gefangen bist du,
fest mir gefesselt,
wie du die Welt,
was lebt und webt,
in deiner Gewalt schon wähntest;
in Banden liegst du vor mir –
Du Banger kannst es nicht leugnen!
Zu ledigen dich,
bedarf's nun der Lösung.
ALBERICH. O ich Tropf!
ich träumender Tor!
Wie dumm traut ich
dem diebischen Trug!
Furchtbare Rache
räche den Fehl!
LOGE. Soll Rache dir frommen,
vor allem rate dich frei:
dem gebund'nen Manne

büßt kein Freier den Frevel.
Drum sinnst du auf Rache,
rasch ohne Säumen
sorg um die Lösung zunächst!

Er zeigt ihm, Finger schnalzend, die Art der Lösung an

ALBERICH. So heischt, was ihr begehrt!
WOTAN. Den Hort und dein helles Gold.
ALBERICH. Gieriges Gaunergezücht!

Für sich

Doch behalt ich mir nur den Ring,
des Hortes entrat ich dann leicht;
denn von neuem gewonnen
und wonnig genährt
ist er bald durch des Ringes Gebot: –
eine Witzigung wär's,
die weise mich macht,
zu teuer nicht zahl ich die Zucht,
laß für die Lehre ich den Tand. –
WOTAN. Erlegst du den Hort?
ALBERICH. Löst mir die Hand,
so ruf ich ihn her.

Loge löst ihm die Schlinge an der rechten Hand. Alberich rührt den Ring mit den Lippen und murmelt heimlich einen Befehl

Wohlan, die Niblungen
rief ich mir nah.
Ihrem Herrn gehorchend
hör ich den Hort
aus der Tiefe sie führen zu Tag: –
nun löst mich vom lästigen Band!
WOTAN. Nicht eh'r, bis alles gezahlt.

Die Nibelungen steigen aus der Kluft herauf, mit den Geschmeiden des Hortes beladen. Während des Folgenden schichten die Nibelungen den Hort auf

ALBERICH. O schändliche Schmach!
daß die scheuen Knechte
geknebelt selbst mich erschau'n! –

Zu den Nibelungen

Dorthin geführt,
wie ich's befehl!
All zu Hauf
schichtet den Hort!
Helf ich euch Lahmen? –

Hierher nicht gelugt! –
Rasch da! Rasch!
Dann rührt euch von hinnen,
daß ihr mir schafft!
Fort in die Schachten!
Weh euch, treff ich euch faul!
Auf den Fersen folg ich euch nach!

Er küßt seinen Ring und streckt ihn gebieterisch aus. Wie von einem Schlage getroffen drängen sich die Nibelungen scheu und ängstlich der Kluft zu, in der sie schnell hinabschlüpfen

Gezahlt hab ich;
nun laß mich ziehn:
und das Helmgeschmeid,
das Loge dort hält,
das gebt mir nun gütlich zurück!

LOGE *den Tarnhelm auf den Hort werfend.*
Zur Buße gehört die Beute.

ALBERICH. Verfluchter Dieb! –
Doch nur Geduld!
Der den alten mir schuf,
schafft einen andern:
noch halt ich die Macht,
der Mime gehorcht.
Schlimm zwar ist's,
dem schlauen Feind
zu lassen die listige Wehr! –
Nun denn! Alberich
ließ euch Alles;
jetzt löst, ihr Bösen, das Band!

LOGE *zu Wotan.* Bist du befriedigt?
Laß ich ihn frei?

WOTAN. Ein gold'ner Ring
ragt dir am Finger:
hörst du, Alp? –
der, acht ich, gehört mit zum Hort.

ALBERICH *entsetzt.* Der Ring?

WOTAN. Zu deiner Lösung
mußt du ihn lassen.

ALBERICH *bebend.* Das Leben, doch nicht den Ring!

WOTAN *heftiger.* Den Reif verlang ich:
mit dem Leben mach was du willst.

ALBERICH. Lös ich mir Leib und Leben,
den Ring auch muß ich mir lösen;

Hand und Haupt,
Aug und Ohr
sind nicht mehr mein Eigen,
als hier dieser rote Ring!

WOTAN. Dein Eigen nennst du den Ring?
Rasest du, schamloser Albe?
Nüchtern sag,
wem entnahmst du das Gold,
daraus du den schimmernden schufst?
War's dein Eigen,
was du Arger
der Wassertiefe entwandt?
Bei des Rheines Töchtern
hole dir Rat,
ob ihr Gold sie
zu eigen dir gaben,
das du zum Ring dir geraubt!

ALBERICH. Schmähliche Tücke!
Schändlicher Trug! –
Wirfst du Schächer
die Schuld mir vor,
die du so wonnig erwünscht?
Wie gern raubtest
du selbst dem Rheine das Gold,
war nur so leicht
die Kunst, es zu schmieden, erlangt?
Wie glückt es nun
dir Gleißner zum Heil,
daß der Niblung ich
aus schmählicher Not,
in des Zornes Zwange,
den schrecklichen Zauber gewann,
des Werk nun lustig dir lacht?
Des Unseligen,
Angstversehrten
fluchfertige,
furchtbare Tat
zu fürstlichem Tand
soll sie fröhlich dir taugen,
zur Freude dir frommen mein Fluch? –
Hüte dich,
herrischer Gott! –
Frevelte ich,

so frevelt ich frei an mir: –
doch an Allem, was war,
ist und wird,
frevelst, Ewiger du,
entreißest du frech mir den Ring!

WOTAN. Her den Ring!
Kein Recht an ihm
schwörst du schwatzend dir zu.

Er ergreift Alberich und entzieht seinem Finger mit heftiger Gewalt den Ring

ALBERICH *gräßlich aufschreiend.*
Ha! – Zertrümmert! Zerknickt!
Der Traurigen traurigster Knecht!

WOTAN *den Ring betrachtend* Nun halt ich, was mich erhebt,
Der Mächtigen mächtigsten Herrn.

Er steckt den Ring an

LOGE *zu Wotan.* Ist er gelöst?

WOTAN. Bind ihn los!

LOGE *löst Alberich vollends die Bande.* Schlüpfe denn heim!
Keine Schlinge hält dich:
frei fahre dahin!

ALBERICH *sich erhebend* Bin ich nun frei?

Wütend lachend

Wirklich frei?
So grüß euch denn
meiner Freiheit erster Gruß! –
Wie durch Fluch er mir geriet,
verflucht sei dieser Ring!
Gab sein Gold
mir Macht ohne Maß,
nun zeug' sein Zauber
Tod dem, der ihn trägt!
Kein Froher soll
seiner sich freun,
keinem Glücklichen lache
sein lichter Glanz!
Wer ihn besitzt,
den sehre die Sorge,
und wer ihn nicht hat,
den nage der Neid!
Jeder giere
nach seinem Gut,
doch keiner genieße

mit Nutzen sein!
Ohne Wucher hüt ihn sein Herr;
doch den Würger zieh er ihm zu!
Dem Tode verfallen,
feßle den Feigen die Furcht:
so lang er lebt,
sterb er lechzend dahin,
des Ringes Herr
als des Ringes Knecht: –
bis in meiner Hand
den geraubten wieder ich halte! –
So segnet
in höchster Not
der Nibelung seinen Ring: –
behalt ihn nun,
lachend
hüte ihn wohl!
grimmig
Meinem Fluch fliehest du nicht!

Er verschwindet schnell in der Kluft. – Der dichte Nebelduft des Vordergrundes klärt sich allmählich auf

LOGE. Lauschtest du
seinem Liebesgruß?

WOTAN *in den Anblick des Ringes an seiner Hand versunken.*
Gönn ihm die geifernde Lust!
Es wird immer heller

LOGE *nach rechts in die Szene blickend.*
Fasolt und Fafner
nahen von fern:
Freia führen sie her.

Aus dem sich immer mehr zerteilenden Nebel erscheinen Donner, Froh und Fricka und eilen dem Vordergrunde zu

FROH. Sie kehrten zurück!

DONNER. Willkommen, Bruder! –

FRICKA *besorgt zu Wotan.* Bringst du gute Kunde?

LOGE *auf den Hort deutend.* Mit List und Gewalt
gelang das Werk:
dort liegt, was Freia löst.

DONNER. Aus der Riesen Haft
naht dort die Holde.

FROH. Wie liebliche Luft
wieder uns weht,
wonnig Gefühl

die Sinne erfüllt!
Traurig ging es uns Allen,
getrennt für immer von ihr,
die leidlos ewiger Jugend
jubelnde Lust uns verleiht.

Der Vordergrund ist wieder ganz hell geworden; das Aussehen der Götter gewinnt durch das Licht wieder die erste Frische: über dem Hintergrunde haftet jedoch noch der Nebelschleier, so daß die ferne Burg unsichtbar bleibt. Fasolt und Fafner treten auf, Freia zwischen sich führend

FRICKA *eilt freudig auf die Schwester zu.* Lieblichste Schwester,
süßeste Lust!
Bist du mir wieder gewonnen?

FASOLT *ihr wehrend.* Halt! Nicht sie berührt!
Noch gehört sie uns. –
Auf Riesenheims
ragender Mark
rasteten wir;
mit treuem Mut
des Vertrages Pfand
pflegten wir.
So sehr mich's reut,
zurück doch bring ich's,
erlegt uns Brüdern
die Lösung ihr.

WOTAN. Bereit liegt die Lösung:
des Goldes Maß
sei nun gütlich gemessen.

FASOLT. Das Weib zu missen,
wisse, gemutet mich weh:
soll aus dem Sinn sie mir schwinden,
des Geschmeides Hort
häufet denn so,
daß meinem Blick
die Blühende ganz er verdeck!

WOTAN. So stellt das Maß
nach Freias Gestalt!

Freia wird von den beiden Riesen in die Mitte gestellt. Darauf stoßen sie ihre Pfähle zu Freias beiden Seiten so in den Boden, daß sie gleiche Höhe und Breite mit ihrer Gestalt messen

FAFNER. Gepflanzt sind die Pfähle

nach Pfandes Maß;
gehäuft nun füll es der Hort!
WOTAN. Eilt mit dem Werk:
widerlich ist mir's!
LOGE. Hilf mir, Froh!
FROH. Freias Schmach
eil ich zu enden.

Loge und Froh häufen hastig zwischen den Pfählen das Geschmeide

FAFNER. Nicht so leicht
und locker gefügt!

Mit roher Kraft drückt er die Geschmeide dicht zusammen.

Fest und dicht
füllt er das Maß!

Er beugt sich, um nach Lücken zu spähen

Hier lug' ich noch durch:
verstopft mir die Lücken!
LOGE. Zurück, du Grober!
FAFNER. Hierher!
LOGE. Greif mir nichts an!
FAFNER. Hierher! Die Klinze verklemmt!
WOTAN *unmutig sich abwendend.* Tief in der Brust
brennt mir die Schmach!
FRICKA. Sieh, wie in Scham
schmählich die Edle steht:
um Erlösung fleht
stumm der leidende Blick.
Böser Mann!
Der Minnigen botest du das!
FAFNER. Noch mehr! Noch mehr hieher!
DONNER. Kaum halt ich mich,
schäumende Wut
weckt mir der schamlose Wicht! –
Hieher, du Hund!
Willst du messen,
so miß dich selber mit mir!
FAFNER. Ruhig, Donner!
Rolle, wo's taugt:
hier nützt dein Rasseln dir nichts.
DONNER *ausholend.* Nicht dich Schmähl'chen zu zerschmettern?
WOTAN. Friede doch! –
Schon dünkt mich Freia verdeckt.

LOGE. Der Hort ging auf.

FAFNER *mißt den Hort genau mit dem Blick und späht nach Lücken.* Noch schimmert mir Holdas Haar: –
dort das Gewirk
wirf auf den Hort!

LOGE. Wie? Auch den Helm?

FAFNER. Hurtig, her mit ihm!

WOTAN. Laß ihn denn fahren!

LOGE *wirft auch den Tarnhelm auf den Hort.* So sind wir denn fertig!
Seid ihr zufrieden?

FASOLT. Freia, die schöne,
schau ich nicht mehr: –
so ist sie gelöst?
Muß ich sie lassen?

Er tritt nahe hinzu und späht durch den Hort.

Weh! noch blitzt
ihr Blick zu mir her;
des Auges Stern
strahlt mich noch an;
durch eine Spalte
muß ich's erspähn. –

Außer sich

Seh ich dies wonnige Auge,
von dem Weibe laß ich nicht ab!

FAFNER. He! Euch rat ich,
verstopft mir die Ritze!

LOGE. Nimmer-Satte!
Seht ihr denn nicht,
ganz schwand uns der Hort?

FAFNER. Mitnichten, Freund!
An Wotans Finger
glänzt von Gold noch ein Ring:
den gebt, die Ritze zu füllen!

WOTAN. Wie? diesen Ring?

LOGE. Laßt euch raten!
Den Rheintöchtern
gehört dies Gold;
ihnen gibt Wotan es wieder.

WOTAN. Was schwatzest du da?
Was schwer ich mir erbeutet,
ohne Bangen wahr ich's für mich!

LOGE. Schlimm dann steht's

um mein Versprechen,
das ich den Klagenden gab!

WOTAN. Dein Versprechen bindet mich nicht:
als Beute bleibt mir der Reif.

FAFNER. Doch hier zur Lösung
mußt du ihn legen.

WOTAN. Fordert frech, was ihr wollt,
alles gewähr ich;
um alle Welt
doch nicht fahren laß ich den Ring!

FASOLT *zieht wütend Freia hinter dem Horte hervor.* Aus dann ist's!
Beim alten bleibt's;
nun folgt uns Freia für immer!

FREIA. Hilfe! Hilfe!

FRICKA. Harter Gott
Gib ihnen nach!

FROH. Spare das Gold nicht!

DONNER. Spende den Ring doch!

WOTAN. Laßt mich in Ruh:
den Reif geb ich nicht!

Fafner hält den fortdrängenden Fasolt noch auf; Alle stehen bestürzt. Wotan wendet sich zürnend zur Seite. Die Bühne hat sich von neuem verfinstert. Aus der Felskluft zur Seite bricht ein bläulicher Schein hervor: in ihm wird plötzlich Erda sichtbar, die bis zu halber Leibeshöhe aus der Tiefe aufsteigt; sie ist von edler Gestalt, weithin von schwarzem Haar umwallt

ERDA *die Hand mahnend gegen Wotan ausstreckend.* Weiche, Wotan! Weiche!
Flieh des Ringes Fluch!
Rettungslos
dunklem Verderben
weiht dich sein Gewinn.

WOTAN. Wer bist du, mahnendes Weib?

ERDA. Wie alles war – weiß ich;
wie alles wird,
wie alles sein wird –
seh ich auch:
der ew'gen Welt
Urwala,
Erda mahnt deinen Mut. –
Drei der Töchter,
urerschaff'ne,

gebar mein Schoß;
was ich sehe,
sagen dir nächtlich die Nornen.
Doch höchste Gefahr
führt mich heut
selbst zu dir her.
Höre! Höre! Höre
Alles, was ist, – endet!
Ein düst're Tag
dämmert den Göttern: –
dir rat ich, meide den Ring!

Erda versinkt langsam bis an die Brust, während der bläuliche Schein zu dunkeln beginnt

WOTAN. Geheimnis-hehr
hallt mir dein Wort: –
weile, daß mehr ich wisse!

ERDA *im Versinken.* Ich warnte dich;
du weißt genug:
sinn in Sorg und Furcht!

Sie verschwindet gänzlich

WOTAN. Soll ich sorgen und fürchten, –
dich muß ich fassen,
alles erfahren!

Wotan will der Verschwindenden in die Kluft nach, um sie zu halten; Froh und Fricka werfen sich ihm entgegen und halten ihn zurück

FRICKA. Was willst du, Wütender?

FROH. Halt ein, Wotan!
Scheue die Edle,
achte ihr Wort!

Wotan starrt sinnend vor sich hin

DONNER *sich entschlossen zu den Riesen wendend.*
Hört, ihr Riesen!
Zurück, und harret!
Das Gold wird euch gegeben.

FREIA. Darf ich es hoffen?
Dünkt euch Holda
wirklich der Lösung wert?

Alle blicken gespannt auf Wotan; dieser, nach tiefem Sinnen zu sich kommend, erfaßt seinen Speer und schwenkt ihn, wie zum Zeichen eines mutigen Entschlusses

WOTAN. Zu mir, Freia!
Du bist befreit.

Wieder gekauft
kehr uns die Jugend zurück! –
Ihr Riesen, nehmt euren Ring!

Er wirft den Ring auf den Hort. – Die Riesen lassen Freia los: sie eilt freudig auf die Götter zu, die sie abwechselnd längere Zeit in höchster Freude liebkosen. – Fafner hat sogleich einen ungeheuren Sack ausgebreitet und macht sich über den Hort her, um ihn da hineinzuschichten

FASOLT *zu Fafner.* Halt, du Gieriger!
Gönne mir auch was!
Redliche Teilung
taugt uns beiden.

FAFNER. Mehr an der Maid als am Gold
lag dir verliebtem Geck!
Mit Müh zum Tausch
vermocht ich dich Toren;
ohne zu teilen
hättest du Freia gefreit:
teil ich den Hort,
billig behalt ich
die größte Hälfte für mich!

FASOLT. Schändlicher du!
Mir diesen Schimpf? –
Zu den Göttern
Euch ruf ich zu Richtern:
teilet nach Recht
uns redlich den Hort!

Wotan wendet sich verächtlich ab

LOGE. Den Hort laß ihn raffen;
halte du nur auf den Ring!

FASOLT *stürzt sich auf Fafner, der immerzu eingesackt hat.*
Zurück! Du Frecher!
Mein ist der Ring;
mir blieb er für Freias Blick!

Er greift hastig nach dem Ring: sie ringen

FAFNER. Fort mit der Faust!
Der Ring ist mein!

Fasolt entreißt Fafner den Ring

FASOLT. Ich halt ihn, mir gehört er!

FAFNER *mit seinem Pfahle ausholend.*
Halt ihn fest, daß er nicht fall!

Er streckt Fasolt mit einem Streiche zu Boden; dem Sterbenden entreißt er dann hastig den Ring

Nun blinzle nach Freias Blick!
An den Reif rührst du nicht mehr!

Er steckt den Ring in den Sack und rafft dann gemächlich den Hort vollends ein. Alle Götter stehen entsetzt: feierliches Schweigen

WOTAN *erschüttert.* Furchtbar nun
erfind ich des Fluches Kraft! –

LOGE. Was gleicht, Wotan,
wohl deinem Glücke?
Viel erwarb dir
des Ringes Gewinn;
daß er nun dir genommen,
nützt dir noch mehr:
deine Feinde – sieh! –
fällen sich selbst –
um das Gold, das du vergabst.

WOTAN. Wie doch Bangen mich bindet!
Sorg und Furcht
fesseln den Sinn –
wie sie zu enden,
lehre mich Erda: –
zu ihr muß ich hinab!

FRICKA *schmeichelnd sich an ihn schmiegend.*
Wo weilst du, Wotan?
Winkt dir nicht hold
die hehre Burg,
die des Gebieters
gastlich bergend nun harrt?

WOTAN *düster.* Mit bösem Zoll
zahlt ich den Bau!

DONNER *auf den Hintergrund deutend, der noch in Nebel gehüllt ist.* Schwüles Gedünst
schwebt in der Luft; –
lästig ist mir
der trübe Druck!
Das bleiche Gewölk
samml' ich zu blitzendem Wetter;
das fegt den Himmel mir hell!

Donner besteigt einen hohen Felsstein am Talabhange und schwingt dort seinen Hammer; mit dem Folgenden ziehen die Nebel sich um ihn zusammen

Heda! Heda! Hedo!
Zu mir, du Gedüft!

Ihr Dünste zu mir!
Donner der Herr,
ruft euch zu Heer!

Er schwingt den Hammer

Auf des Hammers Schwung
schwebet herbei!
Dunstig Gedämpf!
Schwebend Gedüft!
Donner, der Herr, ruft euch zu Heer!
Heda! Heda! Hedo!

Donner verschwindet völlig in einer immer finsterer sich ballenden Gewitterwolke. Man hört Donners Hammerschlag schwer auf den Felsstein fallen. Ein starker Blitz entfährt der Wolke; ein heftiger Donnerschlag folgt. Froh ist mit im Gewölk verschwunden

DONNER *unsichtbar.* Bruder, hieher!
Weise der Brücke den Weg!

Plötzlich verzieht sich die Wolke; Donner und Froh werden sichtbar: von ihren Füßen aus zieht sich, mit blendendem Leuchten, eine Regenbogenbrücke über das Tal hinüber bis zur Burg, die jetzt im Glanze der Abendsonne strahlt. Fafner, der neben der Leiche seines Bruders endlich den ganzen Hort eingerafft, hat, den ungeheuren Sack auf dem Rücken, während Donners Gewitterzauber die Bühne verlassen

FROH *der der Brücke mit der ausgestreckten Hand den Weg über das Tal angewiesen, zu den Göttern.*
Zur Burg führt die Brücke.
leicht, doch fest eurem Fuß:
beschreitet kühn
ihren schrecklosen Pfad!

Wotan und die andern Götter sind sprachlos in den prächtigen Anblick verloren

WOTAN. Abendlich strahlt
der Sonne Auge;
in prächtiger Glut
prangt glänzend die Burg.
In des Morgens Scheine
mutig erschimmernd
lag sie herrenlos,
hehr verlockend vor mir. –
Von Morgen bis Abend,
in Müh' und Angst
nicht wonnig ward sie gewonnen!

Es naht die Nacht –:
vor ihrem Neid
biete sie Bergung nun.

Wie von einem großen Gedanken ergriffen, sehr entschlossen.

So grüß ich die Burg,
sicher vor Bang' und Grau'n! –

Er wendet sich feierlich zu Fricka

Folge mir, Frau!
In Walhall wohne mit mir!

FRICKA. Was deutet der Name?
Nie, dünkt mich, hört ich ihn nennen.

WOTAN. Was mächtig der Furcht
mein Mut mir erfand,
wenn siegend es lebt,
leg es den Sinn dir dar.

Er faßt Fricka an der Hand und schreitet mit ihr langsam der Brücke zu; Froh, Freia und Donner folgen

LOGE *im Vordergrunde verharrend und den Göttern nachblickend.* Ihrem Ende eilen sie zu,
die so stark im Bestehen sich wähnen. –
Fast schäm ich mich
mit ihnen zu schaffen;
zur leckenden Lohe
mich wieder zu wandeln,
spür ich lockende Lust:
sie aufzuzehren,
die einst mich gezähmt,
statt mit den Blinden
blöd zu vergehn,
und wären es göttlichste Götter! –
Nicht dumm dünkte mich das!
Bedenken will ich's: –
wer weiß, was ich tu'!

Er geht, um sich den Göttern in nachlässiger Haltung anzuschließen

DIE DREI RHEINTÖCHTER *in der Tiefe des Tales, unsichtbar.*
Rheingold! Rheingold!
Reines Gold!
Wie lauter und hell
leuchtetest hold du uns!
Um dich, du klares,
wir nun klagen:
gebt uns das Gold,

gebt uns das Gold!
O gebt uns das reine zurück!

WOTAN *im Begriff, den Fuß auf die Brücke zu setzen, hält an und wendet sich um.* Welch Klagen dringt zu mir her?

LOGE *späht in das Tal hinab.* Des Rheines Kinder
beklagen des Goldes Raub.

WOTAN. Verwünschte Nicker! –

Zu Loge

Wehre ihrem Geneck!

LOGE *in das Tal hinabrufend.* Ihr da im Wasser!
Was weint ihr herauf?
Hört, was Wotan euch wünscht: –
glänzt nicht mehr
euch Mädchen das Gold,
in der Götter neuem Glanze
sonnt euch selig fortan!

Die Götter lachen und beschreiten mit dem Folgenden die Brücke

DIE RHEINTÖCHTER. Rheingold! Rheingold!
Reines Gold!
O leuchtete noch
in der Tiefe dein laut'rer Tand!
Traulich und treu
ist's nur in der Tiefe:
falsch und feig
ist, was dort oben sich freut!

Während die Götter auf der Brücke der Burg zuschreiten, fällt der Vorhang

1851	15. September	Wagner begibt sich zur Wiederherstellung seiner Gesundheit in die Wasserheilanstalt Albisbrunn (Kanton Zürich).
	Zwischen 3. und 11. November	Niederschrift der ersten Prosaskizze.
	23. November	Wagner kehrt nach Zürich zurück.
1852	23.–31. März	Niederschrift des großen Prosaentwurfs.
	15. September bis 3. November	Aufzeichnung der Urschrift der Dichtung.
1853	24. August	Wagner begibt sich auf seine zweite Italienreise, die ihn bis Genua führt.
	5. September	Wagner erlebt im Zimmer seines Hotels in La Spezia das »Vorspiel« im Halbschlaf.
	10. September	Wagner trifft wieder in Zürich ein.
	1. November	Beginn der Kompositionsskizze.
1854	14. Januar	Vollendung der Kompositionsskizze.
	1. Februar bis 28. Mai	Aufzeichnung der Partiturerstschrift.
	15. Februar bis 26. September	Aufzeichnung der Partiturreinschrift.
1865	25. August	Wagner schenkt die – von Otto Wesendonck, dem ursprünglichen Besitzer, zurückerbetene – Partiturreinschrift König Ludwig II. zum 20. Geburtstag.
1869	22. September	Uraufführung im Münchener Hof- und Nationaltheater auf Befehl König Ludwigs II. gegen Wagners Willen. Dirigent: Franz Wüllner

Richard Wagner, *Mein Leben*:
Endlich trat der Monat September ein, von welchem man mir gesagt hatte, daß er für den Besuch Italiens bereits empfeh-

lenswert sei. Mit unerhörten Vorstellungen von dem, was mich erwartete und was meinem Suchen erfüllungsvoll entgegentreten sollte, begab ich mich jetzt über Genf auf meine Reise. Wiederum nur unter den seltsamsten Abenteuern gelangte ich mit Extrapost über den Mont-Cenis nach Turin. Gänzlich ohne Befriedigung von diesem Aufenthalte, eilte ich nach zwei Tagen sofort nach Genua. Hier schien mir nun allerdings das ersehnte Wunder aufgehen zu wollen... Unfähig und ohne alle Anleitung dafür, nach regelmäßigem Plane den Genuß eigentlicher Kunstschätze aufzusuchen, gab ich mich mehr nur einem gewissen, musikalisch zu nennenden Gefühle des neuen Elementes hin und suchte vor allen Dingen den Punkt, der in ihm zum Verweilen und zu ruhigem Genusse mich bestimmen würde. Denn immer ging mein Trieb nur auf den Gewinn eines Asyles hin, welches mir die harmonische Ruhe zu neuem künstlerischen Schaffen gewähren sollte. – Da sich, namentlich infolge des unvorsichtigen Genusses von Gefrorenem, sehr bald die Dysenterie bei mir einstellte, trat in mir plötzlich auf die erste Exaltation eine vollkommen entmutigende Abspannung ein. Ich wollte dem ungeheueren Geräusche des Hafens, an welchem ich wohnte, entfliehen, um die äußerste Stille aufzusuchen, und glaubte mich durch einen Ausflug nach Spezia retten zu müssen, wohin ich nach acht Tagen mit dem Dampfschiff abging... Meine Dysenterie vermehrte sich durch Seekrankheit, und im allererschöpftesten Zustande, kaum mich fortzuschleppen fähig, suchte ich in Spezia den besten Gasthof auf... Nach einer in Fieber und Schlaflosigkeit verbrachten Nacht zwang ich mich des andren Tages zu weiteren Fußwanderungen durch die hügelige, von Pinienwäldern bedeckte Umgegend... Am Nachmittage heimkehrend, streckte ich mich todmüde auf ein hartes Ruhebett aus, um die langersehnte Stunde des Schlafes zu erwarten. Sie erschien nicht; dafür versank ich in eine Art von somnambulen Zustand, in welchem ich plötzlich die Empfindung, als ob ich in ein stark fließendes Wasser versänke, erhielt. Das Rauschen desselben stellte sich mir bald im musikalischen Klange des *Es-Dur*-Akkordes dar, welcher unaufhaltsam in figurierter Brechung dahinwogte; diese Brechungen zeigten sich als melodische Figurationen von zunehmender Bewegung, nie aber veränderte sich der reine Dreiklang von *Es-Dur*, welcher durch seine Andauer dem Elemente, darin ich versank, eine unendliche Bedeutung geben zu wollen schien. Mit der Empfindung, als ob die Wogen jetzt

hoch über mich dahinbrausten, erwachte ich in jähem Schreck aus meinem Halbschlaf. Sogleich erkannte ich, daß das Orchester-Vorspiel zum *Rheingold*, wie ich es in mir herumtrug, doch aber nicht genau hatte finden können, mir aufgegangen war; und schnell begriff ich auch, welche Bewandtnis es durchaus mit mir habe: nicht von außen, sondern nur von innen sollte der Lebensstrom mir zufließen.
Sogleich beschloß ich nach Zürich zurückzukehren und die Komposition meines großen Gedichtes zu beginnen.
Sogleich im Beginn des November machte ich mich denn auch an die lange zurückgehaltene Arbeit. Seit Ende des März 1848 waren es nun fünf Jahre und ein halbes, in welchen ich vollständig von jeder musikalischen Produktion mich ferngehalten hatte, und da es mir nun wirklich bald glückte, in die rechte Stimmung hierfür zu geraten, darf ich diesen Wiederbeginn meiner musikalischen Arbeit wohl als den Eintritt einer völligen Wiedergeburt nach einer stattgehabten Seelenwanderung bezeichnen. Was die Technik meiner Arbeit betraf, geriet ich alsbald in Verlegenheit, jenes im Halbtraume zu Spezia konzipierte Orchestervorspiel in meiner gewohnten Art der Skizzierung auf zwei Linien aufzuzeichnen. Ich mußte sofort zum vollständigen Partitur-Formular greifen; dadurch wurde ich zu einer neuen Art meines Skizzierens überhaupt verleitet, wonach ich nur die allerflüchtigsten Bleistiftumrisse für die sofortige Verarbeitung in der vollständigen Partitur entwarf. Dies zog mir für später bedenkliche Schwierigkeiten zu, da die mindeste Unterbrechung meiner Arbeit mich der Bedeutung meiner flüchtigen Skizzen oft vergessen machte und ich diese dann mühsam mir wieder zurückrufen mußte. Doch ließ ich diese Schwierigkeit für das *Rheingold* noch nicht aufkommen; bereits am 16. Januar 1854 war die ganze Komposition entworfen und somit in seinen wichtigsten thematischen Beziehungen der Plan zu dem ganzen musikalischen Gebäude des vielseitigen Werkes vorgezeichnet. Denn eben hier, in diesem großen Vorspiel, waren diese thematischen Grundsteine für das Ganze zu legen gewesen.

An Franz Liszt, Weimar. Zürich, 17. Dezember 1853:
Ich spinne mich ein wie ein Seidenwurm: aber auch aus mir heraus spinne ich. Fünf Jahre habe ich keine Musik geschrieben. Jetzt bin ich in »Nibelheim«: heute klagte *Mime* seine Not. Leider packte mich vorigen Monat noch ein starkes Erkältungsfieber und machte mich auf 10 Tage arbeitsunfähig:

sonst hätte ich in diesem Jahre noch mit dem Entwurfe fertig werden müssen. Oft raubt mir auch meine etwas luftige Situation die Laune: es ist augenblicklich eine böse Windstille bei mir. Doch Ende Januar muß ich fertig sein.

An Franz Liszt, Weimar. Zürich, 15. Januar 1854:
Sieh, es handelt sich ja nur um *Geld*: das sollte doch möglich sein. Die *Liebe* lass' ich ja fahren – und die *Kunst*?? –
– Nun, das *Rheingold* ist fertig – fertiger, als ich glaubte. – Mit welchem – Glauben, mit welcher Freude ging ich an die Musik! Mit wahrer Verzweiflungswut habe ich endlich fortgefahren und geendet: ach, wie auch mich die Not des Goldes umspann! Glaub' mir, so ist noch nicht komponiert worden: ich denke mir, meine Musik ist furchtbar; es ist ein Pfuhl von Schrecknissen und Hoheiten! –
Bald – (??) mache ich die Reinschrift: – schwarz auf weiß: dabei wird's dann auch wohl bleiben. Oder werde ich's etwa auch für 20 Louisd'or in Leipzig aufführen lassen?

An August Röckel, Waldheim. Zürich, 25. Januar 1854:
Deinen Brief hatte ich in dem Tumulte nicht beantworten können, und wollte es nun bei meiner Rückkehr nach Zürich. Hier angekommen, überwältigte mich aber endlich die Sehnsucht nach der musikalischen Komposition des *Rheingoldes* so heftig, daß es mir in dieser Stimmung unmöglich war, Dir auf Deine kritischen Bemerkungen über mein Gedicht zu antworten: es ging nicht, ich konnte nicht! Aber mit Leidenschaft warf ich mich – nach sechsjähriger gänzlicher Unterbrechung! – auf die Musik, so daß ich endlich mir vornahm, Dir nun nicht eher zu schreiben, als nach der Beendigung der Komposition des *Rheingoldes*. Nun, so weit bin ich; – und jetzt begreife ich auch meinen Widerwillen, Dir eher zu antworten, denn jetzt – nach dieser Komposition – bin ich plötzlich ganz anders im Stande Dir zu antworten, nämlich – auf Deine Kritik so gut wie gar nichts zu antworten, was auch vermutlich das allerbeste sein wird: denn Du hast ganz recht zu kritisieren, aber ich habe recht, wenn ich die Sache mache und ausführe, wie ich kann und mag.

An Franz Liszt, Weimar. Zürich, 7. Februar 1854:
Jetzt führe ich das *Rheingold* sogleich in Partitur aus, mit der Instrumentation: ich konnte keine Weise finden, das Vorspiel (die Rheines-Tiefe) als Skizze deutlich aufzuschreiben; so ver-

fiel ich sogleich auf die volle Partitur. Nur werde ich so viel langsamer fertig: auch ist mir der Kopf etwas wüst.

An Franz Liszt, Weimar. Zürich, 14.(?) Juni 1854:
Suche mir keinen Schreiber: Mad. Wesendonck hat mir eine goldene Feder – von unverwüstlicher Schreibekraft – geschenkt, die macht mich nun wieder zum kalligraphischen Pedanten. Die Partituren werden mein vollendetstes Meisterstück in Schönschreiberei werden! Man kann seinem Schicksale nicht entgehen! Meyerbeer bewunderte seiner Zeit nichts mehr an meinen Partituren, als die saubere Schrift: dieser Akt der Bewunderung ist mir nun zum Fluch geworden: – ich *muß* saubere Partituren schreiben, so lange ich lebe auf Erden! –
Du bekommst das *Rheingold* aber nicht zu Gesicht, ehe es in der beabsichtigten würdigen Gestalt ist: das wird nun aber erst in müßigen Stunden und langen Winterabenden gefördert werden, denn jetzt kann ich mich nicht damit aufhalten, – jetzt muß es an die Komposition der *Walküre* gehen, die mir ganz herrlich in den Gliedern liegt.

Franz Liszt an Wagner. Weimar, 1. August 1856:
Wie dank' ich Dir, Liebster, Einzigster, mir Deine Partituren des *Rheingold* und der *Walküre* zugesandt zu haben! Das Werk hat für mich die fabelhafte Anziehungskraft des Magnet-Berges, der Schiffe und Schiffer unwiderstehlich fest an sich klammert. Hans [von Bülow] ist seit ein paar Tagen bei mir, und ich konnte ihm die Freude nicht entziehen, Dein *Walhall* zu beschaulichen; und so klimpert und klappert er das Orchester am Klavier, während ich die Gesangs-Stimmen heule, stöhne und brülle.

DIE WALKÜRE

(1856)

SZENENFOLGE

ERSTER AUFZUG

ERSTE SZENE.	Siegmund, Sieglinde
ZWEITE SZENE.	Siegmund, Sieglinde, Hunding
DRITTE SZENE.	Siegmund, Sieglinde

ZWEITER AUFZUG

ERSTE SZENE.	Wotan, Brünnhilde, Fricka
ZWEITE SZENE.	Wotan, Brünnhilde
DRITTE SZENE.	Siegmund, Sieglinde
VIERTE SZENE.	Siegmund, Brünnhilde
FÜNFTE SZENE.	Siegmund, Sieglinde, Hunding, Brünnhilde, Wotan

DRITTER AUFZUG

ERSTE SZENE.	Die acht Walküren, Brünnhilde, Sieglinde
ZWEITE SZENE.	Wotan, Brünnhilde, die acht Walküren
DRITTE SZENE.	Wotan, Brünnhilde

SCHAUPLATZ DER HANDLUNG

ERSTER AUFZUG
Das Innere eines Wohnraumes

ZWEITER AUFZUG
Wildes Felsengebirge

DRITTER AUFZUG
Auf dem Gipfel eines Felsberges (des Walkürenfelsens)

PERSONEN

SIEGMUND
HUNDING
WOTAN
SIEGLINDE
BRÜNNHILDE
FRICKA

GERHILDE ORTLINDE WALTRAUTE SCHWERTLEITE HELMWIGE SIEGRUNE GRIMGERDE ROSSWEISSE	} Walküren

ERSTER AUFZUG

Das Innere eines Wohnraumes

In der Mitte steht der Stamm einer mächtigen Esche, dessen stark erhabene Wurzeln sich weithin in den Erdboden verlieren; von seinem Wipfel ist der Baum durch ein gezimmertes Dach geschieden, welches so durchschnitten ist, daß der Stamm und die nach allen Seiten hin sich ausstreckenden Äste durch genau entsprechende Öffnungen hindurchgehen; von dem belaubten Wipfel wird angenommen, daß er sich über dieses Dach ausbreite. Um den Eschenstamm, als Mittelpunkt, ist nun ein Saal gezimmert; die Wände sind aus roh behauenem Holzwerk, hie und da mit geflochtenen und gewebten Decken behangen. Rechts im Vordergrunde steht der Herd, dessen Rauchfang seitswärts zum Dache hinausführt. Hinter dem Herde befindet sich ein innerer Raum, gleich einem Vorratsspeicher, zu dem man auf eigenen hölzernen Stufen hinaufsteigt; davor hängt, halb zurückgeschlagen, eine geflochtene Decke. Im Hintergrunde eine Eingangstür mit schlichtem Holzriegel. Links, die Türe zu einem inneren Gemache, zu dem gleichfalls Stufen hinaufführen; weiter vorne auf derselben Seite ein Tisch mit einer breiten, an der Wand angezimmerten Bank dahinter und hölzernen Schemeln davor. Die Bühne bleibt eine Zeitlang leer, außen Sturm, im Begriffe sich gänzlich zu legen. Siegmund öffnet von außen die Eingangstüre und tritt ein. Er hält den Riegel noch in der Hand und überblickt den Wohnraum: er scheint von übermäßiger Anstrengung erschöpft; sein Gewand und Aussehen zeigen, daß er sich auf der Flucht befinde. Da er niemand gewahrt, schließt er hinter sich, schreitet mit der äußersten Anstrengung eines Todmüden auf den Herd zu und wirft sich dort auf eine Decke von Bärenfell nieder

ERSTE SZENE

SIEGMUND. Wes Herd dies auch sei,
hier muß ich rasten!

Er sinkt zurück und bleibt regungslos ausgestreckt. – Sieglinde tritt aus der Türe des inneren Gemaches. Sie glaubte ihren Mann heimgekehrt; ihre ernste Miene zeigt sich dann verwundert, als sie einen Fremden am Herde ausgestreckt sieht

SIEGLINDE *noch im Hintergrunde.* Ein fremder Mann?
Ihn muß ich fragen.
Sie tritt näher
Wer kam ins Haus,
und liegt dort am Herd?

Da Siegmund sich nicht regt, tritt sie noch etwas näher und betrachtet ihn

Müde liegt er
von Weges Müh'n.
Schwanden die Sinne ihm?
wäre er siech?
Sie neigt sich zu ihm hinab und lauscht
Noch schwillt ihm der Atem;
das Auge nur schloß er.
Mutig dünkt mich der Mann,
sank er müd auch hin.

SIEGMUND *fährt jäh mit dem Haupt in die Höhe.* Ein Quell!
Ein Quell!

SIEGLINDE. Erquickung schaff ich.

Sie nimmt schnell ein Trinkhorn, geht damit aus dem Hause, kommt zurück und reicht das gefüllte Trinkhorn Siegmund

Labung biet ich
dem lechzenden Gaumen:
Wasser, wie du gewollt!

Siegmund trinkt und reicht ihr das Horn zurück. Als er ihr mit dem Haupte Dank zuwinkt, haftet sein Blick mit steigender Teilnahme an ihren Mienen

SIEGMUND. Kühlende Labung
gab mir der Quell,
des Müden Last
machte er leicht:
erfrischt ist der Mut,
das Aug erfreut
des Sehens selige Lust.
Wer ist's, der so mir es labt?

SIEGLINDE. Dies Haus und dies Weib
sind Hundings Eigen;
gastlich gönn er dir Rast:
harre bis heim er kehrt!

SIEGMUND. Waffenlos bin ich:

dem wunden Gast
wird dein Gatte nicht wehren.

SIEGLINDE *mit besorgter Hast.* Die Wunden weise mir schnell!

SIEGMUND *schüttelt sich und springt lebhaft vom Lager zum Sitz auf.* Gering sind sie,
der Rede nicht wert;
noch fügen des Leibes
Glieder sich fest.
Hätten halb so stark wie mein Arm
Schild und Speer mir gehalten,
nimmer floh ich dem Feind;
doch zerschellten mir Speer und Schild.
Der Feinde Meute
hetzte mich müd,
Gewitterbrunst
brach meinen Leib:
doch schneller als ich der Meute
schwand die Müdigkeit mir:
sank auf die Lider mir Nacht,
die Sonne lacht mir nun neu!

SIEGLINDE *geht nach dem Speicher, füllt ein Horn mit Met und reicht es Siegmund mit freundlicher Bewegtheit.*
Des seimigen Metes
süßen Trank
mögst du mir nicht verschmähn.

SIEGMUND. Schmecktest du mir ihn zu?

Sieglinde nippt am Horne und reicht es ihm wieder. Siegmund tut einen langen Zug, indem er den Blick mit wachsender Wärme auf sie heftet. Er setzt so das Horn ab und läßt es langsam sinken, während der Ausdruck seiner Miene in starke Ergriffenheit übergeht. Er seufzt tief auf, und senkt den Blick düster zu Boden

SIEGMUND *mit bebender Stimme.* Einen Unseligen labtest du: –
Unheil wende
der Wunsch von dir!

Er bricht auf

Gerastet hab ich
und süß geruht:
weiter wend ich den Schritt.

Er geht nach hinten

SIEGLINDE *lebhaft sich umwendend.* Wer verfolgt dich, daß du schon fliehst?

SIEGMUND *hat angehalten.* Mißwende folgt mir,
wohin ich fliehe;
Mißwende naht mir,
wo ich mich neige: –
dir Frau doch bleibe sie fern!
Fort wend ich Fuß und Blick!
Er schreitet schnell bis zur Tür und hebt den Riegel
SIEGLINDE *in heftigem Selbstvergessen ihm nachrufend.*
So bleibe hier!
Nicht bringst du Unheil dahin,
wo Unheil im Hause wohnt!

Siegmund bleibt tief erschüttert stehen: er forscht in Sieglindes Mienen; diese schlägt verschämt und traurig die Augen nieder

SIEGMUND *kehrt zurück.* Wehwalt hieß ich mich selbst:
Hunding will ich erwarten.

Er lehnt sich an den Herd; sein Blick haftet mit ruhiger und entschlossener Teilnahme an Sieglinde: diese hebt langsam das Auge wieder zu ihm auf. Beide blicken sich in tiefem Schweigen mit dem Ausdruck großer Ergriffenheit in die Augen

ZWEITE SZENE

Sieglinde fährt plötzlich auf, lauscht und hört Hunding, der sein Roß außen zum Stall führt. Sie geht hastig zur Tür und öffnet. – Hunding, gewaffnet mit Schild und Speer, tritt ein und hält unter der Tür, als er Siegmund gewahrt. – Hunding wendet sich mit einem ernst fragenden Blick an Sieglinde

SIEGLINDE *dem Blicke Hundings entgegnend.* Müd am Herd
fand ich den Mann:
Not führt ihn ins Haus.
HUNDING. Du labtest ihn?
SIEGLINDE. Den Gaumen letzt ich ihm;
gastlich sorgt ich sein!
SIEGMUND *der ruhig und fest Hunding beobachtet.*
Dach und Trank
dank ich ihr:
willst du dein Weib drum schelten?
HUNDING. Heilig ist mein Herd:
heilig sei dir mein Haus.

Er legt seine Waffen ab und übergibt sie Sieglinde. Zu Sieglinde

Rüst uns Männern das Mahl!

Sieglinde hängt die Waffen an Ästen des Eschenstammes auf, dann holt sie Speise und Trank aus dem Speicher und rüstet auf dem Tische das Nachtmahl. – Unwillkürlich heftet sie wieder den Blick auf Siegmund

HUNDING *mißt scharf und verwundert Siegmunds Züge, die er mit denen seiner Frau vergleicht; für sich.*

Wie gleicht er dem Weibe!
Der gleißende Wurm
glänzt auch ihm aus dem Auge. –

Er birgt sein Befremden und wendet sich wie unbefangen zu Siegmund

Weit her, traun!
kamst du des Wegs;
ein Roß nicht ritt,
der Rast hier fand:
welch schlimme Pfade
schufen dir Pein?

SIEGMUND. Durch Wald und Wiese,
Heide und Hain,
jagte mich Sturm
und starke Not:
nicht kenn ich den Weg, den ich kam;
wohin ich irrte,
weiß ich noch minder:
Kunde gewänn ich des gern.

HUNDING *am Tische und Siegmund den Sitz bietend.*

Des Dach dich deckt,
des Haus dich hegt,
Hunding heißt der Wirt.
Wendest von hier du
nach West den Schritt,
in Höfen reich
hausen dort Sippen,
die Hundings Ehre behüten:
gönnt mir Ehre mein Gast,
wird sein Name nun mir genannt.

Siegmund blickt nachdenklich vor sich hin. Sieglinde, die sich neben Hunding, Siegmund gegenüber, gesetzt, heftet ihr Auge mit auffallender Teilnahme und Spannung auf diesen

Trägst du Sorge

mir zu vertraun,
der Frau hier gib doch Kunde:
sieh, wie gierig sie dich frägt!

SIEGLINDE *unbefangen und teilnahmsvoll.* Gast, wer du bist, wüßt ich gern.

SIEGMUND *blickt auf, sieht ihr in das Auge und beginnt ernst.*
Friedmund darf ich nicht heißen;
Frohwalt möcht ich wohl sein:
doch Wehwalt – muß ich mich nennen.
Wolfe, der war mein Vater;
zu zwei kam ich zur Welt,
eine Zwillingsschwester und ich.
Früh schwanden mir
Mutter und Maid;
die mich gebar,
und die mit mir sie barg,
kaum hab ich je sie gekannt. –
Wehrlich und stark war Wolfe:
der Feinde wuchsen ihm viel.
Zum Jagen zog
mit dem Jungen der Alte:
von Hetze und Harst
einst kehrten wir heim: –
da lag das Wolfsnest leer.
Zu Schutt gebrannt
der prangende Saal,
zum Stumpf der Eiche
blühender Stamm;
erschlagen der Mutter
mutiger Leib,
verschwunden in Gluten
der Schwester Spur.
Uns schuf die herbe Not
der Neidinge harte Schar.
Geächtet floh
der Alte mit mir;
lange Jahre
lebte der Junge
mit Wolfe im wilden Wald:
manche Jagd
ward auf sie gemacht;
doch mutig wehrte
das Wolfspaar sich.

Zu Hunding gewendet
Ein Wölfing kündet dir das,
den als »Wölfing« mancher wohl kennt.

HUNDING. Wunder und wilde Märe
kündest du, kühner Gast.
Wehwalt, der Wölfing!
Mich dünkt, von dem wehrlichen Paar
vernahm ich dunkle Sage,
kannt ich auch Wolfe
und Wölfing nicht.

SIEGLINDE. Doch weiter künde, Fremder:
wo weilt dein Vater jetzt?

SIEGMUND. Ein starkes Jagen auf uns
stellten die Neidinge an:
der Jäger viele
fielen den Wölfen,
in Flucht durch den Wald
trieb sie das Wild:
wie Spreu zerstob uns der Feind.
Doch ward ich vom Vater versprengt;
seine Spur verlor ich,
je länger ich forschte:
eines Wolfes Fell nur
traf ich im Forst;
leer lag das vor mir,
den Vater fand ich nicht.
Aus dem Wald trieb es mich fort;
mich drängt es zu Männern und Frauen. –
Wie viel ich traf,
wo ich sie fand,
ob ich um Freund,
um Frauen warb,
immer doch war ich geächtet:
Unheil lag auf mir.
Was Rechtes je ich riet,
andern dünkte es arg;
was schlimm immer mir schien,
andre gaben ihm Gunst.
In Fehde fiel ich, wo ich mich fand,
Zorn traf mich,
wohin ich zog;
gehrt ich nach Wonne,
weckt ich nur Weh: –

drum mußt ich mich Wehwalt nennen,
des Wehes waltet ich nur.

Er sieht zu Sieglinde auf und gewahrt ihren teilnehmenden Blick

HUNDING. Die so leidig Los dir beschied,
nicht liebte dich die Norn:
froh nicht grüßt dich der Mann,
dem fremd als Gast du nahst.

SIEGLINDE. Feige nur fürchten den,
der waffenlos einsam fährt! –
Künde noch, Gast,
wie du im Kampf
zuletzt die Waffe verlorst?

SIEGMUND *immer lebhafter.* Ein trauriges Kind
rief mich zum Trutz:
vermählen wollte
der Magen Sippe
dem Mann ohne Minne die Maid.
Wider den Zwang
zog ich zum Schutz;
der Dränger Troß
traf ich im Kampf:
dem Sieger sank der Feind.
Erschlagen lagen die Brüder:
die Leichen umschlang da die Maid,
den Grimm verjagt ihr der Gram.
Mit wilder Tränen Flut
betroff sie weinend die Wal;
um des Mordes der eignen Brüder
klagte die unsel'ge Braut. –
Der Erschlagnen Sippen
stürmten daher;
übermächtig
ächzten nach Rache sie:
rings um die Stätte
ragten mir Feinde. –
Doch von der Wal
wich nicht die Maid;
mit Schild und Speer
schirmt ich sie lang,
bis Speer und Schild
im Harst mir zerhau'n.
Wund und waffenlos stand ich –

sterben sah ich die Maid:
mich hetzte das wütende Heer –
auf den Leichen lag sie tot.
Mit einem Blicke voll schmerzlichen Feuers auf Sieglinde
Nun weißt du, fragende Frau,
warum ich Friedmund – nicht heiße!
Er steht auf und schreitet auf den Herd zu. Sieglinde blickt erbleichend und tief erschüttert zu Boden

HUNDING *erhebt sich, mäßig und verhalten.*
Ich weiß ein wildes Geschlecht,
nicht heilig ist ihm,
was andren hehr:
verhaßt ist es Allen und mir.
Zur Rache ward ich gerufen,
Sühne zu nehmen
für Sippenblut:
zu spät kam ich,
und kehre nun heim,
des flücht'gen Frevlers Spur
im eig'nen Haus zu erspähn. –
Er geht herab
Mein Haus hütet,
Wölfing, dich heut:
für die Nacht nahm ich dich auf.
Mit starker Waffe
doch wehre dich morgen;
zum Kampfe kies ich den Tag:
für Tote zahlst du mir Zoll.
Sieglinde schreitet mit besorgter Gebärde zwischen die beiden Männer vor
Fort aus dem Saal!
Säume hier nicht!
Den Nachttrunk rüste mir drin
und harre mein zur Ruh.
Sieglinde steht eine Weile unentschieden und sinnend. Sie wendet sich langsam und zögernden Schrittes nach dem Speicher. Dort hält sie wieder an und bleibt, in Sinnen verloren, mit halb abgewandtem Gesicht stehen. Mit ruhigem Entschluß öffnet sie den Schrein, füllt ein Trinkhorn und schüttet aus einer Büchse Würze hinein. Dann wendet sie das Auge auf Siegmund, um seinem Blicke zu begegnen, den dieser fortwährend auf sie heftet. Sie gewahrt Hundings Spähen und wendet sich sogleich zum Schlafgemach. Auf den Stufen

kehrt sie sich noch einmal um, heftet das Auge sehnsuchtsvoll auf Siegmund und deutet mit dem Blicke andauernd und mit sprechender Bestimmtheit auf eine Stelle am Eschenstamme. Hunding fährt auf und treibt sie mit einer heftigen Gebärde zum Fortgehen an. Mit einem letzten Blick auf Siegmund geht sie in das Schlafgemach und schließt hinter sich die Tür. Hunding nimmt seine Waffen vom Stamme herab

Mit Waffen wehrt sich der Mann. –

Im Abgehen sich zu Siegmund wendend

Dich Wölfing treffe ich morgen:
mein Wort hörtest du –
hüte dich wohl!

Er geht in das Gemach; man hört ihn von innen den Riegel schließen

DRITTE SZENE

Siegmund allein. Es ist vollständig Nacht geworden; der Saal ist nur noch von einem schwachen Feuer im Herd erhellt. Siegmund läßt sich, nah beim Feuer, auf dem Lager nieder und brütet in großer innerer Aufregung eine Zeitlang schweigend vor sich hin

SIEGMUND. Ein Schwert verhieß mir der Vater:
ich fänd es in höchster Not. –
Waffenlos fiel ich
in Feindes Haus.
Seiner Rache Pfand
raste ich hier;
ein Weib sah ich,
wonnig und hehr:
entzückend Bangen
zehrt mein Herz.
Zu der mich nun Sehnsucht zieht,
die mit süßem Zauber mich sehrt,
im Zwange hält sie der Mann,
der mich Wehrlosen höhnt. –
Wälse! Wälse!
Wo ist dein Schwert?
Das starke Schwert,
das im Sturm ich schwänge,

bricht mir hervor aus der Brust,
was wütend das Herz noch hegt?

Das Feuer bricht zusammen; es fällt aus der aufsprühenden Glut plötzlich ein greller Schein auf die Stelle des Eschenstammes, welche Sieglindes Blick bezeichnet hatte, und an der man jetzt deutlich einen Schwertgriff haften sieht

Was gleißt dort hell
im Glimmerschein?
Welch ein Strahl bricht
aus der Esche Stamm?
Des Blinden Auge
leuchtet ein Blitz:
lustig lacht da der Blick. –
Wie der Schein so hehr
das Herz mir sengt!
Ist es der Blick
der blühenden Frau,
den dort haftend
sie hinter sich ließ,
als aus dem Saal sie schied?

Von hier an verlischt das Herdfeuer allmählich

Nächtiges Dunkel
deckte mein Aug;
ihres Blickes Strahl
streifte mich da:
Wärme gewann ich und Tag.
Selig schien mir
der Sonne Licht;
den Scheitel umgliß mir
ihr wonniger Glanz –
bis hinter Bergen sie sank.

Ein neuer schwacher Aufschein des Feuers

Noch einmal, da sie schied,
traf mich abends ihr Schein;
selbst der alten Esche Stamm
erglänzte in gold'ner Glut.
Da bleicht die Blüte,
das Licht verlischt –
nächt'ges Dunkel
deckt mir das Auge:
tief in des Busens Berge
glimmt nur noch lichtlose Glut.

Das Feuer ist gänzlich verloschen: volle Nacht. – Das Seiten-

gemach öffnet sich leise: Sieglinde, in weißem Gewande, tritt heraus und schreitet leise, doch rasch, auf den Herd zu

SIEGLINDE. Schläfst du, Gast?

SIEGMUND *freudig überrascht.* Wer schleicht daher?

SIEGLINDE *mit geheimnisvoller Hast.* Ich bin's: höre mich an!
In tiefem Schlaf liegt Hunding;
ich würzt ihm betäubenden Trank:
nütze die Nacht dir zum Heil!

SIEGMUND *hitzig unterbrechend.* Heil macht mich dein Nah'n!

SIEGLINDE. Eine Waffe laß mich dir weisen:
o wenn du sie gewännst!
Den hehrsten Helden
dürft ich dich heißen:
dem Stärksten allein
ward sie bestimmt.
O merke wohl, was ich dir melde!
Der Männer Sippe
saß hier im Saal,
von Hunding zur Hochzeit geladen:
er freite ein Weib,
das ungefragt
Schächer ihm schenkten zur Frau.
Traurig saß ich
während sie tranken;
ein Fremder trat da herein:
ein Greis in grauem Gewand;
tief hing ihm der Hut,
der deckt ihm der Augen eines;
doch des andren Strahl,
Angst schuf es allen,
traf die Männer
sein mächtiges Dräu'n.
Mir allein
weckte das Auge
süß sehnenden Harm,
Tränen und Trost zugleich.
Auf mich blickt er,
und blitzte auf Jene,
als ein Schwert in Händen er schwang;
das stieß er nun
in der Esche Stamm,
bis zum Heft haftet es drin: –

dem sollte der Stahl geziemen,
der aus dem Stamm es zög.
Der Männer alle,
so kühn sie sich mühten,
die Wehr sich keiner gewann;
Gäste kamen,
und Gäste gingen,
die stärksten zogen am Stahl –
keinen Zoll entwich er dem Stamm:
dort haftet schweigend das Schwert. –
Da wußt ich, wer der war,
der mich Gramvolle gegrüßt;
ich weiß auch,
wem allein
im Stamm das Schwert er bestimmt.
O fänd ich ihn heut
und hier, den Freund;
käm er aus Fremden
zur ärmsten Frau!
Was je ich gelitten
in grimmigem Leid,
was je mich geschmerzt
in Schande und Schmach:
süßeste Rache
sühnte dann Alles!
Erjagt hätt ich
was je ich verlor,
was je ich beweint
wär mir gewonnen –
fänd ich den heiligen Freund,
umfing den Helden mein Arm!

SIEGMUND *mit Glut Sieglinde umfassend.* Dich selige Frau
hält nun der Freund,
dem Waffe und Weib bestimmt!
Heiß in der Brust
brennt mir der Eid,
der mich dir Edlen vermählt.
Was je ich ersehnt,
ersah ich in dir;
in dir fand ich,
was je mir gefehlt!
Littest du Schmach
und schmerzte mich Leid,

war ich geächtet,
und warst du entehrt:
freudige Rache
lacht nun den Frohen!
Auf lach ich
in heiliger Lust –
halt ich dich Hehre umfangen,
fühl ich dein schlagendes Herz.

Die große Tür springt auf

SIEGLINDE *fährt erschrocken zusammen und reißt sich los.*
Ha, wer ging? Wer kam herein?

Die Tür bleibt geöffnet: außen herrliche Frühlingsnacht; der Vollmond leuchtet herein und wirft sein helles Licht auf das Paar, das so sich plötzlich in voller Deutlichkeit wahrnehmen kann

SIEGMUND *in leiser Entzückung.* Keiner ging –
doch Einer kam:
siehe, der Lenz
lacht in den Saal!

Er zieht Sieglinde mit sanfter Gewalt zu sich auf das Lager, so daß sie neben ihm zu sitzen kommt. – Wachsende Helligkeit des Mondscheines

Winterstürme wichen
dem Wonnemond, –
in mildem Lichte
leuchtet der Lenz; –
auf linden Lüften
leicht und lieblich,
Wunder webend
er sich wiegt.
Durch Wald und Auen
weht sein Atem,
weit geöffnet
lacht sein Aug: –
aus sel'ger Vöglein Sange
süß er tönt, –
holde Düfte
haucht er aus;
seinem warmen Blut entblühen
wonnige Blumen,
Keim und Sproß
entspringt seiner Kraft!
Mit zarter Waffen Zier

bezwingt er die Welt; –
Winter und Sturm wichen
der starken Wehr: –
wohl mußte den tapfern Streichen
die strenge Türe auch weichen,
die trotzig und starr
uns – trennte von ihm!
Zu seiner Schwester
schwang er sich her;
die Liebe lockte den Lenz:
in uns'rem Busen
barg sie sich tief;
nun lacht sie selig dem Licht.
Die bräutliche Schwester
befreite der Bruder;
zertrümmert liegt
was je sie getrennt:
jauchzend grüßt sich
das junge Paar,
vereint sind Liebe und Lenz!

SIEGLINDE. Du bist der Lenz,
nach dem ich verlangte
in frostigen Winters Frist.
Dich grüßte mein Herz
mit heiligem Grau'n,
als dein Blick zuerst mir erblühte.
Fremdes nur sah ich von je,
freundlos war mir das Nahe;
als hätt ich nie es gekannt,
war, was immer mir kam.
Doch dich kannt ich
deutlich und klar;
als mein Auge dich sah,
warst du mein Eigen.
Was im Busen ich barg,
was ich bin,
hell wie der Tag
taucht es mir auf:
wie tönender Schall
schlug's an mein Ohr,
als in frostig öder Fremde
zuerst ich den Freund ersah.

Sie hängt sich entzückt an seinen Hals und blickt ihm nahe ins Gesicht

SIEGMUND *mit Hingerissenheit.* O süßeste Wonne,
seligstes Weib!

SIEGLINDE *dicht vor seinen Augen.* O laß in Nähe
zu dir mich neigen,
daß hell ich schaue
den hehren Schein,
der dir aus Aug
und Antlitz bricht,
und so süß die Sinne mir zwingt.

SIEGMUND. Im Lenzesmond
leuchtest du hell,
hehr umwebt dich
das Wellenhaar: –
was mich berückt,
errat ich nun leicht –
denn wonnig weidet mein Blick.

SIEGLINDE *schlägt ihm die Locken von der Stirn zurück und betrachtet ihn staunend.* Wie dir die Stirn
so offen steht,
der Adern Geäst
in den Schläfen sich schlingt!
Mir zagt es vor der Wonne,
die mich entzückt! –
Ein Wunder will mich gemahnen: –
den heut zuerst ich erschaut,
mein Auge sah dich schon!

SIEGMUND. Ein Minnetraum
gemahnt auch mich:
in heißem Sehnen
sah ich dich schon!

SIEGLINDE. Im Bach erblickt ich
mein eigen Bild –
und jetzt gewahr ich es wieder:
wie einst dem Teich es enttaucht,
bietest mein Bild mir nun du!

SIEGMUND. Du bist das Bild,
das ich in mir barg.

SIEGLINDE *den Blick schnell abwendend.* O still! Laß mich
der Stimme lauschen:
mich dünkt, ihren Klang

hört ich als Kind –
doch nein! Ich hörte sie neulich
aufgeregt
als meiner Stimme Schall
mir widerhallte der Wald.

SIEGMUND. O lieblichste Laute,
denen ich lausche!

SIEGLINDE *ihm wieder in die Augen spähend.*
Deines Auges Glut
erglänzte mir schon:
so blickte der Greis
grüßend auf mich,
als der Traurigen Trost er gab.
An dem Blick
erkannt ihn sein Kind –
schon wollt ich beim Namen ihn nennen!
Wehwalt heißt du fürwahr?

SIEGMUND. Nicht heiß ich so,
seit du mich liebst:
nun walt ich der hehrsten Wonnen!

SIEGLINDE. Und Friedmund darfst du
froh dich nicht nennen?

SIEGMUND. Heiße mich du,
wie du liebst, daß ich heiße:
den Namen nehm ich von dir!

SIEGLINDE. Doch nanntest du Wolfe den Vater?

SIEGMUND. Ein Wolf war er feigen Füchsen!
Doch dem so stolz
strahlte das Auge,
wie, Herrliche, hehr dir es strahlt,
der war Wälse genannt.

SIEGLINDE *außer sich.* War Wälse dein Vater,
und bist du ein Wälsung,
stieß er für dich
sein Schwert in den Stamm –
so laß mich dich heißen
wie ich dich liebe:
Siegmund –
so nenn ich dich!

SIEGMUND *springt auf und eilt auf den Stamm zu.*
Siegmund heiß ich
und Siegmund bin ich!
Bezeug es dies Schwert,

das zaglos ich halte
Wälse verhieß mir,
in höchster Not
fänd ich es einst: –
ich faß es nun!
Heiligster Minne
höchste Not,
sehnender Liebe
sehrende Not
brennt mir hell in der Brust,
drängt zu Tat und Tod:
Nothung! Nothung!
So nenn ich dich, Schwert –
Nothung! Nothung!
Neidlicher Stahl!
Zeig deiner Schärfe
schneidenden Zahn!
Heraus aus der Scheide zu mir!

Er zieht mit einem gewaltigen Zuck das Schwert aus dem Stamme und zeigt es der von Staunen und Entzücken erfaßten Sieglinde

Siegmund, den Wälsung,
siehst du, Weib!
Als Brautgabe
bringt er dies Schwert.
So freit er sich
die seligste Frau,
dem Feindeshaus
entführt er dich so.
Fern von hier
folge mir nun –
fort in des Lenzes
lachendes Haus:
dort schützt dich Nothung, das Schwert,
wenn Siegmund dir liebend erlag!

Er hat sie umfaßt, um sie mit sich fortzuziehen

SIEGLINDE *reißt sich in höchster Trunkenheit von ihm los und stellt sich ihm gegenüber.* Bist du Siegmund,
den ich hier sehe –
Sieglinde bin ich,
die dich ersehnt:
die eig'ne Schwester
gewannst du zu eins mit dem Schwert!

Sie wirft sich ihm an die Brust

SIEGMUND. Braut und Schwester
bist du dem Bruder –
so blühe denn Wälsungen-Blut!

Er zieht sie mit wütender Glut an sich. – Der Vorhang fällt schnell

ZWEITER AUFZUG

Wildes Felsengebirge

Im Hintergrund zieht sich von unten her eine Schlucht herauf, die auf ein erhöhtes Felsjoch mündet; von diesem senkt sich der Boden dem Vordergrunde zu wieder abwärts

ERSTE SZENE

Wotan, kriegerisch gewaffnet, mit dem Speer; vor ihm Brünnhilde, als Walküre, ebenfalls in voller Waffenrüstung

WOTAN. Nun zäume dein Roß,
reisige Maid:
bald entbrennt
brünstiger Streit!
Brünnhilde stürme zum Kampf:
dem Wälsung kiese sie Sieg!
Hunding wähle sich,
wem er gehört:
nach Walhall taugt er mir nicht.
Drum rüstig und rasch
reite zur Wal!

BRÜNNHILDE *jauchzend von Fels zu Fels die Höhe rechts hinauf springend.* Hojotoho! Hojotoho!
Heiaha! Heiaha!
Hojotoho! Hojotoho!
Heiaha! Heiaha!
Hojotoho! Hojotoho!
Hojotoho! Hojotoho!
Hojotoho! Hojotoho!
Heiahaja! Hojotoho!

Sie hält auf einer hohen Felsspitze an, blickt in die hintere Schlucht hinab und ruft zu Wotan zurück

Dir rat ich, Vater,
rüste dich selbst;
harten Sturm
sollst du bestehn.
Fricka naht, deine Frau,
im Wagen mit dem Widdergespann.
Hei, wie die gold'ne
Geißel sie schwingt!
Die armen Tiere
ächzen vor Angst;
wild rasseln die Räder;
zornig fährt sie zum Zank.
In solchem Strauße
streit ich nicht gern,
lieb ich auch mutiger
Männer Schlacht;
drum sieh, wie den Sturm du bestehst:
ich Lustige laß dich im Stich!
Hojotoho! Hojotoho!
Heiaha! Heiaha!
Hojotoho! Hojotoho!
Heiaha! Heiaha!
Hojotoho! Hojotoho!
Hojotoho! Hojotoho!
Heiajaha!

Brünnhilde verschwindet hinter der Gebirgshöhe zur Seite. – In einem mit zwei Widdern bespannten Wagen langt Fricka aus der Schlucht auf dem Felsjoche an: dort hält sie rasch an und steigt aus. Sie schreitet heftig in den Vordergrund auf Wotan zu

WOTAN. Der alte Sturm,
die alte Müh!
Doch Stand muß ich hier halten!

FRICKA *je näher sie kommt, mäßigt sie den Schritt und stellt sich mit Würde vor Wotan hin.*
Wo in Bergen du dich birgst,
der Gattin Blick zu entgehn,
einsam hier
such ich dich auf,
daß Hilfe du mir verhießest.

WOTAN. Was Fricka kümmert,
künde sie frei.
FRICKA. Ich vernahm Hundings Not,
um Rache rief er mich an:
der Ehe Hüterin
hörte ihn,
verhieß streng
zu strafen die Tat
des frech frevelnden Paars,
das kühn den Gatten gekränkt.
WOTAN. Was so Schlimmes
schuf das Paar,
das liebend einte der Lenz?
Der Minne Zauber
entzückte sie:
wer büßt mir der Minne Macht?
FRICKA. Wie törig und taub du dich stellst,*
als wüßtest fürwahr du nicht,
daß um der Ehe
heiligen Eid,
den hart verletzten, ich klage!
WOTAN. Unheilig
acht ich den Eid,
der Unliebende eint;
und mir wahrlich
mute nicht zu,
daß mit Zwang ich halte,
was dir nicht haftet:
denn wo kühn Kräfte sich regen,
da rat ich offen zum Krieg.
FRICKA. Achtest du rühmlich
der Ehe Bruch,
so prahle nun weiter
und preis es heilig,
daß Blutschande entblüht
dem Bund eines Zwillingspaars!
Mir schaudert das Herz,
es schwindelt mein Hirn: –
bräutlich umfing
die Schwester den Bruder!

* Siehe Anhang 11.

Wann ward es erlebt,
daß leiblich Geschwister sich liebten?

WOTAN. Heut hast du's erlebt!
Erfahre so,
was von selbst sich fügt,
sei zuvor auch noch nie es geschehn.
Daß jene sich lieben,
leuchtet dir hell;
drum höre redlichen Rat:
soll süße Lust
deinen Segen dir lohnen,
so segne, lachend der Liebe,
Siegmunds und Sieglindes Bund.

FRICKA *in höchste Entrüstung ausbrechend.*
So ist es denn aus
mit den ewigen Göttern,
seit du die wilden
Wälsungen zeugtest?
Heraus sagt ich's;
traf ich den Sinn?
Nichts gilt dir der Hehren
heilige Sippe!
Hin wirfst du Alles,
was einst du geachtet,
zerreißest die Bande,
die selbst du gebunden,
lösest lachend
des Himmels Haft!
Daß nach Lust und Laune nur walte
dies frevelnde Zwillingspaar,
deiner Untreue zuchtlose Frucht.
O was klag ich
um Ehe und Eid,
da zuerst du selbst sie versehrt.
Die treue Gattin
trogest du stets;
wo eine Tiefe,
wo eine Höhe,
dahin lugte
lüstern dein Blick,
wie des Wechsels Lust du gewännest,
und höhnend kränktest mein Herz.
Trauernden Sinnes

mußt ich's ertragen,
zogst du zur Schlacht
mit den schlimmen Mädchen,
die wilder Minne
Bund dir gebar:
denn dein Weib noch scheutest du so,
daß der Walküren Schar,
und Brünnhilde selbst,
deines Wunsches Braut,
in Gehorsam der Herrin du gabst.
Doch jetzt, da dir neue
Namen gefielen,
als »Wälse« wölfisch
im Walde du schweiftest;
jetzt, da zu niedrigster
Schmach du dich neigtest,
gemeiner Menschen
ein Paar zu erzeugen:
jetzt dem Wurfe der Wölfin
wirfst du zu Füßen dein Weib! –
So führ es denn aus!
Fülle das Maß!
Die Betrog'ne laß auch zertreten!

WOTAN *ruhig*. Nichts lerntest du,
wollt ich dich lehren,
was nie du erkennen kannst,
eh nicht ertagte die Tat.
Stets Gewohntes
nur magst du verstehn:
doch was noch nie sich traf,
danach trachtet mein Sinn.
Eines höre:
Not tut ein Held,
der, ledig göttlichen Schutzes,
sich löse vom Göttergesetz.
So nur taugt er
zu wirken die Tat,
die, wie not sie den Göttern,
dem Gott doch zu wirken verwehrt.

FRICKA. Mit tiefem Sinne
willst du mich täuschen:
was Hehres sollten
Helden je wirken,

das ihren Göttern wäre verwehrt,
deren Gunst in ihnen nur wirkt?

WOTAN. Ihres eig'nen Mutes
achtest du nicht?

FRICKA. Wer hauchte den Menschen ihn ein?
Wer hellte den Blöden den Blick?
In deinem Schutz
scheinen sie stark;
durch deinen Stachel
streben sie auf:
du reizest sie einzig,
die so mir Ew'gen du rühmst.
Mit neuer List
willst du mich belügen,
durch neue Ränke
mir jetzt entrinnen;
doch diesen Wälsung
gewinnst du dir nicht,
in ihm treff ich nur dich,
denn durch dich trotzt er allein.

WOTAN. In wildem Leiden
erwuchs er sich selbst:
ergriffen
mein Schutz schirmte ihn nie.

FRICKA. So schütz auch heut ihn nicht!
Nimm ihm das Schwert,
das du ihm geschenkt.

WOTAN. Das Schwert?

FRICKA. Ja, das Schwert – das zauberstark
zuckende Schwert,
das du Gott dem Sohne gabst!

WOTAN *heftig*. Siegmund gewann es sich
mit unterdrücktem Beben
selbst in der Not.

Wotan drückt in seiner ganzen Haltung von hier an einen immer wachsenden unheimlichen tiefen Unmut aus

FRICKA *heftig fortfahrend*. Du schufst ihm die Not,
wie das neidliche Schwert.
Willst du mich täuschen,
die Tag und Nacht
auf den Fersen dir folgt?
Für ihn stießest du
das Schwert in den Stamm;

du verhießest ihm
die hehre Wehr:
willst du es leugnen,
daß nur deine List
ihn lockte, wo er es fänd?

Wotan fährt mit einer grimmigen Gebärde auf. – Fricka immer sicherer, da sie den Eindruck gewahrt, den sie auf Wotan hervorgebracht hat

Mit Unfreien
streitet kein Edler;
den Frevler straft nur der Freie.
Wider deine Kraft
führt ich wohl Krieg:
doch Siegmund verfiel mir als Knecht.

Neue heftige Gebärde Wotans, dann Versinken in das Gefühl seiner Ohnmacht

Der dir als Herren
hörig und eigen,
gehorchen soll ihm
dein ewig Gemahl?
Soll mich in Schmach
der Niedrigste schmähen,
dem Frechen zum Sporn,
dem Freien zum Spott?
Das kann mein Gatte nicht wollen,
die Göttin entweiht er nicht so.

WOTAN *finster.* Was verlangst du?
FRICKA. Laß von dem Wälsung!
WOTAN *mit gedämpfter Stimme.*
Er geh seines Wegs.
FRICKA. Doch du schütze ihn nicht,
wenn zur Schlacht ihn der Rächer ruft!
WOTAN. Ich schütze ihn nicht.
FRICKA. Sieh mir ins Auge;
sinne nicht Trug:
die Walküre wend auch von ihm!
WOTAN. Die Walküre walte frei.
FRICKA. Nicht doch! Deinen Willen
vollbringt sie allein:
verbiete ihr Siegmunds Sieg!
WOTAN *in heftigen inneren Kampf ausbrechend.*
Ich kann ihn nicht fällen,
er fand mein Schwert.

FRICKA. Entzieh dem den Zauber,
zerknick es dem Knecht!
Schutzlos schau ihn der Feind!

BRÜNNHILDE *noch unsichtbar von der Höhe her.*
Heiaha! Heiaha! Hojotoho!

FRICKA. Dort kommt deine kühne Maid;
jauchzend jagt sie daher.

BRÜNNHILDE *wie oben.* Heiaha! Heiaha!
Heiohotojo! Hotojoha!

WOTAN *dumpf für sich.* Ich rief sie für Siegmund zu Roß!

Brünnhilde erscheint mit ihrem Roß auf dem Felsenpfade rechts. Als sie Fricka gewahrt, bricht sie schnell ab und geleitet ihr Roß still und langsam während des Folgenden den Felsweg herab: dort birgt sie es dann in einer Höhle

FRICKA. Deiner ew'gen Gattin
heilige Ehre
beschirme heut ihr Schild!
Von Menschen verlacht,
verlustig der Macht –
gingen wir Götter zugrund:
würde heut nicht hehr
und herrlich mein Recht
gerächt von der mutigen Maid.
Der Wälsung fällt meiner Ehre.
Empfah ich von Wotan den Eid?

WOTAN *in furchtbarem Unmut auf einen Felsensitz sich werfend.* Nimm den Eid!

Fricka schreitet dem Hintergrunde zu: dort begegnet sie Brünnhilde und hält einen Augenblick vor ihr an

FRICKA. Heervater harret dein:
laß ihn dir künden,
wie das Los er gekiest.

Sie fährt schnell davon. Brünnhilde tritt mit besorgter Miene verwundert vor Wotan, der, auf dem Felssitz zurückgelehnt, in finsteres Brüten versunken ist

ZWEITE SZENE

BRÜNNHILDE. Schlimm, fürcht ich,
schloß der Streit,
lachte Fricka dem Lose.
Vater, was soll

dein Kind erfahren?
Trübe scheinst du und traurig?

WOTAN *läßt den Arm machtlos sinken und den Kopf in den Nacken fallen.*
In eig'ner Fessel
fing ich mich,
ich Unfreiester Aller!

BRÜNNHILDE. So sah ich dich nie:
was nagt dir das Herz?

WOTAN *von hier an steigert sich Wotans Ausdruck und Gebärde bis zum furchtbarsten Ausbruch.*
O heilige Schmach!
O schmählicher Harm!
Götternot!
Götternot!
Endloser Grimm!
Ewiger Gram!
Der Traurigste bin ich von Allen!

BRÜNNHILDE *wirft erschrocken Schild, Speer und Helm von sich und läßt sich mit besorgter Zutraulichkeit zu seinen Füßen nieder.*
Vater! Vater!
Sage, was ist dir?
Was erschreckst du mit Sorge dein Kind!
Vertraue mir!
Ich bin dir treu:
Sieh, Brünnhilde bittet!

Sie legt traulich und ängstlich Haupt und Hände ihm auf Knie und Schoß

WOTAN *blickt ihr lange in das Auge; dann streichelt er ihr mit unwillkürlicher Zärtlichkeit die Locken. Wie aus tiefem Sinnen zu sich kommend, beginnt er endlich flüsternd.*
Laß ich's verlauten,
lös ich dann nicht
meines Willens haltenden Haft?

BRÜNNHILDE *sehr leise.* Zu Wotans Willen sprichst du,
sagst du mir, was du willst;
wer bin ich,
wär ich dein Wille nicht?

WOTAN *sehr leise.* Was keinem in Worten ich künde,
unausgesprochen
bleib es denn ewig:

mit mir nur rat ich,
red ich zu dir.

Mit noch gedämpfterer, schauerlicher Stimme, während er Brünnhilde unverwandt in das Auge blickt

Als junger Liebe
Lust mir verblich,
verlangte nach Macht mein Mut:
von jäher Wünsche
Wüten gejagt,
gewann ich mir die Welt;
unwissend trugvoll,
Untreue übt ich,
band durch Verträge,
was Unheil barg:
listig verlockte mich Loge,
der schweifend nun verschwand.
Von der Liebe doch
mocht ich nicht lassen,
in der Macht verlangt ich nach Minne.
Den Nacht gebar,
der bange Nibelung,
Alberich, brach ihren Bund:
er fluchte der Lieb,
und gewann durch den Fluch
des Rheines glänzendes Gold,
und mit ihm maßlose Macht.
Den Ring, den er schuf,
entriß ich ihm listig;
doch nicht dem Rhein
gab ich ihn zurück:
mit ihm bezahlt ich
Walhalls Zinnen,
der Burg, die Riesen mir bauten,
aus der ich der Welt nun gebot.
Die Alles weiß,
was einsten war,
Erda, die weihlich
weiseste Wala,
riet mir ab von dem Ring,
warnte vor ewigem Ende.
Von dem Ende wollt ich
mehr noch wissen;
doch schweigend entschwand mir das Weib. –

Da verlor ich den leichten Mut,
zu wissen begehrt es den Gott:
in den Schoß der Welt
schwang ich mich hinab,
mit Liebeszauber
zwang ich die Wala,
stört ihres Wissens Stolz,
daß sie Rede nun mir stand.
Kunde empfing ich von ihr;
von mir doch barg sie ein Pfand:
der Welt weisestes Weib
gebar mir, Brünnhilde, dich.
Mit acht Schwestern
zog ich dich auf:
durch euch Walküren
wollt ich wenden,
was mir die Wala
zu fürchten schuf: –
ein schmähliches Ende der Ew'gen.
Daß stark zum Streit
uns fände der Feind,
hieß ich euch Helden mir schaffen:
die herrisch wir sonst
in Gesetzen hielten,
die Männer, denen
den Mut wir gewehrt,
die durch trüber Verträge
trügende Bande
zu blindem Gehorsam
wir uns gebunden, –
die solltet zu Sturm
und Streit ihr nun stacheln,
ihre Kraft reizen
zu rauhem Krieg,
daß kühner Kämpfer Scharen
ich sammle in Walhalls Saal!

BRÜNNHILDE. Deinen Saal füllten wir weidlich:
viele schon führt ich dir zu.
Was macht dir nun Sorge,
da nie wir gesäumt?

WOTAN *wieder gedämpfter.* Ein Andres ist's:
achte es wohl,
wes mich die Wala gewarnt!

Durch Alberichs Heer
droht uns das Ende:
mit neidischem Grimm
grollt mir der Niblung: –
doch scheu ich nun nicht
seine nächtigen Scharen,
meine Helden schüfen mir Sieg.
Nur wenn je den Ring
zurück er gewänne,
dann wäre Walhall verloren:
der der Liebe fluchte,
er allein
nützte neidisch
des Ringes Runen
zu aller Edlen
endloser Schmach;
der Helden Mut
entwendet er mir,
die Kühnen selber
zwäng er zum Kampf,
mit ihrer Kraft
bekriegte er mich.
Sorgend sann ich nun selbst,
den Ring dem Feind zu entreißen.
Der Riesen einer,
denen ich einst
mit verfluchtem Gold
den Fleiß vergalt:
Fafner hütet den Hort,
um den er den Bruder gefällt.
Ihm müßt ich den Reif entringen,
den selbst als Zoll ich ihm zahlte.
Doch mit dem ich vertrug,
ihn darf ich nicht treffen;
machtlos vor ihm
erläge mein Mut: –
das sind die Bande,
die mich binden:
der durch Verträge ich Herr,
den Verträgen bin ich nun Knecht.
Nur Einer könnte,
was ich nicht darf: –
ein Held, dem helfend

nie ich mich neigte,
der fremd dem Gotte,
frei seiner Gunst,
unbewußt,
ohne Geheiß
aus eig'ner Not,
mit der eig'nen Wehr
schüfe die Tat,
die ich scheuen muß,
die nie mein Rat ihm riet,
wünscht sie auch einzig mein Wunsch!
Der, entgegen dem Gott,
für mich föchte,
den freundlichen Feind,
wie fände ich ihn?
Wie schüf ich den Freien,
den nie ich schirmte,
der im eig'nen Trotze
der trauteste mir?
Wie macht ich den Andren,
der nicht mehr ich,
und aus sich wirkte,
was ich nur will?
O göttliche Not!
Gräßliche Schmach!
Zum Ekel find ich
ewig nur mich
in Allem, was ich erwirke;
das Andre, das ich ersehne,
das Andre erseh ich nie:
denn selbst muß der Freie sich schaffen;
Knechte erknet ich mir nur.

BRÜNNHILDE. Doch der Wälsung, Siegmund?
Wirkt er nicht selbst?

WOTAN. Wild durchschweift ich
mit ihm die Wälder;
gegen der Götter Rat
reizte kühn ich ihn auf:
gegen der Götter Rache
schützt ihn nun einzig das Schwert,
gedehnt und bitter
das eines Gottes
Gunst ihm beschied.

Wie wollt ich listig
selbst mich belügen?
So leicht ja entfrug mir
Fricka den Trug:
zu tiefster Scham
durchschaute sie mich!
Ihrem Willen muß ich gewähren.

BRÜNNHILDE. So nimmst du von Siegmund den Sieg?

WOTAN. Ich berührte Alberichs Ring, –
gierig hielt ich das Gold!
Der Fluch, den ich floh,
nicht flieht er nun mich: –
Was ich liebe, muß ich verlassen,
morden, wen je ich minne,
trügend verraten,
wer mir traut!

Wotans Gebärde geht aus dem Ausdruck des furchtbarsten Schmerzes zu dem der Verzweiflung über

Fahre denn hin,
herrische Pracht,
göttlichen Prunkes
prahlende Schmach!
Zusammen breche,
was ich gebaut!
Auf geb ich mein Werk:
nur Eines will ich noch:
das Ende –
das Ende! –

Er hält sinnend ein

Und für das Ende
sorgt Alberich;
jetzt versteh ich
den stummen Sinn
des wilden Wortes der Wala: –
»wenn der Liebe finstrer Feind
zürnend zeugt einen Sohn,
der Sel'gen Ende
säumt dann nicht.«
Vom Niblung jüngst
vernahm ich die Mär,
daß ein Weib der Zwerg bewältigt,
des Gunst Gold ihm erzwang:
des Hasses Frucht

hegt eine Frau;
des Neides Kraft
kreißt ihr im Schoß:
das Wunder gelang
dem Liebelosen;
doch der in Lieb ich freite,
den Freien erlang ich mir nicht.

Mit bitterem Grimm sich aufrichtend

So nimm meinen Segen,
Niblungensohn!
Was tief mich ekelt,
dir geb ich's zum Erbe,
der Gottheit nichtigen Glanz:
zernage ihn gierig dein Neid!

BRÜNNHILDE *erschrocken.* O sag, künde,
was soll nun dein Kind?

WOTAN *bitter.* Fromm streite für Fricka;
hüte ihr Eh' und Eid!

Trocken

Was sie erkor,
das kiese auch ich:
was frommte mir eig'ner Wille?
Einen Freien kann ich nicht wollen: –
für Frickas Knechte
kämpfe nun du!

BRÜNNHILDE. Weh! Nimm reuig
zurück das Wort!
Du liebst Siegmund:
dir zulieb,
ich weiß es, schütz ich den Wälsung.

WOTAN. Fällen sollst du Siegmund,
für Hunding erfechten den Sieg!
Hüte dich wohl
und halte dich stark,
all deiner Kühnheit
entbiete im Kampf:
ein Siegschwert
schwingt Siegmund; –
schwerlich fällt er dir feig!

BRÜNNHILDE. Den du zu lieben
stets mich gelehrt,
der in hehrer Tugend
dem Herzen dir teuer, –

sehr warm

gegen ihn zwingt mich nimmer
dein zwiespältig Wort!

WOTAN. Ha, Freche du!
Frevelst du mir?
Wer bist du, als meines Willens
blind wählende Kür?
Da mit dir ich tagte,
sank ich so tief,
daß zum Schimpf der eig'nen
Geschöpfe ich ward?
Kennst du, Kind, meinen Zorn?
Verzage dein Mut,
wenn je zermalmend
auf dich stürzte sein Strahl!
In meinem Busen
berg ich den Grimm,
der in Grau'n und Wust
wirft eine Welt,
die einst zur Lust mir gelacht: –
Wehe dem, den er trifft!
Trauer schüf ihm sein Trotz!
Drum rat ich dir,
reize mich nicht!
Besorge, was ich befahl:
Siegmund falle!
Dies sei der Walküre Werk!

Er stürmt fort und verschwindet schnell links im Gebirge

BRÜNNHILDE *steht lange erschrocken und betäubt.*
So sah ich Siegvater nie,
erzürnt ihn sonst wohl auch ein Zank.

Sie neigt sich betrübt und nimmt ihre Waffen auf, mit denen sie sich wieder rüstet

Schwer wiegt mir
der Waffen Wucht!
Wenn nach Lust ich focht,
wie waren sie leicht!
Zu böser Schlacht
schleich ich heut so bang.

Sie sinnt vor sich hin und seufzt dann auf

Weh! mein Wälsung!
Im höchsten Leid
muß dich treulos die Treue verlassen!

Sie wendet sich langsam dem Hintergrunde zu

DRITTE SZENE

Auf dem Bergjoche angelangt, gewahrt Brünnhilde, in die Schlucht hinabblickend, Siegmund und Sieglinde; sie betrachtet die Nahenden einen Augenblick, dann wendet sie sich in die Höhle zu ihrem Roß, so daß sie dem Zuschauer gänzlich verschwindet. – Siegmund und Sieglinde erscheinen auf dem Bergjoche. Sieglinde schreitet hastig voraus; Siegmund sucht sie aufzuhalten

SIEGMUND. Raste nun hier,
gönne dir Ruh!
SIEGLINDE. Weiter! Weiter!
SIEGMUND *umfaßt sie mit sanfter Gewalt.* Nicht weiter nun!
Er schließt sie fest an sich
Verweile, süßestes Weib!
Aus Wonne-Entzücken
zucktest du auf,
mit jäher Hast
jagtest du fort:
kaum folgt ich der wilden Flucht,
Durch Wald und Flur,
über Fels und Stein.
Sprachlos, schweigend
sprangst du dahin,
kein Ruf hielt dich zur Rast!
Sie starrt wild vor sich hin
Ruhe nun aus:
rede zu mir!
Ende des Schweigens Angst!
Sieh, dein Bruder
hält seine Braut:
Siegmund ist dir Gesell!
Er hat sie unvermerkt nach dem Steinsitz geleitet
SIEGLINDE *blickt Siegmund mit wachsendem Entzücken in die Augen; dann umschlingt sie leidenschaftlich seinen Hals und verweilt so; dann fährt sie mit jähem Schreck auf.*
Hinweg! Hinweg!
Flieh die Entweihte!
Unheilig
umfängt dich ihr Arm,
entehrt, geschändet
schwand dieser Leib:

flieh die Leiche,
lasse sie los!
Der Wind mag sie verweh'n,
die ehrlos dem Edlen sich gab!
Da er sie liebend umfing,
da seligste Lust sie fand,
da ganz sie minnte der Mann,
der ganz ihr Minne geweckt –
vor der süßesten Wonne
heiligster Weihe,
die ganz ihr Sinn
und Seele durchdrang –
Grauen und Schauder
ob gräßlichster Schande
mußte mit Schreck
die Schmähliche fassen,
die je dem Manne gehorcht,
der ohne Minne sie hielt! –
Laß die Verfluchte,
laß sie dich fliehn!
Verworfen bin ich,
der Würde bar:
dir reinstem Manne
muß ich entrinnen,
dir herrlichem darf ich
nimmer gehören!
Schande bring ich dem Bruder,
Schmach dem freienden Freund!

SIEGMUND. Was je Schande dir schuf,
das büßt nun des Frevlers Blut!
Drum fliehe nicht weiter;
harre des Feindes:
hier soll er mir fallen!
Wenn Nothung ihm
das Herz zernagt,
Rache dann hast du erreicht!

SIEGLINDE *schrickt auf und lauscht.* Horch, die Hörner!
Hörst du den Ruf? –
Ringsher tönt
wütend Getös,
aus Wald und Gau
gellt es herauf.
Hunding erwachte

aus hartem Schlaf.
Sippen und Hunde
ruft er zusammen:
mutig gehetzt
heult die Meute,
wild bellt sie zum Himmel
um der Ehe gebrochenen Eid!
Sie starrt wie wahnsinnig vor sich hin
Wo bist du – Siegmund?
Seh ich dich noch?
Brünstig geliebter,
leuchtender Bruder!
Deines Auges Stern
laß noch einmal mir strahlen:
wehre dem Kuß
des verworf'nen Weibes nicht!
Sie hat sich ihm schluchzend an die Brust geworfen; dann schrickt sie ängstlich wieder auf
Horch! O horch!
Das ist Hundings Horn!
Seine Meute naht
mit mächt'ger Wehr:
kein Schwert frommt
vor der Hunde Schwall,
wirf es fort, Siegmund!
Siegmund – wo bist du? –
Ha dort! Ich sehe dich!
Schrecklich Gesicht!
Rüden fletschen
die Zähne nach Fleisch;
sie achten nicht
deines edlen Blicks,
bei den Füßen packt dich
das feste Gebiß:
du fällst
in Stücken zerstaucht das Schwert: –
die Esche stürzt –
es bricht der Stamm!
Bruder! Mein Bruder!
Siegmund – ha! –
Sie sinkt ohnmächtig in Siegmunds Arme
SIEGMUND. Schwester! Geliebte!
Er lauscht ihrem Atem und überzeugt sich, daß sie noch lebt.

Er läßt sie an sich herabgleiten, so daß sie, als er sich selbst zum Sitze niederläßt, mit ihrem Haupt auf seinem Schoß zu ruhen kommt. In dieser Stellung verbleiben Beide bis zum Schlusse des folgenden Auftrittes. – Langes Schweigen, während dessen Siegmund mit zärtlicher Sorge über Sieglinde sich hinneigt und mit einem langen Kusse ihr die Stirn küßt

VIERTE SZENE

Brünnhilde, ihr Roß am Zaume geleitend, tritt aus der Höhle und schreitet langsam und feierlich nach vorne. Sie hält an und betrachtet Siegmund von fern. Sie schreitet wieder langsam vor. Sie hält in größerer Nähe an. Sie trägt Schild und Speer in der einen Hand, lehnt sich mit der andern an den Hals des Rosses und betrachtet so mit ernster Miene Siegmund

BRÜNNHILDE. Siegmund!
Sieh auf mich!
Ich bin's,
der bald du folgst.

SIEGMUND *richtet den Blick zu ihr auf*. Wer bist du, sag,
die so schön und ernst mir erscheint?

BRÜNNHILDE. Nur Todgeweihten
taugt mein Anblick,
wer mich erschaut,
der scheidet vom Lebenslicht.
Auf der Walstatt allein
erschein ich Edlen,
wer mich gewahrt,
zur Wal kor ich ihn mir!

SIEGMUND *blickt ihr lange forschend und fest in das Auge, senkt dann sinnend das Haupt und wendet sich endlich mit Entschluß wieder zu ihr*. Der dir nun folgt,
wohin führst du den Helden?

BRÜNNHILDE. Zu Walvater,
der dich gewählt,
führ ich dich:
nach Walhall folgst du mir.

SIEGMUND. In Walhalls Saal
Walvater find ich allein?

BRÜNNHILDE. Gefallner Helden
hehre Schar
umfängt dich hold
mit hoch-heiligem Gruß.
SIEGMUND. Fänd ich in Walhall
Wälse, den eig'nen Vater?
BRÜNNHILDE. Den Vater findet
der Wälsung dort.
SIEGMUND. Grüßt mich in Walhall
froh eine Frau?
BRÜNNHILDE. Wunschmädchen
walten dort hehr:
Wotans Tochter
reicht dir traulich den Trank!
SIEGMUND. Hehr bist du,
und heilig gewahr ich
das Wotanskind;
doch Eines sag mir, du Ew'ge!
Begleitet den Bruder
die bräutliche Schwester?
Umfängt Siegmund
Sieglinde dort?
BRÜNNHILDE. Erdenluft
muß sie noch atmen:
Sieglinde sieht
Siegmund dort nicht.
SIEGMUND *neigt sich sanft über Sieglinde, küßt sie leise auf die Stirn und wendet sich ruhig wieder zu Brünnhilde.*
So grüße mir Walhall,
grüße mir Wotan!
Grüße mir Wälse
und alle Helden: –
grüß auch die holden
Wunschesmädchen –
sehr bestimmt
zu ihnen folg ich dir nicht!
BRÜNNHILDE. Du sahest der Walküre
sehrenden Blick:
mit ihr mußt du nun ziehn!
SIEGMUND. Wo Sieglinde lebt
in Lust und Leid,
da will Siegmund auch säumen;
noch machte dein Blick

nicht mich erbleichen;
vom Bleiben zwingt er mich nie!
BRÜNNHILDE. So lang du lebst,
zwäng dich wohl nichts:
doch zwingt dich Toren der Tod: –
ihn dir zu künden
kam ich her!
SIEGMUND. Wo wäre der Feind,
dem heut ich fiel?
BRÜNNHILDE. Hunding fällt dich im Streit.
SIEGMUND. Mit Stärk'rem drohe,
als Hundings Streichen.
Lauerst du hier
lüstern auf Wal,
jenen kiese zum Fang:
ich denk ihn zu fällen im Kampf!
BRÜNNHILDE *den Kopf schüttelnd.* Dir, Wälsung –
höre mich wohl:
dir ward das Los gekiest.
SIEGMUND. Kennst du dies Schwert? –
Der mir es schuf,
beschied mir Sieg:
deinem Drohen trotz ich mit ihm!
BRÜNNHILDE *sehr stark betont.* Der dir es schuf,
beschied dir jetzt Tod:
seine Tugend nimmt er dem Schwert!
SIEGMUND *heftig.* Schweig und schrecke
die Schlummernde nicht! –
Er beugt sich mit hervorbrechendem Schmerz zärtlich über Sieglinde
Weh! Weh!
Süßestes Weib!
Du traurigste aller Getreuen!
Gegen dich wütet
in Waffen die Welt,
und ich, dem du einzig vertraut,
für den du ihr einzig getrotzt,
mit meinem Schutz
nicht soll ich dich schirmen,
die Kühne verraten im Kampf? –
Ha, Schande ihm,
der das Schwert mir schuf,
beschied er mir Schimpf für Sieg!

Muß ich denn fallen,
nicht fahr ich nach Walhall:
Hella halte mich fest!
Er neigt sich tief zu Sieglinde

BRÜNNHILDE *erschüttert.* So wenig achtest du
ewige Wonne?
Zögernd und zurückhaltend
Alles wär dir
das arme Weib,
das müd und harmvoll
matt von dem Schoße dir hängt?
Nichts sonst hieltest du hehr?

SIEGMUND *bitter zu ihr aufblickend.* So jung und schön
erschimmerst du mir:
doch wie kalt und hart
erkennt dich mein Herz!
Kannst du nur höhnen,
so hebe dich fort,
du arge, fühllose Maid!
Doch mußt du dich weiden
an meinem Weh,
mein Leiden letze dich denn:
meine Not labe
dein neidvolles Herz –
nur von Walhalls spröden Wonnen
sprich du wahrlich mir nicht!

BRÜNNHILDE. Ich sehe die Not,
die das Herz dir zernagt,
ich fühle des Helden
heiligen Harm!
Siegmund! Befiehl mir dein Weib:
mein Schutz umfange sie fest!

SIEGMUND. Kein andrer als ich
soll die Reine lebend berühren;
verfiel ich dem Tod,
die Betäubte töt ich zuvor!

BRÜNNHILDE *mit wachsender Ergriffenheit.*
Wälsung! Rasender!
Hör meinen Rat!
Befiehl mir dein Weib
um des Pfandes willen,
das wonnig von dir es empfing.

SIEGMUND *sein Schwert ziehend.* Dies Schwert,
das dem Treuen ein Trugvoller schuf, –
dies Schwert, –
das feig vor dem Feind mich verrät –,
frommt es nicht gegen den Feind,
so frommt es denn wider den Freund!
Er zückt das Schwert auf Sieglinde
Zwei Leben
lachen dir hier:
nimm sie, Nothung,
neidischer Stahl,
nimm sie mit einem Streich!

BRÜNNHILDE *im heftigsten Sturme des Mitgefühls.*
Halt ein: Wälsung!
Höre mein Wort!
Sieglinde lebe, –
und Siegmund lebe mit ihr! –
Beschlossen ist's:
das Schlachtlos wend ich:
dir, Siegmund,
schaff ich Segen und Sieg.
Man hört aus dem fernen Hintergrunde Hornrufe erschallen
Hörst du den Ruf?
Nun rüste dich, Held!
Traue dem Schwert
und schwing es getrost:
treu hält dir die Wehr,
wie die Walküre treu dich schützt! –
Leb wohl, Siegmund!
Seligster Held!
Auf der Walstatt seh ich dich wieder!

Sie stürmt fort und verschwindet mit dem Rosse rechts in einer Seitenschlucht. Siegmund blickt ihr freudig und erhoben nach. Die Bühne hat sich allmählich verfinstert; schwere Gewitterwolken senken sich auf den Hintergrund herab und hüllen die Gebirgswände, die Schlucht und das erhöhte Bergjoch nach und nach gänzlich ein

FÜNFTE SZENE

SIEGMUND *neigt sich wieder über Sieglinde, dem Atem lauschend.*

Zauberfest
bezähmt ein Schlaf
der Holden Schmerz und Harm.
Da die Walküre zu mir trat,
schuf sie ihr den wonnigen Trost?
Sollte die grimmige Wal
nicht schrecken ein gramvolles Weib? –
Leblos scheint sie,
die dennoch lebt:
der Traurigen kost
ein lächelnder Traum. –

Neue Hornrufe

So schlummre nun fort,
bis die Schlacht gekämpft
und Frieden dich erfreu!

Er legt sie sanft auf den Steinsitz und küßt ihr zum Abschied die Stirn. Er vernimmt Hundings Hornruf und bricht entschlossen auf

Der dort mich ruft;
rüste sich nun;
was ihm gebührt,
biet ich ihm.

Er zieht das Schwert

Nothung zahl ihm den Zoll!

Er eilt dem Hintergrunde zu und verschwindet; auf dem Joche angekommen, sogleich in finsterem Gewittergewölk, aus welchem alsbald Wetterleuchten aufblitzt

SIEGLINDE *beginnt sich träumend unruhiger zu bewegen.*
Kehrte der Vater nun heim!
Mit dem Knaben noch weilt er im Forst.
Mutter! Mutter!
Mir bangt der Mut;
nicht freund und friedlich
scheinen die Fremden!
Schwarze Dämpfe,
schwüles Gedünst –
feurige Lohe
leckt schon nach uns –
es brennt das Haus!
Zu Hilfe! Bruder!
Siegmund! Siegmund!

Sie springt auf. – Starker Blitz und Donner

Siegmund! – Ha!

Sie starrt in steigender Angst um sich her: fast die ganze Bühne ist in schwarze Gewitterwolken gehüllt. Der Hornruf Hundings ertönt in der Nähe

HUNDINGS STIMME *im Hintergrunde vom Bergjoche her.*
Wehwalt! Wehwalt!
Steh mir zum Streit,
sollen dich Hunde nicht halten!

SIEGMUNDS STIMME *von weiter hinten her aus der Schlucht.*
Wo birgst du dich,
daß ich vorbei dir schoß?
Steh, daß ich dich stelle!

SIEGLINDE *in furchtbarer Angst lauschend.*
Hunding! Siegmund!
Könnt ich sie sehen!

HUNDING. Hieher, du frevelnder Freier!
Fricka fälle dich hier!

SIEGMUND *nun ebenfalls vom Joche her.*
Noch wähnst du mich waffenlos,
feiger Wicht?
Drohst du mit Frauen,
so ficht nun selber,
sonst läßt dich Fricka im Stich.
Denn sieh: deines Hauses
heimischem Stamm
entzog ich zaglos das Schwert:
seine Schneide schmecke jetzt du!

Ein Blitz erhellt für einen Augenblick das Bergjoch, auf welchem jetzt Hunding und Siegmund kämpfend gewahrt werden

SIEGLINDE *mit höchster Kraft.* Haltet ein, ihr Männer!
Mordet erst mich!

Sie stürzt auf das Bergjoch zu: ein von rechts her über den Kämpfern ausbrechender Schein blendet sie aber plötzlich so, daß sie wie erblindet zur Seite schwankt. In dem Lichtglanze erscheint Brünnhilde, über Siegmund schwebend und diesen mit dem Schilde deckend

BRÜNNHILDE. Triff ihn, Siegmund!
Traue dem Schwert!

Als Siegmund soeben zu einem tödlichen Streiche auf Hunding ausholt, bricht von links her ein glühend rötlicher Schein durch das Gewölk aus, in welchem Wotan erscheint, über Hunding stehend und seinen Speer Siegmund quer entgegenhaltend

WOTAN. Zurück vor dem Speer!
In Stücken das Schwert!

Brünnhilde weicht erschrocken vor Wotan mit dem Schilde zurück: Siegmunds Schwert zerspringt an dem vorgehaltenen Speere. Dem Unbewehrten stößt Hunding seinen Speer in die Brust. Siegmund stürzt tot zu Boden. – Sieglinde, die seinen Todesseufzer gehört, sinkt mit einem Schrei wie leblos zusammen. – Mit Siegmunds Fall ist zugleich von beiden Seiten der glänzende Schein verschwunden; dichte Finsternis ruht im Gewölk bis nach vorn: in ihm wird undeutlich Brünnhilde sichtbar, wie sie in jäher Hast sich Sieglinden zuwendet

BRÜNNHILDE. Zu Roß! Daß ich dich rette!

Sie hebt Sieglinde schnell zu sich auf ihr der Seitenschlucht nahe stehendes Roß und verschwindet sogleich mit ihr. – Alsbald zerteilt sich das Gewölk in der Mitte, so daß man deutlich Hunding gewahrt, der soeben seinen Speer dem gefallenen Siegmund aus der Brust gezogen. – Wotan, von Gewölk umgeben, steht dahinter auf einem Felsen an seinen Speer gelehnt und schmerzlich auf Siegmunds Leiche blickend

WOTAN *zu Hunding.* Geh hin, Knecht!
Knie vor Fricka!
Meld ihr, daß Wotans Speer
gerächt, was Spott ihr schuf. –
Geh! – Geh!

Vor seinem verächtlichen Handwink sinkt Hunding tot zu Boden. – Wotan plötzlich in furchtbarer Wut auffahrend

Doch Brünnhilde!
Weh der Verbrecherin!
Furchtbar sei
die Freche gestraft,
erreicht mein Roß ihre Flucht!

Er verschwindet mit Blitz und Donner. – Der Vorhang fällt schnell

DRITTER AUFZUG

Auf dem Gipfel eines Felsberges

Rechts begrenzt ein Tannenwald die Szene. Links der Eingang einer Felshöhle, die einen natürlichen Saal bildet: darüber steigt der Fels zu seiner höchsten Spitze auf. Nach hinten ist die Aussicht gänzlich frei; höhere und niedere Felssteine bilden den Rand vor dem Abhange, der – wie anzunehmen ist – nach dem Hintergrunde zu steil hinabführt. – Einzelne Wolkenzüge jagen, wie vom Sturm getrieben, am Felsensaume vorbei. – Gerhilde, Ortlinde, Waltraute und Schwertleite haben sich auf der Felsenspitze, an und über der Höhle, gelagert; sie sind in voller Waffenrüstung

ERSTE SZENE

GERHILDE *zu höchst gelagert, dem Hintergrunde zurufend, von wo ein starkes Gewölk herzieht.* Hojotoho! Hojotoho!
Heiaha! Heiaha!
Helmwige! Hier!
Hierher mit dem Roß!

HELMWIGES STIMME *im Hintergrunde.* Hojotoho! Hojotoho!
Heiaha!

In dem Gewölk bricht Blitzesglanz aus; eine Walküre zu Roß wird in ihm sichtbar: über ihrem Sattel hängt ein erschlagener Krieger. Die Erscheinung zieht, immer näher, am Felsensaume von links nach rechts vorbei

GERHILDE, WALTRAUTE und SCHWERTLEITE *der Ankommenden entgegenrufend*
Heiaha! Heiaha!

Die Wolke mit der Erscheinung ist rechts hinter dem Tann verschwunden

ORTLINDE *in den Tann hineinrufend.* Zu Ortlindes Stute
stell deinen Hengst:
mit meiner Grauen
grast gern dein Brauner.

WALTRAUTE *hineinrufend.* Wer hängt dir im Sattel?

HELMWIGE *aus dem Tann auftretend.* Sintolt, der Hegeling!

SCHWERTLEITE. Führ deinen Braunen
fort von der Grauen:
Ortlindes Mähre
trägt Wittig, den Irming!

GERHILDE *ist etwas näher herabgestiegen.*
Als Feinde nur sah ich
Sintolt und Wittig!

ORTLINDE *springt auf.* Heiaha! Heiaha! Die Stute
stößt mir der Hengst!

Sie läuft in den Tann. – Gerhilde, Helmwige und Schwertleite lachen laut auf

GERHILDE. Der Recken Zwist
entzweit noch die Rosse!

HELMWIGE *in den Tann zurückrufend.* Ruhig, Brauner!
Brich nicht den Frieden!

WALTRAUTE *auf der Höhe, wo sie für Gerhilde die Wacht übernommen, nach rechts in den Hintergrund rufend.*
Hojoho! Hojoho!
Siegrune hier!
Wo säumst du so lang?

Sie lauscht nach rechts

SIEGRUNES STIMME *von der rechten Seite des Hintergrundes her.* Arbeit gab's. –
Sind die Andren schon da?

SCHWERTLEITE und WALTRAUTE *nach rechts in den Hintergrund rufend.* Hojotoho! Hojotoho!
Heiaha!

GERHILDE. Heiaha!

Ihre Gebärden sowie ein heller Glanz hinter dem Tann zeigen an, daß soeben Siegrune dort angelangt ist. Aus der Tiefe hört man zwei Stimmen zugleich

GRIMGERDE und ROSSWEISSE *links im Hintergrunde.*
Hojotoho! Hojotoho!
Heiaha!

WALTRAUTE. Grimgerd' und Roßweiße!

SCHWERTLEITE. Sie reiten zu zwei!

In dem blitzerglänzenden Wolkenzuge, der von links her vorbeizieht, erscheinen Roßweiße und Grimgerde, ebenfalls auf Rossen, jede einen Erschlagenen im Sattel führend. – Helmwige, Ortlinde und Siegrune sind aus dem Tann getreten und winken vom Felsensaume den Ankommenden zu

HELMWIGE, ORTLINDE und SIEGRUNE. Gegrüßt! Ihr Reisige!
Roßweiß' und Grimgerde!

ROSSWEISSE und GRIMGERDES STIMMEN.
Hojotoho! Hojotoho!
Heiaha!
Die Erscheinung verschwindet hinter dem Tann
DIE SECHS ANDEREN WALKÜREN. Hojotoho! Hojotoho!
Heiaha! Heiaha!
GERHILDE *in den Tann rufend.* In Wald mit den Rossen
zu Rast und Weid!
ORTLINDE *ebenfalls in den Tann rufend.* Führet die Mähren
fern voneinander,
bis unsrer Helden
Haß sich gelegt!
Die Walküren lachen
HELMWIGE *während die anderen lachen.* Der Helden Grimm
büßt schon die Graue!
Die Walküren lachen
ROSSWEISSE und GRIMGERDE *aus dem Tann tretend.*
Hojotoho! Hojotoho!
DIE SECHS ANDEREN WALKÜREN. Willkommen! Willkommen!
Willkommen!
SCHWERTLEITE. Wart ihr Kühnen zu zweit?
GRIMGERDE. Getrennt ritten wir,
und trafen uns heut.
ROSSWEISSE Sind wir alle versammelt,
so säumt nicht lange:
nach Walhall brechen wir auf,
Wotan zu bringen die Wal.
HELMWIGE. Acht sind wir erst:
Eine noch fehlt.
GERHILDE. Bei dem braunen Wälsung
weilt wohl noch Brünnhild'.
WALTRAUTE. Auf sie noch harren müssen wir hier;
Walvater gäb uns
grimmigen Gruß,
säh ohne sie er uns nahn!
SIEGRUNE *auf der Felswarte, von wo sie hinausspäht.*
Hojotoho! Hojotoho!
In den Hintergrund rufend
Hieher! Hieher!
Zu den anderen
In brünstigem Ritt
jagt Brünnhilde her.

DIE ACHT WALKÜREN *alle oben auf der Warte.*
Hojotoho! Hojotoho!
Brünnhilde! hei!
Sie spähen mit wachsender Verwunderung
WALTRAUTE. Nach dem Tann lenkt sie
das taumelnde Roß.
GRIMGERDE. Wie schnaubt Grane
vom schnellen Ritt!
ROSSWEISSE. So jach sah ich nie
Walküren jagen!
ORTHILDE. Was hält sie im Sattel?
HELMWIGE. Das ist kein Held!
SIEGRUNE. Eine Frau führt sie.
GERHILDE. Wie fand sie die Frau?
SCHWERTLEITE. Mit keinem Gruß
grüßt sie die Schwestern!
WALTRAUTE *hinabrufend.* Heiaha! Brünnhilde,
hörst du uns nicht?
ORTLINDE. Helft der Schwester
vom Roß sich schwingen!
HELMWIGE, GERHILDE, SIEGRUNE, ROSSWEISSE.
Hojotoho! Hojotoho!
ORTLINDE, WALTRAUDE, GRIMGERDE, SCHWERTLEITE. Heiaha!
Heiaha!
Gerhilde und Helmwige stürzen in den Tann. – Siegrune und Roßweiße laufen ihnen nach
WALTRAUTE *in den Tann blickend.* Zu Grunde stürzt
Grane, der Starke!
GRIMGERDE. Aus dem Sattel hebt sie
hastig das Weib.
ORTLINDE, WALTRAUTE, GRIMGERDE, SCHWERTLEITE.
Schwester! Schwester!
Was ist geschehn?
Alle Walküren kehren auf die Bühne zurück; mit ihnen kommt Brünnhilde, Sieglinde unterstützend und geleitend
BRÜNNHILDE *atemlos.* Schützt mich, und helft
in höchster Not!
DIE ACHT WALKÜREN. Wo rittest du her
in rasender Hast?
So flieht nur, wer auf der Flucht!
BRÜNNHILDE. Zum erstenmal flieh ich,
und bin verfolgt:
Heervater hetzt mir nach.

DIE ACHT WALKÜREN *heftig erschreckend.* Bist du von Sinnen?
Sprich! Sage uns!
Verfolgt dich Heervater?
Fliehst du vor ihm?
BRÜNNHILDE *wendet sich ängstlich, um zu spähen, und kehrt wieder zurück.* O Schwestern, späht
von des Felsens Spitze!
Schaut nach Norden,
ob Walvater naht.
Ortlinde und Waltraute springen auf die Felsspitze zur Warte
Schnell! Seht ihr ihn schon?
ORTLINDE. Gewittersturm
naht von Norden.
WALTRAUTE. Starkes Gewölk
staut sich dort auf!
DIE WEITEREN SECHS WALKÜREN. Heervater reitet
sein heiliges Roß!
BRÜNNHILDE. Der wilde Jäger,
der wütend mich jagt:
er naht, er naht von Norden!
Schützt mich, Schwestern!
Rettet dies Weib!
SECHS WALKÜREN *ohne Ortlinde und Waltraute.*
Was ist mit dem Weibe?
BRÜNNHILDE. Hört mich in Eile:
Sieglinde ist es,
Siegmunds Schwester und Braut: –
gegen die Wälsungen
wütet Wotan in Grimm;
dem Bruder sollte
Brünnhilde heut
entziehen den Sieg:
doch Siegmund schützt ich
mit meinem Schild,
trotzend dem Gott; –
der traf ihn da selbst mit dem Speer:
Siegmund fiel;
doch ich floh
fern mit der Frau;
sie zu retten,
eilt ich zu euch –
ob mich Bange auch

kleinmütig
ihr berget vor dem strafenden Streich!

SECHS WALKÜREN *ohne Ortlinde und Waltraute.*
Betörte Schwester,
was tatest du?
Wehe! Brünnhilde! Wehe!
Brach ungehorsam
Brünnhilde
Heervaters heilig Gebot?

WALTRAUTE *von der Warte.* Nächtig zieht es
von Norden herab.

ORTLINDE *ebenso.* Wütend steuert
hierher der Sturm.

ROSSWEISSE, GRIMGERDE, SCHWERTLEITE.
Wild wiehert Walvaters Roß!

HELMWIGE, GERHILDE, SIEGRUNE.
Schrecklich schnaubt es daher.

BRÜNNHILDE. Wehe der Armen,
wenn Wotan sie trifft:
den Wälsungen allen
droht er Verderben! –
Wer leiht mir von euch
das leichteste Roß,
das flink die Frau ihm entführ?

SIEGRUNE. Auch uns rätst du
rasenden Trotz?

BRÜNNHILDE. Roßweiße, Schwester,
leih mir deinen Renner!

ROSSWEISSE. Vor Walvater floh
der fliegende nie.

BRÜNNHILDE. Helwige, höre!

HELMWIGE. Dem Vater gehorch ich.

BRÜNNHILDE. Grimgerde! Gerhilde!
Gönnt mir eu'r Roß!
Schwertleite! Siegrune!
Seht meine Angst!
O seid mir treu,
wie traut ich euch war:
rettet dies traurige Weib!

SIEGLINDE *die bisher finster und kalt vor sich hingestarrt, fährt, als Brünnhilde sie lebhaft – wie zum Schutze – umfaßt, mit einer abwehrenden Gebärde auf.*
Nicht sehre dich Sorge um mich:

einzig taugt mir der Tod. –
Wer hieß dich Maid
dem Harst mich entführen?
Im Sturm dort hätt ich
den Streich empfahn
von derselben Waffe,
der Siegmund fiel:
das Ende fand ich
vereint mit ihm!
Fern von Siegmund –
Siegmund, von dir! –
O deckte mich Tod,
daß ich's denke!
Soll um die Flucht
dir Maid ich nicht fluchen,
so erhöre heilig mein Flehen: –
stoße dein Schwert mir ins Herz!

BRÜNNHILDE. Lebe, o Weib,
um der Liebe willen!
Rette das Pfand,
das von ihm du empfingst:
Stark und drängend
ein Wälsung wächst dir im Schoß!

SIEGLINDE *erschrickt zunächst heftig; sogleich strahlt aber ihr Gesicht in erhabener Freude auf.* Rette mich, Kühne!
Rette mein Kind!
Schirmt mich, ihr Mädchen,
mit mächtigstem Schutz!
Immer finsteres Gewitter steigt im Hintergrunde auf

WALTRAUTE *auf der Warte.* Der Sturm kommt heran!

ORTLINDE *ebenso.* Flieh, wer ihn fürchtet!

DIE SECHS ANDEREN WALKÜREN. Fort mit dem Weibe,
droht ihm Gefahr!
Der Walküren keine
wag ihren Schutz!

SIEGLINDE *auf den Knien vor Brünnhilde.* Rette mich, Maid!
Rette die Mutter!

BRÜNNHILDE *mit lebhaftem Entschluß hebt Sieglinde auf.*
So fliehe denn eilig –
und fliehe allein!
Ich bleibe zurück,
biete mich Wotans Rache:
an mir zögre ich

den Zürnenden hier,
während du seinem Rasen entrinnst.
SIEGLINDE. Wohin soll ich mich wenden?
BRÜNNHILDE. Wer von euch Schwestern
schweifte nach Osten?
SIEGRUNE. Nach Osten weithin
dehnt sich ein Wald:
der Niblungen Hort
entführte Fafner dorthin.
SCHWERTLEITE. Wurmes Gestalt
schuf sich der Wilde;
in einer Höhle
hütet er Alberichs Reif!
GRIMGERDE. Nicht geheu'r ist's dort
für ein hilflos Weib.
BRÜNNHILDE. Und doch vor Wotans Wut
schützt sie sicher der Wald:
ihn scheut der Mächt'ge
und meidet den Ort.
WALTRAUTE *auf der Warte.* Furchtbar fährt
dort Wotan zum Fels!
SECHS WALKÜREN. Brünnhilde, hör
seines Nahens Gebraus!
BRÜNNHILDE *drängend.* Fort denn eile,
nach Osten gewandt!
Mutigen Trotzes
ertrag alle Müh'n. –
Hunger und Durst,
Dorn und Gestein;
lache, ob Not,
ob Leiden dich nagt! –
Denn Eines wiss'
und wahr es immer: –
den hehrsten Helden der Welt
hegst du, o Weib,
im schirmenden Schoß!
Sie zieht die Stücken von Siegmunds Schwert unter ihrem Panzer hervor und überreicht sie Sieglinde
Verwahr ihm die starken
Schwertesstücken;
seines Vaters Walstatt
entführt ich sie glücklich.

Der neu gefügt
das Schwert einst schwingt,
den Namen nehm er von mir:
Siegfried erfreu sich des Siegs!

SIEGLINDE *in größter Rührung.* O hehrstes Wunder'
Herrliche Maid!
Dir Treuen dank ich
heiligen Trost!
Für ihn, den wir liebten,
rett ich das Liebste:
meines Dankes Lohn
lache dir einst!
Lebe wohl!
Dich segnet Sieglindes Weh!

Sie eilt rechts im Vordergrunde von dannen. – Die Felshöhe ist von schwarzen Gewitterwolken umlagert; furchtbarer Sturm braust aus dem Hintergrunde daher, wachsender Feuerschein rechts daselbst

WOTANS STIMME. Steh, Brünnhild'!

Brünnhilde, nachdem sie eine Weile Sieglinde nachgesehen, wendet sich in den Hintergrund, blickt in den Tann und kommt angstvoll wieder vor

ORTLINDE und WALTRAUTE *von der Warte herabsteigend.*
Den Fels erreichten
Roß und Reiter!

ALLE ACHT WALKÜREN. Weh, Brünnhild!
Rache entbrennt!

BRÜNNHILDE. Ach Schwestern helft,
mir schwankt das Herz!
Sein Zorn zerschellt mich,
wenn euer Schutz ihn nicht zähmt.

DIE WALKÜREN *flüchten ängstlich nach der Felsenspitze hinauf; Brünnhilde läßt sich von ihnen nachziehen.*
Hieher, Verlorne!
Laß dich nicht sehn,
schmiege dich an uns,
und schweige dem Ruf!

Sie verbergen Brünnhilde unter sich und blicken ängstlich nach dem Tann, der jetzt von grellem Feuerschein erhellt wird, während der Hintergrund ganz finster geworden ist
Weh!
Wütend schwingt sich

Wotan vom Roß!
Hierher rast
sein rächender Schritt!

ZWEITE SZENE

Wotan tritt in höchster zorniger Aufgeregtheit aus dem Tann auf und schreitet vor der Gruppe der Walküren auf der Höhe, nach Brünnhilde spähend, heftig einher

WOTAN. Wo ist Brünnhild',
wo die Verbrecherin?
Wagt ihr, die Böse
vor mir zu bergen?
DIE ACHT WALKÜREN. Schrecklich ertost dein Toben!
Was taten, Vater, die Töchter,
daß sie dich reizten
zu rasender Wut?
WOTAN. Wollt ihr mich höhnen?
Hütet euch, Freche!
Ich weiß: Brünnhilde
bergt ihr vor mir.
Weichet von ihr,
der ewig Verworfnen,
wie ihren Wert
von sich sie warf.
ROSSWEISSE. Zu uns floh die Verfolgte.
ALLE ACHT WALKÜREN. Unsern Schutz flehte sie an!
Mit Furcht und Zagen
faßt sie dein Zorn:
für die bange Schwester
bitten wir nun,
daß den ersten Zorn du bezähmst.
Laß dich erweichen für sie,
zähme deinen Zorn!
WOTAN. Weichherziges
Weibergezücht!
So matten Mut
gewannt ihr von mir?
Erzog ich euch kühn,
zum Kampfe zu ziehn,
schuf ich die Herzen

euch hart und scharf,
daß ihr Wilden nun weint und greint,
wenn mein Grimm eine Treulose straft?
So wißt denn, Winselnde,
was die verbrach,
um die euch Zagen
die Zähre entbrennt:
Keine wie sie
kannte mein innerstes Sinnen;
keine wie sie
wußte den Quell meines Willens!
Sie selbst war
meines Wunsches schaffender Schoß. –
Und so nun brach sie
den seligen Bund,
daß treulos sie
meinem Willen getrotzt,
mein herrschend Gebot
offen verhöhnt,
gegen mich die Waffe gewandt,
die mein Wunsch allein ihr schuf! –
Hörst du's, Brünnhilde?
Du, der ich Brünne,
Helm und Wehr,
Wonne und Huld,
Namen und Leben verlieh?
Hörst du mich Klage erheben,
und birgst dich bang dem Kläger,
daß feig du der Straf entflöhst?

BRÜNNHILDE *tritt aus der Schar der Walküren hervor, schreitet demütig, doch festen Schrittes von der Felsenspitze herab und tritt so in geringer Entfernung vor Wotan.*
Hier bin ich, Vater!
Gebiete die Strafe!

WOTAN. Nicht straf ich dich erst,
deine Strafe schufst du dir selbst.
Durch meinen Willen
warst du allein:
gegen mich doch hast du gewollt;
meine Befehle nur
führtest du aus:
gegen mich doch hast du befohlen;
Wunschmaid

warst du mir:
gegen mich doch hast du gewünscht;
Schildmaid
warst du mir:
gegen mich doch hobst du den Schild;
Loskieserin
warst du mir:
gegen mich doch kiestest du Lose;
Heldenreizerin
warst du mir:
gegen mich doch reiztest du Helden!
Was sonst du warst,
sagte dir Wotan.
Was jetzt du bist,
das sage dir selbst:
Wunschmaid bist du nicht mehr,
Walküre bist du gewesen: –
nun sei fortan,
was so du noch bist!

BRÜNNHILDE *heftig erschreckend.* Du verstößt mich?
Versteh ich den Sinn?

WOTAN. Nicht send ich dich mehr aus Walhall;
nicht weis' ich dir mehr
Helden zur Wal,
nicht führst du mehr Sieger
in meinen Saal:
bei der Götter trautem Mahle
das Trinkhorn nicht reichst
du traulich mir mehr;
nicht kos' ich dir mehr
den kindischen Mund;
von göttlicher Schar
bist du geschieden,
ausgestoßen
aus der Ewigen Stamm:
gebrochen ist unser Bund,
aus meinem Angesicht bist du verbannt!

DIE WALKÜREN *verlassen in aufgeregter Bewegung ihre Stellung, indem sie sich etwas tiefer herabziehen.*
Wehe! Weh!
Schwester, ach Schwester

BRÜNNHILDE. Nimmst du mir Alles,
was einst du gabst?

WOTAN. Der dich zwingt, wird dir's entziehn!
Hieher auf den Berg
banne ich dich;
in wehrlosen Schlaf
schließe ich dich:
der Mann dann fange die Maid,
der am Wege sie findet und weckt!

DIE ACHT WALKÜREN *kommen in höchster Aufregung von der Felsenhöhe ganz herab und umgeben in ängstlichen Gruppen Brünnhilde, welche halb kniend vor Wotan liegt.*
Halt ein! O Vater!
Soll die Maid verblühn
und verbleichen dem Mann?
Du schrecklicher Gott!
Wende von ihr
die schreiende Schmach!
Wie die Schwester träf uns selber der Schimpf!

WOTAN. Hörtet ihr nicht,
was ich verhängt?
Aus eurer Schar
ist die treulose Schwester geschieden;
mit euch zu Roß
durch die Lüfte nicht reitet sie länger;
die magdliche Blume
verblüht der Maid;
ein Gatte gewinnt
ihre weibliche Gunst –
dem herrischen Manne
gehorcht sie fortan,
am Herde sitzt sie und spinnt,
aller Spottenden Ziel und Spiel!

Brünnhilde sinkt mit einem Schrei zu Boden; die Walküren weichen entsetzt mit heftigem Geräusch von ihrer Seite

Schreckt euch ihr Los?
So flieht die Verlor'ne!
Weichet von ihr
und haltet euch fern!
Wer von euch wagte
bei ihr zu weilen,
wer mir zum Trotz
zu der Traurigen hielt,
die Törin teilte ihr Los:
das künd ich der Kühnen an!

Fort jetzt von hier;
meidet den Felsen!
Hurtig jagt mir von hinnen,
sonst erharrt Jammer euch hier!

DIE WALKÜREN. Weh! Weh!

Sie fahren unter wildem Schrei auseinander und stürzen in hastiger Flucht in den Tann. Schwarzes Gewölk lagert sich dicht am Felsenrande: man hört wildes Geräusch im Tann. Ein greller Blitzesglanz bricht in dem Gewölk aus; in ihm erblickt man die Walküren mit verhängtem Zügel, in eine Schar zusammengedrängt, wild davonjagen. Bald legt sich der Sturm; die Gewitterwolken verziehn sich allmählich. In der folgenden Szene bricht, bei endlich ruhigem Wetter, Abenddämmerung ein, der am Schlusse Nacht folgt

DRITTE SZENE

Wotan und Brünnhilde, die noch zu seinen Füßen hingestreckt liegt, sind allein zurückgeblieben. – Langes feierliches Schweigen: unveränderte Stellung

BRÜNNHILDE *beginnt das Haupt langsam ein wenig zu erheben. Schüchtern beginnend und steigernd.*

War es so schmählich,
was ich verbrach,
daß mein Verbrechen so schmählich du bestrafst?
War es so niedrig,
was ich dir tat,
daß du so tief mir Erniedrigung schaffst?
War es so ehrlos,
was ich beging,
daß mein Vergehn nun die Ehre mir raubt?

Sie erhebt sich allmählich bis zur knienden Stellung

O sag, Vater!
Sieh mir ins Auge:
schweige den Zorn,
zähme die Wut,
und deute mir hell
die dunkle Schuld,
die mit starrem Trotze dich zwingt,
zu verstoßen dein trautestes Kind.

WOTAN *in unveränderter Stellung, ernst und düster.*

Frag deine Tat;

sie deutet dir deine Schuld!
BRÜNNHILDE. Deinen Befehl
führte ich aus.
WOTAN. Befahl ich dir,
für den Wälsung zu fechten?
BRÜNNHILDE. So hießest du mich
als Herrscher der Wal!
WOTAN. Doch meine Weisung
nahm ich wieder zurück!
BRÜNNHILDE. Als Fricka den eig'nen
Sinn dir entfremdet:
da ihrem Sinn du dich fügtest,
warst du selber dir Feind.
WOTAN *leise und bitter*.
Daß du mich verstanden, wähnt ich,
und strafte den wissenden Trotz:
doch feig und dumm
dachtest du mich!
So hätt ich Verrat nicht zu rächen;
zu gering wärst du meinem Grimm!
BRÜNNHILDE. Nicht weise bin ich,
doch wußt ich das Eine,
daß den Wälsung du liebtest.
Ich wußte den Zwiespalt,
der dich zwang,
dies Eine ganz zu vergessen.
Das Andre mußtest
einzig du sehn,
was zu schaun so herb
schmerzte dein Herz: –
daß Siegmund Schutz du versagtest.
WOTAN. Du wußtest es so,
und wagtest dennoch den Schutz?
BRÜNNHILDE *leise beginnend*. Weil für dich im Auge
das Eine ich hielt,
dem im Zwange des Andren
schmerzlich entzweit,
ratlos den Rücken du wandtest!
Die im Kampfe Wotan
den Rücken bewacht,
die sah nun Das nur,
was du nicht sahst: –
Siegmund mußt ich sehn.

Tod kündend
trat ich vor ihn,
gewahrte sein Auge,
hörte sein Wort; –
ich vernahm des Helden
heilige Not;
tönend erklang mir
des Tapfersten Klage:
freiester Liebe
furchtbares Leid,
traurigsten Mutes
mächtigster Trotz!
Meinem Ohr erscholl,
mein Aug erschaute,
was tief im Busen das Herz
zu heil'gem Beben mir traf.
Scheu und staunend
stand ich in Scham.
Ihm nur zu dienen
konnt ich noch denken:
Sieg oder Tod
mit Siegmund zu teilen:
dies nur erkannt' ich
zu kiesen als Los!
Der diese Liebe
mir ins Herz gehaucht,
dem Willen, der
dem Wälsung mich gesellt,
ihm innig vertraut –
trotzt ich deinem Gebot.

WOTAN. So tatest du,
was so gern zu tun ich begehrt;
doch was nicht zu tun,
die Not zwiefach mich zwang!
So leicht wähntest du
Wonne des Herzens erworben,
wo brennend Weh
in das Herz mir brach,
wo gräßliche Not
den Grimm mir schuf,
einer Welt zu Liebe
der Liebe Quell
im gequälten Herzen zu hemmen?

Wo gegen mich selber
ich sehrend mich wandte,
aus Ohnmachtschmerzen
schäumend ich aufschoß,
wütender Sehnsucht
sengender Wunsch
den schrecklichen Willen mir schuf,
in den Trümmern der eig'nen Welt
meine ew'ge Trauer zu enden: –
da labte süß
dich selige Lust;
wonniger Rührung
üppigen Rausch
enttrankst du lachend
der Liebe Trank,
als mir göttlicher Not
nagende Galle gemischt?

Trocken und kurz

Deinen leichten Sinn
laß dich denn leiten:
von mir sagtest du dich los.
Dich muß ich meiden;
gemeinsam mit dir
nicht darf ich Rat mehr raunen;
getrennt nicht dürfen
traut wir mehr schaffen;
so weit Leben und Luft,
darf der Gott dir nicht mehr begegnen!

BRÜNNHILDE *einfach.* Wohl taugte dir nicht
die tör'ge Maid,
die staunend im Rate,
nicht dich verstand,
wie mein eig'ner Rat
nur das Eine mir riet:
zu lieben, was du geliebt.
Muß ich denn scheiden,
und scheu dich meiden,
mußt du spalten,
was einst sich umspannt,
die eig'ne Hälfte
fern von dir halten, –
daß sonst sie ganz dir gehörte,
du Gott, vergiß das nicht!

Dein ewig Teil
nicht wirst du entehren,
Schande nicht wollen,
die sich beschimpft!
Dich selbst ließest du sinken,
sähst du dem Spott mich zum Spiel!

WOTAN. Du folgtest selig
der Liebe Macht:
folge nun dem,
den du lieben mußt!

BRÜNNHILDE. Soll ich aus Walhall scheiden,
nicht mehr mit dir schaffen und walten,
dem herrischen Manne
gehorchen fortan:
dem feigen Prahler
gib mich nicht preis; –
nicht wertlos sei er,
der mich gewinnt!

WOTAN. Von Walvater schiedest du –
nicht wählen darf er für dich.

BRÜNNHILDE *leise mit vertraulicher Heimlichkeit.*
Du zeugtest ein edles Geschlecht:
kein Zager kann je ihm entschlagen:
der weihlichste Held – ich weiß es –
entblüht dem Wälsungenstamm.

WOTAN. Schweig von dem Wälsungenstamm!
Von dir geschieden,
schied ich von ihm;
vernichten mußt ihn der Neid!

BRÜNNHILDE. Die von dir sich riß,
rettete ihn.

heimlich

Sieglinde hegt
die heiligste Frucht;
in Schmerz und Leid,
wie kein Weib je sie litten,
wird sie gebären,
was bang sie birgt.

WOTAN. Nie suche bei mir
Schutz für die Frau,
noch für ihres Leibes Frucht!

BRÜNNHILDE *heimlich.* Sie wahret das Schwert,
das du Siegmund schufest.

WOTAN *heftig.* Und das ich ihm in Stücken schlug!
Nicht streb, o Maid,
den Mut mir zu stören;
erwarte dein Los,
wie sich's dir wirft;
nicht kiesen kann ich es dir!
Doch fort muß ich jetzt,
fern mich verziehn;
zu viel schon zögert' ich hier:
von der Abwendigen
wend ich mich ab,
nicht wissen darf ich,
was sie sich wünscht;
die Strafe nur
muß vollstreckt ich sehn!
BRÜNNHILDE. Was hast du erdacht,
daß ich erdulde?
WOTAN. In festen Schlaf
verschließ ich dich:
wer so die Wehrlose weckt,
dem ward erwacht sie zum Weib!
BRÜNNHILDE. Soll fesselnder Schlaf
fest mich binden,
dem feigsten Manne
zur leichten Beute:
dies Eine mußt du erhören,
was heil'ge Angst zu dir fleht;
die Schlafende schütze
mit scheuchendem Schrecken,
daß nur ein furchtlos
freiester Held
hier auf dem Felsen
einst mich fänd!
WOTAN. Zuviel begehrst du,
zuviel der Gunst!
BRÜNNHILDE *Wotan zu Füßen stürzend.*
Dies Eine mußt du erhören!
Zerknicke dein Kind,
das dein Knie umfaßt;
zertritt die Traute,
zertrümm're die Maid,
ihres Leibes Spur
zerstöre dein Speer:

doch gib, Grausamer, nicht
der gräßlichsten Schmach sie preis!

Mit wilder Begeisterung

Auf dein Gebot
entbrenne ein Feuer;
den Felsen umglühe
lodernde Glut;

begeistert

es leck ihre Zung,
es fresse ihr Zahn
den Zagen, der frech sich wagte
dem freislichen Felsen zu nahn!

WOTAN *überwältigt und tief ergriffen, wendet sich lebhaft gegen Brünnhilde, erhebt sie von den Knien und blickt ihr gerührt in das Auge.* Leb wohl, du kühnes,
herrliches Kind!
Du meines Herzens
heiligster Stolz!
Leb wohl! Leb wohl! Leb wohl!

Sehr leidenschaftlich

Muß ich dich meiden,
und darf nicht minnig
mein Gruß dich mehr grüßen;
sollst du nun nicht mehr
neben mir reiten,
noch Met beim Mahl mir reichen;
muß ich verlieren
dich, die ich liebe,
du lachende Lust meines Auges! –
Ein bräutliches Feuer
soll dir nun brennen,
wie nie einer Braut es gebrannt!
Flammende Glut
umglühe den Fels;
mit zehrenden Schrecken
scheuch es den Zagen,
der Feige fliehe
Brünnhildes Fels!
Denn Einer nur freie die Braut,
der freier als ich, der Gott!

Brünnhilde sinkt gerührt und begeistert an Wotans Brust; er hält sie lange umfangen. Sie schlägt das Haupt wieder zurück und blickt, immer noch ihn umfassend, feierlich ergriffen Wotan ins Auge

Der Augen leuchtendes Paar,
das oft ich lächelnd gekost,
wenn Kampfeslust
ein Kuß dir lohnte,
wenn kindisch lallend
der Helden Lob
von holden Lippen dir floß;
dieser Augen strahlendes Paar,
das oft im Sturm mir geglänzt,
wenn Hoffnungsehnen
das Herz mir sengte,
nach Weltenwonne
mein Wunsch verlangte
aus wild webendem Bangen:
zum letzten Mal
letz es mich heut
mit des Lebewohles
letztem Kuß!
Dem glücklichern Manne
glänze sein Stern:
dem unseligen Ew'gen
muß es scheidend sich schließen.

Er faßt ihr Haupt in beide Hände

Denn so kehrt
der Gott sich dir ab,
so küßt er die Gottheit von dir!

Er küßt sie lange auf beide Augen. Sie sinkt mit geschlossenen Augen, sanft ermattend, in seinen Armen zurück. Er geleitet sie zart auf einen niedrigen Mooshügel zu liegen, über den sich eine breitästige Tanne ausstreckt. Er betrachtet sie und schließt ihr den Helm: sein Auge weilt dann auf der Gestalt der Schlafenden, die er nun mit dem großen Stahlschilde der Walküre ganz zudeckt. Langsam kehrt er sich ab; mit einem schmerzlichen Blicke wendet er sich noch einmal um. Dann schreitet er mit feierlichem Entschluß in die Mitte der Bühne und kehrt die Spitze seines Speeres gegen einen mächtigen Felsstein

Loge, hör!
Lausche hieher!
Wie zuerst ich dich fand
als feurige Glut,

wie dann einst du mir schwandest
als schweifende Lohe;
wie ich dich band,
bann ich dich heut!
Herauf, wabernde Lohe!
Umlodre mir feurig den Fels!

Er stößt mit dem Folgenden dreimal mit dem Speer auf den Stein

Loge! Loge! Hierher!

Dem Stein entfährt ein Feuerstrahl, der zur allmählich immer helleren Flammenglut anschwillt. Lichte Flackerlohe bricht aus. Lichte Brunst umgibt Wotan mit wildem Flackern. Er weist mit dem Speere gebieterisch dem Feuermeer den Umkreis des Felsenrandes zur Strömung an; alsbald zieht es sich nach dem Hintergrund, wo es nun fortwährend den Bergsaum umlodert

Wer meines Speeres
Spitze fürchtet,
durchschreite das Feuer nie!

Er streckt den Speer wie zum Banne aus. Dann blickt er schmerzlich auf Brünnhilde zurück, wendet sich langsam zum Gehen und blickt noch einmal zurück, ehe er durch das Feuer verschwindet

1851	15. September	Wagner begibt sich nach Albisbrunn (Kanton Zürich).
	Zwischen 11. und 20. November	Niederschrift der ersten Prosaskizze.
	23. November	Wagner kehrt nach Zürich zurück.
1852	12. Mai	Wagner mietet sich in der Pension »Rinderknecht« auf dem Zürichberg ein.
	17.–26. Mai	Niederschrift des großen Prosaentwurfs.
	1. Juni–1. Juli	Aufzeichnung der Urschrift der Dichtung.
	7. (?) Juli	Wagner kehrt nach Zürich zurück.
1854	28. Juni bis 1. September	Niederschrift des 1. Aktes der Kompositionsskizze (mit 16 verschlüsselten auf Mathilde Wesendonck bezogenen Eintragungen; über dem Beginn »G. s. M.!« – »Gesegnet sei Mathilde!«).
	4. September bis 18. November	Niederschrift des 2. Aktes der Kompositionsskizze.
	20. November bis 27. Dezember	Niederschrift des 3. Aktes der Kompositionsskizze.
1855	Anfang Januar	Beginn der Partiturerstschrift des 1. Aktes.
	26. Februar	Wagner verläßt Zürich, um nach London zu reisen.
	2. März	Wagner trifft in London ein, wo er auf Einladung der Alten Philharmonischen Gesellschaft 8 Konzerte zu dirigieren hat.
	3. April	Vollendung der Partiturerstschrift des 1. Aktes.
	7. April	Beginn der Partiturerstschrift des 2. Aktes.
	30. Juni	Wagner kehrt nach Zürich zurück.
	13. Juli	Wagner begibt sich auf den Seelisberg am Vierwaldstättersee.
	14. Juli	Beginn der Partiturreinschrift des 1. Aktes.

	15. August	Wagner trifft wieder in Zürich ein.
	20. September	Vollendung der Partiturerstschrift des 2. Aktes.
	8. Oktober	Beginn der Partiturerstschrift des 3. Aktes.
1856	20. März	Vollendung der Partiturerstschrift des 3. Aktes.
	23. März	Vollendung der Partiturreinschrift des 3. Aktes.
1866	25. August	Wagner schenkt die Partiturreinschrift König Ludwig II. zum 21. Geburtstag.
1870	26. Juni	Uraufführung im Münchener Hof- und Nationaltheater auf Befehl König Ludwigs II. gegen Wagners Willen. Dirigent: Franz Wüllner.

An Theodor Uhlig, Dresden. Zürich, 31. Mai 1852:
Jetzt habe ich auch den vollständigen Entwurf zur *Walküre* fertig: morgen geht's an die Verse.
Ich bin wieder mehr wie je ergriffen von der umfassenden Großartigkeit und Schönheit meines Stoffes: meine ganze Weltanschauung hat in ihm ihren vollendetsten künstlerischen Ausdruck gefunden...

An Franz Liszt, Weimar. Zürich, 16. Juni 1852:
Ich arbeite fleißig und gedenke in 14 Tagen mit der Dichtung meiner *Walküre* fertig zu sein. Eine Erfrischung ist mir dann von äußerster Notwendigkeit, ich bedarf einer Reiseerholung, und möchte namentlich auch meine letzte dichterische Arbeit, das große Vorspiel, nicht hier beenden, wo die Monotonie der gewohnten Umgebung mich erdrückt...

An die Fürstin Carolyne Sayn-Wittgenstein, Weimar. Zürich, November 1854:
An der *Walküre* habe ich zwar immer etwas gearbeitet: doch geht es viel langsamer, als ich anfangs dachte. Das, was ich endlich entwerfe, ist zwar immer das Beste, was ich machen kann; allein die Stimmungen zur Arbeit kommen mir bei meinem öden Leben immer seltener. So lange ich Bücher schrieb und Verse machte, mochte es gehen: aber für die Mu-

sik brauche ich ein anderes Leben; ich bedarf der Musik selbst; so aber gleiche ich Jemandem, der Feuer machen will, und wohl das Licht, nicht aber das Holz dazu hat. Dazu greift mich auch der Gegenstand der *Walküre* gar zu schmerzlich an: es gibt doch eigentlich kein Leiden der Welt, das hierin nicht zu seinem schmerzlichsten Ausdrucke gelangt; das künstlerische Spiel mit diesen Schmerzen rächt sich aber an mir: ich bin wiederholt schon ganz krank darüber geworden und mußte gänzlich aussetzen. Jetzt bin ich im zweiten Akte bei der Szene, wo Brünnhilde zu Siegmund tritt, um ihm den Tod zu verkündigen: so etwas kann man doch kaum mehr komponieren nennen! – Wenn ich nur erst bis zum »jungen Siegfried« bin; der wird dann wohl schon schneller gehen. –

An Franz Liszt, Weimar. London, 4. April 1855:
Laßt mich meine *Nibelungen* vollenden! das ist Alles, was ich verlange. Vermag das meine edle Zeitgenossenschaft nicht, so hole sie mit all' ihren Ruhm und Ehren der Teufel! – Durch London bin ich mit meiner Arbeit schrecklich in Rückstand geraten: erst gestern wurde ich mit der Instrumentation des ersten Aktes der *Walküre* fertig. Alles hängt mir wie Blei am Geiste und Leibe: meinem Hauptwunsche für dieses Jahr, sogleich nach meiner Rückkehr auf dem Seelisberge den »jungen Siegfried« beginnen zu können, muß ich nun schon entsagen; denn schwerlich bringe ich es hier über den zweiten Akt der Walküre. Wie ich nun einmal geworden bin, brauch' ich ein sehr weiches, sanft umschließendes Element, um mich froh zur Arbeit zu fühlen: dieses ewige Michzusammenballen-Müssen zur Abwehr gibt mir nur Trotz und Verachtung, aber keine Liebe zur Expansion, zur Produktion.

An Franz Liszt, Weimar. Zürich, 3. Oktober 1855:
So, liebster Franz! Heute schicke ich Dir die fertigen beiden ersten Akte der *Walküre*; es ist mir eine innige Genugtuung, sie alsbald in Deinen Händen zu wissen, weil ich weiß, daß niemand mit meinen Arbeiten so sympathisiert wie Du. Für den inhaltschweren zweiten Akt bin ich besorgt: er enthält zwei so wichtige und starke Katastrophen, daß dieser Inhalt eigentlich für zwei Akte genug wäre; doch sind beide so von einander abhängig, und die eine zieht die andere so unmittelbar nach sich, daß hier ein Auseinanderhalten ganz unmöglich war. Wird er einmal ganz so dargestellt, wie ich es verlange, so muß er allerdings – wenn jede Intention vollkom-

men verstanden wird – eine Erschütterung hervorbringen, der nichts Dagewesenes gleicht. Für solche, die etwas aushalten, ist so etwas auch nur geschrieben (eigentlich für niemand!): daß Unbefähigte und Schwächliche klagen werden, kann mich in nichts bestimmen. Ob aber Alles – auch meinen Intentionen nach – gut ausgefallen ist, mußt Du entscheiden; ich kann es einmal nicht anders machen. In entmutigten, nüchternen Stunden hatte ich die meiste Furcht vor der großen Szene Wotans und namentlich vor seiner Schicksals-Enthüllung gegen Brünnhilde, ja, in London war ich bereits einmal so weit, die Szene ganz verwerfen zu wollen; um mich darüber zu entscheiden, nahm ich den Entwurf noch einmal vor und trug mir selbst die Szene mit allem nötigen Ausdruck vor; glücklicher Weise fand ich dabei, daß mein Spleen ungerechtfertigt war und der geeignete Vortrag im Gegenteil selbst rein musikalisch und fesselnd wirkt. Diesen Vortrag habe ich an einigen Stellen genauer bezeichnet, doch bleibt noch viel übrig, und es wird einmal eine Hauptaufgabe für mich sein, einen talentvollen Sänger und Darsteller bis in das Innerste meiner Intentionen durch lebendige Mitteilung einzuführen. *Du* wirst – zuversichtlich hoffe ich das – das Richtige sogleich finden. Für den Gang des ganzen großen vierteiligen Dramas ist es die wichtigste Szene und findet als solche bald auch die nötige Teilnahme und Aufmerksamkeit...
Nun fasse ich immer größere Hoffnung, bis Weihnachten auch mit dem letzten Akte ganz fertig zu werden.

An Mathilde Wesendonck, Zürich. London, 30. April 1855:
Jetzt lese ich jeden Morgen, ehe ich an die Arbeit gehe, einen Gesang im Dante: noch stecke ich tief in der Hölle; ihre Grausen begleiten mich in der Ausführung des zweiten Aktes der *Walküre*. Fricka ist soeben fort, und Wotan soll in seinem schrecklichen Wehe ausbrechen.
Über diesen zweiten Akt bringe ich es hier keinesfalls; ich kann nur sehr langsam arbeiten und habe jeden Tag gegen ein neues verstimmendes Übel zu kämpfen. –

An Franz Liszt, Weimar. Zürich, 8. Mai 1857:
...mit einer hiesigen Theater-Sängerin, die Du in der *Jüdin* hörtest, studierte ich die letzte große Szene aus der *Walküre* ein; Kirchner akkompagnierte; ich traf famos, und diese Dir so ärgerliche Szene hat alle meine Erwartungen von ihr vollständig erfüllt. Wir haben sie dreimal bei mir gemacht, und

nun bin ich ganz zufrieden. Die Sache ist die, daß Alles in ihr so fein, tief und leise ist, daß es des bewußten, zartesten und vollendetsten Vortrages nach jeder Seite hin bedarf, um sie verständlich zu machen; gelingt aber dies, so ist auch der Eindruck unzweifelhaft. Natürlich schwebt so etwas aber auch am Rande des äußersten Mißfallens, wenn es dabei nicht von jeder Seite zur vollkommensten, weihevollsten, bewußtesten Sammlung kommt; – so heruntermusizieren, wie wir es flüchtig versuchten, kann man so etwas nicht; mir wenigstens geht dann – wie instinktiv – alle Fähigkeit und Intelligenz aus; ich werde vollkommen stupid.

Thomas Mann, *Richard Wagner und »Der Ring des Nibelungen«* (1937):
Wagners Dichtertum anzuzweifeln schien mir immer absurd. Was gäbe es dichterisch Schöneres und Tieferes als Wotans Verhältnis zu Siegfried, die väterlich spottende und überlegene Neigung des Gottes zu seinem Vernichter, die Liebesabdankung der alten Macht zugunsten des Ewigjungen? Die wundervollen Laute, die hier der Musiker findet, verdankt er dem Dichter. Aber was auch wieder dankt nicht dieser alles dem Musiker, wie scheint er sich oft erst selbst zu verstehen, wenn er seine zweite deutende und ergänzende Sprache hinzuzieht, die bei ihm recht eigentlich das Reich unterschwelligen, droben im Wort unbekannten Wissens ist! Mimes Versuch, Siegfried das Fürchten zu lehren, seine linkische Schilderung des Grieselns und Grausens ist untermalt mit der dunkel entstellten Musik der Lohe, zusammen mit dem ebenfalls verfärbten und verzogenen Motiv der schlafenden Brünnhilde. Zu des Zwerges Beschreibung der Furcht erklingt also das, was in der Welt des *Ringes* das Symbol alles Furchtmachenden ist, das Furchterregende und Abschreckende par excellence, das den Felsen Schützende: Das Feuer, das Siegfried nicht fürchten, sondern das er, ohne die Furcht dabei zu lernen, durchbrechen wird. Zugleich aber geistert drunten im Musikalischen dunkel angedeutet das, was ihn wirklich die urcht lehren wird: die Erinnerung an die Schlafgebannte, von der er nichts weiß, zu deren Wecker er aber bestimmt ist. Der Schauende und Hörende wird zurückversetzt an das Ende des Vorabends und versteht, daß im Untersten von Siegfrieds in Dingen der Furcht so begriffsstutziger Seele sich eine Ahnung regt von dem eigentlich Furchtmachenden: der Liebe, die der Dumme auch nicht gelernt hat, aber lernen soll, nebst

der Furcht, denn das ist hier seelisch-musikalisch dasselbe. – Vorher, unter der Linde, träumt er davon, wie seine Mutter wohl ausgesehen habe, seine Mutter – ein Menschenweib. Das Motiv der Weibesliebe, das Thema von »Weibes Wonne und Wert« aus Loges Erzählung in der zweiten Szene des *Rheingold* wird hier im Orchester erinnert. Und wieder ist es dieser seelische Komplex von Mutterbild und Weibesliebe, der im Worte ausbricht, als Siegfried die Walküre von der Brünne befreit und entdeckt: »Das ist kein Mann!« – »Feurige Angst faßt meine Augen, mir schwankt und schwindelt der Sinn! Wen ruf' ich zum Heil, daß er mir helfe? Mutter! Mutter! Gedenke mein!«

Nichts kann wagnerischer sein als diese Mischung aus mythischer Urtümlichkeit und psychologischer, ja psycho-analytischer Modernität. Es ist der Naturalismus des neunzehnten Jahrhunderts, geweiht durch den Mythus. Ja, Wagner ist nicht nur ein unübertrefflicher Maler der äußeren Natur, von Sturm und Gewitter, Blättersäuseln und Wellengeglitzer, Flammentanz und Regenbogen, er ist auch ein großer Künder seelischer Natur, des ewigen Menschenherzens: Um den Felsen der Jungfräulichkeit legt er feurige Angst, die das Urmännliche, getrieben von seiner weckenden, zeugenden Bestimmung, durchbricht, um beim Anblick des furchtsamen Ersehnten in den Hilferuf nach dem Heilig-Weiblichen, woraus er selber kam, nach der Mutter, auszubrechen. Um seelische Ur-Poesie, das erste und einfachste, das Vor-Konventionelle, Vor-Gesellschaftliche geht es allein in Wagners Welt und Werk, und nur dies scheint ihm überhaupt für die Kunst geeignet. Sein Werk ist der deutsche Beitrag zur Monumentalkunst des neunzehnten Jahrhunderts, die bei anderen Nationen vorzüglich in der Gestalt der großen sozialen Romandichtungen erscheint.

ZWEITER TAG

SIEGFRIED

(1871)

SZENENFOLGE

ERSTER AUFZUG

Erste Szene.	Mime. Siegfried
Zweite Szene.	Mime. Der Wandrer
Dritte Szene.	Mime. Siegfried

ZWEITER AUFZUG

Erste Szene.	Alberich. Der Wandrer. Fafner
Zweite Szene.	Siegfrid. Mime. Waldvogel. Fafner
Dritte Szene.	Mime. Alberich. Siegfried. Waldvogel

DRITTER AUFZUG

Erste Szene.	Der Wandrer. Erda
Zweite Szene.	Der Wanderer. Siegfried
Dritte Szene.	Siegfried. Brünnhilde

SCHAUPLATZ DER HANDLUNG

ERSTER AUFZUG
Wald

ZWEITER AUFZUG
Tiefer Wald

DRITTER AUFZUG
Wilde Gegend am Fuße eines Felsenberges, dann auf dem Walkürenfelsen

PERSONEN

SIEGFRIED
MIME
DER WANDRER
ALBERICH
FAFNER
ERDA
BRÜNNHILDE
STIMME DES WALDVOGELS

ERSTER AUFZUG

Wald

Den Vordergrund bildet ein Teil einer Felsenhöhle, die sich links tiefer nach innen zieht, nach rechts aber gegen drei Viertel der Bühne einnimmt. Zwei natürlich gebildete Eingänge stehen dem Walde zu offen: der eine, nach rechts, unmittelbar im Hintergrunde, der andere, breitere, ebenda seitwärts. An der Hinterwand, nach links zu, steht ein großer Schmiedeherd, aus Felsstücken natürlich geformt; künstlich ist nur der große Blasebalg: die rohe Esse geht – ebenfalls natürlich – durch das Felsdach hinauf. Ein sehr großer Amboß und andere Schmiedegerätschaften

ERSTE SZENE

MIME *sitzt am Amboß und hämmert eifrig an einem Schwerte; endlich hält er unmutig ein.* Zwangvolle Plage!
Müh ohne Zweck!
Das beste Schwert,
das je ich geschweißt,
in der Riesen Fäusten
hielte es fest:
doch dem ich's geschmiedet,
der schmähliche Knabe,
er knickt und schmeißt es entzwei,
als schüf ich Kindergeschmeid! –
Er wirft das Schwert unmutig auf den Amboß, stemmt die Arme ein und blickt sinnend zu Boden
Es gibt ein Schwert,
das er nicht zerschwänge; –
Nothungs Trümmern
zertrotzt er mir nicht:
könnt ich die starken
Stücken schweißen,
die meine Kunst
nicht zu kitten weiß!
Könnt ich's dem Kühnen schmieden,
meiner Schmach erlangt ich da Lohn! –
Er sinkt tiefer zurück, das Haupt nachdenklich neigend
Fafner, der wilde Wurm, –

lagert im finstren Wald;
mit des furchtbaren Leibes Wucht
der Niblungen Hort
hütet er dort.
Siegfrieds kindischer Kraft
erläge wohl Fafners Leib:
des Niblungen Ring
erränge ich mir; –
ein Schwert nur taugt zu der Tat,
nur Nothung nützt meinem Neid,
wenn Siegfried sehrend ihn schwingt. –
Und ich kann's nicht schweißen,
Nothung das Schwert!

Er hat das Schwert wieder zurecht gelegt und hämmert in höchstem Unmute daran weiter

Zwangvolle Plage!
Müh ohne Zweck!
Das beste Schwert,
das je ich geschweißt,
nie taugt es je
zu der einzigen Tat: –
ich tappre und hämmre nur,
weil der Knabe es heischt;
er knickt und schmeißt es entzwei,
und schmählt doch, schmied ich ihm nicht!

Er läßt den Hammer fallen

SIEGFRIED *mit jähem Ungestüm aus dem Walde auftretend, treibt einen großen Bären, den er mit einem Bastseile gezäumt, mit lustigem Übermute gegen Mime an.*
Hoiho! Hoiho! –
Hau ein! Hau ein!
Friß ihn! Friß ihn,
den Fratzenschmied!

Lachend

Hahahahahahahahah ...!

Mime entsinkt vor Schreck das Schwert; er flüchtet hinter den Herd. Siegfried treibt ihm den Bären überall nach

MIME. Fort mit dem Tier!
Was taugt mir der Bär?
SIEGFRIED. Zu zwei komm ich,
dich besser zu zwicken.
Brauner, frag nach dem Schwert!
MIME. He! Laß das Wild!

Dort liegt die Waffe;
fertig fegt ich sie heut.

SIEGFRIED. So fährst du heute noch heil.

Er löst dem Bären den Zaum und gibt ihm damit einen Schlag auf den Rücken

Lauf, Brauner!
Dich brauch ich nicht mehr.

Der Bär läuft in den Wald zurück. Mime kommt hinter dem Herde hervor

MIME. Wohl leid ich's gern,
erlegst du Bären;
was bringst du lebend
die Braunen heim?

SIEGFRIED. Nach bess'rem Gesellen sucht ich,
als daheim mir einer sitzt;
im tiefen Walde mein Horn
ließ ich hallend da ertönen:
ob sich froh mir gesellte
ein guter Freund? –
Das frug ich mit dem Getön'.
Aus dem Busche kam ein Bär,
der hörte mir brummend zu;
er gefiel mir besser als du, –
doch bess're fänd' ich wohl noch!
Mit dem zähen Baste
zäumt ich ihn da,
dich Schelm nach dem Schwerte zu fragen.

Er springt auf und geht auf den Amboß zu

MIME *nimmt das Schwert auf, um es Siegfried zu reichen.*
Ich schuf die Waffe scharf,
ihrer Schneide wirst du dich freu'n?

Er hält das Schwert ängstlich in der Hand fest, das Siegfried ihm heftig entwindet

SIEGFRIED. Was frommt seine helle Schneide,
ist der Stahl nicht hart und fest?

Das Schwert prüfend

Hei! was ist das
für müß'ger Tand!
Den schwachen Stift
nennst du ein Schwert?

Er zerschlägt es auf dem Amboß

Da hast du die Stücken,
schändlicher Stümper!

Hätt ich am Schädel
dir sie zerschlagen! –
Soll mich der Prahler
länger noch prellen?
Schwatzt mir von Riesen
und rüstigen Kämpfen,
von kühnen Taten
und tüchtiger Wehr;
will Waffen mir schmieden,
Schwerte schaffen;
rühmt seine Kunst,
als könnt er was rechts:
nehm ich zur Hand nun,
was er gehämmert,
mit einem Griff
zergreif ich den Quark!
Wär mir nicht schier
zu schäbig der Wicht,
ich zerschmiedet ihn selbst
mit seinem Geschmeid,
den alten albernen Alp: –
des Ärgers dann hätt ich ein End!

Siegfried wirft sich wütend auf eine Steinbank. Mime ist ihm immer vorsichtig ausgewichen

MIME. Nun tobst du wieder wie toll!
Dein Undank, traun, ist arg!
Mach ich dem bösen Buben
nicht alles gleich zu best,
was ich ihm Gutes schuf,
vergißt er gar zu schnell.
Willst du denn nie gedenken,
was ich dich lehrt vom Danke:
dem sollst du willig gehorchen,
der je sich wohl dir erwies.

Siegfried wendet sich ab, mit dem Gesicht nach der Wand

Das willst du wieder nicht hören!
Er steht verlegen; dann geht er in die Küche am Herd
Doch speisen magst du wohl?
Vom Spieße bring ich den Braten:
versuchtest du gern den Sud?
Für dich sott ich ihn gar.

Er reicht Siegfried Speisen hin; dieser, ohne sich umzuwenden, schmeißt ihm Topf und Braten aus der Hand

SIEGFRIED. Braten briet ich mir selbst:
Deinen Sudel sauf allein!

MIME *mit kläglich kreischender Stimme.*
Das ist nun der Liebe
schlimmer Lohn!
Das der Sorgen
schmählicher Sold!
Als zullendes Kind
zog ich dich auf,
wärmte mit Kleidern
den kleinen Wurm:
Speise und Trank
trug ich dir zu,
hütete dich
wie die eig'ne Haut.
Und wie du erwuchsest,
wartet ich dein,
dein Lager schuf ich,
daß leicht du schliefst.
Dir schmiedet' ich Tand
und ein tönend Horn;
dich zu erfreun,
müht ich mich froh:
mit klugem Rate
riet ich dir klug,
mit lichtem Wissen
lehrt ich dich Witz.
Sitz ich daheim
in Fleiß und Schweiß,
nach Herzenlust
jagst du umher.
Für dich nur in Plage,
in Pein nur für dich,
verzehr ich mich alter
armer Zwerg!

schluchzend

Und aller Lasten
ist das nun mein Lohn,
daß der hastige Knabe
mich quält

schluchzend

und haßt!

Siegfried hat sich wieder umgewendet und ruhig in Mimes

Blick geforscht. Mime begegnet Siegfrieds Blick und sucht ihn scheu zu bergen

SIEGFRIED. Vieles lehrtest du, Mime,
und manches lernt ich von dir,
doch was du am liebsten mich lehrtest,
zu lernen gelang mir's nie: –
wie ich dich leiden könnt!
Trägst du mir Trank
und Speise herbei, –
der Ekel speist mich allein.
Schaffst du ein leichtes
Lager zum Schlaf, –
der Schlummer wird mir da schwer.
Willst du mich weisen
witzig zu sein, –
gern bleib ich taub und dumm.
Seh ich dir erst
mit den Augen zu,
zu übel erkenn ich,
was alles du tust!
Seh ich dich stehn,
gangeln und gehn,
knicken und nicken,
mit den Augen zwicken –
beim Genick möcht ich
den Nicker packen,
den Garaus geben
dem garst'gen Zwicker! –
So lernt ich, Mime, dich leiden. –
Bist du nun weise,
so hilf mir wissen
worüber umsonst ich sann: –
in den Wald lauf ich,
dich zu verlassen; –
wie kommt das, kehr ich zurück?
Alle Tiere sind
mir teurer als du,
Baum und Vogel,
die Fische im Bach,
lieber mag ich sie
leiden als dich: –
wie kommt das nun, kehr ich zurück?
Bist du klug, so tu mir's kund.

MIME *sucht sich ihm traulich zu nähern.*
Mein Kind, das lehrt dich kennen,
wie lieb ich am Herzen dir lieg.
SIEGFRIED. Ich kann dich ja nicht leiden: –
vergiß das nicht so leicht!
MIME *fährt zurück und setzt sich weiter abseits, Siegfried gegenüber.* Des ist deine Wildheit schuld,
die du Böser bänd'gen sollst! –
Jammernd verlangen Junge
nach ihrer Alten Nest:
Liebe ist das Verlangen; –
so lechzest du auch nach mir,
so liebst du auch deinen Mime –,
so mußt du ihn lieben!
Was dem Vöglein ist der Vogel,
wenn er im Nest es hegt –
eh das flügge mag fliegen,
das ist dir kind'schem Sproß
der kundig sorgende Mime, –
das muß er dir sein!
SIEGFRIED. Ei, Mime! bist du so witzig,
so laß mich eines noch wissen. –
Es sangen die Vöglein
so selig im Lenz,
das eine lockte das andre; –
du sagtest selbst,
da ich's wissen wollt, –
das wären Männchen und Weibchen:
sie kosten so lieblich,
und ließen sich nicht,
sie bauten ein Nest,
und brüteten drin;
da flatterte junges Geflügel auf,
und beide pflegten der Brut.
So ruhten im Busch
auch Rehe gepaart,
selbst wilde Füchse und Wölfe;
Nahrung brachte
zum Neste das Männchen;
das Weibchen säugte die Welpen: –
da lernt ich wohl
was Liebe sei,

der Mutter entwandt' ich
die Welpen nie.
Wo hast du nun, Mime,
dein minniges Weibchen,
daß ich es Mutter nenne?

MIME *ärgerlich*. Was ist dir Tor?
Ach, bist du dumm!
Bist doch weder Vogel noch Fuchs?

SIEGFRIED. Das zullende Kind
zogest du auf,
wärmtest mit Kleidern
den kleinen Wurm: –
wie kam dir aber
der kindische Wurm?
Du machtest wohl gar
ohne Mutter mich?

MIME. Glauben sollst du,
was ich dir sage:
ich bin dir Vater
und Mutter zugleich.

SIEGFRIED. Das lügst du, garstiger Gauch!
Wie die Jungen den Alten gleichen,
das hab ich mir glücklich ersehn.
Nun kam ich zum klaren Bach:
da erspäht ich die Bäum'
und Tier im Spiegel;
Sonn und Wolken,
wie sie nur sind,
im Glitzer erschienen sie gleich.
Da sah ich denn auch
mein eigen Bild: –
ganz anders als du
dünkt ich mir da;
so glich wohl der Kröte
der glänzende Fisch,
doch kroch nie der Fisch aus der Kröte!

MIME. Greulichen Unsinn
kramst du da aus!

SIEGFRIED. Siehst du! Nun fällt
auch selbst mir ein,
was zuvor umsonst ich besann:
wenn zum Wald ich laufe,

dich zu verlassen,
wie das kommt, kehr ich doch heim?
Von dir erst muß ich erfahren,
wer Vater und Mutter mir sei!

Er springt auf Mime los und faßt ihn bei der Kehle

MIME *weicht ihm aus.* Was Vater! Was Mutter!
Müßige Frage!

SIEGFRIED. So muß ich dich fassen,
um was zu wissen;
gutwillig
erfahr ich doch nichts!
So mußt ich Alles
ab dir trotzen:
kaum das Reden
hätt ich erraten,
entwandt ich's mit Gewalt
nicht dem Schuft! –
Heraus damit,
räudiger Kerl!
Wer ist mir Vater und Mutter?

MIME. Ans Leben gehst du mir schier!
Nun laß! Was zu wissen dich geizt,
erfahr es, ganz wie ich's weiß.
O undankbares,
arges Kind,
jetzt hör, wofür du mich hassest!
Nicht bin ich Vater
noch Vetter dir,
und dennoch verdankst du mir dich;
ganz fremd bist du mir,
dem einzigen Freund;
aus Erbarmen allein
barg ich dich hier:
nun hab ich lieblichen Lohn!
Was verhofft ich Tor mir auch Dank! –
Einst lag wimmernd ein Weib
da draußen im wilden Wald;
zur Höhle half ich ihr her,
am warmen Herd sie zu hüten.
Ein Kind trug sie im Schoße,
traurig gebar sie's hier;
sie wand sich hin und her, –
ich half so gut ich konnt': –

groß war die Not! Sie starb: –
doch Siegfried, der genas.
SIEGFRIED. So starb meine Mutter an mir?
MIME. Meinem Schutz übergab sie dich;
ich schenkt ihn gern dem Kind.
Was hat sich Mime gemüht,
was gab sich der gute für Not!
»Als zullendes Kind
zog ich dich auf« –
SIEGFRIED. Mich dünkt, des gedachtest du schon!
Jetzt sag, woher heiß ich »Siegfried«?
MIME. So hieß mich die Mutter:
möcht ich dich heißen;
als »Siegfried« würdest
du stark und schön.
»Ich wärmte mit Kleidern
den kleinen Wurm« –
SIEGFRIED. Nun melde, wie hieß meine Mutter?
MIME. Das weiß ich wahrlich kaum! –
»Speise und Trank
trug ich dir zu« –
SIEGFRIED. Den Namen sollst du mir nennen!
MIME. Entfiel er mir wohl? Doch halt!
Sieglinde mochte die heißen,
die dich in Sorge mir gab: –
»ich hütete dich
wie die eig'ne Haut« –
SIEGFRIED *immer drängender.*
Dann frag ich, wie hieß mein Vater?
MIME. Den hab ich nie gesehn!
SIEGFRIED, Doch die Mutter nannte den Namen?
MIME. Erschlagen sei er, –
das sagte sie nur: –
dich Vaterlosen
befahl sie mir da.
»Und wie du erwuchsest,
wartet' ich dein',
dein Lager schuf ich,
daß leicht du schliefst.«
SIEGFRIED. Still mit dem alten
Starenlied!
Soll ich der Kunde glauben,

hast du mir nichts gelogen,
so laß mich Zeichen sehn!
MIME. Was soll dir's noch bezeugen?
SIEGFRIED. Dir glaub ich nicht mit dem Ohr,
dir glaub ich nur mit dem Aug:
welch Zeichen zeugt für dich?
MIME *holt nach einigem Besinnen die zwei Stücken eines zerschlagenen Schwertes herbei.* Das gab mir deine Mutter;
für Mühe, Kost und Pflege
ließ sie's als schwachen Lohn:
sieh her, ein zerbrochnes Schwert;
dein Vater, sagte sie, führt es,
als im letzten Kampf er erlag.
SIEGFRIED *begeistert.* Und diese Stücken
sollst du mir schmieden:
dann schwing ich mein rechtes Schwert!
Auf! Eile dich, Mime!
Mühe dich rasch!
Kannst du was Rechts,
nun zeig deine Kunst:
täusche mich nicht
mit schlechtem Tand!
Den Trümmern allein
trau ich was zu!
Find ich dich faul,
fügst du ihn schlecht,
flickst du mit Flausen
den festen Stahl:
dir Feigem fahr ich zu Leib;
das Fegen lernst du von mir!
Denn heute noch, schwör ich,
will ich das Schwert,
die Waffe gewinn ich noch heut!
MIME *ängstlich.* Was willst du noch heut mit dem Schwert?
SIEGFRIED. Aus dem Wald fort
in die Welt ziehn,
nimmer kehr ich zurück!
Wie ich froh bin,
daß ich frei ward,
nichts mich bindet und zwingt!
Mein Vater bist du nicht,
in der Ferne bin ich heim;
dein Herd ist nicht mein Haus,

meine Decke nicht dein Dach:
wie der Fisch froh
in der Flut schwimmt,
wie der Fink frei
sich davon schwingt,
flieg ich von hier,
flute davon,
wie der Wind übern Wald
weh ich dahin, –:
dich, Mime, nie wieder zu sehn!

Er läuft in den Wald

MIME. Halte! Halte! Halte! Wohin? *
He! Siegfried!
Siegfried! He!

Er sieht dem Fortstürmenden eine Weile staunend nach; dann kehrt er in die Schmiede zurück und setzt sich hinter den Amboß

Da stürmt er hin!
Nun sitz ich da; –
zur alten Not
hab ich die neue: –
vernagelt bin ich nun ganz!
Wie helf ich mir jetzt?
Wie halt ich ihn fest?
Wie führ ich den Huien
zu Fafners Nest?
Wie füg ich die Stücken
des tückischen Stahls?
Keines Ofens Glut
glüht mir die echten;
keines Zwergen Hammer
zwingt mir die harten!

Grell

Des Niblungen Neid,
Not und Schweiß,
nietet mir Nothung nicht,
schweißt mir das Schwert nicht zu ganz!

* Siehe Anhang 12.

ZWEITE SZENE

Der Wanderer (Wotan) tritt aus dem Wald an das hintere Tor der Höhle. Er trägt einen dunkelblauen langen Mantel; einen Speer führt er als Stab. Auf dem Haupt hat er einen breiten runden Hut mit herabhängender Krempe

DER WANDERER. Heil dir, weiser Schmied!
Dem wegmüden Gast
gönne hold
des Hauses Herd!
MIME *erschrocken auffahrend.* Wer ist's, der im wilden Walde mich sucht?
Wer verfolgt mich im öden Forst?
WANDRER *sehr langsam, immer nur um einen Schritt, sich nähernd.* »Wandrer« heißt mich die Welt;
weit wandert ich schon:
auf der Erde Rücken
rührt ich mich viel!
MIME. So rühre dich fort
und raste nicht hier, –
nennt dich »Wandrer« die Welt!
WANDRER. Gastlich ruht ich bei Guten,
Gaben gönnten Viele mir,
denn Unheil fürchtet,
wer unhold ist.
MIME. Unheil wohnte
immer bei mir;
willst du dem Armen es mehren?
WANDRER *langsam immer näher schreitend.*
Viel erforscht ich,
erkannte viel;
wicht'ges konnt ich
manchem künden,
manchem wehren,
was ihn mühte,
nagende Herzensnot.
MIME. Spürtest du klug,
und erspähtest du viel,
hier brauch ich nicht Spürer noch Späher.
Einsam will ich
und einzeln sein:
Lungerern laß ich den Lauf.

WANDRER *wieder etwas näher tretend.*
Mancher wähnte
weise zu sein;
nur was ihm not tat
wußte er nicht:
was ihm frommte,
ließ ich erfragen:
lohnend lehrt ihn mein Wort.

MIME *immer ängstlicher, da er den Wanderer näher sieht.*
Müß'ges Wissen
wahren Manche;
ich weiß mir grade genug:
Wanderer vollends bis an den Herd vorschreitend
mir genügt mein Witz;
ich will nicht mehr!
Dir Weisem weis ich den Weg!

WANDRER *am Herd sich setzend.*
Hier sitz ich am Herd,
und setze mein Haupt
der Wissens-Wette zum Pfand. –
Mein Kopf ist dein,
du hast ihn erkiest,
erfrägst du dir nicht,
was dir frommt,
lös ich's mit Lehren nicht ein.

MIME *der zuletzt den Wanderer mit offenem Munde angestarrt hat, schrickt jetzt zusammen. Kleinmütig für sich*
Wie werd ich den Lauernden los? –
Verfänglich muß ich ihn fragen. –
Er ermannt sich wie zur Strenge
Dein Haupt pfänd ich
für den Herd:
nun sorg es sinnig zu lösen!
Drei der Fragen
stell ich mir frei.

WANDRER. Dreimal muß ich's treffen. –

MIME *sammelt sich zum Nachdenken.*
Du rührtest dich viel
auf der Erde Rücken,
die Welt durchwandertest weit; –
nun sage mir schlau:
welches Geschlecht
tagt in der Erde Tiefe?

WANDRER. In der Erde Tiefe
tagen die Nibelungen;
Nibelheim ist ihr Land;
Schwarzalben sind sie;
Schwarz-Alberich
hütet' als Herrscher sie einst.
Eines Zauberringes
zwingende Kraft
zähmt' ihm das fleißige Volk;
reicher Schätze
schimmernden Hort
häuften sie ihm:
der sollte die Welt ihm gewinnen. –
Zum zweiten, was frägst du, Zwerg?

MIME *versinkt in immer tieferes Nachsinnen.*
Viel, Wanderer,
weißt du mir
aus der Erde Nabelnest.
Nun sage mir schlicht:
welches Geschlecht
wohnt auf der Erde Rücken?

WANDRER. Auf der Erde Rücken
wuchtet der Riesen Geschlecht:
Riesenheim ist ihr Land.
Fasolt und Fafner,
der Rauhen Fürsten,
neideten Nibelungs Macht;
den gewaltigen Hort
gewannen sie sich,
errangen mit ihm den Ring.
Um den entbrannte
den Brüdern Streit:
der Fasolt fällte,
als wilder Wurm
hütet nun Fafner den Hort.
Die dritte Frage nun droht.

MIME *ganz entrückt und nachsinnend.*
Viel, Wanderer,
weißt du mir
von der Erde rauhem Rücken.
Nun sage mir wahr,
welches Geschlecht
wohnt auf wolkigen Höhn?

WANDRER. Auf wolkigen Höhn
wohnen die Götter:
Walhall heißt ihr Saal.
Lichtalben sind sie;
Licht-Alberich,
Wotan, waltet der Schar.
Aus der Weltesche
weihlichstem Aste
schuf er sich einen Schaft:
dorrt der Stamm,
nie verdirbt doch der Speer;
mit seiner Spitze
sperrt Wotan die Welt.
Heil'ger Verträge
Treue-Runen
schnitt in den Schaft er ein.
Den Haft der Welt
hält in der Hand,
wer den Speer führt,
den Wotans Faust umspannt:
ihm neigte sich
der Niblungen Heer;
der Riesen Gezücht
zähmte sein Rat:
ewig gehorchen sie alle
des Speeres starkem Herrn.

Er stößt wie unwillkürlich mit dem Speer auf den Boden, wovon Mime heftig erschrickt

Nun rede, weiser Zwerg!
Wußt ich der Fragen Rat?
Behalte mein Haupt ich frei?

MIME *nachdem er den Wanderer mit dem Speer aufmerksam beobachtet hat, gerät nun in große Angst, sucht verwirrt nach Gerätschaften und blickt scheu zur Seite.*
Fragen und Haupt
hast du gelöst:
nun, Wandrer, geh deines Wegs!

WANDRER. Was zu wissen dir frommt,
solltest du fragen:
Kunde verbürgte mein Kopf.
Daß du nun nicht weißt,
was dir frommt,
des faß ich jetzt deines als Pfand. –

Gastlich nicht
galt mir dein Gruß;
mein Haupt gab ich
in deine Hand,
um mich des Herdes zu freun.
Nach Wettens Pflicht
pfänd ich nun dich,
lösest du drei
der Fragen nicht leicht.
Drum frische dir, Mime, den Mut!

MIME *sehr schüchtern und zögernd, endlich in furchtsamer Ergebung sich fassend.*
Lang schon mied ich
mein Heimatland,
lang schon schied ich
aus der Mutter Schoß:
Verstohlen zum Wandrer ein wenig ausweichend
mir leuchtete Wotans Auge,
zur Höhle lugt er herein:
vor ihm magert
mein Mutterwitz.
Doch frommt mir nun weise zu sein, –
Wandrer, frage denn zu!
Vielleicht glückt mir's – gezwungen –
zu lösen des Zwergen Haupt. –

WANDRER *wieder gemächlicher sich niederlassend.*
Nun ehrlicher Zwerg!
Sag mir zum ersten!
Welches ist das Geschlecht,
dem Wotan schlimm sich zeigte,
sehr leise, doch vernehmbar
und das doch das liebste ihm lebt?

MIME *sich ermunternd.* Wenig hört ich
von Heldensippen;
der Frage doch mach ich mich frei. –
Die Wälsungen sind
das Wunschgeschlecht,
das Wotan zeugte,
und zärtlich liebte,
zeigt er auch Ungunst ihm.
Siegmund und Sieglind'
stammten von Wälse,
ein wild verzweifeltes

Zwillingspaar:
Siegfried zeugten sie selbst,
den stärksten Wälsungensproß. –
Behalt ich, Wandrer,
zum ersten mein Haupt?

WANDRER *gemütlich.* Wie doch genau
das Geschlecht du mir nennst!
Schlau eracht ich dich Argen. –
Der ersten Frage
wardst du frei;
zum Zweiten nun sag mir, Zwerg!
Ein weiser Niblung
wahret Siegfried;
Fafnern soll er ihm fällen,
daß den Ring er erränge,
des Hortes Herrscher zu sein.
Welches Schwert
muß Siegfried nun schwingen,
taug' es zu Fafners Tod?

MIME *seine gegenwärtige Lage immer mehr vergessend, reibt sich vergnügt die Hände.*
Nothung heißt
ein neidliches Schwert;
in einer Esche Stamm
stieß es Wotan:
dem sollt es geziemen,
der aus dem Stamm es zög.
Der stärksten Helden
keiner bestand's;
Siegmund der kühne
konnt's allein:
fechtend führt er's im Streit,
bis an Wotans Speer es zersprang.
Nun verwahrt die Stücken
ein weiser Schmied;
denn er weiß, daß allein
mit dem Wotans-Schwert
ein kühnes, dummes Kind,
Siegfried, den Wurm versehrt.
Behalt ich Zwerg
auch zweitens mein Haupt?

WANDRER *lachend.* Haha, haha, hahahaha!
Der Witzigste bist du

unter den Weisen,
wer käm dir an Klugheit gleich?
Doch bist du so klug,
den kindischen Helden
für Zwergenzwecke zu nützen, –
mit der dritten Frage
droh ich nun.
Sag mir, du weiser
Waffenschmied:
wer wird aus den starken Stücken
Nothung, das Schwert, wohl schweißen?

MIME *fährt im höchsten Schrecken auf.* Die Stücken! Das Schwert!

Kreischend

O weh, mir schwindelt!
Was fang ich an?
Was fällt mir ein?
Verfluchter Stahl!
Daß ich dich gestohlen!
Er hat mich vernagelt
in Pein und Not!
Mir bleibt er hart,
ich kann ihn nicht hämmern;
Niet und Löte
läßt mich im Stich!

Er wirft wie sinnlos sein Gerät durcheinander und bricht in helle Verzweiflung aus

Der weiseste Schmied
weiß sich nicht Rat!
Wer schweißt nun das Schwert,
schaff ich es nicht?
Das Wunder, wie soll ich's wissen!

WANDRER *ist ruhig vom Herd aufgestanden.*

Dreimal solltest du fragen,
dreimal stand ich dir frei: –
nach eitlen Fernen
forschtest du;
doch was zunächst dir sich fand,
was dir nützt, fiel dir nicht ein;
nun ich's errate,
wirst du verrückt:
gewonnen hab ich
das witzige Haupt! –

Jetzt, Fafners kühner Bezwinger,
hör, verfallner Zwerg!
»Nur wer das Fürchten
nie erfuhr,
schmiedet Nothung neu.«

Mime starrt ihn groß an; er wendet sich zum Fortgang

Dein weises Haupt
wahre von heut –
verfallen laß ich es dem,
der das Fürchten nicht gelernt.

Er wendet sich lächelnd ab und verschwindet schnell im Walde. Mime ist wie vernichtet auf den Schemel zurückgesunken

DRITTE SZENE

MIME *stiert, grad vor sich aus, in den sonnig beleuchteten Wald hinein und gerät zunehmend in heftiges Zittern.*

Verfluchtes Licht!
Was flammt dort die Luft?
Was flackert und lackert –
was flimmert und schwirrt, –
was schwebt dort und webt,
und wabert umher?
Dort glimmert's und glitzt's
in der Sonne Glut?
Was säuselt und summt,
und saust nun gar?
Es brummt und braust, –
und prasselt hieher!
Dort bricht's durch den Wald,
will auf mich zu!

Er bäumt sich vor Entsetzen auf

Ein gräßlicher Rachen
reißt sich mir auf:
der Wurm will mich fangen! –
Fafner! Fafner!

Er sinkt schreiend hinter dem Amboß zusammen

SIEGFRIED *bricht aus dem Waldgesträuch hervor und ruft noch hinter der Szene, während man seine Bewegung an dem zerkrachenden Gezweige des Gesträuches gewahrt.*

Heda! Du Fauler!
Bist du nun fertig?
Er tritt in die Höhle herein
Schnell, wie steht's mit dem Schwert?
Er hält verwundert an
Wo steckt der Schmied?
Stahl er sich fort? –
Hehe! Mime, du Memme!
Wo bist du? Wo birgst du dich?

MIME *mit schwacher Stimme hinter dem Amboß.*
Bist du es, Kind?
Kommst du allein?

SIEGFRIED *lachend.* Hinter dem Amboß?
Sag, was schufest du dort?
Schärftest du mir das Schwert?

MIME *höchst verstört und zerstreut hervorkommend.*
Das Schwert? Das Schwert?
Wie möcht ich's schweißen?
Halb für sich
»Nur wer das Fürchten
nie erfuhr,
schmiedet Nothung neu.« –
Zu weise ward ich
für solches Werk.

SIEGFRIED *heftig.* Wirst du mir reden?
Soll ich dir raten?

MIME *wie zuvor.* Wo nähm ich redlichen Rat?
Mein weises Haupt
hab ich verwettet:
Vor sich hin starrend
verfallen, verlor ich's an den,
der das Fürchten nicht gelernt! –

SIEGFRIED *ungestüm.* Sind mir das Flausen?
Willst du mir flieh'n?

MIME. Wohl floh ich dem,
der's Fürchten kennt!
Doch das ließ ich dem Kinde zu lehren;
ich Dummer vergaß,
was einzig gut.
Liebe zu mir
sollt er lernen;
das gelang nun leider faul! –
Wie bring ich das Fürchten ihm bei?

SIEGFRIED. He! Muß ich helfen?
Was fegtest du heut?
MIME. Um dich nur besorgt,
versank ich in Sinnen,
wie ich dich Wichtiges wiese.
SIEGFRIED *lachend*. Bis unter den Sitz
warst du versunken:
Was Wichtiges fandest du da?
MIME *sich immer mehr fassend*.
Das Fürchten lernt ich für dich,
daß ich's dich Dummen lehre.
SIEGFRIED *mit ruhiger Verwunderung*. Was ist's mit dem Fürchten?
MIME. Erfuhrst du's noch nie,
und willst aus dem Wald
doch fort in die Welt?
Was frommte das festeste Schwert,
blieb dir das Fürchten fern.
SIEGFRIED *ungeduldig*. Faulen Rat
erfindest du wohl.
MIME *immer zutraulicher Siegfried näher tretend*.
Deiner Mutter Rat
redet aus mir,
was ich gelobte,
muß ich nun lösen:
in die listige Welt
dich nicht zu entlassen,
eh du nicht das Fürchten gelernt. –
SIEGFRIED *heftig*. Ist's eine Kunst,
was kenn ich sie nicht?
Heraus! Was ist's mit dem Fürchten?
MIME. Fühltest du nie
im finstren Wald,
bei Dämmerschein
am dunklen Ort,
wenn fern es säuselt,
summst und saust,
wildes Brummen
näher braust:
wirres Flackern
um dich flimmert, –
schwellend Schwirren
zu Leib dir schwebt: –

Zitternd
fühltest du dann nicht grieselnd
Grausen in die Glieder dir fahren?
Bebend
Glühender Schauer
schüttelt die Glieder,
in der Brust, bebend und bang,
berstet hämmernd das Herz?
Fühltest du das noch nicht,
das Fürchten blieb dir noch fremd. –

SIEGFRIED *nachsinnend.* Sonderlich seltsam
muß das sein!
Hart und fest,
fühl ich, steht mir das Herz.
Das Grieseln und Grausen,
Das Glühen und Schauern,
Hitzen und Schwindeln,
Hämmern und Beben:
gern begehr ich das Bangen,
sehnend verlangt mich der Lust! –
Doch wie bringst du,
Mime, mir's bei?
Wie wärst du Memme mir Meister?

MIME. Folge mir nur,
ich führe dich wohl:
sinnend fand ich es aus.
Ich weiß einen schlimmen Wurm,
der würgt und schlang schon viel:
Fafner lehrt dich das Fürchten,
folgst du mir zu seinem Nest.

SIEGFRIED. Wo liegt er im Nest?

MIME. Neidhöhle
wird es genannt:
im Ost, am Ende des Walds.

SIEGFRIED. Dann wär's nicht weit von der Welt?

MIME. Bei Neidhöhle liegt sie ganz nah.

SIEGFRIED. Dahin denn sollst du mich führen:
lernt ich das Fürchten,
dann fort in die Welt!
Drum schnell! Schaffe das Schwert:
in der Welt will ich es schwingen.

MIME. Das Schwert? O Not!

SIEGFRIED. Rasch in die Schmiede!

Weis', was du schufst!

MIME. Verfluchter Stahl!
Zu flicken versteh ich ihn nicht:
den zähen Zauber
bezwingt keines Zwergen Kraft.
Wer das Fürchten nicht kennt,
der fänd wohl eher die Kunst.

SIEGFRIED. Feine Finten
weiß mir der Faule;
daß er ein Stümper,
soll er gestehn:
nun lügt er sich listig heraus!
Her mit den Stücken,
fort mit dem Stümper!

Auf den Herd zuschreitend

Des Vaters Stahl
fügt sich wohl mir:
ich selbst schweiße das Schwert.

Er macht sich, Mimes Gerät durcheinander werfend, mit Ungestüm an die Arbeit

MIME. Hättest du fleißig
die Kunst gepflegt,
Jetzt käm dir's wahrlich zu gut:
doch lässig warst du
stets in der Lehr,
was willst du Rechtes nun rüsten?

SIEGFRIED. Was der Meister nicht kann,
vermöcht es der Knabe,
hätt er ihm immer gehorcht?

Er dreht ihm eine Nase

Jetzt mach dich fort;
misch dich nicht drein,
sonst fällst du mir mit ins Feuer!

Er hat eine große Menge Kohlen auf den Herd aufgehäuft und unterhält in einem fort die Glut, während er die Schwertstücke in den Schraubstock einspannt und sie zu Spänen zerfeilt

MIME *der sich etwas abseits niedergesetzt hat und Siegfried bei der Arbeit zusieht.* Was machst du denn da?
Nimm doch die Löte;
den Brei braut ich schon längst.

SIEGFRIED. Fort mit dem Brei,

ich brauch ihn nicht;
mit Bappe back ich kein Schwert!

MIME. Du zerfeilst die Feile, –
zerreibst die Raspel!
Wie willst du den Stahl zerstampfen?

SIEGFRIED. Zersponnen muß ich
in Späne ihn sehn:
was entzwei ist, zwing ich mir so.

Er feilt mit großem Eifer fort

MIME *für sich.* Hier hilft kein Kluger,
das seh ich klar;
hier hilft dem Dummen
die Dummheit allein. –
Wie er sich rührt,
und mächtig regt!
Ihm schwindet der Stahl,
doch wird ihm nicht schwül! –
Siegfried hat das Herdfeuer zur hellsten Glut angefacht
Nun ward ich so alt
wie Höhl und Wald,
und hab nicht so was gesehn! –

Während Siegfried mit ungestümem Eifer fortfährt, die Schwertstücken zu zerfeilen, setzt sich Mime noch mehr bei Seite

Mit dem Schwert gelingt's;
das lern ich wohl:
furchtlos fegt er's zu ganz.
Der Wandrer wußt es gut. –
Wie berg ich nun
mein banges Haupt?
Dem kühnen Knaben verfiel's,
lehrt ihn nicht Fafner die Furcht!
Mit wachsender Unruhe aufspringend und sich bewegend
Doch weh mir Armen!
Wie würgt er den Wurm,
erführ er das Fürchten von ihm?
Wie erräng ich mir den Ring?
Verfluchte Klemme!
Da klebt ich fest,
fänd ich nicht klugen Rat,
wie den Furchtlosen selbst ich bezwäng. –

SIEGFRIED *hat nun die Stücken zerfeilt und in einem Schmelztiegel gefangen, den er jetzt in die Herdglut stellt.*

He, Mime! Geschwind!
Wie heißt das Schwert,
das ich in Späne zersponnen?

MIME *fährt zusammen und wendet sich zu Siegfried.*
Nothung nennt sich
das neidliche Schwert:
deine Mutter gab mir die Mär.

SIEGFRIED *nährt unter dem folgenden Gesange die Glut mit dem Blasebalg.* Nothung! Nothung!
Neidliches Schwert!
Was mußtest du zerspringen? –
Zu Spreu nun schuf ich
die scharfe Pracht,
im Tiegel brat ich die Späne. –
Hoho! Hoho!
Hahei! Hahei! Hoho!
Blase, Balg!
Blase die Glut!
Wild im Walde
wuchs ein Baum,
den hab ich im Forst gefällt:
die braune Esche
brannt ich zur Kohl,
auf dem Herd nun liegt sie gehäuft.
Hoho! Hoho!
Hahei! Hahei! Hoho!
Blase, Balg!
Blase die Glut!
Des Baumes Kohle,
wie brennt sie kühn;
wie glüht sie hell und hehr!
In springenden Funken
sprühet sie auf:
hahei, hoho, hahei!
zerschmilzt mir des Stahles Spreu.
Hoho! Hoho!
Hahei! Hahei! Hoho!
Blase, Balg!
Blase die Glut!

MIME *immer für sich, entfernt sitzend.* Er schmiedet das Schwert,
und Fafner fällt er:
das seh ich nun deutlich voraus.

Hort und Ring
errringt er im Harst: –
wie erwerb ich mir den Gewinn?
Mit Witz und List
gewinn ich beides,
und berge heil mein Haupt.

SIEGFRIED *nochmals am Blasebalg.* Hoho! Hoho!
Hoho! Hahei! Hahei!

MIME *im Vordergrunde, für sich.* Rang er sich müd mit dem Wurm,
von der Müh erlab ihn ein Trunk:
aus würz'gen Säften,
die ich gesammelt,
brau ich den Trank für ihn;
wenig Tropfen nur
braucht er zu trinken,
sinnlos sinkt er in Schlaf.
Mit der eig'nen Waffe,
die er sich gewonnen,
räum ich ihn leicht aus dem Weg,
erlange mir Ring und Hort.

Er reibt sich vergnügt die Hände

Hei, weiser Wandrer!
Dünkt ich dich dumm?
Wie gefällt dir nun
mein feiner Witz?
Fand ich mir wohl
Rat und Ruh?

SIEGFRIED. Nothung! Nothung!
Neidliches Schwert!
Nun schmolz deines Stahles Spreu!
Im eig'nen Schweiße
schwimmst du nun.

Er gießt den glühenden Inhalt des Tiegels in eine Stangenform und hält diese in die Höhe

Bald schwing' ich dich als mein Schwert!

Er stößt die gefüllte Stangenform in den Wassereimer. Dampf und lautes Gezisch der Kühlung erfolgen

In das Wasser floß
ein Feuerfluß:
grimmiger Zorn
zischt ihm da auf!
Wie sehrend er floß,

in des Wassers Flut
fließt er nicht mehr.
Starr ward er und steif,
herrisch der harte Stahl:
heißes Blut doch
fließt ihm bald.

Er stößt den Stahl in die Herdglut und zieht die Blasebälge wieder mächtig an

Nun schwitze noch einmal,
daß ich dich schweiße!
Nothung, neidliches Schwert!

Mime ist vergnügt aufgesprungen; er holt verschiedene Gefäße hervor, schüttet aus ihnen Gewürz und Kräuter in einen Kochtopf und sucht diesen auf dem Herde anzubringen. Siegfried beobachtet während der Arbeit Mime, welcher vom andren Ende des Herdes her seinen Topf sorgsam an die Glut stellt

Was schafft der Tölpel
dort mit dem Topf?
Brenn ich hier Stahl,
braust du dort Sudel?

MIME. Zu Schanden kam ein Schmied;
den Lehrer sein Knabe lehrt:
mit der Kunst nun ist's beim Alten aus,
als Koch dient er dem Kind.
Brennt es das Eisen zu Brei,
aus Eiern braut
der Alte ihm Sud.

Er fährt fort zu kochen

SIEGFRIED. Mime, der Künstler,
lernt jetzt kochen;
das Schmieden schmeckt ihm nicht mehr.
Seine Schwerter alle
hab ich zerschmissen:
was er kocht, ich kost es ihm nicht!

Unter dem Folgenden zieht Siegfried die Stangenform aus der Glut, zerschlägt sie und legt den glühenden Stahl auf dem Amboß zurecht

Das Fürchten zu lernen
will er mich führen,
ein Ferner soll es mich lehren:
was am besten er kann,

mir bringt er's nicht bei:
als Stümper besteht er in allem!

Während des Schmiedens

Hoho! Hoho! Hahei!
Schmiede, mein Hammer,
ein hartes Schwert!
Hoho! Hahei!
Hoho! Hahei!
Einst färbte Blut
dein falbes Blau,
sein rotes Rieseln
rötete dich;
kalt lachtest du da,
das warme lecktest du kühl!
Heiaho! Haha!
Haheiaha!
Nun hat die Glut
dich rot geglüht;
deine weiche Härte
dem Hammer weicht:
zornig sprühst du mir Funken,
daß ich dich Spröden gezähmt.
Heiaho! Heiaho!
Heiahohohohoho!
Hahei! Hahei! Hahei!

MIME *bei Seite.* Er schafft sich ein scharfes Schwert,
Fafner zu fällen,
der Zwerge Feind;
ich braut ein Truggetränk,
Siegfried zu fangen,
dem Fafner fiel.
Gelingen muß mir die List;
lachen muß mir der Lohn! –

Er beschäftigt sich während des Folgenden damit, den Inhalt des Topfes in eine Flasche zu gießen

SIEGFRIED. Hoho! Hoho! Hoho!
Hahei!
Schmiede, mein Hammer,
ein hartes Schwert!
Hoho! Hahei!
Hoho! Hahei!
Der frohen Funken
wie freu ich mich;

es ziert den Kühnen
des Zornes Kraft.
Lustig lachst du mich an,
stellst du auch grimm dich und gram!
Heiaho, haha,
haheiaha! –
Durch Glut und Hammer
glückt es mir;
mit starken Schlägen
streckt ich dich:
nun schwinde die rote Scham,
werde kalt und hart, wie du kannst.
Heiaho! Heiaho!
Heiahohohohoho!
Heiah!

Er schwingt den Stahl und stößt ihn in den Wassereimer. Er lacht bei dem Gezisch laut auf. Während Siegfried die geschmiedete Schwertklinge in dem Griffheft befestigt, treibt sich Mime mit der Flasche im Vordergrund umher

MIME. Den der Bruder schuf,
den schimmernden Reif,
in den er gezaubert
zwingende Kraft,
das helle Gold,
das zum Herrscher macht,
ihn hab ich gewonnen,
ich walte sein!

Er trippelt, während Siegfried mit dem kleinen Hammer arbeitet, feilt und schleift, mit zunehmender Vergnügtheit lebhaft umher

Alberich selbst,
der einst mich band,
zur Zwergenfrone
zwing ich ihn nun;
als Niblungenfürst
fahr ich darnieder,
gehorchen soll mir
alles Heer.
Der verachtete Zwerg,
wie wird er geehrt!
Zu dem Horte hin drängt sich
Gott und Held.

Mit immer lebhafteren Gebärden

Vor meinem Nicken
neigt sich die Welt;
vor meinem Zorne
zittert sie hin!
Dann wahrlich müht sich
Mime nicht mehr: –
ihm schaffen Andre
den ew'gen Schatz.
Mime, der kühne,
Mime ist König,
Fürst der Alben,
Walter des Alls!
Hei! Mime, wie glückte dir das!
Wer hätte wohl das gedacht!

SIEGFRIED *glättet mit den letzten Schlägen die Nieten des Griffheftes und faßt das Schwert nun.*
Nothung! Nothung!
Neidliches Schwert!
Jetzt haftest du wieder im Heft.
Warst du entzwei,
ich zwang dich zu ganz;
kein Schlag soll nun dich mehr zerschlagen.
Dem sterbenden Vater
zersprang der Stahl;
der lebende Sohn
schuf ihn neu:
nun lacht ihm sein heller Schein,
seine Schärfe schneidet ihm hart.
Das Schwert vor sich schwingend
Nothung! Nothung!
Neidliches Schwert!
Zum Leben weckt ich dich wieder.
Tot lagst du
in Trümmern dort,
jetzt leuchtest du trotzig und hehr.
Zeige den Schächern
nun deinen Schein!
Schlage den Falschen,
fälle den Schelm!
Schau, Mime, du Schmied: –
Er holt mit dem Schwerte aus
So schneidet Siegfrieds Schwert!

Er schlägt auf den Amboß, welchen er, von oben bis unten, in zwei Stücken zerspaltet, so daß er unter großem Gepolter aus einander fällt. Mime, welcher in höchster Verzückung sich auf einen Schemel geschwungen hatte, fällt vor Schreck sitzlings zu Boden. Siegfried hält jauchzend das Schwert in die Höhe

ZWEITER AUFZUG

Tiefer Wald

Ganz im Hintergrunde die Öffnung einer Höhle. Der Boden hebt sich bis zur Mitte der Bühne, wo er eine kleine Hochebene bildet; von da senkt er sich nach hinten, der Höhle zu, wieder abwärts, so daß von dieser nur der obere Teil der Öffnung dem Zuschauer sichtbar ist. Links gewahrt man durch Waldbäume eine zerklüftete Felsenwand. – Finstere Nacht, am dichtesten über dem Hintergrunde, wo anfänglich der Blick des Zuschauers gar nichts zu unterscheiden vermag

ERSTE SZENE

ALBERICH *an der Felswand gelagert, düster brütend.*
In Wald und Nacht
vor Neidhöhl halt ich Wacht:
es lauscht mein Ohr,
mühvoll lugt mein Aug. –
Banger Tag,
bebst du schon auf?
Dämmerst du dort,
durch das Dunkel auf?

Aus dem Walde von rechts her erhebt sich Sturmwind; ein bläulicher Glanz leuchtet von eben daher

Welcher Glanz glitzert dort auf? –
Näher schimmert
ein heller Schein: –
es rennt wie ein leuchtendes Roß,
bricht durch den Wald
brausend daher? –
Naht schon des Wurmes Würger?
Ist's schon, der Fafner fällt? –

Der Sturmwind legt sich wieder. Der Glanz verlischt

Das Licht erlischt, –
der Glanz barg sich dem Blick:
Nacht ist's wieder. –

Der Wanderer tritt aus dem Walde auf und hält Alberich gegenüber an

Wer naht dort schimmernd im Schatten?

WANDRER. Zur Neidhöhle
fuhr ich bei Nacht: –
wen gewahr ich im Dunkel dort?

Wie aus einem plötzlich zerreißenden Gewölk bricht Mondschein herein und beleuchtet des Wanderers Gestalt

ALBERICH *erkennt den Wanderer, fährt zuerst erschrocken zurück, bricht aber sogleich in höchste Wut gegen ihn aus.*
Du selbst läßt dich hier sehn?
Was willst du hier?
Fort, aus dem Weg!
Von dannen, schamloser Dieb!

WANDRER *ruhig.* Schwarzalberich,
schweifst du hier?
Hütest du Fafners Haus?

ALBERICH. Jagst du auf neue
Neidtat umher?
Weile nicht hier,
weiche von hinnen!
Genug des Truges
tränkte die Stätte mit Not;
drum, du Frecher,
laß sie jetzt frei!

WANDRER. Zu schauen kam ich,
nicht zu schaffen:
wer wehrte mir Wandrers Fahrt?

ALBERICH. Du Rat wütender Ränke!
Wär ich dir zulieb
doch noch dumm wie damals,
als du mich Blöden bandest:
wie leicht geriet es,
den Ring mir nochmals zu rauben? –
Hab Acht! Deine Kunst
kenne ich wohl; –
doch wo du schwach bist,
blieb mir auch nicht verschwiegen: –
mit meinen Schätzen

zahltest du Schulden,
mein Ring zahlte
der Riesen Müh',
die deine Burg dir gebaut.
Was mit den Trotz'gen
einst zu vertragen,
des Runen wahrt noch heut
deines Speeres herrischer Schaft:
nicht du darfst,
was als Zoll du gezahlt,
den Riesen wieder entreißen;
du selbst zerspelltest
deines Speeres Schaft;
in deiner Hand
der herrische Stab,
der starke, zerstiebte wie Spreu!

WANDRER. Durch Vertrages Treue-Runen
band er dich
Bösen mir nicht:
dich beugt er mir durch seine Kraft:
zum Krieg drum wahr ich ihn wohl.

ALBERICH. Wie stark du dräust
in trotziger Stärke,
und wie dir's im Busen doch bangt! –
Verfallen dem Tod
durch meinen Fluch
ist des Hortes Hüter: –
wer wird ihn beerben?
Wird der neidliche Hort
dem Niblungen wieder gehören?
Das sehrt dich mit ew'ger Sorge!
Denn, faß ich ihn wieder
einst in der Faust,
anders als dumme Riesen
üb ich des Ringes Kraft: –
dann zittre der Helden
ewiger Hüter!
Walhalls Höhen
stürm ich mit Hellas Heer:
der Welt walte dann ich. –

WANDRER *ruhig*. Deinen Sinn kenn ich wohl,
doch sorgt er mich nicht.

Des Ringes waltet,
wer ihn gewinnt.

ALBERICH. Wie dunkel sprichst du,
was ich deutlich weiß! –
An Heldensöhne
hält sich dein Trotz,
höhnisch
die traut deinem Blute entblüht.
Pflegtest du wohl eines Knaben,
der klug die Frucht dir pflücke,
immer heftiger
die du nicht brechen darfst?

WANDRER. Mit mir nicht,
hadre mit Mime;
leicht
dein Bruder bringt dir Gefahr:
einen Knaben führt er daher,
der Fafner ihm fällen soll.
Nichts weiß der von mir,
der Niblung nützt ihn für sich.
Drum sag ich dir, Gesell:
tue frei wie dir's frommt!
Alberich macht eine Gebärde heftiger Neugierde
Höre mich wohl,
sei auf der Hut!
Nicht kennt der Knabe den Ring;
doch Mime kundet ihn aus.

ALBERICH *heftig*. Deine Hand hieltest du vom Hort?

WANDRER. Wen ich liebe,
laß ich für sich gewähren:
er steh oder fall,
sein Herr ist er;
Helden nur können mir frommen.

ALBERICH. Mit Mime räng ich
allein um den Ring?

WANDRER. Außer dir begehrt er
einzig das Gold.

ALBERICH. Und dennoch gewänn ich ihn nicht?

WANDRER *ruhig näher tretend*. Ein Helde naht,
den Hort zu befrein;
zwei Niblungen geizen das Gold;
Fafner fällt,
der den Ring bewacht: –

wer ihn rafft, hat ihn gewonnen. –
Willst du noch mehr?
Dort liegt der Wurm: –
Er wendet sich nach der Höhle
warnst du ihn vor dem Tod,
willig wohl ließ er den Tand; –
ich selber weck ihn dir auf.
Er stellt sich auf die Anhöhe vor der Höhle und ruft hinein
Fafner! Fafner!
Erwache, Wurm!

ALBERICH *mit gespanntem Erstaunen, für sich.*
Was beginnt der Wilde?
Gönnt er mir's wirklich?

FAFNERS STIMME *durch ein starkes Sprachrohr.*
Wer stört mir den Schlaf?

WANDRER *der Höhle zugewandt.* Gekommen ist einer,
Not dir zu künden;
er lohnt dir's mit dem Leben,
lohnst du das Leben ihm
mit dem Horte, den du hütest.
Er beugt sein Ohr lauschend der Höhle zu

FAFNER. Was will er?

ALBERICH *ist zum Wandrer getreten und ruft in die Höhle.*
Wache, Fafner!
Wache, du Wurm!
Ein starker Helde naht:
dich Heil'gen will er bestehn. –

FAFNER. Mich hungert sein!

WANDRER. Kühn ist des Kindes Kraft,
scharf schneidet sein Schwert.

ALBERICH. Den goldnen Reif
geizt er allein:
laß mir den Ring zum Lohn,
so wend ich den Streit;
du wahrest den Hort,
und ruhig lebst du lang! –

FAFNER. Ich lieg und besitz:
laßt mich,
gähnend
schlafen!

WANDRER *lacht laut auf und wendet sich dann wieder zu Alberich.* Nun, Alberich! Das schlug fehl.
Doch schilt mich nicht mehr Schelm!

Dies Eine, rat ich,
achte noch wohl! –

Vertraulich zu ihm tretend

Alles ist nach seiner Art:
an ihr wirst du nichts ändern. –
Ich laß dir die Stätte,
stelle dich fest:
versuch's mit Mime, dem Bruder;
der Art ja versiehst du dich besser.

Zum Abgang gewendet

Was anders ist, –
das lerne nun auch!

Er verschwindet schnell im Walde. Sturmwind erhebt sich, heller Glanz bricht aus; dann vergeht beides schnell

ALBERICH *blickt dem davonjagenden Wanderer nach.*

Da reitet er hin
auf lichtem Roß,
mich läßt er in Sorg und Spott.
Doch lacht nur zu,
ihr leichtsinniges,
lustgieriges
Göttergelichter!
Euch seh ich
noch Alle vergehn!
So lang das Gold
am Lichte glänzt,
hält ein Wissender Wacht: –
trügen wird euch sein Trotz!

Er schlüpft zur Seite in das Geklüft. – Die Bühne bleibt leer. – Morgendämmerung

ZWEITE SZENE

Bei anbrechendem Tage treten Siegfried und Mime auf. Siegfried trägt das Schwert in einem Gehenke von Bastseil. Mime erspäht genau die Stätte; er forscht endlich dem Hintergrunde zu, welcher, während die Anhöhe im mittleren Vordergrunde später immer heller von der Sonne beleuchtet wird, in finstrem Schatten bleibt; dann bedeutet er Siegfried

MIME. Wir sind zur Stelle;
bleib hier stehn.

SIEGFRIED *setzt sich unter der Linde nieder und schaut sich um.* Hier soll ich das Fürchten lernen?
Fern hast du mich geleitet;
eine volle Nacht im Walde
selbander wanderten wir.
Nun sollst du, Mime,
mich meiden!
Lern ich hier nicht,
was ich lernen soll,
allein zieh ich dann weiter:
dich endlich werd ich da los!

MIME *setzt sich ihm gegenüber, so daß er die Höhle immer noch im Auge behält.* Glaube, Liebster,
lernst du heut und hier
das Fürchten nicht,
an andrem Ort,
zu andrer Zeit,
schwerlich erfährst du's je. –
Siehst du dort
den dunklen Höhlenschlund?
Darin wohnt
ein greulich wilder Wurm:
unmaßen grimmig
ist er und groß,
ein schrecklicher Rachen
reißt sich ihm auf;
mit Haut und Haar,
auf einen Happ,
verschlingt der Schlimme dich wohl.

SIEGFRIED *immer unter der Linde sitzend.* Gut ist's, den Schlund ihm zu schließen:
drum biet ich mich nicht dem Gebiß.

MIME. Giftig gießt sich
ein Geifer ihm aus:
wen mit des Speichels
Schweiß er bespeit,
dem schwinden wohl Fleisch und Gebein.

SIEGFRIED. Daß des Geifers Gift mich nicht sehre,
weich ich zur Seite dem Wurm.

MIME. Ein Schlangenschweif
schlägt sich ihm auf:
wen er damit umschlingt

und fest umschließt,
dem brechen die Glieder wie Glas!

SIEGFRIED. Vor des Schweifes Schwang mich zu wahren,
halt ich den Argen im Aug. –
Doch heiße mich das:
hat der Wurm ein Herz?

MIME. Ein grimmiges hartes Herz.

SIEGFRIED. Das sitzt ihm doch,
wo es jedem schlägt,
trag es Mann oder Tier?

MIME. Gewiß, Knabe,
da führt's auch der Wurm.
Jetzt kommt dir das Fürchten wohl an?

SIEGFRIED *der bisher nachlässig ausgestreckt, erhebt sich rasch zum Sitz.* Nothung stoß ich
dem Stolzen ins Herz!
Soll das etwa Fürchten heißen?
He! Du Alter!
Ist das Alles,
was deine List
mich lehren kann?
Fahr deines Wegs dann weiter:
das Fürchten lern ich hier nicht.

MIME. Wart es nur ab!
Was ich dir sage,
dünke dich tauber Schall:
ihn selber mußt du
hören und sehn,
die Sinne vergehn dir dann schon.
Wenn dein Blick verschwimmt,
der Boden dir schwankt,
im Busen bang
dein Herz erbebt: –
sehr freundlich
dann dankst du mir, der dich führte,
gedenkst, wie Mime dich liebt.

SIEGFRIED. Du sollst mich nicht lieben!
Sagt ich's dir nicht?
Fort aus den Augen mir!
Laß mich allein,
sonst halt ich's hier länger nicht aus,
fängst du von Liebe gar an!
Das eklige Nicken

und Augenzwicken,
wann endlich soll ich's
nicht mehr sehn,
ungeduldig
wann werd ich den Albernen los?

MIME. Ich laß dich schon.
Am Quell dort lagr' ich mich;
steh du nur hier:
steigt dann die Sonne zur Höh,
merk auf den Wurm:
aus der Höhle wälzt er sich her,
hier vorbei
biegt er dann,
am Brunnen sich zu tränken.

SIEGFRIED *lachend.* Mime, weilst du am Quell,
dahin laß ich den Wurm wohl gehn:
Nothung stoß ich
ihm erst in die Nieren,
wenn er dich selbst dort
mit weg gesoffen. –
Darum hör meinen Rat,
raste nicht dort am Quell;
kehre dich weg
so weit du kannst,
und komm nie mehr zu mir! –

MIME. Nach freislichen Streit
dich zu erfrischen,
wirst du mir wohl nicht wehren?
Siegfried wehrt ihn heftig ab
Rufe mich auch,
darbst du des Rates. –
Siegfried wiederholt die Gebärde mit Ungestüm
Oder, wenn dir das Fürchten gefällt?
Siegfried erhebt sich und treibt Mime mit wütender Gebärde zum Forgehen. – Mime im Abgehen für sich
Fafner und Siegfried,
Siegfried und Fafner –:
oh! – brächten Beide sich um!
Er verschwindet rechts im Walde

SIEGFRIED *streckt sich behaglich unter der Linde aus und blickt dem davongehenden Mime nach.*
Daß der mein Vater nicht ist,
wie fühl ich mich drob so froh!

Nun erst gefällt mir
der frische Wald;
nun erst lacht mir
der lustige Tag,
da der Garstige von mir schied,
und ich gar nicht ihn wiederseh!

Er verfällt in schweigendes Sinnen

Wie sah mein Vater wohl aus? –
Ha! gewiß, wie ich selbst!
Denn wär wo von Mime ein Sohn,
müßt er nicht ganz
Mime gleichen?
Grade so garstig,
griesig und grau,
klein und krumm,
höckrig und hinkend,
mit hängenden Ohren,
triefigen Augen . . .
Fort mit dem Alp! –
Ich mag ihn nicht mehr sehn!

Er lehnt sich tiefer zurück und blickt durch den Baumwipfel auf. Tiefe Stille. – Waldweben

Aber – wie sah
meine Mutter wohl aus? –
Das kann ich
nun gar nicht mir denken! –
Der Rehhindin gleich
glänzten gewiß
ihr hell schimmernde Augen?
Nur noch viel schöner!
Da bang sie mich geboren,
warum aber starb sie da?
Sterben die Menschenmütter
an ihren Söhnen
alle dahin? –
Traurig wäre das, traun!
Ach, möcht ich Sohn
meine Mutter sehen! –
Meine Mutter – –
ein Menschenweib!

Er seufzt leise und streckt sich immer tiefer zurück. – Große Stille. – Wachsendes Waldweben. – Siegfrieds Aufmerksamkeit wird endlich durch den Gesang der Waldvögel gefesselt.

Er lauscht mit wachsender Teilnahme einem Waldvogel in den Zweigen über ihm

Du holdes Vöglein,
dich hört ich noch nie:
bist du im Wald hier daheim?
Verstünd ich sein süßes Stammeln!
Gewiß sagt es mir was, –
vielleicht – von der lieben Mutter?
Ein zankender Zwerg
hat mir erzählt,
der Vöglein Stammeln
gut zu verstehn,
dazu könnte man kommen.
Wie das wohl möglich wär? –
Hei! – ich versuch's,
sing ihm nach;
auf dem Rohr tön ich ihm ähnlich:
entrat ich der Worte,
achte der Weise,
sing ich so seine Sprache,
versteh ich wohl auch, was es spricht.

Er springt an den nahen Quell, schneidet mit dem Schwerte ein Rohr ab und schnitzt sich hastig eine Pfeife daraus. Während dem lauscht er wieder

Er schweigt, und lauscht: –
so schwatz ich denn los!

Er bläst auf dem Rohr. Er setzt ab, schnitzt wieder und bessert. Er bläst wieder. Er schüttelt mit dem Kopfe und bessert wieder. Er versucht. Er wird ärgerlich, drückt das Rohr mit der Hand und versucht wieder. Er setzt lächelnd ganz ab

Das tönt nicht recht;
auf dem Rohre taugt
die wonnige Weise mir nicht.
Vöglein, mich dünkt,
ich bleibe dumm;
von dir lernt sich's nicht leicht.

Er hört den Vogel wieder und blickt zu ihm auf

Nun schäm ich mich gar
vor dem schelmischen Lauscher;
er lugt, und kann nichts erlauschen. –
Hei da! So höre
nun auf mein Horn.

Er schwingt das Rohr und wirft es weit fort

Auf dem dummen Rohre
gerät mir nichts.
Einer Waldweise,
wie ich sie kann,
der lustigen sollst du nun lauschen:
nach lieben Gesellen
lockt ich mit ihr:
nichts Bess'res kam noch
als Wolf und Bär.
Nun laß mich sehn,
wen jetzt sie mir lockt,
ob das mir ein lieber Gesell?

Er nimmt das silberne Hifthorn und bläst darauf. Bei den lang gehaltenen Tönen blickt Siegfried immer erwartungsvoll auf den Vogel. Lustig, und immer schneller und schmetternder. Im Hintergrund regt es sich. – Fafner, in der Gestalt eines ungeheuren eidechsenartigen Schlangenwurmes, hat sich in der Höhle von seinem Lager erhoben; er bricht durch das Gesträuch und wälzt sich aus der Tiefe nach der höheren Stelle vor, so daß er mit dem Vorderleibe bereits auf ihr angelangt ist, als er jetzt einen starken gähnenden Laut ausstößt. – Siegfried sieht sich um und heftet den Blick verwundert auf Fafner

Haha! Da hätte mein Lied
mir was Liebes erblasen!
Du wärst mir ein saubrer Gesell!

FAFNER *hat beim Anblick Siegfrieds auf der Höhe angehalten und verweilt nun daselbst.* Was ist da?

SIEGFRIED. Ei, bist du ein Tier,
das zum Sprechen taugt,
wohl ließ sich von dir was lernen?
Hier kennt Einer
das Fürchten nicht:
kann er's von dir erfahren?

FAFNER. Hast du Übermut?

SIEGFRIED. Mut oder Übermut, –
was weiß ich!
Doch dir fahr ich zu Leibe,
lehrst du das Fürchten mich nicht.

FAFNER *stößt einen lachenden Laut aus.* Trinken wollt ich,
nun treff ich auch Fraß!

Er öffnet den Rachen und zeigt die Zähne

SIEGFRIED. Eine zierliche Fresse

zeigst du mir da,
lachende Zähne
im Leckermaul!
Gut wär es, den Schlund dir zu schließen;
dein Rachen reckt sich zu weit.

FAFNER. Zu tauben Reden
taugt er schlecht:
dich zu verschlingen
frommt der Schlund. –

SIEGFRIED. Hoho! Du grausam,
grimmiger Kerl!
Von dir verdaut sein,
dünkt mich übel.
Rätlich und fromm doch scheint's,
du verrecktest hier ohne Frist.

FAFNER *brüllend.* Pruh! Komm,
prahlendes Kind!

SIEGFRIED. Hab Acht, Brüller!
Der Prahler naht!

Er zieht sein Schwert, springt Fafner an und bleibt herausfordernd stehen. Fafner wälzt sich weiter auf die Höhe herauf und speit aus den Rüstern auf Siegfried. – Siegfried weicht dem Geifer aus, springt näher zu und stellt sich zur Seite. Fafner sucht ihn mit dem Schweife zu erreichen. Siegfried, welchen Fafner fast erreicht hat, springt mit einem Satze über diesen hinweg und verwundet ihn in dem Schweife. Fafner brüllt, zieht den Schweif heftig zurück und bäumt den Vorderleib, um mit dessen voller Wucht sich auf Siegfried zu werfen; so bietet er diesem die Brust dar; Siegfried erspäht schnell die Stelle des Herzens und stößt sein Schwert bis an das Heft hinein. Fafner bäumt sich vor Schmerz noch höher und sinkt, als Siegfried das Schwert losgelassen und zur Seite gesprungen ist, auf die Wunde zusammen

Da lieg, neidischer Kerl!
Nothung trägst du im Herzen!

FAFNER *mit schwächerer Stimme.*
Wer bist du, kühner Knabe,
der das Herz mir traf?
Wer reizte des Kindes Mut
zu der mordlichen Tat?
Dein Hirn brütete nicht,
was du vollbracht.

SIEGFRIED. Viel weiß ich noch nicht,
noch nicht auch, wer ich bin: –
mit dir mordlich zu ringen
reiztest du selbst meinen Mut.
FAFNER. Du helläugiger Knabe,
unkund deiner selbst,
wen du gemordet,
meld ich dir.
Der Riesen ragend Geschlecht,
Fasolt und Fafner,
die Brüder – fielen nun Beide.
Um verfluchtes Gold,
von Göttern vergabt,
traf ich Fasolt zu Tod:
der nun als Wurm
den Hort bewachte,
Fafner, den letzten Riesen –
fällte ein rosiger Held. –
Blicke nun hell,
blühender Knabe!
Der dich Blinden reizte zur Tat,
berät jetzt des Blühenden Tod. –
Merk, wie's endet!

Ersterbend

Acht auf mich!
SIEGFRIED. Woher ich stamme,
rate mir noch;
weise ja scheinst du
Wilder im Sterben:
rat es nach meinem Namen, –
Siegfried bin ich genannt.
FAFNER *tief seufzend.* Siegfried!...

Er hebt sich und stirbt

SIEGFRIED. Zur Kunde taugt kein Toter.
So leite mich denn
mein lebendes Schwert!

Fafner hat sich im Sterben gewälzt. Siegfried zieht ihm jetzt das Schwert aus der Brust; dabei wird seine Hand vom Blute benetzt: er fährt heftig mit der Hand auf

Wie Feuer brennt das Blut! –

Er führt unwillkürlich die Finger zum Munde, um das Blut von ihnen abzusaugen. Wie er sinnend vor sich hinblickt, wird seine Aufmerksamkeit immer mehr von dem Gesange der Waldvögel angezogen

Ist mir doch fast,
als sprächen die Vöglein zu mir?
Nützte mir das
des Blutes Genuß?
Das seltne Vöglein hier,
horch! was singt es mir?

STIMME EINES WALDVOGELS *aus den Zweigen der Linde über Siegfried.* Hei! Siegfried gehört
nun der Niblungen Hort!
O, fänd in der Höhle
den Hort er jetzt!
Wollt er den Tarnhelm gewinnen,
der taugt ihm zu wonniger Tat:
doch wollt er den Ring sich erraten,
der macht ihn zum Walter der Welt!

SIEGFRIED *hat mit verhaltenem Atem und verzückter Miene gelauscht. Leise und gerührt.* Dank, liebes Vöglein,
für deinen Rat!
Gern folg ich dem Ruf!

Er wendet sich nach hinten und steigt in die Höhle hinab, wo er alsbald gänzlich verschwindet

DRITTE SZENE

Mime schleicht heran, scheu umherblickend, um sich von Fafners Tod zu überzeugen. Gleichzeitig kommt von der anderen Seite Alberich aus dem Geklüft; er beobachtet Mime, stürzt auf ihn zu und vertritt ihm den Weg, als dieser der Höhle sich zuwendet

ALBERICH. Wohin schleichst du
eilig und schlau,
schlimmer Gesell?

MIME. Verfluchter Bruder,
dich braucht ich hier!
Was bringt dich her?

ALBERICH. Geizt es dich, Schelm,
nach meinem Gold?
Verlangst du mein Gut?

MIME. Fort von der Stelle!

Die Stätte ist mein:
was stöberst du hier?
ALBERICH. Stör ich dich wohl
im stillen Geschäft,
wenn du hier stiehlst?
MIME. Was ich erschwang
mit schwerer Müh,
soll mir nicht schwinden.
ALBERICH. Hast du dem Rhein
das Gold zum Ringe geraubt?
Erzeugtest du gar
den zähen Zauber im Reif?
MIME. Wer schuf den Tarnhelm,
der die Gestalten tauscht?
Der sein bedurfte,
erdachtest du ihn wohl?
ALBERICH. Was hättest du Stümper
je wohl zu stampfen verstanden?
Der Zauberring
zwang mir den Zwerg erst zur Kunst.
MIME. Wo hast du den Ring?
Dir Zagem entrissen ihn Riesen.
Was du verlorst,
meine List erlangt es für mich.
ALBERICH. Mit des Knaben Tat
will der Knicker nun knausern?
Dir gehört sie gar nicht,
der Helle ist selbst ihr Herr.
MIME. Ich zog ihn auf;
für die Zucht zahlt er mir nun:
für Müh und Last
erlauert ich lang meinen Lohn.
ALBERICH. Für des Knaben Zucht
will der knickrige,
schäbige Wicht
keck und kühn
wohl gar König nun sein?
Dem räudigsten Hund
wäre der Ring
gerat'ner als dir,
nimmer erringst
du Rüpel den Herrscherreif!
MIME *kratzt sich den Kopf*. Behalt ihn denn,

und hüt ihn wohl,
den hellen Reif;
sei du Herr,
doch mich heiße auch Bruder!
Um meines Tarnhelms
lustigen Tand
tausch ich ihn dir;
uns Beiden taugt's,
teilen die Beute wir so.

Er reibt sich zutraulich die Hände

ALBERICH *mit Hohnlachen.* Teilen mit dir?
Und den Tarnhelm gar?
Wie schlau du bist!
Sicher schlief ich
niemals vor deinen Schlingen!

MIME *außer sich.* Selbst nicht tauschen?
Auch nicht teilen?
Leer soll ich gehn?
Ganz ohne Lohn?

Kreischend

Gar nichts willst du mir lassen?

ALBERICH. Nichts von Allem!
Nicht einen Nagel
sollst du mir nehmen.

MIME *in höchster Wut.* Weder Ring noch Tarnhelm
soll dir denn taugen,
nicht teil ich nun mehr!
Gegen dich doch ruf ich
Siegfried zu Rat
und des Recken Schwert;
der rasche Held,
der richte, Brüderchen, dich!

Siegfried erscheint im Hintergrund

ALBERICH. Kehre dich um!
Aus der Höhle kommt er daher.

MIME *sich umblickend.* Kindischen Tand
erkor er gewiß.

ALBERICH. Den Tarnhelm hält er.

MIME. Doch auch den Ring.

ALBERICH. Verflucht! Den Ring?

MIME *hämisch lachend.* Laß ihn den Ring dir doch geben!
Ich will ihn mir schon gewinnen.

Mime schlüpft mit den letzten Worten in den Wald zurück

ALBERICH. Und doch seinem Herrn
soll er allein noch gehören.

Er verschwindet im Geklüft. – Siegfried ist, mit Tarnhelm und Ring, während des Letzteren langsam und nachsinnend aus der Höhle vorgeschritten: er betrachtet gedankenvoll seine Beute und hält auf der Höhe des Mittelgrundes wieder an

SIEGFRIED. Was ihr mir nützt,
weiß ich nicht;
doch nahm ich euch
aus des Horts gehäuftem Gold,
weil guter Rat mir es riet.
So taugt eure Zier
als des Tages Zeuge,
es mahne der Tand,
daß ich kämpfend Fafner erlegt,
doch das Fürchten noch nicht erlernt.

Er steckt den Tarnhelm sich in den Gürtel und den Reif an den Finger. – Stillschweigen. – Siegfried achtet unwillkürlich wieder des Vogels

STIMME DES WALDVOGELS. Hei! Siegfried gehört
nun der Helm und der Ring.
O! traute er Mime
dem treulosen nicht!
Hörte Siegfried nur scharf
auf des Schelmen Heuchlergered!
Wie sein Herz es meint,
kann er Mime verstehn:
so nützt ihm des Bluts Genuß.

Siegfrieds Miene und Gebärde drücken aus, daß er den Sinn des Vogelsanges wohl vernommen. Er sieht Mime sich nähern und verbleibt, ohne sich zu rühren, auf sein Schwert gestützt, beobachtend und in sich geschlossen, in seiner Stellung auf der Anhöhe bis zum Schlusse des folgenden Auftrittes

MIME *schleicht heran und beobachtet vom Vordergrund aus Siegfried*

Er sinnt, und erwägt
der Beute Wert: –
weilte wohl hier
ein weiser Wandrer,
schweifte umher,

beschwatzte das Kind
mit list'ger Runen Rat?
Zwiefach schlau
sei nun der Zwerg;
die listigste Schlinge
leg ich jetzt aus,
daß ich mit traulichem
Truggerede
betöre das trotzige Kind.

Er tritt näher an Siegfried heran und bewillkommnet diesen mit schmeichelnden Gebärden

Willkommen, Siegfried!
Sag, du Kühner,
hast du das Fürchten gelernt?

SIEGFRIED. Den Lehrer fand ich noch nicht.

MIME. Doch den Schlangenwurm,
du hast ihn erschlagen?
Das war doch ein schlimmer Gesell?

SIEGFRIED. So grimm und tückisch er war,
sein Tod grämt dich doch schier,
da viel üblere Schächer
unerschlagen noch leben.
Der mich ihn morden hieß,
den haß ich mehr als den Wurm!

MIME *sehr freundlich.* Nur sachte! Nicht lange
siehst du mich mehr:
zum ew'gen Schlaf

süßlich

schließ ich dir die Augen bald.
Wozu ich dich brauchte,

wie belobend

hast du vollbracht;
jetzt will ich nur noch
die Beute dir abgewinnen;
mich dünkt, das soll mir gelingen,
zu betören bist du ja leicht.

SIEGFRIED. So sinnst du auf meinen Schaden?

MIME *verwundert.* Wie sagt ich denn das? –

zärtlich fortfahrend

Siegfried! Hör doch, mein Söhnchen!
Dich und deine Art
haßt ich immer von Herzen;

zärtlich

aus Liebe erzog ich
dich Lästigen nicht:
dem Horte in Fafners Hut,
dem Golde galt meine Müh.
Als verspräche er ihm hübsche Sachen
Gibst du mir das
gutwillig nun nicht,
Als wäre er bereit, sein Leben für ihn zu lassen
Siegfried, mein Sohn,
das siehst du wohl selbst,
mit freundlichem Scherz
dein Leben mußt du mir lassen.
SIEGFRIED. Daß du mich hassest,
hör ich gern:
doch auch mein Leben muß ich dir lassen?
MIME *ärgerlich.* Das sagt ich doch nicht?
Du verstehst mich ja falsch!
Er sucht sein Fläschchen hervor
Sieh, du bist müde
von harter Müh.
Brünstig wohl brennt dir der Leib,
dich zu erquicken
mit queckem Trank
säumt' ich Sorgender nicht:
als dein Schwert du dir branntest,
braut' ich den Sud;
trinkst du nun den,
gewinn ich dein trautes Schwert
und mit ihm Helm und Hort. –
Kichernd
Hihihihihihi!
SIEGFRIED. So willst du mein Schwert,
und was ich erschwungen,
Ring und Beute mir rauben?
MIME *heftig.* Was du doch falsch mich verstehst!
Stamml' ich, fasl' ich wohl gar?
Die größte Mühe
geb ich mir doch,
mein heimliches Sinnen
heuchelnd zu bergen,
und du dummer Bube
deutest Alles doch falsch!
Öffne die Ohren!

Und vernimm genau!
Höre, was Mime meint. –
Wieder sehr freundlich, mit ersichtlicher Mühe
Hier nimm, und trinke dir Labung;
mein Trank labte dich oft:
tatst du auch unwirsch,
stelltest dich arg,
was ich dir bot –
erbost auch – nahmst du doch immer.

SIEGFRIED. Einen guten Trank
hätt ich gern:
wie hast du diesen gebraut?

MIME. *lustig scherzend, als schildere er ihm einen angenehm berauschten Zustand, den ihm der Saft bereiten solle.*
Hei! So trink nur,
trau meiner Kunst!
In Nacht und Nebel
sinken die Sinne dir bald;
ohne Wach und Wissen
stracks streckst du die Glieder.
Liegst du nun da,
leicht könnt ich
die Beute nehmen und bergen:
doch erwachtest du je,
nirgends wär ich
sicher vor dir,
hätt ich selbst auch den Ring.
Drum mit dem Schwert,
das so scharf du schufst,
mit einer Gebärde ausgelassener Lustigkeit
hau ich dem Kind
den Kopf erst ab:
dann hab ich mir Ruh, und auch den Ring!
Kichernd
Hihihihihihi!

SIEGFRIED. Im Schlafe willst du mich morden?

MIME *wütend ärgerlich.* Was möcht ich? Sagt ich denn das? –
Er bemüht sich, den zärtlichsten Ton anzunehmen
Ich will dem Kind
mit zärtlichster Deutlichkeit
nur den Kopf abhau'n!
mit dem Ausdruck herzlicher Besorgtheit für Siegfrieds Gesundheit

Denn haßte ich dich
auch nicht so sehr
und hätt ich des Schimpfs
und der schändlichen Mühe
auch nicht so viel zu rächen,
sanft
aus dem Wege dich zu räumen
darf ich doch nicht rasten:
wieder scherzend
wie käm ich sonst anders zur Beute,
da Alberich auch nach ihr lugt?

Er gießt den Saft in das Trinkhorn und führt dieses Siegfried mit aufdringlicher Gebärde zu

Nun, mein Wälsung!
Wolfssohn du!
Sauf und würg dich zu Tod!
Nie tust du mehr 'nen Schluck! Hihihihihi!

Siegfried holt mit dem Schwert aus

SIEGFRIED. Schmeck du mein Schwert,
ekliger Schwätzer!

Er führt wie in einer Anwandlung heftigen Ekels einen jähen Streich nach Mime; dieser stürzt sogleich tot zu Boden

ALBERICHS STIMME *hohnlachend aus dem Geklüfte*
Hahahahahahahahahahahahaha!

SIEGFRIED *hängt, auf den am Boden Liegenden blickend, ruhig sein Schwert wieder ein.*
Neides Zoll
zahlt Nothung:
dazu durft ich ihn schmieden.

Er rafft Mimes Leichnam auf, trägt ihn auf die Anhöhe vor den Eingang der Höhle und wirft ihn dort hinab

In der Höhle hier
lieg auf dem Hort!
Mit zäher List
erzieltest du ihn;
jetzt magst du des wonnigen walten!
Einen guten Wächter
geb ich dir auch,
daß er vor Dieben dich deckt.

Er wälzt mit großer Anstrengung den Leichnam des Wurmes vor den Eingang der Höhle, so daß er diesen ganz damit verstopft

Da lieg auch du,
dunkler Wurm!
den gleißenden Hort
hüte zugleich
mit dem beuterührigen Feind:
so fandet Beide ihr nun Ruh!

Er blickt eine Weile sinnend in die Höhle hinab und wendet sich dann langsam, wie ermüdet, in den Vordergrund. Er führt sich die Hand über die Stirn

Heiß ward mir –
von der harten Last.
Brausend jagt
mein brünst'ges Blut!
Die Hand brennt mir am Haupt. –
Hoch steht schon die Sonne;
aus lichtem Blau
blickt ihr Aug
auf den Scheitel steil mir herab. –
Linde Kühlung
erkies ich unter der Linde.

Er streckt sich unter der Linde aus und blickt wieder durch die Zweige hinauf

Noch einmal, liebes Vöglein, –
da wir so lang
lästig gestört, –
lauscht ich gerne deinem Sange:
auf dem Zweige seh ich
wohlig dich wiegen;
zwitschernd umschwirren
dich Brüder und Schwestern,
umschweben dich lustig und lieb. –
Doch ich bin so allein,
hab nicht Brüder noch Schwestern:
meine Mutter schwand, –
mein Vater fiel:
nie sah sie der Sohn.
Mein einz'ger Gesell
war ein garstiger Zwerg;

warm

Güte zwang
uns nie zu Liebe:
listige Schlingen

warf mir der Schlaue;
nun mußt ich ihn gar erschlagen!
Er blickt schmerzlich bewegt wieder nach den Zweigen auf
Freundliches Vöglein,
dich frage ich nun.
Gönntest du mir
wohl ein gut Gesell?
Willst du mir das Rechte raten?
Ich lockte so oft,
und erlost es mir nie.
Du, mein Trauter,
träfst es wohl besser;
so recht ja rietest du schon.
Immer leiser
Nun sing! Ich lausche dem Gesang.

STIMME DES WALDVOGELS. Hei! Siegfried erschlug
nun den schlimmen Zwerg!
Jetzt wüßt ich ihm noch
das herrlichste Weib:
auf hohem Felsen sie schläft,
Feuer umbrennt ihren Saal:
durchschritt er die Brunst,
weckt er die Braut,
Brünnhilde wäre dann sein!

SIEGFRIED *fährt mit Heftigkeit vom Sitze auf.* O holder Sang!
Süßester Hauch!
Wie brennt sein Sinn
mir sehrend die Brust!
Wie zückt er heftig
zündend mein Herz?
Was jagt mir so jach
durch Herz und Sinne?
Sag es mir, süßer Freund!
Er lauscht

STIMME DES WALDVOGELS
Lustig im Leid
sing ich von Liebe.
Wonnig aus Weh'
web ich mein Lied:
nur Sehnende kennen den Sinn.

SIEGFRIED. Fort jagt mich's
jauchzend von hinnen,
fort aus dem Wald auf den Fels!

Noch einmal sage mir,
holder Sänger:
werd ich das Feuer durchbrechen?
Kann ich erwecken die Braut? –

Siegfried lauscht nochmals

STIMME DES WALDVOGELS. Die Braut gewinnt,
Brünnhild erweckt
ein Feiger nie:
nur wer das Fürchten nicht kennt.

SIEGFRIED *aufjauchzend.* Der dumme Knab,
der das Fürchten nicht kennt,
mein Vöglein, der bin ja ich!
Noch heute gab ich
vergebens mir Müh,
das Fürchten von Fafner zu lernen:
nun brenn ich vor Lust,
es von Brünnhild' zu wissen!
Wie find ich zum Felsen den Weg?

Der Vogel flattert auf, kreist über Siegfried und fliegt ihm zögernd voran

SIEGFRIED. So wird mir der Weg gewiesen:
wohin du flatterst,
folg ich dir nach!

Er läuft dem Vogel, welcher ihn neckend eine Zeit lang unstet nach verschiedenen Richtungen hinleitet, nach und folgt ihm endlich, als dieser mit einer bestimmten Wendung nach dem Hintergrunde davonfliegt

DRITTER AUFZUG

ERSTE SZENE

Wilde Gegend am Fuße eines Felsenberges, *welcher nach links hin steil aufsteigt. – Nacht, Sturm und Wetter. Blitz und heftiger Donner, welcher letztere dann schweigt, wärend Blitze noch längere Zeit die Wolken durchkreuzen. – Der Wanderer tritt auf. Er schreitet entschlossen auf ein gruftähnliches Höhlentor in einem Felsen des Vordergrundes zu und nimmt dort, auf seinen Speer gestützt, eine*

Stellung ein, während er das Folgende dem Eingang der Höhle zu ruft

WANDRER. Wache, Wala!
Wala! Erwach! –
Aus langem Schlaf
weck ich dich Schlummernde auf.
Ich rufe dich auf:
herauf, herauf!
Aus nebliger Gruft,
aus nächtigem Grunde herauf!
Erda! Erda!
Ewiges Weib!
Aus heimischer Tiefe
tauche zur Höh!
Dein Wecklied sing ich,
daß du erwachest;
aus sinnendem Schlafe
weck ich dich auf!
Allwissende!
Urweltweise!
Erda! Erda!
Ewiges Weib!
Wache, erwache,
du Wala! Erwache!

Die Höhlengruft erdämmert. Bläulicher Lichtschein: von ihm beleuchtet steigt Erda sehr allmählich aus der Tiefe auf. Sie erscheint wie von Reif bedeckt; Haar und Gewand werfen einen glitzernden Schimmer von sich

ERDA. Stark ruft das Lied;
kräftig reizt der Zauber.
Ich bin erwacht
aus wissendem Schlaf:
wer scheucht den Schlummer mir?

WANDRER. Der Weckrufer bin ich,
und Weisen üb ich,
daß weithin wache,
was fester Schlaf verschließt.
Die Welt durchzog ich,
wanderte viel,
Kunde zu werben,
urweisen Rat zu gewinnen.

Kundiger gibt es
keine als dich;
bekannt ist dir,
was die Tiefe birgt,
was Berg und Tal,
Luft und Wasser durchwebt:
wo Wesen sind,
wehet dein Atem;
wo Hirne sinnen,
haftet dein Sinn:
Alles, sagt man,
sei dir bekannt.
Daß ich nun Kunde gewänne,
weck ich dich aus dem Schlaf!

ERDA. Mein Schlaf ist Träumen,
mein Träumen Sinnen,
mein Sinnen Walten des Wissens.
Doch, wenn ich schlafe,
wachen Nornen:
sie weben das Seil
und spinnen fromm, was ich weiß:
was frägst du nicht die Nornen?

WANDRER. Im Zwange der Welt
weben die Nornen,
sie können Nichts wenden noch wandeln.
Doch deiner Weisheit
dankt ich den Rat wohl,
wie zu hemmen ein rollendes Rad?

ERDA. Männertaten
umdämmern mir den Mut;
mich Wissende selbst
bezwang ein Waltender einst.
Ein Wunschmädchen
gebar ich Wotan:
der Helden Wal
hieß für sich er sie küren.
Kühn ist sie,
und weise auch:
was weckst du mich,
und frägst um Kunde
nicht Erdas und Wotans Kind?

WANDRER. Die Walküre meinst du,
Brünnhild', die Maid?

Sie trotzte dem Stürmebezwinger,
wo er am stärksten selbst sich bezwang:
was den Lenker der Schlacht
zu tun verlangte,
doch dem er wehrte
– zuwider sich selbst –,
allzuvertraut
wagte die Trotzige
das für sich zu vollbringen, –
Brünnhild' in brennender Schlacht.
Streitvater
strafte die Maid:
in ihr Auge drückte er Schlaf;
auf dem Felsen schläft sie fest:
erwachen wird
die Weihliche nur,
um einen Mann zu minnen als Weib. –
Frommten mir Fragen an sie? –

ERDA. Wirr wird mir,
seit ich erwacht:
wild und kraus
kreist die Welt! –
Die Walküre,
der Wala Kind,
büßt in Banden des Schlafs,
als die wissende Mutter schlief?
Der den Trotz lehrte,
straft den Trotz?
Der die Tat entzündet,
zürnt um die Tat?
Der die Rechte wahrt,
der die Eide hütet,
wehret dem Recht,
herrscht durch Meineid? –
Laß mich wieder hinab! –
Schlaf verschließe mein Wissen!

WANDRER. Dich Mutter laß ich nicht ziehn,
da des Zaubers mächtig ich bin. –
Urwissend
stachest du einst
der Sorge Stachel
in Wotans wagendes Herz:
mit Furcht vor schmachvoll

feindlichem Ende
füllt ihn dein Wissen,
daß Bangen band seinen Mut.
Bist du der Welt
weisestes Weib,
sage mir nun:
wie besiegt die Sorge der Gott?

ERDA. Du bist nicht,
was du dich nennst!
Was kamst du, störrischer Wilder,
zu stören der Wala Schlaf?

WANDRER. Du bist nicht,
was du dich wähnst!
Urmütter-Weisheit
geht zu Ende:
dein Wissen verweht
vor meinem Willen. –
Weißt du, was Wotan will?

Langes Schweigen

Dir Urweisen
ruf ich's ins Ohr,
daß sorglos ewig du nun schläfst!
Um der Götter Ende
grämt mich die Angst nicht,
seit mein Wunsch es will.
Was in des Zwiespalts wildem Schmerze
verzweifelnd einst ich beschloß,
froh und freudig
führe frei ich nun aus.
Weiht ich in wütendem Ekel
des Niblungen Neid schon die Welt;
dem herrlichsten Wälsung
weis ich mein Erbe nun an.
Der von mir erkoren,
doch nie mich gekannt,
ein kühnester Knabe,
bar meines Rates,
errang den Niblungenring.
Liebesfroh,
ledig des Neides
erlahmt an dem Edlen
Alberichs Fluch:
denn fremd bleibt ihm die Furcht.

Die du mir gebarst,
Brünnhild'
weckt sich hold der Held:
wachend wirkt
dein wissendes Kind
erlösende Weltentat.
Drum schlafe nun du,
schließe dein Auge,
träumend erschau' mein Ende!
Was Jene auch wirken,
dem ewig Jungen
weicht in Wonne der Gott.
Hinab denn, Erda!
Urmütterfurcht!
Ursorge!
Hinab! Hinab,
zu ew'gem Schlaf!

Nachdem Erda bereits die Augen geschlossen hat und allmählich tiefer versunken ist, verschwindet sie jetzt gänzlich; auch die Höhle ist jetzt wiederum durchaus verfinstert. Monddämmerung erhellt die Bühne; der Sturm hat ganz aufgehört

ZWEITE SZENE

Der Wanderer ist dicht an die Höhle getreten und lehnt sich dann mit dem Rücken an sie, das Gesicht der Szene zugewandt

WANDRER. Dort seh ich Siegfried nahn. –

Er verbleibt in seiner Stellung an der Höhle. Siegfrieds Waldvogel flattert dem Vordergrunde zu. Plötzlich hält der Vogel in seiner Richtung ein, flattert ängstlich hin und her und verschwindet hastig dem Hintergrunde zu

SIEGFRIED *tritt auf und hält an.*
Mein Vöglein schwebte mir fort.
Mit flatterndem Flug
und süßem Sang
wies es mich wonnig des Wegs:
nun schwand es fern mir davon! –
Am besten find ich mir
selbst nun den Berg:

wohin mein Führer mich wies,
dahin wandr ich jetzt fort. –
Er schreitet nach hinten
WANDRER *immer in seiner Stellung verbleibend.*
Wohin, Knabe,
heißt dich dein Weg?
SIEGFRIED *hält an und wendet sich um.* Da redet's ja?
Wohl rät das mir den Weg. –
Er tritt dem Wandrer näher
Einen Felsen such ich,
von Feuer ist der umwabert:
dort schläft ein Weib,
das ich wecken will.
WANDRER. Wer sagt es dir,
den Fels zu suchen?
Wer nach der Frau dich zu sehnen?
SIEGFRIED. Mich wies ein singend Waldvöglein,
das gab mir gute Kunde.
WANDRER. Ein Vöglein schwatzt wohl manches,
kein Mensch doch kann's verstehn:
wie mochtest du Sinn
dem Sang entnehmen?
SIEGFRIED. Das wirkte das Blut
eines wilden Wurms,
der mir vor Neidhöhl erblaßte:
kaum netzt es zündend die Zunge mir,
da verstand ich der Vöglein Gestimm.
WANDRER. Erschlugst den Riesen du,
wer reizte dich,
den starken Wurm zu bestehn?
SIEGFRIED. Mich führte Mime,
ein falscher Zwerg;
das Fürchten wollt er mich lehren:
zum Schwertstreich aber,
der ihn erstach,
reizte der Wurm mich selbst:
seinen Rachen riß er mir auf.
WANDRER. Wer schuf das Schwert
so scharf und hart,
daß der stärkste Feind ihm fiel?
SIEGFRIED. Das schweißt ich mir selbst,
da's der Schmied nicht konnte:
schwertlos noch wär ich wohl sonst.

WANDRER. Doch, wer schuf
die starken Stücken,
daraus das Schwert du dir geschweißt?
SIEGFRIED. Was weiß ich davon?
Ich weiß allein,
daß die Stücken mir nichts nützten,
schuf ich das Schwert mir nicht neu.
WANDRER *bricht in ein freudig gemütliches Lachen aus.*
Das mein ich wohl auch!
Er betrachtet Siegfried wohlgefällig
SIEGFRIED *verwundert.* Was lachst du mich aus?
Alter Frager!
Hör einmal auf,
laß mich nicht länger hier schwatzen.
Kannst du den Weg
mir weisen, so rede:
vermagst du's nicht,
so halte dein Maul!
WANDRER. Geduld, du Knabe!
Dünk ich dich alt,
so sollst du Achtung mir bieten.
SIEGFRIED. Das wär nicht übel!
So lang ich lebe,
stand mir ein Alter
stets im Wege,
den hab ich nun fort gefegt.
Stemmst du dort länger
steif dich mir entgegen,
sieh dich vor, sag ich,
mit der entsprechenden Gebärde
daß du wie Mime nicht fährst!
Er tritt noch näher an den Wanderer hinan.
Wie siehst du denn aus?
Was hast du gar
für 'nen großen Hut?
Warum hängt er dir so ins Gesicht?
WANDRER *immer ohne seine Stellung zu verlassen.*
Das ist so Wandrers Weise,
wenn dem Wind entgegen er geht.
SIEGFRIED *immer näher ihn betrachtend.* Doch darunter fehlt
dir ein Auge?
Das schlug dir Einer
gewiß schon aus,

dem du zu trotzig
den Weg vertratst?
Mach dich jetzt fort,
sonst könntest du leicht
das andre auch noch verlieren.

WANDRER *sehr ruhig.* Ich seh, mein Sohn,
wo du nichts weißt,
da weißt du dir leicht zu helfen. –
Mit dem Auge,
das als andres mir fehlt,
erblickst du selber das eine,
das mir zum Sehen verblieb.

SIEGFRIED *der sinnend zugehört hat, bricht jetzt unwillkürlich in ein helles Lachen aus.* Hahahaha!
Zum Lachen bist du mir lustig. –
doch hör, nun schwatz ich nicht länger:
geschwind zeig mir den Weg, –
deines Weges ziehe dann du;
zu nichts andrem
acht ich dich nütz:
drum sprich, sonst spreng ich dich fort!

WANDRER *weich.* Kenntest du mich,
kühner Sproß, –
den Schimpf spartest du mir.
Dir so vertraut,
trifft mich schmerzlich dein Dräuen.
Liebt ich von je
deine lichte Art,
Grauen auch zeugt ihr
mein zürnender Grimm.
Dem ich so hold bin,
Allzuhehrer!
Heut nicht wecke mir Neid:
er vernichtete dich und mich!

SIEGFRIED. Bleibst du mir stumm,
störrischer Wicht?
Weich von der Stelle,
denn dorthin – ich weiß –
führt es zur schlafenden Frau:
so wies es mein Vöglein,
das hier erst flüchtig entfloh.

Es wird schnell wieder ganz finster

WANDRER *in Zorn ausbrechend und in gebieterischer Stellung*

Es floh dir zu seinem Heil!
Den Herrn der Raben
erriet es hier:
weh ihm, holen sie's ein! –
Den Weg, den es zeigte,
sollst du nicht ziehn!

SIEGFRIED *tritt mit Verwunderung in trotziger Stellung zurück.*
Hoho! Du Verbieter!
Wer bist du denn,
daß du mir wehren willst?

WANDRER. Fürchte des Felsens Hüter!
Verschlossen hält
meine Macht die schlafende Maid:
wer sie erweckte,
wer sie gewänne,
machtlos macht er mich ewig.
Ein Feuermeer
umflutet die Frau:
glühende Lohe
umleckt den Fels:
wer die Braut begehrt,
dem brennt entgegen die Brunst. –

Er winkt mit dem Speer nach der Felsenhöhe

Blick nach der Höh!
Erlugst du das Licht?
Es wächst der Schein,
es schwillt die Glut;
sengende Wolken,
wabernde Lohe
wälzen sich brennend
und prasselnd herab:
ein Lichtmeer
umleuchtet dein Haupt;

Mit wachsender Helle zeigt sich von der Höhe des Felsens her ein wabernder Feuerschein

bald frißt und zehrt dich
zündendes Feuer.
Zurück denn, rasendes Kind!

SIEGFRIED. Zurück, du Prahler, mit dir!
Dort, wo die Brünste brennen,
zu Brünnhilde muß ich dahin!

Er schreitet weiter. Der Wanderer stellt sich ihm entgegen

WANDRER. Fürchtest das Feuer du nicht,
so sperre mein Speer dir den Weg! –
Noch hält meine Hand
der Herrschaft Haft:
das Schwert, das du schwingst,
zerschlug einst dieser Schaft:
noch einmal denn
zerspring es am ew'gen Speer!
Er streckt den Speer vor

SIEGFRIED *das Schwert ziehend.* Meines Vaters Feind,
find ich dich hier?
Herrlich zur Rache
geriet mir das!
Schwing deinen Speer:
in Stücken spalt ihn mein Schwert!

Er haut dem Wanderer mit einem Schlage den Speer in zwei Stücken: ein Blitzstrahl fährt daraus nach der Felsenhöhe zu, wo von nun an der bisher mattere Schein in immer helleren Feuerflammen zu lodern beginnt. Starker Donner, der schnell sich abschwächt, begleitet den Schlag. Die Speerstücken rollen zu des Wanderers Füßen. Er rafft sie ruhig auf

WANDRER. Zieh hin! Ich kann dich nicht halten! –
Er verschwindet plötzlich in völliger Finsternis

SIEGFRIED. Mit zerfocht'ner Waffe
floh mir der Feige?

Die wachsende Helle der immer tiefer sich senkenden Feuerwolken trifft Siegfrieds Blick

Ha! Wonnige Glut!
Leuchtender Glanz!
Strahlend nun offen
steht mir die Straße.
Im Feuer mich baden!
Im Feuer zu finden die Braut!
Hoho! Hahei!
Jetzt lock ich ein liebes Gesell!

Siegfried setzt sein Horn an und stürzt sich in das wogende Feuer, welches sich, von der Höhe herabdringend, nun auch über den Vordergrund ausbreitet. Siegfried, den man bald nicht mehr erblickt, scheint sich nach der Höhe zu entfernen. Hellstes Leuchten der Flammen. Danach beginnt die Glut zu erbleichen und löst sich allmählich in ein immer feineres, wie durch die Morgenröte beleuchtetes Gewölk auf

DRITTE SZENE

Das immer zarter gewordene Gewölk hat sich in einen feinen Nebelschleier von rosiger Färbung aufgelöst und zerteilt sich nun in der Weise, daß der Duft sich gänzlich nach oben verzieht und dort endlich nur noch den heitren blauen Tageshimmel erblicken läßt, während am Saume der nun sichtbar werdenden Felsenhöhe (ganz die gleiche Szene wie im 3. Akte der »Walküre«) ein morgenrötlicher Nebelschleier haften bleibt, welcher zugleich an die in der Tiefe noch lodernde Zauberlohe erinnert. – Die Anordnung der Szene ist durchaus dieselbe wie am Schlusse der »Walküre«: im Vordergrunde, unter der breitästigen Tanne, liegt Brünnhilde in vollständiger glänzender Panzerrüstung, mit dem Helm auf dem Haupte, den langen Schild über sich gedeckt, in tiefem Schlafe

SIEGFRIED *gelangt von außen her auf den felsigen Saum der Höhe und zeigt sich dort zuerst nur mit dem Oberleib: so blickt er lange staunend um sich.*
Selige Öde
auf wonniger Höh!
Er steigt vollends ganz herauf und betrachtet, auf einem Felsensteine des hinteren Abhanges stehend, mit Verwunderung die Szene. Er blickt zur Seite in den Tann und schreitet etwas vor
Was ruht dort schlummernd
im schattigen Tann?
Ein Roß ist's,
rastend in tiefem Schlaf. –
Langsam näher kommend, hält er verwundert an, als er noch aus einiger Entfernung Brünnhildes Gestalt wahrnimmt
Was strahlt mir dort entgegen?
Welch glänzendes Stahlgeschmeid?
Blendet mir noch
die Lohe den Blick?
Helle Waffen? –
Heb ich sie auf? –
Er hebt den Schild ab und erblickt Brünnhildes Gestalt, während ihr Gesicht jedoch zum großen Teil vom Helm verdeckt ist
Ha! – in Waffen ein Mann? –
Wie mahnt mich wonnig sein Bild! –

Das hehre Haupt
drückt wohl der Helm? –
Leichter würd ihm,
löst ich den Schmuck?

Vorsichtig löst er den Helm und hebt ihn der Schlafenden ab: langes lockiges Haar bricht hervor. Siegfried erschrickt

Ach! wie schön!

Er bleibt im Anblick versunken

Schimmernde Wolken
säumen in Wellen
den hellen Himmels-See,
leuchtender Sonne
lachendes Bild
strahlt durch das Wogengewölk.

Er neigt sich tiefer zu der Schlafenden hinab

Von schwellendem Atem
schwingt sich die Brust: –
brech ich die engende Brünne?

Er versucht die Brünne zu lösen

Komm, mein Schwert
Schneide das Eisen!

Siegfried zieht sein Schwert, durchschneidet mit zarter Vorsicht die Panzerringe zu beiden Seiten der Rüstung und hebt dann die Brünne und die Schienen ab, so daß nun Brünnhilde in einem weichen weiblichen Gewande vor ihm liegt.

Er fährt erschreckt und staunend auf

Das ist kein Mann! –

Er starrt in höchster Aufgeregtheit auf die Schlafende hin

Brennender Zauber
zückt mir ins Herz;
feurige Angst
faßt meine Augen:
mir schwankt und schwindelt der Sinn.

Er gerät in höchste Beklemmung

Wen ruf ich zum Heil,
daß er mir helfe?
Mutter! Mutter!
Gedenke mein!

Er sinkt, wie ohnmächtig, an Brünnhildes Busen. – Langes Schweigen. – Er fährt seufzend auf

Wie weck ich die Maid,
daß sie ihr Auge mir öffne? –
Das Auge mir öffnen?

Blende mich auch noch der Blick?
Wagt es mein Trotz?
Ertrüg ich das Licht?
Mir schwebt und schwankt,
und schwirrt es umher!
Sehrendes Sehnen
zehrt meine Sinne;
am zagenden Herzen
zittert die Hand! –
Wie ist mir Feigem?
Ist dies das Fürchten?
O Mutter! Mutter!
Dein mutiges Kind!
Im Schlafe liegt eine Frau, –
die hat ihn das Fürchten gelehrt.
Wie end ich die Furcht?
Wie faß ich Mut? –
Daß ich selbst erwache,
muß die Maid ich erwecken. –

Indem er sich der Schlafenden von neuem nähert, wird er wieder von zarteren Empfindungen an ihren Anblick gefesselt. Er neigt sich tiefer hinab

Süß erbebt mir
ihr blühender Mund. –
Wie mild erzitternd
mich Zagen er reizt!
Ach! dieses Atems
wonnig warmes Gedüft!

Wie in Verzweiflung

Erwache! Erwache!
Heiliges Weib!

Er starrt auf sie hin

Sie hört mich nicht. –

Gedehnt, mit gepreßtem, drängendem Ausdruck

So saug ich mir Leben
aus süßesten Lippen, –
sollt ich auch sterbend vergehn!

Er sinkt, wie ersterbend, auf die Schlafende und heftet, mit geschlossenen Augen, seine Lippen auf ihren Mund. – Brünnhilde schlägt die Augen auf. – Siegfried fährt auf und bleibt vor ihr stehen. Brünnhilde richtet sich langsam zum Sitzen auf. Sie begrüßt mit feierlichen Gebärden der erhobenen Ar-

me ihre Rückkehr zur Wahrnehmung der Erde und des Himmels

BRÜNNHILDE. Heil dir, Sonne!
Heil dir, Licht!
Heil dir, leuchtender Tag! –
Lang war mein Schlaf;
ich bin erwacht:
wer ist der Held,
der mich erweckt?

SIEGFRIED *von ihrem Blick und ihrer Stimme feierlich ergriffen, steht wie festgebannt.*
Durch das Feuer drang ich,
das den Fels umbrann:
ich erbrach dir den festen Helm:
Siegfried bin ich,
der dich erweckt.

BRÜNNHILDE *hoch aufgerichtet sitzend.* Heil euch, Götter!
Heil dir, Welt!
Heil dir, prangende Erde!
Zu End ist nun mein Schlaf;
erwacht, seh ich:
Siegfried ist es,
der mich erweckt.

SIEGFRIED *in erhabenste Entzückung ausbrechend.*
O Heil der Mutter,
die mich gebar!
Heil der Erde,
die mich genährt!
Daß ich das Aug' erschaut,
das jetzt mir Seligem lacht!

BRÜNNHILDE. O Heil der Mutter,
die dich gebar!
Heil der Erde,
die dich genährt!
Nur dein Blick durfte mich schaun,
erwachen durft ich nur dir!

Beide bleiben voll strahlenden Entzückens in ihren gegenseitigen Anblick verloren

O Siegfried! Siegfried!
Seliger Held,
du Wecker des Lebens,
siegendes Licht!

O wüßtest du, Lust der Welt,
wie ich dich je geliebt!
Du warst mein Sinnen,
mein Sorgen du,
Dich Zarten nährt ich,
noch eh du gezeugt,
noch eh du geboren,
barg dich mein Schild.
So lang lieb ich dich, Siegfried!

SIEGFRIED *leise und schüchtern.* So starb nicht meine Mutter?
Schlief die minnige nur?

BRÜNNHILDE *lächelt, freundlich die Hand nach ihm ausstrekkend.* Du wonniges Kind!
Deine Mutter kehrt dir nicht wieder.
Du selbst bin ich,
wenn du mich Selige liebst.
Was du nicht weißt,
weiß ich für dich;
doch – wissend bin ich
nur, weil ich dich liebe!
O Siegfried! Siegfried!
Siegendes Licht!
Dich liebt ich immer,
denn mir allein
erdünkte Wotans Gedanke:
der Gedanke, den ich nie
nennen durfte,
den ich nicht dachte,
sondern nur fühlte;
für den ich focht,
kämpfte und stritt,
für den ich trotzte
dem, der ihn dachte;
für den ich büßte,
Strafe mich band,
weil ich nicht ihn dachte,
und nur empfand, –
denn, – der Gedanke –
dürftest du's lösen! –
mir war er nur Liebe zu dir!

SIEGFRIED. Wie Wunder tönt,
was wonnig du singst, –
doch dunkel dünkt mich der Sinn.

Deines Auges Leuchten
seh ich licht;
deines Atems Wehen
fühl ich warm,
deiner Stimme Singen
hör ich süß: –
doch was du singend mir sagst,
staunend versteh ich's nicht.
Nicht kann ich das Ferne
sinnig erfassen,
wenn alle Sinne
dich nur sehen und fühlen! –
Mit banger Furcht
fesselst du mich:
du Einz'ge hast
ihre Angst mich gelehrt;
den du gebunden
in mächtigen Banden,
birg meinen Mut mir nicht mehr!

Er verweilt, in großer Aufregung den sehnsuchtsvollen Blick auf sie heftend

BRÜNNHILDE *wendet sanft das Haupt zur Seite und richtet ihren Blick nach dem Tann.*
Dort seh ich Grane,
mein selig Roß:
wie weidet er munter,
der mit mir schlief!
Mit mir hat ihn Siegfried erweckt.

SIEGFRIED *in der vorigen Stellung verbleibend.*
Auf wonnigem Munde
weidet mein Auge;
in brünstigem Durst
doch brennen die Lippen,
daß der Augen Weide sie labe! –

BRÜNNHILDE *deutet ihm mit der Hand nach ihren Waffen, die sie gewahrt.* Dort seh ich den Schild,
der Helden schirmte.
Dort seh ich den Helm,
der das Haupt mir barg:
er schirmt, er birgt mich nicht mehr. –

SIEGFRIED *feurig.* Eine selige Maid
versehrte mein Herz;

Wunden dem Haupte
schlug mir ein Weib:
ich kam ohne Schild und Helm!

BRÜNNHILDE *mit gesteigerter Wehmut.* Ich sehe der Brünne
prangenden Stahl:
ein scharfes Schwert
schnitt sie entzwei,
von dem maidlichen Leibe
löst es die Wehr!
Ich bin ohne Schutz und Schirm,
ohne Trutz ein trauriges Weib!

SIEGFRIED *feurig.* Durch brennendes Feuer
fuhr ich zu dir,
nicht Brünne noch Panzer
barg meinen Leib:
nun brach die Lohe
mir in die Brust;
es braust mein Blut
in blühender Brunst;
ein zehrendes Feuer
ist mir entzündet:
die Glut, die Brünnhilds
Felsen umbrann,
die brennt mir nun in der Brust!
O Weib! Jetzt lösche den Brand!
Schweige die schäumende Wut!

Er hat sie heftig umfaßt. Brünnhilde springt auf, wehrt ihm mit höchster Kraft der Angst und entflieht nach der anderen Seite

BRÜNNHILDE. Kein Gott nahte mir je!
Der Jungfrau neigten
scheu sich die Helden:
heilig schied sie aus Walhall. –
Wehe! Wehe!
Wehe der Schmach,
der schmählichen Not!
Verwundet hat mich,
der mich erweckt!
Er erbrach mir Brünne und Helm:
Brünnhilde bin ich nicht mehr.

SIEGFRIED. Noch bist du mir
die träumende Maid;

Brünnhildes Schlaf
brach ich noch nicht. –
Erwache, sei mir ein Weib!

BRÜNNHILDE *in Betäubung.* Mir schwirren die Sinne, –
mein Wissen schweigt:
soll mir die Weisheit schwinden?

SIEGFRIED. Sangst du mir nicht,
dein Wissen sei
das Leuchten der Liebe zu mir?

BRÜNNHILDE *vor sich hinstarrend.* Trauriges Dunkel
trübt mir den Blick.
Mein Auge dämmert,
mein Licht verlischt:
Nacht wird's um mich.
Aus Nebel und Grau'n
windet sich wütend
ein Angstgewirr:
Schrecken schreitet,
und bäumt sich empor! –

Sie birgt heftig die Augen mit den Händen

SIEGFRIED *indem er ihr sanft die Hände von den Augen löst*
Nacht umfängt
gebund'ne Augen.
Mit den Fesseln schwindet
das finstre Grau'n.
Tauch aus dem Dunkel und sieh:
sonnenhell leuchtet der Tag!

BRÜNNHILDE *in höchster Ergriffenheit.* Sonnenhell
leuchtet der Tag meiner Schmach! –
O Siegfried! Siegfried!
Sieh meine Angst!

Ihre Miene verrät, daß ihr ein anmutiges Bild vor die Seele tritt, von welchem ab sie den Blick mit Sanftmut wieder auf Siegfried richtet

Ewig war ich,
ewig bin ich,
ewig in süß
sehnender Wonne,
doch ewig zu deinem Heil.
O Siegfried, Herrlicher!
Hort der Welt!
Leben der Erde,
lachender Held!

Laß, ach laß,
lasse von mir!
Nahe mir nicht
mit der wütenden Nähe,
zwinge mich nicht
mit dem brechenden Zwang,
zertrümm're die Traute dir nicht! –
Sahst du dein Bild
im klaren Bach?
Hat es dich Frohen erfreut?
Rührtest zur Woge
das Wasser du auf,
zerflösse die klare
Fläche des Bachs, –
dein Bild sähst du nicht mehr,
nur der Welle schwankend Gewog! –
So berühre mich nicht,
trübe mich nicht! –
Ewig licht,
lachst du selig dann
aus mir dir entgegen,
froh und heiter, ein Held.
O Siegfried!
Leuchtender Sproß!
Liebe dich,
und lasse von mir:
vernichte dein Eigen nicht!

SIEGFRIED. Dich lieb ich:
o liebtest mich du!
Nicht hab ich mehr mich:
Oh! hätte ich dich!
Ein herrlich Gewässer
wogt vor mir:
mit allen Sinnen
seh ich nur sie,
die wonnig wogende Welle.
Brach sie mein Bild,
so brenn ich nun selbst,
sengende Glut
in der Flut zu kühlen:
ich selbst, wie ich bin,
spring in den Bach:
oh, daß seine Wogen

mich selig verschlängen,
mein Sehnen schwänd in der Flut!
Erwache, Brünnhilde,
wache, du Maid!
Lache und lebe,
süßeste Lust!
Sei mein! Sei mein! Sei mein!

BRÜNNHILDE *sehr innig.* Oh, Siegfried! Dein
war ich von je!

SIEGFRIED *feurig.* Warst du's von je,
so sei es jetzt!

BRÜNNHILDE. Dein werd ich
ewig sein!

SIEGFRIED. Was du sein wirst,
sei es mir heut! –
Faßt dich mein Arm,
umschling ich dich fest,
schlägt meine Brust
brünstig die deine,
zünden die Blicke,
zehren die Atem sich,
Aug in Auge,
Mund an Mund!
Dann bist du mir,
was bang du mir warst und wirst:
dann brach sich die brennende Sorge,
ob jetzt Brünnhilde mein?

BRÜNNHILDE. Ob jetzt ich dein?
Göttliche Ruhe
rast mir in Wogen,
keuschestes Licht
lodert in Gluten:
himmlisches Wissen
stürmt mir dahin,
Jauchzen der Liebe
jagt es davon!
Ob jetzt ich dein? –
Siegfried! Siegfried!
Siehst du mich nicht?
Wie mein Blick dich verzehrt, –
erblindest du nicht?
Wie mein Arm dich preßt, –
entbrennst du mir nicht?

Wie in Strömen mein Blut
entgegen dir stürmt,
das wilde Feuer,
fühlst du es nicht?
Fürchtest du, Siegfried,
fürchtest du nicht
das wild wütende Weib?

Sie umfaßt ihn heftig

SIEGFRIED *in freudigem Schreck.* Ha!
Wie des Blutes Ströme sich zünden,
wie der Blicke Strahlen sich zehren;
wie die Arme brünstig sich pressen, –
kehrt mir zurück
mein kühner Mut;
und das Fürchten, ach!
das ich nie gelernt,
das Fürchten, das du
mich kaum gelehrt: –
das Fürchten, mich dünkt,
ich Dummer vergaß es nun ganz.

Er hat bei den letzten Worten Brünnhilde unwillkürlich losgelassen

BRÜNNHILDE *freudig wild auflachend.* Oh! Kindischer Held!
Oh, herrlicher Knabe!
Du hehrster Taten
törichter Hort!
Lachend muß ich dich lieben,
lachend will ich erblinden,
lachend laß uns verderben,
lachend zugrunde gehn!
Fahr hin, Walhalls
leuchtende Welt!
Zerfall in Staub
deine stolze Burg!
Leb wohl, prangende
Götterpracht!
End in Wonne,
du ewig Geschlecht!
Zerreißt, ihr Nornen
das Runenseil!
Götterdämmrung,
dunkle herauf!

Nacht der Vernichtung,
neble herein! –
Mir strahlt zur Stunde
Siegfrieds Stern:
er ist mir ewig,
ist mir immer,
Erb und Eigen,
Ein und All:
leuchtende Liebe,
lachender Tod!

SIEGFRIED. Lachend erwachst
du Wonnige mir!
Bünnhilde lebt,
Brünnhilde lacht!
Heil dem Tage,
der uns umleuchtet!
Heil der Sonne,
die uns bescheint!
Heil dem Licht,
das der Nacht enttaucht!
Heil der Welt,
der Brünnhilde lebt!
Sie wacht, sie lebt,
sie lacht mir entgegen:
prangend strahlt
mir Brünnhildes Stern!
Sie ist mir ewig,
ist mir immer,
Erb und Eigen,
Ein und All!
Leuchtende Liebe,
lachender Tod!

Brünnhilde stürzt sich in Siegfrieds Arme

DOKUMENTE

1851	Zwischen 3. und 10. Mai	Konzeption und erste Prosaskizze des *Jungen Siegfried.*
	24. Mai – 1. Juni	Niederschrift des großen Prosaentwurfs zum *Jungen Siegfried.*
	3.–24. Juni	Aufzeichnung der Urschrift der Dichtung des *Jungen Siegfried.*
1856	Juni	Änderung des Titels in *Siegfried.*
	20. (?) September	Beginn der Kompositionsskizze des 1. Aktes.
	22. September	Beginn der Orchesterskizze des 1. Aktes.
	11. Oktober	Beginn der Partiturerstschrift des 1. Aktes.
	19. Dezember	Konzeption und Niederschrift der ersten musikalischen Themen zu *Tristan und Isolde.*
1857	20. Januar	Vollendung der Kompositionsskizze des 1. Aktes.
	5. Februar	Vollendung der Orchesterskizze des 1. Aktes.
	31. März	Vollendung der Partiturerstschrift des 1. Aktes.
	28. April	Wagner bezieht das durch Wesendoncks ihm bereitete »Asyl auf dem grünen Hügel« bei Zürich.
	12. Mai	Beginn der Partiturreinschrift.
	22. Mai	Beginn der Kompositionsskizze des 2. Aktes.
	18. Juni	Beginn der Orchesterskizze des 2. Aktes [am Beginn der wichtige Vermerk: »(Tristan bereits beschlossen!)«].
	26. und 27. Juni	Unterbrechung beider Skizzen.
	13. Juli	Wiederaufnahme der Arbeit an beiden Skizzen.
	30. Juli	Vollendung der Kompositionsskizze des 2. Aktes.
	9. August	Vollendung der Orchesterskizze des 2. Aktes.

1864	3. Mai	Wagners Berufung durch König Ludwig II. nach München.
	14. Mai	Wagner bezieht Landhaus Pellet am Starnbergersee.
	27. September	Beginn der Partiturreinschrift der 2. Szene des 1. Aktes.
	15. Oktober	Wagner siedelt in Haus Nr. 21 an der Briennerstraße in München über.
	22. Dezember	Beginn der Partiturerstschrift des 2. Aktes.
1865	2. Dezember	Vollendung der Partiturerstschrift des 2. Aktes.
	10. Dezember	Wagner muß München verlassen; er begibt sich in die Schweiz.
1869	23. Februar	Vollendung der Partiturreinschrift des 2. Aktes in Tribschen bei Luzern.
	1. März bis 14. Juni	Aufzeichnung der Kompositionsskizze des 3. Aktes.
	25. Juni bis 5. August	Aufzeichnung der Orchesterskizze des 3. Aktes.
	25. August	Beginn der Partiturerstschrift des 3. Aktes. Wagner schenkt König Ludwig II. eine eigenhändige Abschrift der Orchesterskizze des 3. Aktes zum Geburtstag.
1871	5. Februar	Vollendung der Partiturerstschrift des 3. Aktes.
1876	16. August	Uraufführung im Bayreuther Festspielhaus. Dirigent: Hans Richter.

An Theodor Uhlig, Dresden. Zürich, 10. Mai 1851:
Aus Weimar sind mir nun auch Anerbietungen für eine neue Oper gekommen: ich soll sie bis 1. Juli 1852 abliefern und bis dahin und zu dieser Zeit im Ganzen 500 Thaler ausgezahlt bekommen. – Nun bin ich mit dem, was ich vornehmen soll, zu neuen Resultaten gekommen. Wenn ich *Siegfrieds Tod* mit dem ernstlichen Zwecke einer nächstjährigen Aufführung in Weimar in das Auge faßte, mußte mir die Sache allerdings unmöglich erscheinen. Wo Darsteller und Publikum dafür

hernehmen? – Da hat mich nun aber den ganzen Winter schon eine Idee geplagt, die mich kürzlich endlich als Eingebung so vollständig unterjocht hat, daß ich sie jetzt realisieren werde. Habe ich Dir nicht früher schon einmal von einem heitren Stoffe geschrieben? Es war dies der Bursche, der auszieht »um das Fürchten zu lernen« und so dumm ist, es nie lernen zu wollen. Denke Dir meinen Schreck, als ich plötzlich erkenne, daß dieser Bursche niemand Anders ist, als – der junge Siegfried, der den Hort gewinnt und Brünnhilde erweckt! – Die Sache ist nun fertig. Im nächsten Monat mache ich die Dichtung des »jungen Siegfried«, zu der ich mich sammle. Im Juli geht es an die Komposition – und so unverschämtes Vertrauen habe ich zu der Wärme des Stoffes und meiner Ausdauer, daß ich im nächsten Jahre ganz ungeschwächt an der Komposition von *Siegfrieds Tod* anzulangen gedenke. – Der »junge Siegfried« hat den ungeheuren Vorteil, daß er den wichtigen Mythos dem Publikum im Spiel, wie einem Kinde ein Märchen, beibringt. Alles prägt sich durch scharfe sinnliche Eindrücke plastisch ein, alles wird verstanden – und kommt dann der ernste *Siegfrieds Tod*, so weiß das Publikum Alles, was dort vorausgesetzt oder eben nur angedeutet werden mußte, – und – mein Spiel ist gewonnen – um so mehr, als sich an meinem, bei weitem populäreren, dem Bewußtsein durchaus näher liegenden, minder heroischen als heiteren, jugendlich menschlichen »jungen Siegfried« praktisch die Darsteller üben und vorbereiten, die gewaltigere Aufgabe von *Siegfrieds Tod* zu lösen.

An Franz Liszt, Weimar. Zürich, 29. Juni 1851:
Mit der Dichtung meines *Jungen Siegfried* bin ich vollkommen fertig. Sie hat mir *große* Freude gemacht, und jedenfalls ist sie das, was ich jetzt machen mußte, und *das Beste*, was ich bis jetzt machen konnte. Ich bin *wahrhaft froh* darüber! – Bei meiner heftigen Art zu arbeiten, bin ich am Schlusse immer etwas stark angegriffen, und so muß ich mich auch jetzt eine kurze Zeit erholen: ich kann mich in diesen Tagen noch nicht dazu entschließen, für Dich eine Abschrift zu machen (aus vielen Gründen müßte ich sie aber selbst ausführen!). Auch trage ich eine gewisse Scheu, mein Gedicht Dir so ohne alles Weitere vorzulegen, – eine Scheu, die ihren Grund in *mir*, nicht aber in *Dir* findet.

An Franz Liszt, Weimar. Zürich, 6. Dezember 1856:
Mir geht's so-so! Dieser Tage werde ich mit der ersten Szene fertig. Sonderbar! erst beim Komponieren geht mir das eigentliche Wesen meiner Dichtung auf: überall entdecken sich mir Geheimnisse, die mir selbst bis dahin noch verborgen blieben. So wird auch alles viel heftiger und drängender. Im Ganzen aber gehört doch viel Hartnäckigkeit dazu, wenn ich das Alles noch fertig machen soll: und so recht hast Du mir doch eigentlich auch nicht Lust dazu gemacht. –
Ich glaube doch auch, ich mache das Alles nur für mich, um das Leben hinzubringen. Sei's denn! –

An Franz Liszt, Weimar. Zürich, 27. Januar 1857:
Nun bin ich auch einmal wieder mit meiner Gesundheit so herunter, daß ich nun schon seit zehn Tagen, wo ich die Skizze zum ersten Akte des *Siegfried* beendigte, buchstäblich nicht einen Takt mehr niederschreiben konnte, ohne durch die ängstlichsten Kopfschmerzen davon fortgejagt zu werden. So setze ich mich nun jeden Morgen hin, starre das Papier an – und bin endlich froh, wenn ich's zum Walter Scott bringe. Ich habe mich eben einmal wieder übernommen: wie mich dann auffrischen? Mit dem *Rheingold* ging's unter diesen Verhältnissen noch ganz frisch; die *Walküre* machte mir schon großen Schmerz. Nun gleiche ich bereits einem sehr verstimmten Klavier (was mein Nervensystem betrifft) – darauf soll ich nun den *Siegfried* herausbringen. Schön! Mit dem Letzten endlich, denke ich, werden die Saiten reißen; und dann hat's ein Ende. Nun, *wir* können's nicht ändern! Es ist nun doch einmal ein Hundeleben! –

An Julie Ritter, Dresden. Zürich, 6. Mai 1857:
Wollen Sie nun doch noch etwas Erfreuliches von mir vernehmen, so sei es die Mitteilung, daß ich diesen Winter ... zwar nur den ersten Akt des *Siegfried* fertiggebracht habe, daß dieser aber mir über alle Erwartung gelungen ist. Es war mir ein ganz neuer Boden, und nach der furchtbaren Tragik der *Walküre* betrat ich ihn mit nie gefühlter Frische: nach dem Ausfall dieses Aktes habe ich jetzt die Überzeugung, daß der junge *Siegfried* als mein populärstes Werk eine sehr schnelle und glückliche Verbreitung gewinnen und nacheinander alle übrigen Stücke nach sich ziehen wird, so daß *er* vermutlich der Gründer einer ganzen Nibelungen-Dynastie werden soll.

An Franz Liszt, Weimar. Zürich, 28. Juni 1857:
... ich habe mich endlich dazu entschlossen, das obstinate Unternehmen der Vollendung meiner *Nibelungen* aufzugeben. Ich habe meinen jungen Siegfried noch in die schöne Waldeinsamkeit geleitet; dort hab' ich ihn unter der Linde gelassen und mit herzlichen Tränen von ihm Abschied genommen: – er ist dort besser dran, als anderswo. – Soll ich das Werk wieder einmal aufnehmen, so müßte mir dies entweder sehr leicht gemacht werden, oder ich selbst müßte es mir bis dahin möglich machen können, das Werk im vollsten Sinne des Wortes der Welt zu *schenken*...

An Julie Ritter, Dresden. Zürich, 4. Juli 1857:
Lassen Sie sich für heute die Andeutung genügen, daß ich im Begriff stehe – mit großer Überwindung – den Siegfried auf ein Jahr im Walde allein zu lassen, um mir mit einem *Tristan und Isolde* – wie ich sagte – Luft zu machen, den ich im Sommer nächsten Jahres mit einem tüchtigen Sängerpaare in Straßburg aufführen und so der Welt zum Besten geben möchte.

An König Ludwig II. Tribschen, 23./24. Februar 1869:
Heute Vormittag legte ich zum letzten Male die Hand an den zweiten Akt des *Siegfried*: auch dieser ist nun bereit, in Ihre königliche Freundeshand überzugehen, und fast kann ich kaum dem Gelübde widerstehen, Ihnen sofort einen Einblick in die nun gänzlich vollendeten Teile meines Werkes zu geben. Doch hätte dies keinen Sinn; denn Sie haben das Recht, das *Ganze* von mir zu fordern: und – so Gott hilft! – werde ich an Ihrem hohen Tage dieses Jahres mit Ehren bestehen können.
Es ist eben doch eine große und namentlich auch mühsame Arbeit. Warum so wenig ganz Vollendetes in der Welt zu Stande gekommen ist, erklärt sich zum Teil gewiß auch daraus, daß ein wahres Genie sich nicht nur in der umfassenden Schnelligkeit der Konzeption eines großen Planes, sondern namentlich auch in der – gewiß! – leidenschaftlichen, ja peinlichen Ausdauer bewährt, welche die volle Verwirklichung seines Planes erfordert. Hier ist mit flüchtigen Andeutungen nichts getan: sondern, was wie der Blitz uns durchzuckt, ist, künstlerisch betrachtet, ein wunderbar verkettetes, feingliederiges Geschmeide, an dem jeder Edelstein, jede Perle, jedes Ringlein mit sorgsamem Fleiße, wie ein Kunstwerk für sich,

gefügt sein will. So bin ich denn erst jetzt mit dieser Reinschrift für Sie... mit dem ehemalig Entworfenen gänzlich fertig geworden.
Diese Ausführungsarbeit diente denn nun aber auch dazu, durch anhaltende Beschäftigung damit, mich gänzlich erst wieder in den Geist meines Werkes zu versetzen und darin mich wieder so heimisch zu machen, daß ich eben nur fortfahren kann, als ob ich nie darin unterbrochen worden wäre. Gewiß war meine große Besorgnis natürlich, mit welcher ich an diese Wiederanknüpfung ging. Eine Unterbrechung von *zwölf* Jahren bei einem Werke ist gewiß unerhört in der Kunstgeschichte: und wenn es sich nun zeigt, daß diese Unterbrechung nichts an der Frische meiner Konzeption ändern konnte, so darf ich dieses wohl als Beweis dafür anrufen, daß diese Konzeptionen ein ewiges Leben haben, nicht von gestern und nicht für morgen nur sind. Die letzte sehr eingehende Ausarbeitung des zweiten Aktes hat mich denn oft in einer Weise gefesselt und angemutet, daß ich im Entzücken oft recht an mich halten mußte. Doch einmal schrieb ich der Freundin schnell nur diese Zeilen: »Der *Siegfried* ist göttlich. Es ist mein größtes Werk!« – Ich will Ihnen die Stelle bezeichnen, die mich da eben so kühn erfreuend anregte. Siegfried hat Fafner erlegt: das zuvor ihn anmutig fesselnde Waldweben wird da zum Zauber; er versteht den Waldvogel, geht – wie gelenkt von holder Betäubung, und gleichsam nur einer Weisung gehorchend, ohne zu wissen, was er damit tut – in die Höhle des Wurmes, den Schatz zu heben; das lauernde Nibelungenpaar stürzt aufeinander, um Jedes für sich den Hort dem Knaben abzugewinnen; Zank, unerhörter Hader darum. Da tritt Siegfried, sinnend in die Betrachtung des Ringes vertieft, wieder aus der Höhle, auf die Anhöhe davor, heraus: die Nibelungen bemerken mit Schrekken, daß er diesen Ring von dem Horte erwählt hat, und ziehen sich zurück, um jeder auf seine Weise dem Ringe nachzustreben. Siegfried, den Ring und den Tarnhelm betrachtend: »Was ihr mir nützt, weiß ich nicht.« Während er hervortritt, hört man unheimlich (zu den Reden der beiden Nibelungen) das Motiv des Ringes durch die Begleitung sich winden: jetzt geht es, mit höchster, geisterhafter Weichheit, in das Thema der Rheintöchter am Schlusse des Rheingoldes... über: »Rheingold! Reines Gold! ach, leuchtetest du noch in der Tiefe!« Dieses lassen jetzt, zu dem leisen Zittern der Saiteninstrumente, sechs Hörner, wie aus einer fernen Natur-Traum-

welt her, vernehmen. Die bedeutungsvolle Rührung, die uns hier erfaßt, ist überwältigend! Als der Vogel von neuem Siegfried vor dem heranschleichenden Mime warnt, und dieser von ferne ihm sich nähert, überlegend, wer dem Knaben wohl den Ring nachgewiesen haben könnte, hören wir leise, leise die liebevolle Sorge der Mutter Sieglinde um den Sohn, den sie sterbend gebar, in melodischer Zartheit erklingen. Der Vogel spannt fortgesetzt durch leise Warnungsphrasen unsre Aufmerksamkeit, als Mime sich nun schmeichelnd an Siegfried wendet. – Endlich, da nun auch Mime erschlagen, bricht in dem bisher so übermütigen Jüngling das Gefühl der gänzlichen Einsamkeit schmerzlich hervor: nur Bär, Wolf, Lindwurm sind sein Umgang; der Waldvogel, dessen Sprache er nun versteht, ist ihm wie das einzige Wesen, dem er sich verwandt fühlt. Und nun der Wonneschreck, als dieser ihm Brünnhilde verkündet! Ja, und was das Alles heißt? Das ist keine Familienkinderszene: das Schicksal der Welt hängt von dieser göttlichen Einfalt und Einzigkeit des furchtlosen Einzigen ab! –

So weit noch gestern Abend! – Wollte ich Ihnen heute noch vom Siegfried berichten, so müßte ich von dunklen, erhabenen, furchtbaren Schauern reden, mit denen ich in das Bereich meines dritten Aktes eintrete. Da treffen wir, wie die Hellenen in der dampfenden Erdspalte zu Delphi, auf den Mittelpunkt der großen Welttragödie: ein Weltuntergang steht bevor; der Gott sorgt für die Wiedergeburt der Welt, denn er ist der Wille der Weltwerdung selbst. Hier ist Alles erhabenes Grauen, nur in Rätseln ansprechbar. Seit jener Zeit, wo ich von der wundervollen Hohenschwangau-Woche nach München zurückkehrte und bange Fragen über unser Schicksal aufzuwerfen hatte, entstand mir und verfolgt mich nun das Thema, das uns sogleich beim Beginne dieses Aktes zu begrüßen hat, und uns die Entscheidung, die letzte Frage, den letzten Willen des Weltengottes ankündigen soll. Ein Schauder hielt mich bisher ab, aufzuzeichnen, was oft auf einsamen Wanderungen bei Sturm und Wetter licht wie Blitzesleuchten in mir aufschlug. Doch auch der stolze Jubel des für den Tod vereinigten Paares fand in diesen Zeiten seine Töne: sie gleichen dem Jauchzen der Heldenbrust, die ihre Sieges-Liebes-Freude in die hohen Alpen ruft, um durch den unendlichen Widerhall sie der Ewigkeit zu überlassen.

George Bernard Shaw, *Ein Wagnerbrevier* (1908).
Wie konnte Wagner nach dem Kaisermarsch von 1871 auf seine Idealisierung des *Siegfried* von 1853 zurückkommen? Wie konnte er ernstlich an den Siegfried glauben, der den Drachen erschlägt und durch die Waberlohe stürmt, wenn der augenblickliche Vordergrund von dem Hôtel de Ville eingenommen war, mit dem endlose Reden über die Grundsätze des Sozialismus haltenden Felix Pyat, während die Granaten Thiers' schon in den Arc de Triomphe einschlugen und das Pflaster der Champs Elysées aufrissen? Ist es nicht klar, daß die Dinge einen ganz unerwarteten Lauf genommen hatten – daß Wagner, obgleich der Ring, wie das berühmte *Kommunistische Manifest* von Marx und Engels, eine inspirierte Vermutung über die historischen Gesetze und das prädestinierte Ende unserer kapitalistisch-theokratischen Epoche gewesen sein mag – daß Wagner dennoch, wie Marx, technisch zu unerfahren in Regierung und Verwaltung war und den Klassenkampf zu melodramatisch, Held wider Schurke, begriff, so daß er weder den tatsächlichen Prozeß, durch den seine allgemeine und ungefähre Theorie sich hätte in Wirklichkeit umsetzen können, noch die Rolle vorauszusehen vermochte, die die beteiligten Klassen darin zu spielen hätten.
Wir wollen einen Augenblick an den Punkt zurückgehen, bei dem die Nibelungensage zuerst unvereinbar mit Wagners Allegorie wird. Fafner wird in der Allegorie ein Kapitalist, aber der Fafner in der Sage ist ein bloßer Schätzesammler. Sein Geld trägt ihm nicht die geringsten Zinsen, es erhält ihn nicht einmal, er muß hinausgehen und plündern, um Speise und Trank zu erwerben. Tatsächlich ist er auf dem Wege zu seinem Trinkplatz, als ihn Siegfried tötet, und Siegfried selbst weiß mit dem Gelde auch nicht mehr anzufangen als Fafner. Der einzige Unterschied zwischen ihnen in dieser Hinsicht besteht darin, daß Siegfried seine Zeit nicht damit vergeudet, einen nutzlosen Schatz zu bewachen, während Fafner sein Menschentum und sein Leben bloß dafür opfert, daß ihn kein anderer bekommt. Dieser Kontrast ist ganz der menschlichen Natur gemäß; aber er biegt das *Ring*drama von den ökonomischen Linien der Allegorie fort. Im wirklichen Leben ist Fafner kein Geizhals: er sucht Dividenden, ein behagliches Leben und Zutritt in die Kreise Wotans und Loges. Die einzige Möglichkeit für ihn, sich das zu beschaffen, besteht darin, Alberich das Gold zurückzugeben und dafür an Alberichs Unternehmungen beteiligt zu werden. Auf diese Weise durch

Kapital gestützt, beutet Alberich seine Mitzwerge genau so aus wie früher, ebenso wie Fafners Mitriesen, die kein Kapital haben. Und mehr noch, die Werkzeuge Voraussicht und Selbstbeherrschung, die die Ausbeutung verlangt, und die Selbstachtung, die soziale Stellung, die ihr Erfolg erringt, haben bei Alberich selbst eine Verbesserung des Charakters zur Folge, die weder Marx noch Wagner vorausgesehen zu haben scheinen. Er entdeckt, daß ein dummer, geiziger, kurzsichtiger Geldmacher zu sein nicht der richtige Weg ist, Geld in großem Stil zu machen: denn wenn Geiz auch genügen mag, Zehn in Hundert und sogar Hundert in Tausend zu verwandeln – so verlangt der Wunsch, Tausende in Hunderttausende zu verwandeln, einen großgemuten Sinn und eher einen Willen zur Macht als zum Mammon. Um gar Hunderttausende in Millionen zu verwandeln, muß Alberich sich zu einer irdischen Vorsehung für große Mengen von Arbeitern machen, muß Städte bauen und Märkte regieren. Inzwischen mag Fafner, der in Dividenden schwelgt, die zu verdienen er nichts getan hat, geistig und moralisch faulen, infolge des Nichtgebrauchs seiner Kräfte und infolge des Mangels an Ansporn, sich hervorzutun. Aber je dümmer er wird, je mehr er von Alberich abhängt, desto mehr fällt die Verantwortung, die Weltmaschine im Gang zu erhalten, auf Alberichs Schultern. Obgleich der Alberich von 1850 nur der gemeine Manchester-Fabrikbesitzer gewesen sein mag, den Engels in seiner *Lage der arbeitenden Klassen in England* geschildert hat, war er 1876 auf dem besten Wege, Krupp von Essen oder Carnegie von Homestead oder Lever von Port Sunlight zu werden. Nun, ohne die Tugenden dieser Herren zu übertreiben, wird doch jedermann – mit Ausnahme vielleicht jener Veteranen unter den deutschen Sozialdemokraten, die unter dem Namen Marxismus einen veralteten Kultus eingerichtet haben – zugeben, daß der moderne Unternehmer nicht so leicht verdrängt oder verabschiedet werden könne, wie Alberich im *Ring* verabschiedet wird. Sie sind wirklich die Herren der ganzen Situation, Wotan ist kaum weniger abhängig von ihnen als Fafner. Der Kriegsherr besichtigt ihre Werke, preist sie in begeisternden Reden und wirft ihre Feinde zu Boden, während Loge Handelsverträge für sie macht und seine ganze Diplomatie für ihre Zustimmung aufbietet.

Das Ende kann nicht kommen, ehe nicht Siegfried Alberichs Handel lernt und Alberichs Lasten auf seine Schultern nimmt. Da er das bis jetzt nicht getan hat, wird er noch vollkommen von Alberich gemeistert. Er lehnt sich nicht einmal gegen ihn auf, außer wenn er zu dumm und zu unwissend ist oder zu romantisch unpraktisch, um zu sehen, daß Alberichs Arbeit, wie die Arbeit Wotans und Loges, notwendige Arbeit ist, und daß daher Alberich niemals von einem Krieger abgesetzt werden kann, sondern nur von einem fähigen Geschäftsmann, der darauf vorbereitet ist, sein Werk fortzusetzen, ohne es auch nur einen Tag zu unterbrechen. Ja sogar als die Proletarier aller Länder im Begriff waren, Klassenbewußtsein zu bekommen und Marxens Ruf zu folgen, indem sie vereinigt den Klassenkampf zu einem proletarischen Sieg zu führen dachten, in welchem alles Kapital Gemeingut werden und alle Monarchen, Millionäre, Grundbesitzer und Kapitalisten gewöhnliche Bürger werden sollten – auch dann müssen die triumphierenden Proletarier in Anarchie zugrunde gehen, am nächsten Tag, oder sie verrichten die politische und industrielle Arbeit, die jetzt *tant bien que mal* von unsern Romanows, unsern Hohenzollern, unsern Krupp, Carnegie, Lever, Pierpont Morgan und ihrem politischen Gefolge verrichtet wird. Und in der Zwischenzeit müßten diese Magnaten ihren Rang und ihr Eigentum mit ihrer ganzen Macht gegen die revolutionären Kräfte verteidigen, bis diese Kräfte positive, ausübende administrative Kräfte sind und nicht mehr Verschwörungen protestierender, moralisierender, tugendsam-entrüsteter Amateure, die Marx mißverständlich für einen Mann des politischen Geschäfts und Thiers für einen dummen Schubiak halten.

Gustav Hillard, *Siegfried-Idyll*, in *Recht auf Vergangenheit* (1970).

Wagner bestimmt seinen Siegfried zum Täter in einem Weltuntergangsmythos. Ein Schopenhauerscher Gott Wotan will seinen eigenen Untergang, weil er erkannt hat, daß seine Schöpfung sein Sündenfall ist. Er hat zur Aufrichtung seiner Theokratie ein Stück göttlichen Wesens, die ewige göttliche Jugend, personifiziert in Freia, den Riesen verkauft. Der für die Existenz der Götter notwendige Rückkauf birgt den Keim des Unheils. Aber die Erkenntnis lähmt sein Handeln. Er vermag es nicht, seine Welt selbst zu zerstören und sich selbst zu erlösen. Nur ein erkenntnisblind Handelnder kann den Untergang der göttlichen Schöpfung herbeiführen.Dazu hat Wotan Siegfried erkoren. In seinen Ursprüngen ist Siegfried für diese Berufung schon vorgebildet.

Durch frevelhafte Verletzung des Gastrechts (»heilig ist mein Herd, heilig sei dir mein Haus«) im Ehebruch und im Inzest gezeugt, ist er durch Zerbrechen der natürlichen und göttlichen Ordnung in die Welt gesetzt. Und fessellos stürmt er ins Leben hinein. Ohne Wissen um sich und die Götter, ohne Erfahrung des Fürchtens sollen wir ihn als Helden akzeptieren, während doch erst die Furchtlosigkeit, die aus der Angst entspringt – was die Römer so anschaulich *ante tubam trepidare* nannten – zum Helden macht. Er vollbringt Taten von ungewöhnlicher Körperkraft. Wie in vielen Sagen und alten Büchern tötet er einen Drachen und erschlägt einen heimtückischen Zwerg. Dann schreitet er zum ersten mythischen Zerstörungswerk. Er zertrümmert den Speer Wotans, seines Großvaters, auf dem die die Schöpfung konstituierenden heiligen Verträge in Treuerunen eingegraben sind. Ahnungslos zerbricht er die Gesetze, welche die wankende Götterwelt noch zusammenhalten.

Sein abundanter Geschlechtstrieb, seine »blühende Brunst« treibt ihn weiter dorthin, wo um eine verwunschene Frau »die Brünste brennen«. Sein erstes Liebeserlebnis bleibt, nicht ohne Mutterkomplex, in der Sippe. Er ist für seine Tante durchs Feuer gegangen. Das Durchschreiten von Flammen, um eine Frau zu gewinnen, gehört zu den Sagen- und Opernmotiven, welche durch die Zeiten laufen. So gelangt schon Händels Amadis durch das Feuer zu seiner Geliebten.

Brünnhilde ist die zentrale, menschlichste und großartigste Figur des Wagnerschen Weltuntergangsmythos. Ungehorsam gegen Gott und vom Gott verworfen, löst sie sich von dem Amazonenhaften des Walkürenstandes, wird durch den, dem sie noch im Leibe seiner Mutter das Leben rettete (»ein Wälsung wächst dir im Schoß«) zum liebenden Weib und eben durch denselben in ihrem liebenden Weibstum betrogen und verraten. Erst in diesem geschöpflichen Leid, das der Schönheit Adel ist, bricht das Sehertum eines mythischen Matriarchats in ihr auf, das sie im Ring das fluchbeladene Symbol der Macht erkennen läßt. Ihr Sehertum führt sie in den freien Tod, durch den sie den Gott erlöst, der sie verstoßen, und durch den sie sich im Feuer des Scheiterhaufens mit dem Manne vereint, der sie betrog und verriet. So schleudert sie sich opfernd den Brand in die Götterburg als Morgengesang eines neuen Äons.

Und Siegfried? Was weiß Siegfried von der Größe dieser matriarchalischen Frau, die in seine starken Arme sinkt? Er ver-

läßt sie, um der nächstbesten weiblichen Affektion zu verfallen. Man darf den Vergessenstrunk nicht als dramaturgischen Notnagel einschlagen. Zauber- und Liebestränke in Mythen und Sagen sind bühnenfähige Chiffren einer unbefangenen und naiven Psychologie für unerklärbare, unerhörte Vorgänge.
Siegfrieds Untreue folgen Betrug, Verrat und Meineid, den Hagen rächt, wobei wir der Alogizität eines Mythos zugute halten, daß Alberich, der als Schmied des Ringes doch »der Liebe Lust« entsagte, einen Sohn hat. Siegfried versteht weder die Schmeicheleien noch die Drohungen der Rheintöchter, daß in dem Ring an seinem Finger Untergang und Rettung der Welt in seine Hand gegeben sind. Just von der Hochzeit mit Gutrune kommend, ist er einem erotischen Abenteuer mit den »lustigen Frauen« nicht abgeneigt und bereit, dafür mit dem Ring zu bezahlen: »gönnt ihr mir Lust«. Aber diese verführerischen Elementarwesen tragen nach dem begehrlichen schönen Helden ebensowenig Verlangen wie zuvor nach dem lüsternen garstigen Zwerg, der die »niedlichen Nicker« fahren lassen mußte wie einst Mephisto die Lamien.
Siegfried, erkenntnisblind für die Attribute, die ihm für die Erlösung des Gottes und seiner Welt zugefallen sind, kann von der gottverlassenen Ordnung nicht *er*lösen, weil er in sich selbst alle Ordnung *auf*gelöst hat.
Wie weit war sich Wagner bewußt, daß er in seinem »hehrsten Helden der Welt« einen anarchischen Typus dargestellt hatte?

DRITTER TAG

GÖTTERDÄMMERUNG

(1874)

SZENENFOLGE

Vorspiel.	Die drei Nornen – Siegfried, Brünnhilde
	ERSTER AUFZUG
Erste Szene.	Gunther, Hagen, Gutrune
Zweite Szene.	Die Vorigen, Siegfried
Dritte Szene.	Brünnhilde, Waltraute, Siegfried
	ZWEITER AUFZUG
Erste Szene.	Alberich, Hagen
Zweite Szene.	Hagen, Siegfried, Gutrune
Dritte Szene.	Hagen, die Mannen
Vierte Szene.	Gunther, Brünnhilde, Siegfried, Gutrune, Hagen, Mannen und Frauen
Fünfte Szene.	Brünnhilde, Hagen, Gunther
	DRITTER AUFZUG
Erste Szene.	Die drei Rheintöchter, Siegfried
Zweite Szene.	Siegfried, Gunther, Hagen, Mannen
Dritte Szene.	Gutrune, Hagen, Gunther, Mannen und Frauen, Brünnhilde

SCHAUPLATZ DER HANDLUNG

VORSPIEL
Auf dem Walkürenfelsen

ERSTER AUFZUG
Gunthers Hofhalle am Rhein. – Der Walkürenfelsen

ZWEITER AUFZUG
Vor Gunthers Halle

DRITTER AUFZUG
Waldige Gegend am Rhein. – Gunthers Halle

PERSONEN

SIEGFRIED
GUNTHER
HAGEN
ALBERICH
BRÜNNHILDE
GUTRUNE
WALTRAUTE
DIE DREI NORNEN
DIE DREI RHEINTÖCHTER
MANNEN
FRAUEN

VORSPIEL

Die Szene ist dieselbe wie am Schlusse des zweiten Tages, auf dem Walkürenfelsen

Nacht. Aus der Tiefe des Hintergrundes leuchtet Feuerschein. – Die drei Nornen, hohe Frauengestalten in langen dunklen und schleierartigen Faltengewändern. Die erste (älteste) lagert im Vordergrund rechts unter der breitästigen Tanne; die zweite (jüngere) ist an einer Steinbank vor dem Felsengemach hingestreckt; die dritte (jüngste) sitzt in der Mitte des Hintergrundes auf einem Felssteine des Höhensaumes. Düsteres Schweigen und Bewegungslosigkeit

DIE ERSTE NORN. Welch Licht leuchtet dort?
DIE ZWEITE NORN. Dämmert der Tag schon auf?
DIE DRITTE NORN. Loges Heer
lodert feurig um den Fels.
Noch ist's Nacht.
Was spinnen und singen wir nicht?
DIE ZWEITE NORN *zu der ersten.* Wollen wir spinnen und singen,
woran spannst du das Seil?
DIE ERSTE NORN *während sie ein goldenes Seil von sich löst und mit dem einen Ende es an einen Ast der Tanne knüpft.*
So gut und schlimm es geh,
schling ich das Seil und singe. –
An der Weltesche
wob ich einst,
da groß und stark
dem Stamm entgrünte
weihlicher Äste Wald.
Im kühlen Schatten
rauscht ein Quell:
Weisheit raunend
rann sein Gewell –
da sang ich heil'gen Sinn.
Ein kühner Gott
trat zum Trunk an den Quell;
seiner Augen eines
zahlt er als ewigen Zoll.

Von der Weltesche
brach da Wotan einen Ast;
eines Speeres Schaft
entschnitt der Starke dem Stamm.
In langer Zeiten Lauf
zehrte die Wunde den Wald;
falb fielen die Blätter,
dürr darbte der Baum;
traurig versiegte
des Quelles Trank –
trüben Sinnes
ward mein Gesang.
Doch web ich heut
an der Weltesche nicht mehr,
muß mir die Tanne
taugen, zu fesseln das Seil, –
singe, Schwester,
dir werf ich's zu:
weißt du wie das wird?

DIE ZWEITE NORN *windet das ihr zugeworfene Seil um einen hervorspringenden Felsstein am Eingang des Gemaches.*

Treu berat'ner
Verträge Runen
schnitt Wotan
in des Speeres Schaft:
den hielt er als Haft der Welt.
Ein kühner Held
zerhieb im Kampfe den Speer;
in Trümmer sprang
der Verträge heiliger Haft.
Da hieß Wotan
Walhalls Helden,
der Weltesche
welkes Geäst
mit dem Stamm in Stücke zu fällen:
die Esche sank;
ewig versiegte der Quell.
Feßle ich heut
an dem scharfen Fels das Seil,
singe, Schwester,
dir werf ich's zu:
weißt du wie das wird?

DIE DRITTE NORN *das Seil empfangend und dessen Ende hin-*

ter sich werfend. Es ragt die Burg,
von Riesen gebaut:
mit der Götter und Helden
heiliger Sippe
sitzt dort Wotan im Saal.
Gehau'ner Scheite
hohe Schicht
ragt zu Hauf
rings um die Halle:
die Weltesche war dies einst! –
Brennt das Holz
heilig brünstig und hell,
sengt die Glut
sehrend den glänzenden Saal,
der ewigen Götter Ende
dämmert ewig da auf. –
Wisset ihr noch?
So windet von neuem das Seil;
von Norden wieder
werf ich's dir nach.

Sie wirft das Seil der zweiten Norn zu; diese schwingt es der ersten hin, welche das Seil vom Zweige löst und es an einen anderen Ast wieder anknüpft

Spinne, Schwester, und singe!

DIE ERSTE NORN *bei ihrer Beschäftigung nach hinten blickend.*
Dämmert der Tag?
Oder leuchtet die Lohe?
Getrübt trügt sich mein Blick;
nicht hell eracht ich
das heilig Alte,
da Loge einst
brannte in lichter Glut.
Weißt du, was aus ihm ward?

DIE ZWEITE NORN *das zugeworfene Seil wieder um den Stein windend.* Durch des Speeres Zauber
zähmte ihn Wotan;
Räte raunt er dem Gott:
an des Schaftes Runen,
frei sich zu raten,
nagte zehrend sein Zahn:
da mit des Speeres
zwingender Spitze

bannte ihn Wotan,
Brünnhildes Fels zu umbrennen. –

Sie wirft das Seil der dritten Norn zu: diese wirft es wieder hinter sich

Weißt du was aus ihm wird?

DIE DRITTE NORN. Des zerschlag'nen Speeres
stechende Splitter
taucht einst Wotan
dem Brünstigen tief in die Brust:
zehrender Brand
zündet da auf;
den wirft der Gott
in der Weltesche
zu Hauf geschichtete Scheite. –

Sie wirft das Seil zurück; die zweite Norn windet es auf und wirft es der ersten wieder zu

Wollt ihr wissen
wann das wird?
Schwinget, Schwestern, das Seil! –

DIE ERSTE NORN *das Seil von Neuem anknüpfend.*
Die Nacht weicht;
nichts mehr gewahr ich:
des Seiles Fäden
find ich nicht mehr;
verflochten ist das Geflecht.
Ein wüstes Gesicht
wirrt mir wütend den Sinn: –
das Rheingold
raubte Alberich einst:
weißt du was aus ihm ward?

DIE ZWEITE NORN *windet mit mühevoller Hast das Seil um den zackigen Stein des Gemaches.*
Des Steines Schärfe
schnitt in das Seil;
nicht fest spannt mehr
der Fäden Gespinst;
verwirrt ist das Geweb:
aus Not und Neid
ragt mir des Niblungen Ring:
ein rächender Fluch
nagt meiner Fäden Geflecht.

das Seil der dritten Norn zuwerfend

Weißt du, was daraus wird?

DIE DRITTE NORN *das zugeworfene Seil hastig fassend.*
Zu locker das Seil, –
mir langt es nicht.
Soll ich nach Norden
neigen das Ende,
straffer sei es gestreckt! –
Sie zieht gewaltsam das Seil an; dieses reißt
Es riß! –
DIE ZWEITE NORN. Es riß!
DIE ERSTE NORN. Es riß!
Erschreckt fahren die Nornen auf und treten nach der Mitte der Bühne zusammen: Sie fassen die Stücken des zerrissenen Seiles und binden damit ihre Leiber aneinander
DIE DREI NORNEN. Zu End ewiges Wissen!
Der Welt melden
Weise nichts mehr. –
DIE DRITTE NORN. Hinab!
DIE ZWEITE NORN. Zur Mutter!
DIE ERSTE NORN. Hinab!
Sie verschwinden
Tagesgrauen. – Wachsende Morgenröte, immer schwächeres Leuchten des Feuerscheines aus der Tiefe. – Sonnenaufgang. Voller Tag. – Siegfried und Brünnhilde treten aus dem Steingemache auf. Er ist in vollen Waffen, sie führt ihr Roß am Zaume
BRÜNNHILDE. Zu neuen Taten,
teurer Helde,
wie liebt ich dich,
ließ ich dich nicht?
Ein einzig Sorgen
läßt mich säumen,
daß dir zu wenig
mein Wert gewann.
Was Götter mich wiesen,
gab ich dir:
heiliger Runen
reichen Hort;
doch meiner Stärke
magdlichen Stamm
nahm mir der Held,
dem ich nun mich neige.
Des Wissens bar,
doch des Wunsches voll:

an Liebe reich,
doch ledig der Kraft,
mögst du die Arme
nicht verachten,
die dir nur gönnen,
nicht geben mehr kann!

SIEGFRIED. Mehr gabst du Wunderfrau,
als ich zu wahren weiß.
Nicht zürne, wenn dein Lehren
mich unbelehret ließ!
Ein Wissen doch wahr ich wohl –

feurig

daß mir Brünnhilde lebt;
eine Lehre lernt ich leicht –
Brünnhildes zu gedenken!

BRÜNNHILDE. Willst du mir Minne schenken,
gedenke deiner nur,
gedenke deiner Taten:
gedenk des wilden Feuers,
das furchtlos du durchschrittest,
da den Fels es rings umbrann!

SIEGFRIED. Brünnhilde zu gewinnen!

BRÜNNHILDE. Gedenk der beschildeten Frau,
die in tiefem Schlaf du fandest,
der den festen Helm du erbrachst!

SIEGFRIED. Brünnhilde zu erwecken!

BRÜNNHILDE. Gedenk der Eide,
die uns einen;
gedenk der Treue,
die wir tragen;
gedenk der Liebe,
der wir leben:
Brünnhilde brennt dann ewig
heilig dir in der Brust.

Sie umarmt Siegfried

SIEGFRIED. Laß ich, Liebste, dich hier
in der Lohe heiliger Hut,

Er hat den Ring Alberichs von seinem Finger gezogen und reicht ihn jetzt Brünnhilde dar

zum Tausche deiner Runen
reich ich dir diesen Ring.
Was der Taten je ich schuf,
des Tugend schließt er ein.

Ich erschlug einen wilden Wurm,
der grimmig lang ihn bewacht:
nun wahre du seine Kraft
als Weihegruß meiner Treu!

BRÜNNHILDE *voll Entzücken den Ring sich ansteckend.*
Ihn geiz ich als einziges Gut!
Für den Ring nimm nun auch mein Roß!
Ging sein Lauf mit mir
einst kühn durch die Lüfte, –
mit mir
verlor es die mächt'ge Art;
über Wolken hin
auf blitzenden Wettern
nicht mehr
schwingt es sich mutig des Wegs;
doch wohin du ihn führst,
sei es durchs Feuer,
grauenlos folgt dir Grane:
denn dir, o Helde,
soll es gehorchen.
Du hüt ihn wohl;
er hört dein Wort:
O, bringe Grane
oft Brünnhildes Gruß!

SIEGFRIED. Durch deine Tugend allein
soll so ich Taten noch wirken?
Meine Kämpfe kiesest du,
meine Siege kehren zu dir:
auf deines Rosses Rücken,
in deines Schildes Schirm, –
nicht Siegfried acht ich mich mehr,
ich bin nur Brünnhildes Arm.

BRÜNNHILDE. O wäre Brünnhild' deine Seele!

SIEGFRIED. Durch sie entbrennt mir der Mut.

BRÜNNHILDE. So wärst du Siegfried und Brünnhild'?

SIEGFRIED *zart.* Wo ich bin, bergen sich Beide.

BRÜNNHILDE *lebhaft.* So verödet mein Felsensaal?

SIEGFRIED. Vereint faßt er uns Zwei!

BRÜNNHILDE *in großer Ergriffenheit.* Oh! heilige Götter!
Hehre Geschlechter!
Weidet eu'r Aug
an dem weihvollen Paar!
Getrennt – wer will es scheiden?

Geschieden – trennt es sich nie!
SIEGFRIED. Heil dir, Brünnhilde,
prangender Stern!
Heil, strahlende Liebe!
BRÜNNHILDE. Heil dir, Siegfried,
siegendes Licht!
Heil, strahlendes Leben!
BEIDE. Heil! Heil! Heil! Heil!

Siegfried geleitet das Roß schnell dem Felsenabhange zu, wohin ihm Brünnhilde folgt. Siegfried ist mit dem Rosse hinter dem Felsenvorsprung abwärts verschwunden, so daß der Zuschauer ihn nicht mehr sieht; Brünnhilde steht so plötzlich allein am Abhang und blickt Siegfried in die Tiefe nach. – Brünnhilds Gebärde zeigt, daß jetzt Siegfried ihrem Blicke entschwindet. – Man hört Siegfrieds Horn aus der Tiefe. Brünnhilde lauscht. Sie tritt weiter auf den Abhang hinaus. Jetzt erblickt sie Siegfried nochmals in der Tiefe: sie winkt ihm mit entzückter Gebärde zu. Aus ihrem freudigen Lächeln deutet sich der Anblick des lustig davon ziehenden Helden. Der Vorhang fällt schnell

ERSTER AUFZUG

ERSTE SZENE

Die Halle der Gibichungen am Rhein.

Diese ist dem Hintergrunde zu ganz offen. Den Hintergrund selbst nimmt ein freier Uferraum bis zum Flusse hin ein; felsige Anhöhen umgrenzen das Ufer. – Gunther und Gutrune auf dem Hochsitze zur Seite, vor welchem ein Tisch mit Trinkgeräte steht; davor sitzt Hagen

GUNTHER. Nun hör, Hagen;
sage mir, Held:
sitz ich herrlich am Rhein,
Gunther zu Gibichs Ruhm?
HAGEN. Dich echt genannten
acht ich zu neiden;
die beid uns Brüder gebar,
Frau Grimhild ließ mich's begreifen.

GUNTHER. Dich neide ich;
nicht neide mich du.
Erbt ich Erstlings Art,
Weisheit ward dir allein:
Halbbrüder Zwist
bezwang sich nie besser.
Deinem Rat nur red ich Lob,
frag ich dich nach meinem Ruhm.
HAGEN. So schelt ich den Rat,
da schlecht noch dein Ruhm;
denn hohe Güter weiß ich,
die der Gibichung noch nicht gewann.
GUNTHER. Verschwiegst du sie,
so schelt auch ich.
HAGEN. In sommerlich reifer Stärke
seh ich Gibichs Stamm,
dich, Gunther, unbeweibt, –
dich, Gutrun', ohne Mann.
Gunther und Gutrune sind in schweigendes Sinnen verloren
GUNTHER. Wen rätst du nun zu frein,
daß unsrem Ruhm es frommt?
HAGEN. Ein Weib weiß ich,
das herrlichste der Welt;
auf Felsen hoch ihr Sitz;
ein Feuer umbrennt ihren Saal:
nur, wer durch das Feuer bricht,
darf Brünnhildes Freier sein.
GUNTHER. Vermag das mein Mut zu bestehn?
HAGEN. Einem Stärk'ren noch ist's nur bestimmt.
GUNTHER. Wer ist der streitlichste Mann?
HAGEN. Siegfried, der Wälsungen Sproß,
der ist der stärkste Held. –
Ein Zwillingspaar,
von Liebe bezwungen,
Siegmund und Sieglinde
zeugten den echtesten Sohn.
Der im Walde mächtig erwuchs, –
den wünscht ich Gutrun' zum Mann.
GUTRUNE *schüchtern beginnend.* Welche Tat schuf er so tapfer,
daß als herrlichster Held er genannt?
HAGEN. Vor Neidhöhle
den Niblungenhort
bewachte ein riesiger Wurm:

Siegfried schloß ihm
den freislichen Schlund,
erschlug ihn mit siegendem Schwert.
Solch ungeheurer Tat
enttagte des Helden Ruhm.

GUNTHER *im Nachsinnen.* Vom Niblungenhort vernahm ich:
er birgt den neidlichsten Schatz?

HAGEN. Wer wohl ihn zu nützen wüßt,
dem neigte sich wahrlich die Welt.

GUNTHER. Und Siegfried – hat ihn erkämpft?

HAGEN. Knecht sind die Niblungen ihm.

GUNTHER. Und Brünnhild' gewänne nur er?

HAGEN. Keinem andren wiche die Brunst.

GUNTHER *erhebt sich unwillig vom Sitz.*
Was weckst du Zweifel und Zwist?
Was ich nicht zwingen soll,
darnach zu verlangen
machst du mir Lust?

Er schreitet bewegt in der Halle auf und ab. Hagen, ohne seinen Sitz zu verlassen, hält Gunther, als dieser wieder in seine Nähe kommt, durch einen geheimnisvollen Wink fest

HAGEN. Brächte Siegfried
die Braut dir heim,
wär dann nicht Brünnhilde dein?

GUNTHER *wendet sich wieder zweifelnd und unmutig ab.*
Was zwänge den frohen Mann
für mich die Braut zu frein?

HAGEN *wie vorher.* Ihn zwänge bald deine Bitte –
bänd ihn Gutrun' zuvor.

GUTRUNE. Du Spötter, böser Hagen!
Wie sollt ich Siegfried binden?
Ist er der herrlichste
Held der Welt,
der Erde holdeste Frauen
friedeten längst ihn schon.

HAGEN *sich vertraulich zu Gutrune hinneigend.*
Gedenk des Trankes im Schrein;
heimlicher
vertraue mir, der ihn gewann:
den Helden, des du verlangst,
bindet er liebend an dich.

Gunther ist wieder an den Tisch getreten und hört, auf ihn gelehnt, jetzt aufmerksam zu

Träte nun Siegfried ein,
genöß er des würzigen Tranks –
daß vor dir ein Weib er ersah,
daß je ein Weib ihm genaht,
vergessen müßt er des ganz.
Nun redet:
wie dünkt euch Hagens Rat?

GUNTHER *lebhaft auffahrend.* Gepriesen sei Grimhild',
die uns den Bruder gab!

GUTRUNE. Möcht ich Siegfried je ersehn!

GUNTHER. Wie fänden ihn wir auf?

Ein Horn klingt aus dem Hintergrund von links her. Hagen lauscht

HAGEN. Jagt er auf Taten
wonnig umher,
zum engen Tann
wird ihm die Welt:
wohl stürmt er in rastloser Jagd
auch zu Gibichs Strand an den Rhein.

GUNTHER. Willkommen hieß ich ihn gern.

Horn näher, aber immer noch fern. Beide lauschen. Hagen eilt nach dem Ufer

Vom Rhein her tönt das Horn.

HAGEN *späht den Fluß hinab und ruft zurück.*
In einem Nachen Held und Roß! –
Der bläst so munter das Horn!

Gunther bleibt auf halbem Wege lauschend zurück

Ein gemächlicher Schlag –
wie von müßiger Hand,
treibt jach den Kahn
wider den Strom:
so rüstiger Kraft
in des Ruders Schwung
rühmt sich nur der,
der den Wurm erschlug.
Siegfried ist es, sicher kein Andrer!

GUNTHER. Jagt er vorbei?

HAGEN *ruft durch die hohlen Hände nach dem Flusse zu.*
Hoiho! Wohin,
du heit'rer Held?

SIEGFRIEDS STIMME *aus der Ferne.* Zu Gibichs starkem Sohne.

HAGEN. Zu seiner Halle entbiet ich dich. –

Siegfried erscheint im Kahn am Ufer

Hieher! Hier lege an!

ZWEITE SZENE

Siegfried legt mit dem Kahn an. – Hagen schließt den Kahn mit der Kette am Ufer fest. Siegfried springt mit dem Rosse auf den Strand

HAGEN. Heil! Heil Siegfried, teurer Held!

Gunther ist zu Hagen an das Ufer getreten. Gutrune blickt, vom Hochsitz aus, in staunender Bewunderung auf Siegfried. – Gunther will freundlichen Gruß bieten. Alle sind in gegenseitiger stummer Betrachtung gefesselt

SIEGFRIED *auf sein Roß gelehnt, bleibt ruhig am Kahne stehen.* Wer ist Gibichs Sohn?

GUNTHER. Gunther, ich, den du suchst.

SIEGFRIED. Dich hört ich rühmen
weit am Rhein:
nun ficht mit mir, –
oder sei mein Freund!

GUNTHER. Laß den Kampf!
Sei willkommen!

SIEGFRIED *sieht sich ruhig um.* Wo berg ich mein Roß?

HAGEN. Ich biet ihm Rast.

SIEGFRIED *zu Hagen gewendet.* Du riefst mich Siegfried:
sahst du mich schon?

HAGEN. Ich kannte dich nur
an deiner Kraft.

SIEGFRIED *indem er an Hagen das Roß übergibt.*
Wohl hüte mir Grane:
du hieltest nie
von edlerer Zucht
am Zaume ein Roß.

Hagen führt das Roß. Während Siegfried ihm gedankenvoll nachblickt, entfernt sich auch Gutrune, durch einen Wink Hagens bedeutet, von Siegfried unbemerkt, nach links durch eine Tür in ihr Gemach. Gunther schreitet mit Siegfried, den er dazu einlädt, in die Halle vor

GUNTHER. Begrüße froh, o Held,
die Halle meines Vaters:
wohin du schreitest,

was du ersiehst,
das achte nun dein Eigen;
dein ist mein Erbe,
Land und Leut:
hilf, mein Leib, meinem Eide!
Mich selbst geb ich zum Mann. –
SIEGFRIED. Nicht Land noch Leute biete ich,
noch Vaters Haus und Hof:
einzig erbt ich
den eig'nen Leib –
lebend zehrt ich den auf.
Nur ein Schwert hab ich,
selbst geschmiedet:
hilf, mein Schwert, meinem Eide! –
Das biet ich mit mir zum Bund.
HAGEN *der zurückgekommen ist und jetzt hinter Siegfried steht.* Doch des Niblungenhortes
nennt die Märe dich Herrn?
SIEGFRIED *sich zu Hagen umwendend.*
Des Schatzes vergaß ich fast;
so schätz ich sein müß'ges Gut!
In einer Höhle ließ ich's liegen,
wo ein Wurm es einst bewacht.
HAGEN. Und nichts entnahmst du ihm?
SIEGFRIED. Dies Gewirk, unkund seiner Kraft.
HAGEN. Den Tarnhelm kenn ich,
der Niblungen künstliches Werk:
er taugt, bedeckt er dein Haupt,
dir zu tauschen jede Gestalt;
verlangt dich's an fernsten Ort,
er entführt flugs dich dahin. –
Sonst nichts entnahmst du dem Hort?
SIEGFRIED. Einen Ring.
HAGEN. Den hütest du wohl?
SIEGFRIED *zart.* Den hütet ein hehres Weib.
HAGEN *für sich.* Brünnhild'! –
GUNTHER. Nicht, Siegfried, sollst du mir tauschen.
Tand gäb ich für dein Geschmeid,
nähmst all mein Gut du dafür:
ohn Entgelt dien ich dir gern.

Hagen ist zu Gutrunes Türe gegangen und öffnet sie jetzt. Gutrune tritt heraus; sie trägt ein gefülltes Trinkhorn und nähert sich damit Siegfried

GUTRUNE. Willkommen, Gast,
in Gibichs Haus!
Seine Tochter reicht dir den Trank.

SIEGFRIED *neigt sich ihr freundlich und ergreift das Horn. – Er hält es gedankenvoll vor sich hin. Leise, doch sehr bestimmt.* Vergäß ich Alles,
was du mir gabst,
von einer Lehre
laß ich doch nie:
den ersten Trunk
zu treuer Minne,
Brünnhilde, bring ich dir!

Er setzt das Trinkhorn an und trinkt in einem langen Zuge. Er reicht das Horn an Gutrune zurück, welche, verschämt und verwirrt, die Augen vor ihm niederschlägt. Siegfried heftet den Blick mit schnell entbrannter Leidenschaft auf sie

Die so mit dem Blitz
den Blick du mir sengst,
was senkst du dein Auge vor mir?

Gutrune schlägt errötend das Auge zu ihm auf. – Heftig

Ha, schönstes Weib!
Schließe den Blick;
das Herz in der Brust
brennt mir sein Strahl,
zu feurigen Strömen fühl ich
ihn zehrend zünden mein Blut! –

Mit bebender Stimme

Gunther, wie heißt deine Schwester?

GUNTHER. Gutrune.

SIEGFRIED *leise.* Sind's gute Runen,
die ihrem Aug' ich entrate?

Er faßt Gutrune feurig bei der Hand

Deinem Bruder bot ich mich zum Mann:
der Stolze schlug mich aus;
trügst du wie er mir Übermut,
böt ich mich dir zum Bund?

Gutrune trifft unwillkürlich auf Hagens Blick; sie neigt demütig das Haupt, und mit einer Gebärde, als fühle sie sich seiner nicht wert, verläßt sie wankenden Schrittes wieder die Halle. Siegfried, von Hagen und Gunther aufmerksam beobachtet, blickt wie festgezaubert Gutrune nach; ohne sich umzuwenden

Hast du, Gunther, ein Weib?

GUNTHER. Nicht freit ich noch,
und einer Frau
soll ich mich schwerlich freun:
auf Eine setzt ich den Sinn,
die kein Rat mir je gewinnt.
SIEGFRIED *wendet sich lebhaft zu Gunther.*
Was wär dir versagt,
steh ich zu dir?
GUNTHER. Auf Felsen hoch ihr Sitz –
SIEGFRIED *mit verwunderungsvoller Hast einfallend.*
– auf Felsen hoch ihr Sitz?
GUNTHER. ein Feuer umbrennt den Saal –
SIEGFRIED. – ein Feuer umbrennt den Saal?
GUNTHER. Nur wer durch das Feuer bricht –
SIEGFRIED *mit der heftigsten Anstrengung, um eine Erinnerung festzuhalten.* Nur wer durch das Feuer bricht? –
GUNTHER. – darf Brünnhildes Freier sein.

Siegfried verrät durch eine Gebärde, daß bei der Nennung von Brünnhildes Namen die Erinnerung ihm vollends gänzlich schwindet

Nun darf ich den Fels nicht erklimmen,
das Feuer verglimmt mir nie!
SIEGFRIED *kommt aus einem traumartigen Zustande zu sich und wendet sich mit übermütiger Lebhaftigkeit zu Gunther.* Ich fürchte kein Feuer,
für dich frei ich die Frau:
denn dein Mann bin ich,
und mein Mut ist dein, –
gewinn ich mir Gutrun' zum Weib.
GUNTHER. Gutrune gönn ich dir gerne.
SIEGFRIED. Brünnhilde bring ich dir!
GUNTHER. Wie willst du sie täuschen?
SIEGFRIED. Durch des Tarnhelms Trug
tausch ich mir deine Gestalt.
GUNTHER. So stelle Eide zum Schwur!
SIEGFRIED. Blutbrüderschaft
schwöre ein Eid!

Hagen füllt ein Trinkhorn mit frischem Wein; dieses hält er dann Siegfried und Gunther hin, welche sich mit ihren Schwertern die Arme ritzen und diese kurze Zeit über die Öffnung des Trinkhornes halten. Beide legen zwei ihrer Finger auf das Horn, welches Hagen fortwährend in ihrer Mitte hält

Blühenden Lebens
labendes Blut
träufelt ich in den Trank.

GUNTHER. Bruder-brünstig
mutig gemischt
blüh im Trank unser Blut!

BEIDE. Treue trink ich dem Freund!
Froh und frei
entblühe dem Bund
Blutbrüderschaft heut.

GUNTHER. Bricht ein Bruder den Bund:

SIEGFRIED. Trügt den Treuen der Freund:

BEIDE. Was in Tropfen heut
hold wir tranken,
in Strahlen ström' es dahin, –
fromme Sühne dem Freund!

GUNTHER *trinkt und reicht das Horn Siegfried.* So biet ich den Bund!

SIEGFRIED. So –
Er trinkt und hält das geleerte Trinkhorn Hagen hin
trink ich dir Treu.

Hagen zerschlägt mit seinem Schwerte das Horn in zwei Stükken. Gunther und Siegfried reichen sich die Hände. Siegfried betrachtet Hagen, welcher während des Schwures hinter ihm gestanden

Was nahmst du am Eide nicht teil?

HAGEN. Mein Blut verdürb euch den Trank;
nicht fließt mir's echt
und edel wie euch:
störrisch und kalt
stockt's in mir,
nicht will's die Wange mir röten.
Drum bleib ich fern
vom feurigen Bund.

GUNTHER *zu Siegfried.* Laß den unfrohen Mann!

SIEGFRIED *hängt sich den Schild wieder über.* Frisch auf die Fahrt!
Dort liegt mein Schiff: –
schnell führt es zum Felsen.
Er tritt näher zu Gunther und bedeutet diesen. Eine Nacht am Ufer
harrst du im Nachen;
die Frau fährst du dann heim.

Er wendet sich zum Fortgehen und winkt Gunther, ihm zu folgen

GUNTHER. Rastest du nicht zuvor?

SIEGFRIED. Um die Rückkehr ist's mir jach.

Er geht zum Ufer, um das Schiff los zu binden

GUNTHER. Du, Hagen! Bewache die Halle!

Er folgt Siegfried zum Ufer. – Während Siegfried und Gunther, nachdem sie ihre Waffen darin niedergelegt, im Schiff das Segel aufstecken und alles zur Abfahrt bereitmachen, nimmt Hagen seinen Speer und Schild. Gutrune erscheint an der Tür ihres Gemaches, als soeben Siegfried das Schiff abstößt, welches sogleich der Mitte des Stromes zutreibt

GUTRUNE. Wohin eilen die Schnellen?

HAGEN *während er sich gemächlich mit Schild und Speer vor der Halle niedersetzt*

Zu Schiff – Brünnhild' zu frei'n.

GUTRUNE. Siegfried?

HAGEN. Sieh, wie's ihn treibt,
zum Weib dich zu gewinnen.

GUTRUNE. Siegfried – mein!

Sie geht lebhaft erregt in ihr Gemach zurück. – Siegfried hat das Ruder erfaßt und treibt jetzt mit dessen Schlägen den Nachen stromabwärts, so daß dieser bald gänzlich außer Gesicht kommt

HAGEN *sitzt, mit dem Rücken an den Pfosten der Halle gelehnt, bewegungslos*

Hier sitz ich zur Wacht,
wahre den Hof,
wehre die Halle dem Feind, –
Gibichs Sohne
wehet der Wind,
auf Werben fährt er dahin. –
Ihm führt das Steuer
ein starker Held,
Gefahr ihm will er bestehn:
die eig'ne Braut
ihm bringt er zum Rhein;
mir aber bringt er den Ring! –
Ihr freien Söhne,
frohe Gesellen,
segelt nur lustig dahin: –
dünkt er euch niedrig,

ihr dient ihm doch,
des Niblungen Sohn.

Ein Teppich, welcher dem Vordergrunde zu die Halle einfaßte, schlägt zusammen und schließt die Bühne vor dem Zuschauer ab

DRITTE SZENE

Der Vorhang wird wieder aufgezogen. –
Die Felsenhöhe,
wie im Vorspiel. –

Brünnhilde sitzt am Eingang des Steingemaches, in stummem Sinnen Siegfrieds Ring betrachtend. Von wonnigen Erinnerungen ergriffen, bedeckt sie den Ring mit ihren Küssen. Ferner Donner läßt sich vernehmen; sie blickt auf und lauscht. – Sie wendet sich wieder zu dem Ringe. Ein feuriger Blitz. Brünnhilde lauscht von neuem und späht nach der Ferne, von woher eine finstere Gewitterwolke dem Felsensaume zuzieht

BRÜNNHILDE. Altgewohntes Geräusch
raunt meinem Ohr die Ferne.
Ein Luftroß jagt
im Laufe daher;
auf der Wolke fährt es
wetternd zum Fels –
Wer fand mich Einsame auf?

WALTRAUTES STIMME *aus der Ferne.* Brünnhilde! Schwester!
Schläfst oder wachst du?

BRÜNNHILDE *fährt vom Sitze auf.* Waltrautes Ruf,
so wonnig mir kund! –
In die Szene rufend
Kommst du Schwester?
Schwingst dich kühn zu mir her?
Sie eilt nach dem Felsrande
Dort im Tann –
– dir noch vertraut –
steige vom Roß
und stell den Renner zur Rast!

Sie stürmt in den Tann, von wo ein starkes Geräusch, gleich einem Gewitterschlage, sich vernehmen läßt. Brünnhilde kommt in heftiger Bewegung mit Waltraute zurück; sie bleibt freudig erregt, ohne Waltrautes ängstliche Scheu zu beachten

Kommst du zu mir?
Bist du so kühn,
magst ohne Grauen
Brünnhild bieten den Gruß?

WALTRAUTE. Einzig dir nur
galt meine Eil.

BRÜNNHILDE *in höchster freudiger Aufgeregtheit.* So wagtest
du, Brünnhild' zulieb,
Walvaters Bann zu brechen? –
Oder wie – o sag! –
wär wider mich
Wotans Sinn erweicht? –
Als dem Gott entgegen
Siegmund ich schützte,
fehlend – ich weiß es –
erfüllt ich doch seinen Wunsch.
Daß sein Zorn sich verzogen,
weiß ich auch.
Denn verschloß er mich gleich in Schlaf,
fesselt' er mich auf dem Fels,
wies er dem Mann mich zur Magd,
der am Weg mich fänd und erweckt –
meiner bangen Bitte
doch gab er Gunst:
mit zehrendem Feuer
umzog er den Fels,
dem Zagen zu wehren den Weg.
So zur Seligsten
schuf mich die Strafe:
der herrlichste Held
gewann mich zum Weib!
In seiner Liebe
leucht und lach ich heut auf!

Sie umarmt Waltraute unter stürmischen Freudenbezeigungen, welche diese mit scheuer Ungeduld abzuwehren sucht

Lockte dich Schwester mein Los?
An meiner Wonne
willst du dich weiden,
teilen, was mich betraf?

WALTRAUTE *heftig.* Teilen den Taumel,
der dich Törin erfaßt? –

Ein Andres bewog mich in Angst,
zu brechen Wotans Gebot.

Brünnhilde gewahrt hier erst mit Befremdung die wild aufgeregte Stimmung Waltrautes

BRÜNNHILDE. Angst und Furcht
fesseln dich Arme?
So verzieh der Strenge noch nicht?
Du zagst vor des Strafenden Zorn?

WALTRAUTE *düster*. Dürft ich ihn fürchten,
meiner Angst fänd ich ein End!

BRÜNNHILDE. Staunend versteh ich dich nicht.

WALTRAUTE. Wehre der Wallung,
achtsam höre mich an!
Nach Walhall wieder
treibt mich die Angst,
die von Walhall hierher mich trieb.

BRÜNNHILDE *erschreckt*. Was ist's mit den ewigen Göttern?

WALTRAUTE. Höre mit Sinn, was ich dir sage!
Seit er von dir geschieden,
zur Schlacht nicht mehr
schickte uns Wotan:
irr und ratlos
ritten wir ängstlich zu Heer;
Walhalls mutige Helden
mied Walvater.
Einsam zu Roß,
ohne Ruh noch Rast,
durchschweift er als Wandrer die Welt. –
Jüngst kehrte er heim;
in der Hand hielt er
seines Speeres Splitter, –
die hatte ein Held ihm geschlagen,
Mit stummem Wink
Walhalls Edle
wies er zum Forst,
die Weltesche zu fällen.
Des Stammes Scheite
hieß er sie schichten
zu ragendem Hauf
rings um der Seligen Saal.
Der Götter Rat
ließ er berufen;
den Hochsitz nahm

heilig er ein:
ihm zu Seiten
hieß er die Bangen sich setzen,
in Ring und Reih
die Hall erfüllen die Helden. –
So sitzt er,
sagt kein Wort,
auf hehrem Sitze
stumm und ernst,
des Speeres Splitter
fest in der Faust;
Holdas Äpfel
rührt er nicht an.
Staunen und Bangen
binden starr die Götter.
Seine Raben beide
sandt er auf Reise;
kehrten die einst
mit guter Kunde zurück, –
dann noch einmal,
– zum letzten Mal! –
lächelte ewig der Gott.
Seine Knie umwindend
liegen wir Walküren, –
blind bleibt er
den flehenden Blicken:
uns alle verzehrt
Zagen und endlose Angst.
An seine Brust
preßt ich mich weinend;
zögernd
da brach sich sein Blick,
er gedachte, Brünnhilde, dein.
Tief seufzt er auf, –
schloß das Auge, –
und wie im Traume
raunt er das Wort:
»Des tiefen Rheines Töchtern
gäbe den Ring sie wieder zurück, –
von des Fluches Last
erlöst wär Gott und die Welt!« –
Da sann ich nach: –
von seiner Seite,

durch stumme Reihen
stahl ich mich fort;
in heimlicher Hast
bestieg ich mein Roß,
und ritt im Sturme zu dir.
Dich, o Schwester,
beschwör ich nun:
was du vermagst,
vollend es dein Mut;
ende der Ewigen Qual!

Sie hat sich vor Brünnhilde niedergeworfen

BRÜNNHILDE *ruhig.* Welch banger Träume Mären
meldest du Traurige mir!
Der Götter heiligem
Himmelsnebel
bin ich Törin enttaucht;
nicht faß ich, was ich erfahre.
Wirr und wüst
scheint mir dein Sinn:
in deinem Aug,
so übermüde,
glänzt flackernde Glut.
Mit blasser Wange,
du bleiche Schwester,
was willst du Wilde von mir?

WALTRAUTE *heftig.* An deiner Hand, der Ring –
er ist's; hör meinen Rat:
für Wotan wirf ihn von dir!

BRÜNNHILDE. Den Ring – von mir?

WALTRAUTE. Den Rheintöchtern gib ihn zurück!

BRÜNNHILDE. Den Rheintöchtern – ich – den Ring?
Siegfrieds Liebespfand?
Bist du von Sinnen?

WALTRAUTE. Hör mich, hör meine Angst!
Der Welt Unheil
haftet sicher an ihm.
Wirf ihn von dir,
fort in die Welle,
Walhalls Elend zu enden,
den verfluchten wirf in die Flut!

BRÜNNHILDE. Ha! weißt du, was er mir ist?
Wie kannst du's fassen,
fühllose Maid! –

Mehr als Walhalls Wonne,
mehr als der Ewigen Ruhm
ist mir der Ring:
ein Blick auf sein helles Gold,
ein Blitz aus dem hehren Glanz
gilt mir werter,
als aller Götter
ewig währendes Glück.
Denn selig aus ihm
leuchtet mir Siegfrieds Liebe, –
Siegfrieds Liebe! –
O, ließ sich die Wonne dir sagen! –
Sie wahrt mir den Reif. –
Geh hin zu der Götter
heiligem Rat!
Von meinem Ringe
raune ihnen zu:
Die Liebe ließe ich nie,
mir nähmen nie sie die Liebe,
stürzt auch in Trümmern
Walhalls strahlende Pracht!

WALTRAUTE. Dies deine Treue?
So in Trauer
entlässest du lieblos die Schwester?

BRÜNNHILDE. Schwinge dich fort,
fliehe zu Roß!
Den Reif entführst du mir nie!

WALTRAUTE. Wehe! Wehe!
Weh dir, Schwester!
Walhalls Göttern weh!

Sie stürzt fort. – Bald erhebt sich unter Sturm eine Gewitterwolke aus dem Tann

BRÜNNHILDE *während sie der davonziehenden hell erleuchteten Gewitterwolke, die sich bald gänzlich in der Ferne verliert, nachblickt*

Blitzend Gewölk,
vom Wind getragen,
stürme dahin:
zu mir nie steure mehr her!

Es ist Abend geworden. Aus der Tiefe leuchtet der Feuerschein allmählich heller auf. Brünnhilde blickt ruhig in die Landschaft hinaus

Abendlich Dämmern
deckt den Himmel;
heller leuchtet
die hütende Lohe herauf.

Der Feuerschein nähert sich aus der Tiefe. Immer glühendere Flammenzungen lecken über den Felsensaum auf

Was leckt so wütend
die lodernde Welle zum Wall?
Zur Felsenspitze
wälzt sich der feurige Schwall.

Man hört aus der Tiefe Siegfrieds Hornruf nahen. Brünnhilde fährt entzückt auf

Siegfried!
Siegfried zurück!
Seinen Ruf sendet er her!
Auf! Auf! Ihm entgegen!
In meines Gottes Arm!

Sie eilt in höchstem Entzücken dem Felsrande zu. Feuerflammen schlagen herauf: aus ihnen springt Siegfried auf einen hoch ragenden Felsenstein empor, worauf die Flammen sogleich wieder zurückweichen und abermals nur aus der Tiefe heraufleuchten. Siegfried, auf dem Haupte den Tarnhelm, der ihm bis zur Hälfte das Gesicht verdeckt und nur die Augen frei läßt, erscheint in Gunthers Gestalt

Verrat! –

Brünnhilde weicht voll Entsetzen zurück, flieht bis in den Vordergrund und heftet von da aus, in sprachlosem Erstaunen, ihren Blick auf Siegfried

Wer drang zu mir?

Siegfried, im Hintergrunde auf dem Steine verweilend, betrachtet Brünnhilde, regungslos auf seinen Schild gelehnt. Langes Schweigen

SIEGFRIED *mit verstellter (rauherer) Stimme.*
Brünnhild! Ein Freier kam, –
den dein Feuer nicht geschreckt.
Dich werb ich nun zum Weib:
Du folge willig mir!

BRÜNNHILDE *heftig zitternd.* Wer ist der Mann,
der das vermochte,
was dem Stärksten nur bestimmt?

SIEGFRIED *unverändert wie zuvor.* Ein Held, der dich zähmt,
bezwingt Gewalt dich nur.

BRÜNNHILDE *von Grausen erfaßt.* Ein Unhold schwang sich

auf jenen Stein!
Ein Aar kam geflogen,
mich zu zerfleischen! –
Wer bist du, Schrecklicher!

Langes Schweigen

Stammst du von Menschen?
Kommst du von Hellas
nächtlichem Heer?

SIEGFRIED *wie zuvor, mit etwas bebender Stimme beginnend, alsbald aber wieder sicherer fortfahrend.*
Ein Gibichung bin ich, –
und Gunther heißt der Held,
dem, Frau, du folgen sollst!

BRÜNNHILDE *in Verzweiflung ausbrechend.*
Wotan! Ergrimmter,
grausamer Gott!
Weh! Nun erseh ich!
der Strafe Sinn!
Zu Hohn und Jammer
jagst du mich hin!

SIEGFRIED *springt vom Steine herab und tritt näher heran.*
Die Nacht bricht an:
in deinem Gemach
mußt du dich mir vermählen!

BRÜNNHILDE *indem sie den Finger, an welchem sie Siegfrieds Ring trägt, drohend ausstreckt.*
Bleib fern! Fürchte dies Zeichen!
Zur Schande zwingst du mich nicht,
so lang der Ring mich beschützt.

SIEGFRIED. Mannesrecht gebe er Gunther:
durch den Ring sei ihm vermählt!

BRÜNNHILDE. Zurück, du Räuber!
Frevelnder Dieb!
Erfreche dich nicht mir zu nah'n!
Stärker als Stahl
macht mich der Ring:
nie raubst du ihn mir!

SIEGFRIED. Von dir ihn zu lösen,
lehrst du mich nun.

Er dringt auf sie ein. Sie ringen miteinander. Brünnhilde windet sich los, flieht und wendet sich um, wie zur Wehr. Siegfried greift sie von neuem an. Sie flieht; er erreicht sie. Beide ringen mit einander. Er faßt sie bei der Hand und ent-

zieht ihrem Finger den Ring. Brünnhilde schreit heftig auf. Als sie, wie zerbrochen, in seinen Armen niedersinkt, streift ihr Blick bewußtlos die Augen Siegfrieds. – Siegfried läßt die Machtlose auf die Steinbank vor dem Felsengemache niedergleiten

Jetzt bist du mein.
Brünnhilde, Gunthers Braut, –
gönne mir nun dein Gemach!

BRÜNNHILDE *starrt ohnmächtig vor sich hin, matt.*

Was könntest du wehren,
elendes Weib!

Siegfried treibt sie mit einer gebietenden Gebärde an. Zitternd und wankenden Schrittes geht sie in das Gemach. – Siegfried zieht sein Schwert

SIEGFRIED *mit seiner natürlichen Stimme.*

Nun, Nothung, zeuge du,
daß ich in Züchten warb.
Die Treue wahrend dem Bruder,
trenne mich von seiner Braut!

Er folgt Brünnhilde nach

ZWEITER AUFZUG

Uferraum
vor der Halle der Gibichungen.

Rechts der offene Eingang zur Halle; links das Rheinufer: von diesem aus erhebt sich eine durch verschiedene Bergpfade gespaltene, felsige Anhöhe, quer über die Bühne, nach rechts dem Hintergrunde zu aufsteigend. Dort sieht man einen der Fricka errichteten Weihstein, welchem, höher hinauf, ein größerer für Wotan sowie seitwärts ein gleicher dem Donner geweihter entspricht. – Es ist Nacht. – Hagen, den Speer im Arme, den Schild zur Seite, sitzt schlafend an einen Pfosten der Halle angelehnt. Der Mond tritt plötzlich hervor und wirft ein grelles Licht auf Hagen und seine nächste Umgebung. Man gewahrt Alberich vor Hagen kauernd, die Arme auf dessen Knie gelehnt

ALBERICH *leise.* Schläfst du, Hagen, mein Sohn? –
Du schläfst und hörst mich nicht,
den Ruh und Schlaf verriet?
HAGEN *leise, ohne sich zu rühren, so daß er immerfort zu schlafen scheint, obwohl er die Augen starr offen hat.*
Ich höre dich, schlimmer Albe:
was hast du meinem Schlaf zu sagen?
ALBERICH. Gemahnt sei der Macht,
der du gebietest,
bist du so mutig,
wie die Mutter dich mir gebar!
HAGEN *immer wie zuvor.* Gab mir die Mutter Mut,
nicht mag ich dir doch danken,
daß deiner List sie erlag: –
frühalt – fahl und bleich,
haß ich die Frohen,
freue mich nie! –
ALBERICH *wie zuvor.* Hagen, mein Sohn!
Hasse die Frohen!
Mich Lustfreien,
Leidbelasteten,
liebst du so wie du sollst.
Bist du kräftig,
kühn und klug,
die wir bekämpfen
mit nächtigem Krieg,
schon gibt ihnen Not unser Neid.
Der einst den Ring mir entriß,
Wotan, der wütende Räuber, –
vom eig'nen Geschlechte
ward er geschlagen:
an den Wälsung verlor er
Macht und Gewalt;
mit der Götter ganzer Sippe
in Angst ersieht er sein Ende.
Nicht ihn fürcht ich mehr:
fallen muß er mit Allen! –
Schläfst du, Hagen, mein Sohn?
HAGEN *bleibt unverändert wie zuvor.* Der Ewigen Macht, –
wer erbte sie?
ALBERICH. Ich – und du!

Wir erben die Welt, –
trüg ich mich nicht
in deiner Treu,
teilst du meinen Gram und Grimm.
Wotans Speer
zerspellte der Wälsung,
der Fafner, den Wurm,
im Kampfe gefällt,
und kindisch den Reif sich errang;
jede Gewalt
hat er gewonnen:
Walhall und Nibelheim
neigen sich ihm.
Immer heimlich
An dem furchtlosen Helden
erlahmt selbst mein Fluch;
denn nicht kennt er
des Ringes Wert,
zu nichts nützt er
die neidliche Macht.
Lachend, in liebender Brunst,
brennt er lebend dahin.
Ihn zu verderben,
taugt uns nun einzig! –
Schläfst du, Hagen, mein Sohn?

HAGEN *wie zuvor.* Zu seinem Verderben
dient er mir schon.

ALBERICH. Den gold'nen Ring,
den Reif – gilt's zu erringen!
Ein weises Weib
lebt dem Wälsung zulieb:
riet es ihm je,
des Rheines Töchtern, –
die in Wassers Tiefen
einst mich betört, –
zurückzugeben den Ring:
verloren ging mir das Gold, –
keine List erlangte es je.
Drum, ohne Zögern
ziel auf den Reif!
Dich Zaglosen
zeugt ich mir ja,

daß wider Helden
hart du mir hieltest.
Zwar – stark nicht genug,
den Wurm zu bestehn,
was allein dem Wälsung bestimmt, –
zu zähem Haß doch
erzog ich Hagen;
der soll mich nun rächen,
den Ring gewinnen,
dem Wälsung und Wotan zum Hohn! –
Schwörst du mir's, Hagen, mein Sohn?

Von hier an bedeckt ein immer finsterer werdender Schatten wieder Alberich. Zugleich beginnt das erste Tagesgrauen

HAGEN *immer wie zuvor.* Den Ring soll ich haben; –
harre in Ruh!

ALBERICH. Schwörst du mir's, Hagen, mein Held?

HAGEN. Mir selbst schwör' ich's; –
schweige die Sorge!

Wie mit dem Folgenden Alberichs Gestalt immer mehr dem Blicke entschwindet, wird auch seine Stimme immer unvernehmbarer

ALBERICH. Sei treu, Hagen, mein Sohn!
Trauter Helde – sei treu!
Sei treu! – Treu! –

Alberich ist gänzlich verschwunden. Hagen, der unverändert in seiner Stellung verblieben, blickt regungslos und starren Auges nach dem Rhein hin, auf welchem sich die Morgendämmerung ausbreitet

ZWEITE SZENE

Der Rhein färbt sich vom immer stärker erglühenden Morgenrot. – Hagen macht eine zuckende Bewegung. – Siegfried tritt plötzlich, dicht am Ufer, hinter einem Busche hervor

SIEGFRIED. Hoiho! Hagen!
Müder Mann!
Siehst du mich kommen?

Siegfried ist in seiner eigenen Gestalt; nur den Tarnhelm hat er noch auf dem Haupte; diesen zieht er jetzt ab und hängt ihn, während er hervorschreitet, in den Gürtel

HAGEN *erhebt sich gemächlich.* Hei! Siegfried!

Geschwinder Helde!
Wo brausest du her?
SIEGFRIED. Vom Brünnhildenstein:
dort sog ich den Atem ein,
mit dem ich dich rief, –
so schnell war meine Fahrt.
Langsamer folgt mir ein Paar;
zu Schiff gelangt das her!
HAGEN. So zwangst du Brünnhild?
SIEGFRIED. Wacht Gutrune?
HAGEN *in die Halle rufend.* Hoiho! Gutrune!
Komm heraus!
Siegfried ist da:
was säumst du drin?
SIEGFRIED *sich zur Halle wendend.* Euch beiden meld ich,
wie ich Brünnhild band.
Gutrune tritt ihm aus der Halle entgegen
Heiß mich willkommen,
Gibichskind!
Ein guter Bote bin ich dir.
GUTRUNE. Freia grüße dich
zu aller Frauen Ehre!
SIEGFRIED. Frei und hold
sei nun mir Frohem!
Zum Weib gewann ich dich heut.
GUTRUNE. So folgt Brünnhild meinem Bruder?
SIEGFRIED. Leicht ward die Frau ihm gefreit.
GUTRUNE. Sengte das Feuer ihn nicht?
SIEGFRIED. Ihn hätt es auch nicht versehrt;
doch ich durchschritt es für ihn, –
da dich ich wollt' erwerben.
GUTRUNE. Doch dich hat es verschont?
SIEGFRIED. Mich freute die schwelende Brunst.
GUTRUNE. Hielt Brünnhild dich für Gunther?
SIEGFRIED. Ihm glich ich auf ein Haar:
der Tarnhelm wirkte das,
wie Hagen tüchtig es wies.
HAGEN. Dir gab ich guten Rat.
GUTRUNE. So zwangst du das kühne Weib?
SIEGFRIED. Sie wich – Gunthers Kraft.
GUTRUNE. Und – vermählte sie sich dir?
SIEGFRIED. Ihrem Mann gehorchte Brünnhild
eine volle bräutliche Nacht.

GUTRUNE. Als ihr Mann doch galtest du?
SIEGFRIED. Bei Gutrune weilte Siegfried.
GUTRUNE. Doch zur Seite war ihm Brünnhild?
SIEGFRIED *auf sein Schwert deutend.* Zwischen Ost und West der Nord:
so nah – war Brünnhild ihm fern.
GUTRUNE. Wie empfing Gunther sie nun von dir?
SIEGFRIED. Durch des Feuers verlöschende Lohe.
im Frühnebel vom Felsen
folgte sie mir zu Tal;
dem Strande nah,
flugs die Stelle
tauschte Gunther mit mir:
durch des Geschmeides Tugend
wünscht ich mich schnell hierher.
Ein starker Wind nun treibt
die Trauten den Rhein herauf.
Drum rüstet jetzt den Empfang!
GUTRUNE. Siegfried! Mächtigster Mann! –
Wie faßt mich Furcht vor dir!
HAGEN *vom Ufer her rufend.* In der Ferne seh ich ein Segel!
SIEGFRIED. So sagt dem Boten Dank!
GUTRUNE. Lasset uns sie hold empfangen,
daß heiter sie gern hier weile! –
Du, Hagen, minnig
rufe die Männer
nach Gibichs Hof zur Hochzeit!
Frohe Frauen
ruf ich zum Fest,
der Freudigen folgen sie gern.
Nach der Halle zuschreitend, wendet sie sich wieder um
Rastest du, schlimmer Held?
SIEGFRIED. Dir zu helfen – ruh ich aus.
Er reicht ihr die Hand und geht mit ihr in die Halle. – Hagen hat einen Felsstein in der Höhe des Hintergrundes erstiegen: dort setzt er jetzt sein Stierhorn zum Blasen an

DRITTE SZENE

HAGEN. Hoiho! Hoihohoho!
Ihr Gibichs Mannen,
machet euch auf!

Wehe! Wehe!
Waffen! Waffen!
Waffen durch's Land!
Gute Waffen!
Starke Waffen!
Scharf zum Streit!
Not ist da!
Not! Wehe! Wehe!
Hoiho! Hoihohoho!

Hagen bleibt immer in seiner Stellung auf der Anhöhe. – Auf den verschiedenen Höhenpfaden stürmen in Hast und Eile gewaffnete Mannen herbei, erst einzelne, dann immer mehrere zusammen, welche sich dann auf dem Uferraum vor der Halle anhäufen

DIE MANNEN. Was tost das Horn?
Was ruft es zu Heer?
Wir kommen mit Wehr.
Wir kommen mit Waffen.
Hagen! Hagen!
Hoiho! Hoiho!
Welche Not ist da?
Welcher Feind ist nah?
Wer gibt uns Streit?
Ist Gunther in Not?
Wir kommen mit Waffen.
Mit scharfer Wehr.
Hoiho! Ho! Hagen!

HAGEN *immer von der Anhöhe herab.* Rüstet euch wohl,
und rastet nicht!
Gunther sollt ihr empfahn:
ein Weib hat der gefreit.

DIE MANNEN. Drohet ihm Not?
Drängt ihn der Feind?

HAGEN. Ein freisliches Weib
führet er heim.

DIE MANNEN. Ihm folgen der Magen
feindliche Mannen?

HAGEN. Einsam fährt er,
keiner folgt.

DIE MANNEN. So bestand er die Not?
So bestand er den Kampf?
Sag es an!

HAGEN. Der Wurmtöter
wehrte der Not:
Siegfried der Held,
der schuf ihm Heil!
EIN MANNE. Was soll ihm das Heer nun noch helfen?
NEUN WEITERE. Was hilft ihm nun das Heer?
HAGEN. Starke Stiere
sollt ihr schlachten;
am Weihstein fließe
Wotan ihr Blut!
EIN MANNE. Was, Hagen, was heißest du uns dann?
ACHT MANNEN. Was heißest du uns dann?
VIER WEITERE. Was soll es dann?
ALLE. Was heißest du uns dann?
HAGEN. Einen Eber fällen
sollt ihr für Froh,
einen stämmigen Bock
stechen für Donner;
Schafe aber
schlachtet für Fricka,
daß gute Ehe sie gebe!
Die Mannen in immer mehr ausbrechender Heiterkeit
ZWEI MANNEN. Schlugen wir Tiere,
was schaffen wir dann?
WEITERE ZEHN MANNEN. Schlugen wir Tiere.
was schaffen wir dann?
HAGEN. Das Trinkhorn nehmt,
von trauten Frau'n
mit Met und Wein
wonnig gefüllt!
ALLE MANNEN. Das Trinkhorn zur Hand,
wie halten wir es dann?
HAGEN. Rüstig gezecht,
bis der Rausch euch zähmt:
Alles den Göttern zu Ehren,
daß gute Ehe sie geben!
DIE MANNEN *brechen in ein schallendes Gelächter aus.*
Groß Glück und Heil
lacht nun dem Rhein,
da Hagen der Grimme
so lustig mag sein!
Der Hagedorn
sticht nun nicht mehr;

zum Hochzeitsrufer
ward er bestellt.

HAGEN *der immer sehr ernst verblieben, ist zu den Mannen herabgestiegen und steht unter ihnen.*
Nun, laßt das Lachen,
mut'ge Mannen!
Empfah't Gunthers Braut:
Brünnhilde naht dort mit ihm.

Er deutet die Mannen nach dem Rhein hin: diese eilen zum Teil auf die Anhöhe, während Andere sich am Ufer aufstellen, um die Ankommenden zu erblicken. Näher zu einigen Mannen tretend

Hold seid der Herrin,
helfet ihr treu:
traf sie ein Leid,
rasch seid zur Rache!

Er wendet sich langsam zur Seite in den Hintergrund. Während des Folgenden kommt der Nachen mit Gunther und Brünnhilde auf dem Rheine an

EIN MANNE *auf der Höhe.* Heil!

EINIGE. Heil!

ANDERE. Heil!

Diejenigen, welche von der Höhe ausgeblickt hatten, kommen zum Ufer herab

ALLE. Willkommen! Willkommen!

Einige Mannen springen in das Wasser und ziehen den Kahn an das Land. Alles drängt sich immer dichter an das Ufer

Willkommen, Gunther!
Heil! Heil!

VIERTE SZENE

Gunther steigt mit Brünnhilde aus dem Kahne: die Mannen reihen sich ehrerbietig zu ihrem Empfange. Während des Folgenden geleitet Gunther Brünnhilde feierlich an der Hand

DIE MANNEN. Heil dir, Gunther!
Heil dir, und deiner Braut!
Heil sei Gunther dir
und deiner Braut!
Willkommen!

Sie schlagen die Waffen tosend zusammen

GUNTHER *Brünnhilde, welche bleich und gesenkten Blickes ihm folgt, den Mannen vorstellend.*
Brünnhild, die hehrste Frau,
bring ich euch her zum Rhein.
Ein edleres Weib
ward nie gewonnen.
Der Gibichungen Geschlecht,
gaben die Götter ihm Gunst,
zum höchsten Ruhm,
rag es nun auf!

DIE MANNEN *schlagen feierlich an ihre Waffen.* Heil dir, glücklicher Gibichung!

Gunther geleitet Brünnhilde, welche nie aufblickt, zur Halle, aus welcher jetzt Siegfried und Gutrune, von Frauen begleitet, heraustreten

GUNTHER *hält vor der Halle an.* Gegrüßt sei, teurer Held;
gegrüßt, holde Schwester!
Dich seh ich froh ihm zur Seite,
der dich zum Weib gewann.
Zwei sel'ge Paare
seh ich hier prangen:

Er führt Brünnhilde näher heran

Brünnhild und Gunther,
Gutrun und Siegfried! –

Brünnhilde schlägt erschreckt die Augen auf und erblickt Siegfried: wie in Erstarrung bleibt ihr Blick auf ihn gerichtet. Gunther, welcher Brünnhildes heftig zuckende Hand losgelassen hat, sowie alle Übrigen zeigen starre Betroffenheit über Brünnhildes Benehmen

EINIGE MANNEN. Was ist ihr? Ist sie entrückt?

Brünnhilde beginnt zu zittern

SIEGFRIED *geht einige Schritte auf Brünnhilde zu.*
Was müht Brünnhildens Blick?

BRÜNNHILDE *kaum ihrer mächtig.* Siegfried... hier? Gutrune...?

SIEGFRIED. Gunthers milde Schwester,
mir vermählt,
wie Gunther du.

BRÜNNHILDE *furchtbar heftig.* Ich...? Gunther...? Du lügst! –
Sie schwankt und droht umzusinken; Siegfried stützt sie
Mir schwindet das Licht...

Sie blickt in seinen Armen matt zu ihm auf

Siegfried... kennt mich nicht?

SIEGFRIED. Gunther, deinem Weib ist übel! –

Gunther tritt hinzu

Erwache, Frau!
Hier steht dein Gatte.

BRÜNNHILDE *erblickt am ausgestreckten Finger Siegfrieds den Ring und schrickt mit furchtbarer Heftigkeit auf.*

Ha! ... Der Ring ...
an seiner Hand! –
Er ...? Siegfried ...?

EINIGE MANNEN. Was ist? Was ist?

HAGEN *aus dem Hintergrund unter die Mannen tretend.*

Jetzt merket klug,
was die Frau euch klagt!

BRÜNNHILDE *sucht sich zu ermannen, indem sie die schrecklichste Aufregung gewaltsam zurückhält.*

Einen Ring sah ich
an deiner Hand ...;
nicht dir gehört er,
ihn entriß mir –

auf Gunther deutend

dieser Mann.
Wie mochtest von ihm
den Ring du empfah'n?

SIEGFRIED *betrachtet aufmerksam den Ring an seinem Finger.* Den Ring empfing ich
nicht von ihm.

BRÜNNHILDE *zu Gunther.* Nahmst du von mir den Ring,
durch den ich dir vermählt,
so melde ihm dein Recht,
ford're zurück das Pfand!

GUNTHER *in großer Verwirrung.* Den Ring? ... Ich gab ihm keinen:
doch – kennst du ihn auch gut?

BRÜNNHILDE. Wo bärgest du den Ring,
den du von mir erbeutet?

Gunther schweigt in höchster Betroffenheit. Brünnhilde fährt wütend auf

Ha! – Dieser war es,
der mir den Ring entriß:
Siegfried, der trugvolle Dieb!

Alles blickt erwartungsvoll auf Siegfried, welcher über der Betrachtung des Ringes in fernes Sinnen verloren ist

SIEGFRIED. Von keinem Weib
kam mir der Reif, –
noch war's ein Weib,
dem ich ihn abgewann:
genau erkenn ich
des Kampfes Lohn,
den vor Neidhöhl einst ich bestand,
als den starken Wurm ich erschlug.
HAGEN *zwischen sie tretend.* Brünnhild, kühne Frau!
kennst du genau den Ring?
Ist's der, den du Gunther gabst,
so ist er sein, –
und Siegfried gewann ihn durch Trug,
den der Treulose büßen sollt!
BRÜNNHILDE *in furchtbarstem Schmerze aufschreiend.*
Betrug! Betrug!
Mit diesen wiederholten Versuchen scheint sie den versagenden Atem bewältigen zu wollen
Schändlichster Betrug!
Verrat! Verrat!
Wie noch nie er gerächt!
GUTRUNE. Verrat? An wem?
MANNEN. Verrat? Verrat?
FRAUEN. Verrat? An wem?
BRÜNNHILDE. Heil'ge Götter,
himmlische Lenker!
Rauntet ihr dies
in eurem Rat?
Lehrt ihr mich Leiden,
wie keiner sie litt?
Schuft ihr mir Schmach,
wie nie sie geschmerzt?
Ratet nun Rache,
wie nie sie gerast!
Zündet mir Zorn,
wie noch nie er gezähmt!
Heißet Brünnhild,
ihr Herz zu zerbrechen,
den zu zertrümmern,
der sie betrog!
GUNTHER. Brünnhild, Gemahlin!
Mäß'ge dich!
BRÜNNHILDE. Weich' fern, Verräter!

Selbst verrat'ner!
Wisset denn Alle: –
nicht ihm, –
dem Manne dort
bin ich vermählt.

FRAUEN. Siegfried? Gutruns Gemahl?

MANNEN. Gutruns Gemahl?

BRÜNNHILDE. Er zwang mir Lust
und Liebe ab.

SIEGFRIED. Achtest du so
der eig'nen Ehre?
Die Zunge, die sie lästert,
muß ich der Lüge sie zeihen?
Hört, ob ich Treue brach! –
Blut-Brüderschaft
hab ich Gunther geschworen.
Nothung, das werte Schwert,
wahrte der Treue Eid:
mich trennte seine Schärfe
von diesem traur'gen Weib. –

BRÜNNHILDE. Du listiger Held,
sieh wie du lügst,
wie auf dein Schwert
du schlecht dich berufst!
Wohl kenn ich seine Schärfe,
doch kenn auch die Scheide,
darin so wonnig
ruht an der Wand
Nothung, der treue Freund,
als die Traute sein Herr sich gewann.

Die Mannen und Frauen treten in lebhafter Entrüstung zusammen

DIE MANNEN. Wie? Brach er die Treue?
Trübte er Gunthers Ehre?

FRAUEN. Brach er die Treue?

GUNTHER *zu Siegfried.* Geschändet wär ich,
schmählich bewahrt,
gäbst du die Rede
nicht ihr zurück!

GUTRUNE. Treulos, Siegfried,
sannest du Trug?
Bezeuge, daß Jene
falsch dich zeiht!

DIE MANNEN. Reinige dich,
bist du im Recht!
Schweige die Klage!
Schwöre den Eid!
SIEGFRIED. Schweig ich die Klage,
schwör ich den Eid,
wer von euch wagt
seine Waffe daran?
HAGEN. Meines Speeres Spitze
wag ich daran:
sie wahr in Ehren den Eid!
Die Mannen schließen einen Ring um Siegfried und Hagen. Hagen hält den Speer hin; Siegfried legt zwei Finger seiner rechten Hand auf die Specrspitze
SIEGFRIED. Helle Wehr,
heilige Waffe:
hilf meinem ewigen Eide!
Bei des Speeres Spitze
sprech ich den Eid: –
Spitze, achte des Spruchs!
Wo Scharfes mich schneidet,
schneide du mich;
wo der Tod mich soll treffen,
treffe du mich:
klagte das Weib dort wahr,
brach ich dem Bruder den Eid.
BRÜNNHILDE *tritt wütend in den Ring, reißt Siegfrieds Hand vom Speere hinweg und faßt dafür mit der ihrigen die Spitze.* Helle Wehr!
Heilige Waffe!
Hilf meinem ewigen Eide!
Bei des Speeres Spitze
sprech ich den Eid: –
Spitze, achte des Spruchs!
Ich weihe deine Wucht,
daß sie ihn werfe!
Deine Schärfe segne ich,
daß sie ihn schneide!
Denn, brach seine Eide er all,
schwur Meineid jetzt dieser Mann.
DIE MANNEN *im höchsten Aufruhr.* Hilf, Donner!
Tose dein Wetter,
zu schweigen die wütende Schmach!

SIEGFRIED. Gunther! Wehr deinem Weibe,
das schamlos Schande dir lügt. –
Gönnt ihr Weil und Ruh,
der wilden Felsenfrau,
daß ihre freche Wut sich lege,
die eines Unholds
arge List
wider uns Alle erregt! –
Ihr Mannen, kehret euch ab,
laßt das Weibergekeif!
Als Zage weichen wir gern,
gilt es mit Zungen den Streit.
Er tritt dicht zu Gunther
Glaub, mehr zürnt es mich als dich,
daß schlecht ich sie getäuscht;
der Tarnhelm, dünkt mich fast,
hat halb mich nur gehehlt.
Doch Frauengroll
friedet sich bald;
daß ich dir es gewann,
dankt dir gewiß noch das Weib! –
Er wendet sich wieder zu den Mannen
Munter, ihr Mannen!
Folgt mir zum Mahl!
Zu den Frauen
Froh zur Hochzeit
helfet, ihr Frauen!
Wonnige Lust
lache nun auf!
In Hof und Hain,
heiter vor Allen,
sollt ihr heute mich sehn.
Wen die Minne freut,
meinem frohen Mute
tu es der Glückliche gleich!

Siegfried schlingt, in ausgelassenem Übermut, seinen Arm um Gutrune und zieht sie mit sich in die Halle fort: die Mannen und Frauen, von seinem Beispiele hingerissen, folgen ihm nach. – Die Bühne ist leer geworden. Nur Brünnhilde, Gunther und Hagen bleiben zurück. – Gunther hat sich, in tiefer Scham und furchtbarer Verstimmung, mit verhülltem Gesichte abseits niedergesetzt. Brünnhilde, im Vordergrunde ste-

hend, blickt Siegfried und Gutrune noch eine Zeitlang schmerzlich nach und senkt dann das Haupt

FÜNFTE SZENE

BRÜNNHILDE *in starrem Nachsinnen befangen.*
Welches Unholds List
liegt hier verhohlen?
Welches Zaubers Rat
regte dies auf? –
Wo ist nun mein Wissen
gegen dies Wirrsal?
Wo sind meine Runen
gegen dies Rätsel? –
Ach, Jammer! Jammer!
Weh, ach Wehe!
All mein Wissen
wies ich ihm zu! –
Immer gesteigert
In seiner Macht
hält er die Magd, –
in seinen Banden
hält er die Beute,
die, jammernd ob ihrer Schmach,
jauchzend der Reiche verschenkt!
Wer bietet mir nun das Schwert,
mit dem ich die Bande zerschnitt'?
HAGEN *dicht an Brünnhilde herantretend.*
Vertraue mir, betrog'ne Frau!
Wer dich verriet,
das räche ich. –
BRÜNNHILDE *matt sich umblickend.* An wem?
HAGEN. An Siegfried, der dich betrog.
BRÜNNHILDE. An Siegfried? . . . du?
Bitter lächelnd
Ein einz'ger Blick
seines blitzenden Auges, –
das selbst durch die Lügengestalt
leuchtend strahlte zu mir, –
deinen besten Mut
machte er bangen.

HAGEN. Doch meinem Speere
spart ihn sein Meineid?
BRÜNNHILDE. Eid – und Meineid –,
müßige Acht!
Nach Stärk'rem späh,
deinen Speer zu waffnen,
willst du den Stärksten bestehn!
HAGEN. Wohl kenn ich Siegfrieds
siegende Kraft,
wie schwer im Kampf er zu fällen;
drum raune nun du
mir guten Rat,
wie doch der Recke mir wich?
BRÜNNHILDE. O, Undank! Schändlichster Lohn!
Nicht eine Kunst
war mir bekannt,
die zum Heil nicht half seinem Leib:
unwissend zähmt ihn
mein Zauberspiel, –
das ihn vor Wunden nun gewahrt.
HAGEN. So kann keine Wehr ihm schaden?
BRÜNNHILDE. Im Kampfe nicht! Doch –
träfst du im Rücken ihn. –
Niemals – das wußt ich –
wich er dem Feind,
nie reicht er fliehend ihm den Rücken:
an ihm drum spart ich den Segen.
HAGEN. Und dort trifft ihn mein Speer! –
Er wendet sich rasch von Brünnhilde ab zu Gunther
Auf, Gunther!
Edler Gibichung!
Hier steht dein starkes Weib:
was hängst du dort in Harm?
GUNTHER *leidenschaftlich auffahrend.* O Schmach!
O Schande!
Wehe mir,
dem jammervollsten Manne!
HAGEN. In Schande liegst du,
leugn' ich das?
BRÜNNHILDE *zu Gunther.* O feiger Mann!
Falscher Genoss'!
Hinter dem Helden
hehltest du dich,

daß Preise des Ruhmes
er dir erränge!
Tief wohl sank
das teure Geschlecht,
das solche Zagen gezeugt.

GUNTHER *außer sich.* Betrüger ich – und betrogen!
Verräter ich – und verraten!
Zermalmt mir das Mark!
Zerbrecht mir die Brust! –
Hilf, Hagen!
Hilf meiner Ehre!
Hilf deiner Mutter,
die mich auch ja gebar!

HAGEN. Dir hilft kein Hirn,
dir hilft keine Hand;
dir hilft nur – Siegfrieds Tod!

GUNTHER *von Grausen erfaßt.* Siegfrieds Tod!...

HAGEN. Nur der sühnt deine Schmach!

GUNTHER *vor sich hinstarrend.* Blutbrüderschaft
schwuren wir uns!

HAGEN. Des Bundes Bruch
sühne nun Blut!

GUNTHER. Brach er den Bund?

HAGEN. Da er dich verriet.

GUNTHER. Verriet er mich?

BRÜNNHILDE *heftig.* Dich verriet er,
und mich verrietet ihr Alle!
Wär ich gerecht,
alles Blut der Welt
büßte mir nicht eure Schuld!
Doch des Einen Tod
taugt mir für Alle: –
Siegfried falle
zur Sühne für sich und euch!

HAGEN *zu Gunther gewendet.* Er falle
heimlich
dir zum Heil!
Ungeheure Macht wird dir,
gewinnst von ihm du den Ring,
den der Tod ihm wohl nur entreißt.

GUNTHER *leise.* Brünnhildes Ring?

HAGEN. Des Nibelungen Reif!

GUNTHER *schwer seufzend.* So wär es Siegfrieds Ende!

HAGEN. Uns Allen frommt sein Tod.
GUNTHER. Doch – Gutrune, ach! –
der ich ihn gönnte!
Straften den Gatten wir so,
wie bestünden wir vor ihr?
BRÜNNHILDE *wütend auffahrend.* Was riet mir mein Wissen?
Was wiesen mich Runen?
Im hilflosen Elend
achtet mir's hell:
Gutrune heißt der Zauber,
der den Gatten mir entzückt!
Angst treffe sie!
HAGEN *zu Gunther.* Muß sein Tod sie betrüben,
verhehlt sei ihr die Tat.
Auf muntres Jagen
ziehen wir morgen;
der Edle braust uns voran: –
ein Eber bracht ihn da um.
GUNTHER UND BRÜNNHILDE. So soll es sein!
Siegfried falle!
Sühn er die Schmach,
die er mir schuf!
Des Eides Treue
hat er getrogen:
mit seinem Blut
büß er die Schuld!
Allrauner,
rächender Gott!
Schwurwissender
Eideshort!
Wotan!
Wende dich her!
Weise die schrecklich
heilige Schar,
hieher zu horchen
dem Racheschwur!
HAGEN. Sterb er dahin,
der strahlende Held!
Mein ist der Hort,
mir muß er gehören.
Drum sei der Reif
ihm entrissen!

Albenvater,
gefallner Fürst!
Nachthüter!
Niblungenherr!
Alberich!
Achte auf mich!
Weise von neuem
der Niblungen Schar,
dir zu gehorchen,
des Reifes Herrn!

Als Gunther mit Brünnhilde heftig der Halle sich zuwendet, tritt ihnen der von dort herausschreitende Brautzug entgegen. Knaben und Mädchen, Blumenstäbe schwingend, springen lustig voraus. Siegfried wird auf einem Schilde, Gutrune auf einem Sessel von den Männern getragen. – Auf der Anhöhe des Hintergrundes führen Knechte und Mägde, auf verschiedenen Bergpfaden, Opfergeräte und Opfertiere zu den Weihsteinen herbei und schmücken diese mit Blumen. Siegfried und die Männer blasen auf ihren Hörnern den Hochzeitsruf. Die Frauen fordern Brünnhilde auf, an Gutrunes Seite sie zu geleiten. – Brünnhilde blickt starr zu Gutrune auf, welche ihr mit freundlichem Lächeln zuwinkt. Als Brünnhilde heftig zurücktreten will, tritt Hagen rasch dazwischen und drängt sie an Gunther, der jetzt von Neuem ihre Hand erfaßt, worauf er selbst von den Männern sich auf einen Schild erheben läßt. Während der Zug, kaum unterbrochen, schnell der Höhe zu sich wieder in Bewegung setzt, fällt der Vorhang

DRITTER AUFZUG

VORSPIEL UND ERSTE SZENE

Wildes Wald- und Felsental am Rheine, welcher im Hintergrunde an einem steilen Abhange vorbeifließt. – Die drei Rheintöchter (Woglinde, Wellgunde und Floßhilde) tauchen aus der Flut auf und schwimmen, wie im Reigentanze, im Kreise umher

DIE DREI RHEINTÖCHTER *im Schwimmen müßig einhaltend.*

Frau Sonne
sendet lichte Strahlen;
Nacht liegt in der Tiefe:
einst war sie hell,
da heil und hehr
des Vaters Gold noch in ihr glänzte.
Rheingold,
klares Gold,
wie hell du einsten strahltest,
hehrer Stern der Tiefe!

Sie schließen wieder den Schwimmreigen

Weialala leia,
wallala leialala!

Ferner Hornruf. Sie lauschen. Sie schlagen jauchzend das Wasser

Frau Sonne,
sende uns den Helden,
der das Gold uns wiedergebe!
Ließ er es uns,
dein lichtes Auge
neideten dann wir nicht länger!
Rheingold!
Klares Gold,
wie froh du dann strahltest,
freier Stern der Tiefe!

Man hört Siegfrieds Horn von der Höhe her

WOGLINDE. Ich höre sein Horn.
WELLGUNDE. Der Helde naht.
FLOSSHILDE. Laßt uns beraten!

Sie tauchen alle Drei schnell unter. Siegfried erscheint auf dem Abhange in vollen Waffen

SIEGFRIED. Ein Albe führte mich irr,
daß ich die Fährte verlor. –
He, Schelm! In welchem Berge
bargst du so schnell mir das Wild?

DIE DREI RHEINTÖCHTER *tauchen wieder auf und schwimmen im Reigen.* Siegfried!
FLOSSHILDE. Was schiltst du so in den Grund?
WELLGUNDE. Welchem Alben bist du gram?
WOGLINDE. Hat dich ein Nicker geneckt?
ALLE DREI. Sag es, Siegfried, sag es uns.
SIEGFRIED *sie lächelnd betrachtend.* Entzücktet ihr zu euch

den zottigen Gesellen,
der mir verschwand?
Ist's euer Friedel,
euch lustigen Frauen
laß ich ihn gern!

Die Mädchen lachen

WOGLINDE. Siegfried, was gibst du uns,
wenn wir das Wild dir gönnen?
SIEGFRIED. Noch bin ich beutelos;
so bittet, was ihr begehrt!
WELLGUNDE. Ein gold'ner Ring
glänzt dir am Finger: –
DIE DREI MÄDCHEN. Den gib uns!
SIEGFRIED. Einen Riesenwurm
erschlug ich um den Reif, –
für eines schlechten Bären Tatzen
böt ich ihn nun zum Tausch?
WOGLINDE. Bist du so karg?
WELLGUNDE. So geizig beim Kauf?
FLOSSHILDE. Freigebig
solltest Frauen du sein.
SIEGFRIED. Verzehrt ich an euch mein Gut,
des zürnte mir wohl mein Weib.
FLOSSHILDE. Sie ist wohl schlimm?
WELLGUNDE. Sie schlägt dich wohl?
WOGLINDE. Ihre Hand fühlt schon der Held!

Sie lachen unmäßig

SIEGFRIED. Nun lacht nur lustig zu!
In Harm laß ich euch doch:
denn giert ihr nach dem Ring,
euch Neckern geb ich ihn nie!

Die Rheintöchter haben sich wieder zum Reigen gefaßt

FLOSSHILDE. So schön!
WELLGUNDE. So stark!
WOGLINDE. So gehrenswert!
DIE DREI. Wie schade, daß er geizig ist!

Sie lachen und tauchen unter

SIEGFRIED *steigt tiefer in den Grund hinab.* Was leid ich doch
das karge Lob?
Laß ich so mich schmähn?
Kämen sie wieder
zum Wasserrand,
den Ring könnten sie haben. –

Laut rufend

He! Hehe! Ihr munt'ren
Wasserminnen!
Kommt rasch! Ich schenk euch den Ring!

Er hat den Ring vom Finger gezogen und hält ihn in die Höhe. – Die Rheintöchter tauchen wieder auf. Sie zeigen sich ernst und feierlich

FLOSSHILDE. Behalt ihn, Held,
und wahr ihn wohl,
bis du das Unheil errätst,
WOGLINDE UND WELLGUNDE. das in dem Ring du hegst,
ALLE DREI. Froh fühlst du dich dann
befrei'n wir dich von dem Fluch.
SIEGFRIED *steckt gelassen den Ring wieder an seinen Finger.*
So singet, was ihr wißt.
DIE RHEINTÖCHTER. Siegfried! Siegfried! Siegfried!
Schlimmes wissen wir dir.
WELLGUNDE. Zu deinem Unheil
wahrst du den Ring!
ALLE DREI. Aus des Rheines Gold
ist der Ring geglüht:
WELLGUNDE. der ihn listig geschmiedet,
WOGLINDE. und schmählich verlor,
ALLE DREI. der verfluchte ihn,
in fernster Zeit,
zu zeugen den Tod
dem, der ihn trüg.
FLOSSHILDE. Wie den Wurm du fälltest,
WELLGUNDE UND FLOSSHILDE. so fällst auch du,
ALLE DREI. und heute noch:
so heißen wir's dir,
tauschest den Ring du uns nicht;
WELLGUNDE UND FLOSSHILDE. im tiefen Rhein ihn zu bergen:
ALLE DREI. Nur seine Flut
sühnet den Fluch!
SIEGFRIED. Ihr listigen Frauen,
laßt das sein!
Traut ich kaum eurem Schmeicheln,
euer Drohen schreckt mich noch minder!
DIE RHEINTÖCHTER. Siegfried! Siegfried!
Wir weisen dich wahr.
Weiche! Weiche dem Fluch!
Ihn flochten nächtlich

webende Nornen
in des Urgesetzes Seil!

SIEGFRIED. Mein Schwert zerschwang einen Speer: –
des Urgesetzes
ewiges Seil,
flochten sie wilde
Flüche hinein, –
Nothung zerhaut es den Nornen! –
Wohl warnte mich einst
vor dem Fluch ein Wurm, –
doch das Fürchten lehrt er mich nicht.

Er betrachtet den Ring

Der Welt Erbe
gewänne mir ein Ring: –
für der Minne Gunst
miß ich ihn gern, –
ich geb ihn euch, gönnt ihr mir Gunst.
Doch, bedroht ihr mir Leben und Leib, –
faßte er nicht
eines Fingers Wert, –
den Reif entringt ihr mir nicht.
Denn Leben und Leib,
seht:

Er hebt eine Erdscholle vom Boden auf, hält sie über seinem Haupte und wirft sie mit den letzten Worten hinter sich

so –
werf ich sie weit von mir!

DIE RHEINTÖCHTER. Kommt, Schwestern!
Schwindet dem Toren!
So weise und stark
verwähnt sich der Held,
als gebunden und blind er doch ist!

Sie schwimmen, wild aufgeregt, in weiten Schwenkungen dicht an das Ufer heran

Eide schwur er,
und achtet sie nicht!

Wieder heftige Bewegung

Runen weiß er,
und rät sie nicht!

FLOSSHILDE, *dann* WOGLINDE. Ein hehrstes Gut
ward ihm gegönnt:

ALLE DREI. daß er's verworfen,
weiß er nicht;

FLOSSHILDE. – nur den Ring,
WELLGUNDE. – der zum Tod ihm taugt,
ALLE DREI. – den Reif nur will er sich wahren!
Leb wohl! Siegfried!
Ein stolzes Weib
wird noch heut dich Argen beerben;
sie beut uns bess'res Gehör:
zu ihr!

Sie wenden sich schnell zum Reigen, mit welchem sie gemächlich, dem Hintergrunde zu, fortschwimmen. – Siegfried sieht ihnen lächelnd nach, stemmt ein Bein auf ein Felsstück am Ufer und verweilt mit auf die Hand gestütztem Kinne

RHEINTÖCHTER. Weialala leia,
Wallala leialala!
SIEGFRIED. Im Wasser wie am Lande
lernte nun ich Weiber Art:
wer nicht ihrem Schmeicheln traut,
den schrecken sie mit Drohen;
wer dem nun kühnlicht trotzt,
dem kommt dann ihr Keifen dran! –
Die Rheintöchter sind hier gänzlich verschwunden
Und doch, –
trüg ich nicht Gutrun Treu, –
der zieren Frauen eine
hätt ich mir – frisch gezähmt!

Die Rheintöchter werden aus größerer Entfernung nur gehört. – Er blickt ihnen unverwandt nach. – Jagdhornrufe kommen von der Höhe näher

HAGENS STIMME *von fern.* Hoiho!

Siegfried fährt aus einer träumerischen Entrücktheit auf und antwortet dem Rufe auf seinem Horne

ZWEITE SZENE

MANNEN *außerhalb der Szene.* Hoiho! Hoiho!
SIEGFRIED *antwortend.* Hoiho! Hoiho! Hoihe!
Hagen kommt auf der Höhe hervor, Gunther folgt ihm
HAGEN *Siegfried erblickend.* Finden wir endlich
wohin du flogest?
SIEGFRIED. Kommt herab! Hier ist frisch und kühl!

Die Mannen kommen alle auf der Höhe an und steigen nun, mit Hagen und Gunther, herab

HAGEN. Hier rasten wir,
und rüsten das Mahl!

Jagdbeute wird zuhauf gelegt

Laßt ruhn die Beute,
und bietet die Schläuche!

Schläuche und Trinkhörner werden hervorgeholt. Alles lagert sich

Der uns das Wild verscheuchte,
nun sollt ihr Wunder hören,
was Siegfried sich erjagt.

SIEGFRIED. Schlimm steht es um mein Mahl:
von eurer Beute
bitte ich für mich.

HAGEN. Du beutelos?

SIEGFRIED. Auf Waldjagd zog ich aus, –
doch Wasserwild zeigte sich nur:
war ich dazu recht beraten,
drei wilde Wasservögel
hätt ich euch wohl gefangen,
die dort auf dem Rhein mir sangen,
erschlagen würd ich noch heut.

Er lagert sich zwischen Gunter und Hagen. – Gunther erschrickt und blickt düster auf Hagen

HAGEN. Das wäre üble Jagd,
wenn den Beutelosen selbst
ein lauernd Wild erlegte.

SIEGFRIED. Mich dürstet!

HAGEN *indem er für Siegfried ein Trinkhorn füllen läßt und es diesem dann darreicht.* Ich hörte sagen, Siegfried,
der Vögel Sangessprache
verstündest du wohl: –
so wäre das wahr?

SIEGFRIED. Seit lange acht ich
des Lallens nicht mehr.

Er erfaßt das Trinkhorn und wendet sich damit zu Gunther. Er trinkt und reicht das Horn Gunther hin

Trink, Gunther, trink:
dein Bruder bringt es dir!

Gunther blickt mit Grausen in das Horn

GUNTHER *dumpf.* Du mischtest matt und bleich: –

noch gedämpfter

dein Blut allein darin!

SIEGFRIED *lachend.* So misch es mit dem deinen!

Er gießt aus Gunthers Horn in das seinige, so daß dieses überläuft

Nun floß gemischt es über: –
der Mutter Erde
laß das ein Labsal sein!

GUNTHER *mit einem heftigen Seufzer.* Du überfroher Held!

SIEGFRIED *leise zu Hagen.* Ihm macht Brünnhilde Müh?

HAGEN *leise zu Siegfried.* Verstünd er sie so gut,
wie du der Vögel Sang!

SIEGFRIED. Seit Frauen ich singen hörte,
vergaß ich der Vöglein ganz. –

HAGEN. Doch einst vernahmst du sie?

SIEGFRIED *sich lebhaft zu Gunther wendend.* Hei! Gunther,
grämlicher Mann!
Dankst du es mir,
so sing ich dir Mären
aus meinen jungen Tagen.

GUNTHER. Die hör ich gern.

Alle lagern sich nahe um Siegfried, welcher allein aufrecht sitzt, während die Anderen tiefer gestreckt liegen

HAGEN. So singe, Held!

SIEGFRIED. Mime hieß
ein mürrischer Zwerg;
in des Neides Zwang
zog er mich auf,
daß einst das Kind,
wann kühn es erwuchs,
einen Wurm ihm fällt im Wald,
der lang schon hütet einen Hort.
Er lehrte mich schmieden
und Erze schmelzen;
doch, was der Künstler
selber nicht konnt,
des Lehrlings Mute
mußt es gelingen:
eines zerschlag'nen Stahles Stücken
neu zu schweißen zum Schwert.
Des Vaters Wehr
fügt ich mir neu,
nagelfest
schuf ich mir Nothung.
Tüchtig zum Kampf
dünkt er dem Zwerg;

der führte mich nun zum Wald:
dort fällt' ich Fafner, den Wurm. –
Jetzt aber merkt
wohl auf die Mär:
Wunder muß ich euch melden.
Von des Wurmes Blut
mir brannten die Finger,
sie führt ich kühlend zum Mund: –
kaum netzt ein wenig
die Zunge das Naß, –
was da die Vöglein sangen,
das konnt ich flugs verstehn.
Auf den Ästen saß es und sang: –
»Hei! Siegfried gehört nun
der Niblungen Hort!
Oh –! fänd in der Höhle
den Hort er jetzt!
Wollt er den Tarnhelm gewinnen,
der taugt ihm zu wonniger Tat!
Doch wollt er den Ring sich erraten,
der macht ihn zum Walter der Welt!«

HAGEN. Ring und Tarnhelm
trugst du nun fort?

EIN MANNE. Das Vöglein hörtest du wieder?

SIEGFRIED. Ring und Tarnhelm
hatt ich gerafft: –
da lauscht ich wieder
dem wonnigen Laller;
der saß im Wipfel und sang: –
»Hei! Siegfried gehört nun
der Helm und der Ring.
Oh! Traute er Mime,
dem treulosen nicht!
Ihm sollt er den Hort nur erheben;
nun lauert er listig am Weg;
nach dem Leben trachtet er Siegfried:
oh, traute Siegfried nicht Mime!«

HAGEN. Er mahnte dich gut?

VIER MANNEN. Vergaltest du Mime?

SIEGFRIED. Mit tödlichem Tranke
trat er zu mir;
bang und stotternd
gestand er mir Böses:

Nothung streckte den Strolch!

HAGEN *grell lachend.* Was nicht er geschmiedet
schmeckte doch Mime! –

Er läßt ein Trinkhorn neu füllen und träufelt den Saft eines Krautes hinein

ZWEI MANNEN *nacheinander.* Was wies das Vöglein dich wieder?

HAGEN. Trink erst, Held,
aus meinem Horn:
ich würzte dir holden Trank,
die Erinnerung hell dir zu wecken,

Er reicht Siegfried das Horn

daß Fernes nicht dir entfalle!

SIEGFRIED *blickt gedankenvoll in das Horn und trinkt dann langsam*

In Leid zu dem Wipfel
lauscht ich hinauf; –
da saß es noch und sang: –
»Hei! Siegfried erschlug nun
den schlimmen Zwerg!
Jetzt wüßt ich ihm noch
das herrlichste Weib:
auf hohem Felsen sie schläft,
Feuer umbrennt ihren Saal:
durchschritt er die Brunst,
weckt er die Braut, –
Brünnhilde wäre dann sein!« –

HAGEN. Und folgtest du
des Vögleins Rate?

SIEGFRIED. Rasch ohne Zögern
zog ich nun aus: –

Gunther hört mit immer größerem Erstaunen zu

Bis den feurigen Fels ich traf: –
die Lohe durchschritt ich,
und fand zum Lohn –

in immer größere Verzückung geratend

schlafend ein wonniges Weib
in lichter Waffen Gewand.
Den Helm löst ich
der herrlichen Maid;
mein Kuß erweckte sie kühn: –
oh! wie mich brünstig da umschlang
der schönen Brünnhilde Arm!

GUNTHER *im höchsten Schrecken aufspringend.* Was hör ich!

Zwei Raben fliegen aus einem Busche auf, kreisen über Siegfried und fliegen dann, dem Rheine zu, davon

HAGEN. Errätst du auch
dieser Raben Geraun?

Siegfried fährt heftig auf und blickt, Hagen den Rücken zukehrend, den Raben nach

Rache rieten sie mir.

Hagen stößt seinen Speer in Siegfrieds Rücken. Gunther und die Mannen stürzen sich über Hagen. Siegfried schwingt mit beiden Händen seinen Schild hoch empor, um ihn nach Hagen zu werfen: die Kraft verläßt ihn; der Schild entsinkt ihm rückwärts; er selbst stürzt über dem Schild zusammen

VIER MANNEN *welche vergebens Hagen zurückzuhalten versucht.* Hagen, was tust du?

ZWEI ANDERE. Was tatest du?

GUNTHER. Hagen, – was tatest du?

HAGEN. Meineid rächt' sich!

Hagen wendet sich ruhig zur Seite ab und verliert sich dann über die Höhe, wo man ihn langsam durch die anbrechende Dämmerung von dannen schreiten sieht. – Gunther beugt sich, schmerzergriffen, zu Siegfrieds Seite nieder. – Die Mannen umstehen teilnahmvoll den Sterbenden

SIEGFRIED *von zwei Männern sitzend erhalten, schlägt die Augen glanzvoll auf*

Brünnhilde!
Heilige Braut!
Wach auf! Öffne dein Auge!
Wer verschloß dich
wieder in Schlaf?
Wer band dich in Schlummer so bang?
Der Wecker kam: –
er küßt dich wach; –
und aber – der Braut
bricht er die Bande: –
da lacht ihm Brünnhildes Lust. –
Ach! Dieses Auge –
ewig nun offen!
Ach, dieses Atems
wonniges Wehen!
Süßes Vergehen, –
seliges Grauen!
Brünnhild – bietet mir Gruß! –

Er sinkt zurück und stirbt. – Regungslose Trauer der Umstehenden. Die Nacht ist hereingebrochen. – Auf die stumme Ermahnung Gunthers erheben die Mannen Siegfrieds Leiche und geleiten sie, mit dem Folgenden, in feierlichem Zuge über die Felsenhöhle langsam von dannen. – Der Mond bricht durch die Wolken und beleuchtet immer heller den die Berghöhe erreichenden Trauerzug. Aus dem Rheine sind Nebel aufgestiegen und erfüllen allmählich die ganze Bühne, auf welcher der Trauerzug bereits unsichtbar geworden ist, bis nach vorn, so daß diese, während des Zwischenspiels, gänzlich verhüllt bleibt. – Die Nebel verteilen sich wieder, bis endlich die Halle der Gibichungen, wie im ersten Aufzuge, immer erkennbarer hervortritt

DRITTE SZENE

Es ist Nacht. Der Mondschein spiegelt sich auf dem Rheine. – Gutrune tritt aus ihrem Gemache in die Halle heraus

GUTRUNE. War das sein Horn?
Sie lauscht
Nein! Noch
kehrt er nicht heim. –
Schlimme Träume
störten mir den Schlaf.
Wild wieherte sein Roß; –
Lachen Brünnhildes
weckte mich auf. –
Wer war das Weib,
das ich zum Ufer schreiten sah? –
Ich fürchte Brünnhild.
Ist sie daheim?
Sie lauscht an der Türe rechts und ruft
Brünnhild! Brünnhild!
Bist du wach?
Sie öffnet schüchtern und blickt in das innere Gemach
Leer das Gemach.
So war es sie,
die ich zum Rheine schreiten sah? –
War das sein Horn? –
Nein!

Öd alles!

Sie blickt ängstlich hinaus

Säh ich Siegfried nur bald! –

Als Gutrune Hagens Stimme hört, bleibt sie, von Furcht gefesselt, eine Zeitlang unbeweglich stehen

HAGENS STIMME *von außen sich nähernd.* Hoiho! Hoiho!
Wacht auf! Wacht auf!
Lichte! Lichte,
helle Brände!
Jagdbeute
bringen wir heim. –
Hoiho! Hoiho! –

Wachsender Feuerschein von außen. – Hagen tritt in die Halle

Auf, Gutrun!
Begrüße Siegfried!
Der starke Held,
er kehret heim.

GUTRUNE *in großer Angst.* Was geschah? Hagen!
Nicht hört ich sein Horn!

Männer und Frauen, mit Lichtern und Feuerbränden, geleiten in großer Verwirrung den Zug der mit Siegfrieds Leiche Heimkehrenden

HAGEN. Der bleiche Held,
nicht bläst er es mehr;
nicht stürmt er zur Jagd,
zum Streite nicht mehr,
noch wirbt er um wonnige Frauen!

GUTRUNE *mit wachsendem Entsetzen.* Was bringen die?

Der Zug gelangt in die Mitte der Halle, und die Mannen setzen dort die Leiche auf einer schnell errichteten Erhöhung nieder

HAGEN. Eines wilden Ebers Beute:
Siegfried, deinen toten Mann.

Gutrune schreit auf und stürzt über die Leiche hin. Allgemeine Erschütterung und Trauer. Gunther bemüht sich um die Ohnmächtige

GUNTHER. Gutrun, holde Schwester!
Hebe dein Auge, –
schweige mir nicht! –

GUTRUNE *wieder zu sich kommend.* Siegfried – Siegfried – erschlagen! –

Sie stößt Gunther heftig zurück

Fort, treuloser Bruder,
du Mörder meines Mannes! –
O Hilfe! Hilfe!
Wehe! Wehe!
Sie haben Siegfried erschlagen!

GUNTHER. Nicht klage wider mich,
dort klage wider Hagen.
Er ist der verfluchte Eber,
der diesen Edlen zerfleischt.

HAGEN. Bist du mir gram darum?

GUNTHER. Angst und Unheil
greife dich immer!

HAGEN *mit furchtbarem Trotze herantretend.* Ja denn! Ich hab ihn erschlagen.
Ich – Hagen –
schlug ihn zu Tod. –
Meinem Speer war er gespart,
bei dem er Meineid sprach. –
Heiliges Beuterecht
hab ich mir nun errungen: –
drum fordr' ich hier diesen Ring.

GUNTHER. Zurück! Was mir verfiel,
sollst nimmer du empfahn!

HAGEN. Ihr Mannen, richtet mein Recht!

GUNTHER. Rührst du an Gutrunes Erbe,
schamloser Albensohn?

HAGEN *zieht sein Schwert.* Des Alben Erbe
fordert so sein Sohn.

Er dringt auf Gunther ein; dieser wehrt sich; sie fechten. Die Mannen werfen sich dazwischen. Gunther fällt von einem Streiche Hagens tot darnieder

Her den Ring!

Er greift nach Siegfrieds Hand; diese hebt sich drohend empor. – Gutrune hat bei Gunthers Falle entsetzt aufgeschrien. Alles bleibt in Schauder regungslos gefesselt. Aus dem Hintergrunde schreitet, fest und feierlich, Brünnhilde dem Vordergrunde zu

BRÜNNHILDE *noch im Hintergrunde.* Schweigt eures Jammers
jauchzenden Schwall!
Das ihr Alle verrietet,
zur Rache schreitet sein Weib. –

Während sie ruhig weiter vorschreitet

Kinder hört ich

greinen nach der Mutter,
da süße Milch sie verschüttet:
doch nicht erklang mir
würdige Klage,
des höchsten Helden wert.

GUTRUNE *vom Boden heftig sich aufrichtend.*
Brünnhilde! Neiderboste!
Du brachtest uns diese Not:
die du die Männer ihm verhetztest, –
weh, daß du dem Haus genaht!

BRÜNNHILDE. Armsel'ge, schweig!
Sein Eheweib warst du nie;
als Buhlerin
bandest du ihn.
Sein Mannesgemahl bin ich,
der ewige Eide er schwur,
eh Siegfried je dich gesah.

GUTRUNE *in jähe Verzweiflung ausbrechend.*
Verfluchter Hagen!
Daß du das Gift mir rietest,
das ihr den Gatten entrückt!
Ach, Jammer!
Wie jäh nun weiß ich's: –
Brünnhild war die Traute,
die durch den Trank er vergaß! –

Sie hat sich voll Scheu von Siegfried abgewendet und beugt sich nun ersterbend über Gunthers Leiche; so verbleibt sie regungslos bis zum Schlusse. Hagen steht, trotzig auf Speer und Schild gelehnt, in finsteres Sinnen versunken auf der entgegengesetzten Seite. – Brünnhilde allein in der Mitte; nachdem sie lange in den Anblick Siegfrieds versunken gewesen, wendet sie sich jetzt, mit feierlicher Erhobenheit, an die Männer und Frauen

BRÜNNHILDE *zu den Mannen.* Starke Scheite
schichtet mir dort
am Rande des Rheins zu Hauf!
Hoch und hell
lodre die Glut,
die den edlen Leib
des hehresten Helden verzehrt.
Sein Roß führet daher,
daß mit mir dem Recken es folge:
denn des Helden heiligste

Ehre zu teilen,
verlangt mein eigner Leib.
Vollbringt Brünnhildes Wort!

Die jungen Männer errichten, während des Folgenden, vor der Halle, nahe am Rheinufer, einen mächtigen Scheithaufen: Frauen schmücken diesen dann mit Decken, auf welche sie Kräuter und Blumen streuen. – Brünnhilde versinkt von Neuem in die Betrachtung des Antlitzes der Leiche Siegfrieds. Ihre Mienen nehmen eine immer sanftere Verklärung an

Wie Sonne lauter
strahlt mir sein Licht:
der Reinste war er,
der mich verriet!
Die Gattin trügend –
treu dem Freunde –,
von der eig'nen Trauten –
einzig ihm teuer –
schied er sich durch sein Schwert.
Echter als Er
schwur keiner Eide;
treuer als Er
hielt keiner Verträge;
lautrer als Er
liebte kein Andrer!
Und doch, alle Eide,
alle Verträge, –
die treueste Liebe –
trog keiner wie Er! –
Wißt ihr, wie das ward?

Nach oben blickend

Oh, ihr, der Eide
ewige Hüter!
Lenkt euren Blick
auf mein blühendes Leid;
erschaut eure ewige Schuld!
Meine Klage hör,
du hehrster Gott!
Durch seine tapferste Tat,
dir so tauglich erwünscht, –
weihtest du den,
der sie gewirkt,
dem Fluche, dem du verfielest, –
mich mußte

der Reinste verraten,
daß wissend würde ein Weib! –
Weiß ich nun, was dir frommt?
Alles, Alles,
Alles weiß ich, –
Alles ward mir nun frei.
Auch deine Raben
hör ich rauschen;
mit bang ersehnter Botschaft.
send ich die beiden nun heim. –
Ruhe, ruhe, du Gott!

Sie winkt den Mannen, Siegfrieds Leiche auf den Scheithaufen zu tragen; zugleich zieht sie von Siegfrieds Finger den Ring ab und betrachtet ihn sinnend

Mein Erbe nun
nehm ich zu eigen. –
Verfluchter Reif!
Furchtbarer Ring!
Dein Gold faß ich,
und geb es nun fort.
Der Wassertiefe
weise Schwestern,
des Rheines schwimmende Töchter, –
euch dank ich redlichen Rat:
was ihr begehrt,
ich geb es euch:
aus meiner Asche
nehmt es zu eigen!
Das Feuer, das mich verbrennt,
rein'ge vom Fluche, den Ring! –
Ihr in der Flut,
löset ihn auf,
und lauter bewahrt
das lichte Gold,
das euch zum Unheil geraubt.

Sie hat den Ring sich angesteckt und wendet sich jetzt zu dem Scheitergerüst, auf dem Siegfrieds Leiche ausgestreckt liegt. Sie entreißt einem Manne den mächtigen Feuerbrand, schwingt diesen und deutet nach dem Hintergrund

Fliegt heim, ihr Raben!
Raunt es eurem Herren,
was hier am Rhein ihr gehört!

An Brünnhildes Felsen
fahrt vorbei!
Der dort noch lodert,
weiset Loge nach Walhall!
Denn der Götter Ende
dämmert nun auf.
So werf ich den Brand
in Walhalls prangende Burg.*

Sie schleudert den Brand in den Holzstoß, welcher sich schnell hell entzündet. Zwei Raben sind vom Felsen am Ufer aufgeflogen und verschwinden nach dem Hintergrunde. – Brünnhilde gewahrt ihr Roß, welches soeben zwei Männer hereinführen

Grane, mein Roß!
Sei mir gegrüßt!

Sie ist ihm entgegengesprungen, faßt es und entzäumt es schnell; dann neigt sie sich traulich zu ihm

Weißt du auch, mein Freund,
wohin ich dich führe? –
Im Feuer leuchtend,
liegt dort dein Herr,
Siegfried, mein seliger Held.
Dem Freunde zu folgen,
wieherst du freudig?
Lockt dich zu ihm
die lachende Lohe?
Fühl meine Brust auch,
wie sie entbrennt,
helles Feuer
das Herz mir erfaßt, –
ihn zu umschlingen,
umschlossen von ihm
in mächtigster Minne,
vermählt ihm zu sein! –
Heiajaho! Grane!
Grüß deinen Herren!
Siegfried! Siegfried! Sieh!

Sie hat sich auf das Roß geschwungen und hebt es jetzt zum Sprunge

Selig grüßt dich dein Weib!

Sie sprengt das Roß mit einem Satze in den brennenden

* Siehe Anhang 13.

Scheithaufen. Sogleich prasselt der Brand hoch auf, so daß das Feuer den ganzen Raum vor der Halle erfüllt und diese selbst schon zu ergreifen scheint. Entsetzt drängen sich die Männer und Frauen nach dem äußersten Vordergrunde. Als der ganze Bühnenraum nur noch von Feuer erfüllt erscheint, verlischt plötzlich der Glutschein, so daß bald bloß ein Dampfgewölke zurückbleibt, welches sich dem Hintergrunde zu verzieht und dort am Horizont sich als finstere Wolkenschicht lagert. – Zugleich ist vom Ufer her der Rhein mächtig angeschwollen und hat seine Flut über die Brandstätte gewälzt. Auf den Wogen sind die drei Rheintöchter herbei geschwommen und erscheinen jetzt über der Brandstätte. – Hagen, der seit dem Vorgang mit dem Ringe Brünnhildes Benehmen mit wachsender Angst beobachtet hat, gerät bei dem Anblick der Rheintöchter in höchsten Schreck. – Er wirft hastig Speer, Schild und Helm von sich und stürzt, wie wahnsinnig, sich in die Flut

HAGEN. Zurück vom Ring!

Woglinde und Wellgunde umschlingen mit ihren Armen seinen Nacken und ziehen ihn, so zurückschwimmend, mit sich in die Tiefe. Floßhilde, den anderen voran dem Hintergrunde zu schwimmend, hält jubelnd den gewonnenen Ring in die Höhe. Durch die Wolkenschicht, welche sich am Horizont gelagert, bricht ein rötlicher Glutschein mit wachsender Helligkeit aus. Von dieser Helligkeit beleuchtet, sieht man die drei Rheintöchter auf den ruhigeren Wellen des allmählich wieder in sein Bett zurückgetretenen Rheines, lustig mit dem Ringe spielend, im Reigen schwimmen. Aus den Trümmern der zusammengestürzten Halle sehen die Männer und Frauen, in höchster Ergriffenheit, dem wachsenden Feuerscheine am Himmel zu. Als dieser endlich in lichtester Helligkeit leuchtet, erblickt man darin den Saal Walhalls, in welchem die Götter und Helden, ganz nach der Schilderung Waltrautes im ersten Aufzuge, versammelt sitzen. Helle Flammen scheinen in dem Saale der Götter aufzuschlagen. Als die Götter von den Flammen gänzlich verhüllt sind, fällt der Vorhang

DOKUMENTE

1847	Anfang April	Wagner zieht in das Marcolinische Palais in der Dresdener Friedrichstadt.
1848	20. Oktober	Vollendung des Prosaentwurfs zu *Siegfrieds Tod.*
	12.–28. November	Aufzeichnung der Urschrift der Dichtung von *Siegfrieds Tod.*
1849	9. Mai	Wagner verläßt Dresden nach seiner Beteiligung am dortigen Mai-Aufstand.
	19. Mai	Im *Dresdener Anzeiger* erscheint der Steckbrief gegen Wagner.
	28. Mai	Wagner trifft nach geglückter Flucht in Zürich ein.
1850	12. August	Beginn der Orchesterskizze von *Siegfrieds Tod* (nur bis zur Szene des Abschieds Siegfried–Brünnhilde reichend).
1852	15. Dezember	Abschluß der Überarbeitung der Dichtung.
1856	Mitte Mai	Neudichtung der Schlußworte Brünnhildes.
	Juni	Umänderung des Titels in *Götterdämmerung.*
1869	2. Oktober	Beginn der Kompositionsskizze der Nornen-Szene des »Vorspieles« in Tribschen.
1870	9. Januar bis 5. Juni	Aufzeichnung der Kompositionsskizze des »Vorspieles« und 1. Aktes.
	11. Januar bis 2. Juli	Aufzeichnung der Orchesterskizze des »Vorspieles« und 1. Aktes.
	25. August	Wagner schenkt König Ludwig II. die von Hans Richter hergestellte Abschrift der Orchesterskizze des 1. Aktes.
1871	24. Juni bis 25. Oktober	Aufzeichnung der Kompositionsskizze des 2. Aktes.
	5. Juli bis 19. November	Aufzeichnung der Orchesterskizze des 2. Aktes.

	4. Dezember	Wagner schenkt König Ludwig II. die von Musiklehrer Spiegel in Zürich gefertigte Abschrift der Orchesterskizze des 2. Aktes.
1872	4. Januar bis 10. April	Aufzeichnung der Kompositionsskizze des 3. Aktes.
	9. Februar	Beginn der Orchesterskizze des 3. Aktes.
	22. April	Wagner verläßt Tribschen für immer, um nach Bayreuth überzusiedeln.
	24. April	Wagner kommt zu dauerndem Aufenthalte in Bayreuth an und nimmt im Hotel »Fantaisie« in Donndorf Wohnung.
	22. Mai	Grundsteinlegung des Bayreuther Festspielhauses.
	22. Juli	Vollendung der Orchesterskizze des 3. Aktes.
	25. August	Wagner schenkt König Ludwig II. die von mehreren Kopisten hergestellte Abschrift der Orchesterskizze des 3. Aktes zum Geburtstag.
	Ende September	Wagner bezieht das Haus Nr. 7 an der Dammallee in Bayreuth.
1873	3. Mai bis 24. Dezember	Niederschrift der Partitur des 1. Aktes.
1874	28. April	Einzug Wagners in Haus Wahnfried.
	26. Juni	Vollendung der Partitur des 2. Aktes.
	21. November	Vollendung der Partitur des 3. Aktes.
1876	17. August	Uraufführung im Bayreuther Festspielhaus. Dirigent: Hans Richter.
	21. August	Auf Wunsch König Ludwigs II. setzt Wagner die ursprünglichen Schlußworte Brünnhildes für ihn in Musik.

Richard Wagner: *Mein Leben*:
Jetzt ging ich daran, den lange mit Scheu gehegten Plan von *Siegfrieds Tod* auszuführen. Hierbei dachte ich nun allerdings nicht mehr an das Dresdener noch an irgendein Hoftheater der Welt, sondern einzig daran, etwas zu unternehmen, was mich ein für allemal von diesem unsinnigen Verkehr abbringen sollte. Staunend nahm *Eduard Devrient*, mit welchem ich ... einzig noch über Theater und dramatische Kunst verkehrte, mein nach seiner Vollendung von mir ihm vorgelesenes Gedicht auf. Er erkannte die Tendenz, mich hiermit außer allem hoffnungsvollen Verkehr mit der modernen Theaterwelt zu setzen, und mochte natürlich dies durchaus nicht billigen. Dagegen versuchte er sich mit meiner Arbeit dahin zu befreunden, daß sie am Ende doch immer noch als nicht gar zu befremdlich und wirklich aufführbar zu denken sein sollte. Wie ernstlich er dies meinte, bewies er durch den Nachweis eines Fehlers, der darin bestehe, daß ich dem Publikum doch gar zuviel zumute, wenn es sich aus kurzen epischen Andeutungen so sehr viel, was meinem Stoffe das richtige Verständnis geben sollte, zu ergänzen hätte. Er wies darauf hin, daß, ehe man Siegfried und Brünnhilde in ihrem feindseligen Konflikte vor sich sähe, dieses Paar zuvor in seinem wahren, ungetrübten Verhältnis einmal kennengelernt worden sein müßte. Ich hatte nämlich das Gedicht von *Siegfrieds Tod* gerade nur mit den Szenen, welche auch jetzt noch den ersten Akt der *Götterdämmerung* bilden, begonnen und alles auf das vorangehende Verhältnis Siegfrieds zu Brünnhilde Deutende nur in einem Zwiegespräch der einsam zurückgelassenen Gemahlin des Helden mit dem an ihrem Felsen vorüberziehenden Heere der Walküren in einem lyrisch-epischen Dialog dem Zuhörer erläutert. Der hiermit von *Devrient* gegebene Wink brachte mich zu meiner Freude sofort auf die Szenen, welche ich im Vorspiel zu diesem Drama ausgeführt habe.

An König Ludwig II. Tribschen, 30. Dezember 1869:
Das ganze Vorspiel zu der *Götterdämmerung* sollte vollendet auf den Weihnachtstisch gelegt werden. So gern ersparte ich Ihnen nun eine etwas betrübende Kunde aus meiner Zurückgezogenheit: doch muß ich nun zu meiner unerläßlichen Entschuldigung Ihnen mitteilen, daß diesmal die Kräfte meiner Gesundheit mir nicht ausreichten. Ich fühlte mich während des verflossenen Herbstes (wohl in Folge großer kummervoller Auf-

regungen und andauernder Ruhelosigkeit) ungewöhnlich abgespannt und niedergedrückt. Der Zweck meines Daseins, für dessen Erfüllung Sie, als königlicher Freund, so sichtbarlich und bestimmt eingetreten sind, gab mir wieder Kraft zum Aufraffen. Ich begann die Komposition des großen Vorspieles, denn es begeisterte mich, gerade eben Ihnen zu zeigen, daß Nichts mich davon abbringen sollte, jenen meinen Ihnen geweihten Lebenszweck zu erfüllen. ... ich darf denn nun bei der Begrüßung des neuen Jahres mit heitrem Mute Ihnen in das Auge blicken und Ihnen zurufen: »Dieses Werk vollende ich!« – Alles, was ich von den Einzigen, die mich wahrhaft begreifen, mir erbitten muß, ist – mir gemächliche Zeit zu lassen! Wird dieses Werk noch vollendet (und dies steht nun außer Zweifel!), so darf ich wohl, im Vergleich mit allen geschaffenen Werken eines Einzelnen, von diesem behaupten, daß seine Ausführung erstaunlich ist. Hier ist eben nirgends etwas Eingeschobenes, nach einem Schema Abgemachtes, oder nach einer Manier Erledigtes aufzuweisen, – sondern nie geht etwas vor oder wird etwas geäußert, was nicht immer eigentümlich so erfüllt ist, wie etwa sonst nur die Hauptpointen einer Dichtung. Dies führt nun für die Musik eine so fortgesetzte Nötigung zu neuer Erfindung herbei, daß von Takt zu Takt wirklich nur durch wahre Inspiration fortzuschreiten ist.

An König Ludwig II. Tribschen, 5. Mai 1870:
Die unglaubliche Arbeit der Wiederaufnahme und Vollendung der *Nibelungen* geht wirklich vor sich, mein huldvoller Freund. Wem das Werk endlich einmal zum Studium vorliegen wird, der mag es dann schwer zu begreifen haben, wie eine solche Ausführung möglich war. Natürlich lebt darin Alles an den gesponnenen Urfäden des ersten Entwurfes fort, nur wird das Gewebe selbst immer reicher und mannigfaltiger, da immer neue Fäden hinzukommen, und neue Lebensschicksale melodisch sich hineinweben. Was diese Arbeit heißt, kann leider nur *ich* ermessen! Vor der Nornenszene des Vorspieles der *Götterdämmerung* stand ich mit wahrem Grauen und glaubte lange Zeit, mich nicht überwinden zu können, damit mich einzulassen ... Gern hätte ich alles Neue dafür übernommen und begonnen. Und doch mußte es sein, und aus Grauen und Angst wob ich endlich selbst an dem Seile, welches, wie es nun kunstvoll gesponnen vor mir liegt, mir allerdings zu seltsam erhebender Freude gereicht: so etwas hat doch noch keiner gesponnen, – so sage ich mir nun, und ich vermute, daß

Jeder mir das einst noch sagen wird. – So geht es nun aber eigentlich mit jeder neuen Szene fort: die Unermeßlichkeit der sinnvollsten Arbeit, die ungemeine Gedrängtheit des musikalischen Gewebes, weil sie hauptsächlich durch die lakonische Gedrängtheit des Dialoges gerade dieses Teiles des großen Dramas, wo alles Handlung ist, bedingt wird, die genaue Bekanntheit mit meiner nun unveräußerlich gewordenen Art der zartesten und bedeutendsten Auffassung und Ausführung des anscheinend geringfügigsten Details, dies Alles steht dann vor mir und erscheint mir wie eine übermäßige Anforderung an meine eigene Lebenskraft.

An König Ludwig II. Tribschen, 28. Dezember 1870:
Gestärkten Mutes trete ich in dieses neue Jahr, das hoffentlich mein großes Werk in entscheidender Weise fördern soll: ich gedenke in ihm auch die ganze Komposition der *Götterdämmerung* zu vollenden. Ich habe die Fortsetzung der Komposition des Ganzen der letzten, so sehr ermüdenden Ausarbeitung der Instrumentation des einzelnen, in der Komposition vollendeten Teiles, als für das Gedeihen der ganzen Arbeit vorziehen müssen, sowohl um das Ganze in *einem* Gusse zu fördern, als auch um meiner häufig sehr angegriffenen Gesundheit die unerhörte und durch ihr Anhalten mich erschöpfende Mühe der Partitur-Niederschrift zunächst noch zu ersparen. Ich bin überzeugt, daß die vorangehende Vollendung der ganzen Komposition, da sie für die Erfindung einzig die Hauptsache ist, mich sehr heiter und frei stimmen wird, so daß ich meiner Gesundheit dann mit leichtem Mute die letzte, durch ihre Masse allerdings sehr ermüdende Anstrengung zumuten kann.
Auch über die Aufführung des Ganzen reifen nun meine Pläne...

An König Ludwig II. Bayreuth, 1. Oktober 1874:
...denke man von der *Götterdämmerung* nicht gering! Ich habe jetzt unter der unablässigsten Unterbrechung mit völlig qualvoller Mühe an der Instrumentation dieses Schlußwerkes arbeiten müssen, und oft verwünschte ich mich, daß ich es so verschwenderisch reich entworfen: es ist der Turm, der das ganze Nibelungen-Gebäude bis hoch in die Wolken überragt! Das sagt Jeder, der das Werk kennt... Haben Sie keine Sorge um meine Ausführung! Nichts, nichts werden Sie vermissen, und so unendlich viel Neues, Ungekanntes aus diesem Werke erfahren, daß jeder Vorwurf Ihnen ferne bleiben wird! –

PARSIFAL

EIN BÜHNENWEIHFESTSPIEL

(1882)

PERSONEN

AMFORTAS
TITUREL
GURNEMANZ
PARSIFAL
KLINGSOR
KUNDRY
GRALSRITTER UND KNAPPEN
KLINGSORS ZAUBERMÄDCHEN

Ort der Handlung: auf dem Gebiete und in der Burg der Gralshüter »Monsalvat«; Gegend im Charakter der nördlichen Gebirge des gothischen Spanien. Sodann: Klingsors Zauberschloß, am Südabhange derselben Gebirge, dem arabischen Spanien zugewandt anzunehmen

ERSTER AUFZUG

Im Gebiet des Grales. – Wald, schattig und ernst, doch nicht düster. Eine Lichtung in der Mitte. Links aufsteigend wird der Weg zur Gralsburg angenommen. Der Mitte des Hintergrundes zu senkt sich der Boden zu einem tiefer gelegenen Waldsee hinab. – Tagesanbruch. – Gurnemanz (rüstig greisenhaft) und zwei Knappen (von zartem Jünglingsalter) sind schlafend unter einem Baume gelagert. – Von der linken Seite, wie von der Gralsburg her, ertönt der feierliche Morgenweckruf der Posaunen

GURNEMANZ *erwachend und die Knaben rüttelnd.*
He! Ho! Waldhüter ihr, –
Schlafhüter mitsammen, –
so wacht doch mindest am Morgen.
Die beiden Knappen springen auf
Hört ihr den Ruf? Nun danket Gott,
daß ihr berufen, ihn zu hören!
Er senkt sich mit den Knappen auf die Knie und verrichtet mit ihnen gemeinschaftlich stumm das Morgengebet; sobald die Posaunen schweigen, erheben sie sich langsam
Jetzt auf, ihr Knaben! Seht nach dem Bad.
Zeit ist's, des Königs dort zu harren.
Er blickt nach links in die Szene
Dem Siechbett, das ihn trägt, voraus
seh ich die Boten schon uns nahn.
Zwei Ritter treten, von der Burg her, auf
Heil euch! – Wie geht's Amfortas heut?
Wohl früh verlangt er nach dem Bade:
das Heilkraut, das Gawan
mit List und Kühnheit ihm gewann,
ich wähne, daß das Lind'rung schuf?
ZWEITER RITTER. Das wähnest du, der doch Alles weiß?
Ihm kehrten sehrender nur
die Schmerzen bald zurück: –
schlaflos von starken Bresten,
befahl er eifrig uns das Bad.
GURNEMANZ *das Haupt traurig senkend.*
Toren wir, auf Lind'rung da zu hoffen,
wo einzig Heilung lindert! –
Nach allen Kräutern, allen Tränken forscht

und jagt weit durch die Welt –:
ihm hilft nur Eines, –
nur der Eine!

ZWEITER RITTER. So nenn uns den!

GURNEMANZ *ausweichend*. Sorgt für das Bad!

Die beiden Knappen haben sich dem Hintergrunde zugewendet und blicken nach rechts

ZWEITER KNAPPE. Seht dort die wilde Reiterin!

ERSTER KNAPPE. Hei!
Wie fliegen der Teufelsmähre die Mähnen!

ZWEITER RITTER. Ha! Kundry dort?

ERSTER RITTER. Die bringt wohl wicht'ge Kunde?

ZWEITER KNAPPE. Die Mähre taumelt.

ERSTER KNAPPE. Flog sie durch die Luft?

ZWEITER KNAPPE. Jetzt kriecht sie am Boden hin.

ERSTER KNAPPE. Mit den Mähnen fegt sie das Moos.

Alle blicken lebhaft nach der rechten Seite

ZWEITER RITTER. Da schwingt sich die Wilde herab!

Kundry stürzt hastig, fast taumelnd, herein. Wilde Kleidung, hoch geschürzt; Gürtel von Schlangenhäuten lang herabhängend: schwarzes, in losen Zöpfen flatterndes Haar; tief braunrötliche Gesichtsfarbe; stechende schwarze Augen, zuweilen wild aufblitzend, öfters wie todesstarr und unbeweglich. – Sie eilt auf Gurnemanz zu und dringt ihm ein kleines Kristallgefäß auf

KUNDRY. Hier! Nimm du! – Balsam ...

GURNEMANZ. Woher brachtest du dies?

KUNDRY. Von weiter her, als du denken kannst:
hilft der Balsam nicht,
Arabia birgt dann
nichts mehr zu seinem Heil. –
Frag nicht weiter! – Ich bin müde.

Sie wirft sich an den Boden

Ein Zug von Knappen und Rittern, die Sänfte tragend und geleitend, in welcher Amfortas ausgestreckt liegt, gelangt – von links her – auf die Bühne. – Gurnemanz hat sich, von Kundry ab, sogleich den Ankommenden zugewendet

GURNEMANZ. Er naht – sie bringen ihn getragen. –
O weh! Wie trag ich's im Gemüte,
in seiner Mannheit stolzer Blüte
des siegreichsten Geschlechtes Herrn
als seines Siechtums Knecht zu sehn!

Zu den Knappen

Behutsam! Hört, der König stöhnt.
Die Knappen halten an und stellen das Siechbett nieder
AMFORTAS *der sich ein wenig erhoben.*
Recht so! Habt Dank! – Ein wenig Rast.
Nach wilder Schmerzensnacht –
nun Waldes Morgenpracht!
Im heil'gen See
wohl labt mich auch die Welle:
es staunt das Weh,
die Schmerzensnacht wird helle.
Gawan!
ZWEITER RITTER. Herr! Gawan weilte nicht;
da seines Heilkrauts Kraft,
wie schwer er's auch errungen,
doch deine Hoffnung trog,
hat er auf neue Sucht sich fortgeschwungen.
AMFORTAS. Ohn Urlaub! – Möge das er sühnen,
daß schlecht er Grals-Gebote hält!
O wehe ihm, dem trotzig Kühnen,
wenn er in Klingsors Schlingen fällt! –
So breche Keiner mir den Frieden!
Ich harre des, der mir beschieden:
»durch Mitleid wissend« –
war's nicht so? –
GURNEMANZ. Uns sagtest du es so.
AMFORTAS. – »der reine Tor –«
Mich dünkt ihn zu erkennen:
dürft ich den Tod ihn nennen!
GURNEMANZ *indem er Amfortas das Fläschchen Kundrys überreicht.* Doch zuvor – versuch es noch mit diesem!
AMFORTAS. Woher dies heimliche Gefäß?
GURNEMANZ. Dir ward es aus Arabia hergeführt.
AMFORTAS. Und wer gewann es?
GURNEMANZ. Dort liegt's, das wilde Weib.
Auf, Kundry! Komm!
Kundry weigert sich und bleibt am Boden
AMFORTAS. Du – Kundry?
Muß ich dir nochmals danken,
du rastlos scheue Magd?
Wohlan,
den Balsam nun versuch ich noch:
es sei aus Dank für deine Treue.
KUNDRY *unruhig und heftig am Boden sich bewegend.*

Nicht Dank! – Ha ha! – was wird er helfen!
Nicht Dank! Fort, fort – in's Bad!

Amfortas gibt das Zeichen zum Aufbruch; der Zug entfernt sich nach dem tieferen Hintergrunde zu. – Gurnemanz, schwermütig nachblickend, und Kundry, fortwährend auf dem Boden gelagert, sind zurückgeblieben. – Knappen gehen ab und zu

DRITTER KNAPPE. He! Du da!
Was liegst du dort wie ein wildes Tier?
KUNDRY. Sind die Tiere hier nicht heilig?
DRITTER KNAPPE. Ja –! Doch ob heilig du,
das wissen wir grad noch nicht.
VIERTER KNAPPE. Mit ihrem Zaubersaft – wähn ich –
wird sie den Meister vollends verderben.
GURNEMANZ. Hm! Schuf sie euch Schaden je? –
Wann Alles ratlos steht,
wie kämpfenden Brüdern in fernste Länder
Kunde sei zu entsenden,
und kaum ihr nur wißt wohin, –
wer, ehe ihr euch nur besinnt,
stürmt und fliegt dahin und zurück,
der Botschaft pflegend mit Treu und Glück?
Ihr nährt sie nicht, – sie naht euch nie,
nichts hat sie mit euch gemein:
doch, wann's in Gefahr der Hilfe gilt,
der Eifer führt sie schier durch die Luft,
die nie euch dann zum Danke ruft.
Ich wähne, ist dies Schaden,
so tät er euch gut geraten.
DRITTER KNAPPE. Doch haßt sie uns;
sieh nur, wie hämisch dort nach uns sie blickt!
VIERTER KNAPPE. Eine Heidin ist's, ein Zauberweib.
GURNEMANZ. Ja, eine Verwünschte mag sie sein.
Hier lebt sie heut,
vielleicht erneut,
zu büßen Schuld aus früh'rem Leben,
die dorten ihr noch nicht vergeben.
Übt sie nun Buß in solchen Taten,
die uns Ritterschaft zum Heil geraten,
gut tut sie dann und recht sicherlich,
dienet uns – und hilft auch sich.
DRITTER KNAPPE. So ist's wohl auch jen' ihre Schuld,
die uns so manche Not gebracht?

GURNEMANZ *sich besinnend.* Ja, – wann oft lange sie uns ferne blieb,
dann brach ein Unglück wohl herein.
Und lang schon kenn ich sie;
doch Titurel kennt sie noch länger.
Der fand, als er die Burg dort baute,
sie schlafend hier im Waldgestrüpp –
erstarrt, leblos, wie tot.
So fand ich selbst sie letztlich wieder,
als uns das Unheil kaum geschehn,
das jener Böse über den Bergen
so schmählich über uns gebracht.
Zu Kundry
He! Du! Hör mich und sag:
wo schweiftest damals du umher,
als unser Herr den Speer verlor?
Kundry schweigt düster
Warum halfst du uns damals nicht?
KUNDRY. Ich helfe nie.
VIERTER KNAPPE. Sie sagt's da selbst.
DRITTER KNAPPE. Ist sie so treu, so kühn in Wehr,
so sende sie nach dem verlor'nen Speer!
GURNEMANZ *düster.* Das ist ein And'res,
jedem ist's verwehrt. –
Mit großer Ergriffenheit
Oh, wundenwundervoller,
heiliger Speer!
Dich sah ich schwingen
von unheiligster Hand!
In Erinnerung sich verlierend
Mit ihm bewehrt, Amfortas, Allzukühner,
wer mochte dir es wehren
den Zaub'rer zu beheeren?
Schon nah dem Schloß – wird uns der Held entrückt:
ein furchtbar schönes Weib hat ihn entzückt;
in seinen Armen liegt er trunken,
der Speer – ist ihm entsunken.
Ein Todesschrei! – Ich stürm herbei:
von dannen Klingsor lachend schwand:
den heil'gen Speer hat' er entwandt.
Des Königs Flucht gab kämpfend ich Geleite;
doch – eine Wunde brannt ihm in der Seite,
die Wunde ist's, die nie sich schließen will. –

Der erste und zweite Knappe kommen vom See her zurück

DRITTER KNAPPE *zu Gurnemanz.* So kanntest du Klingsor?

GURNEMANZ *zu den zurückkommenden beiden Knappen.*
Wie geht's dem König?

ERSTER KNAPPE. Ihn frischt das Bad.

ZWEITER KNAPPE. Dem Balsam wich das Weh.

GURNEMANZ *für sich.* Die Wunde ist's, die nie sich schließen will! –

Der dritte und der vierte Knappe hatten sich zuletzt schon zu Gurnemanz' Füßen niedergesetzt; die beiden anderen gesellen sich jetzt in gleicher Weise zu ihnen unter dem großen Baum

DRITTER KNAPPE. Doch, Väterchen, sag und lehr uns fein:
du kanntest Klingsor, – wie mag das sein?

GURNEMANZ. Titurel, der fromme Held,
der kannt ihn wohl.
Denn ihm, da wilder Feinde List und Macht
des reinen Glaubens Reich bedrohten,
ihm neigten sich, in heilig ernster Nacht,
dereinst des Heilands selige Boten:
daraus er trank beim letzten Liebesmahle,
das Weihgefäß, die heilig edle Schale,
darein am Kreuz sein göttlich Blut auch floß,
dazu den Lanzenspeer, der dies vergoß, –
der Zeugengüter höchstes Wundergut,
das gaben sie in unsres Königs Hut.
Dem Heiltum baute er das Heiligtum.
Die seinem Dienst ihr zugesindet
auf Pfaden, die kein Sünder findet, –
ihr wißt, daß nur dem Reinen
vergönnt ist sich zu einen
den Brüdern, die zu höchsten Rettungswerken
des Grales Wunderkräfte stärken. –
Drum blieb es dem, nach dem ihr fragt, verwehrt,
Klingsorn – wie hart ihn Müh auch drob beschwert.
Jenseits im Tale war er eingesiedelt;
darüber hin liegt üpp'ges Heidenland: –
unkund blieb mir, was dorten er gesündigt;
doch wollt er büßen nun, ja – heilig werden.
Ohnmächtig, in sich selbst die Sünde zu ertöten,
an sich legt er die Frevlerhand,
die nun, dem Grale zugewandt,
verachtungsvoll des Hüter von sich stieß.

Darob die Wut nun Klingsorn unterwies,
wie seines schmähl'chen Opfers Tat
ihm gäb zu bösem Zauber Rat: –
den fand er nun.
Die Wüste schuf er sich zum Wonnegarten;
drin wachsen teuflisch holde Frauen,
dort will des Grales Ritter er erwarten
zu böser Lust und Höllengrauen:
wen er verlockt, hat er erworben,
schon Viele hat er uns verdorben. –
Da Titurel, in hohen Alters Mühen,
dem Sohn die Herrschaft hier verliehen,
Amfortas ließ es da nicht ruhn
Der Zauberplag' Einhalt zu tun.
Das wißt ihr, wie es da sich fand:
der Speer ist nun in Klingsors Hand;
kann er selbst Heilige mit ihm verwunden,
den Gral auch wähnt er fest schon uns entwunden!

Kundry hat sich, in wütender Unruhe, oft heftig umgewendet

VIERTER KNAPPE. Vor Allem nun, der Speer kehr uns zurück!

DRITTER KNAPPE. Ha! wer ihn brächt, ihm wär's zu Ruhm und Glück?

GURNEMANZ *nach einem Schweigen.* Vor dem verwaisten Heiligtum
in brünst'gem Beten lag Amfortas,
ein Rettungszeichen bang erflehend: –
ein sel'ger Schimmer da entfloß dem Grale;
ein heilig Traumgesicht
nun deutlich zu ihm spricht
durch hell erschauter Wortezeichen Male:
»durch Mitleid wissend,
der reine Tor,
harre sein,
den ich erkor!«

DIE VIER KNAPPEN. »Durch Mitleid wissend,
der reine Tor –«

Vom See her vernimmt man Geschrei und das Rufen der Ritter und Knappen. – Gurnemanz und die vier Knappen fahren auf und wenden sich erschreckt um

RITTER UND KNAPPEN. Weh! Weh! – Hoho!
Auf! – Wer ist der Frevler?

GURNEMANZ. Was gibt's?

Ein wilder Schwan flattert matten Fluges vom See daher: die Knappen und Ritter folgen ihm nach auf die Szene

VIERTER KNAPPE. Dort!

DRITTER KNAPPE. Hier!

ZWEITER KNAPPE. Ein Schwan!

VIERTER KNAPPE. Ein wilder Schwan!

ALLE RITTER UND KNAPPEN. Er ist verwundet.
Ha, wehe! Weh!

GURNEMANZ. Wer schoß den Schwan?

Der Schwan sinkt, nach mühsamem Fluge, matt zu Boden; der zweite Ritter zieht ihm den Pfeil aus der Brust

ERSTER RITTER. Der König grüßte ihn als gutes Zeichen,
als überm See kreiste der Schwan:
da flog ein Pfeil...

KNAPPEN UND RITTER *Parsifal hereinführend.* Der war's! Der schoß!

auf Parsifals Bogen weisend

Dies der Bogen!

ZWEITER RITTER *den Pfeil aufweisend.* Hier der Pfeil, dem seinen gleich.

GURNEMANZ. Bist du's, der diesen Schwan erlegte?

PARSIFAL. Gewiß! Im Fluge treff ich, was fliegt!

GURNEMANZ. Du tatest das? Und bangt es dich nicht vor der Tat?

DIE KNAPPEN UND RITTER. Strafe den Frevler!

GURNEMANZ. Unerhörtes Werk! –
Du konntest morden, – hier, im heil'gen Walde,
des stiller Frieden dich umfing?
Des Haines Tiere nahten dir nicht zahm?
Grüßten dich freundlich und fromm?
Aus den Zweigen was sangen die Vöglein dir?
Was tat dir der treue Schwan?
Sein Weibchen zu suchen flog der auf,
mit ihm zu kreisen über dem See,
den so er herrlich weihte zum Bad. –
Dem stauntest du nicht? ... Dich lockt es nur
zu wild kindischem Bogengeschoß?
Er war uns hold: was ist er nun dir?
Hier, – schau her! – hier trafst du ihn; –
da starrt noch das Blut, matt hängen die Flügel; –
das Schneegefieder dunkel befleckt?
Gebrochen das Aug' – siehst du den Blick?

Parsifal hat Gurnemanz mit wachsender Ergriffenheit zuge-

hört: jetzt zerbricht er seinen Bogen und schleudert die Pfeile von sich

Wirst deiner Sündentat du inne?

Parsifal führt die Hand über die Augen

Sag, Knab' – erkennst du deine große Schuld?
Wie konntest du sie begehn?

PARSIFAL. Ich wußte sie nicht.

GURNEMANZ. Wo bist du her?

PARSIFAL. Das weiß ich nicht.

GURNEMANZ. Wer ist dein Vater?

PARSIFAL. Das weiß ich nicht.

GURNEMANZ. Wer sandte dich dieses Weges?

PARSIFAL. Das weiß ich nicht.

GURNEMANZ. Dein Name denn?

PARSIFAL. Ich hatte viele,
doch weiß ich ihrer keinen mehr.

GURNEMANZ. Das weißt du Alles nicht?

Für sich

So dumm wie den
erfand bisher ich Kundry nur!

Zu den Knappen, deren sich immer mehre versammelt haben

Jetzt geht!
Versäumt den König im Bade nicht! – Helft! –

Die Knappen heben den toten Schwan ehrerbietig auf eine Bahre von frischen Zweigen, und entfernen sich mit ihm dann nach dem See zu. – Schließlich bleiben Gurnemanz, Parsifal und – abseits – Kundry allein zurück

GURNEMANZ *wendet sich wieder zu Parsifal.* Nun sag: nichts weißt du, was ich dich frage;
jetzt meld, was du weißt;
denn etwas mußt du doch wissen.

PARSIFAL. Ich hab eine Mutter; Herzeleide sie heißt.
Im Wald und auf wilder Aue waren wir heim.

GURNEMANZ. Wer gab dir den Bogen?

PARSIFAL. Den schuf ich mir selbst
vom Forst die wilden Adler zu verscheuchen.

GURNEMANZ. Doch adelig scheinst du selbst und hochgeboren:
warum nicht ließ deine Mutter
bessere Waffen dich lehren?

Parsifal schweigt

KUNDRY *welche während der Erzählung des Gurnemanz von Amfortas' Schicksal oft in wütender Unruhe heftig sich umgewendet hatte, nun aber, immer in der Waldecke gela-*

gert, den Blick scharf auf Parsifal gerichtet hat, ruft jetzt, da Parsifal schweigt, mit rauher Stimme daher.
Den Vaterlosen gebar die Mutter,
als im Kampf erschlagen Gamuret;
vor gleichem frühem Heldentod
den Sohn zu wahren, waffenfremd
in Öden erzog sie ihn zum Toren: –
die Törin!

Sie lacht

PARSIFAL *der mit jäher Aufmerksamkeit zugehört.*
Ja! Und einst am Waldessaume vorbei,
auf schönen Tieren sitzend,
kamen glänzende Männer;
ihnen wollt ich gleichen:
sie lachten und jagten davon.
Nun lief ich nach, doch konnte sie nicht erreichen. –
Durch Wildnisse kam ich, bergauf, talab;
oft ward es Nacht, dann wieder Tag:
mein Bogen mußte mir frommen
gegen Wild und große Männer...

KUNDRY *hat sich erhoben und ist zu den Männern getreten; eifrig:* Ja! Schächer und Riesen traf seine Kraft;
den freislichen Knaben fürchten sie Alle.

PARSIFAL *verwundert.* Wer fürchtet mich? Sag!

KUNDRY. Die Bösen.

PARSIFAL. Die mich bedrohten, waren sie bös?
Gurnemanz lacht.
Wer ist gut?

GURNEMANZ *wieder ernst.* Deine Mutter, – der du entlaufen,
und die um dich sich nun härmt und grämt.

KUNDRY. Zu End ihr Gram: seine Mutter ist tot.

PARSIFAL *in furchtbarem Schrecken.* Tot? Meine Mutter? –
Wer sagt's?

KUNDRY. Ich ritt vorbei, und sah sie sterben: –
dich Toren hieß sie mich grüßen.

Parsifal springt wütend auf Kundry zu und faßt sie bei der Kehle. – Gurnemanz hält ihn zurück

GURNEMANZ. Verrückter Knabe! Wieder Gewalt?

Nachdem Gurnemanz Kundry befreit, steht Parsifal lange wie erstarrt

Was tat dir das Weib? Es sagte wahr,
denn nie lügt Kundry – doch sah sie viel.

PARSIFAL *gerät in ein heftiges Zittern.* Ich verschmachte!...

Kundry ist sogleich, als sie Parsifals Zustand gewahrte, nach einem Waldquell geeilt, bringt jetzt Wasser in einem Horne, besprengt damit zunächst Parsifal, und reicht ihm dann zu trinken

GURNEMANZ. So recht! So nach des Grales Gnade:
das Böse bannt, wer's mit Gutem vergilt.

KUNDRY *düster.* Nie tu ich Gutes: –

Sie wendet sich traurig ab, und während Gurnemanz sich väterlich um Parsifal bemüht, schleppt sie sich, von Beiden unbeachtet, einem Waldgebüsche zu

nur Ruhe will ich,
nur Ruhe – ach! – der Müden.
Schlafen! – Oh, daß mich keiner wecke!

Scheu auffahrend

Nein! – Nicht schlafen! – Grausen faßt mich!

Sie verfällt in heftiges Zittern; dann läßt sie die Arme matt sinken

Machtlose Wehr! Die Zeit ist da.
Schlafen – schlafen – ich muß! –

Sie sinkt hinter dem Gebüsch zusammen und bleibt von jetzt an unbemerkt. – Vom See her gewahrt man Bewegung und endlich den im Hintergrunde sich heimwendenden Zug der Ritter und Knappen mit der Sänfte

GURNEMANZ. Vom Bade kehrt der König heim;
hoch steht die Sonne:
nun laß zum frommen Mahle mich dich geleiten;
denn bist du rein,
wird nun der Gral dich tränken und speisen.

Gurnemanz hat Parsifals Arm sich sanft um den Nacken gelegt, und dessen Leib mit seinem eigenen Arme umschlungen; so geleitet er ihn bei sehr allmählichem Schreiten. – Hier hat die unmerkliche Verwandelung der Bühne bereits begonnen.

PARSIFAL. Wer ist der Gral?

GURNEMANZ. Das sagt sich nicht;
doch, bist du selbst zu ihm erkoren,
bleibt dir die Kunde unverloren.
Und sieh! –
Mich dünkt, daß ich dich recht erkannt:
kein Weg führt zu ihm durch das Land,
und Niemand könnte ihn beschreiten,
den er nicht selber möcht geleiten.

PARSIFAL. Ich schreite kaum,
doch wähn ich mich schon weit.

GURNEMANZ. Du siehst, mein Sohn,
zum Raum wird hier die Zeit.

Allmählich, während Gurnemanz und Parsifal zu schreiten scheinen, hat sich die Szene bereits immer merklicher verwandelt; es verschwindet so der Wald, und in Felsenwänden öffnet sich ein Torweg, welcher die Beiden jetzt einschließt.

GURNEMANZ. Jetzt achte wohl, und laß mich sehn:
bist du ein Tor und rein,
welch Wissen dir auch mag beschieden sein. –

Durch aufsteigende gemauerte Gänge führend, hat die Szene sich vollständig verwandelt: Gurnemanz und Parsifal treten jetzt in den mächtigen Saal der Gralsburg ein. – Szene: Säulenhalle mit Kuppelgewölbe, den Speiseraum überdeckend. Auf beiden Seiten des Hintergrundes werden die Türen geöffnet: von rechts schreiten die Ritter des Grales herein und reihen sich um die Speisetafeln

DIE GRALSRITTER. Zum letzten Liebesmahle.
gerüstet Tag für Tag,

Ein Zug von Knappen durchschreitet schnelleren Schrittes die Szene nach hinten zu

gleich ob zum letzten Male
es heut ihn letzen mag.
Ein zweiter Zug von Knappen durchschreitet die Halle
Wer guter Tat sich freut:
ihm sei das Mahl erneut:
der Labung darf er nahn,
die hehrste Gab empfahn.

Die versammelten Ritter stellen sich an den Speisetafeln auf

STIMMEN DER JÜNGLINGE *aus der mittleren Höhe der Kuppel vernehmbar.* Den sündigen Welten
mit tausend Schmerzen
wie einst sein Blut geflossen,
dem Erlösungs-Helden
sei nun mit freudigem Herzen
mein Blut vergossen.
Der Leib, den er zur Sühn uns bot,
er leb in uns durch seinen Tod.

KNABENSTIMMEN *aus der äußersten Höhe der Kuppel.*
Der Glaube lebt;
die Taube schwebt,
des Heilands holder Bote.
Der für euch fließt,

des Weins genießt,
und nehmt vom Lebensbrode!

Während des Gesanges wird von Knappen und dienenden Brüdern durch die entgegengesetzte Türe Amfortas auf einer Sänfte hereingetragen: vor ihm schreiten die vier Knappen, welche den verhängten Schrein des Grales tragen. Dieser Zug begibt sich nach der Mitte des Hintergrundes, wo ein erhöhtes Ruhebett aufgerichtet steht, auf welches Amfortas von der Sänfte herab niedergelassen wird; hiervor steht ein länglicher Steintisch, auf welchen die Knaben den verhängten Gralsschrein hinstellen. – Nachdem alle ihre Stelle eingenommen und ein allgemeiner Stillstand eingetreten war, vernimmt man, vom tiefsten Hintergrunde her, aus einer gewölbten Nische hinter dem Ruhebette des Amfortas, die Stimme des alten Titurel wie aus einem Grabe heraufdringen

TITUREL. Mein Sohn Amfortas, bist du am Amt?
Langes Schweigen
Soll ich den Gral heut noch erschaun und leben?
Langes Schweigen
Muß ich sterben, vom Retter ungeleitet?

AMFORTAS *im Ausbruche qualvoller Verzweiflung sich halb aufrichtend.* Wehe! Wehe mir der Qual!
Mein Vater, oh! noch einmal
verrichte du das Amt!
Lebe, leb – und laß mich sterben.

TITUREL. Im Grabe leb ich durch des Heilands Huld:
zu schwach doch bin ich, ihm zu dienen.
Du büß im Dienste deine Schuld!
Enthüllet den Gral!

AMFORTAS *gegen die Knaben sich erhebend.* Nein! Laßt ihn unenthüllt! – Oh!
daß keiner, keiner diese Qual ermißt,
die mir der Anblick weckt, der euch entzückt!
Was ist die Wunde, ihrer Schmerzen Wut,
gegen die Not, die Höllenpein,
zu diesem Amt – verdammt zu sein!
Wehvolles Erbe, dem ich verfallen,
ich – einz'ger Sünder unter Allen –
des höchsten Heiligtums zu pflegen,
auf Reine herabzuflehen seinen Segen! –
Oh, Strafe! Strafe ohne Gleichen
des, ach! – gekränkten Gnadenreichen! –
Nach ihm, nach seinem Weihegruße

muß sehnlich mich's verlangen;
aus tiefster Seele Heilesbuße
zu ihm muß ich gelangen.
Die Stunde naht –
ein Lichtstrahl senkt sich auf das heilige Werk: –
die Hülle fällt.

Vor sich hinstarrend

Des Weihgefäßes göttlicher Gehalt
erglüht mit leuchtender Gewalt;
durchzückt von seligsten Genusses Schmerz,
des heiligsten Blutes Quell
fühl ich sich gießen in mein Herz:
des eig'nen sündigen Blutes Gewell
in wahnsinniger Flucht
muß mir zurück dann fließen,
in die Welt der Sündensucht
mit wilder Scheu sich ergießen;
von neuem sprengt es das Tor,
daraus es nun strömt hervor,
hier durch die Wunde, der Seinen gleich,
geschlagen von desselben Speeres Streich,
der dort dem Erlöser die Wunde stach,
aus der, mit blutigen Tränen,
der Göttliche weint ob der Menschheit Schmach
in Mitleids heiligem Sehnen,
und aus der nun mir, an heiligster Stelle,
dem Pfleger göttlichster Güter,
des Erlösungs-Balsams Hüter –
das heiße Sündenblut entquillt,
ewig erneut aus des Sehnens Quelle,
das – ach! – keine Büßung je mir stillt! –
Erbarmen! Erbarmen!
Du Allerbarmer! Ach, Erbarmen!
Nimm mir mein Erbe.
schließe die Wunde,
daß heilig ich sterbe,
rein dir gesunde!

Er sinkt wie bewußtlos zurück

KNABEN UND JÜNGLINGE *aus der Höhe, unsichtbar.*

»Durch Mitleid wissend,
der reine Tor,
harre sein,
den ich erkor!«

DIE RITTER *leise.* So ward es dir verheißen:
harre getrost,
des Amtes walte heut!

TITUREL. Enthüllet den Gral!

Amfortas erhebt sich langsam und mühevoll. Die Knaben nehmen die Decke vom goldenen Schreine, entnehmen ihm eine antike Kristallschale, von welcher sie ebenfalls eine Verhüllung hinwegnehmen, und setzen diese vor Amfortas hin

STIMMEN AUS DER HÖHE. Nehmet hin meinen Leib,
nehmet hin mein Blut
um unsrer Liebe Willen!

Während Amfortas andachtvoll in stummem Gebete zu dem Kelche sich neigt, verbreitet sich eine immer dichtere Dämmerung über die Halle. – Eintritt vollster Dunkelheit

KNABEN AUS DER HÖHE. Nehmet hin mein Blut,
nehmet hin meinen Leib,
auf daß ihr mein gedenkt.

Ein blendender Lichtstrahl dringt von oben auf die Kristallschale herab; diese erglüht sodann immer stärker in leuchtender Purpurfarbe, alles sanft bestrahlend. Amfortas, mit verklärter Miene, erhebt den »Gral« hoch und schwenkt ihn sanft nach allen Seiten, worauf er damit Brot und Wein segnet. Alles ist auf den Knien

TITUREL. Oh, heilige Wonne,
wie hell grüßt uns heute der Herr!

Amfortas setzt den »Gral« wieder nieder, welcher nun, während die tiefe Dämmerung wieder entweicht, immer mehr erblaßt: hierauf schließen die Knaben das Gefäß wieder in den Schrein und bedecken diesen wie zuvor. – Die frühere Tageshelle tritt wieder ein. Die vier Knaben verteilen während des Folgenden aus den zwei Krügen und Körben Wein und Brot.

KNABENSTIMMEN *aus der Höhe.*
Wein und Brod des letzten Mahles
wandelt' einst der Herr des Grales
durch des Mitleids Liebesmacht
in das Blut, das er vergoß
in den Leib, den dar er bracht. –

Die vier Knaben, nachdem sie den Schrein verschlossen, nehmen nun die zwei Weinkrüge sowie die zwei Brodkörbe, welche Amfortas zuvor, durch das Schwenken des Grals-Kelches über sie, gesegnet hatte, von dem Altartische, verteilen das Brod an die Ritter und füllen die vor ihnen stehenden Becher mit Wein. Die Ritter lassen sich zum Mahle nieder, so auch

Gurnemanz, welcher einen Platz neben sich leer hält und Parsifal durch ein Zeichen zur Teilnehmung am Mahle einlädt: Parsifal bleibt aber starr und stumm, wie gänzlich entrückt, zur Seite stehen

JÜNGLINGE *aus der mittleren Höhe der Kuppel.*
Blut und Leib der heil'gen Gabe
wandelt heut zu eurer Labe
sel'ger Tröstung Liebesgeist
in den Wein, der euch nun floß,
in das Brod, das heut ihr speist.

DIE RITTER *erste Hälfte.* Nehmet vom Brod,
wandelt es kühn
in Leibes Kraft und Stärke,
treu bis zum Tod,
fest jedem Müh'n,
zu wirken des Heilands Werke!

Zweite Hälfte

Nehmet vom Wein,
wandelt ihn neu
zu Lebens feurigem Blute,
froh im Verein,
Brudergetreu
zu kämpfen mit seligem Mute!

ALLE RITTER. Selig im Glauben!
Selig in Liebe!

Die Ritter haben sich erhoben und schreiten von beiden Seiten auf sich zu, um während des Folgenden sich feierlich zu umarmen

JÜNGLINGE *mittlere Höhe der Kuppel.* Selig in Liebe!

KNABEN *volle Höhe der Kuppel.* Selig im Glauben!

Während des Mahles, an welchem er nicht teilnahm, ist Amfortas aus seiner begeisterungsvollen Erhebung allmählich wieder herabgesunken: er neigt das Haupt und hält die Hand auf die Wunde. Die Knaben nähern sich ihm; ihre Bewegungen deuten auf das erneute Bluten der Wunde: sie pflegen Amfortas, geleiten ihn wieder auf die Sänfte, und, während alle sich zum Aufbruch rüsten, tragen sie, in der Ordnung wie sie kamen, Amfortas und den heiligen Schrein wieder von dannen. Die Ritter ordnen sich ebenfalls wieder zum feierlichen Zuge und verlassen langsam den Saal. – Verminderte Tageshelle tritt ein. – Knappen ziehen wieder in schnellerem Schritte durch die Halle. – Die letzten Ritter und Knappen haben den Saal verlassen: die Türen werden geschlossen. –

Parsifal hatte bei dem vorangehenden stärksten Klagerufe des Amfortas eine heftige Bewegung nach dem Herzen gemacht, welches er krampfhaft eine Zeitlang gefaßt hielt; jetzt steht er noch, wie erstarrt, regungslos da. – Gurnemanz tritt mißmutig an Parsifal heran und rüttelt ihn am Arme

GURNEMANZ. Was stehst du noch da?
Weißt du, was du sahst?

Parsifal faßt sich krampfhaft am Herzen – und schüttelt dann ein wenig mit dem Haupte

GURNEMANZ *sehr ärgerlich.* Du bist doch eben nur ein Tor!

Er öffnet eine schmale Seitentüre

Dort hinaus, deinem Wege zu!
Doch rät dir Gurnemanz:
laß du hier künftig die Schwäne in Ruh,
und suche dir Gänser die Gans!

Er stößt Parsifal hinaus und schlägt, mürrisch, hinter ihm die Türe stark zu. Während er dann den Rittern folgt, schließt sich, auf dem letzten Takte mit der Fermate, der Vorhang

EINE ALTSTIMME *aus der Höhe.* »Durch Mitleid wissend,
der reine Tor ...«

MITTLERE HÖHE. Selig im Glauben!

AUS DER HÖCHSTEN HÖHE. Selig im Glauben!

ZWEITER AUFZUG

Im inneren Verließe eines nach oben offenen Turmes; Steinstufen führen nach dem Zinnenrande der Turmmauer; Finsternis in der Tiefe, nach welcher es von dem Mauervorsprunge, den der Boden darstellt, hinabführt. Zauberwerkzeuge und nekromantische Vorrichtungen. – Klingsor auf dem Mauervorsprunge zur Seite, vor einem Metallspiegel sitzend

KLINGSOR. Die Zeit ist da. –
Schon lockt mein Zauberschloß den Toren,
den kindisch jauchzend fern ich nahen seh: –
Im Todesschlafe hält der Fluch sie fest,
der ich den Krampf zu lösen weiß.
Auf denn! Ans Werk!

Er steigt, der Mitte zu, etwas tiefer hinab, und entzündet dort Räucherwerk, welches alsbald den Hintergrund mit einem bläulichen Dampfe erfüllt. – Dann setzt er sich wieder vor die Zauberwerkzeuge und ruft, mit geheimnisvollen Gebärden, nach dem Abgrunde

Herauf! Herauf! Zu mir!
Dein Meister ruft dich Namenlose,
Urteufelin, Höllenrose!
Herodias warst du, und was noch?
Gundryggia dort, Kundry hier!
Hieher! Hieher denn, Kundry!
Dein Meister ruft: herauf!

In dem bläulichen Lichte steigt Kundry's Gestalt herauf. Sie scheint schlafend. – Dann macht sie die Bewegung einer Erwachenden und stößt einen gräßlichen Schrei aus

KLINGSOR. Erwachst du? Ha!
Meinem Banne wieder
verfielst du heut zur rechten Zeit.

Kundry läßt ein Klagegeheul, von größter Heftigkeit bis zu bangem Wimmern sich abstufend, vernehmen

Sag, wo triebst du dich wieder umher?
Pfui! Dort, bei dem Rittergesipp,
wo wie ein Vieh du dich halten läßt!
Gefällt's dir bei mir nicht besser?
Als ihren Meister du mir gefangen –
haha! – den reinen Hüter des Grales,
was jagte dich da wieder fort?

KUNDRY *rauh und abgebrochen, wie im Versuche, wieder Sprache zu gewinnen.* Ach –! Ach –!
Tiefe Nacht ...
Wahnsinn ... Oh! – Wut ..
Ach! Jammer!
Schlaf ... Schlaf ...
tiefer Schlaf ... Tod ...!

KLINGSOR. Da weckte dich ein Andrer? He?

KUNDRY *wie zuvor.* Ja ... mein Fluch.
Oh ...! Sehnen ... Sehnen ...

KLINGSOR. Haha! – dort nach den keuschen Rittern?

KUNDRY. Da ... da ... dient ich.

KLINGSOR. Ja ja, den Schaden zu vergüten,
den du ihnen böslich gebracht? –
Sie helfen dir nicht;
feil sind sie Alle,
biet ich den rechten Preis:
der festeste fällt,

sinkt er dir in die Arme, –
und so verfällt er dem Speer,
den ihrem Meister selbst ich entwandt. –
Den gefährlichsten gilt's nun heut zu bestehn:
ihn schirmt der Torheit Schild.

KUNDRY. Ich – will nicht. – Oh – Oh! –

KLINGSOR. Wohl willst du, denn du mußt.

KUNDRY. Du . . . kannst mich nicht halten.

KLINGSOR. Aber dich fassen.

KUNDRY. Du? . . .

KLINGSOR. Dein Meister.

KUNDRY. Aus welcher Macht?

KLINGSOR. Ha! – weil einzig an mir
deine Macht nichts vermag.

KUNDRY *grell lachend*. Haha! Bist du keusch?

KLINGSOR *wütend*. Was frägst du das? Verfluchtes Weib!
Furchtbare Not!
So lacht nun der Teufel mein,
daß einst ich nach dem Heiligen rang?
Furchtbare Not! –
Ungebändigten Sehnens Pein,
schrecklichster Triebe Höllendrang,
den ich zum Todesschweigen mir zwang,
lacht und höhnt er nun laut
durch dich, des Teufels Braut?
Hüte dich!
Hohn und Verachtung büßte schon Einer –
der Stolze, stark in Heiligkeit,
der einst mich von sich stieß:
sein Stamm verfiel mir,
unerlöst
soll der Heiligen Hüter mir schmachten,
und bald – so wähn ich –
hüt ich mir selbst den Gral.
Haha!
Gefiel er dir wohl, Amfortas, der Held –
den ich zur Wonne dir gesellt?

KUNDRY. Oh! Jammer! Jammer! –
Schwach auch Er – schwach – Alle, . . .
meinem Fluche mit mir
Alle verfallen! –
Oh, ewiger Schlaf,

einziges Heil,
wie – wie – dich gewinnen?

KLINGSOR. Ha! Wer dir trotzte, löste dich frei;
versuch's mit dem Knaben, der naht! –

KUNDRY. Ich will nicht!

KLINGSOR *steigt hastig auf die Turmmauer.*
Jetzt schon erklimmt er die Burg.

KUNDRY. Oh! – Wehe! Wehe!
Erwachte ich darum?
Muß ich? Muß ...?

KLINGSOR *hinabblickend.* Ha! Er ist schön, der Knabe!

KUNDRY Oh –! Oh –! Wehe mir! –

KLINGSOR *stößt, nach außen gewandt, in ein Horn.*
Ho! Ihr Wächter! Ho! Ritter!
Helden! Auf! Feinde nah!
Außen wachsendes Getöse und Waffengeräusch
Ha! Wie zur Mauer sie stürmen,
die betörten Eigenholde,
zum Schutz ihres schönen Geteufels!
So! Mutig! Mutig!
Haha! Der fürchtet sich nicht:
dem Helden Ferris entwand er die Waffe, –
die führt er nun freislich wider den Schwarm.
Kundry gerät in unheimliches ekstatisches Lachen bis zu krampfhaftem Wehgeschrei
Wie übel den Tölpeln der Eifer gedeiht!
Dem schlug er den Arm, – jenem den Schenkel!
Haha! Sie weichen.
Kundry verschwindet
Sie fliehen.
Das bläuliche Licht ist erloschen, volle Finsternis in der Tiefe, wogegen glänzende Himmelsbläue über der Mauer
Seine Wunde trägt jeder nach heim.
Wie das ich euch gönne!
Möge denn so
das ganze Rittergezücht
unter sich selber sich würgen!
Ha! Wie stolz er nun steht auf der Zinne!
Wie lachen ihm die Rosen der Wangen,
da kindisch erstaunt
in den einsamen Garten er blickt!
Er wendet sich nach der Tiefe des Hintergrundes um
He! Kundry! ... Wie? Schon am Werk?

Haha! Den Zauber wußt ich wohl,
der immer dich wieder zum Dienst mir gesellt!

Sich wieder nach außen wendend

Du da, – kindischer Sproß, –
was auch
Weissagung dich wies,
zu jung und dumm
fielst du in meine Gewalt:
die Reinheit dir entrissen,
bleibst mir du zugewiesen!

Er versinkt schnell mit dem ganzen Turme; zugleich steigt der Zaubergarten auf und erfüllt die Bühne gänzlich. Tropische Vegetation, üppigste Blumenpracht; nach dem Hintergrunde zu Abgrenzung durch die Zinne der Burgmauer, an welche sich seitwärts Vorsprünge des Schloßbaues selbst (arabischen reichen Stiles) mit Terrassen anschließen. – Auf der Mauer steht Parsifal, staunend in den Garten hinabblickend. – Von allen Seiten her, zuerst aus dem Garten, dann aus dem Palaste, stürzen, wirr durch einander, einzeln, dann zugleich – immer mehre, schöne Mädchen herein; sie sind mit flüchtig übergeworfenen, zartfarbigen Schleiern verhüllt, wie soeben aus dem Schlafe aufgeschreckt

MÄDCHEN *vom Garten kommend.* Hier war das Tosen!
Waffen! Wilde Rufe!

MÄDCHEN *vom Schlosse heraus.* Wo ist der Frevler?
Auf zur Rache!

EINZELNE. Mein Geliebter verwundet.

ANDERE. Wo find ich den meinen?

ANDERE. Ich erwachte alleine –
wohin entflohn sie?

IMMER ANDERE. Wo sind unsre Liebsten?
Wir sahn sie im Saale!
Oh! Weh! Ach Wehe!
Wer ist der Feind?

Sie gewahren Parsifal und zeigen auf ihn

Da steht er! Seht ihn dort!
Meines Ferris Schwert
in seiner Hand!
Ich sah's! Der stürmte die Burg.
Ich hörte des Meisters Horn.
Mein Held lief herzu,
sie Alle kamen, doch Jeden
empfing seine Wehr.

Der schlug mir den Liebsten!
Noch blutet die Waffe!
Du dort! Du dort!
Was schufst du uns solche Not?
Verwünscht, verwünscht sollst du sein!

Parsifal springt etwas tiefer in den Garten herab. Die Mädchen weichen jäh zurück

DIE MÄDCHEN. Ha! Kühner! Wagst du zu nahen?
Was schlugst du unsre Geliebten?

PARSIFAL *voll Verwunderung anhaltend.* Ihr schönen Kinder, mußt ich sie nicht schlagen?
Zu euch, ihr Holden, ja wehrten sie mir den Weg.

MÄDCHEN. Zu uns wolltest du?
Sahst du uns schon?

PARSIFAL. Noch nie sah ich solch zieres Geschlecht:
nenn ich euch schön, dünkt euch das recht?

DIE MÄDCHEN. So willst du uns wohl nicht schlagen?

PARSIFAL. Das möcht ich nicht.

MÄDCHEN. Doch Schaden
schufst du uns so vielen, –
du schlugest unsre Gespielen:
wer spielt nun mit uns?

PARSIFAL. Das tu ich gern.

Die Mädchen, von Verwunderung in Heiterkeit übergegangen, brechen jetzt in ein lustiges Gelächter aus. – Während Parsifal immer näher zu den aufgeregten Gruppen tritt, entweichen unmerklich die Mädchen der ersten Gruppe und des ersten Chores hinter die Blumenhäge, um ihren Blumenschmuck zu vollenden

MÄDCHEN. Bist du uns hold, so bleib nicht fern von uns!
Und willst du uns nicht schelten,
wir werden dir's entgelten:
wir spielen nicht um Gold, –
wir spielen um Minnes Sold.
Willst auf Trost du uns sinnen,
sollst den du uns abgewinnen!

Die Mädchen der ersten Gruppe und des ersten Chores kommen mit dem Folgenden, ganz in Blumengewändern, selbst Blumen erscheinend, zurück und stürzen sich sofort auf Parsifal

DIE GESCHMÜCKTEN MÄDCHEN. Lasset den Knaben! Er gehöret mir!
Nein! Nein! Nein! Mir!

DIE ANDERN MÄDCHEN. Ha! Die Falschen! – Sie schmückten heimlich sich.

Während die Zurückgekommenen sich an Parsifal herandrängen, verlassen die Mädchen der zweiten Gruppe und des zweiten Chores hastig die Szene, um sich ebenfalls zu schmükken. – Während des Folgenden drehen sich die Mädchen, wie in anmutigem Kinderspiele, um Parsifal, sanft ihm Wange und Kinn streichelnd

DIE MÄDCHEN. Komm! Komm!
Holder Knabe,
laß mich dir blühen!
Dir zur Wonn und Labe
gilt mein minniges Mühen.

Die zweite Gruppe und der zweite Chor kommen, ebenfalls geschmückt, zurück und gesellen sich zum Spiele

PARSIFAL *heiter ruhig in der Mitte der Mädchen.*
Wie duftet ihr hold!
Seid ihr denn Blumen?

DIE MÄDCHEN *immer einzeln, bald mehrere zugleich.*
Des Gartens Zier,
und duftende Geister,
im Lenz pflückt uns der Meister.
Wir wachsen hier
in Sommer und Sonne,
für dich erblühend in Wonne.
Nun sei uns freund und hold,
nicht karge den Blumen den Sold!
Kannst du uns nicht lieben und minnen,
wir welken und sterben dahinnen.

ERSTES MÄDCHEN DER ZWEITEN GRUPPE. An deinen Busen nimm mich!

ERSTES MÄDCHEN DER ERSTEN GRUPPE. Die Stirn laß mich dir kühlen!

ZWEITES MÄDCHEN DER ERSTEN GRUPPE. Laß mich die Wange dir fühlen!

ZWEITES MÄDCHEN DER ZWEITEN GRUPPE. Den Mund laß mich dir küssen!

ERSTES MÄDCHEN DER ERSTEN GRUPPE. Nein! Ich! Die Schönste bin ich.

ZWEITES MÄDCHEN DER ERSTEN GRUPPE. Nein! Ich bin die Schönste!

ERSTES UND DRITTES MÄDCHEN DER ERSTEN UND ZWEITES MÄDCHEN DER ZWEITEN GRUPPE. Ich bin schöner!

ERSTES MÄDCHEN DER ZWEITEN GRUPPE. Nein! Ich dufte süßer.

BEIDE CHÖRE. Nein! Ich! Ja, ich!

PARSIFAL *ihrer anmutigen Zudringlichkeit sanft wehrend.*
Ihr wild holdes Blumengedränge,
soll ich mit euch spielen, entlaßt mich der Enge!

ERSTES MÄDCHEN DER ZWEITEN GRUPPE. Was zankest du?

PARSIFAL. Weil ihr euch streitet.

ERSTES MÄDCHEN DER ERSTEN UND ZWEITES MÄDCHEN DER ZWEITEN GRUPPE. Wir streiten nur um dich.

PARSIFAL. Das meidet!

ZWEITES MÄDCHEN DER ERSTEN GRUPPE. Du laß von ihm: sieh, er will mich.

DRITTES MÄDCHEN DER ERSTEN GRUPPE. Mich lieber!

ZWEITES MÄDCHEN DER ZWEITEN GRUPPE. Nein, lieber will er mich!

ERSTES MÄDCHEN DER ZWEITEN GRUPPE *zu Parsifal.* Du wehrest mich von dir?

ERSTES MÄDCHEN DER ERSTEN GRUPPE. Du scheuchest mich fort?

ERSTER CHOR. Bist du feige vor Frauen?

ZWEITE GRUPPE UND ZWEITER CHOR. Magst dich nicht getrauen?

ERSTES MÄDCHEN DER ERSTEN UND ZWEITEN GRUPPE.
Wie schlimm bist du, Zager und Kalter!

ERSTES MÄDCHEN DER ERSTEN GRUPPE.
Die Blumen läßt du umbuhlen den Falter?

ERSTER CHOR. Auf, weichet dem Toren!

ERSTE GRUPPE. Wir geben ihn verloren.

ZWEITER CHOR. Doch sei er uns erkoren!

BEIDE GRUPPEN UND CHÖRE. Nein, uns! Nein, mir gehört er an!
Auch mir! – Nein, uns gehört er an!

PARSIFAL *halb ärgerlich die Mädchen abschreckend.* Laßt ab!
Ihr fangt mich nicht!

Er will fliehen, als er aus dem Blumenhage Kundrys Stimme vernimmt und betroffen stillsteht

KUNDRY. Parsifal! – Weile!

PARSIFAL. Parsifal? . . .
So nannte träumend mich einst die Mutter.

Die Mädchen sind bei dem Vernehmen der Stimme Kundrys erschrocken und haben sich alsbald von Parsifal zurückgehalten

KUNDRY *allmählich sichtbar werdend.* Hier weile, Parsifal!
Dich grüßet Wonne und Heil zumal. –
Ihr kindischen Buhlen, weichet von ihm;
früh welkende Blumen,

nicht euch ward er zum Spiele bestellt.
Geht heim, pfleget der Wunden;
einsam erharrt euch mancher Held. –

Die Mädchen entfernen sich jetzt zaghaft und widerstrebend von Parsifal und ziehen sich nach dem Schlosse zu zurück

ALLE MÄDCHEN. Dich zu lassen, dich zu meiden,
O wehe! O wehe der Pein!
Von Allen möchten gern wir scheiden,
mit dir allein zu sein!
Leb wohl! Leb wohl!
Du Holder! Du Stolzer!
Du – Tor!

Mit dem Letzten sind die Mädchen, unter Gelächter, im Schlosse verschwunden

PARSIFAL. Dies Alles – hab ich nun geträumt?

Parsifal sieht sich schüchtern nach der Seite hin um, von welcher die Stimme kam. Dort ist jetzt, durch Enthüllung des Blumenhages, ein jugendliches Weib von höchster Schönheit – Kundry, in durchaus verwandelter Gestalt – auf einem Blumenlager, in leicht verhüllender, phantastischer Kleidung – annähernd arabischen Stiles – sichtbar geworden

PARSIFAL *noch ferne stehend.* Riefest du mich Namenlosen?

KUNDRY. Dich nannt ich, tör'ger Reiner:
»Fal-parsi« –
Dich reinen Toren: »Parsifal«.
So rief, als in arab'schem Land er verschied,
dein Vater Gamuret dem Sohne zu,
den er, im Mutterschoß verschlossen,
mit diesem Namen sterbend grüßte;
ihn dir zu künden, harrt ich deiner hier:
was zog dich her, wenn nicht der Kunde Wunsch?

PARSIFAL. Nie sah ich, nie träumte mir, was jetzt
ich schau, und was mit Bangen mich erfüllt.
Entblühtest du auch diesem Blumenhaine?

KUNDRY. Nein, Parsifal, du tör'ger Reiner!
Fern – fern – ist meine Heimat.
Daß du mich fändest, verweilte ich nur hier;
von weither kam ich, wo ich viel ersah.
Ich sah das Kind an seiner Mutter Brust,
sein erstes Lallen lacht mir noch im Ohr;
das Leid im Herzen,
wie lachte da auch Herzeleide,
als ihren Schmerzen

zujauchzte ihrer Augen Weide!
Gebettet sanft auf weichen Moosen,
den hold geschläfert sie mit Kosen,
dem, bang in Sorgen,
den Schlummer bewacht der Mutter Sehnen,
den weckt' am Morgen
der heiße Tau der Muttertränen.
Nur Weinen war sie, Schmerzgebahren
um deines Vaters Lieb und Tod:
vor gleicher Not dich zu bewahren,
galt ihr als höchster Pflicht Gebot.
Den Waffen fern, der Männer Kampf und Wüten,
wollte sie still dich bergen und behüten.
Nur Sorgen war sie, ach! und Bangen:
nie sollte Kunde zu dir her gelangen.
Hörst du nicht noch ihrer Klagen Ruf,
wann spät und fern du geweilt?
Hei! Was ihr das Lust und Lachen schuf,
wann sie suchend dann dich ereilt;
wann dann ihr Arm dich wütend umschlang,
ward dir es wohl gar beim Küssen bang?
Doch, ihr Wehe du nicht vernahmst,
nicht ihrer Schmerzen Toben,
als endlich du nicht wiederkamst,
und deine Spur verstoben.
Sie harrte Nächt und Tage, –
bis ihr verstummt die Klage,
der Gram ihr zehrte den Schmerz,
um stillen Tod sie warb:
ihr brach das Leid das Herz,
und – Herzeleide starb. –

PARSIFAL *immer ernsthafter, endlich furchtbar betroffen, sinkt, schmerzlich überwältigt, bei Kundrys Füßen nieder.*
Wehe! Wehe! Was tat ich? – Wo war ich? –
Mutter! Süße, holde Mutter!
Dein Sohn, dein Sohn mußte dich morden! –
O Tor! Blöder, taumelnder Tor!
Wo irrtest du hin, ihrer vergessend, –
deiner, deiner vergessend?
Traute, teuerste Mutter!

KUNDRY. War dir fremd noch der Schmerz,
des Trostes Süße
labte nie auch dein Herz;

das Wehe, das dich reut,
die Not nun büße
im Trost, den Liebe dir beut.

PARSIFAL *im Trübsinn immer tiefer sich sinken lassend.*

Die Mutter, – die Mutter – konnt ich vergessen!
Ha! – Was Alles vergaß ich wohl noch?
Wes war ich je noch eingedenk? –
Nur dumpfe Torheit lebt in mir!

KUNDRY *immer noch in liegender Stellung, beugt sich über Parsifals Haupt, faßt sanft seine Stirne und schlingt traulich ihren Arm um seinen Nacken.*

Bekenntnis
wird Schuld in Reue enden –
Erkenntnis
in Sinn die Torheit wenden.
Die Liebe lerne kennen,
die Gamuret umschloß,
als Herzeleids Entbrennen
ihn sengend überfloß! –
Die Leib und Leben
einst dir gegeben,
der Tod und Torheit weichen muß, –
sie beut
dir heut –
als Muttersegens letzten Gruß,
der Liebe ersten Kuß.

Sie hat ihr Haupt völlig über das seinige geneigt, und heftet nun ihre Lippen zu einem langen Kusse auf seinen Mund

PARSIFAL *fährt plötzlich mit einer Gebärde des höchsten Schrekkens auf: seine Haltung drückt eine furchtbare Veränderung aus; er stemmt seine Hände gewaltsam gegen das Herz, wie um einen zerreißenden Schmerz zu bewältigen.*

Amfortas! ...
Die Wunde! – Die Wunde! –
Sie brennt in meinem Herzen! –
Oh –! Klage! Klage!
Furchtbare Klage!
Aus tiefstem Herzen schreit sie mir auf.
Oh –! Oh –!
Elender!
Jammervollster!
Die Wunde sah ich bluten, –
nun blutet sie in mir –!

Hier – hier! ..
Nein! Nein! Nicht die Wunde ist es.
Fließe ihr Blut in Strömen dahin!
Hier! Hier im Herzen der Brand!
Das Sehnen, das furchtbare Sehnen,
das alle Sinne mir faßt und zwingt!
Oh! – Qual der Liebe!
Wie Alles schauert, bebt und zuckt –
in sündigem Verlangen!

Während Kundry in Schrecken und Verwunderung auf Parsifal hinstarrt, gerät dieser in völlige Entrücktheit. – Schauerlich leise:

Es starrt der Blick dumpf auf das Heilsgefäß:
das heil'ge Blut erglüht;
Erlösungswonne, göttlich mild,
durchzittert weithin alle Seelen.
Nur hier, – im Herzen will die Qual nicht weichen.
Des Heilands Klage da vernehm ich,
die Klage, ach, die Klage
um das entweihte Heiligtum:
»Erlöse, rette mich
aus schuldbefleckten Händen!«
So rief die Gottesklage
furchtbar laut mir in die Seele.
Und ich ... der Tor ... der Feige ...
zu wilden Knabentaten floh ich hin! ...

Er stürzt verzweiflungsvoll auf die Knie

Erlöser! Heiland! Herr der Hulden!
Wie büß ich Sünder solche Schuld?

KUNDRY *deren Erstaunen in leidenschaftliche Bewunderung übergegangen, sucht schüchtern sich Parsifal zu nähern.*
Gelobter Held! Entflieh dem Wahn!
Blick auf, sei hold der Huldin Nah'n!

PARSIFAL *immer in gebeugter Stellung, starr zu Kundry aufblickend, während diese sich zu ihm neigt und die liebkosenden Bewegungen ausführt, die er mit dem Folgenden bezeichnet.* Ja! ... diese Stimme ... so – rief sie ihm;
und diesen Blick – deutlich erkenn ich ihn, –
auch diesen, der ihm so friedlos lachte; –
die Lippe, ja ... so zuckte sie ihm;
so neigte sich der Nacken, –
so hob sich kühn das Haupt;
so flatterten lachend die Locken,

so schlang um den Hals sich der Arm;
so schmeichelte weich die Wange;
mit aller Schmerzen Qual im Bunde,
das Heil der Seele
entküßte ihm der Mund –!
Ha – dieser Kuß!...
Verderberin! Weiche von mir!
Ewig, ewig von mir!

Parsifal hat sich allmählich erhoben, und stößt Kundry von sich

KUNDRY *in höchster Leidenschaft.* Grausamer!
Fühlst du im Herzen
nur And'rer Schmerzen,
so fühle jetzt auch die meinen!
Bist du Erlöser,
was bannt dich, Böser,
nicht mir auch zum Heil dich zu einen?
Seit Ewigkeiten harre ich deiner,
des Heilands – ach! – so spät...
den einst ich kühn geschmäht.
Oh!
Kenntest du den Fluch,
der mich durch Schlaf und Wachen,
durch Tod und Leben,
Pein und Lachen,
zu neuem Leiden neu gestählt,
endlos durch das Dasein quält!
Ich sah – Ihn – Ihn –
und... lachte:
da traf mich... sein Blick! –
Nun such ich ihn von Welt zu Welt,
ihm wieder zu begegnen.
In höchster Not
wähn ich sein Auge schon nah, –
den Blick schon auf mir ruhn...
Da kehrt mir das verfluchte Lachen wieder:
ein Sünder sinkt mir in die Arme! –
Da lach ich, lache,
kann nicht weinen,
nur schreien, wüten,
toben, rasen
in stets erneueter Wahnsinns-Nacht,
aus der ich büßend kaum erwacht.

Den ich ersehnt in Todesschmachten,
den ich erkannt – den blöd Verlachten:
laß mich an seinem Busen weinen,
nur eine Stunde mich dir vereinen,
und ob mich Gott und Welt verstößt
in dir entsündigt sein und erlöst!

PARSIFAL. In Ewigkeit
wärst du verdammt mit mir
für eine Stunde
Vergessens meiner Sendung,
in deines Arms Umfangen!
Auch dir bin ich zum Heil gesandt,
bleibst du dem Sehnen abgewandt.
Die Labung, die dein Leiden endet,
beut nicht der Quell, aus dem es fließt;
das Heil wird nimmer dir gespendet,
eh jener Quell sich dir nicht schließt.
Ein Andres ist's, ein Andres, ach! –
nach dem ich jammernd schmachten sah;
die Brüder dort, in grausen Nöten,
den Leib sich quälen und ertöten.
Doch, wer erkennt ihn klar und hell,
des einz'gen Heiles wahren Quell?
Oh, Elend, aller Rettung Flucht!
Oh, Weltenwahns Umnachten:
in höchsten Heiles heißer Sucht
nach der Verdammnis Quell zu schmachten!

KUNDRY *in wilder Begeisterung.* So war es mein Kuß,
der Welt-hellsichtig dich machte?
Mein volles Liebes-Umfangen
läßt dich dann Gottheit erlangen.
Die Welt erlöse, ist dies dein Amt,
schuf dich zum Gott die Stunde,
für sie laß mich ewig dann verdammt,
nie heile mir die Wunde!

PARSIFAL. Erlösung, Frevlerin, biet ich auch dir.

KUNDRY. Laß mich dich Göttlichen lieben,
Erlösung gabst du dann auch mir.

PARSIFAL. Lieb' und Erlösung soll dir werden,
zeigest du
zu Amfortas mir den Weg.

KUNDRY *in Wut ausbrechend.* Nie –! sollst du ihn finden!
Den Verfall'nen, laß ihn verderben –

den Unsel'gen,
Schmach-lüsternen,
den ich verlachte – lachte – lachte – haha!
Ihn traf ja der eigne Speer!

PARSIFAL. Wer durft ihn verwunden mit der heil'gen Wehr?

KUNDRY. Er ... Er ...
der einst mein Lachen bestraft ...
Sein Fluch – ha, mir gibt er Kraft;
gegen dich selbst ruf ich die Wehr,
gibst du dem Sünder des Mitleids Ehr'! ...
Ha ... Wahnsinn!

flehend

Mitleid! Mitleid mit mir!
Nur eine Stunde mein!
Nur eine Stunde dein ...
und des Weges
sollst du geleitet sein!

Sie will ihn umarmen. Er stößt sie heftig von sich

PARSIFAL. Vergeh, unseliges Weib!

KUNDRY *rafft sich mit wildem Wutrasen auf und ruft dem Hintergrunde zu.* Hilfe! Hilfe! Herbei!
Haltet den Frechen! Herbei!
Wehrt ihm die Wege!
Wehrt ihm die Pfade!
Und flöhest du von hier, und fändest
alle Wege der Welt,
den Weg, den du suchst,
des Pfade sollst du nicht finden:
denn Pfad und Wege,
die dich mir entführen,
so verwünsch ich sie dir!
Irre! Irre!
mir so vertraut –
dich weih ich ihm zum Geleit!

Klingsor ist auf der Burgmauer herausgetreten und schwenkt eine Lanze gegen Parsifal

KLINGSOR. Halt da! Dich bann ich mit der rechten Wehr!
Den Toren stelle mir seines Meisters Speer!

Er schleudert auf Parsifal den Speer, welcher über dessen Haupte schweben bleibt. Parsifal erfaßt den Speer mit der Hand und hält ihn über seinem Haupte

PARSIFAL. Mit diesem Zeichen bann ich deinen Zauber:
wie die Wunde er schließe,

die mit ihm du schlugest,
in Trauer und Trümmer
stürz' er die trügende Pracht!

Er hat den Speer im Zeichen des Kreuzes geschwungen: wie durch ein Erdbeben versinkt das Schloß. Der Garten ist schnell zu einer Einöde verdorrt; verwelkte Blumen verstreuen sich auf dem Boden. Kundry ist schreiend zusammengesunken.

Parsifal hält, im Enteilen, noch einmal an

PARSIFAL *wendet sich von der Höhe der Mauertrümmer zu Kundry zurück.* Du weißt,
wo du mich wiederfinden kannst!

Parsifal enteilt. Kundry hat sich ein wenig erhoben und nach ihm geblickt

DRITTER AUFZUG

Freie, anmutige Frühlingsgegend auf dem Gebiete des Grales. Nach dem Hintergrunde zu sanft ansteigende Blumenaue. Den Vordergrund nimmt der Saum des Waldes ein, der sich nach rechts zu, auf steigendem Felsengrund, ausdehnt. Im Vordergrunde, an der Waldseite, ein Quell; ihm gegenüber, etwas tiefer, eine schlichte Einsiedlerhütte, an einen Felsblock gelehnt. Frühester Morgen

GURNEMANZ *zum hohen Greise gealtert, als Einsiedler, nur in das Hemd des Gralsritters gekleidet, tritt aus der Hütte und lauscht.* Von dorther kam das Stöhnen:
so jammervoll klagt kein Wild,
und gewiß gar nicht am heiligsten Morgen heut.

Dumpfes Stöhnen von Kundrys Stimme

Mich dünkt, ich kenne diesen Klageruf?

Er schreitet entschlossen einer Dornenhecke auf der Seite zu: diese ist gänzlich überwachsen; er reißt mit Gewalt das Gestrüpp auseinander: dann hält er plötzlich an

Ha! Sie – wieder da?
Das winterlich rauhe Gedörn
hielt sie verdeckt, – wie lang schon?
Auf! Kundry! Auf!
Der Winter floh, und Lenz ist da!
Erwache! Erwache dem Lenz!

Er zieht Kundry, ganz erstarrt und leblos, aus dem Gebüsch hervor und trägt sie auf einen nahen Rasenhügel

Kalt und starr. –
Diesmal hielt ich sie wohl für tot:
doch war's ihr Stöhnen, was ich vernahm?

Er reibt der erstarrt vor ihm ausgestreckten Kundry stark die Hände und Schläfe und bemüht sich in allem, die Erstarrung von ihr weichen zu machen. Endlich scheint das Leben in ihr zu erwachen – sie erwacht völlig – als sie die Augen geöffnet, stößt sie einen Schrei aus. – Sie ist in rauhem Büßergewande, ähnlich wie im ersten Aufzuge, nur ist ihre Gesichtsfarbe bleicher, aus Miene und Haltung ist die Wildheit verschwunden. – Sie starrt lange Gurnemanz an. Dann erhebt sie sich, ordnet sich Kleidung und Haar, und läßt sich sofort wie eine Magd zur Bedienung an

GURNEMANZ. Du tolles Weib!
Hast du kein Wort für mich?
Ist dies der Dank,
daß dem Todesschlafe
noch einmal ich dich erweckt?

KUNDRY *neigt langsam das Haupt; dann bringt sie, rauh und abgebrochen, hervor*: Dienen – dienen.

GURNEMANZ *schüttelt den Kopf*. Das wird dich wenig mühn:
auf Botschaft sendet sich's nicht mehr;
Kräuter und Wurzeln
findet ein jeder sich selbst,
wir lernten's im Walde vom Tier.

Kundry hat sich während dem umgesehen, gewahrt die Hütte und geht hinein. – Gurnemanz blickt ihr verwundert nach

Wie anders schreitet sie als sonst!
Wirkte dies der heilige Tag?
Oh! Tag der Gnade ohne Gleichen!
Gewiß, zu ihrem Heile
durft ich der Armen heut
den Todesschlaf verscheuchen.

Kundry kommt wieder aus der Hütte; sie trägt einen Wasserkrug und geht damit zum Quelle. Sie gewahrt hier, nach dem Walde blickend, in der Ferne einen Kommenden und wendet sich zu Gurnemanz, um ihn darauf hinzudeuten

GURNEMANZ *in den Wald blickend*.
Wer nahet dort dem heiligen Quell?
In düst'rem Waffenschmucke?
Das ist der Brüder keiner!

Während des folgenden Auftrittes des Parsifal entfernt sich Kundry mit dem gefüllten Kruge langsam in die Hütte, wo sie sich zu schaffen macht. – Parsifal tritt aus dem Walde auf. Er ist ganz in schwarzer Waffenrüstung; mit geschlossenem Helme und gesenktem Speere schreitet er, gebeugten Hauptes, träumerisch zögernd, langsam daher und setzt sich auf dem kleinen Rasenhügel am Quelle nieder

GURNEMANZ *nachdem er Parsifal staunend lange betrachtet tritt nun näher zu ihm.* Heil dir, mein Gast!
Bist du verirrt, und soll ich dich weisen?

Parsifal schüttelt sanft das Haupt

Entbietest du mir keinen Gruß?

Parsifal neigt das Haupt

GURNEMANZ *unmutig.* Hei! – Was?
Wenn dein Gelübde
dich bindet, mir zu schweigen,
so mahnt das meine mich,
daß ich dir sage, was sich ziemt.
Hier bist du an geweihtem Ort:
da zieht man nicht mit Waffen her,
geschloss'nen Helmes, Schild und Speer;
und heute gar! Weißt du denn nicht,
welch heil'ger Tag heut ist?

Parsifal schüttelt mit dem Kopfe

Ja! Woher kommst du denn?
Bei welchen Heiden weiltest du,
zu wissen nicht, daß heute
der allerheiligste Charfreitag ist?

Parsifal senkt das Haupt noch tiefer

Schnell ab die Waffen!
Kränke nicht den Herrn, der heute,
bar jeder Wehr, sein heilig Blut
der sündigen Welt zur Sühne bot! –

Parsifal erhebt sich, nach einem abermaligen Schweigen, stößt den Speer vor sich in den Boden, legt Schild und Schwert davor nieder, öffnet den Helm, nimmt ihn vom Haupte und legt ihn zu den anderen Waffen, worauf er dann zu stummem Gebete vor dem Speer niederkniet. Gurnemanz betrachtet Parsifal mit Staunen und Rührung. – Er winkt Kundry herbei, welche soeben wieder aus der Hütte getreten ist. – Parsifal erhebt jetzt seinen Blick andachtsvoll zu der Lanzenspitze auf

GURNEMANZ *leise zu Kundry.* Erkennst du ihn?
Der ist's, der einst den Schwan erlegt.
Kundry bestätigt mit einem leisen Kopfnicken
Gewiß, 's ist Er,
der Tor, den ich zürnend von uns wies.
Kundry blickt starr, doch ruhig auf Parsifal
Ha! Welche Pfade fand er?
Der Speer, – ich kenne ihn!
In großer Ergriffenheit
Oh! Heiligster Tag,
an dem ich heut erwachen sollt!
Kundry hat ihr Gesicht abgewendet

PARSIFAL *erhebt sich langsam vom Gebete, blickt ruhig um sich, erkennt Gurnemanz und reicht diesem sanft die Hand zum Gruß.* Heil mir, daß ich dich wieder finde.

GURNEMANZ. So kennst auch du mich noch?
Erkennst mich wieder,
den Gram und Not so tief gebeugt?
Wie kamst du heut – woher?

PARSIFAL. Der Irrnis und der Leiden Pfade kam ich;
soll ich mich denen jetzt entwunden wähnen,
da dieses Waldes Rauschen
wieder ich vernehme,
dich guten Greisen neu begrüße? . . .
Oder – irr ich wieder?
Verändert dünkt mich alles?

GURNEMANZ. So sag, zu wem den Weg du suchtest?

PARSIFAL. Zu ihm, des tiefe Klagen
ich törig staunend einst vernahm,
dem nun ich Heil zu bringen
mich auserlesen wähnen darf. –
Doch, ach! –
den Weg des Heiles nie zu finden,
in pfadlosen Irren
trieb ein wilder Fluch mich umher:
zahllose Nöte,
Kämpfe und Streite,
zwangen mich ab vom Pfade,
wähnt ich ihn recht schon erkannt.
Da mußte mich Verzweiflung fassen,
das Heiltum heil mir zu bergen,
um das zu hüten, das zu wahren,
ich Wunden jeder Wehr mir gewann;

denn nicht ihn selber
durft ich führen im Streite, –
unentweiht
führ ich ihn mir zur Seite,
den ich nun heim geleite,
der dort dir schimmert heil und hehr:
des Grales heil'gen Speer.

GURNEMANZ *in höchstes Entzücken ausbrechend.*
O Gnade! Höchstes Heil!
Oh! Wunder! Heilig, hehrstes Wunder!
Nachdem er sich etwas gefaßt, zu Parsifal
O Herr! War es ein Fluch,
der dich vom rechten Pfad vertrieb,
so glaub, er ist gewichen.
Hier bist du, dies des Grals Gebiet;
dein harret seine Ritterschaft.
Ach, sie bedarf des Heiles,
des Heiles, das du bringst!
Seit dem Tage, den du hier geweilt,
die Trauer, die da kund dir ward,
das Bangen wuchs zur höchsten Not.
Amfortas, gegen seiner Wunden,
seiner Seele Qual sich wehrend,
begehrt in wütendem Trotze nun den Tod.
Kein Flehn, kein Elend seiner Ritter
bewog ihn mehr, des heil'gen Amts zu walten.
Im Schrein verschlossen bleibt seit lang der Gral: –
so hofft sein sündenreu'ger Hüter,
da er nicht sterben kann
wann je er ihn erschaut,
sein Ende zu erzwingen,
und mit dem Leben seine Qual zu enden.
Die heil'ge Speisung bleibt uns nun versagt;
gemeine Atzung muß uns nähren:
darob versiegte unsrer Helden Kraft.
Nie kommt uns Botschaft mehr,
noch Ruf zu heil'gen Kämpfen aus der Ferne:
bleich und elend wankt umher
die mut- und führerlose Ritterschaft.
In dieser Waldeck' barg ich einsam mich,
des Todes still gewärtig,
dem schon mein alter Waffenherr verfiel;
denn Titurel, mein heil'ger Held,

den nun des Grales Anblick nicht mehr labte,
er starb – ein Mensch, wie alle!

PARSIFAL *bäumt sich vor großem Schmerz auf.*
Und ich – ich bin's,
der all dies Elend schuf!
Ha! Welcher Sünden,
welches Frevels Schuld
muß dieses Torenhaupt
seit Ewigkeit belasten,
da keine Buße, keine Sühne
der Blindheit mich entwindet,
zur Rettung selbst ich auserkoren,
in Irrnis wild verloren,
der Rettung letzter Pfad mir schwindet!...

Parsifal droht ohnmächtig umzusinken. Gurnemanz hält ihn aufrecht und senkt ihn zum Sitze auf den Rasenhügel nieder. – Kundry holt hastig ein Becken mit Wasser, um Parsifal zu besprengen

GURNEMANZ *Kundry sanft abweisend.* Nicht doch!
Die heil'ge Quelle selbst
erquicke unsres Pilgers Bad.
Mir ahnt, ein hohes Werk
hab er noch heut zu wirken,
zu walten eines heil'gen Amtes: –
so sei er fleckenrein,
und langer Irrfahrt Staub
soll nun von ihm gewaschen sein!

Parsifal wird von den Beiden sanft zum Rande des Quelles gewendet. Unter dem Folgenden löst ihm Kundry die Beinschienen, Gurnemanz aber nimmt ihm den Brustharnisch ab

PARSIFAL *sanft und matt.*
Werd heut zu Amfortas ich noch geleitet?

GURNEMANZ *während der Beschäftigung.*
Gewißlich; unsrer harrt die hehre Burg:
die Totenfeier meines lieben Herrn,
sie ruft mich selbst dahin.
Den Gral noch einmal uns da zu enthüllen,
des lang versäumten Amtes
noch einmal heut zu walten,
zur Heiligung des hehren Vaters,
der seines Sohnes Schuld erlag,
die der nun also büßen will,
gelobt' Amfortas uns. –

Kundry badet Parsifal mit demutvollem Eifer die Füße. Er blickt mit stiller Verwunderung auf sie

PARSIFAL *zu Kundry.* Du netztest mir die Füße,
nun netze mir das Haupt der Freund!

GURNEMANZ *schöpft hierbei mit der Hand aus dem Quell und besprengt Parsifals Haupt.*
Gesegnet sei, du Reiner, durch das Reine!
So weiche jeder Schuld
Bekümmernis von Dir!

Während Gurnemanz feierlich das Wasser sprengt, zieht Kundry ein goldenes Fläschchen aus dem Busen und gießt seinen Inhalt auf Parsifals Füße aus; jetzt trocknet sie diese mit ihren schnell aufgelösten Haaren

PARSIFAL *nimmt Kundry sanft das Fläschchen ab und reicht es Gurnemanz.* Du salbtest mir die Füße:
das Haupt nun salbe Titurels Genoss',
daß heute noch als König er mich grüße!

Mit dem Folgenden schüttet Gurnemanz das Fläschchen vollends auf Parsifals Haupt aus, reibt dieses sanft und faltet dann die Hände darüber

GURNEMANZ. So ward es uns verhießen;
so segne ich dein Haupt,
als König dich zu grüßen.
Du Reiner!
Mitleidvoll Duldender,
heiltatvoll Wissender!
Wie des Erlösten Leiden du gelitten,
die letzte Last entnimm nun seinem Haupt! –

PARSIFAL *schöpft unvermerkt Wasser aus der Quelle, neigt sich zu der vor ihm noch knienden Kundry und netzt ihr das Haupt.* Mein erstes Amt verricht ich so:
die Taufe nimm,
und glaub an den Erlöser!

Kundry senkt das Haupt tief zur Erde, sie scheint heftig zu weinen

PARSIFAL *wendet sich um und blickt mit sanfter Entzückung auf Wald und Wiese, welche jetzt im Vormittagslichte leuchten.* Wie dünkt mich doch die Aue heut so schön!
Wohl traf ich Wunderblumen an,
die bis zum Haupte süchtig mich umrankten,
doch sah ich nie so mild und zart
die Halme, Blüten und Blumen,

noch duftet' All' so kindisch hold,
und sprach so lieblich traut zu mir.

GURNEMANZ. Das ist Charfreitags Zauber, Herr.

PARSIFAL. O wehe, des höchsten Schmerzentags!
Da sollte, wähn ich, was da blüht,
was atmet, lebt und wieder lebt,
nur trauern – ach! – und weinen?

GURNEMANZ. Du siehst, das ist nicht so.
Des Sünders Reuetränen sind es,
die heut mit heil'gem Tau
beträufet Flur und Au:
der ließ sie so gedeihen.
Nun freut sich alle Kreatur
auf des Erlösers holder Spur,
will ihr Gebet ihm weihen.
Ihn selbst am Kreuze kann sie nicht erschauen;
da blickt sie zum erlösten Menschen auf:
der fühlt sich frei von Sündenlast und Grauen,
durch Gottes Liebesopfer rein und heil.
Das merkt nun Halm und Blume auf den Auen,
daß heut des Menschen Fuß sie nicht zertritt,
doch wohl – wie Gott mit himmlischer Geduld
sich sein erbarmt und für ihn litt –
der Mensch auch heut in frommer Huld
sie schont mit sanftem Schritt.
Das dankt dann alle Kreatur,
was all da blüht und bald erstirbt,
da die entsündigte Natur
heut ihren Unschuldstag erwirbt ...

Kundry hat langsam wieder das Haupt erhoben und blickt, feuchten Auges, ernst und ruhig bittend zu Parsifal auf

PARSIFAL. Ich sah sie welken, die einst mir lachten;
ob heut sie nach Erlösung schmachten?
Auch deine Träne ward zum Segenstaue:
du weinest, – sieh! es lacht die Aue!

Er küßt sie sanft auf die Stirne

Glockengeläute, wie aus weiter Ferne

GURNEMANZ. Mittag: –
die Stund ist da.
Gestatte, Herr, daß dein Knecht dich geleite!

Gurnemanz hat seinen Gralsritter-Mantel herbeigeholt: er und Kundry bekleiden Parsifal damit. – Parsifal ergreift feierlich den Speer und folgt mit Kundry dem langsam geleiten-

den Gurnemanz. Die Gegend verwandelt sich sehr allmählich, ähnlicher Weise wie im ersten Aufzuge, nur von rechts nach links. Nachdem die Drei eine Zeitlang sichtbar geblieben, verschwinden sie gänzlich, als der Wald sich immer mehr verliert und dagegen Felsengewölbe näher rücken. – Dunkele gewölbte Gänge. Anwachsendes Glockengeläute. – Die Felswände öffnen sich, und die große Grals-Halle, wie im ersten Aufzuge, nur ohne die Speisetafeln, stellt sich wieder dar. Düstere Beleuchtung. – Von der einen Seite ziehen die Titurels Leiche im Sarge tragenden Ritter herein; von der anderen Seite die Amfortas im Siechbette geleitenden, vor diesem der verhüllte Schrein mit dem Grale

ERSTER ZUG *mit dem Gral und Amfortas.*
Geleiten wir im bergenden Schrein.
den Gral zum heiligen Amte,
wen berget ihr im düst'ren Schrein,
und führt ihr trauernd daher?

Während die beiden Züge an einander vorbeischreiten

ZWEITER ZUG *mit Titurels Sarge.*
Es birgt den Helden der Trauerschrein,
er birgt die heilige Kraft,
der Gott einst selbst zur Pflege sich gab:
Titurel führen wir her.

ERSTER ZUG. Wer hat ihn gefällt, der, in Gottes Hut,
Gott selbst einst beschirmte?

ZWEITER ZUG. Ihn fällte des Alters siegende Last,
da den Gral er nicht mehr erschaute.

ERSTER ZUG. Wer wehrt' ihm des Grales Huld zu erschauen?

ZWEITER ZUG. Den dort ihr geleitet, der sündige Hüter.

ERSTER ZUG. Wir geleiten ihn heut, weil heut noch einmal
– zum letzten Male! –
will des Amtes er walten.

Amfortas ist jetzt auf das Ruhebett hinter dem Gralstische niedergelassen, und der Sarg davor niedergesetzt worden. Die Ritter wenden sich mit dem Folgenden an Amfortas

ZWEITER ZUG. Wehe! Wehe! Du Hüter des Grals!
Zum letzten Mal
sei des Amtes gemahnt!

AMFORTAS *sich matt ein wenig aufrichtend.*
Ja – Wehe! Wehe! Weh über mich!
So ruf ich willig mit euch.
Williger nähm ich von euch den Tod, –
der Sünde mildeste Sühne!

Der Sarg wird geöffnet. Beim Anblick der Leiche Titurels bricht Alles in einen jähen Wehruf aus

AMFORTAS *von seinem Lager sich hoch aufrichtend, zur Leiche gewendet.* Mein Vater! –
Hochgesegneter der Helden!
Du Reiner, dem einst die Engel sich neigten:
der einzig ich sterben wollt,
dir – gab ich den Tod!
Oh! der du jetzt in göttlichem Glanz
den Erlöser selbst erschaust,
erflehe von ihm, daß sein heiliges Blut –
wenn noch einmal heut sein Segen
die Brüder soll erquicken,
wie ihnen neues Leben –
mir endlich spende den Tod!
Tod! Sterben...
Einz'ge Gnade!
Die schreckliche Wunde, das Gift, ersterbe,
das es zernagt, erstarre das Herz!
Mein Vater! Dich ruf ich –
rufe du ihm es zu:
»Erlöser, gib meinem Sohne Ruh!«

DIE RITTER *drängen sich näher an Amfortas heran.*
Enthülle den Gral!
Walte des Amtes!
Dich mahnet dein Vater:
du mußt, du mußt!

AMFORTAS *springt in wütender Verzweiflung auf und stürzt sich unter die zurückweichenden Ritter.*
Nein! – Nicht mehr! – Ha!
Schon fühl ich den Tod mich umnachten,
und noch einmal sollt ich ins Leben zurück?
Wahnsinnige!
Wer will mich zwingen zu leben,
könnt ihr doch Tod mir nur geben?
Er reißt sich das Gewand auf
Hier bin ich, – die off'ne Wunde hier!
Das mich vergiftet, hier fließt mein Blut:
heraus die Waffe! Taucht eure Schwerte
tief, tief – bis ans Heft! –
Auf! Ihr Helden:
tötet den Sünder mit seiner Qual,
von selbst dann leuchtet euch wohl der Gral!...

Alles ist scheu vor Amfortas gewichen, welcher, in furchtbarer Ekstase, einsam steht. – Parsifal ist, von Gurnemanz und Kundry begleitet, unvermerkt unter den Rittern erschienen, tritt jetzt hervor und streckt den Speer aus, mit dessen Spitze er Amfortas' Seite berührt

PARSIFAL. Nur eine Waffe taugt:
die Wunde schließt
der Speer nur, der sie schlug.

Amfortas' Miene leuchtet in heiliger Entzückung auf; er scheint vor großer Ergriffenheit zu schwanken; Gurnemanz stützt ihn

Sei heil, entsündigt und gesühnt!
Denn ich verwalte nun dein Amt.
Gesegnet sei dein Leiden,
das Mitleids höchste Kraft
und reinsten Wissens Macht
dem zagen Toren gab! –

Parsifal schreitet nach der Mitte, den Speer hoch vor sich erhebend

Den heil'gen Speer –
ich bring ihn euch zurück! –

Alles blickt in höchster Entzückung auf den emporgehaltenen Speer, zu dessen Spitze aufschauend, Parsifal in Begeisterung fortfährt

Oh! Welchen Wunders höchstes Glück!
Der deine Wunde durfte schließen,
ihm seh ich heil'ges Blut entfließen
in Sehnsucht nach dem verwandten Quelle,
der dort fließt in des Grales Welle!
Nicht soll der mehr verschlossen sein: –
Enthüllet den Gral – öffnet den Schrein!

Parsifal besteigt die Stufen des Weihtisches, entnimmt dem von den Knaben geöffneten Schreine den Gral und versenkt sich, unter stummem Gebete, kniend in seinen Anblick. – Allmähliche sanfte Erleuchtung des Grales. – Zunehmende Dämmerung in der Tiefe bei wachsendem Lichtscheine aus der Höhe

ALLE *mit Stimmen aus der mittleren sowie der höchsten Höhe.*
Höchsten Heiles Wunder:
Erlösung dem Erlöser!

Lichtstrahl: hellstes Erglühen des Grales. Aus der Kuppel schwebt eine weiße Taube herab und verweilt über Parsifals Haupte. Kundry sinkt, mit dem Blicke zu ihm auf, vor Parsi-

fal entseelt langsam zu Boden. Amfortas und Gurnemanz huldigen kniend Parsifal, welcher den Gral segnend über die anbetende Ritterschaft schwingt

Der Bühnenvorhang wird langsam geschlossen

1845	Juli–August	Beschäftigung mit dem *Parzival*-Epos von Wolfram von Eschenbach in Marienbad.
1857	10. April	(Karfreitag) Konzeption und erste Prosaskizze im »Asyl auf dem grünen Hügel« bei Zürich.
1865	21. August	König Ludwig II. bittet Wagner um Mitteilung seines Planes zu *Parzival.*
	27.–30. August	Aufzeichnung der Erstschrift des ersten Prosaentwurfes im Hause Nr. 21 an der Briennerstraße in München.
1877	Mitte Februar	Umänderung der Schreibweise *Parzival* in *Parsifal* aus etymologischen Erwägungen.
	23. Februar	Vollendung des zweiten Prosaentwurfes in Bayreuth.
	14. März bis 19. April	Aufzeichnung der Urschrift der Dichtung.
	22.(?) September	Beginn der Kompositionsskizze des 1. Aktes.
	25. September	Beginn der Orchesterskizze des 1. Aktes.
1878	29. Januar	Vollendung der Kompositionsskizze des 1. Aktes.
	31. Januar	Vollendung der Orchesterskizze des 1. Aktes.
	Vom 13. März bis 30. September	Aufzeichnung der Kompositionsskizze des 2. Aktes.
	13. März bis 11. Oktober	Aufzeichnung der Orchesterskizze des 2. Aktes.
	30. Oktober	Beginn der Kompositionsskizze des 3. Aktes.
	14. November	Beginn der Orchesterskizze des 3. Aktes.
	25. Dezember	Uraufführung des Vorspiels im »Saal« von Wahnfried vom Meininger Hoforchester unter Wagners Leitung.

1879	16. April	Vollendung der Kompositionsskizze des 3. Aktes.
	26. April	Vollendung der Orchesterskizze des 3. Aktes.
	7. August	Beginn der Vorarbeiten für die Niederschrift der Partitur.
	23. August	Beginn der Aufzeichnung der Partitur des 1. Aktes.
	31. Dezember	Abreise Wagners und seiner Familie nach Italien.
1880	4. Januar	Ankunft in Neapel und Einzug in die Villa Angri am Posilipo.
	7. August	Erkrankung Wagners; notwendig werdende Luftveränderung.
	24. (?) August	Ankunft in Siena und Einzug in die Villa Torre Fiorentina.
	24. September	Vollendung des »Linierens« der Partitur.
	17. November	Wagner kehrt mit seiner Familie nach Bayreuth zurück.
	23. November	Wiederaufnahme der Arbeit an der Partitur nach längerer Unterbrechung.
1881	25. April	Vollendung der Partitur des 1. Aktes.
	6. Juni bis 20. Oktober	Aufzeichnung der Partitur des 2. Aktes.
	5. November	Wagner trifft mit seiner Familie in Palermo ein; Einzug in das »Hotel des Palmes«.
	8. November	Beginn der Partitur des 3. Aktes.
1882	13. Januar	Vollendung der Partitur des 3. Aktes.
	1. Mai	Wagner trifft wieder in Bayreuth ein.
	26. Juli	Uraufführung im Bayreuther Festspielhaus. Dirigent: Hermann Levi.

An König Ludwig II. München, 14. April 1865:
Heut' ist wieder Char-Freitag! – O, heiliger Tag! Tief bedeutsamster der Welt! Tag der Erlösung! Gott im Leiden!! Wer faßt das Ungeheure? Und doch, gerade dies Unsägliche – das Allervertrauteste der Menschheit! Gott, der Schöpfer, – er muß der Welt völlig unbegreiflich bleiben; – Gott, der liebevoll Lehrende, er wird innig geliebt, aber nicht verstanden; – aber Gott der Leidende, – mit Flammen schreibt er sich in unser Herz; allen Eigensinn des Daseins schwemmt der ungeheure Schmerz hinweg, Gott im Leiden zu sehen! Die Lehre, die wir nicht begriffen, sie ergreift jetzt uns: Gott ist in uns, – die Welt ist überwunden! Wer schuf sie? Müßige Frage! Wer überwand sie? Gott in unsrem Herzen, – der im tiefsten Schmerz des Mitgefühls begriffene Gott! –
Ein warmer, sonniger Charfreitag gab mir durch seine heilige Stimmung einst den *Parzival* ein: er lebt seitdem in mir fort und gedeiht, wie ein Kind im Mutterschooß. Mit jedem Charfreitag wird er um ein Jahr älter, und ich fei're dann seinen Empfängnistag, dem einst sein Geburtstag folgen soll ...
Ein liebevolles, zart-innig ergebenes Frauenherz hatte mich damals in Schutz und Sorge genommen: mein jahrelanger Wunsch war erfüllt worden: ich hatte ein einzelnes Häuschen mit freundlichem Garten, in wundervoller Lage, mit herrlicher Aussicht auf den Züricher See und die Alpen, beziehen können. Ich saß – es war der erste schöne Frühlingstag! – auf der Zinne meines Asyles, die Glocken läuteten, – die Vögel sangen, die ersten Blumen blickten zu mir auf, da war, nach tiefer Entrückung, der *Parzival* empfangen! –

An Mathilde Wesendonck, Zürich. Venedig, 2. März 1859:
Dann trieb ich viel Philosophie und bin darin auf große, meinen Freund Schopenhauer ergänzende und berichtigende Resultate gelangt. Doch ruminiere ich so etwas lieber im Kopfe, als daß ich es aufschriebe. Dagegen stellen sich dichterische Entwürfe wieder sehr lebhaft vor mich hin. Der *Parzival* hat mich viel beschäftigt: namentlich geht mir eine eigentümliche Schöpfung, ein wunderbar weltdämonisches Weib (die Gralsbotin) immer lebendiger und fesselnder auf. Wenn ich diese Dichtung noch einmal zu Stande bringe, müßte ich damit etwas sehr Originelles liefern. Ich begreife nur gar nicht, wie lange ich noch leben soll, wenn ich all meine Pläne noch ausführen soll.

An Mathilde Wesendonck, Zürich. Luzern, 29./30. Mai 1859: Dieser letzte Akt *Tristan* ist nun ein wahres Wechselfieber: – tiefstes, unerhörtestes Leiden und Schmachten, und dann unmittelbar unerhörtester Jubel und Jauchzen. Weiß Gott, so ernst hat's noch Keiner mit der Sache genommen... Das hat mich auch allerneuestens wieder gegen den *Parzival* gestimmt. Es ging mir kürzlich nämlich wieder auf, daß dies wieder eine grundböse Arbeit werden müsse. Genau betrachtet ist Anfortas der Mittelpunkt und Hauptgegenstand... Denken Sie um des Himmels Willen, was da los ist! Mir wurde das plötzlich schrecklich klar: es ist mein Tristan des dritten Aktes mit einer undenklichen Steigerung. Die Speerwunde – und wohl noch eine andre – im Herzen, kennt der Arme in seinen fürchterlichen Schmerzen keine andre Sehnsucht, als die zu sterben; dies höchste Labsal zu gewinnen, verlangt es ihn immer wieder nach dem Anblick des Grals, ob der ihm wenigstens die Wunden schlösse, denn alles Andre ist ja unvermögend, nichts – nichts vermag zu helfen: – aber der Gral gibt ihm immer nur das Eine wieder, eben daß er nicht sterben kann; gerade sein Anblick vermehrt aber nur seine Qualen, indem er ihnen noch Unsterblichkeit gibt. Der Gral ist nun, nach meiner Auffassung, die Trinkschale des Abendmahles, in welcher Joseph von Arimathia das Blut des Heilands am Kreuze auffing... Und so etwas soll ich noch ausführen? und gar noch Musik dazu machen? – Bedanke mich schönstens! Das kann machen wer Lust hat; ich werde mir's bestens vom Halse halten! –

An König Ludwig II. München, 29. August 1865: Ihre nie ruhende Huld legt mir die schöne Nötigung auf, Ihnen früher schon ein paar Zeilen zuzusenden, als ich wollte, um Ihnen eine Überraschung machen zu können. Ich bin darüber, weil Sie es so wünschen, zum ersten Mal meinen Plan zu *Parzival* schriftlich aufzuzeichnen: obwohl ich seit meiner frühesten Bekanntschaft mit diesem Stoffe nie wieder die Quellen desselben zur Hand genommen habe, und auch jetzt noch vermeiden muß, mich anders als – eben diesmal – nur vorübergehend damit zu beschäftigen, schwillt mir doch der Gegenstand – selbst bei dieser Fassung – so reich und mächtig an, daß ich die Ausarbeitung nicht, wie ich anfangs meinte, in etwa zwei Tagen beendigen kann. Ich brauche noch einige gute Vormittage: dann ist der Entwurf fertig, und der, für den er einzig bestimmt ist, empfängt die Arbeit dann sogleich.

An Carl Friedrich Glasenapp, Riga. Bad Ems, 25. Juni 1877:
Vorläufig habe ich es in diesen ersten Frühlings-Monaten – um mich gewaltsam vor den scheußlichsten Lebenseindrükken zu flüchten – nur erst so weit gebracht, die Dichtung meines *Parsifal*, welche bisher nur im Entwurf existierte, wirklich auszuführen. Diese ist fertig, und wollen Sie uns im August oder September besuchen, so können Sie sie auch zu lesen bekommen. Dann werden Sie sich allerdings auch davon überzeugen, daß der *Parsifal* mit dem *Lohengrin*, als dessen nachgespieltes Vorspiel man ihn betrachten wollte, gar nicht das Mindeste zu tun hat.

An König Ludwig II. Bayreuth, 15. Oktober 1878:
Das war ein schöner Tag, dieser elfte Oktober! Der göttliche Brief kam an, und – der zweite Akt des *Parsifal* wurde fertig bis zur letzten Note. Da gab es denn Jubel und schöne Tränen in Wahnfried! Wohl hatte ich Grund, die Beendigung gerade dieses Aktes wie ein Fest zu feiern. Mir bangte, vor dem Beginn, vor den furchtbaren Aufregungen,welche die große Katastrophe zwischen Parsifal und Kundry darbot. Ich habe im *Tristan* die verzehrendsten Leiden der Sehnsucht in undenklichster Steigerung bis zum schmerzlichsten Todesverlangen wiederzugeben gehabt; das Rasen der Leidenschaft füllt den *Ring des Nibelungen* an, und Venus und Tannhäuser wissen – in meiner späteren Bearbeitung – was die Schrecken der Liebe sind. Aber für Parsifal und Kundry ist das Alles wieder etwas Neues: hier sind zwei Welten mit sich im Kampfe um die letzte Erlösung. Oft sagte ich mir: nachdem ich so oft schon in diese Sphären mich verloren, hätte ich mir es diesmal ersparen können. Aber, da hieß es, wie es der gemeine Mann ausdrückt: »Wer die Suppe eingebrockt hat, mag sie auch ausessen!« – ... Nun, ich habe mich in das Fegefeuer geworfen und bin glücklich wieder aus ihm aufgetaucht. Ich weiß – auch diese Arbeit ist Unsrer würdig ausgefallen. – Und nun soll es unverzüglich an den dritten Akt gehen, der mir nun die gesegnete Ernte der Mühen des zweiten Aktes vorhält. Noch habe ich ihn aber durch ein Orchester-Vorspiel einzuleiten, mit welchem ich Parsifals mühevolle Irrfahrt bis zum Wiederfinden des Gralsgebietes begleite. Dies aber führt zur Karfreitags-Aue – und da werde ich gern verweilen.

An König Ludwig II. Bayreuth, 9. Februar 1879:
Wo aber alle Hoffnung schweigt, da spricht nun wieder der

– Dämon oder – Genius? Ich fühle mich glücklicher als je: meine Arbeit ist für mich der Quell eines Lebens, das in immer neuen, seelischen Bildern mich freundlich beruhigend umgibt ... über alles Denken, Ahnen und Wünschen hinaus erbaut sich mir eine Welt, nicht des Hoffens, sondern des Vertrauens. Und wie sollte dieses Vertrauen nicht in mir leben, da ich doch täglich an einer Weltgeburt aus meinem Inneren arbeite? Gewiß! Der *Parsifal* gelingt! Meine Freude an seinem Gedeihen wächst, wie das Werk selbst. Gewahrt mein hochgeliebter Herr und Freund etwas an meiner Stimmung? Nun denn: »Kundry« ist getauft, und »Parsifal« blickt sanft entzückt auf die lachende Aue: schon ist diese vor mir aufgeblüht; an ihrem zarten Dufte will ich nun dieser Tage mich weiden ...

An König Ludwig II. Siena, 28. September 1880:
In Betreff dieses meines letzten Werkes mußten überhaupt in der letzten Zeit vielerlei Überlegungen und – sage ich es offen – Gewissens-Befragungen mich zu einer ernsten Zurückhaltung bestimmen. Ich habe nun alle meine so ideal konzipierten Werke an unsre von mir als tief unsittlich erkannte Theater- und Publikums-Praxis ausliefern müssen, daß ich mich nun wohl ernstlich befragen mußte, ob ich nicht wenigstens dieses letzte und heiligste meiner Werke vor dem gleichen Schicksale einer gemeinen Opern-Carrière bewahren sollte. Eine entscheidende Nötigung hierfür habe ich endlich in dem reinen Gegenstande, dem Sujet meines *Parsifal* nicht mehr verkennen dürfen. In der Tat, wie kann und darf eine Handlung, in welcher die erhabensten Mysterien des christlichen Glaubens offen in Szene gesetzt sind, auf Theatern, wie den unsrigen, neben einem Opernrepertoire und vor einem Publikum, wie dem unsrigen, vorgeführt werden? ... Im ganz richtigen Gefühle hiervon betitelte ich den *Parsifal* ein »Bühnenweihspiel«. So muß ich ihm denn nun eine Bühne zu weihen suchen, und dies kann nur mein einsam dastehendes Bühnenfestspielhaus in Bayreuth sein. Dort darf der *Parsifal* in aller Zukunft einzig und allein aufgeführt werden: nie soll der Parsifal auf irgend einem anderen Theater dem Publikum zum Amusement dargeboten werden: und, daß dies so geschehe, ist das Einzige, was mich beschäftigt und zur Überlegung dazu bestimmt, wie und durch welche Mittel ich diese Bestimmung meines Werkes sichern kann.

Friedrich Nietzsche *an Peter Gast*. 21. Januar 1887: Zuletzt – neulich hörte ich zum ersten Male die Einleitung zum *Parsifal* (nämlich in Monte Carlo!). Wenn ich Sie wiedersehe, will ich Ihnen genau sagen, was ich da verstand. Abgesehen übrigens von allen unzugehörigen Fragen (wozu solche Musik dienen *kann* oder etwa dienen *soll*?), sondern rein ästhetisch gefragt: hat Wagner je etwas *besser* gemacht? Die allerhöchste psychologische Bewußtheit und Bestimmtheit in bezug auf das, was hier gesagt, ausgedrückt, *mitgeteilt* werden soll, die kürzeste und direkteste Form dafür, jede Nüance des Gefühls bis aufs Epigrammatische gebracht; eine Deutlichkeit der Musik als deskriptiver Kunst, bei der man an einen Schild mit erhabener Arbeit denkt; und zuletzt ein sublimes und außerordentliches Gefühl, Erlebnis, Ereignis der Seele im Grunde der Musik, das Wagnern die höchste Ehre macht, eine Synthesis von Zuständen, die vielen Menschen, auch »höheren Menschen« als unvereinbar gelten werden, von richtender Strenge, von »Höhe« im erschreckenden Sinne des Wortes, von einem Mitwissen und Durchschauen, das eine Seele wie mit Messern durchschneidet – und von Mitleiden mit dem, was da geschaut und gerichtet wird. Dergleichen gibt es bei Dante, sonst nicht. Ob je ein Maler einen so schwermütigen Blick der Liebe gemalt hat, als Wagner mit den letzten Akzenten seines Vorspieles?

Thomas Mann: *Leiden und Größe Richard Wagners* (1933): Wagner ist in jedem Werk ganz er selbst, und jeder Takt darin kann nur von ihm sein, zeigt seine unverwechselbare persönliche Formel und Handschrift. Und doch ist jedes zugleich besonders und eine stilistische Welt für sich, das Produkt einer sachlichen Einfühlsamkeit, die der persönlichen Eigenwilligkeit die Waage hält und sich rein in ihr aufhebt. Das stärkste Wunder in diesem Betracht ist vielleicht das Werk des Siebzigjährigen, der *Parsifal*, der im Erkunden und Zum-Reden-Bringen entlegener schauerlicher und heiliger Welten etwas Äußerstes leistet – trotz *Tristan und Isolde*, das extremste unter Wagners Werken und Zeugnis von einer seelisch-stilistischen Anpassungsfähigkeit, die selbst das bei ihm gewohnte Maß zum Schluß noch überbietet, voll von Lauten, denen man mit immer neuer Beunruhigung, Neugier und Verzauberung nachhängt.

ANHANG

TANNHÄUSER

ANHANG 1

Erste Szene des ersten Aktes in der sog. »Pariser« Fassung:

Die Bühne stellt das Innere des Venusberges (Hörselberges bei Eisenach) dar. Weite Grotte, welche sich im Hintergrunde durch eine Biegung nach rechts wie unabsehbar dahinzieht. Aus einer zerklüfteten Öffnung, durch welche mattes Tageslicht hereinscheint, stürzt sich die ganze Höhe der Grotte entlang ein grünlicher Wasserfall herab, wild über Gestein schäumend; aus dem Becken, welches das Wasser auffängt, fließt nach dem ferneren Hintergrunde der Bach hin, welcher dort sich zu einem See sammelt, in welchem man die Gestalten badender Najaden und an dessen Ufern gelagerte Sirenen gewahrt. Zu beiden Seiten der Grotte Felsenvorsprünge von unregelmäßiger Form, mit wunderbaren, korallenartigen tropischen Gewächsen bewachsen. Vor einer nach links aufwärts sich dehnenden Grottenöffnung, aus welcher ein zarter, rosiger Dämmer herausscheint, liegt im Vordergrunde Venus auf einem reichen Lager, vor ihr, das Haupt in ihrem Schoße, die Harfe zur Seite, Tannhäuser halb kniend. Das Lager umgeben, in reizender Verschlingung gelagert, die drei Grazien. Zur Seite und hinter dem Lager zahlreiche schlafende Amoretten, wild über- und nebeneinander gelagert, einen verworrenen Knäuel bildend, wie Kinder, die, von einer Balgerei ermattet, eingeschlafen sind. Der ganze Vordergrund ist von einem zauberhaften, von unten her dringenden, rötlichen Lichte beleuchtet, durch welches das Smaragdgrün des Wasserfalles mit dem Weiß seiner schäumenden Wellen stark durchbricht; der fernere Hintergrund mit den Seeufern ist von einem verklärt blauen Dufte mondscheinartig erhellt. – Beim Aufzuge des Vorhanges sind auf den erhöhten Vorsprüngen, bei Bechern, noch die Jünglinge gelagert, welche jetzt sofort den verlockenden Winken der Nymphen folgen und zu diesen hinabeilen; dieNymphen hatten um das schäumende Becken des Wasserfalles den auffordernden Reigen begonnen, welcher die Jünglinge zu ihnen führen sollte: die Paare finden und mischen sich; Suchen, Fliehen und reizendes Necken beleben den Tanz. Aus dem ferneren Hintergrunde naht ein Zug von Bacchantinnen, welcher durch die Rei-

hen der liebenden Paare, zu wilder Lust auffordernd, daherbraust. Durch Gebärden begeisterter Trunkenheit reißen die Bacchantinnen die Liebenden zu wachsender Ausgelassenheit hin. Satyre und Faune sind aus den Klüften erschienen und drängen sich jetzt mit ihrem Tanze zwischen die Bacchantinnen und liebenden Paare. Sie vermehren durch ihre Jagd auf die Nymphen die Verwirrung: der allgemeine Taumel steigert sich zur höchsten Wut. Hier, beim Ausbruche der höchsten Raserei, erheben sich entsetzt die drei Grazien. Sie suchen den Wütenden Einhalt zu tun und sie zu entfernen. Machtlos fürchten sie, selbst mit fortgerissen zu werden: sie wenden sich zu den schlafenden Amoretten, rütteln sie auf und jagen sie in die Höhe. Diese flattern wie eine Schar Vögel aufwärts auseinander, nehmen in der Höhe, wie in Schlachtordnung, den ganzen Raum der Höhle ein und schießen von da herab einen unaufhörlichen Hagel von Pfeilen auf das Getümmel in der Tiefe. Die Verwundeten, von mächtigem Liebessehnen ergriffen, lassen vom rasenden Tanze ab und sinken in Ermattung. Die Grazien bemächtigen sich der Verwundeten und suchen, indem sie die Trunkenen zu Paaren fügen, sie mit sanfter Gewalt nach dem Hintergrunde zu zerstreuen. Dort, nach den verschiedensten Richtungen hin, entfernen sich (zum Teil auch von der Höhe herab durch die Amoretten verfolgt) die Bacchantinnen, Faunen, Satyren, Nymphen und Jünglinge. Ein immer dichterer rosiger Duft senkt sich herab; in ihm verschwinden zunächst die Amoretten, dann bedeckt er den ganzen Hintergrund, so daß endlich, außer Venus und Tannhäuser, nur noch die drei Grazien sichtbar zurückbleiben. Diese wenden sich jetzt nach dem Vordergrunde zurück; in anmutigen Verschlingungen nahen sie sich Venus, ihr gleichsam von dem Siege berichtend, den sie über die wilden Leidenschaften der Untertanen ihres Reiches gewonnen. –

Venus blickt dankend zu ihnen

GESANG DER SIRENEN. Naht euch dem Strande!
Naht euch dem Lande,
wo in den Armen
glühender Liebe
selig Erwarmen
still' eure Triebe!

Der dichte Duft im Hintergrunde zerteilt sich: ein Nebelbild zeigt die Entführung der Europa, welche auf dem Rücken des mit Blumen geschmückten weißen Stieres, von Tritonen und Nereiden geleitet, durch das blaue Meer dahinfährt. Der rosi-

ge Duft schließt sich wieder, das Bild verschwindet, und die Grazien deuten nun durch einen anmutigen Tanz den geheimnisvollen Inhalt des Bildes, als ein Werk der Liebe, an. Von neuem teilt sich der Duft. Man erblickt in sanfter Mondesdämmerung Leda am Waldteiche ausgestreckt; der Schwan schwimmt auf sie zu und birgt schmeichelnd seinen Hals an ihrem Busen. Allmählich verbleicht auch dieses Bild. Der Duft verzieht sich endlich ganz und zeigt die ganze Grotte einsam und still. Die Grazien neigen sich lächelnd vor Venus und entfernen sich langsam nach der Seitengrotte. Tiefste Ruhe. Unveränderte Gruppe der Venus und Tannhäusers

Anhang 2

Schluß der zweiten Szene des ersten Aktes in der »Pariser« Fassung:

VENUS. Suche dein Heil und find es nie!
Die du bekämpft, die du besiegt,
die du verhöhnt mit jubelndem Stolz,
flehe sie an, die du verlachst,
wo du verachtest, jammre um Huld!
Deiner Schande Schmach blüht dir dann auf,
gebannt, verflucht, folgt dir der Hohn:
zerknirscht, zertreten seh ich dich nahn,
bedeckt mit Staub das entehrte Haupt.
»O fändest du sie wieder,
die einst dir gelacht!
Ach, öffneten sich wieder
die Tore ihrer Pracht!«
Da liegt er vor der Schwelle,
wo einst ihm Freude floß:
um Mitleid, nicht um Liebe,
fleht bettelnd der Genoß.
Zurück der Bettler! Sklave, weich,
nur Helden öffnet sich mein Reich!
TANNHÄUSER. Der Jammer sei dir kühn gespart,
daß du entehrt mich nahen sähst:
für ewig scheid ich: lebe wohl!
Der Göttin kehr ich nie zurück.
VENUS. Ha! kehrtest du mir nie zurück!
Was sagt' ich? –

Was sagt' er? –
Wie es denken?
Wie es fassen?
Mein Trauter ewig mich verlassen? –
Wie hätt ich das verschuldet?
Der Göttin aller Hulden,
wie ihr die Wonne rauben
dem Freunde zu vergeben?
Wie lächelnd unter Tränen
ich sehnsuchtsvoll dir lauschte,
den stolzen Sang zu hören,
der rings so lang verstummt!
O könntest je du wähnen,
daß ungerührt ich bliebe,
dräng deiner Seele Seufzen
in Klagen zu mir her?
Daß ich in deinen Armen
mir letzte Tröstung fand,
laß des mich nicht entgelten,
verschmäh nicht meinen Trost!
Ach, kehrtest du nicht wieder,
dann träfe Fluch die Welt,
für ewig läg sie öde,
aus der die Göttin schwand! –
Kehr wieder! Kehr mir wieder!
Trau meiner Liebeshuld! –

TANNHÄUSER. Wer, Göttin, dir entflieht,
flieht ewig jeder Huld.

VENUS. Nicht wehre stolz dem Sehnen,
wenn neu dich's zu mir zieht!

TANNHÄUSER. Mein Sehnen drängt zum Kampfe;
nicht such ich Wonn und Lust.
Oh, Göttin, woll es fassen,
mich drängt es hin zum Tod.

VENUS. Wenn selbst der Tod dich meidet,
ein Grab dir selbst verwehrt?

TANNHÄUSER. Den Tod, das Grab im Herzen,
durch Buße find ich Ruh.

VENUS. Nie ist dir Ruh beschieden!
Nie findest du das Heil!
Kehr wieder, suchst du Frieden,
kehr wieder, suchst du Heil!

TANNHÄUSER. Göttin der Wonne, nicht in dir –
mein Fried, mein Heil liegt in Maria!
Venus sinkt mit einem Schrei zusammen und verschwindet.
Mit Blitzesschnelle verwandelt sich die Bühne
[Paris 1860.]

ANHANG 3

Erster Schluß des Werkes, wie er in der Originalpartitur steht

TANNHÄUSER. Dahin zog's mich, wo ich der Wonn und Lust
so viel genoß, an ihre warme Brust! –
Zu deinem Hof, Frau Venus, steig ich nieder,
wo nun dein Reiz mir ewig lacht!
Ach, kaum erkennst den Buhlen du wohl wieder, –
der Ärmste! Sieh, was sie aus ihm gemacht!
Er sinkt erschöpft zusammen
WOLFRAM *dumpf vor sich hin.* Entsetzlich! ist's ein Traum,
was ich erlebe?
TANNHÄUSER *sehr matt beginnend und sich immer mehr steigernd.* Nun wandr' ich Tag und Nacht, den holden Berg
zu finden, die süßen Töne zu vernehmen,
die mich das erste Mal so zaubertrunken
geleitet in das Reich der Freud und Lust...
Hast, Wolfram, du die Klänge nie gehört?
WOLFRAM *mit feierlichem Entschluß.* Unsel'ger! halt! Hier sei
der Irrfahrt Ziel!
Wehr der Versuchung, blicke auf zu Gott!
TANNHÄUSER. O! spotte mein! Du weißt, ich bin verflucht!
WOLFRAM. Verflucht bist du, wenn du der Hölle Zauber
nicht kräftig widerstehst!
TANNHÄUSER. Kein Widerstand!
Der Zauber ist so hold. – Willst du ihn kennen?
Von hier an beginnt der ferne Hörselberg in rosigem Scheine zu erglühen
Komm mit, Wolfram! Laß dich von mir geleiten, –
zu namenlosen Wonnen führ ich dich!
Der Hörselberg, der in immer zunehmender rosiger Glut erglüht, erscheint nach und nach durchsichtig, so daß man in ihm wie tanzende Gestalten zu erblicken vermag
TANNHÄUSER. Horch! Vernimmst du nicht die jubelnden
Klänge?

Atmest du nicht entzückend holde Düfte?
Sieh dort! Dort! Ich geleite dich schnell!
Das ist der Berg, der süße Venusberg!

WOLFRAM. Allmächt'ger! Steh dem Frommen bei!
Dem Himmel beut die Hölle Spott!
Getrotzt sei ihrer Zauberei!
Auf, Heinrich! Wende dich zu Gott!

TANNHÄUSER *dem Berge zugewendet.* Frau Venus! O, Erbarmungsreiche!
Dein Buhle naht – zu dir! Zu dir! Zu dir!

WOLFRAM *Tannhäuser heftig zurückhaltend.*
Verzweiflungs-Wahnsinn! Weiche! Weiche!
Heinrich! Dein Heil!

TANNHÄUSER *sich wehrend.* Laß ab von mir!

WOLFRAM. Noch soll das Heil dir Sünder werden!

TANNHÄUSER. Nie, Wolfram! Nie! Ich muß zu ihr!

WOLFRAM. Ein Engel bat für dich auf Erden,
bald schwebt er segnend über dir:
Elisabeth!

TANNHÄUSER *wie vom Schlage gelähmt, fest gewurzelt stehen bleibend.* Elisabeth!

Fackelschein leuchtet aus dem Hofe der Wartburg auf; man hört von dorther, während des Chorgesanges, das Totenglöckchen läuten

MÄNNERCHOR *auf der Wartburg.*
Der Seele Heil, die nun entflohn
dem Leib der frommen Dulderin!
Ihr wird der Engel sel'ger Lohn,
himmlischer Freuden Hochgewinn!

WOLFRAM *mit erhabener Rührung.*
Dein Engel fleht für dich an Gottes Thron,
er wird erhört: – Heinrich! Du bist erlöst!

Die zauberische Erscheinung des Hörselberges erbleicht allmählich vor der anbrechenden Morgendämmerung

TANNHÄUSER *sinkt in Wolframs Armen langsam zur Erde.*
Heilige Elisabeth, – bitte für mich!

Er stirbt

Die jüngeren Pilger nähern sich der Bühne, treten dann rechts auf, und ziehen während des Sonnenaufganges das Tal entlang

DIE JÜNGEREN PILGER. Heil! Heil! Der Gnade Wunder Heil!
Erlösung ward der Welt zu Teil.
Es tat in nächtlich heil'ger Stund

der Herr sich durch ein Wunder kund:
den dürren Stab in Priesters Hand
hat er geschmückt mit frischem Grün: –
dem Sünder in der Hölle Brand
soll so Erlösung neu erblühn!
Ruft ihm es zu durch alle Land',
der durch dies Wunder Gnade fand!
Hoch über aller Welt ist Gott,
und sein Erbarmen ist kein Spott!
Halleluja! Halleluja!
Halleluja!

Die Sonne geht auf; die ganze Gegend erglüht im feurigsten Morgenrot. Die jungen Pilger, von denen eine Anzahl auf dem Seitenwege bei dem Marienbilde aufgetreten ist, verteilen sich über Tal und Anhöhe, so daß beides von ihnen angefüllt ist. Von der Wartburg her auf dem Bergwege sieht man die älteren Pilger ihnen entgegenziehen. – Wolfram kniet neben Tannhäusers Leiche, betend, die Augen gen Himmel gerichtet

[Dresden, 13. April 1845]

ANHANG 4

Ursprünglicher Abschluß des zweiten (endgültigen) Schlusses des Werkes

WOLFRAM *Tannhäuser sanft umschlungen haltend*
Und hörst du den Gesang?
TANNHÄUSER *ersterbend* Ich höre!
Hier betritt der Zug die Bühne in der Tiefe des Tales: die älteren Pilger voraus, die Sänger zunächst dem offenen Sarge, in welchem Elisabeths Leiche von ihnen getragen wird; der Landgraf, Ritter und Edle folgen dem Sarge
MÄNNERGESANG. Heilig die Reine, die nun vereint
göttlicher Schar vor dem Ewigen steht!
Hier macht Wolfram eine Gebärde, welche die Sänger [veranlaßt], als sie Tannhäuser erkennen, bewegt den Sarg niederzusetzen
Selig der Sünder, dem sie geweint,
dem sie des Himmels Heil erfleht!
TANNHÄUSER *ist von Wolfram zum Sarge geleitet worden; über Elisabeths Leiche hingebeugt, sinkt er entseelt langsam nieder*

Heilige Elisabeth, bitte für mich!

Er stirbt

Alle senken die Fackeln zur Erde und löschen sie so aus. Morgenrot erhellt vollends die Szene

DER LANDGRAF, DIE SÄNGER UND DIE ÄLTEREN PILGER. Er ist erlöst! Er ist erlöst!

Alle in höchster Ergriffenheit

Der Gnade Heil ist dem Büßer beschieden,
nun geht er ein in der Seligen Frieden!

DIE JÜNGEREN PILGER *auf dem vorderen Bergvorspunge einziehend*

Er ist erlöst! Wir tun es kund!
Halleluja! Halleluja!
Halleluja!

[Dresden, 7. Mai 1847]

ANHANG 5

Ausführungen Richard Wagners über »Frau Holda«, die der Reinschrift der »Tannhäuser«-Dichtung vorangestellt sind

Die altgermanische Göttin *Holda*, die freundliche, milde und gnädige, deren jährlicher Umzug durch das Land den Fluren Gedeihen und Fruchtbarkeit brachte, mußte mit der Einführung des Christentumes das Schicksal Wodans und aller übrigen Götter teilen, deren Dasein und Wunderkräfte, da der Glaube an sie im Volke zu tief wurzelte, zwar nicht gänzlich bestritten, deren frühere segenreiche Einwirkungen jedoch verdächtigt und zu bösartigen umgebildet wurden. *Holda* ward in unterirdische Höhlen, in das Innere von Bergen verwiesen; ihr Auszug ward ein unheilbringender, ihr Gefolge ähnlich dem wilden Heere. Später (während der Glaube an ihr mildes, naturbelebendes Walten bei dem niederen Volke jedoch unbewußt noch fortlebte) ging ihr Name sogar in den der *Venus* über, an welchen sich alle Vorstellungen eines unseligen, zu böser, sinnlicher Lust verlockenden zauberischen Wesens ungehinderter anknüpften. Als einer ihrer Hauptsitze ward in Thüringen das Innere des Hörselberges bei Eisenach bezeichnet: dort war der *Frau Venus* Hofhaltung der Üppigkeit und Wollust; oft konnte man selbst außen rauschende, jubelnde Musik vernehmen, die reizenden Klänge verlockten aber nur diejenigen, in deren Herzen bereits wilde sinnliche Sehnsucht keimte: sie gerieten, von den freudig verführerischen Klängen angezogen und geleitet, ohne zu wissen wie, in den Berg. – Es geht die Sage von einem Ritter und Sänger *Tannhäuser* (mythisch und selbst späteren Ansichten nach völlig gleich dem *Heinrich von Ofterdingen* im Wartburgkriege), nach welcher dieser in den *Venusberg* geraten sei und dort an *Frau Venus*' Hofe ein ganzes Jahr zugebracht habe.

LOHENGRIN

Anhang 6

Ursprünglich folgte an dieser Stelle der nachstehende Text. In der Originalpartitur ist er noch enthalten, wurde aber auf Wagners eigenen Wunsch vor der Weimarer Uraufführung gestrichen und erst in der Neuinszenierung von 1936/37 zum erstenmal auf der Bühne gesungen.

DER KÖNIG. ALLE MÄNNER UND FRAUEN. *Alle blicken voll höchsten Staunens auf Lohengrin.*
Wie ist er wunderbar zu schauen!
Uns faßt vor ihm ein selig' Grauen!
LOHENGRIN. Nun höret noch, wie ich zu euch gekommen!
Ein klagend Tönen trug die Luft daher,
daraus im Tempel wir sogleich vernommen,
daß fern wo eine Magd in Drangsal wär';
als wir den Gral zu fragen nun beschickten,
wohin ein Ritter zu entsenden sei, –
da auf der Flut wir einen Schwan erblickten,
zu uns zog einen Nachen er herbei: –
mein Vater, der erkannt des Schwanes Wesen,
nahm ihn in Dienst nach des Grales Spruch:
denn wer ein Jahr nur seinem Dienst erlesen,
dem weicht von dann ab jedes Zaubers Fluch.
Zunächst nun sollt' er mich dahin geleiten,
woher zu uns der Hülfe Rufen kam;
denn durch den Gral war ich erwählt zu Streiten,
darum ich mutig von ihm Abschied nahm.

Durch Flüsse und durch wilde Meereswogen
hat mich der treue Schwan dem Ziel genaht,
bis er zu euch daher an's Ufer mich gezogen,
wo ihr in Gott mich Alle landen saht.

DIE MEISTERSINGER VON NÜRNBERG

Anhang 7

Vor der Vertonung hatten diese Strophen ursprünglich folgenden Wortlaut:

WALTHER. »Fern
meiner Jugend goldnen Toren
zog ich einst aus,
in Betrachtung ganz verloren:
väterlich Haus,
kindliche Wiege,
lebet wohl! ich eil, ich fliege
einer neuen Welt nun zu.«
SACHS. Das war ein Stollen: nun achtet wohl,
daß ganz ein gleicher ihm folgen soll.
WALTHER. Warum ganz gleich?
SACHS. Damit man seh,
Ihr wähltet Euch gleich ein Weib zur Eh'.
WALTHER. »Stern
meiner einsam trauten Nächte,
leuchtet mir klar,
daß mein Pfad zum Glück mich brächte.
Mütterlich wahr
helle mein Auge,
daß es treu zu finden tauge,
was mein Herz erfüll mit Ruh.«
SACHS. Ihr schlosset nicht im gleichen Ton:
das macht den Meistern Pein;
doch nimmt Hans Sachs die Lehr davon,
im Lenz wohl müss' es so sein. –
Nun stellt mir einen Abgesang.
WALTHER. Was soll nun der?
SACHS. Ob Euch gelang
ein rechtes Paar zu finden;

das zeigt sich an den Kinden.
Den Stollen ähnlich; doch nicht gleich,
an eignen Reim und Tönen reich;
daß man es recht schlank und selbstig find,
das freut die Eltern an dem Kind:
und Euren Stollen gibt's den Schluß,
daß nichts davon abfallen muß.

WALTHER. »Abendlich
sank die Sonne nieder:
goldene Wogen
auf den Bergen reihten sich;
Türme und Bogen,
Häuser, Straßen breiten sich:
durch die Tore zog ich ein,
dünkte mich,
ich erkenn sie wieder:
auch der alte Flieder
lud mich ein, sein Gast zu sein;
auf die müden Lider
labendlich
goß er Schlaf mir aus, –
gleich wie im Vaterhaus.
Ob ich die Nacht
dort wohl geträumt hab, ob gewacht?«

SACHS. Das nenn ich mir einen Abgesang:
seht, wie der ganze Bar gelang!
Nur mit der Melodei
seid Ihr ein wenig frei:
doch sag ich nicht, daß es ein Fehler sei;
nur ist's nicht leicht zu behalten,
und das ärgert unsre Alten! –
Jetzt richtet mir noch einen zweiten Bar,
damit man merk, welch der erste war.
Auch weiß ich noch nicht, so gut Ihr's gereimt,
was Ihr gedichtet, was Ihr geträumt.

WALTHER. »Traum
meiner törig goldnen Jugend,
wurdest du wach
durch der Mutter zarte Tugend?
Winkt sie mir nach,
folg ich und fliege
über Stadt und Länder heim zur Wiege,
wo mein die Traute harrt.

Kaum
daß ich nah zu sein ihr glaube,
blendend und weiß
schwebt sie auf als zarte Taube,
pflückt dort ein Reis,
ob meinem Haupte
hält sie's kreisend, daß ich's raubte,
in holder Gegenwart.
Morgenlicht
dämmert da wieder:
scherzend und spielend
Täubchen immer ferner wich;
fliegend und zielend
zu den Türmen lockt es mich;
setzte sich
auf dem Haus, dem Flieder
gegenüber, nieder,
daß ich dort das Reis gewinn,
und den Preis der Lieder.
Morgenlich
hab ich das geträumt,
was wohl am Tag
der holde Traum bedeuten mag?«

SACHS. Freund! Eure Mutter riet Euch wahr:
gelungen ist auch der zweite Bar.
Wolltet Ihr noch einen dritten dichten,
des Traumes Deutung würd er berichten.

WALTHER. Wie fänd ich die? Genug der Wort'!

ANHANG 8

Auch diese Strophe hatte vor der Vertonung ursprünglich einen anderen, nachstehend mitgeteilten Wortlaut:

WALTHER. »Tag,
den ich kaum gewagt zu träumen,
brachst du nun an
in der Freundschaft trauten Räumen?
Ist es kein Wahn?
Sie, die ich liebe,
die das Herz mir schwellt mit süßem Triebe,
sie steht voll Glanz vor mir?

Sag,
ist es nicht die weiße Taube,
lieblich und treu,
wie der Jugend holder Glaube?
Ihr ohne Reu
ganz mich zu geben,
ihr zu weihn mein Glück, mein Heil, mein Leben,
wie, Mutter, dankt ich's dir?
Sonniglich
will sie mir erglänzen:
nächtliche Schleier
decken mehr die Augen nicht;
heller und freier
sah ich nie ein Angesicht:
ob dem Haupt ihr schwebt ein Reis;
ob sie das bricht
von dem Zweig des Lenzen,
huldvoll ohne Grenzen
mir die Stirn um Sanges Preis
hold damit zu kränzen?
Wonniglich
schönster Lebenstraum!
Des Paradieses Baum,
reichst du dies Reis,
wohl unversehrt ich blühen weiß!«

ANHANG 9

Das Werbelied Beckmessers hatte ursprünglich, den oben mitgeteilten Strophen Stolzings entsprechend, folgenden Wortlaut:

BECKMESSER. »Fern
meiner Tugend goldnen Toren
bog ich einst aus,
in Verachtung ganz verloren:
Vater im Haus,
Kind in der Wiege!
Lebet wohl! denn eilig pflüge
ich mein neues Feld nun zu.«
DIE MEISTER. Mein! Was ist das? Ist er von Sinnen?
Woher mocht er solche Gedanken gewinnen?

VOLK. Sonderbar! Hört ihr's? Wo will das 'naus?
Er bog voll Verachtung der Tugend aus?
BECKMESSER. »Gern
auf der heilsam krautnen Fläche,
deuchte mich dar,
daß mein Pferd's Genick mir bräche;
bitterlich gar
gellte mein Auge,
daß wie Brei es sinnt und Lauge,
und viel Schmerz ich fühlt ohn Ruh!«
DIE MEISTER. Was soll das heißen? Ist er nur toll?
Sein Lied ist ganz von Unsinn voll!
DAS VOLK. Schöner Werber! Der dünkt mich was wert!
Bald fällt er wohl auch hier vom Pferd.
BECKMESSER. »Haben dich!
klang Gesumme wieder:
goldene Wagen,
auf den Bergen ritten sie;
Würste und Magen
auf den Häusern brieten sie:
und mich Toren zog man ein,
tünchte mich;
ach, ich brenne nieder!
Braut mir kalten Flieder!«
Hier bricht alles in lautes, schallendes Gelächter aus

Anhang 10

Der zweite Teil der Schlußansprache des Sachs hatte vor der Vertonung ursprünglich folgenden Wortlaut:

Ihr seht, wie hoch sie blieb in Ehr!
Was wollt Ihr von den Meistern mehr?

Verliebt und Sanges voll, wie Ihr,
kommen nicht oft uns Junker hier
von ihren Burgen und Staufen
nach Nürnberg her gelaufen:
vor ihrer Lieb und Fang-Begier
das Volk oft mußten scharen wir;
und findet sich das in Haufen,
gewöhnt sich's leicht ans Raufen:

Gewerke, Gilden und Zünfte
hatten üble Zusammenkünfte
(wie sich's auf gewissen Gassen
noch neulich hat merken lassen!).
In der Meistersinger trauter Zunft
kamen die Zünft immer wieder zur Vernunft.
Dicht und fest,
an ihr so leicht sich nicht rütteln läßt;
aufgespart,
ist Euren Enkeln, was sie bewahrt.
Welkt manche Sitt und mancher Brauch,
zerfällt in Schutt, vergeht in Rauch, –
laßt ab vom Kampf!
Nicht Donnerbüchs noch Pulverdampf
macht wieder dicht, was nur noch Hauch!
Ehrt Eure deutschen Meister:
dann bannt Ihr gute Geister!
usw.

DIE WALKÜRE

ANHANG 11

Die Auseinandersetzung zwischen Wotan und Fricka in der ersten Szene des zweiten Aufzuges hatte vor der musikalischen Ausführung von der Stelle »Wie törig und taub du dich stellst« bis zu »so segne, lachend der Liebe, Siegmund und Sieglindes Bund!« folgende ausgedehntere Fassung:

FRICKA. Wie törig und taub du dich stellst,
als wüßtest fürwahr du nicht,
an welchen Frevel
Fricka dich mahnt,
was im Herzen sie härmt.
WOTAN. Du siehst nur das eine;
das andre seh ich,
das jenes mir jagt aus dem Blick.
FRICKA. Das eine nur seh ich,
was ewig ich hüte,
der Ehe heiligen Eid:

meine Seele kränkt,
wer ihn versehrt,
wer ihn trübt, trifft mir das Herz.
WOTAN. So zweifellos sprichst du von Ehe,
wo nur Zwang von Liebe ich seh?
Unheilig
acht ich den Eid,
der Unliebende eint,
wahrlich, leicht
wiegt dir das Weib,
weihest du selbst die Gewalt,
die für Hunding freite Frau!
FRICKA. Wenn blinde Gewalt
trotzig und wild
rings zertrümmert die Welt,
wer trägt einzig
des Unheils Schuld
als Wotan, Wütender, du?
Schwache beschirmst du nie,
Starken stehst du nur bei:
der Männer Rasen
in rauhem Mut,
Mord und Raub
ist dein mächtig Werk:
das meine doch ist es allein,
daß eines noch heilig und hehr.
Wo nach Ruhe
der Rauhe sich sehnt,
wo des Wechsels
sehrender Wut
wehre sanft ein Besitz, –
dort steh ich lauschend still.
Der zerrissenen Sitte
lenkendes Seil
bind ich neu zum Band:
wo alles verloren,
lab ich mich so
an der Hoffnung heiligem Tau. –
Übte Hunding
einstens Gewalt,
was ich Schwache nicht wehren konnte,
du ließest es kühn gewähren:
sühnte er dann

des Frevels Schuld,
Freundin ward ihm da Fricka
durch heiliger Ehe Eid:
So vergess' ich
was je er beging,
mit meinem Schutze
schirm ich sein Recht.
Der nicht seinem Frevel gesteuert,
meinen Frieden stör er nun nicht!
WOTAN. Stört ich dich je
in deinem Walten?
Gewähren ließ ich dich stets.
Knüpfe du bindender
Knoten Band,
feßle, was nicht sich fügt:
heuchle Frieden,
und freue dich hehr
ob gelogner Liebe Eid:
doch mir, wahrlich,
mute nicht zu,
daß mit Zwang ich halte,
was dir nicht haftet;
denn wo kühn Kräfte sich regen,
da gewähr ich offen den Krieg.
FRICKA. Achtest du rühmlich
der Ehe Bruch,
so prahle nun weiter
und preis es heilig,
daß Blutschande entblüht
dem Bund eines Zwillingspaars.
Mir schaudert das Herz,
es schwindelt mein Hirn:
bräutlich umfing
die Schwester der Bruder!
Wann – ward es erlebt,
daß leiblich Geschwister sich liebten?
WOTAN. Heut – hast du's erlebt:
erfahre so,
was von selbst sich fügt,
sei zuvor auch nie es geschehn.
FRICKA. So frechen Hohn
nur weckt dir mein Harm?

Deinen Spott nun erzielt
mein brennender Zorn?
verlachst du die Würde,
die selbst du verliehn?
Zertrittst du die Ehre
des eignen Weibes?
Wohin rennst du,
rasender Gott,
reißest die Schöpfung du ein,
der selbst das Gesetz du gabst?

WOTAN. Des Urgesetzes
walt ich vor allem:
wo Kräfte zeugen und kreisen,
zieh ich meines Wirkens Kreis;
wohin er läuft,
leit ich den Strom,
den Quell hüt ich,
aus dem er quillt:
wo Leibes- und Liebeskraft,
da wahrt ich mir Lebensmacht.
Das Zwillingspaar
zwang meine Macht:
Minne nährt es
im Mutterschoß;
unbewußt lag es einst dort,
unbewußt liebt es sich jetzt.
Soll süßer Lohn
deinen Segen entblühn,
so segne mit göttlich
heiliger Gunst
Siegmunds und Sieglindes Bund.

SIEGFRIED

Anhang 12

Der letzte Teil der ersten Szene des ersten Aufzuges hatte vor der Vertonung folgende ausführlichere Fassung:

MIME. Halte! Halte! Wohin?
Höre mich, Siegfried, hör!
Er stürmt mir fort! – He, Siegfried!
Wie halt ich das Kind mir fest?
Nicht alles ward dir schon kund:
von der Mutter mußt du noch hören!
Verschmähst du der Mutter Rat?
SIEGFRIED. Von der Mutter? – Rede heraus!
MIME. So tritt nur ein,
traue dem Alten:
Wichtiges mußt du noch wissen.
SIEGFRIED. Ich bin ja da:
Was bargst du mir noch?
MIME. Ja, das ist so bald nicht gesagt!
Doch hör: Ich hab's
was du hören mußt! –
Du willst aus dem Wald
fort in die Welt? –
Hör, was deine Mutter
Mime vertraut. –
»Mime« – sprach sie –
»kluger Mann!
Wenn einst mein Kind erwächst,
hüte das Kühne im Wald!
Die Welt ist tückisch und falsch,
dem Tör'gen stellt sie Fallen:
nur wer das Fürchten gelernt,
mag dort sich leidlich behüten.«
SIEGFRIED. Das hat dir die Mutter gemeldet?
MIME. Glaube, ich rede ihr gleich.
SIEGFRIED. Das Fürchten möcht ich lernen!
MIME. Ein Kluger kann es leicht;
Dumme lernen es schwer,
Der Kluge spürt
und späht umher,

ob Gefahr ihn wohl befiel:
naht der Feind,
neigt er sich sein,
daß ihn nicht der Dräuende trifft.
SIEGFRIED. Das, Mime, wäre das Fürchten?
MIME. Die List ist es,
die Furcht uns lehrt:
sie ist des Fürchtens Frucht.
SIEGFRIED. Listen kenn ich,
sie lernt ich vom Fuchs:
Wer aber lehrt mich das Fürchten?
MIME. Wie dumm du noch bist,
das nicht zu wissen!
So wolltest du in die Welt? –
Im Walde bist du vertraut,
in der Welt trügt dich dein Blick:
dein Auge lugt,
es lauscht dein Ohr, –
wie Gefahr dich auch umlauert,
du erlugst und erlauschest nichts,
zeigt dir die Furcht
nicht die Gefahr,
daß mit List du dich gegen sie legst.
SIEGFRIED. Das Fürchten muß ich drum lernen.
MIME. Wenn dein Auge nicht hell mehr sieht,
wenn dein Ohr nur träumend noch hört:
wenn dir's dann schwirrend
näher schwebt,
verschwimmend die Sinne dir schwinden,
die Glieder dir schwankend versagen,
im Busen bang
das Herz dir erbebt: –
dann hast du das Fürchten gelernt.
SIEGFRIED. Nun fühl ich, das lernt' ich noch nicht.
MIME. O töriger Knabe,
dummes Kind,
bleibe im Wald,
laß die Welt!
Für deine Mutter
mahne ich dich:
laß es der Mutter zulieb!
Fühltest du noch
das Fürchten nicht,

in der list'gen Welt
verlierst du dich:
wo dein Vater fiel,
fällst auch du:
dich warne der Mutter Weh!
Wem die Furcht die Sinne
neu nicht schuf,
in der Welt erblindet
dem der Blick:
wo nichts du siehst,
wirst du versehrt;
wo nichts du hörst,
trifft es dein Herz.
Nicht schneidet der Stahl,
eh die Glut ihn nicht schmolz:
wem die Furcht der Sinne
nicht scharf gefegt,
blind und taub in der Welt
schlingt ihn die Welle hinab!
Drum achte des Alten Wort:
bleib, du Dummer, im Wald!

SIEGFRIED. Das Fürchten mag
und muß ich lernen:
durch deinen Witz
gewinn ich's nie.
Drum aus dem Wald
fort in die Welt:
sie lehrt mich das Fürchten allein!
Bei dir versäß ich
säumig den Tag:
ich bliebe dumm,
taub und blind.
Und lern ich das Fürchten,
lern ich es nicht,
wo man's lernt, da will ich doch sein!
Drum rat ich dir jetzt,
rüste das Schwert,
schweiße die starken
Stücken zu ganz!
Täusche mich nicht
mit schlechtem Tand:
den Trümmern allein
trau ich was zu.

Find ich dich faul,
gefällt mir es nicht;
machst du mir Flausen
und flickst es schlecht:
dir sag ich, Alter, hab acht!
Denn scheid ich das Fürchten zu lernen,
dich lehr ich das Fegen zuvor!

MIME. Nun sitz ich da,
hab zur Schande
noch den Schimpf:
zur alten Not
die neue noch:
Vernagelt bin ich nun ganz!
Greulicher Geiz,
verfluchte Gier
nach des Reifes Gold!
Nun duld ich wahrlich
schönen Dank,
ich alter, dummer Narr! –
Das Kind erzog ich
mit zäher Müh,
daß mir zulieb
ihm die Tat geläng,
an mir einz'gem sollt er hängen,
und mich einz'gen haßt er nun!
Verfluchte Brut
aus der Menschen Brunst –
mischten sich Götter gar drein!
Was ich nun rate
gerät mir zum Übel:
in jeder Schlinge
verschling ich mich selbst:
mit dem Fürchten wollt ich ihn fangen,
mit dem Fürchten fängt er nun mich!
Wie halt ich ihn jetzt
im Hause hier,
daß er den Dienst mir tu?
Das Fürchten will er lernen:
geläng's, ihn damit zu fesseln?
Zum Lehrer erbiet ich mich –
führe den Buben
zu Fafners Nest? –

So hätt' ich den Huien gefangen,
zum Hort hülf' er mir noch! –
Doch ach, das Schwert! –
Mir schwindelt's wieder! –
Wie schweiß ich die Stücken
des tückischen Stahls?
Der Zwerge Kunst
kann's nicht zwingen;
wie oft vergebens
gab ich mir Müh! –
Müßige Not!
Nutzlose Pein!
Mach ich umsonst
an die Sorge mich?
Die Stücken glühen
mir nicht in der Glut;
die Harten zwingt
mein Hammer nicht:
das Schwert, das mir einzig nützt,
erschweißen kann ich's nicht!

Einige Gedankengänge dieser Verse wurden in zusammengedrängter Form in die dritte Szene des ersten Aufzuges übernommen, die gegenüber dem Erststück von 1853 so einige Erweiterungen erfuhr

GÖTTERDÄMMERUNG

ANHANG 13

Zwischen den Verszeilen der Abschiedsworte Brünnhildes »so – werf ich den Brand in Walhalls prangende Burg« und »Grane, mein Roß, sei mir gegrüßt!« standen vor der Vertonung noch folgende Strophen:

BRÜNNHILDE. Ihr, blühenden Lebens
bleibend Geschlecht:
was ich nun euch melde,
merket es wohl!

Saht ihr vom zündenden Brand
Siegfried und Brünnhild verzehrt;
saht ihr des Rheines Töchter
zur Tiefe entführen den Ring:
nach Norden dann
blickt durch die Nacht:
Erglänzt dort am Himmel
ein heiliges Gühen,
so wisset all –
daß ihr Wallhalls Ende gewahrt! –
Verging wie Hauch
der Götter Geschlecht,
laß ohne Walter
die Welt ich zurück:
meines heiligsten Wissens Hort
weis ich der Welt nun zu. –
Nicht Gut, nicht Gold,
noch göttliche Pracht,
nicht Haus, nicht Hof,
noch herrischer Prunk:
nicht trüber Verträge
trügender Bund,
nicht heuchelnder Sitte
hartes Gesetz:
selig in Lust und Leid
läßt – die Liebe nur sein. –

ZEITTAFEL

1813 22. Mai: Richard Wagner wird als neuntes Kind des Polizeiaktuarius Friedrich Wagner in Leipzig geboren. Der Vater stirbt am 23. November.

1814 Wagners Mutter, Johanne Rosine, geb. Paetz, heiratet den Schauspieler und Maler Ludwig Geyer. Übersiedlung nach Dresden.

1828/30 Wagner besucht das Nikolai-Gymnasium in Leipzig.

1830 Eintritt in die Thomas-Schule in Leipzig. Uraufführung seiner *Ouvertüre in B-Dur* im Leipziger Theater.

1831 Studium der Musik an der Universität Leipzig. Im Herbst wird Wagner Schüler des Thomaskantors Theodor Weinlig.

1833 Wagner beginnt seine Theaterlaufbahn als Chordirektor in Würzburg.

1834 Musikdirektor der Magdeburger Theatergruppe Bethmann in Lauchstädt.

1834/36 Wagner als Musikdirektor in Magdeburg; Uraufführung seiner Oper *Das Liebesverbot*. Übersiedlung nach Königsberg, wo er am 24. November 1836 die Schauspielerin Minna Planer heiratet.

1837 Musikdirektor in Königsberg; ab August Musikdirektor in Riga.

1839 Wagner flüchtet mit seiner Frau vor seinen Gläubigern aus Riga und trifft – nach einem Zwischenaufenthalt in London – im September in Paris ein.

1840 Veröffentlichung der Novelle *Eine Pilgerfahrt zu Beethoven*.

1842 Rückkehr nach Deutschland; Uraufführung des *Rienzi*.

1843 Uraufführung des *Fliegenden Holländers*; am 2. Februar Ernennung zum Königlich Sächsischen Hofkapellmeister.

1845 Uraufführung des *Tannhäuser*.

1848 Wagner verliest im Dresdener Vaterlandsverein seine Abhandlung *Wie verhalten sich republikanische Bestrebungen dem Königtum gegenüber?*

1849 Mai-Aufstand in Dresden, an dem Wagner mit Wort und Tat teilnimmt. Am 16. Mai wird ein Steckbrief gegen ihn erlassen; am 27./28. Mai Flucht nach Zürich.

1850 Uraufführung des *Lohengrin* in Weimar.
1851 *Eine Mitteilung an meine Freunde.*
1852 Wagner lernt in Zürich Otto und Mathilde Wesendonck kennen.
1853 Erste Begegnung mit der achtzehnjährigen Cosima Liszt in Paris.
1854 Wagner studiert Schopenhauers Hauptwerk *Die Welt als Wille und Vorstellung.*
1855 Wagner dirigiert acht Konzerte in London.
1857 Einzug in das von den Wesendoncks eingerichtete »Asyl« bei Zürich.
1858 17. August: Wagner verläßt das »Asyl« und reist allein nach Venedig.
1860 Konzerte in Paris und Brüssel.
1861 13. März: *Tannhäuser*-Skandal in Paris.
1862 Aufenthalte in Mainz, Biebrich, Karlsruhe, Dresden, Wien. Am 7. November: letzte Begegnung mit Minna.
1863 Konzerte in St. Petersburg, Moskau, Budapest, Prag, Karlsruhe, Dresden und Wien.
1864 Wagner flüchtet vor seinen Gläubigern aus Wien. Berufung nach München; 4. Mai: erste Begegnung mit König Ludwig II. von Bayern.
1865 Uraufführung von *Tristan und Isolde* in München.
1866 25. Januar: Minna Wagner stirbt in Dresden. Wagner mietet das Haus Triebschen am Vierwaldstätter See.
1868 Uraufführung der *Meistersinger* in München; Wagner wird stürmisch gefeiert. Im November lernt Wagner in Leipzig Friedrich Nietzsche kennen.
1869 6. Juni: Geburt Siegfried Wagners. *Das Rheingold* wird auf Befehl Ludwigs II. gegen Wagners Willen in München uraufgeführt.
1870 Uraufführung der *Walküre* in München. Am 25. August werden Richard und Cosima Wagner in der protestantischen Kirche zu Luzern getraut.
1871 Wagner wird vom Fürsten Bismarck empfangen.
1872 22. Mai: Grundsteinlegung zum Bayreuther Festspielhaus.
1874 28. April: Einzug in Haus Wahnfried in Bayreuth.
1876 Wagner komponiert für 5000 Dollar Honorar einen *Festmarsch zur Feier des 100jährigen Jubiläums der amerikanischen Unabhängigkeit.* 13. August: Eröff-

nung der ersten Bayreuther Festspiele mit *Rheingold*. Uraufführungen von *Siegfried* und *Götterdämmerung*.

1877 Wagner gibt acht Konzerte in der Londoner Albert Hall und wird von Königin Victoria auf Schloß Windsor empfangen.

1882 26. Juli: Uraufführung des *Parsifal* im Bayreuther Festspielhaus.

1883 Am 13. Februar stirbt Wagner im Palazzo Vendramin zu Venedig an einer Herzlähmung; er wird am 18. Februar im Garten von Haus Wahnfried in Bayreuth bestattet.

QUELLENNACHWEIS

Die in diesem Band abgedruckten Texte und Briefe von Thomas Mann entnahmen wir mit freundlicher Genehmigung des S. Fischer Verlags, Frankfurt am Main, dem Band Thomas Mann, *Wagner und unsere Zeit*; mit Erlaubnis des gleichen Verlags wurde eine Textpassage aus *Thema und Variationen* von Bruno Walter zitiert. Den Abdruck von Texten aus *Versuch über Wagner* von Theodor W. Adorno und *Pastorale und Paradoxa in Wagners Musik* von Ernst Bloch gestattete der Suhrkamp Verlag, Frankfurt am Main. Die Verwendung eines Briefes von Richard Strauss an Joseph Gregor genehmigte Herr Dr. Franz Strauss; Äußerungen Wieland Wagners zitierten wir mit Zustimmung des Rainer Wunderlich Verlags, Stuttgart, aus dem Buch *Wieland Wagner – Persönlichkeit und Leistung* von Walter Erich Schäfer. Aus Joseph Gregors *Kulturgeschichte der Oper* zitierten wir mit freundlicher Erlaubnis des Verlags Scientia AG., Köln, aus *Richard Wagner, in Selbstzeugnissen und Dokumenten dargestellt* von Hans Mayer (Rowohlt Monographie 29) mit Genehmigung des Rowohlt Verlags, Reinbek bei Hamburg. Den Abdruck der Äußerung Gerhart Hauptmanns über Wagner gestattete der Verlag Ullstein GmbH., Berlin.